戚叔玉捐贈
歷代石刻文字拓本目録

上海博物館圖書館　編

上海古籍出版社

圖書在版編目(CIP)數據

戚叔玉捐贈歷代石刻文字拓本目錄／上海博物館圖書
館編.－上海：上海古籍出版社，2006.10
ISBN 7-5325-4478-8

I.戚… II.上… III.石刻文－拓片－中國－目
錄 IV.K877.401

中國版本圖書館 CIP 數據核字(2006)第 066645 號

統　籌　王立翔　唐友波
責任編輯　袁欣瑜
封面設計　黃　琛
技術編輯　王建中

戚叔玉捐贈歷代石刻文字拓本目錄

上海博物館圖書館　編

上海世紀出版股份有限公司 出版、發行
上　海　古　籍　出　版　社
(上海瑞金二路 272 號　郵政編碼　200020)

(1)　網址：www.guji.com.cn
(2)　E-mail：guji1@guji.com.cn
(3)　易文網網址：www.ewen.cc

新華書店上海發行所發行經銷　上海展强印刷有限公司印刷
開本 787×1092 1/16　印張 26.75　插頁 10　字數 611,000
2006 年 10 月第 1 版　2006 年 10 月第 1 次印刷
印數：1—1,600

ISBN7-5325-4478-8
K·887　定價：98.00 元

如有質量問題，請與承印公司聯繫

戚叔玉先生在研究碑帖

戚叔玉先生指導女兒戚道澂作畫（1986）

戚叔玉（左一）與謝稚柳（左四）等觀畫

戚叔玉先生在作畫
（左二：陳銘珊；左三：胡厥文；左四：陸亞東；左五：萬籟鳴）

戚叔玉（中）、萬籟鳴（左二）在作畫

戚叔玉先生在武夷山

戚叔玉先生書迹

夫封立為社立稷而祀岀
為百姓興利除害以祈豐
禳月令祀百辟卿土有益
於民祀乃孔子玄德煥炳
光于上下而本國舊居復
禮之日闕而不祀誠於本
廷聖恩所宜持如臣寢息
取臧情所思惟

戚叔玉先生書迹

《山水》（戚叔玉作于1948年）

《仕女》（戚叔玉作于1947年）

《黄山松雲》（戚叔玉作于1972年）

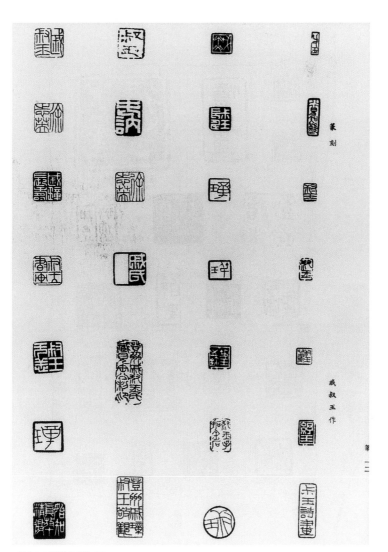

戚叔玉作

戚叔玉篆刻作品

後魏中岳嵩高靈廟碑家宇訪碑錄署寇謙之撰
按文有寇君名謙之云：如是寇撰不當自稱為君山
孫氏之誤書法奇古當以晉宗碑論近拓芳紙敗煤
每敗人意　均初得諸城劉氏石刻三千通中有此
碑精拓整幅較近本多數字第十六行
彼本存字更多　第十六行劉氏陰贈此本載
鞀金石萃編遺碑攗此入錄因書其後同治五年丙
寅八月二十八日仁和魏錫曾屬吳門識

戚叔玉舊藏《中岳嵩高靈廟碑》明拓本

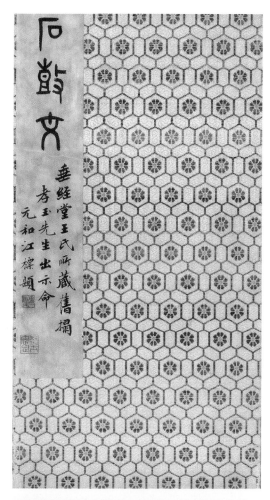

戚叔玉舊藏《石鼓文》明初拓本

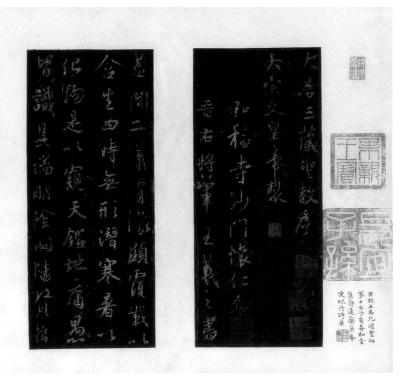

戚叔玉舊藏《聖教序》宋拓本

總　目

序 ……………………………………………………………… 汪慶正　1

我的父親 …………………………………………………… 戚道澂　1

編輯説明 ………………………………………………………………… 1

凡例 …………………………………………………………………… 1

分類簡目 ………………………………………………………………… 1

正文 …………………………………………………………………… 1

筆畫索引 …………………………………………………………… 347

參考用書簡稱索引 ………………………………………………… 399

序

汪慶正

　　叔玉先生捐贈上海博物館的金石拓本目録終於編成，將要出版了。這批拓本中間，石刻文字佔了絶大多數，所以書名定作《戚叔玉捐贈歷代石刻文字拓本目録》。

　　此事了卻了我二十餘年來的一個心願。

　　叔玉先生在上個世紀八十年代幾乎傾其所藏，多次將自己收藏的各種拓本、書畫名跡捐給博物館，這對於博物館而言，意義非常重大。因爲，當時上海博物館的拓本收藏爲數甚少——大部分藏品已劃歸上海圖書館。

　　上海博物館與上海圖書館在五十年代曾合署辦公，統由市文物保管委員會和文化局管轄。博物館於 1959 年遷入河南南路 16 號中匯大廈，主要的文物、碑帖拓本由博物館保管，主要的圖書資料由圖書館保管。但是，此事後來又有了變故。當時，中央有意向在上海建立"第二中心圖書館"，擬由徐森玉先生出任館長，市委宣傳部陳其五副部長當時證實此消息説，是以上海圖書館爲中心，納入各大學及其他公共圖書館，凡是圖書、碑帖拓本和其他資料歸圖書館保管整理。當時顧廷龍先生即説服徐森老説：森老你要當"第二中心圖書館"館長了，你是搞碑帖的，拓本理應與圖書放在一起。於是，博物館的碑帖拓本便移交圖書館保存。以後，這"第二中心圖書館"的計劃並未施行，森老繼續擔任博物館館長，碑帖拓本則一直由圖書館妥善保存着。近年來，上海圖書館又培養了年輕業務人員鑽研碑學、帖學，令人欣慰。

　　然而，從工作上説，上海博物館對碑帖拓本的需求是很迫切的。博物館收藏了大量的字畫墨跡，書法研究本身包括了拓本與墨跡的對比；同時，上海博物館又收藏了許多重要的青銅器、玉器和其他古代工藝品，這些器物也需要與拓本（尤其是器物銘文和圖像拓本）做對比研究；另外，從文獻學這門學科的完善上説，甲骨、金文、簡帛文字、璽印文字、石刻文字是既獨立又相互關聯的門類，對石刻文字拓本的研究、整理，實在是非常的緊要。總之，雖然大部分碑帖拓本資料歸入上海圖書館，但對於博物館來說，非常需要成系列的拓本實物供研究之用。

上世紀七十年代末，當孫伯淵先生捐贈系列拓本給博物館的同時，戚叔玉先生也陸續整理、捐獻了自己所藏。戚先生的藏品有許多在“文革”開始之初即交由博物館代爲保管，運動結束後，他不顧自己年邁，繼續整理這些拓本資料，編撰歷代石刻文字圖録；同時，整理的又一個結果，是將拓本實物全部由原來的博物館代管轉爲捐獻，按現在的編號，達 4800 餘件之多，這對於博物館的石刻拓本收藏，無疑是莫大的幸事，所以我要説，意義非常重大。

叔玉先生所藏拓本，内容豐富，種類齊全，自上古迄清代，主要的石刻均有拓本可供研究，並且，其中不乏珍善之本。比如，明拓《中嶽嵩高靈廟碑》就是最好的例子。

《中嶽嵩高靈廟碑》立於北魏太安二年（456），石在嵩山中嶽廟，傳寇謙之書，書體介於隸、楷之間，用筆、結體獨特，風格古拙，對研究書法由隸入楷轉變過程有重要意義。碑陽23行，行50字，然中間部分泐損殊甚，共存約580餘字。此碑傳世舊拓，以開首“太極剖判，兩儀既分”之“剖”字未損本爲明拓，“極”字未損爲乾、嘉時拓。今存明本，有陳叔通舊藏（現藏北京故宫博物院）本、龔自珍舊藏（現藏北京國家圖書館）本、中國社會科學院玫古研究所藏本、趙世駿跋本、蒯若木舊藏本（現藏南京博物院，存上半部）等。戚叔玉先生所藏“剖”字未損共兩本，一爲端方舊藏本（曾影印流傳，惜文字不全）；另一本爲沈樹鏞舊藏，魏錫曾校録碑文於後，即現在捐贈上海博物館的本子，經與已發表的影印陳叔通舊藏本（曾被目爲第一）核對，除去泐損、裱失數字外，有些字跡，如第七行“王母獻圖之征”中“圖”、“之”字，下文“武（王）有五靈觀德之祥”中“祥”字，均感更爲清晰，因此，這個拓本的價值是不言而喻的。

又如石鼓文，原石見於唐初，拓本最早爲明代安國收藏的三個宋拓，後流入日本（即“先鋒”、“後勁”、“中權”三本），國内僅有明拓本。叔玉先生收藏中有一舊拓本，第一鼓“黄帛”二字，“黄”字左半少損，“帛”字完整，應爲明初拓本，有江建霞題簽，係垂經堂王瓘舊物。

再如王虚舟跋本《聖教序》，“佛道崇虚”中“道”字首二筆中斷，“分形分跡”中“形”字右旁中一點有裂文，“諸法空相”中“諸”字之“言”字旁第一筆作回峯，這些特徵均是翻本所無，定爲宋拓。王氏二跋僅數語見於《竹雲題跋》卷二，可作彌補。

對於叔玉先生的這批捐獻，我曾當面允諾要整理出版，也曾經訂過計劃，無奈博物館自籌建新館至今，事務繁多，很難有持續的時間潛下心來作仔細的遴選工作。2000年，孫伯淵先生捐獻碑帖目録出版了，這使我們受到啓發，根據具體情況，決定先行將叔玉先生所藏目録予以整理發表。上海博物館圖書館的同人們，承擔了這項繁複的工作。爲方便讀者查閱，目録中一一注明每種石刻的前人研究著録簡稱，這就使這部目録不僅體現了先生的收藏，而實際上也成爲一部石刻方面的工具書，更具紀念和實用的意義。

2005年10月

我 的 父 親

戚道澄

　　我的父親戚叔玉,祖籍威海,有着山東人的耿直;生於修武縣的一個小鎮,那里景色宜人,頗得恬淡之氣。他童年、少年與青少年時代在天津度過,深受都市文化的薰陶。十一歲讀完小學,十七歲畢業於匯文中學,曾玟榮獲天津中學生第二名。就讀於燕京大學,因病休學。1931年,轉入北京民國大學文學系,兩年後肄業,入塘沽黃海化學社,從著名化學專家孫學悟博士學顏料製造。父親曾創中國顏料製造廠於津沽,爲華北染料製造廠之規模最大者。後移居滬上,任中孚行經理等職。1949年後,任有明顏料行經理、佑寧藥廠股份有限公司經理、公私合營佑寧藥廠第一副廠長、上海市制藥工業技術辦公室主任、上海市政協委員、政協文史委員、上海市文史館館員等職。

　　父親從事實業的同時,對中國傳統文化中金石書畫有着濃厚興趣。我的祖父南塘公爲晚清傳統文化人,既諳琴棋書畫,又通曉鐵路業務。受祖父影響,父親四歲始背《三字經》、《千字文》;六歲拜文字學家、書法篆刻家丁佛言爲師,學習書法、治印;八歲拜書畫大家金北樓爲師,學習繪畫。父親天資聰慧、勤奮異常,得名師指點,加之丁、金兩家及祖父的文物收藏又極豐富,故得以感受古人名跡之神髓,久而久之,書畫篆刻水平有顯著提高。與張大千、陳少梅、田世光、豐子愷等書畫名家的交往,又得到許多啓發。如讀盧梅坡"有梅無雪不精神,有雪無詩俗了人。日暮詩成天又雪,與梅並作十分春"一詩時,對梅、雪、詩三者關係,特別是對詩的魅力有了新的認識,於是拜詩家蒯若木爲師,深入鑽研詩詞,書畫之藝爲之大進。1945年,入"上海畫人協會",任理事。1948年春,以書畫展售於美國紐約,七日之內,争市一罄。當時出版的頗具影響的《中國美術年鑒》,收錄了父親篆、隸、魏、草等九幅不同書體的字,又有山水、人物、花鳥等八幅不同類型的畫以及不同風格的二十七件篆刻作品。1949年後,父親的書畫作品經常在國內外展出。1972年所寫的《黃山雲松圖》卷,得到豐子愷先生的極高評價。1982年所寫的《閩江攬勝圖》卷,王個簃先生稱之爲"墨妙筆精,耐人尋味"。父親曾爲上海書法家協會名譽理事、上海美術家協會會員、杭州西泠印社社員、杭州西泠書畫院畫師。

書畫家一般皆有收藏,父親也不例外。居津門,常去北京。北京琉璃廠、天津文物鋪是他休閒的好去處。居滬上,一些文物商賈常會送貨上門。當然,一些滬上文物鋪也是他常去之處。與金石書畫作品的數十年接觸,使他的鑒定眼光日趨敏銳,因此收藏了不少珍善之本。藏品中,捐給杭州西泠印社的有極爲珍貴的《十鐘山房印舉》原拓本;捐給上海文史館的有《四部叢刊》、《二十四史》等史書;捐給上海博物館的書法作品有祝允明草書《牡丹賦》長卷、雅宜山人小楷冊頁、王覺斯書軸、吳昌碩尺牘詩稿冊頁等,繪畫作品有沈芥舟《西園雅集圖》卷、吳昌碩漆骨書畫成扇、吳湖帆竹骨山水、吳梅行書成扇、張大千竹骨山水、羅振玉篆書成扇等。捐給上海博物館的金石拓本詳見此本目錄,精品拓本有吳昌碩等跋、沈樹鏞舊藏的明精拓《禮器碑》,劉小峯跋、趙時棡題簽的明精拓《孔宙碑》,張德榮等跋、鄭孝胥等題簽、明拓"秋"字完整的《史晨前後碑》,李葆恂等跋、張之洞題簽、端方舊藏的明拓《耿勳表》,翁大年等跋、沈樹鏞舊藏、有黃易、張廷濟印的宋拓《九成宮醴泉銘並額》,段晴川等跋、畢海梯舊藏的宋拓《皇甫誕碑》,王澍等跋、明內府等藏的宋拓《集王聖教序》,俞宗海等跋、龔自珍舊藏的宋拓《蘭亭序》等等。父親的捐獻之舉,令人稱道。他的收藏用意,主要爲的是"養眼",陶冶情操,提高藝術修養。

在父親去世十五年之後,上海博物館陳燮君館長等各位領導,在百忙中仍組織人力,編輯完成並委託上海古籍出版社出版了這部捐獻目錄,也令人稱道,是相當有人情味的,且有助於這批金石拓片、拓本發揮更大作用。既了卻了令人尊敬的汪慶正副館長"二十年之心願",又溫暖了捐獻者家屬的心。父親九泉有知,也會感到欣慰。

由衷感謝上海博物館的各位領導,由衷感謝爲編撰這部捐獻目錄付出辛勞的各位朋友,謝謝。

2005年11月

編 輯 説 明

　　著名收藏家、書畫家戚叔玉先生，畢生從事文物文獻的收集和研究，於石刻拓本、印譜方面的收藏尤其精湛、豐富，如宋拓《聖教序》、《九成宮》係國內爲數不多的善本，舊拓《高靈廟碑》則是國內最好的拓本之一；另外，《十鐘山房印舉》、《十六金符齋印存》等鈐印本亦是不可多得的珍品。他熱愛文物博物館事業，先後於1980年和1983年兩次將珍藏書畫、碑帖拓本捐獻給上海博物館，尤其是金石拓本，幾乎傾其所藏，使上海博物館的拓本收藏系列更加完整而豐富。

　　戚先生生前在收藏的同時，還努力進行學術研究，以期爲後人留下寶貴的資料。他曾編纂許多圖錄，如《中國歷代石刻圖錄》等，但在《北魏墓誌百種》出版後，因健康等原因一直未能繼續這項工作。因此，博物館作爲捐獻文物的接收、保管單位，有責任將這批資料繼續進行整理，同時，也是對戚先生的紀念。

　　在館領導的部署、指導下，由圖書館同人具體負責整理工作。根據編纂、出版計劃，擬在大規模的藏品圖錄之前，先將戚先生捐獻金石拓本目錄予以整理發表；爲體現戚先生的學術成果，亦便於讀者查閱，本目錄參考了先生所編《中國歷代石刻圖錄説明》，另據其他資料加以核對、增益，一一注明每種拓本的前人研究著錄，力求使本書成爲一部石刻研究方面的工具書。

　　此項工作，由原先據拓本、清單製作賬冊、保管卡片，到輸入電腦、核對各項資料，包括二次核對原拓片、歷經數年，較爲繁複。但作爲一個集體項目，同人們無不認真負責、勤勤懇懇。有的員工已退休或出國，但依然關心整理情況。

　　參加本書編纂的人員包括(按姓氏筆畫爲序)：丁敘鈞、佘彥焱、沈融、張毅、陸志榮、陳寧、陳敏、顧音海、郭薇、蔣飛捷、魏小虎等，其中，文獻整理崗位的三位員工佘彥焱、顧音海、魏小虎負責後階段的核對整理工作。李曉君、范邦瑾、劉華、沈浩參加了前期整理。實習生張玉梅、楊清越參加了部分資料核對。

汪慶正、李朝遠兩位館領導始終關心本書的整理出版工作。汪館長生前多次囑託要了卻此心願，並抱病作序；李朝遠副館長對青銅器拓本著錄提出了重要的修改意見。上海古籍出版社王立翔副總編爲本書出版提供了幫助。戚先生家屬戚道澂、吳民貴伉儷撰寫回憶文章並提供了相關資料。在此，一並致以謝忱。

上海博物館圖書館

2005 年 11 月

凡　例

　　本目録所收均爲上海博物館藏戚叔玉先生捐贈碑帖拓片,共計四千八百餘種(少量僞刻及泐損、殘缺較嚴重者未收入),分爲墓誌、造像、雜刻(包括墓碑、題字題詩、詩詞、刻經等)、畫像、磚瓦、泉幣、青銅、法帖、雜類等九類。

　　此宗金石拓片的文獻著録出處主要依據楊殿珣《石刻題跋索引》、孫貫文《北京大學藏碑帖拓片草目》二書(其他參考書目附後)。兩家所採用的相關文獻大多一致,僅數種版本有異。戚叔玉先生自撰《中國歷代石刻圖録説明》原稿附《參考書目簡稱索引》基本照録自孫氏,故本目録中《參考書目簡稱索引》所列諸書版本、簡稱也多從孫氏。少數孫氏未列著述版本從楊氏或擇較易見者,簡稱則爲編者所擬。

　　本書著録格式如下:

　　題名　又名(副題名)

　　刻立時間　書體　有關説明(包括出土時間、出土地點、流傳存佚情況、特殊形制、撰書者姓名等)

　　館藏編號　拓本時間　數量與載體形態　拓片收藏流傳情況、題跋、版本特徵(作舊、泐損等)

　　各家著録索引

　　因所録碑帖大多已見於前人著録,且爲節省篇幅,題名一般均採用較通用的簡稱,題名易混淆或有差異較大的異稱則在又名項注出。

　　刻立時間項墓誌類除特別注明外,皆爲下葬日期。法帖按一般成例,以歷代叢帖、諸家法書、單刻帖分類,依次排列,並在刻立時間項注明,而有關説明項所注爲摹勒上石時間。

　　隸書、分書殊難分辨,各家著録意見不一,今暫以隸書統之。

版本項"明拓"、"初拓"、"近拓"等皆據館藏登記簿、卡片著錄，闕者暫未補入。

載體形態項中稱"册"意爲已剪裱爲册頁，其餘則稱"張"。

藏品按朝代、年份、月份、日期先後排列（五代時期多朝並立，且立國年代較短，收入拓片也較少，故統一按年份先後排列），年月日不全則按有年份、有月份、有日期順序排列，無年月日則有著錄者居前，日期相同或皆無著錄、同名拓片則按館藏編號順序排列。

部分碑刻所書年月日期（包括干支）、撰者書者姓名等漫漶不清，各家著錄文字有異，凡據相應拓片尚可辨識處則從之，並將諸家異説注於其著錄索引後括號內。

數種合册裝裱的情況，除"龍門四品"等有習稱者之外，皆分別單列。

所收各家著錄時間下限一般截至 1949 年以前，非題跋目錄類的碑刻影印本等不予收入。

墓誌有蓋而未拓者注明"缺蓋"。

孫貫文《北京大學藏碑帖拓片草目》（包括油印繁體本、《攷古學集刊》刊載之簡體版）時有舛誤，如書名簡稱"來（《來齋石刻攷略》）上"誤作"束上"、"右（《山右金石記》）"誤作"石"、"隸續"誤作"隸釋"……更有《夢碧簃石言》初集一書有兩種簡稱"夢"、"石言"，卷數、頁碼亦有脱漏，而楊殿珣《石刻題跋索引》也存在少量類似問題。今據有關書籍資料，盡力予以釐清。

參考書目：

福開森編輯《歷代著錄吉金目》，商務印書館，民國二十八年（1939）一月

［臺］中央圖書館編《國立中央圖書館藏墓誌拓片目錄附索引》，［臺］國立編譯館中華叢書編審委員會，1982 年 3 月

洛陽市文物管理局、洛陽市文物工作隊編《洛陽出土墓誌目錄》，朝華出版社，2001 年 10 月

毛漢光重編，耿慧玲、鄭嫣菱、袁淑真、廖華淑助理《中央研究院歷史語言研究所藏歷代墓誌銘拓片目錄》，［臺］中央研究院歷史語言研究所，1985 年 5 月

孫稚雛編《金文著錄簡目》，中華書局，1981 年 10 月

王壯弘、馬成名編纂《六朝墓誌檢要》，上海書畫出版社，1985 年 2 月

吳鋼主編《全唐文補遺》，三秦出版社，1996 年 5 月

楊震方編著《碑帖敍錄》，上海古籍出版社，1982 年 2 月

葉國良著《石學續探》,〔臺〕大安出版社,1999 年 5 月

張彦生著《善本碑帖録》,中華書局,1984 年 2 月

趙超著《中國古代石刻概論》,文物出版社,1997 年 6 月

周紹良、趙超主編《唐代墓誌彙編》,上海古籍出版社,1992 年 11 月

周紹良、趙超主編《唐代墓誌彙編續集》,上海古籍出版社,2001 年 12 月

分　類　簡　目

墓誌 ·············· 1
　東漢 ·············· 1
　晉 ·············· 1
　後秦 ·············· 3
　劉宋 ·············· 3
　齊 ·············· 3
　梁 ·············· 3
　北魏 ·············· 3
　東魏 ·············· 27
　北齊 ·············· 31
　北周 ·············· 35
　隋 ·············· 36
　僞鄭 ·············· 55
　唐 ·············· 55
　五代 ·············· 119
　宋 ·············· 120
　遼 ·············· 123
　金 ·············· 123
　元 ·············· 123
　明 ·············· 124
　清 ·············· 125
　民國 ·············· 125

造象 ·············· 127
　劉宋 ·············· 127
　南齊 ·············· 127
　梁 ·············· 127
　陳 ·············· 128
　北魏 ·············· 128
　西魏 ·············· 148
　東魏 ·············· 149
　北齊 ·············· 158

　北周 ·············· 169
　隋 ·············· 172
　唐 ·············· 179
　五代 ·············· 202
　宋 ·············· 203
　清 ·············· 204

雜刻 ·············· 205
　夏 ·············· 205
　周 ·············· 205
　秦 ·············· 205
　西漢 ·············· 206
　新 ·············· 208
　東漢 ·············· 208
　附 ·············· 230
　魏 ·············· 230
　吳 ·············· 234
　晉 ·············· 236
　前秦 ·············· 238
　劉宋 ·············· 238
　梁 ·············· 239
　陳 ·············· 241
　北魏 ·············· 241
　東魏 ·············· 245
　北齊 ·············· 246
　北周 ·············· 249
　隋 ·············· 249
　唐 ·············· 252
　五代十國 ·············· 290
　宋 ·············· 293
　遼 ·············· 308
　西夏 ·············· 308

金	⋯⋯⋯⋯⋯⋯⋯⋯⋯⋯⋯	308
僞齊	⋯⋯⋯⋯⋯⋯⋯⋯⋯	310
元	⋯⋯⋯⋯⋯⋯⋯⋯⋯⋯⋯	310
明	⋯⋯⋯⋯⋯⋯⋯⋯⋯⋯⋯	313
清	⋯⋯⋯⋯⋯⋯⋯⋯⋯⋯⋯	316
民國	⋯⋯⋯⋯⋯⋯⋯⋯⋯	317
附	⋯⋯⋯⋯⋯⋯⋯⋯⋯⋯⋯	317

畫像 ⋯⋯⋯⋯⋯⋯⋯⋯⋯⋯⋯ 319
西漢	⋯⋯⋯⋯⋯⋯⋯⋯⋯	319
東漢	⋯⋯⋯⋯⋯⋯⋯⋯⋯	319
晉	⋯⋯⋯⋯⋯⋯⋯⋯⋯⋯⋯	324
梁	⋯⋯⋯⋯⋯⋯⋯⋯⋯⋯⋯	324
六朝至隋	⋯⋯⋯⋯⋯⋯⋯	324
宋	⋯⋯⋯⋯⋯⋯⋯⋯⋯⋯⋯	324
明	⋯⋯⋯⋯⋯⋯⋯⋯⋯⋯⋯	324
清	⋯⋯⋯⋯⋯⋯⋯⋯⋯⋯⋯	324
年代不明	⋯⋯⋯⋯⋯⋯⋯	324

磚瓦 ⋯⋯⋯⋯⋯⋯⋯⋯⋯⋯⋯ 325
東漢	⋯⋯⋯⋯⋯⋯⋯⋯⋯	325
魏	⋯⋯⋯⋯⋯⋯⋯⋯⋯⋯⋯	326
晉	⋯⋯⋯⋯⋯⋯⋯⋯⋯⋯⋯	326
宋	⋯⋯⋯⋯⋯⋯⋯⋯⋯⋯⋯	326
梁	⋯⋯⋯⋯⋯⋯⋯⋯⋯⋯⋯	326
陳	⋯⋯⋯⋯⋯⋯⋯⋯⋯⋯⋯	327
北魏	⋯⋯⋯⋯⋯⋯⋯⋯⋯	327
唐	⋯⋯⋯⋯⋯⋯⋯⋯⋯⋯⋯	327
宋	⋯⋯⋯⋯⋯⋯⋯⋯⋯⋯⋯	327
元	⋯⋯⋯⋯⋯⋯⋯⋯⋯⋯⋯	327

泉幣 ⋯⋯⋯⋯⋯⋯⋯⋯⋯⋯⋯ 329

戰國	⋯⋯⋯⋯⋯⋯⋯⋯⋯	329
秦	⋯⋯⋯⋯⋯⋯⋯⋯⋯⋯⋯	329
漢	⋯⋯⋯⋯⋯⋯⋯⋯⋯⋯⋯	329
三國	⋯⋯⋯⋯⋯⋯⋯⋯⋯	329
六朝	⋯⋯⋯⋯⋯⋯⋯⋯⋯	329
唐	⋯⋯⋯⋯⋯⋯⋯⋯⋯⋯⋯	329
五代	⋯⋯⋯⋯⋯⋯⋯⋯⋯	329
宋	⋯⋯⋯⋯⋯⋯⋯⋯⋯⋯⋯	329
金	⋯⋯⋯⋯⋯⋯⋯⋯⋯⋯⋯	330
西夏	⋯⋯⋯⋯⋯⋯⋯⋯⋯	330
元	⋯⋯⋯⋯⋯⋯⋯⋯⋯⋯⋯	330
明	⋯⋯⋯⋯⋯⋯⋯⋯⋯⋯⋯	330
清	⋯⋯⋯⋯⋯⋯⋯⋯⋯⋯⋯	330

青銅 ⋯⋯⋯⋯⋯⋯⋯⋯⋯⋯⋯ 331
商	⋯⋯⋯⋯⋯⋯⋯⋯⋯⋯⋯	331
西周	⋯⋯⋯⋯⋯⋯⋯⋯⋯	331
附三代	⋯⋯⋯⋯⋯⋯⋯⋯	334
戰國	⋯⋯⋯⋯⋯⋯⋯⋯⋯	334
秦	⋯⋯⋯⋯⋯⋯⋯⋯⋯⋯⋯	334
漢	⋯⋯⋯⋯⋯⋯⋯⋯⋯⋯⋯	334

法帖 ⋯⋯⋯⋯⋯⋯⋯⋯⋯⋯⋯ 337

雜類 ⋯⋯⋯⋯⋯⋯⋯⋯⋯⋯⋯ 345
甲骨文	⋯⋯⋯⋯⋯⋯⋯⋯	345
竹	⋯⋯⋯⋯⋯⋯⋯⋯⋯⋯⋯	345
硯	⋯⋯⋯⋯⋯⋯⋯⋯⋯⋯⋯	345
畫	⋯⋯⋯⋯⋯⋯⋯⋯⋯⋯⋯	345
各類均有	⋯⋯⋯⋯⋯⋯⋯	346

墓　　誌

東漢

賈夫人馬姜墓石　又名"賈武仲妻馬姜墓記"

延平元年（106）九月十日　隷書　1929年洛陽出土，曾歸羅振玉

10626　近拓　1張　陶湘、陳承修舊藏

10627　近拓　1張

著録：河圖　柯　交一・六　遼居稿・二〇　誌釋一・一　徵一・一　洛　誌初一・一　河南　漢

杜臨爲父通作封記

延熹六年（163）二月三十日　隷書　光緒二十四年（1898）山東嶧縣出土

10675　精舊拓　2張　陶湘舊藏，附羅正鈞跋

著録：劬四編一・十一　嶧縣誌二四　田目再續・二　歷一・五　羅漢上　校摹・二　希六・十五　居・二三甲、乙　夢二・一　柯　真續六・十一　通一五〇・七　誌釋一・二　循一・一　漢　名一・一　誌彙一・一

晉

徐君夫人管洛墓碑並陰

永平元年（291）二月二十九日　隷書　1930年洛陽出土

11623　清拓　2張

著録：徵一・一　館・一　柯　誌新・一　誌彙一・一　誌釋一・二　洛　誌初一・一

處士成晃碑

元康元年（291）七月十六日　隷書　1925年洛陽出土

11624　近拓　1張

著録：柯　希九・二八　嵩續補・一　誌新・一　誌彙一・一　誌釋一・二　徵一・一　交二・二五　誌初一・一　洛

楊平樂生柩誌　又名"樂生墓誌"

元康三年（293）八月十七日　隷書　1923年洛陽出土

11625　近拓　2張

著録：誌釋一・二　徵一・一　洛　誌初一・一

荀岳墓誌

元康五年（295）十月二十二日　隷書　1918年河南偃師出土

11626　清拓　1張

著録：希九・二八　九乙・七　誌新・一　循一・三　雪跋二・八　芒冢三編・一　館・一　徵一・一　柯　嵩二・一　名二・三　菁編　誌彙一・一　夢二・三　河南　誌釋一・三　洛　交二・二五　真一・十四　真續補正一・七　誌初一・一

郭槐墓石

元康六年（296）　隷書

10980　清拓　1張

著録：柯 遼·四二 誌釋一·二 藝刊三四期（1932 年 10 月）

魏君柩誌

元康八年（298）二月十日 隸書 宣統元年（1909）洛陽城東出土

11628 近拓 1 張 鄒安舊藏

著録：誌釋一·二 徵一·一 洛 名一·三 誌初一·一

左棻墓誌並陰

永康元年（300）四月二十五日 隸書 1930 年河南偃師出土

11629 近拓 2 張 于右任舊藏

著録：遼·四一 柯 誌新·一 誌彙一·一 誌釋一·二 徵一·一 交二·二五 誌初一·一 古零 洛

張朗碑

永康元年（300）十一月十五日 隸書 1916 年洛陽城東北出土,1919 年歸日本太倉集古館,原石日本 1924 年地震已毀裂

11630 近拓 1 張 原石拓,周慶雲舊藏

11631 近拓 2 張 翻刻本

著録：徵一·一 誌新·一 循一·四 希十·十六 誌釋一·三 交二·二五 名一·三 誌初一·一 河南 洛

石尠墓誌

永嘉二年（308）七月十九日 隸書 1919 年洛陽城北出土,曾歸周進

11632 近拓 2 張 原石拓本

著録：居·一一七甲、乙 希十·八 循跋上·十九 九乙·十 柯 循一·四 嵩二·一 誌新·一 誌彙一·一 誌釋一·三 洛 名一·三 徵一·一 交二·二五 誌初一·一 芒冢四編補遺·一 河南

石定墓誌

永嘉二年（308）七月十九日 隸書 1919 年洛陽城北出土,曾歸周進

11633 近拓 1 張 謝伯尗舊藏,翻刻本

11634 初拓 1 張

著録：居·一一八 柯 希十·十一 循一·五 嵩二·一 九乙·十 洛 誌新·一 誌彙一·一 誌釋一·三 名一·三 芒冢四編補遺·二 徵一·一 交二·二五 誌初一·一

虎牙將軍王君表

隸書

11000 清拓 2 張 謝伯尗舊藏

著録：柯 誌新一·一 誌彙一·一 藝刊十一期（1930 年 11 月）

劉韜墓誌

隸書 乾隆間在河南偃師西洛陽東出土

11003 清拓 2 張

11635 近拓 1 張 原石拓,周慶雲舊藏

著録：聚十五·七八 四當四·五 平二·六 跋二·八 石索五·十五 柯 嵩二·一 藝四·八 中記一·十一 誌一·三 藝十八·一 楊圖二·二六 攈五·四〇 彙九之四·一 真續六·二〇 篇·九萃二五·三 魏晉·三 孫録一·二一 竹一·十三 校 偃上·七 雪·五九 中冢·一 增圖二·一〇七 誌彙一·三 誌釋一·四 徵一·一

鄭舒夫人劉氏殘墓誌

隸書 1919 年河南偃師出土

11636 初拓 1 張 未歸周慶雲前拓,謝伯尗舊藏

11637 初拓 1 張 周慶雲舊藏

11638 初拓 1 張

著録：循一·六 嵩二·一 九乙·十一 名一·四 葆·五六 洛 柯 中冢補遺·一 徵一·一 菁編 交二·二五 誌新·一 誌初一·一 誌彙一·一 誌釋一·四

後秦

呂憲墓表

弘始四年（402）十二月二十七日　隸書

11013　清拓　1張

著録：聚十五·一一三　匋五·二　羅録上·十四　九甲·三五　硯三·十二　瓊十·八　田目再續·七　柯緣十三·十一　彙十二補遺·一　陜六·六　增圖二·一一二　誌彙一·三　徵一·一　名一·四　交二·二八　藝十八·一　韓泰華無事爲福齋隨筆下·一

劉宋

張守令墓誌

元嘉十八年（441）　隸書　磚質

11640　近拓　1張　周慶雲舊藏

劉懷民墓誌

大明八年（464）正月十四日　正書　山東益都出土

10109　舊拓　1張

11642　清拓　1張　陶湘舊藏，方若過眼

11643　清拓　1張　陶湘舊藏，石歸端方後拓

著録：名二·五　壬癸·二二　匋五·四　雪跋二·十一　左冢·一　通一五二·二五　希十·二六　交二·二九　誌彙一·三　蒿二·一　田目補·一　歷一·十一　誌釋一·四　徵一·一

齊

呂超墓誌　又名“隋郡王國中軍呂超静墓誌”

永明十一年（493）十一月十九日　正書

1916年紹興出土，羅振玉考爲“呂超静墓誌”

11644　近拓　1張

11645　近拓　1張　周慶雲舊藏

著録：循一·八　名二·五　徵一·一交二·三〇　夢二·十四　誌初一·一　嵩二·一　循跋下·一　誌釋一·五

梁

宋新巴晉源三郡太守程虔墓誌

太清三年（549）二月二十八日　正書

宣統三年（1911）湖北襄陽出土，石出土後即佚

10112　近拓　1册

11647　近拓　1張

著録：汲續·一　名二·五　徵一·一誌彙一·四　誌釋十一·一一二　交二·三二　嵩二·一

北魏

雍州刺史旳康公魚玄明銘

皇興二年（468）十一月十九日　隸書

11652　清拓　1張　謝伯殳舊藏

11653　近拓　1張　原石拓本

著録：雪跋二·十三　誌釋十一·一一一四　誌初一·二　嵩三上·二

劉安妙娥磚誌

太和元年（477）十一月二十日　正書
洛陽出土

11654　近拓　1張

著録：洛

鎮北將軍元楨墓誌　又名"南安王元楨墓誌"

太和二十年（496）十一月二十六日　正書　1926年洛陽出土，曾歸三原于右任

11656　近拓　1張

著録：徵一・一　誌初一・二　誌釋四・二八　洛　河南

太中大夫元偃墓誌

太和二十二年（498）十二月二日　正書　1926年洛陽出土，曾歸固始許氏

11657　近拓　1張

著録：徵一・一　誌初一・二　誌釋四・二五　洛　河南

齊郡王元簡墓誌

太和二十三年（499）三月十八日　隸書　1926年洛陽出土，曾歸三原于右任

11658　近拓　1張

著録：徵一・一　誌初一・二　誌釋四・三四　洛　河南

諮議元弼墓誌

太和二十三年（499）九月二十九日　正書　1926年洛陽出土，曾歸三原于右任

11659　近拓　1張　石歸于右任後拓，"魏故"二字已泐

著録：徵一・一　館・二　誌初一・二　丙寅稿・二六　誌釋三・十五

汾州刺史元彬墓誌

太和二十三年（499）十一月二十日　正書　1925年洛陽出土，石存開封博物館

11660　近拓　2張　何日章贈

著録：館・二　徵一・二　河跋・二　河南　洛　誌初一・二　誌釋四・三一　嵩補・十　松・三九

韓顯宗墓誌

太和二十三年（499）十二月二十六日　正書　同治年間洛陽出土

11661　清拓　1張　王仁俊跋，附杜夢麟攷

著録：循二・一　徵一・二　名二・七　芒冢補・一　汲續・一　嵩二・一　誌彙一・五　誌釋五・四一　羅録上・十六　真一・十六　洛

王馨墓誌

景明元年（500）十月二日　正書　洛陽出土

11662　近拓　1張

著録：名二・七

元定墓誌

景明元年（500）十一月十九日　正書　1922年洛陽出土

11663　近拓　2張　陶湘舊藏

著録：徵一・二　館・二　名二・七　嵩二之三・一　芒冢四編補遺・三　洛　誌初一・二　誌釋四・二四　河南

侍中司徒公廣陵王元羽墓誌

景明二年（501）七月二十九日　正書　1918年洛陽出土，中國歷史博物館藏石

11664　近拓　2張　余紹宋舊藏

著録：徵一・二　館・二　名二・七　夢五・十二　汲續・二　芒冢四編一・一　誌初一・二　嵩二之三・一　循二・一　誌釋四・三六　洛　河南

任城王妃李氏墓誌　又名"元澄妃李氏墓誌"

景明二年（501）十一月十九日　正書　1932年洛陽出土

11665　近拓　1張

著録：徵一・二　名二・七　誌釋四・二七　洛　河南

文獻公穆亮墓誌

景明三年（502）六月二十九日　正書

1925 年河南洛陽出土

11666　近拓　2張　出土初拓，陶湘拓

著錄：徵一·二　松·三九　誌初一·
二　嵩補·一　誌釋五·四一　洛　河南

顯祖第一品嬪侯夫人墓誌

景明四年(503)三月二十一日　正書
宣統三年(1911)洛陽出土

11667　近拓　2張　陶湘拓

著錄：菁　河圖·九　徵一·二　名
二·七　館·二　誌新·二　嵩二之三·三
芒冢三編·二　汲·一　循二·二　夢五·
十二　誌初一·二　誌釋二·六　河南　洛

司徒參軍元誘命婦馮氏誌

景明四年(503)八月四日　正書　1923
年洛陽出土

11668　近拓　1張

著錄：徵一·二　誌初一·二　誌新·
二　誌釋四·二九　洛

并州刺史雲陽男張整墓誌

景明四年(503)十一月二十五日　正書
1929 年河南孟津出土

11670　近拓　1張

著錄：徵一·二　誌初一·二　誌釋
五·四一　洛　河南

崔孝芬族弟墓誌

正始元年(504)正月二十一日　正書
安陽出土，曾歸安陽古物保存所

11669　近拓　2張　周慶雲舊藏

著錄：名二·七　校　河錄二·一

恒州刺史元龍墓誌

正始元年(504)十月十六日　正書
1929 年洛陽出土

11671　近拓　1張

著錄：徵一·二　遼·四三　誌初一·
二　誌釋三·九　洛

許和世墓誌

正始元年(504)十二月十三日　正書

河南省獲嘉縣出土

11672　近拓　1張

著錄：名二·七　循二·二　徵一·二
館·二　嵩二·一　誌新·二　誌初一·二
誌釋五·四

城陽懷王元鸞墓誌

正始二年(505)十一月十七日　正書
1919 年洛陽出土

11673　近拓　2張

著錄：名二·七　循二·二　芒冢四編
一·二　汲·一　夢五·十二　徵一·二
館·二　嵩二之三·一　誌初一·二　誌釋
四·三〇　洛

元始和墓誌

正始二年(505)十一月十八日　正書
1914 年洛陽出土

10173　1冊(三誌合冊)

11674　近拓　1張　周慶雲舊藏

著錄：名二·七　徵一·二　館·二
循二·三　雪跋二·十四　芒冢四編一·一
嵩二之三·一　誌初一·二　夢五·十二
汲·一　誌釋四·二五　洛

豫州刺史李簡子墓誌　又名"李蕤墓誌"

正始二年(505)十一月二十四日　正書
1931 年洛陽出土

11675　近拓　1張

著錄：徵一·二　誌釋五·四一　洛

惠猛法師墓誌

年月泐，或作正始二年(505)十二月十九
日　正書

11892　近拓　2張

11893　近拓　1張　陳運彰舊藏

著錄：甸九·二一　古墨二·三四　授
續二·五　雪跋二·二〇　芒冢補遺·三
誌二·一　誌釋六·六七

恒農太守寇臻墓誌

正始三年(506)三月二十六日　正書
1918 年洛陽出土，曾歸蘇州古物保存所，抗日

戦争時石毀

　　11676　近拓　2張　周慶雲舊藏

　　著録：名二・七　徴一・二　館・二
循二・三　雪跋二・十五　芒冢三編・三
蒿二・一　菁編　誌初一・二　九乙・十二
汲・二　洛　誌新・二　誌釋五・四二
河南

故徴士奚智墓誌

　　正始四年（507）三月十三日　正書
1926年洛陽出土

　　11677　近拓　1張

　　著録：徴一・二　丙寅稿・二五　誌初
一・二　蒿續・二　誌釋五・四二　洛

鎮北大將軍樂陵王元思墓誌

　　正始四年（507）三月二十五日　正書
1916年洛陽出土,曾歸九江李氏

　　11678　近拓　2張　陶湘舊藏

　　著録：河圖・十二　名二・八　徴一・
二　館・二　循二・三　芒冢四編一・二
汲・三　蒿二之三・一　誌初一・二　誌釋
四・三三　河南　洛

武昌王元鑒墓誌

　　正始四年（507）三月二十六日　正書
1925年洛陽出土

　　11680　近拓　1張

　　著録：徴一・二　誌初一・三　誌釋
三・十七　洛

城陽王元壽妃魏氏墓誌

　　正始四年（507）八月十六日　正書
1919年洛陽出土

　　10147　1冊(四誌合冊)

　　11681　近拓　2張

　　著録：名二・八　河圖・十三　徴一・
二　館・三　循二・四　芒冢四編一・三
汲・三　蒿二之三・三　誌初一・三　夢
五・十三　誌新・二　誌釋四・三〇　洛
河南

洛州刺史樂安王元緒墓誌

　　正始四年（507）十月三十日　正書
1919年洛陽出土

　　10172　1冊(五誌合冊)

　　11682　近拓　2張　原石初拓,十二行
“軍事”完好

　　11683　近拓　1張　復本,末行“骨”字
爲証

　　著録：名二・八　河圖・十三　徴一・
二　館・三　循二・四　芒冢四編一・三
汲・三　蒿二之三・一　誌初一・三　夢
五・十三　誌新・二　誌釋三・十九　洛
河南

張洛都葬磚記

　　正始五年（508）五月十七日　行書　河
南洛陽出土

　　11684　近拓　1張　范壽銘舊藏

　　著録：循二・五

侍中太傅北海平王元詳墓誌

　　永平元年（508）十一月六日　正書
1920年河南洛陽南出土,上海博物館藏石

　　11686　近拓　1張　原石初拓

　　11687　近拓　2張　“平”字橫斷

　　著録：徴一・二　名二・八　循二・六
芒冢四編一・五　誌新・二　誌初一・三
誌釋四・三七　河南

彭城王元勰墓誌

　　永平元年（508）十一月六日　正書
1919年洛陽出土

　　11688　近拓　2張　初拓

　　著録：徴一・二　名二・八　循二・五
芒冢四編一・五　誌新・二　誌初一・三
誌釋四・三七　河南

江陽王次妃石夫人墓誌

　　永平元年（508）十一月二十三日　正
書　宣統元年(1909)洛陽出土,上海博物館
藏石

　　11689　近拓　2張　原石拓本

　　11690　近拓　1張

著録：名二·八　河圖·十四　館·三　徵一·二　菁　嵩二之三·三　循二·六　芒冢上·一　雪跋二·十六　汲·五　河南　誌彙一·五　珉·三　誌釋三·十八

元德磚誌

永平二年（509）十一月十一日　正書　1916年洛陽出土

11692　近拓　1張

著録：丙寅稿·二六　誌初一·三　誌釋三·十四　洛

安定靖王第二子給事君夫人王氏墓誌

永平二年（509）仲冬二十三日　正書　1925年洛陽出土，曾歸于源右任

11693　近拓　1張　初拓，全文本　吳靜盦舊藏

11956　近拓　1張

著録：徵一·二　名二·八　誌初一·三　誌釋四·三三　河南　洛

寧陵公主墓誌

永平三年（510）正月八日　正書　1921年洛陽出土

11694　近拓　2張　陶湘舊藏，九江李氏初拓

著録：名二·八　河圖·十五　館·三　徵一·二　嵩二之三·四　循二·七　汲·四　芒冢四編一·六　誌初一·三　誌釋四·三八　洛

周千墓誌

永平三年（510）十月十七日　正書　河北定縣出土

11695　近拓　2張　姚貴昉初拓

著録：名二·八　循二·七　館·三　嵩二·一　誌新·二　夢五·十三　誌初一·三　誌釋五·四二

恒州別駕元保洛墓誌

永平四年（511）二月二十六日　正書　1926年洛陽出土

11696　近拓　1張

著録：徵一·二　誌初一·三　誌釋三·十五　河南

司馬紹等四墓誌　又名"四司馬墓誌"

永平四年（511）十月，正光元年（520）七月，延昌三年（514）正月，天平二年（535）十一月　含司馬紹誌、司馬晌誌、司馬景和妻誌、司馬昇誌。《司馬紹》、《司馬晌》皆用翻刻本作宋拓，《司馬景和妻》、《司馬昇》皆染舊拓作宋拓

10148　1冊　染舊拓充宋拓，梁章鉅跋

著録：寶鴨上·二二

司馬元興墓誌　又名"漁陽太守司馬紹墓誌"

永平四年（511）十月十一日　正書　河南孟縣出土

11697　近拓　1張

著録：朔目十·一　萃二七·八　竹一·十七　河録十三·一　跋二·十八　誌二·二　續鈔一·六　平二·十一　藝十八·一　孫録二·二六　名二·八　擴六·十一　楊圖二·七　彙九之二·六四　嵩二·一　徵一·二　館·三　面乙·二三　增圖二·一四五　中冢·一　古墨二·三五　潛目一·十　誌釋五·四二　金石一跋三·十　真一·十五　誌彙一·五　獨·三　乾隆五十四年懷慶府誌二七·十六

元侔墓誌並陰

永平四年（511）十一月五日　正書　1926年洛陽出土，陶湘藏石並拓

11698　近拓　2張

著録：徵一·二　館·三　嵩續補·一　誌初一·三　丙寅稿·二六　誌釋三·十四

楊範墓誌

永平四年（511）十一月十七日　正書

11699　近拓　2張

11700　近拓　1張

著録：名二·八　九乙·十三　循二·八　誌彙一·五　誌釋五·四三　陝六·十一　館·三　校

樂安王元悦墓誌

永平四年（511）十一月十七日　正書
1920 年洛陽出土

11891　近拓　2 張

著録：循二・八　芒冢四編一・六
汲・五　河圖・十七　徵一・三　館・三
誌新・二　夢五・十三　蒿二之三・一　誌
初一・三　誌釋三・十九　洛　河南

元畛墓誌　又名"使持節驃騎將軍冀州刺史尚書左僕射安樂王元畛（或釋詮）墓誌"

永平五年（512）八月二十六日　正書

11701　近拓　2 張　最初拓，周季木
舊藏

著録：名二・八　九乙・十四　循二・
九　芒冢三編・四　館・三　汲・六　菁
徵一・三　雪跋二・九　夢二・八　誌新・
二　蒿二之三・一

北海王妃李氏墓誌　又名"北海王元顥妃李元姜墓誌"

延昌元年（512）八月二十六日　正書
1920 年洛陽出土

10173　1 册（三誌合册）
11704　近拓　2 張

著録：河圖・十八　名二・八　循二・
九　芒冢四編一・七　館・三　徵一・三
汲續・二　夢五・十三　蒿二之三・三　誌
新・三　誌初一・三　松・四五　誌釋四・
三七　洛　河南

河州刺史臨澤定侯鄷乾墓誌

延昌元年（512）八月二十六日　正書
1931 年洛陽出土

11705　近拓　1 張

著録：徵一・三　誌釋五・四三

處士元顯儁墓誌

延昌二年（513）二月二十九日　正書
1917 年洛陽出土，曾歸北京歷史博物館

10150　舊拓　1 册　附蓋整張及實物
照片

11707　近拓　3 張（並蓋）　原石拓本

11708　近拓　2 張（並蓋）
11709　近拓　1 張　翻刻本
11710　近拓　1 張　翻刻本

著録：名二・八　河圖・十九　循二・
十　館・三　徵一・三　夢五・十三　蒿二
之三・一　九乙・十五　汲・七　誌初一・
三　誌釋四・三一　河南　增圖二・一四八
芒冢四編一・八　誌新・三

梁州刺史元演墓誌

延昌二年（513）三月七日　正書　清末
洛陽出土

10151　1 册
11711　近拓　2 張

著録：名二・八　河圖・二〇　循二・
十　芒冢上・一　汲・七　雪跋二・十七
館・三　徵一・三　夢五・十三　蒿二之
三・一　校　誌彙一・五　誌釋四・三四
洛　河南

貴華恭王普賢墓誌

延昌二年（513）六月二日　正書　1925
年洛陽出土，曾歸于右任

11714　近拓　1 張　于右任舊藏
11957　近拓　1 張

著録：徵一・三　丙寅稿・三四　名
二・九　誌釋二・六　誌初一・三　洛

左中郎將元颺妻王夫人墓誌

延昌二年（513）十二月四日　正書　宣
統二年（1910）洛陽出土，曾歸日本太倉喜八
郎，後石毀於地震

11958　近拓　1 張　陳師曾題簽

著録：河圖・十九　名二・九　九乙・
十六　循二・十一　夢五・十三　菁　芒冢
上・二　汲續・四　館・三　徵一・三　蒿
二之三・三　增圖二・一四六　校　誌彙
一・五　珉・三　誌釋三・二三　雪・六六
洛　河南

司馬景和妻墓誌

延昌三年（514）正月十二日　正書　乾
隆二十年（1755）河南孟縣出土

10149　乾隆拓　1册　"年"中劃有隙。有戚叔玉跋,附精拓整張

11716　近拓　1張

11717　近拓　1張　陶湘舊藏

著録:萃二八·一　瓊十四·二二　金石一跋三·十二　匋六·十二　中冢·二　名二·九　彙九之二·六四　攟六·十二　朔目十·一　誌二·三　平二·十三　藝十八·一　楊圖三·十　孫録二·二八　館·三　徵一·三　蒿二·一　增圖二·一四九　誌彙一·五　竹一·十七　貞二·九　校誌釋五·四九　獨·三　真一·十六　乾隆五十四年懷慶府誌二七·十五　雪·六六

殷州刺史崔偕墓誌

延昌三年(514)五月□□日　隸書　曾歸于右任

11938　近拓　1張

高宗嬪耿氏墓誌

延昌三年(514)七月十五日　正書　1914年洛陽出土,陶氏藏石

11718　近拓　2張　初拓本

著録:徵一·三　館·三　誌新·三　蒿二之三·三　循二·十一　汲·八　芒冢三編·五　夢五·十三　誌初一·四　誌釋二·六　洛　河南　菁編　名二·九　滿誌別上·九

高祖九嬪趙充華墓誌

延昌三年(514)九月二十八日　正書　1928年洛陽出土

11720　近拓　1張

著録:徵一·三　誌釋二·六　洛

洛州刺史長孫史瓆墓誌

延昌三年(514)十月二十一日　正書　1929年洛陽出土

11721　近拓　1張

著録:徵一·三　誌釋五·四三　洛誌初一·四

燕州刺史元颺墓誌

延昌三年(514)十一月四日　正書　宣統二年(1910)洛陽出土,曾歸日本太倉喜八郎,後石毀於地震

10152　出土初拓　1册(兩種)　陳師曾題簽

11959　近拓　1張

著録:名二·九　河圖·二一　夢五·十三　汲續·三　九乙·十七　菁　循二·十一　芒冢上·三　徵一·三　蒿二之三·一　增圖二·一四九　誌釋四·二三　珉·三　河南　館·三　誌彙一·五

冀州刺史元珍墓誌

延昌三年(514)十一月四日　正書　1920年河南出土,陶湘藏石並拓

11722　近拓　3張

著録:名二·九　河圖·二〇　夢五·十三　徵一·三　蒿二之三·一　誌初一·四　館·三　雪跋二·十七　誌釋三·十　洛　河南　芒冢四編一·八　循二·十二　汲·九

定州盧奴縣令姚纂墓誌

延昌四年(515)正月十六日　正書　河北定縣趙村出土,陶湘藏石並拓

11723　近拓　2張

著録:徵一·三　誌釋五·四三　名二·九　誌新·三　誌初一·四

顯祖成嬪墓誌

延昌四年(515)二月　正書　1926年洛陽出土,于右任藏石並拓

11724　近拓　1張

著録:徵一·三　誌釋二·六　誌初一·四

山暉墓誌

延昌四年(515)三月十八日　正書　1921年洛陽出土,于右任藏石並拓

11725　近拓　1張

著録:誌初一·四　館·四　徵一·三　誌釋五·四三　洛

恒州治中晉陽男王禎墓誌

延昌四年（515）三月二十九日　正書
1921年洛陽出土，于右任藏石並拓
11726　近拓　1張
著録：館·四　誌初一·四　誌釋五·
四三　洛

皇甫驎墓誌

延昌四年（515）四月十八日　正書　咸
豐間陝西鄠縣出土
10153　1冊　初拓精本
10154　舊拓　1冊　俞粟廬舊藏
11727　近拓　1張
11728　近拓　2張　歸金鉞後初拓本
著録：匋六·十七　名二·九　羅録
上·十八　瓊十四·二二　藝十八·一　硯
六·六　廎十　雪跋二·十八　楊圖三·
十　嵩二·一　徵一·三　增圖二·一五〇
四當四·五　館·四　誌彙一·五　誌釋
五·四四　雪·六六　陝六·十一　夢
二·九

王紹墓誌

延昌四年（515）閏十月二十二日　正書
清末洛陽出土，抗戰時石毀于蘇州
10193　1冊
11729　近拓　2張　周慶雲舊藏
著録：河圖·二三　名二·九　循二·
十三　芒冢上·四　汲·十　雪跋二·十八
館·四　徵一·三　嵩二·一　誌彙一·五
校　誌釋五·四四　洛　誌初一·三

涼州長史王昌墓誌

熙平元年（516）三月十七日　正書
1929年洛陽太倉村出土
11730　近拓　1張
著録：洛　誌釋五·四四　徵一·三
誌初一·四

元謐妃馮氏墓誌

熙平元年（516）八月二日　正書　于右
任藏石並拓
11732　近拓　1張

著録：館·四　誌釋四·三五　洛

皇内司諱光墓誌

熙平元年（516）八月二十六日　正書
1926年洛陽出土
11733　近拓　1張
著録：徵一·三　誌釋二·六　洛　誌
初一·四

豫州刺史樂陵王元彦墓誌

熙平元年（516）十一月十日　正書
1917年洛陽出土，1930年歸河北博物院。石
已佚
11734　近拓　2張　周慶雲舊藏
著録：名二·九　河圖·二二　夢五·
十三　循二·十四　河南　菁編　雪跋二·
十九　汲·十二　徵一·三　館·四　芒冢
四編一·十　嵩二之三·一　洛　誌新·三
誌初一·四　丙寅稿·二七　誌釋四·三三

成烈將軍奉朝請元延生磚誌

熙平元年（516）十一月二十一日　正書
1926年洛陽出土
11735　近拓　1張
著録：誌釋四·四〇　嵩續·十二

汶山侯吐谷渾璣墓誌

熙平元年（516）十一月二十一日　正書
1929年洛陽出土
11736　近拓　1張
著録：徵一·三　丙寅稿·三五　遼·
四六　誌釋五·四五　洛　誌初一·四　嵩
補遺·一

濟州刺史長寧穆公楊胤墓誌

熙平元年（516）十一月二十二日　正書
宣統二年（1910）陝西華陰出土
11737　近拓　2張　初拓
著録：名二·九　徵一·三　館·四
九乙·十八　循二·十四　汲·十一　誌彙
一·五　校　誌釋五·四五　菁　嵩二·二

洛州刺史元廣墓誌

熙平元年(516)十一月二十二日　正書
于右任藏石並拓

11738　近拓　1張

著錄：徵一・三　誌釋四・四　洛　河
南　丙寅稿・二七　誌初一・四

廣平王元懷墓誌

熙平二年(517)八月二十日　正書
1925年洛陽出土，河南圖書館藏石

11739　近拓　2張

著錄：名二・九　河跋・二　徵一・三
誌初一・四　松・三九　誌釋四・三九
館・四　洛　河南

王誦妻元氏墓誌

熙平二年(517)八月二十日　正書
1919年洛陽出土，陶湘藏石並拓

11740　近拓　2張
11741　近拓　1張　翻刻本(肥)
11742　近拓　1張　翻刻本(瘦)

著錄：館・四　徵一・三　名二・九
汲二・十六　芒冢四編一・十一　河南
汲・十二　誌釋五・五七　嵩二之三・四
誌初一・四　洛　循二・十六　滿誌別上・
十一

刁遵墓誌

熙平二年(517)十月九日　正書　雍正
間河北南皮廢寺址出土，1917年陶湘藏石
並拓

10155　乾嘉拓　1張　"正始中"未泐，
較咸同拓多77字。秦曼卿跋

11744　近拓　4張

著錄：竹一・十八　孫録二・二八　萃
二八・四　松・五〇　校　金石一跋三・十
二　硯續五・六　誌釋五・四五　瓊十五・
一　阮山九・八　攘六・十三　韓五・九
獨・三　跋二・二〇　平二・十四　廎七
寶鴨上・二〇　九乙・十八　誌二・五　韓
續一・九　畿誌一四三・六七　東冢上・一
畿上・二　彙三之二・六　同治戊辰鹽山誌
十四・二九　藝十八・一　館・四　徵一・

三　田目・九　嵩二・二　楊圖三・十一
增圖二・一五二　名二・九　誌彙一・六
雪・六七　潛目一・十　真續補正一・八
真一・十六

陽平幽王太妃李氏墓誌

熙平二年(517)十一月二十八日　正書
1920年洛陽出土，陶湘藏石並拓

11745　近拓　1張　翻刻本
11746　近拓　2張

著錄：名二・九　循二・十六　芒冢四
編一・十一　汲續・二　夢五・十三　誌
新・三　館・四　徵一・三　嵩二之三・四
誌初一・四　誌釋四・二三　洛

高宗嬪耿壽姬墓誌

神龜元年(518)三月八日　正書

11747　近拓　2張(蓋失拓)

著錄：名二・十　徵一・三　誌新・三
嵩二之三・三　循三・一　夢五・十三
館・四　芒冢四編一・十四　汲・十三　誌
初一・四　誌釋二・六

瑤光寺尼慈義墓誌

神龜元年(518)十月十五日　正書
1929年洛陽出土

11748　近拓　1張

著錄：徵一・四　洛　誌釋二・六
遼・四五　河南　誌初一・四

本郡功曹寇憑墓誌

神龜二年(519)二月二十三日　正書
1918年洛陽出土，抗戰時石毀

11750　近拓　2張　初拓本

著錄：名二・十　河圖・二六　誌新・
三　館・四　徵一・四　九乙・二〇　芒冢
三編・五　雪跋二・二一　汲・十四　循
三・一　嵩二・二　誌初一・四　誌釋五・
四七　洛　河南

汝南太守寇演墓誌

神龜二年(519)二月二十三日　正書
1918年洛陽出土，抗戰時石毀

11751　近拓　2張　初拓本
　　著錄：名二・十　河圖・二六　菁編
徵一・四　館・四　誌新・三　洛　芒冢三
編・六　蒿二・二　汲・十五　九乙・二〇
循三・二　誌初一・四　雪跋二・二〇　誌
釋五・四七　河南

涇州刺史齊郡王元祐墓誌

　　神龜二年(519)二月二十三日　正書
清末洛陽高溝村出土,民國間歸日本東京太
俞氏

　　11752　近拓　2張　陶祖光贈
　　著錄：名二・十　河圖・二五　循三・
一　芒冢上・五　汲・十三　河南　蒿二之
三・一　夢五・十三　館・四　徵一・四
菁　誌彙一・六　校　誌釋四・三四　洛
滿誌別上・十二

元遙墓誌

　　熙平二年(517)九月二日卒,神龜二年
(519)八月葬。　正書　陶湘藏石並拓
　　11753　近拓　2張　(一1)靜盦舊藏
(一2)陶湘舊藏
　　著錄：名二・十　館・四　徵一・三
河圖・二四　汲・十五　誌初一・四　循
三・二　蒿二之三・一　洛　河南　芒冢四
編一・十三　誌釋四・二四

京兆王息元遙妻梁氏墓誌

　　神龜二年(519)八月十日　正書　1919
年洛陽出土,陶湘藏石並拓
　　11754　近拓　2張　(一1)靜盦舊藏
(一2)陶湘舊藏
　　著錄：名二・十　館・四　徵一・四
蒿二之三・一　河圖・二四　循三・二　誌
新・三　芒冢四編一・十四　汲・十六　誌
初一・四　洛　河南

元琎妻穆夫人墓誌並蓋

　　神龜二年(519)十月二十七日　正書
1922年洛陽出土,陶湘藏石並拓
　　11755　近拓　4張
　　11756　近拓　2張　翻刻本

　　著錄：河圖・二七　名二・十　徵一・
四　館・四　芒冢四編一・十五　河南　誌
初一・四　松・四六　誌釋四・三三　洛
誌新・三

城門校尉元騰墓誌

　　神龜二年(519)十一月九日　正書
1925年洛陽出土,開封博物館藏石
　　10172　1册(五誌合册)
　　11758　近拓　2張
　　11769　近拓　1張
　　著錄：名二・十　館・四　徵一・四
河跋・三　誌釋三・二〇　丙寅稿・六　誌
初一・四　洛

雍州刺史元暉墓誌

　　神龜三年(520)三月十日　正書　1926
年洛陽出土,于右任藏石並拓
　　11759　近拓　1張
　　11760　近拓　1張　歸于右任前拓
　　著錄：徵一・四　館・五　誌初一・五
誌釋三・十四　洛　孫文青跋(河南博物館
館刊一期)

太尉公穆亮妻尉太妃墓誌

　　神龜三年(520)六月三十日　正書　洛
陽出土
　　11761　近拓　2張　出土初拓
　　著錄：徵一・四　誌釋五・四一　洛
河南　名二・十　誌初一・五　蒿補遺・一

恒州刺史元譿墓誌

　　神龜三年(520)十一月十四日　正書
1920年洛陽出土,開封博物館藏石
　　11762　近拓　2張　出土初拓
　　著錄：名二・十　河圖・二八　蒿二之
三・一　循三・三　芒冢四編一・十五
汲・十七　河跋・四　館・五　誌新・三
誌初一・五　松・四一　誌釋四・三六　夢
五・十三　徵一・四　河南

晉陽男元孟輝墓誌

神龜三年(520)十一月二十二日　正書
1926年洛陽出土

11763　近拓　1張　出土初拓

11764　近拓　1張　右下角已泐後拓

著錄：徵一・四　誌釋三・十　洛誌
初一・五

平州刺史司馬昞墓誌並蓋

正光元年(520)七月二十六日　正書
乾隆二十年(1755)河南孟縣出土,蓋爲原石,
誌係馮敏瞳刻。曾歸陶氏

11770　近拓　3張

著錄：名二・十　萃二九・一　金石一
跋三・十三　徵一・四　館・五　楊圖三・
十二　嵩二・二　平二・十五　誌二・十一
寶鴨上・二二　雪跋二・二一　校　增圖
二・一五六　彙九之二・六四　誌彙一・六
攈六・十四　唐風・四一　孫錄二・二九
誌釋五・四八　中冢・二　真一・十六

齊郡太守韓玄墓誌

正光元年(520)十月二十一日　正書
山東臨淄出土

11757　近拓　3張

著錄：藝十八・一　館・五　徵一・四
壬癸・二六　名二・十　田目續・六　誌彙
一・六　誌釋五・四八　通一五二・一一六
左冢・一　校　山訪十二・七　羅錄上・十
七　嵩二・二　民國臨淄縣誌五

元氏夫人趙光墓誌並蓋

正光元年(520)十月二十一日　正書

11767　近拓　1張

著錄：徵一・四　誌釋三・一六　洛
誌初一・五

終廣男叔孫協墓誌

正光元年(520)十一月十五日　正書
1929年洛陽出土,曾歸郭玉堂

11772　近拓　1張

著錄：徵一・四　誌釋五・四八　洛
誌初一・五

李壁墓誌

正光元年(520)十二月二十一日　正書
光緒間山東景州出土,曾歸山東金石保存所

10171　舊拓　1張

11773　近拓(並陰)　6張

著錄：校館・五　徵一・四　藝續一
循三・四　九甲・三五　畿上・五　通一五
二・一　田目再續・九　歷一・十四　弗
沈曾植寐叟題跋二集上　誌釋五・五〇　嵩
二・二　誌彙一・六

世宗第二貴嬪夫人司馬顯姿墓誌

正光二年(521)二月二十二日　正書
1917年洛陽出土,陶湘藏石並拓

11774　近拓　2張

著錄：菁編　藝續一　徵一・四　館・
五　誌新・三　嵩二之三・三　洛　九乙・
二一　循三・五　芒冢三編・八　雪跋二・
二二　汲・十七　夢五・十三　誌初一・五
誌釋二・七　河南

潁州刺史穆纂墓誌並蓋

正光二年(521)二月二十八日　正書
1926年洛陽出土,于右任藏石並拓

11776　近拓　2張

著錄：徵一・四　誌釋五・五〇　洛
誌初一・五

劉華仁墓誌

正光二年(521)三月十七日　正書
1925年洛陽出土,抗戰時石毀

11775　近拓　2張　周慶雲舊藏

著錄：名二・十一　館・五　循三・七
誌彙一・六　誌初一・五　校　洛　誌釋
二・七　河南

女尚書馮迎男墓誌

正光二年(521)三月二十六日　正書
1925年洛陽出土,鄞縣馬氏藏石並拓

11777　近拓　2張

著錄：徵一·四　芒冢四編補遺·三誌釋二·七　洛　誌初一·五

張安姬墓誌

正光二年（521）三月二十九日　正書

1922年洛陽出土，于右任藏石並拓

11778　近拓　2張

著錄：菁　河圖·三〇　名二·十一徵一·四　館·五　誌新·四　洛　蒿二之三·三　循三·六　雪跋二·二三　芒冢續上·一　汲續·五　誌初一·五　誌釋二·七　河南

張君夫人趙郡李淑真墓誌

正光二年（521）七月三日　正書

11780　近拓　1張

著錄：名二·十一

傅姆王遺女墓誌

正光二年（521）八月二十日　正書

1919年洛陽出土，徐森玉藏石並拓

11779　近拓　2張

著錄：菁　名二·十一　徵一·四館·五　誌新·四　蒿二之三·三　洛　循三·六　雪跋二·二三　汲·十八　誌初一·五　誌釋二·七　芒冢續補遺·一

王僧男墓誌並蓋

正光二年（521）九月二十日　正書

1917年洛陽出土，陶氏藏石並拓

10172　1冊（五誌合冊）

11781　近拓　4張

著錄：名二·十一　徵一·四　誌新·四　循三·六　芒冢四編一·十六　丙寅稿·三四　汲·十八　蒿二之三·三　館·五　誌初一·五　誌釋二·七　洛

宮內司高唐縣君楊氏墓誌

正光二年（521）十一月三日　正書　洛陽出土，于右任藏石並拓

11782　近拓　2張

著錄：名二·十一　徵一·四　館·五

誌新·四　蒿二之三·三　芒冢三編·九循三·七　雪跋二·二三　汲·十九　誌初一·五　誌釋二·七

張盧墓誌

正光三年（522）三月二十三日　正書

1935年洛陽出土，于右任藏石並拓

11783　近拓　1張

著錄：徵一·四　誌釋十一·一一四　洛

充華嬪盧氏墓誌

正光三年（522）四月三十日　正書

1926年洛陽出土，于右任藏石並拓

11784　近拓　1張

著錄：徵一·四　丙寅稿·三四　誌釋二·七　洛　誌初一·五

長樂馮邕妻元氏墓誌並蓋

正光三年（522）十月二十五日　正書

1926年洛陽出土，後流往日本

11788　近拓　2張

著錄：河圖·三一　徵一·四　館·五誌釋四·十五　洛　河南

鎮遠將軍鄭道忠墓誌

正光三年（522）十二月二十六日　正書道光間河南滎陽出土

10156　舊拓精本　1冊

10157　舊拓　1冊　陶北溟、袁克文舊藏

11961　近拓　1張　吳靜盫舊藏

著錄：趙錄二·三　縵七·五　九乙·二二　瓊十五·十　名二·十一　平三續上·五　彙九之一·十八　民國九年續滎陽縣誌九　蒿二·二　藝十八·一　誌二·十二　徵一·四　攈六·十五　館·五　增圖二·一六〇　真三·十　誌彙一·六　誌釋五·五一　芒冢上·六　獨·三　萃目一·二　宜二·六

夫人孟元華墓誌

正光四年（523）正月十六日　正書

1936 年洛陽出土,于右任藏石並拓

　　11789　　近拓　1 張

　　著録：徵一・四　　誌釋十一・一一
四　洛

齊郡王妃常季繁墓誌

　　正光四年（523）二月二十七日　　正書
洛陽出土,曾歸武進董氏,後流入日本,歸太
倉喜八郎,1924 年石毀於地震

　　10152　　1 册（兩種）　陳衡恪題簽

　　11962　　近拓　1 張

　　著録：河圖・三三　　名二・十一　　九
乙・二二　　芒冢上・七　　循三・八　　雪跋
二・二四　　館・五　　徵一・五　　夢五・十四
菁　　嵩二之三・四　　誌彙一・六　　珉・三
校　　誌釋四・三四　　洛　河南　雪・七四

龍驤將軍元引墓誌

　　正光四年（523）二月二十七日　　正書
1925 年洛陽出土

　　11790　　近拓　2 張

　　著録：徵一・四　　名二・十一　　洛　　誌
初一・五

元秀墓誌

　　正光四年（523）二月甲申（二十七日）
正書　1926 年洛陽出土

　　11791　　近拓　1 張

　　著録：徵一・五　　丙寅稿・二八　　誌釋
三・二一　　誌初一・五

敦煌鎮將元倪墓誌

　　正光四年（523）二月二十七日　　正書
民國初年洛陽出土,1960 年歸上海博物館

　　11792　　近拓　2 張

　　著録：名二・十一　　河圖・三三　　徵
一・五　　館・五　　夢五・十四　　洛　嵩二之
三・一　　循三・九　　汲・十九　　雪跋二・二
五　　菁　　誌初一・五　　誌釋三・十七　　河南
芒冢續補遺・一　　誌新・四

正平太守元仙墓誌

　　正光四年（523）二月二十七日　　正書

1927 年洛陽出土

　　11793　　近拓　1 張

　　著録：徵一・五　　誌釋三・十九　　洛
誌初一・五

元譚妻司馬氏墓誌

　　正光四年（523）三月二十三日　　正書
1927 年洛陽出土,曾歸于右任

　　11679　　近拓　1 張　　初拓本,"千"、
"令"未洗本

　　著録：誌釋四・三六　　洛　誌初一・五

平州刺史元靈曜墓誌

　　正光四年（523）三月二十三日　　正書
1927 年洛陽出土

　　11794　　近拓　1 張

　　著録：徵一・五　　誌釋四・二四　　洛
誌初一・五

姬伯度磚誌

　　正光四年（523）五月二十四日　　正書

　　11795　　近拓　1 張

　　著録：誌釋十一・一一四

處士王基墓誌

　　正光四年（523）十月二十日　　正書
1927 年洛陽出土

　　11796　　近拓　1 張

　　著録：徵一・五　　誌釋五・五一　　洛
誌初一・六　　嵩續・二

鞠彥雲墓誌

　　正光四年（523）十一月二日　　正書　光
緒初山東黃縣出土

　　10158　　最初拓本　1 張　王廉生題簽

　　11797　　近拓　2 張（並蓋）　原石拓本

　　11900　　清拓　2 張（並蓋）　原石拓本

　　著録：山訪十・二　　田目續・六　　羅録
上・十七　　硯續五・十一　　校　　通一五一・
五四　　名二・十一　　藝十八・一　　徵一・五
館・六　　嵩二・二　　循三・十　　面甲・三〇
左冢・二　　彙十補遺・二五　　增圖二・一六
二　　弗　　誌彙一・六　　楊圖三・十七　　真

一・十七 汲續・五 誌釋五・五一 增修
登州府誌六五・三

威烈將軍元尚之墓誌
正光四年(523)十一月二十七日 正書
11798 近拓 4張 初拓
著録：徵一・五 誌釋十一・一一二

襄威將軍大宗正丞元斌墓誌
正光四年(523)十一月二十七日 正書
1927年洛陽出土
11799 近拓 1張 馬君武舊藏
著録：徵一・五 誌釋四・二五 洛

陸希道誌蓋
考爲正光四年(523) 篆書 乾隆間河
南孟縣出土
11894 近拓 1張
著録：授續一・十五 誌二・十四 瓊
十六・八 誌釋五・五一 名二・十一 朔
目十・一 河録十三・二 彙九之二・六四
誌彙一・六 嵩二・三 攈六・十五 竹
一・二〇 藝一・二 萃二九・六 孟縣誌
七 孫録二・三〇

司州牧趙郡貞景王元諡墓誌
正光五年(524)閏二月二日 正書
1930年洛陽出土,傳今在日本
11800 近拓 1張 初拓
著録：徵一・五 遼・四四 誌釋四・
三五 洛 河南 誌初一・六

小劍戎主元平墓誌
正光五年(524)三月十日 正書 1925
年洛陽出土,于右任藏石並拓
11801 近拓 2張
著録：徵一・五 名二・十一 誌釋
三・十一 洛 丙寅稿・二九 誌初一・六

元昭墓誌
正光五年(524)三月十一日 正書
11787 近拓 1張 蓋失拓
著録：徵一・五 芒冢四編補遺・四

松 誌釋三・十一 洛 名二・十一 誌初
一・六 河南

比丘尼統慈慶墓誌
正光五年(524)五月十八日 正書
1923年洛陽出土,1945年石毀,毀後僅存69
字。常景文,李寧民書,體例可貴
11802 近拓 2張
著録：名二・十一 河圖・三六 芒冢
四編補遺・六 徵一・五 嵩五・一 誌初
一・六 誌釋五・五二 洛 河南 真續
二・六

孫遼浮圖銘
正光五年(524)七月二十五日 正書
11803 近拓 2張
11804 近拓 1張 陶湘舊藏
著録：徵一・五 名二・十二 循三・
十 中冢・三 校 誌彙一・七 誌釋五・
五二 嵩五・一 河南

冀州刺史元子直墓誌
正光五年(524)八月六日 正書 1922
年洛陽出土
11806 近拓 2張 原石拓本
11807 近拓 1張 翻刻本
著録：徵一・五 芒冢四編補・七 誌
釋四・三八 名二・十二 洛 河南 誌初
一・六

彭城王妃李瑗華墓誌
正光五年(524)八月六日 正書 1920
年洛陽出土
11808 近拓 2張 陶湘藏石並拓
11809 近拓 1張 歸陶湘前拓
著録：名二・十二 河圖・三八 徵
一・五 館・六 誌新・四 夢五・十四
循三・十 芒冢四編一・十六 汲・二〇
嵩二之三・四 誌初一・六 誌釋四・三七
洛 河南

太常少卿元璨墓誌
正光五年(524)十一月三日 正書

1926 年洛陽出土

    11810　近拓　1 張

    著録：徵一·五　誌釋四·二三　洛誌初一·六

平州刺史元崇業墓誌

    正光五年（524）十一月十四日　正書 1927 年洛陽出土，于右任藏石並拓

    11811　近拓　1 張

    著録：徵一·五　誌釋四·二四　洛河南　誌初一·六

樂安王馮季華墓誌

    正光五年（524）十一月十四日　正書 1920 年洛陽出土，曾歸安陽金石保存所

    11812　近拓　2 張

    著録：河圖·三九　名二·十二　藝續 徵一·五　館·六　誌新·四　蒿二之三· 四　九乙·二四　循三·十一　汲·二二 夢五·十四　誌初一·六　松·四六　誌釋 三·十九　洛　河南　芒冢四編一·十九

輕車將軍元寧墓誌

    正光五年（524）十一月十五日　正書 1926 年出土，于右任藏石並拓

    11813　近拓　2 張

    著録：徵一·五　洛　誌釋四·四〇 館·六　誌初一·六

龍驤將軍平陽檀賓墓誌

    正光五年（524）十一月二十七日　正書 河南洛陽出土，于右任藏石並拓

    11815　近拓　1 張

    著録：徵一·五　館·六　蒿續·二 誌初一·六　誌釋五·五二

關西十州台使郭顯墓誌

    正光五年（524）十一月二十八日　正書 1926 年洛陽出土，于右任藏石並拓

    11814　近拓　1 張

    著録：徵一·五　館·六　蒿續·二 誌初一·六　誌釋五·五二　洛　河南

杜延登磚誌

    正光五年（524）　正書

    11816　近拓　1 張　范壽銘舊藏

懷令李超墓誌

    正光六年（525）正月十六日　正書　河南偃師喬家村出土

    10166　1 册　“陵”字未損本

    10167　舊精拓　1 册

    10168　1 册（四誌合册）　梁章鉅跋，染舊充宋拓

    11817　舊拓　1 張

    11901　舊拓　1 張

    著録：萃二九·七　楊圖三·十九　竹 一·二〇　名二·十四　藝十八·二　嵩 二·二　平二·十八　館·六　校　攮六· 十六　徵一·五　孫録二·三二　增圖二· 一六四　芒冢上·九　誌二·十四　中記 一·十三　跋二·二二　寶鴨上·二一 雪·七五　偃上·九　彙九之四·一　誌彙 一·七　誌釋五·五二　續古文苑十六　潛 目一·十一　瓊十六·七　真一·十七 獨·三　宜二·六

徐淵墓誌

    正光六年（525）正月二十七日　正書 曾歸王懿榮、端方、王緒祖，後歸日本書道博物院

    11818　近拓　2 張

    11819　近拓　2 張　東武王鄌閣拓

    著録：名二·十二　芒冢補遺·二　徵 一·五　嵩二·二　誌彙一·七　誌釋五· 五三　館·六　校　匋七·六

功曹參軍元茂墓誌

    正光六年（525）三月十七日　正書 1936 年洛陽出土，于右任藏石並拓

    11820　近拓　1 張

    著録：徵一·五　誌釋十一·一一三　洛

吴安國墓誌

    孝昌元年（525）正月　正書

11822　近拓　1張
著録：匋七・九　誌彙一・七　名二・十二

元華光墓誌

孝昌元年（525）九月二十四日　正書
1923年洛陽出土，隴西李氏拓
11824　近拓　2張
著録：名二・一二　徵一・五　誌釋三・二〇　洛　河南

元顯魏墓誌

孝昌元年（525）十月二十六日　正書
1916年洛陽出土
11825　近拓　2張　顧鼎梅舊藏
11826　近拓　1張
著録：名二・一二　徵一・五　九乙・二六　循跋三・十二　汲・二三　誌釋四・三〇　誌新・二　洛　菁編　河南　芒冢續補遺・二　夢二・七　誌初一・六

中山王元熙墓誌

孝昌元年（525）十一月二十日　正書
1919年洛陽出土，德化李氏拓
11827　近拓　2張
11828　近拓　1張
著録：名二・十二　河圖・四四　汲・二四　循三・十二　芒冢四編一・二〇　徵一・五　館・六　誌新・四　夢五・十四　嵩二之三・二　誌初一・六　誌釋四・二八　河南　洛

青州刺史元暉墓誌

孝昌元年（525）十一月二十日　正書
1919年洛陽出土，陶湘藏石並拓
11829　近拓　2張
著録：河圖・四五　名二・十二　藝續館・七　徵一・五　誌新・四　嵩二之三・二　芒冢四編一・二一　汲・二六　循三・十三　夢五・十四　誌初一・六　河南　雪跋二・二八　誌釋四・二九　洛

恒州刺史元纂墓誌

孝昌元年（525）十一月二十日　正書
1919年洛陽出土，陶湘藏石並拓
11830　近拓　2張
11831　近拓　1張
著録：藝續　誌新・四　河圖・四四館・七　徵一・六　循三・十三　洛　芒冢三編・九　雪跋二・二八　汲・二五　菁編嵩二之三・二　夢五・十四　誌初一・六誌釋四・二九　河南

元公夫人薛氏墓誌　又名"都昌侯元誘妻薛伯徽墓誌"

孝昌元年（525）十一月二十日　正書
1923年洛陽出土，曾歸于右任
11832　初拓　2張
著録：徵一・六　館・七　誌初一・七丙寅稿・三五　誌釋四・二九　洛

故處士吳高黎墓誌

孝昌二年（526）正月十三日　正書　洛陽出土，端方藏石並拓
11833　近拓　2張
11834　近拓　1張　原拓中最舊拓本
11835　近拓　1張
11836　近拓　1張
著録：藝十八・一　名二・十二　匋七・九　硯八・十二　趙録二・四　校瓊十六・九　河圖・四五　九甲・十八　芒冢續上・二　嵩二・二　徵一・六　彙九補遺・五　真一・十七　河南　增圖二・一六五　誌彙一・七　館・七　攈六・十六　誌釋五・五三

介休令李謀墓誌

孝昌二年（526）二月十五日　正書　光緒十八年（1892）山東安邱出土，宣統二年（1910）歸濟南金石保存所
10172　1冊（五誌合冊）
11839　近拓　2張　原石舊拓，陶湘舊藏
11840　近拓　1張　王壯弘舉復刻本
11841　舊拓　1張　方若舉復刻本

11867　舊拓　1張

著録：壬癸・二八　歷一・十六　田目再續・九　名二・十二　校匋七・十一館・七　楊圖・三八　通一五二・一一六　徵一・六　嵩二・二　誌彙一・七　雪跋二・二七　左家・二　雪・七四　民國奉天通誌二五四・四四　山訪十二・十六　羅録上・十七　誌釋五・五三

文成皇帝夫人于仙姬墓誌

孝昌二年（526）四月四日　正書　1926年洛陽出土，曾歸于右任

11837　近拓　1張

11838　近拓　1張（並蓋）　陶湘舊藏

著録：徵一・六　館・七　誌釋二・八洛　誌初一・七

昚雙仁墓誌

孝昌二年（526）五月二十九日　正書1926年洛陽出土，曾歸于右任

10163　1冊

11842　近拓　1張

著録：徵一・六　館・七　嵩續補・一誌初一・七

冀州刺史元乂墓誌

孝昌二年（526）七月二十四日　正書1925年洛陽出土，石存開封博物館

11843　近拓　2張

著録：河圖・四六　河跋・三　徵一・六　名二・十三　誌初一・七　松・四二河南　誌釋三・十八　洛　館・七

世宗皇帝嬪李氏墓誌

孝昌二年（526）八月六日　正書　1926年洛陽出土，于右任藏石並拓

11844　近拓　1張

著録：徵一・六　館・七　嵩續補・二誌初一・七　誌釋二・八　洛

功曹參軍命婦鮮于仲兒墓誌

孝昌二年（526）八月十八日　正書1927年洛陽出土，于右任藏石並拓

11845　近拓　1張

著録：河圖・四七　徵一・六　館・七嵩續・二　河南　誌初一・七　誌釋六・五七　洛

冀州刺史侯剛墓誌並蓋

孝昌二年（526）十月十八日　正書1926年洛陽出土，誌四周有紋飾，蓋上有精紋

11846　近拓　2張

著録：河圖・四七　徵一・六　誌初一・七　誌釋五・五四　羅振玉松翁未焚稿館・七　洛　河南

東莞太守秦洪墓誌並蓋

孝昌二年（526）十月十八日　正書1926年洛陽出土，于右任藏石並拓

11847　近拓　2張

著録：徵一・六　誌釋五・五四　洛誌初一・七　嵩補遺・一

元壽安墓誌並蓋

孝昌二年（526）十月十九日　正書1922年洛陽出土，曾歸陶湘

10159　初拓　1冊（蓋失拓）

11849　初拓　3張

11850　初拓已損本　2張

著録：名二・十三　河圖・五〇　徵一・六　館・七　誌新・四　河南　嵩二之三・二　芒家四編一・二三　夢五・十四誌初一・七　誌釋四・二六　滿誌別上・二三　洛

清水太守恒農男楊乾墓誌並蓋

孝昌二年（526）十月十九日　正書1929年洛陽出土，曾歸于右任

11848　近拓　2張

著録：徵一・六　館・七　嵩續・二誌初一・七　誌釋五・五四　洛

豫州刺史元琕墓誌並蓋

孝昌二年（526）十月十九日　正書1922年洛陽出土，于右任藏石並拓

11851　近拓　4張

11852　近拓　2張

著録：河圖・四九　名二・十三　徵
一・六　館・七　誌新・四　河南　蒿二之
三・二　芒冢四編補遺・九　夢五・十四
誌初一・七　誌釋四・三三　洛

西陽男高廣墓誌

孝昌二年（526）十月　正書　1923年洛
陽出土，曾歸陶湘

11853　近拓　3張　"魏故"已損

著録：名二・十三　徵一・六　館・七
循三・十四　汲・二七　蒿二・二　誌初
一・七　誌新・四　誌釋五・五四　芒冢四
編一・二二　滿誌別上・二二　洛

東夏州刺史公孫猗墓誌

孝昌二年（526）十一月十四日　正書
1926年洛陽出土，曾歸于右任

11854　近拓　1張

著録：藝續一　徵一・六　館・七　蒿
補・一　誌初一・七　誌釋五・五四　洛

于景墓誌並蓋

孝昌二年（526）十一月十四日　正書
1919年洛陽出土，于右任藏石並拓

11856　近拓　3張　陶湘舊藏

著録：蒿二之一・二　河圖・五一　名
二・十三　徵一・六　館・七　芒冢四編
一・二六　循三・十四　誌初一・七　松補
遺　誌釋五・五四　洛　河南　誌新・五

七兵尚書寇治墓誌

孝昌二年（526）十一月十七日　正書
1919年洛陽出土，抗戰時石毀於吳縣

11857　近拓　2張

著録：名二・十三　河圖・五二　徵
一・六　館・七　誌新・四　蒿二・二
汲・二八　循三・十五　九乙・二七　誌初
一・七　誌釋五・五五　洛　河南　芒冢三
編・十

銀青光禄大夫于纂墓誌並蓋

孝昌二年（526）閏十一月七日　正書

1926年洛陽出土

11858　近拓　2張

著録：徵一・六　芒冢上・十　汲・三
○　誌釋六・五六　洛　河南　校　丙寅
稿・三○　誌彙一・七　誌初一・七　蒿
二・二　菁

安西將軍元朗墓誌

孝昌二年（526）閏十一月十九日　正書
1927年洛陽出土

11859　近拓　1張

著録：徵一・六　誌釋三・二○　洛
誌初一・八

郡中正寇侃墓誌並蓋

孝昌二年（526）十二月二十六日　正書
1920年洛陽出土

11860　近拓　4張

著録：藝續　徵一・六　蒿二・二　名
二・十三　循三・十五　芒冢四編一・二七
館・七　汲・二六　誌初一・八　誌新・五
誌釋五・五五　洛

騎都尉董偉墓誌

孝昌三年（527）二月十六日　正書
1925年洛陽出土，于右任藏石並拓

11861　近拓　2張

著録：名二・十二　徵一・六　館・七
蒿補・一　誌初一・八　誌釋五・五五　洛

肆州刺史和邃墓誌

孝昌三年（527）二月二十七日　正書
1927年洛陽出土

11862　舊拓　1張　"易拜"未脱去

著録：徵一・六　館・八　誌初一・八
誌釋六・五六

富平伯于纂墓誌

孝昌三年（527）五月十一日　正書　宣
統二年（1910）洛陽出土，曾歸陶湘

10193　1冊

11863　初拓　4張

著録：徵一・六　名二・十三　河圖・

五三　循三・十五　館・七　嵩續・三　嵩
二・二　菁　誌初一・七　誌釋六・五
六　洛

胡昭儀墓誌並蓋

　　孝昌三年（527）五月二十三日　正書
1919 年洛陽出土,曾歸陶湘
　　11865　初拓　2 張
　　著録：河圖・五四　名二・十三　誌
新・五　嵩二之三・三　循三・十六　誌初
一・八　汲・三一　芒冢四編一・二八　誌
釋二・八　洛　河南　真續二・六

雍州刺史元固墓誌

　　孝昌三年（527）十一月二日　正書
1918 年洛陽出土
　　11868　初拓　2 張　周慶雲舊藏
　　著録：名二・十三　徵一・六　誌新・
五　嵩二之三・二　芒冢四編一・二九
汲・三一　雪跋二・二九　循三・十六
館・八　夢五・十四　誌初一・八　誌釋
四・二六　洛

咸陽太守劉玉墓誌

　　孝昌三年（527）十一月二十四日　正書
西安出土,曾歸川沙沈樹鏞、海豐吳式芬。光
緒十八年（1892）毀於火,民國時王希量曾
翻刻
　　10160　初拓精本　1 冊
　　10161　初拓　1 冊
　　10168　1 冊（四誌合冊）　梁章鉅跋,染
舊充宋拓
　　11963　清拓　1 張
　　著録：趙録二・四　寶鴨上・二二　田
目再續・十　楊圖三・十九　硯續五・十五
縵七・六　瓊十六・十一　名二・十三　藝
十八・二　嵩二・二　徵一・六　汲・三二
循三・十七　館・八　左冢・三　彙十二之
一・一　增圖二・一六四　誌彙一・七　攈
六・十八　誌釋六・五六

甄官主簿寧想墓誌

　　孝昌三年（527）十二月十五日　行書

1931 年洛陽出土,原有墓廓石室畫像八石,已
流歸美國。于右任藏石並拓
　　11869　近拓　1 張
　　著録：徵一・七　誌釋六・五六　洛

員外散騎侍郎元舉墓誌

　　武泰元年（528）仲春己丑朔（考爲二月）
二十一日　正書　于右任藏石並拓
　　11870　近拓　1 張
　　著録：徵一・七　館・八　誌釋四・三
二　洛

南平王元暐墓誌

　　武泰元年（528）三月十六日　正書
　　10162　精拓　1 冊
　　著録：徵一・七　館・八　嵩續・十一
誌初一・八　誌釋三・十七　洛　河圖・五
五　河南　丁戊稿・二五

穆彦夫人元洛神墓誌並蓋

　　四月戊子朔（考爲建義元年）十八日　正
書　于右任藏石並拓
　　11937　近拓　2 張
　　著録：徵一・七　誌釋六・五八　洛

冀州刺史廣平王元悰墓誌並蓋

　　建義元年（528）六月十六日　正書
1922 年洛陽出土,陶湘藏石並拓
　　11872　近拓　4 張
　　11895　近拓　1 張
　　著録：河圖・五七　名二・十三　徵
一・七　嵩二之三・二　芒冢四編補・十
松・四三　夢五・十四　誌初一・八　館・
八　誌釋四・三九　洛　河南

瓜州刺史元均之墓誌

　　建義元年（528）七月六日　正書　1928
年洛陽出土,于右任藏石並拓
　　11873　近拓　1 張
　　著録：河圖・五八　誌初一・八　誌釋
三・二〇　洛　河南

太常少卿元悛墓誌

建義元年（528）七月十二日　正書
1926年河南孟津出土，于右任藏石並拓

11874　近拓　1張

著録：館·八　蒿續·十一　誌初一·
八　丙寅稿·三一　誌釋三·十五　洛

司空城局參軍陸紹墓誌

建義元年（528）七月十七日　正書　光
緒間洛陽出土，抗戰時石毀於吳縣

11875　近拓　2張

著録：名二·十三　徵一·七　館·八
蒿二·二　汲·三三　循四·一　芒冢續
上·二　誌彙一·七　誌初一·九　誌釋
六·五六　洛

徐州刺史元略墓誌

建義元年（528）七月十八日　正書
1919年洛陽出土，陶湘藏石並拓

10173　1冊（三誌合冊）

11876　近拓　2張

著録：誌新·五　徵一·七　館·八
河圖·五九　名二·十三　汲·三三　洛
河南　芒冢四編一·三〇　循四·二　夢
五·十四　誌初一·九　誌釋四·二九　滿
誌別上·二八

瀛州刺史元廞墓誌

建義元年（528）七月十八日　正書
1921年洛陽出土，于右任藏石並拓

11877　近拓　2張

著録：河圖·六〇　名二·十三　徵
一·七　館·八　誌新·五　蒿二之三·二
循四·一　芒冢四編一·三二　夢五·十四
誌初一·九　丙寅稿·三一　誌釋四·二九
洛　河南

徐州刺史王誦墓誌

建義元年（528）七月二十七日　正書
1921年洛陽出土，曾歸德化李氏

11878　近拓　2張　陶湘舊藏

著録：河圖·六一　名二·十三　徵
一·七　館·八　誌新·五　洛　蒿二之

一·二　循四·二　芒冢四編一·三二
汲·三五　誌初一·九　真續二·七　誌釋
六·五六　河南

宣恭王元毓墓誌並蓋

建義元年（528）七月三十日　正書
1915年洛陽出土，曾歸紹興周氏、于右任

10165　1冊

11880　近拓　3張

著録：徵一·七　誌釋四·三六　循
四·三　芒冢續上·三　汲·三六　洛　九
乙·二九　菁　河南　誌新·五　雪跋二·
二九　誌初一·九

武昌王妃吐谷渾氏墓誌

建義元年（528）八月十一日　正書
1921年洛陽出土，于右任藏石並拓

10172　1冊（五誌合冊）

11879　近拓　2張

著録：名二·十四　徵一·七　館·九
誌新·五　蒿二之三·四　夢五·十四　循
四·三　芒冢四編一·三五　誌初一·九
誌釋三·十七　洛

開國男元周安墓誌

建義元年（528）九月七日　正書　1925
年洛陽出土，于右任藏石並拓

10164　1冊

11881　近拓　2張

著録：名二·十四　徵一·七　館·九
蒿二之三·二　誌初一·九　丙寅稿·三二
洛　誌釋四·二六

臨淮王元彧墓誌

考爲建義元年（528）秋　正書　1915年
洛陽出土

11882　近拓　2張　于右任藏石並拓

著録：藝續　誌釋三·二一　徵一·七
雪跋二·三〇　名二·十四　汲·四一
館·九　芒冢三編·十五

鄒縣男唐耀墓誌

永安元年（528）十一月二日　正書

1920 年洛陽出土

　　11883　近拓　2 張　于右任藏石並拓

　　著録：名二・十四　徵一・七　館・九
誌新・六　芒冢四編一・三六　汲・三七
嵩二・二　誌初一・九　誌釋六・五七　洛

巨平縣侯元欽墓誌

　　永安元年（528）十一月八日　正書
1916 年洛陽出土，曾歸陶湘

　　11884　初拓　2 張

　　著録：藝續　九乙・二九　循四・四
汲・三八　誌新・五　名二・十四　河圖・
六三　徵一・七　館・九　芒冢三編・十二
夢五・十四　菁編　嵩二之三・二　河南
誌初一・九　誌釋四・二三　滿誌別上・三
一　洛

華州刺史丘哲墓誌

　　武泰元年（528）十一月十九日　正書
1927 年洛陽出土

　　11871　近拓　1 張

　　著録：河圖・五六　徵一・七　館・八
嵩續・三　誌初一・八　洛　河南

元景略妻蘭夫人墓誌

　　永安元年（528）十一月二十日　正書
1917 年洛陽出土，曾歸陶湘

　　11885　近拓　3 張　有五人同審印

　　11886　初拓　1 張

　　著録：菁編　名二・十四　徵一・七
誌新・五　嵩二之三・四　汲・四〇　芒冢
三編・十四　循四・四　飲冰室文集　館・
九　夢五・十四　誌初一・九　誌釋四・四
〇　洛

光州刺史元禮之墓誌

　　永安元年（528）十一月二十日　正書
1926 年洛陽出土，于右任藏石並拓

　　11902　近拓　1 張

　　著録：徵一・七　洛　誌釋四・三五
誌初一・九

濟州刺史王翊墓誌

　　永安二年（529）二月二十七日　正書
1926 年洛陽出土，于右任藏石並拓

　　11903　近拓　1 張

　　著録：徵一・八　館・九　誌初一・九
誌釋六・五七　洛

涼州刺史元維墓誌

　　永安二年（529）三月九日　正書　1920
年洛陽出土

　　11887　近拓　3 張

　　著録：名二・十四　徵一・八　館・九
循四・五　汲續・六　嵩二之三・二　誌
新・六　夢五・十四　芒冢四編一・三六
誌初一・九　誌釋三・十九　洛

青州刺史元馗墓誌

　　永安二年（529）三月九日　正書　1920
年洛陽出土，于右任藏石並拓

　　11904　近拓　2 張

　　著録：徵一・八　名二・十四　芒冢四
編一・十一　松　誌釋三・十七

博野縣公荀景墓誌並蓋

　　永安二年（529）四月三日　正書　1928
年洛陽出土，于右任藏石並拓

　　11905　近拓　2 張

　　著録：徵一・八　洛　誌釋六・五七

丞相江陽王元繼墓誌

　　永安二年（529）八月十二日　正書
1927 年洛陽出土，于右任藏石並拓

　　11691　近拓　1 張

　　11906　近拓　2 張

　　著録：徵一・八　循四・五　誌初一・
十　誌初一・九　誌釋三・十八　丁戊稿・
二四　汲續・六　館・九　芒冢四編一・三
六　洛

邢巒妻元純陀墓誌

　　永安二年（529）十一月七日　正書　于
右任藏石並拓

　　11907　近拓　1 張

著録：徵一·八　蒿續補·二　誌初一·十　誌釋四·二八

建城侯山徽墓誌

永安二年（529）十一月七日　正書 1929 年洛陽出土，于右任藏石並拓

11908　近拓　1 張

著録：徵一·八　館·九　蒿續·三 誌初一·十　誌釋六·五七　洛

萬年縣伯爾朱襲墓誌並蓋

永安二年（529）十一月七日　正書 1928 年洛陽出土，曾歸于右任

11909　初拓　2 張

著録：館·九　徵一·八　誌初一·十 誌釋六·五七　洛

趙郡開國公爾朱紹墓誌

永安二年（529）十一月七日　正書 1928 年洛陽出土，于右任藏石並拓

11910　近拓　1 張

著録：徵一·八　館·九　蒿續·三 誌初一·十　誌釋六·五七　洛

常侍郎元恩墓誌

永安二年（529）十一月十九日　正書 1921 年洛陽出土

11888　近拓　3 張

著録：徵一·八　名二·十四　循四· 五　芒冢四編一·三八　汲·四○　誌釋 三·二七　誌新·六　誌初一·十　洛

兗州長史穆彥墓誌並蓋

永安二年（529）十二月二十六日　正書 1928 年洛陽出土，于右任藏石並拓

11912　近拓　2 張

著録：徵一·八　館·九　蒿續·三 誌初一·十　誌釋六·五八　洛

故先生寇霄墓誌

永安三年（530）二月　正書　1925 年洛陽出土

11889　近拓　2 張

著録：館·九　誌釋六·五八　洛　誌初一·十

王舒磚誌

永安三年（530）九月十一日　正書　洛陽出土，曾歸徐森玉

11911　近拓　1 張　周慶雲舊藏

著録：名二·十四　循四·五　誌新· 六　誌初一·十　誌釋十一·一一五

范陽王元誨墓誌

普泰元年（531）三月二十七日　正書 1920 年洛陽出土，陶湘藏石並拓

11913　近拓　2 張

著録：名二·十四　徵一·八　館·九 蒿二之三·二　循四·六　芒冢四編一·三 八　洛　誌新·六　誌初一·十　誌釋四· 三九　夢五·十四　松·四四

元誨墓誌蓋

普泰元年（531）三月二十七日　篆書

11940　近拓　1 張

著録：名二·十四　徵一·八　館·九 蒿二之三·二　循四·六　芒冢四編一·三 八　洛　誌新·六　夢五·十四　誌初一· 十　誌釋四·三九　松·四四

睪平縣伯赫連悅墓誌

普泰元年（531）七月十四日　正書 1935 年洛陽出土，于右任藏石並拓

11915　近拓　1 張

著録：館·九　誌釋十一·一一五　洛

武昭王元天穆墓誌並蓋

普泰元年（531）八月十日　正書　于右任藏石

11914　初拓　2 張　褚德彝舊藏

著録：河圖·六四　徵一·八　誌初一·十　丙寅稿·三二　誌釋三·十　河南館·九

新興王元弼墓誌

普泰元年（531）八月十一日　正書

1926 年洛陽出土,曾歸于右任

    11916　初拓　1 張

    著録：徵一・八　館・九　蒿續補・二
誌初一・十　誌釋三・二〇　洛

張黑女墓誌　又名"張玄墓誌"

    普泰元年(531)十月一日　正書

    10169　1 册(三種)　何紹基臨本翻刻

    著録：東・九　誌二・十七　硯六・十
瓊十六・十四　獨・三　肙四・二四　真
一・十七　名二・十四　右二・十九　誌彙
一・七　誌釋六・五八　東跋四・七

散騎賈瑾墓誌

    普泰元年(531)十月十三日　正書　光
緒十七年(1891)山東長山出土

    10170　舊拓　1 册　周慶雲舊藏,附
整張

    11918　清拓　2 張

    著録：通一五二・一一七　楊圖三・二
〇　壬癸・三〇　館・九　匋七・十五　田
目再續・十　藝十八・二　蒿二・二　名
二・十四　徵一・八　增圖二・一六六　誌
釋六・五九　誌彙一・七

司空穆紹墓誌

    普泰元年(531)十月二十四日　正書
1922 年洛陽出土

    11917　近拓　2 張

    著録：名二・十四　徵一・八　蒿二・
三　誌初一・十　誌釋六・五九　松・四七
館・十　洛

恒州刺史韓震墓誌

    普泰二年(532)三月二十日　正書
1926 年洛陽出土,曾歸于右任

    11919　初拓　1 張

    11920　近拓　1 張

    著録：藝續一　徵一・八　館・十　蒿
補・一　蒿續補・一　誌釋六・五九　誌初
一・十　洛

文宣王元延明墓誌

    太昌元年(532)七月二十八日　正書
1919 年洛陽出土

    11921　近拓　2 張　周慶雲舊藏

    著録：名二・十四　河圖・六六　循
四・七　芒冢四編一・四〇　汲・四二　洛
誌新・六　夢五・十四　館・十　徵一・八
蒿二之三・二　增圖二・一七〇　誌釋四・
三五　誌初一・十　河南

北海王元顥墓誌

    太昌元年(532)八月二十三日　正書
石毁於火,殘存數段

    11922　初拓　2 張

    著録：徵一・八　名二・十四　循四・
八　芒冢四編一・四四　汲・四五　誌釋
四・三七　洛　河南　交三・十三

東海王元頊墓誌

    太昌元年(532)八月二十三日　正書
1920 年洛陽出土,曾歸天津徐世昌

    11923　近拓　2 張

    著録：徵一・八　名二・十五　循四・
八　芒冢四編一・四六　汲・四六　誌釋
四・三七　誌新・六　誌初一・十　洛

代州刺史薛孝通貽後券

    太昌元年(532)九月十日　正書

    11925　近拓　1 張　陸和九跋

瀛州刺史李彰墓誌

    太昌元年(532)九月二十九日　正書
光緒間洛陽出土,曾歸太倉陸氏

    11924　近拓　1 張

    著録：徵一・八　名二・十五　九乙・
三一　循四・九　雪跋二・三一　芒冢一・
十一　校　誌釋六・五九　洛　誌彙一・七
蒿二・三

平州刺史于君妻和醜仁墓誌

    太昌元年(532)十月二十四日　正書
1926 年洛陽出土,于右任藏石並拓

    11926　近拓　1 張

著録：徵一・八　館・十　蒿續・三
誌初一・十一　誌釋六・五九　洛

宋虎墓誌

太昌元年(532)十一月十八日　正書
11706　近拓　1張
著録：徵一・八

城陽王元徽墓誌

太昌元年(532)十一月十九日　正書
1918年洛陽出土,曾歸陶湘
11927　初拓　3張
著録：名二・十五　徵一・八　館・十
誌新・六　汲・四六　芒冢四編・四八　循
四・十　雪跋二・三一　夢五・十四　誌初
一・十一　蒿二之三・二　誌釋四・三〇
滿誌別上・三七　洛

林慮哀王元文墓誌

太昌元年(532)十一月十九日　隸書
1920年洛陽出土,曾歸陶湘、徐森玉
11928　初拓　2張
著録：藝續　館・十　河圖・六七　名
二・十五　徵一・八　誌新・六　夢五・十
五　洛　汲・四八　雪跋二・三〇　芒冢四
編一・四〇　誌初一・十一　誌釋四・三八
滿誌別上・三六　河南

贈青州刺史元襲墓誌

太昌元年(532)十一月十九日　正書
1927年洛陽出土,曾歸于右任
11929　初拓　1張
著録：徵一・八　館・十　蒿續・十二
誌初一・十一　誌釋四・二五　洛

參軍事元馗墓誌

太昌元年(532)十一月十九日　正書
1917年洛陽出土,曾歸于右任
11930　初拓　1張
著録：徵一・八　館・十　蒿續補・二
誌初一・十一　誌釋四・二六　洛

魯郡王元肅墓誌

永熙二年(533)二月二十六日　正書
1926年洛陽出土,曾歸于右任
11931　初拓　1張
著録：館・十　誌初一・十一　誌釋
四・三〇　洛

寧國伯乞伏寶墓誌

永熙二年(533)三月二十一日　正書
1928年洛陽出土,曾歸于右任
11932　近拓　1張
著録：徵一・八　洛　誌釋六・六〇
誌初一・十一　蒿續・三

南岐州刺史張寧墓誌

永熙二年(533)五月二十七日　正書
1932年洛陽出土,曾歸于右任
11933　近拓　1張
著録：徵一・九　蒿補遺・一　誌初
一・十一　誌釋六・六〇　洛

滄州刺史石使君戴夫人墓誌

永熙二年(533)十一月二十五日　正書
1923年洛陽出土
11934　近拓　1張(蓋失拓)
著録：名二・十五　徵一・九　蒿二・
三　芒冢四編補遺・十二　誌釋六・六〇

齊州刺史鑽遠墓誌

永熙二年(533)十一月二十五日　正書
1920年洛陽出土,曾歸陶湘
11935　近拓　1張
11936　初拓　2張
著録：名二・十五　夢五・十五　徵
一・九　館・十　蒿二之三・二　芒冢四編
一・四九　汲・四九　誌新・六　誌初一・
十一　誌釋四・二五　滿誌別上・三九　洛

王君殘墓誌

永熙二年(533)　正書
11896　近拓　2張
著録：徵一・九　誌新・六　誌初一・
十一　蒿二・三　田目再續・十

王英銘記(殘)

　　(上泐)癸亥(下泐)朔二十一日　正書

　　11939　近拓　1張

齊郡順王常妃墓誌蓋

　　篆書　1928年洛陽城北高溝村元楨墓出土,于右任藏石並拓

　　11941　近拓　1張

　　著録:誌初一・十二　洛

河内宜陽二郡太守魏僧勛墓記

　　正書　曾歸天津姚貴昉、定海方若

　　12041　近拓　1張　謝伯殳舊藏

　　著録:誌初一・十四　誌釋六・六七
蒿二・四

故清水□守墓誌蓋

　　篆書　于右任藏石並拓

　　11942　近拓　1張

寧朔將軍王君劉夫等墓誌蓋

　　篆書　于右任藏石並拓

　　11943　近拓　1張

元使君墓誌蓋

　　篆書　河南圖書館藏石

　　13213　近拓　1張　何日章拓贈

東魏

比丘洪永銘

　　天平二年(535)四月二日　正書

　　13203　近拓　1張　涂鼎元舊藏

太中大夫元玕墓誌

　　天平二年(535)七月二十八日　正書
陶湘藏石並拓

　　11945　近拓　4張(並蓋)

　　11946　初拓　1張

　　著録:誌新・七　名二・十六　河圖・
六八　循五・一　雪跋三・一　河南　汲・
五一　芒冢四編一・五一　徵一・九　館・
十　嵩二之三・二　夢五・十五　洛　誌初
一・十二　松・四五　誌釋三・十八　滿誌
別上・四一

司馬昇墓誌

　　天平二年(535)十一月七日　正書　石
在日本

　　10184　馮題後精拓　1册(附整拓)

　　10186　1册(三誌合册)

　　11947　清拓　2張　陸增祥舊藏

　　著録:嵩二・三　中冢・四　田目再
續・十二　竹一・二三　萃三十・三　楊圖
三・二一　名二・十六　金石一跋三・八
誌三・一　平二・十八　徵一・九　館・十
誌釋六・六〇　增圖二・一七九　彙九之
二・六四　朔目十・一　乾隆孟縣誌七　誌
彙一・八　擴六・二一　獨・四　弗　乾隆
二十四年懷慶府誌二七・十七　河朔訪古隨
筆卷下・九

滄州刺史王僧墓誌

　　天平三年(536)二月十三日　正書　道
光二十二年(1842)河北滄縣出土

　　10185　初拓　1册(附初拓整本)　陶
北溟舊藏

　　10186　1册(三誌合册)

　　11948　清拓　4張　翻刻本

　　11949　清拓　1張

　　11950　清拓　1張

　　著録:藝十八・二　畿上・二　瓊十
七・二六　楊圖三・二一　趙録二・七
館・十　畿冢上・七　嵩二・三　徵一・九
續乙　循五・二　雪跋三・一　擴六・二二
雪・七五　彙三之二・五　增圖二・一七八
誌釋六・六一　真一・十八　名二・十六
誌彙一・八　校　同治戊辰鹽山縣誌十四・
三一　1933年滄縣誌十三・金石七

華山王妃公孫甑生墓誌

　　天平四年(537)七月十六日　正書　河
北磁縣出土,陶湘藏石並拓,曾歸瀋陽博物館

　　11952　近拓　2張

著録：名二·十六　誌新·七　夢五·
十五　館·十一　徵一·九　誌初一·十二
循五·二　鄴冢三·一　誌釋三·十

燕州刺史長孫囧墓誌
　　天平四年(537)七月十六日　正書
　　11954　近拓　1張

兗州刺史張滿墓誌
　　天平四年(537)十一月十二日　正書
河北磁縣出土，瀋陽博物館藏石
　　11951　近拓　1張　周慶雲舊藏
　　11964　近拓　2張(並蓋)
　　著録：名二·十六　循五·三　館·十
一　蒿二·三　鄴冢二·二　誌釋六·六一
誌彙一·八　徵一·九　滿誌別上·四五

比丘淨智塔銘
　　元象元年(538)四月十一日卒　正書
　　11953　1張

文靜公李憲墓誌
　　元象元年(538)十二月二十四日　正書
　　10168　1冊(四誌合冊)　梁章鉅跋，染
舊充宋拓
　　10187　舊拓　1張　"魏"存半，"軍事
左將軍"未泐
　　10188　1冊　"軍事左將軍"等字已泐
　　11965　近拓　2張
　　著録：求一·三二　縵七·七　畿上·
二　畿冢上·八　畿誌一五一·一二五　徵
一·九　硯續五·十六　羅録上·十八　藝
十八·二　瓊十八·二　名二·十六　岷·
一　循五·四　雪跋三·二　校　蒿二·三
館·十一　彙三補遺·三五　增圖二·一八
二　誌釋六·六一　雪·七六　誌彙一·八
真一·十八

齊州刺史高湛墓誌
　　元象二年(539)十月十七日　正書　乾
隆十四年(1749)山東德州衛出土
　　10186　1冊(三誌合冊)
　　10189　出土初拓　1冊

　　10190　舊拓　1冊　沈樹鏞舊藏
　　11966　清拓　2張
　　著録：藝十八·二　縵七·九　札樸
八·三八　楊圖三·二二　田目·十　萃
三·四　竹一·二三　山訪一·十七　右
二·十六　跋三·二　阮山九·二〇　平
二·十九　岷·三　左冢·四　誌三·三
有二·七又十二　攘六·二三　蒿二·三
徵一·九　校館·十一　彙十之一·二〇
孫録二·三六　鈔二·五二　歷一·二二
延中　增圖二·一八八　獨·四　誌釋六·
六三　真一·十八　潛目一·十一　誌彙
一·八　雪·七六　真續補正一·八　宜
二·七　通一五二·二

劉懿墓誌
　　興和二年(540)正月二十三日　正書
道光初山西垣縣出土
　　10191　出土最初拓　1冊(附完善整張
拓)　"食邑"完善之整本，鄒安舊藏
　　11967　清拓　2張
　　著録：硯續六·十八　右訪·三　右
二·二一　右叢一·十五　瓊十九·一　縵
七·十　趙録二·七　右冢上·一　楊圖
三·二四　泉一·十　寶鴨上·二二　廎·
十一　岷·三　館·十一　右録·一　攘
六·二三　名二·十六　徵一·九　蒿二·
三　彙十一·十七　藝十八·二　校　面
甲·二九　緣四·十九　增圖二·一八八
誌釋六·六四　雪·七六　誌彙一·八　右
録·一

前山茌縣令郗蓋族銘
　　興和二年(540)閏五月二十一日　正書
山東福山出土
　　11968　近拓　3張　吳靜盦舊藏（一
1)周慶雲舊藏
　　著録：藝續　通一五二·一〇九　誌釋
六·六六　徵一·九　名二·十六　誌彙
一·八　蒿二·三　田目補·二　匋八·七

王顯慶墓誌
　　興和二年(540)九月十三日　正書　陶
湘藏石

13204　近拓　2張
著録：名二·十六　徵一·九　蒿二·三　誌釋六·六六　滿誌別上·四七

閻伯升暨夫人元氏墓誌

興和二年（540）十月二十八日　正書
安陽出土,曾歸于右任
13205　近拓　1張
著録：誌釋十一·一一五　徵一·十

中水縣民范思彦墓誌

興和三年（541）正月二十九日　正書
安陽出土,曾歸紹興范氏
13206　近拓　1張
著録：誌新·七　蒿二·三　名二·十六　徵一·十　誌釋六·六六　誌初一·十二　循五·五

宜陽郡王元寶建墓誌

興和三年（541）八月二十一日　正書
1922年河北磁縣出土。曾歸顧燮光、河南博物館
11969　近拓　2張
著録：名二·十六　河圖·六八　誌新·七　夢五·十五　河跋·五　菁鄴家二·三　九乙·三二　循五·五　徵一·十　館·十一　蒿二之三·三　雪跋三·四　夢二·十　誌釋四·三八　誌初一·十二　河南

王元鷟墓誌

興和三年（541）十月二十二日　正書
曾歸瀋陽博物館
11970　近拓　2張
著録：名二·十六　夢五·十五　徵一·十　館·十一　蒿二之三·三　鄴家二·五　雪跋三·三　誌初一·十二　誌新·七　誌釋三·十　循五·六

李豔華墓誌　又名"元公妻李夫人墓誌"

興和三年（541）十一月十七日　正書
安陽出土,曾歸于右任
13207　近拓　1張

著録：徵一·十　誌釋十一·一一三

李挺墓誌

興和三年（541）十二月二十三日　正書
曾歸于右任
13208　近拓　1張
著録：徵一·十　誌釋十一·一一六

西河王元悰墓誌

武定元年（543）三月十九日　隸書　河北磁縣出土,曾歸紹興周養安
11971　近拓　2張
著録：徵一·十　循五·七　雪三·六　鄴家二編·七　誌釋四·二四　名二·十六　誌新·七　誌初一·十二

渤海太守王偃墓誌並蓋

武定元年（543）十月二十八日　正書
光緒元年（1875）山東陵縣出土
10168　1冊（四誌合冊）　梁章鉅跋,染舊充宋拓
10192　出土初拓　1張　附有跋、整張拓
11972　清拓　3張
著録：藝十八·二　通一五二·二　民國陵縣續誌·三　硯續六·二一　山訪一·十九　羅録上·十八　楊圖三·二九　田目續·九　瓊十九·二二　求一·三四　縵七·十二　名二·十七　循五·八　左冢·五　徵一·十　彙十補遺·四　蒿二·四面乙·二五　增圖二·一九二　校　誌釋六·六六　雪·七九　求一·三四　誌彙一·八　真一·十八　館·十一

長孫伯年妻陳平整墓誌

武定二年（544）四月二十五日　正書
曾歸鄴縣馬叔平
11973　近拓　2張　吳靜盦舊藏
著録：誌釋六·六六

文獻王元湛墓誌並蓋

武定二年（544）八月庚申（八日）　正書
1917年安陽出土

11976 近拓 4張 吳靜盦舊藏
　　著録：誌新・七 蒿補・十 九乙・三
三 河目上・一 蒿二之三・三 徵一・十
館・十一 夢五・十五 續安・一 誌釋
三・二一 名二・十七 誌初一・十二

廣陽文獻王妃王令媛墓誌並蓋

　　武定二年（544）八月庚申（八日）　1917
年安陽出土，曾歸安陽金石保存所
　　11977 近拓 3張
　　著録：河目上・二 名二・十七 徵
一・十 館・十一 循五・九 蒿二之三・
四 鄴冡二・十三 誌新・七 九乙・三四
續安・一 誌釋三・二一 誌初一・十二

淮南僖王元顯墓誌

　　武定二年（544）八月二十日　隸書 安
陽出土
　　11974 近拓 2張 吳靜盦舊藏
　　著録：河目上・二 徵一・十 館・十
一 循五・十 蒿二之三・四 鄴冡二・十
二 九乙・三四 夢五・十五 續安・一
誌初一・十二 誌新・七 誌釋三・二一

安康縣伯元均墓誌

　　武定二年（544）八月二十日　正書 安
陽出土，安陽金石保存所藏石，後裂爲八、
九塊
　　11975 初拓 2張 （一1）周慶雲舊藏
（一2）吳靜盦舊藏
　　著録：名二・十七 河目上・三 九
乙・三五 循五・十 誌新・七 夢五・十
五 徵・十 館・十一 蒿二之三・三 誌
初一・十二 續安・二 誌釋三・十六

諸冶令侯海墓誌並蓋

　　武定二年（544）十月十日　河北磁縣出
土，曾歸瀋陽博物館
　　11978 近拓 4張
　　著録：名二・十七 循五・十一 鄴冡
二・十四 徵一・十 館・十一 蒿二・四
誌釋六・六六 誌彙一・八 滿誌別上・五一

臨濟縣侯叔孫固墓誌

　　武定二年（544）十一月二十九日　隸書
1915年安陽出土
　　11979 近拓 2張 未裂損前拓
　　著録：河目上・三 名二・十七 誌
新・七 館・十一 蒿補・一 誌初一・十
二 續安・三 誌釋六・六六 朔目二・一
循跋上・二六 循五・十一 徵一・十

隗天念墓誌

　　武定二年（544）十一月二十九日　正書
　　13210 近拓 1張
　　著録：名二・十七 徵・十 蒿二・四
誌釋六・六六

汝陽王元賥墓誌

　　武定三年（545）十一月二十九日　正書
河北磁縣出土（一說河南安陽出土），曾歸粵
中鄧氏、吳興張鈞衡
　　11980 近拓 3張
　　著録：名二・十七 循五・十二 徵
一・十 館・十一 九乙・三六 蒿二之
三・三 丙寅稿・三六 誌釋四・二四 朔
目二・一 誌彙一・八 鄴冡上・一 夢
五・十五

章武王妃盧貴蘭墓誌

　　武定四年（546）十一月二十二日　正書
河北磁縣出土，傳民國間售於日本
　　11981 近拓 3張 吳靜盦舊藏
　　著録：名二・十七 館・十一 徵一・
十 蒿二之三・四 雪跋三・六 循五・十
二 誌釋四・三二 誌彙一・八 夢五・十
五 增圖二・一九四 滿誌別上・五二 鄴
冡上・二 藝續

西兗州刺史鄭君殘誌

　　武定五年（547）二月七日卒　正書 河
南河陰西出土，曾歸端方、中國歷史博物館
　　11955 近拓 1張 況周頤舊藏
　　著録：蒿一・四 雪跋三・八 九甲・
八一 誌彙一・八 夢五・十五 唐風・四
五 校 甸六・十二

文竫妃馮令華墓誌

武定五年（547）十一月十六日　正書
河北磁縣出土
10193　1冊
11982　近拓　2張　吳靜盦舊藏
著録：九乙・三七　循五・十三　鄴家
二・十五　徵一・十　誌新・八　河目上・
三　誌初一・十二　續安・三　誌釋四・二
七　名二・十七　夢五・十五　嵩二之
三・四

東安王太妃陸順華墓誌

武定五年（547）十一月十六日　正書
安陽出土
11983　近拓　2張　吳靜盦舊藏
著録：名二・十七　河目上・三　嵩
補・十一　夢五・十五　誌新・七　徵一・
十　館・十一　循五・十三　誌初一・十二
誌釋四・三二　朔目二・一　續安・三　九
乙・三八

安豐王妃馮氏墓誌

武定六年（548）十月二十二日　隸書
河北磁縣出土
13211　近拓　1張
著録：誌新・八　名二・十七　館・十
一　誌初一・十二　誌釋四・三五　朔目
二・二　夢五・十五　徵一・十　嵩二之
三・四　增圖二・一九四

吳郡王蕭正表墓誌並蓋

武定八年（550）二月二十九日　隸書
河北磁縣出土,瀋陽博物館藏石
11984　近拓　4張
著録：名二・十七　徵一・十　館・十
一　嵩二・四　誌初一・十三　誌釋六・六
七　誌彙一・八　誌新・八　循五・十五
鄴家上・三　滿誌別上・五四

源磨耶墓誌

武定八年（550）三月六日　正書　河南
氾水出土,曾歸端方、于右任
13212　近拓　1張

著録：藝十八・二　硯續六・二五　名
二・十七　增圖二・一九七　誌釋十一・一
一六　匋九・十八　徵一・十　館・十二
瓊十九・三四　面甲・三〇　誌彙一・八

太原太守穆子岩墓誌

武定八年（550）五月十三日　正書
1916年安陽出土
11985　近拓　2張　吳靜盦舊藏
著録：名二・十七　徵一・十　嵩二・
四　汲・五一　菁循五・十五　循跋上・
二八　九乙・三九　雪跋三・七　續安・三
河目上・三　河録二・一　朔目二・二　誌
新・八　鄴家上・六　誌初一・十三　誌釋
六・六七

北齊

元賢墓誌

天保二年（551）十一月三日　正書　安
陽（一説磁縣）出土
10206　1冊
11986　初拓　1張
著録：朔目二・二　名二・十八　館・
十二　徵一・十　循六・一　誌釋三・十一
誌彙一・九　鄴家上・七

崔顧墓誌

天保四年（553）二月二十九日　正書
道光咸豐間山東益都出土,今在南京
10207　初拓　1冊　附整張初拓,葉東
卿舊藏
11988　近拓　1張　翻刻本
著録：藝十八・二　橋一・十五　平
三・一　誌三・五　九乙・四〇　瓊二十・
五　寶鐵上・四　擴六・二七　館・十二
徵一・十　嵩二・四　彙十之三・二二　幾
上・二　歷一・二五　通一五一・三三　山
訪十二・一　誌釋七・七〇　誌彙一・九
雪・八二　田目續・九　校　增圖二・二
〇〇　萃目一・四

陽平郡公司馬遵業墓誌

　　天保四年(553)三月二十七日　　正書
河北磁縣出土,曾歸天津姚貴昉

　　11987　近拓　1張

　　著録:徵一・十　嵩二・四　誌新・八
循六・一　鄴冢二・十七　誌初一・十三
誌釋七・六九　名二・十八

廣阿縣公竇泰墓誌並側

　　天保六年(555)二月九日　　隸書　安陽
出土

　　11989　近拓　1張　周慶雲舊藏

　　著録:名二・十八　河目上・四　河録
二・一　朔目二・二　嵩二・四　徵一・十
一　誌新・八　循六・二　鄴冢二・二〇
續安・四　館・十二　雪跋三・十　誌釋
七・七〇　誌初一・十三

竇泰夫人妻黑女墓誌

　　天保六年(555)二月九日　　隸書　安陽
出土

　　11990　近拓　1張　周慶雲舊藏

　　著録:名二・十八　館・十二　河目
上・四　河録二・一　朔目二・二　雪跋
三・十一　徵一・十一　誌新・八　循六・
三　鄴冢二・二四　續安・六　嵩二・四
誌初一・十三　誌釋七・七〇

并州刺史王憐妻趙氏墓誌

　　天保六年(555)七月六日　　正書　山東
掖縣出土

　　11991　近拓　1張　周慶雲舊藏

　　著録:田目續・九　山訪十一・四　羅
録上・十九　通一五二・一〇六　名二・十
八　徵一・十一　循六・三　嵩二・四　中
冢・五　誌彙一・九　誌初一・十三　誌釋
七・七〇

齊滄二州刺史高建墓誌

　　天保六年(555)十月十四日　　正書　河
北磁縣出土

　　11992　近拓　1張　周慶雲舊藏

　　著録:徵一・十一　嵩二・四　誌新・

八　循跋下・一　雪跋三・九　鄴冢二・二
五　名二・十八　誌初一・十三　誌釋七・
六八　滿誌別下・一

順陽太守皇甫琳墓誌並蓋

　　天保九年(558)十一月二十日　　正書
安陽出土。曾歸端方、陶湘、天津博物館

　　11993　近拓　2張

　　11994　近拓　1張　周慶雲舊藏

　　著録:藝十八・二(誤作皇甫楚)　誌釋
七・七〇　羅録上・二〇　增圖二・二〇七
名二・十八　徵一・十一　館・十二　嵩
二・四　匋十一・十　誌彙一・九　鄴冢
上・九　滿誌別下・三

董顯□磚誌

　　乾明元年(560)三月　　正書

　　11995　近拓　1張

　　著録:匋十二・一　誌彙一・九

邢阿光墓誌

　　皇建二年(561)十一月十九日　　隸書
河北磁縣出土,瀋陽博物館藏石

　　11996　近拓　1張　周慶雲舊藏

　　著録:徵一・十一　館・十二　名二・
十九　嵩二・四　循六・四　鄴冢二・二七
誌釋七・七一　誌彙一・九

南鄉縣子石信墓誌

　　太寧元年(561)十一月十九日　　隸書
安陽出土,曾歸安陽金石保存所

　　11997　初拓　1張　"義……方長"等
字未損

　　11998　舊拓　1張　"義彰内外揚忽從
逆"等字未損

　　著録:徵一・十一　嵩二・四　名二・
十九　誌新・八　循六・四　誌初一・十三
館・十二　續安・六　誌釋七・七一　河目
上・五　河録二・一　朔目二・三

李夫人崔宣華墓誌

　　河清元年(562)十一月十八日　　隸書
于右任藏石並拓

12001　近拓　1張

著録：名二·十九　中冢補遺·一　嵩二之一·四　館·十二　徵一·十一　誌新·八　誌初一·十三　誌釋七·七二

叱列延慶妻爾朱元靜墓誌並陰

河清三年(564)正月二日　正書　1918年安陽出土,曾歸于右任

12002　初拓　2張　首"魏"未泐,周慶雲舊藏

著録：名二·十九　館·十二　徵一·十一　嵩二·四　循跋下·十　鄴冢二·二八　誌新·九　誌初一·十三　誌釋七·七

樂陵王高百年墓誌並蓋

河清三年(564)三月二日　隸書　1917年河北磁縣出土,曾歸羅振玉、陶湘

12003　近拓　2張
12004　近拓　1張　周慶雲舊藏

著録：名二·十九　徵一·十一　館·十二　嵩二·四　雪跋三·十二　鄴冢二·三〇　循跋下·四　誌新·九　誌初一·十三　誌釋七·六八　滿誌別下·七

樂陵王妃斛律氏墓誌並蓋

河清三年(564)三月二日　隸書　1917年河北磁縣出土,曾歸羅振玉、陶湘

12005　近拓　3張

著録：館·十二　徵一·十　嵩二·四　名二·十九　鄴冢二·二九　誌初一·十三　跋三·十一　循跋下·九　誌新·九　誌釋七·六八　滿誌別下·八

赫連公夫人閭炫墓誌並蓋

河清三年(564)三月二十四日　隸書　安陽出土,于右任藏石並拓

12006　近拓　3張

著録：館·十二　嵩補·一　徵一·十一　誌初一·十三　誌釋七·七五　名二·十九

梁伽耶墓誌並蓋

河清四年(565)二月七日　隸書　河北

磁縣出土,曾歸瀋陽博物館

12007　近拓　1張　周慶雲舊藏
12008　近拓　1張

著録：名二·十九　徵一·十一　館·十二　嵩二·四　鄴冢二·三一　誌釋七·七二　誌彙一·九　滿誌別下·十

趙州刺史趙道德墓誌

天統元年(565)十月十二日　正書　安陽出土

12015　初拓　1張
12016　初拓　1張　"齊"未泐,周慶雲舊藏

著録：名二·十九　館·十二　誌初一·十三　朔目二·三　誌新·九　誌釋七·七二

寧朔將軍張起墓誌

天統元年(565)十一月六日　正書　河北定縣出土,石佚

12011　舊拓　1張　劉鐵雲舊藏
12012　近拓　1張

著録：名二·十九　徵一·十一　誌釋七·七二　汲續·七　校　嵩二·四

開府從事中郎王君墓誌

天統元年(565)十一月二十三日　正書　曾歸端方

12013　近拓　1張　周慶雲舊藏
12014　近拓　1張

著録：嵩二·五　徵一·十一　名二·十九　誌彙一·九　館·十二　誌釋七·七二　匋十二·九　校

儀同公孫朏墓誌並蓋

天統二年(566)二月二十五日　隸書　光緒間安陽(一說磁縣)出土,石佚

12017　初拓　2張　周慶雲舊藏
12018　初拓　1張

著録：藝十八·二　館·十二　循跋上·二九　壬癸·二六　名二·十九　河目二·三　寶鴨中·十六　羅錄上·二〇　匋十二·十一　嵩二·五　徵一·十一　誌釋

七・六八　誌彙一・九

宇文誠墓誌
武平元年(570)六月十九日　正書　安陽出土,曾歸南潯張氏
　　12019　近拓　1張
　　著録:誌新・九　朔目二・四　誌初一・一四　名二・十九　續安・六

朱岱林墓誌
武平二年(571)二月六日　正書
　　10208　初拓　1冊　附翻刻初拓整張
　　著録:藝十八・二　田目・十三　山訪十二・十一　藝文六・三　蒿二・五　館・十三　竹一・二六　續編二・十　名二・二○　通一五一・四○　跋三・十二　阮山十・十一　平三・八　誌三・六　左冢・六　孫録二・五四　攈六・三三　徵一・十一　藝一・三四　丙寅稿・三七　彙十之三・三九　誌釋七・七三　復二一・十　雪・八六　誌彙一・九　潛目一・十二　校　民國二十五年壽光縣誌十三　萃目一・五

齊昌鎮將乞伏保達墓誌並蓋
武平二年(571)二月十八日　正書　安陽出土
　　12020　近拓　2張　周慶雲舊藏
　　12021　近拓　1張
　　著録:藝十八・三　九甲・五一　匋十三・一　壬癸・三四　雪・八六　名二・二○　徵一・十一　朔目二・四　鄴冢上・十一　蒿二・五　校　誌彙一・十　誌釋七・七四　寶鴨中・十六　館・十三

豫州刺史梁子彥墓誌並蓋
武平二年(571)四月二十日　正書　安陽出土
　　12023　近拓　1張(蓋失拓)
　　12024　近拓　2張
　　著録:藝十八・三　汲續・七　朔目二・四　河録二・二　名二・二○　徵一・十一　館・十三　蒿二・五　校　誌釋七・七四　誌彙一・十　鄴冢上・十二

平昌子劉忻墓誌　又名“中堅將軍劉忻墓誌”(方若誤作姓張,繆荃孫誤作姓吳)
武平二年(571)五月三日　隸書　河北磁縣(一説山東益都)出土,石佚
　　12025　初拓　1張
　　12026　初拓　1張　褚德彝舊藏
　　著録:藝十八・三　匋十三・三　名二・二○　蒿二・五　館・十三　校　徵一・十一　通一五二・一一八　誌釋七・七四　誌彙一・十　鄴冢上・十四

西陽王徐之才墓誌
武平三年(572)十一月二十二日　正書　河北磁縣出土,瀋陽博物館藏石
　　12027　近拓　1張(蓋失拓)
　　12028　近拓　1張(蓋失拓)
　　著録:名二・二○　徵一・十一　館・十三　蒿補・一　誌釋七・七四　誌彙一・十　鄴冢上・十五

曹禮暨夫人李氏墓誌
武平三年(572)　隸書　據説在武安鼓山出土
　　12040　近拓　2張
　　著録:誌釋七・七五

高建妻金明郡君王氏墓誌並蓋
武平四年(573)十月十七日　隸書　河北磁縣出土,陶湘藏石並拓
　　12029　近拓　3張
　　著録:鄴冢二・三三　誌釋七・六八　名二・二○　誌新・九　誌初一・十四

開府僕射赫連子悦墓誌並蓋
武平四年(573)十一月二十三日　隸書　安陽出土,于右任藏石並拓
　　12031　近拓　2張
　　12032　近拓　1張
　　著録:館・十三　徵一・十一　蒿補・一　丙寅稿・三八　名二・二○　誌釋七・七五　誌初一・十四

太常卿高僧護墓誌

武平四年（573）十一月卒　隸書　安陽出土

12030　近拓　1張　于右任藏石並拓

著録：館·十三　誌初一·十四　誌釋七·六九　名二·二〇

功曹李琮墓誌

武平五年（574）正月十二日　正書　山西元氏縣出土，石佚

12034　近拓　1張　周慶雲舊藏

12035　近拓　1張　謝伯殳舊藏

著録：藝十八·三　名二·二〇　幾上·三　趙録二·十四　瓊二二·二五　常三·二　幾冢上·十一　攈六·三五　雪跋三·十三　徵一·十一　嵩二·五　彙三之二·二四　館·十三　誌釋七·七五　誌彙一·十

魏翊軍墓誌

武平五年（574）十一月二十九日　正書　安陽出土

12036　近拓　1張

著録：徵一·十一　誌釋七·七六　嵩三·五

揚州長史鄭子尚墓誌並蓋

武平五年（574）十二月二十三日　正書　安陽（一説山東鄆城）出土，曾歸陶湘

12037　近拓　2張

12038　近拓　2張（蓋失拓）

著録：藝十八·三　羅録上·二一　名二·二〇　誌彙一·十　嵩二·五　徵一·十一　校甸十三·十一　誌釋七·七六　鄰冢上·十九

北周

開府儀同賀屯植墓誌

保定四年（564）四月二十一日　正書

陝西三水出土

12046　近拓　2張

著録：藝十八·二　楊圖四·九　瓊二三·九　關新三·一　寶鴨中·十六　館·十三　趙録二·十七　名二·二〇　汲續·八　攈六·三七　彙十之二·二七　校　徵一·十二　嵩二·五　關攷九·五五　岷·四　誌釋七·七六　雪·八七　陝六·二一　誌彙一·十　增圖二·二二六

新義郡公韓木蘭墓誌

天和三年（568）十一月十八日　正書　洛陽出土，于右任藏石並拓

12047　近拓　2張

著録：館·十三　名二·二一　嵩二·五　芒冢四編補遺·十四　徵一·十二　藝續一　誌初一·十四　誌釋七·七六　誌彙一·十

□安寧墓誌

建德六年（577）四月三十日　正書　河北磁縣出土，磨舊碑改刻

12049　近拓　1張

著録：徵一·十二　誌釋七·七七　名二·二一　嵩二·五　鄰冢上·二〇

車騎將軍時珍墓誌

宣政元年（578）十二月九日　正書　光緒七年（1881）山東諸城出土，于右任藏石並拓

12050　近拓　2張　周慶雲舊藏

著録：左冢·十　通一五二·一一九　羅録上·二一　山訪十二·十九　田目續·十二　名二·二一　館·十三　徵一·十二　嵩二·五　誌釋七·七七　誌彙一·十

邵州刺史寇嶠妻薛夫人墓誌並蓋

宣政二年（579）正月四日　正書　1922年洛陽出土，曾歸羅振玉、徐森玉

12051　近拓　2張

著録：名二·二一　館·十三　徵一·十二　嵩二·五　松·五二　洛　誌釋七·七八　芒冢四編補遺·十四

中正寇胤哲墓誌並蓋

宣政二年(579)正月四日　正書　1922年洛陽出土,陶湘藏石並拓

12052　近拓　2張

著録:徵一・十二　誌釋七・七七　名二・二一　誌新・九　誌初一・十四　蒿補・一　洛

襄陽順陽二郡太守寇熾墓誌

宣政二年(579)正月四日　正書　1925年洛陽出土,于右任藏石並拓

12053　近拓　3張

著録:徵一・十二　館・十三　蒿二・五　誌初一・十四　誌釋七・七七　洛

□榮墓誌

大成元年(579)十月十七日　隷書　于右任藏石並拓

12054　近拓　1張

掃寇將軍梁嗣鼎墓誌並蓋

大象二年(580)六月二十三日　正書1929年洛陽出土,于右任藏石並拓

12055　近拓　2張

著録:館・十三　徵一・十二　誌釋七・七八　誌初四・十

馬龜墓誌

大象二年(580)十月二十一日　正書河南修武出土,曾歸修武公款局

12057　近拓　1張

著録:河目上・六　名二・二一　汲・五二　誌新・九　誌初一・十四

元壽安妃盧蘭墓誌

大象二年(580)十一月二十日　隷書1922年洛陽出土,于右任藏石並拓

12056　近拓　2張

著録:名二・二一　徵一・十二　誌初一・十四　誌釋四・二六　洛　松補遺・二　館・十三

寇嶠妻梁氏墓誌　又名"□君夫人梁氏殘墓誌"

年月缺　正書　誌四周殘缺,僅存六行半。洛陽出土,曾歸于右任

12043　近拓　1張

著録:徵一・十二　誌釋七・七八

淮陽守張君墓誌蓋

篆書　于右任藏石並拓

12058　近拓　1張

隋

申貴墓誌

開皇三年(583)九月二十三日　正書

12059　初拓　1張

著録:徵一・十二

濩澤公寇遵攷墓誌並蓋

開皇三年(583)十月十九日　正書　洛陽出土,河南博物館藏石

12061　近拓　2張

著録:誌新・九　名三・二二　徵一・十二　館・十四　蒿二・五　洛　誌初一・十四　芒冢續上・六　雪跋三・十七　誌釋八・七九

寇熾妻姜敬親墓誌

開皇三年(583)十月十九日　正書1925年洛陽出土,曾歸于右任

12062　近拓　1張

著録:名三・二二　徵一・十二　館・十四　蒿補・一　誌初一・十四　誌釋七・十一　洛

大都督梁坦墓誌並蓋

開皇三年(583)十月二十日　正書1930年洛陽出土,曾歸于右任

12063　近拓　2張

著録:徵一・十二　館・十四　誌釋

八・八〇　洛

昌國惠公寇奉叔墓誌並蓋

開皇三年(583)十月　正書　河南博物館藏石

12060　近拓　2張

著録：名三・二二　河圖・六九　徵一・十二　館・十三　嵩二・五　誌初一・十四　芒冢續上・四　雪跋三・十七　誌釋八・七九　河南　誌彙一・十一

録事參軍楊居墓誌並蓋

開皇四年(584)三月十日　正書　洛陽出土，曾歸陶湘

12064　近拓　2張

著録：誌釋八・八〇　名三・二二　誌新・九　誌初一・十四　嵩二・五　汲續・九　芒冢四編一・五二

潁州別駕元洪儁墓誌並蓋

開皇五年(585)七月一日　正書　曾歸端方

12065　近拓　2張

著録：名三・二二　羅録上・二一　徵一・十二　館・十四　嵩二・六　面乙・二七　匋十五・二

武騎常侍王通墓誌

開皇五年(585)七月十五日　正書　河南孟津出土

12066　近拓　1張

著録：誌釋十一・六　徵一・十二　誌初一・十四

橋紹墓誌

開皇五年(585)十月二十三日　正書　1928年洛陽出土，于右任藏石並拓

12067　近拓　1張

著録：徵一・十二　館・十四　誌初一・十四　誌釋八・八〇　洛

郁久閭伏仁墓誌

開皇六年(586)十月十三日　正書　陝

西長安出土，曾歸長安夏子欣

12068　近拓　1張

著録：誌釋十一・一一七

臨沂縣令淳于儉墓誌

開皇八年(588)十一月二十日　正書　道光末年山東淄川出土

12069　清拓　1張　王瓘舊藏，方若觀章

12070　清拓　1張　全形拓

12071　清拓　1張

著録：羅録上・二一　名三・二二　山訪一・十五　增圖三・二三七　奇觚中・十五　畿上・四　藝文六・四　左冢・十　嵩二・六　真續二・十三　汲續・十　徵一・十三　誌釋八・八〇　誌彙一・十一　田目續・十三　彙十補遺・四　通一四九・十一九甲・五四

行台侍郎韋略墓誌

開皇八年(588)十二月十四日　正書　江蘇銅山出土

12072　清拓　1張

著録：誌釋八・八一　徵一・十三　名三・二二　汲・五三　江蘇三・二三　誌初一・十五　嵩二・二八

□公静(諱和)墓誌

開皇九年(589)十月一日　隸書　1927年洛陽出土，于右任藏石並拓

12073　近拓　1張

著録：徵一・十三　誌初一・十五　誌釋八・八一　誌彙一・十一　洛　嵩二・五　館・十四

張僧殷墓誌　又名"相州武安縣故人張僧殷授洪州刺史息潘慶騎兵參軍葬記"

開皇九年(589)十月二十四日　隸書　河南武安出土，曾歸端方

10233　1冊(兩誌合冊)

12074　近拓　1張　周慶雲舊藏

著録：名三・二二　藝十八・三　徵一・十三　館・十四　嵩二・六　匋十五・

五　誌釋八・八二　誌彙一・十一

定州刺史暴永墓誌
　　　　開皇九年(589)十月二十四日　隸書
陝西壺関出土,曾歸北平楊氏
　　　12075　近拓　1張　謝伯殳舊藏
　　　著録:右冢上・二　名三・二二　徵
一・十三　館・十四　蒿二・六　誌初一・
十五　誌釋八・八二　誌新・十

録事參軍張禮墓誌並蓋
　　　　開皇九年(589)十月二十四日　正書
1929年洛陽出土,曾歸于右任
　　　12076　近拓　2張
　　　著録:徵一・十三　館・十四　蒿續・
三　誌初一・十五　誌釋八・八二　洛

濟北府君鄭夫人墓誌　又名"元范妻鄭夫人(令妃)墓誌"
　　　　開皇九年(589)十月二十四日　隸書
1925年洛陽出土,曾歸于右任
　　　12077　近拓　1張　謝伯殳舊藏
　　　著録:名三・二二　徵一・十三　館・
十四　蒿補・一　誌初一・十五　誌釋四・
二七　洛

虎賁郎將關明墓誌並蓋
　　　　開皇九年(589)十月二十五日　隸書
1925年洛陽出土,曾歸于右任
　　　12078　近拓　2張
　　　著録:徵一・十三　館・十四　蒿續
補・一　誌初一・十五　誌釋八・八一　洛

□真墓誌
　　　　開皇九年(589)十二月二十五日　隸書
1929年洛陽出土,曾歸于右任
　　　12079　近拓　1張
　　　著録:館・十四　誌初一・十五　誌釋
八・八二　洛

道政法師支提塔記
　　　　開皇十年(590)正月十五日　正書
　　　12080　近拓　1張

著録:校　名三・二三　朔目二・五

浮陽郡守王曜墓誌並蓋
　　　　開皇十年(590)八月十七日　正書　安
陽出土
　　　12081　近拓　2張　周慶雲舊藏
　　　著録:誌新・十　名三・二三　徵一・
十三　館・十四　蒿二・六　誌初一・十五
汲・五四　續安・九　誌釋八・八二　朔目
二・五　河目上・六　鄴冢上・二二

秘書郎張景略墓誌
　　　　開皇十一年(591)正月二十六日　隸書
乾隆間安陽出土,曾歸安陽金石保存所
　　　12082　清拓　1張　謝伯殳舊藏
　　　著録:萃三八・七　金石一跋四・六
安陽二・十八　名三・二三　館・十四
獨・四　竹一・二五　藝十八・三　徵一・
十三　蒿二・六　授四・六　雪・九二　平
三・十六　誌四・一　瓊二五・一　孫録
二・六四　攘六・四三　誌彙一・十一　誌
釋八・八二　朔目二・五　彙九之二・二
真續二・十三　河目中・五　鄴冢上・二三

爾朱敞墓誌
　　　　開皇十一年(591)十一月二十四日　隸
書　河南孟津出土,于右任藏石並拓
　　　12083　初拓　1張
　　　著録:徵一・十三　館・十四　誌初
一・十五　誌釋八・八三

孟常墓誌
　　　　開皇十二年(592)十月八日　正書
　　　12084　近拓　1張

蘄州刺史李則墓誌並蓋
　　　　開皇十二年(592)十一月七日　正書
河北安平出土
　　　12085　清拓　1張
　　　著録:藝十八・三　楊圖四・十八　畿
誌一五二・四四　羅録上・二二　畿冢上・
十三　名三・二三　汲續・十　徵一・十三
寶鴨中・二〇　彙三補遺・二六　增圖三・

二四一　誌釋八・八四　蒿二・六　館・十四　誌彙一・十一　深州風土記十一・上

相州治中李欽墓誌

開皇十二年(592)十二月十三日　正書
洛陽出土,曾歸于右任
12086　近拓　1張
著録:名三・二三　館・十四　誌初一・十五　誌釋八・八四　洛

參軍事蘇嶷墓誌

開皇十三年(593)二月十四日　隸書
12087　近拓　1張

大融法師支提塔記

開皇十三年(593)　正書
12088　近拓　1張
著録:朔目二・五　河録二・八

慧日道場僧惠雲墓誌

開皇十四年(594)三月十二日　正書
10227　舊拓　1冊(2張)　(一1)杜鎮球舊藏並跋　(一2)鄒安舊藏
著録:藝十八・三　趙録二・二一　名三・二三　中冢・七　關新三・一　汲續・十一　瓊二五・十七　徵一・十三　蒿五・一　攜六・四四　彙十之三・五〇　關攷三・十三　陝七・四　誌釋八・八四　誌彙一・十一

慈明禪師塔銘

開皇十四年(594)十月五日卒　正書
12089　近拓　1張
著録:藝二・四三　河録二・八　朔目二・五　安陽二・二〇　蒿五・一　攜六・四七　彙九之二・二

平安郡守謝岳墓誌

開皇十五年(595)十月二十四日　隸書
洛陽出土
12090　近拓　1張
著録:誌釋十一・一一七　洛　徵一・十三　誌初一・十五

鞏賓墓誌

開皇十五年(595)十月二十四日　正書
嘉慶二十四年(1819)陝西武功出土
10230　1冊
12091　清拓　1張　沈樹鏞舊藏
著録:趙録二・二一　名三・二三　泉一・十五　楊圖四・十九　館・十五　蒿二・六　續編三・一　藝十八・三　彙十二之二・三三　徵一・十三　匋十五・九　瓊二五・二三　誌四・二　平再續・七　隋上・一　增圖三・二四五　萃略一・二二　攜六・四五　獨・四　關攷一・七　誌釋八・八五　陝七・四　誌彙一・十二　真一・十九　宜二・十三　隅・一

燕孝禮墓誌

開皇十五年(595)十月二十四日　正書
山東益都出土
12092　清拓　1張　原石拓本,周慶雲舊藏
12096　初拓　1張　沈樹鏞舊藏,鄒景叔跋
著録:攜六・四五　徵一・十三　瓊二五・三二　蒿二之一・六　誌釋八・八五　館・十五　誌彙一・十二　田目續・十五　羅録上・二二　通一五一・八四　名三・二三　法偉堂益都縣圖誌二十六金石誌上　校

昌樂公張通妻陶貴墓誌

開皇十七年(597)三月二十六日　正書
陝西咸寧出土
12093　清拓　1張　周慶雲舊藏
12094　清拓　1張
著録:趙録二・二一　關新三・二　楊圖四・十九　奇觚中・十二　彙十二之一・二　名三・二四　藝十八・三　徵一・十三　館・十五　蒿二・六　汲續・十二　瓊二六・三　增圖三・二四七　攜六・四五　貞二・十　香　關攷三・十三　誌釋八・八六　陝七・六　續甲　誌彙一・十二　雪・九三　真一・十九

董美人墓誌

開皇十七年（597）十月十二日　正書
嘉慶道光間西安出土，咸豐三年石毀於火

　　10231　初拓　1册　陳伏盧舊藏
　　10232　翻刻初拓　1册
　　12097　翻刻　1張
　　著録：趙録二·二一　泉一·十八　名
三·二三　硯八·十　楊圖四·二〇　誌
四·六　藝十八·三　彙十二補遺·一　徵
一·十三　館·十五　瓊二六·五　增圖
三·二四七　清二·三六　汲續·十四　攈
六·四六　雪跋三·二一　關攷一·七　誌
釋十·一〇九　雪·九五　丁戊·一　陝
七·五　楊守敬鄰蘇老人手書題跋　宜二·
十三　誌彙一·十二　真一·二〇

劉明暨夫人梁氏合葬墓誌

開皇十八年（598）五月二日　正書　曾
歸于右任

　　12098　清拓　1張
　　著録：名三·二三　楊圖四·二二　徵
一·十三　館·十五　蒿二·六　誌初一·
十五　增圖三·二四九　誌釋八·八七　匐
十五·十七　誌彙一·十二

宋睦墓誌

開皇十八年（598）十月十二日　正書
淶源出土，曾歸天津姚貴昉

　　10233　1册（兩誌合册）
　　12100　初拓　1張
　　著録：誌新·十　徵一·十三　蒿二·
六　誌初一·十五　誌釋八·八七

東州縣令李盛墓誌並蓋

開皇十八年（598）十月十二日　正書
傳滄縣出土

　　12099　清拓　1張
　　著録：誌釋八·八七　徵一·十三　名
二·二三　蒿二·六

處士劉多墓誌並蓋

開皇二十年（600）十月十七日　隸書
1928年洛陽出土

　　12101　近拓　1張
　　著録：誌釋八·八七　洛　徵一·十三
誌初一·十五　蒿續·三

龍山公臧質墓誌

開皇二十年（600）十二月四日　正書
咸豐八年（1858）四川奉節出土

　　12102　清拓　1張
　　12103　清拓　2張　江建霞舊藏
　　著録：趙録二·二一　名三·二四　藝
十八·三　彙十六補遺·二七　瓊二六·十
四　硯八·十三　雪跋三·二一　汲續·十
四　徵一·十三　蒿二·六　增圖三·二四
八　館·十四　誌釋八·八七　誌彙一·
十二

將作大匠高虬墓誌並蓋

仁壽元年（601）二月十八日　隸書
1931年洛陽出土

　　12104　近拓　2張
　　著録：誌釋十一·一一七　洛　徵一·
十三　誌初一·十五

長陵縣令盧文構墓誌並蓋

仁壽元年（601）二月十九日　正書
1929年河北涿縣出土，曾歸于右任，北京歷史
博物館藏石

　　12105　近拓　2張
　　12106　近拓　1張
　　著録：館·十五　徵一·十四　名三·
二四　誌釋八·八九

趙韶墓誌

仁壽元年（601）七月十八日　正書
　　12107　近拓　2張　（一1)朱拓　（一
2)周慶雲舊藏
　　著録：蒿二·六　名三·二四　誌新·
十　幾冢上·十五　徵一·十四　誌釋八·
八八　誌初一·十五　民國二十三年定縣誌
十八·二五

申穆墓誌

仁壽元年（601）十一月四日　隸書　嘉

慶間山西潞城出土,曾歸泰安趙氏

  12108 近拓 1張

  著録:右冢補·三 田目再續·十八
名三·二四 徵一·十四 蒿二·六 右叢
三·十六 誌釋八·九〇 右二·三二 光
緒潞城縣誌三 誌彙一·十三

處士郭休墓誌並蓋

  仁壽二年(602)八月四日 隷書

  12109 近拓 2張

  著録:名三·二四 蒿二·七 誌初
一·十五 誌釋八·九〇 洛

徐純墓誌

  仁壽二年(602)十一月 正書 洛陽出
土,曾歸周進

  12110 近拓 1張 陶祖光舊藏

  著録:名三·二四

蘇孝慈墓誌

  仁壽三年(603)三月七日 正書 光緒
十四年(1888)陝西蒲城出土

  10234 初拓 1冊 未刻跋前拓,有南
海藏書印

  10235 初拓 1冊 未刻跋前出土
初拓

  10236 初拓 1冊

  12113 初拓無跋本 1張 劉喜海
舊藏

  12114 初拓無跋本 2張

  12115 清拓 1張 刻跋後初拓

  12116 舊拓 鑿跋後拓 2張

  著録:羅録上·二二 名三·二四 楊
圖四·二三 校 關新三·三 寶鴨中·十
七 藝十八·三 徵一·十四 館·十五
蒿二·七 汲續·十五 雪跋三·二一 陝
七·九 關攷九·三六 雪·九六 增圖
三·二五三 誌釋八·九〇 誌彙一·十三

張儉暨妻胡氏墓誌

  仁壽三年（603）八月十五日 隷書
1926年洛陽出土,曾歸于右任

  12117 近拓 1張

  著録:誌釋八·九一 洛 徵一·十四
誌初一·十五

員外郎馬少敏墓誌並蓋

  仁壽四年(604)正月二十四日 隷書
1925年洛陽出土,曾歸于右任

  12118 近拓 2張

  著録:徵一·十四 館·十五 誌釋
八·九一 洛

劉寶墓誌

  仁壽四年(604)十月二十一日 隷書
1928年洛陽出土,曾歸于右任

  12111 近拓 1張

  著録:誌初一·十五 誌釋八·九
一 洛

符盛墓誌並蓋

  仁壽四年(604)十月二十一日 隷書

  12120 近拓 1張

  著録:洛 誌釋八·九一 徵一·十四
誌初一·十五

馮君夫人李氏墓誌

  仁壽四年(604)十一月四日 隷書 河
南輝縣出土

  12121 近拓 1張

  著録:誌釋八·九一 汲·五五 誌
新·十 河目上·六 中冢·九 誌初一·
十六 名三·二四 徵一·十四 館·十五
蒿二·七

馮君夫人盧氏墓誌

  仁壽四年(604)十一月四日 隷書 河
南輝縣出土

  12122 近拓 1張

  著録:誌新·十 河目上·六 名三·
二四 徵一·十四 館·十五 誌初一·十
六 汲·五六 誌釋八·九一 中冢·八
蒿二·七

馬老生夫人張姜墓誌並蓋

  仁壽四年(604)十一月二十八日 隷書

洛陽出土,曾歸于右任。

　　12119　近拓　2張

　　著録：館·十五　誌釋八·八八　洛徵一·十四

領民酋長王善來墓誌

　　大業元年（605）十月二十二日　正書

光緒十三年（1887）河北定縣訪得,曾歸吳縣潘祖蔭、黃縣丁氏、建德周進

　　12123　清拓　1張　周慶雲舊藏

　　12124　清拓　1張　陸和九舊藏並跋

　　著録：畿冡上·十七　名三·二五　誌新·十　藝十八·三　徵一·十四　蒿二·七　田目再續·十九　誌釋八·九二　誌彙一·十三　民國二十三年定縣誌十八·二六

鞠遵墓誌　又名"鞠仁舉墓誌"

　　大業二年（606）正月六日　正書　河北定縣出土,曾歸黃縣丁氏

　　12125　清拓　2張　江建霞舊藏

　　12126　清拓　1張

　　著録：藝十八·三　畿冡上·十八　名三·二五　徵一·十四　館·十六　蒿二·七　田目再續·十九　誌釋八·九二　誌彙一·十三

陳思道墓誌

　　大業二年（606）九月五日　正書　曾歸延鴻閣

　　12127　清拓　1張

　　著録：名三·二五　汲續·十六

劉尚食墓誌並蓋

　　大業二年（606）十月二十一日　正書

1930年洛陽出土,曾歸于右任

　　12128　近拓　2張

　　著録：徵一·十四　館·十六　誌釋十一·一〇九　洛

行軍長史劉珍墓誌

　　大業二年（606）十月二十八日　隸書

道光二十二年（1842）河北獻縣出土（一説任邱出土）,曾歸泰安趙氏

　　12129　初拓樣本　2張　（一2）殘半

　　著録：趙録二·十三　田目再續·十九　畿上·十八　名三·二五　彙三補遺·十五　藝十八·三　徵一·十四　館·十六　汲續·十七　誌彙一·十三　畿誌一四三·金石誌　蒿二·七　通一五二·四　咸豐獻縣誌卷四

李弘秤墓誌

　　大業二年（606）十二月壬午（二日）正書　曾歸順德王氏

　　12130　近拓　1張

　　著録：右冡上·四　名三·二五　徵一·十四　館·十六　蒿二·七　誌初一·十六　誌釋八·九三

張貴男墓誌　又名"邯鄲縣令蔡府君故妻張夫人（貴男）墓誌"

　　大業二年（606）十二月二十九日　正書

光緒十五年（1889）河北邯鄲出土,曾歸端方

　　10237　初拓　1册

　　12131　近拓　1張

　　著録：藝十八·三　名三·二五　楊圖四·二四　寶鴨中·十九　蒿二·七　雪九·六　徵一·十四　真一·十九　誌釋八·九二　誌彙一·十三　羅録上·二二　畿冡上·十九　館·十六　匋十六·六　增圖三·二五四

太原王夫人墓誌

　　大業三年（607）五月二十八日　隸書

曾歸南海羅氏

　　12132　初拓　1張

　　著録：名三·二五

尚食監張恮暨夫人東門氏合葬墓誌並蓋

　　大業三年（607）十月九日　正書　安陽出土,曾歸端方

　　12133　近拓　1張　劉鉄雲題目,鄒安舊藏

　　著録：名三·二五　徵一·十四　館·十六　蒿二·七　汲續·十七　誌釋八·九

汴州浚儀縣令劉淵墓誌

大業三年（607）十一月二十七日　隸書
洛陽出土,曾歸義縣李放

12134　近拓　1張

著録:誌新・十　徵一・十四　館・十
六　蒿二・七　誌初一・十六　芒冢四編
一・五三　誌釋八・九四

化明縣丞夫人崔氏墓誌並蓋

大業三年（607）十一月二十七日　隸書
河南汲縣出土

12135　近拓　2張　周慶雲舊藏

著録:誌新・十　名三・二五　徵一・
十四　館・十六　蒿二・七　鄴冢二・二四
汲・五六　續安・九　誌初一・十六　誌釋
八・九四　朔目二・六　河目中・五

郭雲墓誌

大業三年（607）　正書　乾隆間山東出
土,傳石已佚,黃易所得

12138　近拓　1張

著録:校　名三・二五　誌彙一・十四

將作少匠任軌墓誌並蓋

大業四年（608）二月九日　隸書　洛陽
出土,開封博物館藏石

12136　近拓　2張

著録:徵一・十四　館・十六　蒿二・
七　誌初一・十六　芒冢續上・八　誌釋
八・九四　誌彙一・十三

巨鹿縣令楊德墓誌

大業四年（608）十月二十一日　隸書
洛陽出土,曾歸于右任

12139　近拓　1張

著録:徵一・十四　館・十六　蒿續
補・一　誌初一・十六　誌釋八・九四

主簿吳嚴墓誌並蓋

大業四年（608）十月　隸書　光緒六年

（1880）在河北趙縣訪得

10238　1冊

12140　清拓　2張　周慶雲舊藏

著録:羅録上・二二　名三・二五　畿
冢上・二○　畿誌一五一・三八　藝十八・
三　徵一・十五　館・十六　汲續・十八
寶鴨中・二○　增圖三・二五五　誌釋八・
九四　誌彙一・十四　蒿二・七

開國男郭元和墓誌並蓋　又名"郭世昌墓誌"

大業五年（609）十月二十六日　正書
1925年洛陽出土

12141　清拓　1張

著録:誌釋八・九五　洛　徵一・十五
名三・二五　蒿補・一

宮人典璽李氏墓誌

大業五年（609）十月二十七日　正書
洛陽出土,曾歸于右任

12142　近拓　1張

著録:徵一・十五　館・十六　誌釋
十・一○九　洛

宮人元氏墓誌

大業五年（609）十月二十七日　正書
洛陽出土

12143　初拓　1張　于右任藏石並贈

著録:誌釋十・一○九　洛　誌初一・
十六

劉猛進墓誌

□□□年（考爲大業五年,609）十一月三
日　正書　光緒三十二年（1906）廣東番禺出
土,曾歸順德曹有成

11649　近拓（初拓）　2張　周慶雲
舊藏

11650　近拓（初拓）　2張　周慶雲
舊藏

著録:汲續・十二　循跋下・十二　奇
觚中・十七　名一・六　誌初・十六　誌
新・十　蒿二・七　徵一・十四　楊圖四・
二○　誌釋八・九五　曹元忠箋經室遺集十

二·十一　增圖二·二三一　南華月刊一卷
一期　夢二·十九

吕胡墓誌

　　大業五年（609）十一月十日　正書
1925年洛陽出土，曾歸于右任
　　12144　近拓　1張（蓋失拓）
　　著錄：名三·二五　徵一·十五　館·
十六　蒿補·二　誌初一·十六　誌釋八·
九五

宮人司樂劉氏墓誌

　　大業六年（610）正月八日　正書　洛陽
出土
　　12145　初拓　2張　于右任贈
　　著錄：誌釋十·一○九　洛　名三·二
五　徵一·十五　誌初一·十六　蒿補·二

處士范高墓誌

　　大業六年（610）四月十七日　隸書
1921年洛陽耀縣出土
　　12146　近拓　1張
　　著錄：河圖·七一　名三·二五　徵
一·十五　館·十六　蒿二·七　誌初一·
十六　芒冢四編一·五四　汲·五七　增圖
三·二五五　誌釋八·九五　洛　河南

張喬墓誌

　　大業六年（610）四月十八日　正書　洛
陽出土，曾歸于右任
　　12147　近拓　1張
　　著錄：館·十六　誌釋八·九五　洛

鷹揚郎將羊瑋墓誌

　　大業六年（610）九月十五日　正書　洛
陽出土，開封博物館藏石
　　10580　1冊
　　12148　近拓　1張
　　12149　近拓·1張　有改刻處
　　著錄：名三·二六　徵一·十五　館·
十六　蒿二·七　芒冢續上·九　誌初一·
十六　誌新·十　誌釋八·九六　洛

宮人五品程氏墓誌

　　大業六年（610）九月二十日　正書　洛
陽出土，曾歸于右任
　　12150　近拓　1張
　　著錄：名三·二六　徵一·十五　館·
十六　蒿續·三　蒿補·二　洛　誌初一·
十六　誌釋十·一○九

楊秀墓誌

　　大業六年（610）十月八日　隸書　1925
年洛陽出土，曾歸于右任
　　12151　近拓　1張（蓋失拓）
　　著錄：名三·二六　徵一·十五　館·
十六　蒿補·二　誌初一·十六　誌釋八·
九六　洛

前主簿董穆墓誌

　　大業六年（610）十一月三日　正書　洛
陽出土，曾歸端方
　　12152　清拓　1張
　　12153　清拓　1張　趙之謙審定舊拓
　　著錄：藝續　匋十六·十　名三·二六
徵一·十五　館·十六　洛　誌彙一·十四
蒿二·七　汲續·十九　誌釋八·九六

尚書主客侍郎梁瓘墓誌並蓋

　　大業六年（610）十一月二十九日　正書
1918年洛陽出土
　　12155　近拓　2張　周慶雲舊藏
　　著錄：汲·五七　徵一·十五　誌釋
八·九六　芒冢四編一·五五　洛　名三·
二六　誌新·十　誌初一·十六　蒿二·七

司饎六品賈氏墓誌

　　大業六年（610）閏十一月十九日　正書
洛陽出土，曾歸于右任
　　12156　近拓　1張
　　著錄：徵一·十五　名三·二六　館·
十七　蒿補·二　洛　誌初一·十六　誌釋
十·一一○

薛保興墓誌

　　大業六年（610）閏十一月　正書　1926

年洛陽出土,曾歸于右任

    12157　近拓　1張

    著録:館·十七　誌初一·十六　誌釋
八·九六　洛

參軍事段模墓誌

    大業六年(610)十二月五日　正書
1923年洛陽出土,曾歸陶湘

    12158　近拓　1張

    著録:誌釋八·九六　芒冢四編一·五
六　洛　徵一·十五　名三·二六　誌新·
十一　誌初一·十六　嵩二·七

宮人典綵六品朱氏墓誌

    大業六年(610)十二月二十日　正書
洛陽出土,曾歸于右任

    12159　近拓　1張

    著録:徵一·十五　名三·二六　館·
十七　嵩續·三　洛　誌初一·十六　誌釋
十·一一〇

埩漠將軍甄元希墓誌銘

    大業六年(610)　正書　曾歸端方

    12161　近拓　1張　謝伯殳舊藏

    著録:藝續　校　嵩續·十三

宮人司儀郭氏墓誌

    大業七年(611)正月二十三日　正書
洛陽出土,曾歸于右任

    12160　近拓　1張

    著録:名三·二六　徵一·十五　館·
十七　嵩補·二　洛　誌初一·十六　誌釋
十·一一〇

内承奉劉則墓誌

    大業七年(611)四月六日　正書　1925
年洛陽出土,曾歸鄞縣馬叔平

    12162　近拓　1張

    著録:徵一·十五　誌釋八·九七　洛
名三·二六　誌初一·十七　嵩補·二

斛斯樞磚誌

    大業七年(611)四月二十一日　正書

洛陽出土,曾歸于右任

    12163　近拓　1張

    著録:洛　誌釋十一·一一七　徵一·
十五　誌初一·十七

宮人陳氏六品墓誌

    大業七年(611)四月二十九日　正書
洛陽出土,曾歸于右任

    12164　近拓　1張

    著録:徵一·十五　館·十七　嵩續·
三　嵩補·二　誌釋十·一一〇　誌初一·
十七　洛

宮人司燈李氏墓誌

    大業七年(611)五月二十二日　正書
洛陽出土,曾歸于右任

    12165　近拓　1張

    著録:名三·二六　徵一·十五　館·
十七　嵩續·三　嵩補·二　洛　誌初一·
十七　誌釋十·一一〇

姚辯墓誌

    大業七年(611)十月二十一日　正書

    10264　舊拓　1册　周壽昌舊藏

    著録:集目四·八　寶叢八·二　字
二·二五　妙五·二六　跋三·二八　金石
一跋四·七　萃四十·六　古墨二·四二
薤八·十　陝七·十三　平三·二一　誌
四·九　竹一·三七　名三·二六　半下·
四　潛目一·十四　誌彙一·十四　攟六·
四九　真二·一　金石三·七　香

冠軍司録元鍾墓誌並蓋　又名"元鍾葵墓誌"

    大業七年(611)十月二十一日　隸書
1918年洛陽出土,開封博物館藏石

    12166　近拓　2張　江建霞題目

    著録:誌初一·十七　芒冢四編補遺·
十五　誌釋三·十六　徵一·十五　名三·
二六　嵩二·七　洛

□睦磚誌

    大業七年(611)十二月九日　正書　洛

陽出土,曾歸建德周進

　　12167　近拓　1張

　　著錄:芒冢四編一·六〇　誌釋十一·
一一七　徵一·十五　名三·二六　蒿
二·八

宮人尚寢衣魏氏墓誌

　　大業七年(611)十二月二十二日　正書
洛陽出土,曾歸于右任

　　12168　近拓　1張

　　著錄:名三·二六　徵一·十五　蒿
補·二　館·十七　洛　誌初一·十七　誌
釋十·一一〇

府司馬郭達墓誌

　　大業八年(612)正月五日　隸書　1917
年洛陽出土,曾歸周進

　　12169　近拓　1張

　　著錄:藝續　名三·二七　徵一·十五
蒿二·八　誌初一·十七　芒冢三編·十七
誌新·十一　誌釋九·九八　汲·五九　洛

涼州刺史李肅墓誌

　　大業八年(612)二月十一日　正書　山
東鄒平出土

　　13117　近拓　1張

孟孝敏妻劉氏墓誌

　　大業八年(612)二月二十二日　正書
1925年洛陽出土,曾歸于右任

　　12170　近拓　1張

　　著錄:名三·二七　徵一·十五　館·
十七　誌初一·十七　誌釋九·九八　蒿
補·二　洛

宮人何氏六品墓誌

　　大業八年(612)二月二十二日　正書
洛陽出土,曾歸于右任

　　12171　近拓　1張

　　著錄:名三·二七　徵一·十五　館·
十七　蒿續·三　蒿補·二　洛　誌初一·
十七　誌釋十·一一〇

宮人陳氏七品墓誌

　　大業八年(612)三月三日　正書　洛陽
出土,曾歸于右任

　　12172　近拓　1張

　　著錄:名三·二七　徵一·十五　館·
十七　蒿續·三　蒿補·二　洛　誌初一·
十七　誌釋十·一一〇

宮人韋氏墓誌

　　大業八年(612)六月十六日　正書　洛
陽出土,曾歸于右任

　　12173　近拓　1張　謝伯殳舊藏

　　著錄:名三·二七　徵一·十六　館·
十七　蒿補·二　洛　誌初一·十七　誌釋
十·一一〇

宮人沈氏墓誌

　　大業八年(612)七月一日　正書　洛陽
出土,曾歸于右任

　　12174　近拓　1張

　　著錄:館·十七　誌釋十·一一〇　洛

宮人蕭氏墓誌

　　大業八年(612)七月二十五日　正書
洛陽出土,曾歸于右任

　　12176　近拓　1張

　　著錄:名三·二七　徵一·十六　館·
十七　蒿續·三　蒿補·二　洛　誌初一·
十七　誌釋十·一一〇

陶邱簡侯蕭瑒墓誌

　　大業八年(612)八月十三日　正書　洛
陽出土,曾歸陶湘

　　12177　近拓　1張

　　著錄:菁　徵一·十六　館·十七　蒿
二·八　芒冢上·十二　汲·六〇　誌釋
九·九八　名三·二六　洛　誌彙一·十四

高緊墓誌

　　大業八年(612)八月二十五日　正書
1928年洛陽出土,曾歸于右任

　　12178　近拓　1張

　　著錄:徵一·十六　誌釋九·九八　洛

誌初一・十七

田光山妻李氏墓誌

大業八年（612）十月十四日　正書
1925年洛陽出土，曾歸于右任

12179　近拓　1張

著録：名三・二七　徵一・十六　館・
十七　蒿補・二　誌初一・十七　誌釋九・
九八　洛

河陽都尉孔神通墓誌並蓋

大業八年（612）十一月八日　正書
1928年洛陽出土，曾歸徐世昌

12180　近拓　2張　周慶雲舊藏

著録：徵一・十六　誌初一・十七　誌
新・十一　誌釋九・九九　芒冢四編一・五
七　汲・六〇　洛　蒿二・八

曠年縣令□墮墓誌

大業六年壬申（乃八年之誤，612）十一月
十四日　隸書　1917年洛陽出土，曾歸洛陽
雷氏

12154　近拓　1張　周慶雲舊藏

著録：名三・二六　徵一・十五　館・
十六　蒿二・八　芒冢上・十二　誌釋九・
九九　汲・五八　誌彙一・十四

王君妻成公夫人墓誌並蓋

大業八年（612）十一月二十六日　正書
1914年洛陽出土，曾歸吳興張氏

12182　近拓　2張

著録：芒冢四編一・五八　汲・六二
徵一・十六　名三・二七　蒿二・八　誌
新・十一　誌初一・十七　誌釋九・九
九　洛

鷹揚副郎將張伏敬墓誌

大業八年（612）十二月二十七日　正書
1929年洛陽出土，曾歸于右任

12137　近拓　1張

12181　近拓　1張

著録：館・十七　誌釋九・九九　洛

宮人陳氏墓誌

大業九年（613）正月十六日　正書　洛
陽出土，曾歸于右任

12183　近拓　1張

著録：徵一・十六　館・十七　蒿續・
三　蒿補・二　誌初一・十七　誌釋十・一
一〇　洛

武陽縣令張君妻蘇恒墓誌並蓋

大業九年（613）二月十七日　隸書　洛
陽出土，曾歸于右任

12184　近拓　1張

著録：徵一・十六　誌釋九・九九

湘陰縣令張業墓誌

大業九年（613）二月二十八日　正書
洛陽出土，曾歸于右任

12185　近拓　1張　謝伯殳舊藏

著録：名三・二七　徵一・十六　館・
十八　蒿補・二　誌釋九・九九　誌初一・
十七　洛

姜明墓誌

大業九年（613）二月二十八日　正書
洛陽出土，河南博物館藏石

12186　近拓　1張

12187　近拓　1張

著録：誌新・十一　名三・二七　徵
一・十六　館・十八　蒿二・八　誌初一・
十七　芒冢續上・十一　誌釋九・一〇〇

皇甫深墓誌

大業九年（613）二月二十八日　隸書
1925年洛陽出土，開封博物館藏石

12197　近拓　1張（蓋失拓）

著録：徵一・十六　館・十八　蒿補・
二　誌初一・十七　誌釋九・九九　洛

朝散大夫張盈墓誌並蓋

大業九年（613）三月十日　正書　洛陽
出土，開封博物館藏石

12188　近拓　2張　周慶雲舊藏

著録：名三・二七　徵一・十六　館・

十八　蒿二・八　誌初一・十七　芒冢續
上・十二　誌釋九・一〇〇　洛　誌彙一・
十四　真續二・七

張盈妻蕭飾墓誌並蓋

大業九年（613）三月十日　正書　洛陽
出土，開封博物館藏石

12189　近拓　2張

著録：誌新・十一　名三・二七　徵
一・十六　館・十八　蒿二・八　誌初一・
十七　芒冢續上・十三　誌釋九・一〇〇
真續二・八

宮人豆盧氏墓誌

大業九年（613）八月二十六日　正書
洛陽出土，曾歸于右任

12190　近拓　1張

著録：徵一・十六　館・十八　誌釋
十・一一〇　洛

光禄大夫豆盧寔墓誌並蓋

大業九年（613）十月三日　隸書　洛陽
出土，河南博物館藏石

12191　近拓　2張　周慶雲舊藏

著録：名三・二七　徵一・十六　館・
十八　蒿二・八　芒冢續補遺・四　誌初
一・十七　誌釋九・一〇〇　誌彙一・十
四　洛

□鍾葵墓誌

大業九年（613）十月十二日　正書　洛
陽出土，曾歸于右任

12192　近拓　1張

著録：館・十八　誌初一・十七　誌釋
九・一〇〇　洛

北海縣令趙朗墓誌並蓋

大業九年（613）十月十五日　隸書　洛
陽出土，開封博物館藏石

12193　近拓　1張

著録：誌新・十一　名三・二七　徵
一・十六　館・十八　蒿二・八　誌初一・
十七　芒冢四編一・五九　誌釋九・一

〇〇　洛

陳常墓誌並蓋

大業九年（613）十二月十三日　正書
洛陽出土，曾歸于右任

12194　近拓　2張

著録：徵一・十六　誌釋九・一〇一
誌初一・十七

倉曹參軍宋仲墓誌

大業九年（613）十二月十六日　隸書
洛陽出土，開封博物館藏石

12195　近拓　1張（蓋失拓）

著録：誌新・十一　河圖・七一　名
三・二七　徵一・十六　芒冢續補遺・七
蒿二・八　芒冢四編一・六〇　館・十八
誌初一・十八　誌釋九・一〇一　誌新・十
一　河南

新鄭縣令蕭瑾墓誌並蓋

大業九年（613）十二月二十八日　隸書
洛陽出土，曾歸常熟曾炳章

12196　近拓　2張

著録：名三・二七　徵一・十六　汲・
六三　誌釋九・一〇一　河南　芒冢續補
遺・七　誌新・十一　蒿二・八

士人張鳳舉墓誌

大業九年（613）　正書　洛陽出土

12198　近拓　1張

著録：徵一・十六　誌釋九・一〇一
誌彙一・十四　蒿二・八

宮人元氏墓誌

大業十年（614）二月二十三日　正書
洛陽出土，曾歸于右任

12199　近拓　1張

著録：名三・二八　蒿補・二　誌初
一・十八　徵一・十六　洛　館・十八　誌
釋十・一一〇

□夫人王光墓誌

大業十年（614）三月十一日　正書　洛

陽出土,曾歸于右任

　　12200　　1張　　近拓

　　著録：館・十八　誌初一・十八　誌釋
九・一〇一

牛弘第三女暉墓記

　　大業十年（614）三月二十六日　　隸書
1925年洛陽出土,曾歸于右任

　　12201　　近拓　　1張

　　著録：名三・二八　徵一・十六　館・
十八　誌初一・十八　誌釋九・一〇一　蒿
補・二

崔上師妻封夫人墓誌

　　大業十年（614）四月六日　　正書　　1930
年洛陽出土,曾歸于右任

　　12202　　近拓　　1張

　　著録：徵一・十六　誌釋九・一〇一

宮人席氏墓誌

　　大業十年（614）六月四日　　正書　　洛陽
出土,曾歸于右任

　　12204　　近拓　　1張

　　著録：誌釋十・一一〇　洛　誌初一・
十八

賈玄贊墓誌

　　大業十年（614）六月二十二日　　正書
曾歸天津徐世昌

　　12205　　近拓　　1張

　　著録：彙三・二八

宮人采女田氏墓誌

　　大業十年（614）六月二十四日　　正書
洛陽出土,曾歸于右任

　　12206　　近拓　　1張

　　著録：名三・二八　徵一・十六　館・
十八　蒿續・三　蒿補・二　洛　誌初一・
十八　誌釋十・一一〇

張達墓誌

　　大業十年（614）七月二十五日　　正書
洛陽出土,開封博物館藏石

　　12207　　近拓　　1張

　　著録：徵一・十六　館・十八　誌初
一・十八　誌釋九・一〇一

宮人司寶陳花樹墓誌

　　大業十年（614）七月二十九日　　正書
洛陽出土,曾歸于右任

　　12208　　近拓　　1張

　　著録：館・十八　蒿補・三　誌初一・
十八　誌釋十・一一〇　洛　徵一・十六

馬稱心墓誌

　　大業十年（614）八月十五日　　正書　　洛
陽出土,曾歸于右任

　　12209　　近拓　　1張

　　著録：誌釋九・一〇二　洛

荆州刺史姚太墓誌並蓋

　　大業十年（614）八月十九日　　正書
1924年洛陽出土,曾歸于右任

　　12210　　近拓　　1張

　　著録：徵一・十七　館・十八　蒿補・
三　誌釋九・一〇二　洛　誌初一・十八

宮人唐氏墓誌

　　大業十年（614）十月十七日　　正書　　洛
陽出土,曾歸于右任

　　12211　　近拓　　1張

　　著録：名三・二八　徵一・十七　館・
十九　蒿補・三　誌初一・十八　洛　誌釋
十・一一〇

宮人侯氏墓誌

　　大業十年（614）十月二十七日　　正書
洛陽出土,曾歸于右任

　　12212　　近拓　　1張

　　著録：洛　徵一・十七　誌釋十・一一
〇　誌初一・十八

宮人樊三品墓誌

　　大業十年（614）十一月十五日　　正書
洛陽出土,曾歸于右任

　　12213　　近拓　　1張

著録：館・十九　誌初一・十八　誌釋
十・一一○　洛

虎賁郎將鄧寶明墓誌

　　　大業十年（614）十一月十五日　正書
1903年洛陽出土,曾歸于右任
　　　12214　近拓　1張
　　著録：徵一・十七　誌釋九・一○
二　洛

魏郡太守張軻墓誌並蓋

　　　大業十年（614）十一月十五日　正書
1928年洛陽出土,曾歸于右任
　　　12215　近拓　2張
　　著録：名三・二八　徵一・十七　誌初
一・十八　松補遺・三　洛　誌釋九・一○
二　館・十九　蒿補・三

宮人鮑氏墓誌

　　　大業十年（614）十二月二十七日　正書
洛陽出土,曾歸于右任
　　　12216　近拓　1張
　　著録：名三・二八　徵一・十七　蒿
補・三　誌初一・十八　洛　誌釋十・一一
○　館・十九

宮人典樂姜氏墓誌

　　　大業十一年（615）正月十六日　正書
洛陽出土,曾歸于右任
　　　12217　近拓　2張　于右任相贈
　　著録：館・十九　蒿續・三　蒿補・三
誌初一・十八　誌釋十・一一○　徵一・十
七　洛

三川縣正明雲騰墓誌並蓋

　　　大業十一年（615）二月九日　正書
1926年洛陽出土,曾歸于右任
　　　12218　近拓　2張
　　著録：名補・二　徵一・十七　蒿續
補・一　洛　誌初一・十八　誌釋九・一○
三　館・十九

苟府君妻宋氏墓誌並蓋

　　　大業十一年（615）二月二十日　正書
1928年洛陽出土,曾歸于右任
　　　12219　近拓　2張
　　著録：徵一・十七　館・十九　誌初
一・十八　誌釋九・一○三　洛

桃林縣令王裒墓誌並蓋

　　　大業十一年（615）二月二十一日　正書
1926年洛陽出土,曾歸吳興徐氏
　　　12220　近拓　2張
　　著録：誌初一・十八　誌釋九・一○三
徵一・十七　洛　蒿補・三

唐該墓誌並蓋

　　　大業十一年（615）二月二十一日　隸書
洛陽出土,曾歸陶湘
　　　12221　近拓　2張
　　著録：誌新・十一　名三・二八　徵
一・十七　館・十九　誌初一・十八　汲・
六一　誌釋九・一○三　洛

右翊衛大將軍張壽墓誌

　　　大業十一年（615）二月二十二日　正書
1925年洛陽出土,曾歸于右任
　　　12222　近拓　1張（蓋失拓）
　　著録：徵一・十七　館・十九　蒿補・
三　誌初一・十八　誌釋九・一○三　洛

參軍嚴元貴墓誌

　　　大業十一年（615）三月五日　正書
1925年洛陽出土,曾歸于右任
　　　12223　近拓　1張
　　著録：名三・二八　徵一・十七　蒿
補・三　誌初一・十八　洛　誌釋九・一○
三　館・十九

左御衛將軍伍恭公墓誌並蓋

　　　大業十一年（615）三月十四日　正書
1925年洛陽出土,曾歸武進吳氏
　　　12224　近拓　1張
　　著録：洛　誌釋九・一○三又十一・一
一八　徵一・十七　名三・二八　誌初一・

張波墓誌並蓋

　　大業十一年(615)三月二十二日　正書
清末洛陽出土,曾歸河南博物館
　　12225　近拓　4張
　　著錄:誌新・十一　名三・二八　河
圖・七三　徵一・十七　館・十九　芒冢續
上・十四　蒿二・八　誌釋九・一○三　洛
河南　真續二・八　誌初一・十七

金紫光禄大夫蕭岑孫内宮堂姪蕭濱墓誌

　　大業十一年(615)四月二十三日　正書
1921年洛陽出土,曾歸于右任
　　12226　近拓　1張
　　著錄:徵一・十七　館・十九　蒿續
補・一　誌初一・十八　誌釋九・一○
三　洛

奉誠尉王弘墓誌

　　大業十一年(615)五月十一日　正書
洛陽出土,曾歸于右任
　　12227　近拓　1張
　　著錄:館・十九　誌初一・十九　誌釋
九・一○四

尉富娘墓誌　又名"左武衛大將軍吳公(吳國公尉遲安)李氏(富娘)女墓誌"

　　大業十一年(615)五月十七日　正書
同治十年(1871)陝西長安出土
　　10239　初拓　1張　附初拓整張,許叔
鴻舊藏並跋,羅振玉、劉體智跋
　　12228　肥本初拓　1張
　　12229　初拓殘本　1張　吳公望跋
　　12230　清拓　4張　翻刻本
　　著錄:羅錄上・二三　名三・二八　楊
圖四・二六　瓊二七・十一　誌釋九・一○
九　楊守敬鄰蘇老人手書題跋　丁戊・十一
藝十八・三　關新三・四　徵一・十七
館・十九　蒿二・八　雪跋三・二二　增圖
三・五八　藝文六・六　關攷三・十四　松
翁賸二・三　雪・九八　陝七・十四　誌彙

宮人采女田氏墓誌

　　大業十一年(615)六月五日　正書　洛
陽出土,曾歸于右任
　　12203　近拓　1張　于右任拓片相贈
　　著錄:館・十九　誌初一・十九　誌釋
十・一一○　洛　名三・二八

陳倉縣令曹海凝墓誌並蓋

　　大業十一年(615)六月十五日　正書
1923年洛陽出土,曾歸于右任
　　12231　清拓　1張
　　著錄:誌新・十一　名三・二八　徵
一・十七　館・十九　蒿二・八　誌初一・
十九　芒冢四編補遺・十六　誌釋九・一○
四　洛

太僕卿元公墓誌

　　大業十一年(615)八月二十四日　正書
嘉慶二十年(1815)陝西咸寧縣出土,咸豐十
年(1860)毀于兵燹,同治六年(1867)陸彦甫
復得餘下殘石
　　10240　初拓　1冊(兩誌合冊)　俞宗
海舊藏並跋
　　10241　初拓　1冊(兩誌合冊)　張丙
炎舊藏
　　12233　初拓　2張(一1)　有何維樸、
褚德彝跋,鄒安、方若章
　　12234　清拓　2張(一1)　石斷本,況
有韓舊藏。有褚德彝跋,江建霞、褚德彝、陳
運彰題目
　　12235　清拓　2張(一1)　咸豐十年遭
兵燹後拓本
　　12236　清翻刻　1張　張之銘舊藏
　　著錄:趙錄二・二四　泉一・二○　名
三・二八　續編三・八　楊圖四・二七
獨・四　清二・三七　藝十八・四　徵一・
十七　館・十九　蒿補・三　平續・二　誌
四・十三　隋上・四　萃略一・二八　瓊二
七・十七　丁戊・四　增圖三・二五九　關
攷五・十一　楊守敬鄰蘇老人手書題跋　誌
彙一・十五　誌釋三・十二　陝七・十三
遼居稿・二三　攄六・四九　雪・九八　真

一・二〇　陸繼輅合肥學舍札記二・九　錢
保塘清風室文抄四・十二

太僕卿元公夫人姬氏墓誌

　　大業十一年（615）八月二十四日　正書
嘉慶二十年（1815）陝西咸寧縣出土，咸豐十
年（1860）毀于兵燹，同治六年（1867）陸彥甫
復得餘下殘石
　　　　10240　初拓　1册（兩誌合册）　俞宗
海舊藏並跋
　　　　10241　初拓　1册（兩誌合册）　張丙
炎舊藏
　　　　12233　初拓　2張（一2）　有何維樸、
褚德彝跋，鄒安、方若章
　　　　12234　清拓　2張（一2）　石斷本，況
有韓舊藏。有江建霞、褚德彝、陳運彰題目
　　　　12235　清拓　2張（一2）　咸豐十年遭
兵燹後拓本
　　　　著錄：趙錄二・二四　續編三・十　名
三・二八　清二・四〇　藝十八・四　館・
十九　徵一・十七　嵩補・三　楊圖四・二
七　平再續・八　誌四・十七　隋上・七
雪・九八　萃略一・三三　瓊二七・二九
丁戊・八　增圖三・二五八　關攷五・十一
攄六・四九　楊守敬鄰蘇老人手書題跋　陝
七・十四　陸續輅合肥學舍札記二・九　誌
彙一・十五　宜二・十四　真一・二〇

平正常景墓誌

　　大業十一年（615）八月二十四日　正書
曾歸于右任
　　　　12238　近拓　1張（蓋失拓）
　　　　著錄：洛　誌初一・十九　嵩補・三
徵一・十七

宮人司餝丁氏墓誌

　　大業十一年（615）八月二十五日　正書
洛陽出土，曾歸于右任
　　　　12237　近拓　1張
　　　　著錄：名三・二八　徵一・十七　館・
十九　嵩續・四　嵩補・三　洛　誌初一・
十九　誌釋十・一一〇

□德墓誌

　　大業十一年（615）十一月九日　正書
洛陽出土，曾歸陶湘，後流往日本歸中村不折
　　　　12239　近拓　1張
　　　　著錄：誌新・十一　名三・二八　徵
一・十七　嵩二・八　洛　誌初一・十九
芒冢上・十三　誌釋九・一〇五

宮人劉氏墓誌

　　大業十一年（615）十一月十二日　正書
洛陽出土，曾歸于右任
　　　　12241　近拓　1張　于右任贈
　　　　著錄：館・二〇　誌初一・十九　誌釋
十・一一〇

右光禄大夫范安貴墓誌

　　大業十一年（615）十一月十四日　正書
1921年洛陽出土，曾歸于右任
　　　　12240　近拓　1張（蓋失拓）
　　　　著錄：徵一・十七　誌新九・一〇五
松翁未焚稿　洛　誌初一・十九

司功書佐蕭沇墓誌

　　大業十一年（615）十一月十四日　正書
1925年洛陽出土，曾歸于右任
　　　　12242　近拓　1張
　　　　著錄：誌釋九・一〇五　洛　丙寅稿・
四〇　名三・二八　誌初一・十九　嵩
補・二

肥鄉縣令蕭翹墓誌

　　大業十一年（615）十一月二十六日　正
書　1925年洛陽出土
　　　　12243　近拓　1張
　　　　著錄：誌釋九・一〇五　徵一・十七
洛　誌初一・十九　嵩續・四

四州刺史段濟墓誌

　　大業十二年（616）正月二十二日　隸書
1920年洛陽出土
　　　　12244　近拓　1張　周慶雲舊藏
　　　　著錄：徵一・十七　誌釋九・一〇五
芒冢續上・十五　誌新一・十一　誌初一・

十九　嵩二・八　洛

李元墓誌

　　大業十二年(616)二月三日　隸書　洛
陽出土
　　12245　近拓　1張(蓋失拓)
　　著録：誌釋九・一〇六

□徹墓誌

　　大業十二年(616)三月十日　正書　洛
陽出土，曾歸常熟曾炳章、吳興蔣氏
　　12246　近拓　1張
　　著録：誌釋九・一〇六　芒冢續上・十
七　徵一・十七　誌新・十一　藝續　名
三・二九　館・二〇　嵩二・八　誌初一・
十九

宮人卜氏墓誌

　　大業十二年(616)三月二十六日　正書
洛陽出土，曾歸于右任
　　12247　近拓　2張　于右任相贈
　　著録：館・二〇　誌釋十・一一一　洛

宮人徐氏墓誌

　　大業十二年(616)三月二十六日　正書
洛陽出土，曾歸于右任
　　12248　近拓　1張
　　著録：館・二〇　誌釋十・一一一　洛
徵一・十八　誌初一・十九

滕王長子楊厲墓誌

　　大業十二年(616)七月十八日　正書
洛陽出土，曾歸陶湘
　　12250　近拓　1張
　　著録：誌新・十一　名三・二九　徵
一・十八　館・二〇　嵩二・八　誌初一・
十九　汲・六四　誌釋九・一〇六　洛　芒
冢續補遺・九

羊本墓誌

　　大業十二年(616)七月三十日　正書
光緒間洛陽出土，杭州西泠印社藏石
　　12249　近拓　1張

　　著録：誌新・十一　名三・二九　徵
一・十八　館・二〇　嵩二・八　誌初一・
十九　汲・六五　誌釋九・一〇六　洛　芒
冢續補遺・十　真續二・八

朝散大夫王世琛墓誌並蓋

　　大業十二年(616)七月三十日　正書
1925年洛陽出土，曾歸于右任
　　12251　近拓　2張
　　著録：名三・二九　徵一・十八　館・
二〇　嵩補・三　誌初一・十九　洛　誌釋
九・一〇九

宮人司言楊氏墓誌

　　大業十二年(616)八月四日　正書　洛
陽出土，曾歸于右任
　　12252　近拓　1張
　　著録：名三・二九　徵一・十八　館・
二〇　嵩續・四　嵩補・三　洛　誌初一・
十九　誌釋十・一一一

主簿張濬墓誌

　　大業十二年(616)十月二日　正書
1923年洛陽出土，曾歸于右任
　　12253　近拓　1張
　　著録：名三・二九　徵一・十八　館・
二〇　嵩補・三　洛　誌初一・十九　誌釋
九・一〇六

户曹卞鑒墓誌並蓋

　　大業十二年(616)十月二日　正書　洛
陽出土，曾歸毗陵吳氏
　　12254　近拓　2張
　　著録：徵一・十八　誌釋九・一〇六
名三・二九　誌初一・十九　嵩二・九　嵩
補・三　洛

房公蘇威妻宇文氏墓誌

　　大業十二年(616)十月十三日　正書
1915年洛陽出土，曾歸于右任
　　12255　近拓　1張
　　著録：名三・二九　徵一・十八　館・
二〇　誌釋九・一〇六　誌初一・十九　嵩

齊郡丞唐直墓誌

　　大業十二年(616)十月二十六日　隸書
1925年洛陽出土,曾歸李銘三、馬叔平
　　12256　近拓　1張
　　著録:名三·二九　徵一·十八　館·
二〇　蒿二·九　誌新·十二　誌初一·十
九　芒冢三·十八　誌釋九·一〇六　洛

常泰夫人房氏墓誌

　　大業十二年(616)十一月三日　正書
洛陽出土
　　12259　近拓　1張　于右任贈
　　著録:名三·二九　徵一·十八　館·
二〇　誌初一·十九　誌釋十·一一一　蒿
補·三　洛

内史舍人牛方大墓誌

　　大業十二年(616)十一月二十日　正書
1925年洛陽出土,曾歸于右任
　　12257　近拓　1張
　　著録:洛　誌釋九·一〇七　誌初一·
十九

宋永貴墓誌

　　大業十二年(616)十一月二十一日　正
書　西安出土
　　10242　舊拓　1册
　　12258　清拓　3張(並蓋)
　　著録:趙録二·二五　關新三·五　名
三·二九　彙十二之一·二　增圖三·二六
〇　徵一·十八　館·二〇　蒿二·九　瓊
二八·一　汲續·十九　關攷一·八　攈
六·四九　誌彙一·十五　誌釋九·一〇七
陝七·十五　雪九·八　真一·十九

馮忱故夫人叱李綱子墓誌

　　大業十二年(616)十二月二日　隸書
1925年洛陽出土,曾歸于右任
　　12260　近拓　1張(蓋失拓)
　　著録:名三·二九　徵一·十八　館·
二〇　誌初一·十九　誌釋九·一〇七　蒿

宮人六品御女唐氏墓誌

　　大業十三年(617)二月十三日　正書
洛陽出土,曾歸于右任
　　12261　近拓　1張
　　著録:徵一·十八　洛　誌釋十·一一
一　誌初一·十九　蒿補·三

宮人六品□氏墓誌

　　大業十三年(617)二月二十五日　正書
洛陽出土
　　12262　近拓　1張　謝伯殳舊藏
　　12263　近拓　1張　于右任相贈
　　著録:徵一·十八　洛　館·二〇　蒿
補·三　誌初一·十九　誌釋十·一一一

宮人司計劉氏墓誌

　　大業十三年(617)七月四日　正書　洛
陽出土
　　12264　近拓　1張　于右任相贈
　　著録:徵一·十八　洛　誌釋十·一一
一　誌初一·二〇　蒿補·四

杜夫人鄭善妃墓誌

　　大業十三年(617)十月七日　正書　洛
陽出土
　　12265　近拓　1張
　　著録:館·二〇　誌釋九·一〇八

張琰妻王法愛墓誌

　　大業□年□月十日　正書　洛陽出土,
曾歸建德周氏
　　12266　近拓　1張
　　著録:誌釋十一·一一八　誌初一·
二〇

隅陽縣令王明府誌蓋

　　正書
　　12274　近拓　1張
　　著録:誌新·十二　徵一·十八　誌初
一·二〇　名三·三〇　蒿二·九

姑臧太守成公君誌蓋

正書　陝西出土

12276　近拓　1張

著録：藝十八・四　徵一・十八　瓊二八・十二　彙十二之二・五　誌釋十一・一一九　陝七・十九　誌彙一・十五　蒿二・九　攈六・五〇

美人鄭毓磚誌

隸書

12269　近拓　1張

士操女娥素行女嚴足誌

正書

12270　近拓　1張

端氏縣令誌蓋

篆書　曾歸于右任

12273　近拓　1張　有方若、陶湘章

右翊衛大將軍張公誌蓋

篆書　曾歸于右任

12275　近拓　1張

唐君蘇夫人誌蓋

篆書

12277　近拓　1張　況周頤舊藏

北海縣令趙君誌蓋

篆書　河南圖書館藏石

12278　近拓　1張

僞鄭

那盧夫人元買得墓誌並側

開明元年（619）五月十六日　隸書　洛陽出土

12267　近拓　1張

著録：誌釋九・一〇八　誌彙一・十五

韋匡伯墓誌並蓋

開明二年（620）七月二十日　正書　洛陽出土

10244　舊拓　1冊　附舊拓整張，鄭叔問、端方跋

12268　近拓　2張

著録：誌釋九・一〇八　校　芒冢上・十五　匋十六・二〇　誌彙一・十六　蒿二・九

唐

段夫人墓誌

貞觀二年（628）十一月七日　正書　曾歸于右任

12282　清拓　1張

著録：芒冢四編二・一

郭通墓誌

貞觀二年（628）十一月三十日　隸書　開封博物館藏石

12283　清拓　1張

著録：徵二・一　館・二一　名四・三一　誌初二・一

胡永墓誌

貞觀二年（628）十一月三十日　正書

12284　清拓　1張

譚伍墓誌

貞觀三年（629）六月二十五日　隸書

12285　近拓　1張

著録：館・二一　徵二・一　名四・三一　蒿二之一・九　芒冢四編二・三　誌初二・一

李彦墓誌

貞觀四年（630）二月二十四日　隸書

12286　近拓　1張

錦州萬安縣令毛佑墓誌

貞觀四年(630)十一月十五日　正書

12287　近拓　1張

著録：館·二一　隴二·一　西行·一六八

河東縣令李徹墓誌

貞觀四年(630)十一月二十一日　隸書

張鈁藏石

12288　近拓　1張

著録：館·二一　徵二·一　蒿二之一·九　誌初二·一

吳景達妻劉氏墓誌

貞觀四年(630)十一月二十三日　正書

端方藏石

12289　近拓　1張　有褚德彝跋

著録：藝十八·四　館·二一　名四·三一　蒿二之一·九　徵二·一　匋十七·一　芒冢上·十八

開府儀同三司劉節墓誌

貞觀五年(631)七月四日　隸書　開封博物館藏石

12290　近拓　1張

著録：徵二·一　館·二一　名四·三一　蒿二之一·九　芒冢四編二·三　誌初二·一

郭倫妻楊寶墓誌

貞觀六年(632)二月十八日　正書

12292　近拓　1張

著録：徵二·一　館·二二

開國子張纂妻趙氏墓版文　又名"雍州長安縣清化鄉宜君縣開國子故張纂妻趙夫人墓石"(藝誤作戚纂,羅録作成纂)

貞觀六年(632)五月九日　正書

12293　近拓　1張

著録：藝十八·四　名四·三二　徵二·一　攈七·二　誌彙二·二　瓊三十·四　館·二二　羅録上·二三

處士張叡墓誌

貞觀七年(633)　二月一日　隸書

12294　近拓　1張

玄昭監張明墓誌

貞觀七年(633)七月二十四日　正書

開封博物館藏石

12295　近拓　1張

著録：蒿二之一·十　名四·三二　館·二二　徵二·一　芒冢四編二·五　誌初二·一

韓遠墓誌

貞觀七年(633)十月二十八日　正書

開封博物館藏石

12296　近拓　1張

著録：徵二·二　館·二二　名四·三二　蒿二之一·十　芒冢四編二·五　誌初二·一

郭提墓誌

貞觀八年(634)　正月十二日　正書

12297　近拓　1張

隋徵士解深墓誌

貞觀八年(634)正月二十一日　正書

12298　近拓　1張　周慶雲舊藏

著録：徵二·二　館·二二　名四·三二　蒿二之一·一　芒冢四編二·六　誌初二·一

河南縣録事邢弁墓誌

貞觀八年(634)三月二十二日　正書

開封博物館藏石

12299　近拓　1張

著録：徵二·二　館·二二　誌初二·一

韓仁師磚誌

貞觀八年(634)五月三十日　正書

12300　近拓　1張　周慶雲舊藏

著録：芒冢三編·二〇

清淇公孟孝敏墓誌並蓋

貞觀八年(634)十一月五日　正書
12301　近拓　1張　周慶雲舊藏

隋朔州長史徐彪墓誌

貞觀八年(634)十一月五日　正書
12302　近拓　1張

太原王夫人墓誌

貞觀十年(636)十一月四日　正書
12303　近拓　1張

汝南公主墓誌

貞觀十年(636)十一月十六日　行書
虞世南書
10252　1冊
著錄：吳記三・一　清四・二九　誌
五・一　萃四四・一　名四・三二　孫錄
三・七〇　金石二跋一・二　古鈔・十八
錄補十・九三　誌初二・一　攈七・二　彙
四・二四　妙七・八

王護墓誌

貞觀十一年(637)二月二十九日　正書
開封博物館藏石
12304　近拓　1張（蓋失拓）　周慶雲
舊藏
著錄：名四・三二　徵二・二　館・二
二　蒿二之一・十　芒冢續中・一　誌初
二・二

羅君副墓誌

貞觀十一年(637)八月二十一日　正書
12305　近拓　1張
著錄：芒冢四編二・八

唐遜妻柳氏墓誌

貞觀十二年(638)閏二月二十七日　正
書　開封博物館藏石
12306　近拓　1張
著錄：名四・三二　徵二・二　館・二
三　蒿二之一・十　芒冢四編二・九　誌初
二・二

景城縣令蕭瑤南墓誌

貞觀十三年(639)二月十七日　正書
12307　近拓　1張
著錄：芒冢四編二・九

韓州涉縣僧順禪師誌

貞觀十三年(639)二月二十二日　正書
12308　近拓　1張
著錄：鄴冢上・二五

李護墓誌

貞觀十三年（639）十一月二十九日
正書
12309　近拓　1張

張君夫人秦氏墓誌

貞觀十四年(640)正月十七日　正書
12310　近拓　1張
著錄：名四・三二　徵二・二　館・二
二　芒冢四編二・九　誌初二・二

弘農楊士漢墓誌

貞觀十四年(640)七月七日　正書
12311　近拓　1張

開國侯孟保同墓誌

貞觀十四年(640)十一月九日　正書
12312　近拓　1張
著錄：徵二・二　館・二三　名四・三
三　蒿二之一・一　誌初二・二

慧静法師靈塔銘

貞觀十五年(641)四月二十三日　正書
12313　近拓　1張
著錄：朔目二・八　攈七・三　名四・
三三　徵二・二　彙九之二・三　鄴冢上・
二五

薄氏墓誌並蓋

貞觀十五年(641)五月二十五日　正書
開封博物館藏石
12314　近拓　2張
著錄：徵二・三　名四・三三　館・二

三　芒冢續中・二　誌初二・二

處士梁凝達墓誌
　　　貞觀十五年(641)九月十五日　正書
　　12316　近拓　1張
　　　著録：館・二三　徵二・三

饒安縣令侯君妻劉夫人墓誌
　　　貞觀十五年(641)十月九日　正書
　　12317　近拓　1張
　　　著録：徵二・二　館・二三　名四・三
三　誌初二・二

李道素墓誌
　　　貞觀十五年(641)十一月十五日　正書
　　12318　近拓　1張　周慶雲舊藏
　　　著録：名四・三三　徵二・三　館・二
三　蒿二之一・十　芒冢四編二・十一　誌
初二・二

杜榮墓誌
　　　貞觀十五年(641)十二月十五日　正書
　　12319　近拓　1張　周慶雲舊藏
　　　著録：徵二・三　名四・三三　蒿二之
一・十　館・二三　芒冢四編二・十二　誌
初二・二

劉粲墓誌
　　　貞觀十六年(642)六月二十五日　正書
開封博物館藏石
　　12320　近拓　1張
　　　著録：名四・三一　徵二・一　館・二
一　蒿二之一・九　芒冢三編・十九　誌初
二・一

毗沙妻楊玉姿墓誌
　　　貞觀十六年(642)七月二十日　正書
周慶雲舊藏
　　12321　近拓　1張
　　　著録：芒冢四編二・十四

張行密墓誌
　　　貞觀十六年(642)九月十二日　正書

12323　近拓　1張

大將軍張孝緒墓誌
　　　貞觀十六年（642）九月二十七日卒
正書
　　12322　近拓　1張

化隆縣長劉政墓誌
　　　貞觀十六年（642）十一月二十日　正書
　　12324　近拓　1張（蓋失拓）
　　　著録：徵二・三　名四・三三　蒿二之
一・十一　芒冢四編二・十四　誌初二・三
館・二三

姚孝寬墓誌
　　　貞觀十七年（643）十月二十七日　正書
開封博物館藏石
　　12325　近拓　1張
　　　著録：徵二・三　名四・三三　蒿二之
一・十一　芒冢四編二・十五　誌初二・三
館・二四

□(虞)信墓誌
　　　貞觀十八年（644）二月十六日　正書
開封博物館藏石
　　12326　近拓　1張
　　　著録：名四・三三　徵二・三　館・二
四　蒿二之一・十一　誌初二・三（誤作司
徒信）　芒冢四編補遺・十七

處士霍恭墓誌
　　　貞觀十八年（644）七月十一日　正書
開封博物館藏石
　　12327　近拓　1張
　　　著録：徵二・三　館・二四　名四・三
三　誌初二・三

姚暢墓誌
　　　貞觀十八年（644）八月十九日　正書
開封博物館藏石
　　12328　近拓　1張

崔法師立靈塔記　又名“弟子普閏等爲師立靈塔記”
　　貞觀十八年(644)十一月十五日　正書
　　12329　近拓　1張
　　著録：朔目二・八　河録二・六　名四・三四

明雅墓誌
　　貞觀十九年(645)六月二十四日　正書
　　12331　近拓　1張
　　著録：徵二・三　館・二四

霍漢墓誌
　　貞觀十九年(645)六月二十五日　正書
　　12332　近拓　1張
　　著録：徵二・三　嵩二之一・十一　名四・三四　芒冢四編二・十六　誌初二・三　館・二四

董君夫人任氏墓誌
　　貞觀十九年(645)七月十八日　正書
　　12330　近拓　1張　周慶雲舊藏
　　著録：徵二・三　名四・三四　嵩二之一・十一　芒冢四編二・十七　誌初二・三

斑夫人墓誌　又名“宋夫人斑氏墓誌”
　　貞觀二十年(646)二月二十七日　正書
　　12333　近拓　1張
　　著録：館・二四　徵二・四　名四・三三　誌初二・三

静感禪師塔銘
　　貞觀二十年（646）三月二十一日卒　正書
　　12334　近拓　1張

楊德墓誌
　　貞觀二十年(646)四月二十四日　正書
　　12336　近拓　2張
　　著録：館・二四　嵩二之一・十一　徵二・四　誌初二・三

齊夫人墓誌並蓋
　　貞觀二十年(646)五月十一日　正書
　　12337　近拓　2張
　　著録：徵二・四　館・二四　名四・三四　芒冢續中・二　誌初二・三

尹貞墓誌　又名“尹善幹墓誌”
　　貞觀二十年(646)五月二十九日　正書
　　12338　近拓　1張
　　12793　清拓　1張　況周頤舊藏
　　著録：藝十八・八　館・二五　嵩二・十一　誌彙二・十九　香　唐文拾遺六四・一　真二・九　光緒二十四年祥符縣誌二・二四

李護墓誌
　　貞觀二十年(646)六月一日　正書
　　12339　近拓　1張
　　著録：名四・三四　徵二・四　嵩二之一・十一　真二・九　館・二四　芒冢續中・三　誌初二・三

處士傅叔墓誌
　　貞觀二十年(646)十月十四日　正書
　　12340　近拓　2張　（一1)周慶雲舊藏
　　著録：徵二・四　嵩二之一・十一　名四・三四　芒冢四編二・十七　誌初二・三　館・二五

孫佰悦灰身塔銘
　　貞觀二十年(646)十月十五日　正書
　　12341　近拓　1張
　　著録：校　朔目二・八　河録二・八　名四・三四　徵二・四　鄴冢上・二六

殷州刺史段師墓誌
　　貞觀二十年(646)十一月二日　正書
　　12342　近拓　1張（蓋失拓）　謝伯殳舊藏
　　著録：名四・三四　徵二・四　館・二五　誌初二・三

洛州徵士萬德墓誌

貞觀二十一年（647）六月五日　正書
開封博物館藏石

12343　近拓　1張

著録：徵二・四　館・二五　名四・三
五　誌初二・三

萬年縣尉孔長寧墓誌

貞觀二十一年（647）八月二十八日
正書

12344　近拓　1張

著録：徵二・四　嵩二之一・十一　名
四・三五　芒冢四編補遺・十九　誌初二・
三　館・二五

平州錄事參軍張育墓誌

貞觀二十二年（648）二月二十一日　正
書　開封博物館藏石

12232　清拓　1張

12345　近拓　1張

著録：徵二・五　館・二五　嵩二之
一・十一　名四・三五　誌初二・四

文安縣主墓誌

貞觀二十二年（648）三月二十二日
正書

10278　初拓　1冊　附清末拓本

12346　清拓　1張　陳運彰舊藏

12347　清拓　1張

12348　清拓　1張　翻刻

著録：藝十八・四　徵二・五　館・二
五　嵩二之一・十一　泉一・二二　名四・
三五　隋上・十一　楊圖五・十一　攈七・
六　誌五・二　瓊三四・二一　彙十二之
一・一〇八　九甲・六一　昭上・九　續編
四・六　寶叢九・五　趙録三・二　誌彙
二・三　宜三・一　關攷八・三　梅跋一・
五　邕一・十九　真二・十三　全唐文九九
四・一

張行滿墓誌

貞觀二十二年（648）四月二十三日　正
書　開封博物館藏石

12349　近拓　1張

著録：館・二五　名四・三五　誌初
二・四　徵二・五　芒冢四編二・十九　嵩
二之一・十一

丘蘊墓誌並蓋

貞觀二十二年（648）六月二十三日
正書

12350　近拓　2張　周慶雲舊藏

著録：名四・三五　徵二・五　嵩二之
一・十一　芒冢四編二・二〇　誌初二・四

張通墓誌

貞觀二十二年（648）七月二十七日
正書

12351　近拓　1張　周慶雲舊藏

著録：館・二五　徵二・五　嵩二之
一・十一　芒冢續中・四　誌初二・四　真
二・九

賈昂墓誌

貞觀二十三年（649）正月十六日　正書

12352　近拓　1張　況周頤舊藏

趙榮墓誌

貞觀二十三年（649）二月二十二日
正書

12353　近拓　1張

關英墓誌

貞觀二十三年（649）三月十一日　正書

12354　近拓　1張　周慶雲舊藏

著録：名四・三五　嵩二之一・十一
館・二六　徵二・五　芒冢三編・二〇　誌
初二・四

楊昭墓誌

貞觀二十三年（649）三月十七日　正書

12355　近拓　1張

著録：名四・三五　徵二・五　嵩二之
一・十一　芒冢四編二・二一　誌初二・四
館・二六

楊成其墓誌

貞觀二十三年(649)六月十八日　正書

12356　近拓　1張

著録：徵二・五　館・二六　蒿二之一・十一　名四・三五　誌二・四

李良墓誌

貞觀二十三年(649)七月十八日　正書

12357　近拓　1張（蓋失拓）周慶雲舊藏

著録：名四・三五　館・二六　徵二・五　蒿二之一・十一　芒冢三編・二一

王文隲妻趙氏墓誌

貞觀二十三年(649)九月四日　正書
開封博物館藏石

12358　近拓　1張（蓋失拓）

著録：館・二六　徵二・五　蒿二之一・十二　名四・三五　誌初二・四

周仲隱墓誌

貞觀二十三年（649）十月二十五日正書

12359　近拓　1張

董柱墓誌

貞觀二十三年（649）十一月二十日正書

12360　近拓　1張　周慶雲舊藏

著録：芒冢四編二・二二

濟州別駕李君絢墓誌

貞觀二十三年（649）十二月十二日正書

12361　近拓　1張　周慶雲舊藏

著録：藝十八・四　東冢・一　名四・三五　徵二・六　蒿二之一・十二　誌初二・四　誌彙二・二

祁讓墓誌

永徽元年(650)四月二日　正書

12362　近拓　1張

著録：徵二・六　館・二六　蒿二之一・十二　誌初二・五

曹諒及夫人安氏墓誌

永徽元年(650)七月九日　正書

12363　近拓　1張

張藥墓誌

永徽元年(650)十一月一日　正書

12364　近拓　1張　周慶雲舊藏

著録：徵二・六　館・二七　名四・三六　蒿二之一・十二　芒冢三編・二二　誌初二・五

湯府君妻傷氏墓誌

永徽二年(651)正月十五日　正書

12365　近拓　1張　周慶雲舊藏

著録：藝十八・四　蒿二之一・十二　名四・三六　續乙　硯九・十　誌彙二・三　羅録上・二四　關攷二・六四　關新三・七　陝八・二七　唐文拾遺六四・二　瓊三五・二七

潘卿墓誌

永徽二年(651)正月二十七日　正書

12366　近拓　2張

著録：徵二・六　館・二七　蒿二之一・十二　誌二・五

郝榮墓誌

永徽二年(651)四月二十一日　正書

12367　近拓　1張

著録：徵二・六　館・二七

驃騎將軍孫遷墓誌

永徽二年(651)九月六日　正書

12369　近拓　1張

著録：館・二七　徵二・六

楊藝墓誌

永徽二年(651)九月十六日　正書　曾歸陶湘

12372　近拓　1張

著録：芒冢四編二・二二

嚴君妻鄭氏墓誌

　　永徽三年(652)四月七日　正書
　　12373　近拓　1張
　　著録：館·二七　徵二·七

張君妻王氏墓誌

　　永徽三年(652)五月二十一日　正書
　　12374　近拓　1張

上儀同秦進儀墓誌

　　永徽三年(652)八月十五日　正書
　　12375　近拓　1張　周慶雲舊藏
　　著録：名四·三七　蒿二之一·十二
徵二·七　芒冢續中·五　誌初二·五

王則墓誌

　　永徽三年(652)十月一日　正書
　　12376　近拓　1張
　　著録：芒冢四編二·二四

趙安墓誌

　　永徽三年(652)十月十三日　正書
　　12377　近拓　1張(蓋失拓)　周慶雲
舊藏
　　著録：徵二·七　名四·三七　蒿二之
一·十二　芒冢四編二·二五　誌初二·五
館·二八

魏德墓誌

　　永徽三年(652)十月二十五日　正書
　　12378　近拓　1張
　　著録：徵二·七　館·二八　蒿二之
一·十二

索相兒墓誌　又名"斛斯府君夫人索氏墓誌銘"

　　永徽三年(652)十一月二十九日　正書
　　12379　近拓　2張
　　著録：芒冢上·二一

處士張洛墓誌

　　永徽四年(653)正月二十一日　正書
　　12380　近拓　1張

　　著録：徵二·七　名四·三七　蒿二之
一·十二　芒冢四編補遺·十九　誌初二·
六　館·二八

劉普曜墓誌

　　永徽四年(653)二月十四日　正書
　　12381　近拓　1張

將仕郎劉裕墓誌

　　永徽四年(653)二月二十日　正書　開
封博物館藏石
　　12382　近拓　1張
　　著録：徵二·七　館·二八　蒿二之
一·十二　誌初二·六

梁有意墓誌並蓋

　　永徽四年(653)二月二十七日　正書
　　12383　近拓　1張　周慶雲舊藏
　　著録：芒冢四編二·二七

顏人墓誌

　　永徽四年(653)三月十日　正書
　　12384　近拓　1張
　　著録：芒冢四編二·二八

張逸墓誌

　　永徽四年(653)三月二十一日　正書
開封博物館藏石
　　12385　近拓　1張
　　著録：徵二·八　館·二八　名四·三
七　誌初二·六

李智墓誌

　　永徽四年(653)五月十日　正書
　　12386　近拓　1張　三斷初拓
　　著録：徵二·八　名四·三七　蒿二之
一·十三　芒冢四編二·二九　誌初二·六
館·二八

楊逸墓誌

　　永徽四年(653)六月九日　正書
　　12387　近拓　1張
　　著録：館·二九　徵二·八　蒿二之

一·十三　誌初二·六

周藻墓誌

　　永徽四年(653)七月二十三日　正書
　　12388　近拓　1張
　　著録：館·二九　徵二·八　蒿二之
一·十三　芒冢四編二·三〇　誌初二·六

劉攬墓誌

　　永徽四年(653)八月三日　正書
　　12389　近拓　1張

史君夫人田氏墓誌

　　永徽四年(653)八月十一日　正書
　　12390　近拓　1張
　　著録：徵二·八　蒿二之一·十三　名
四·三七　芒冢四編二·三一　誌初二·六
館·二九

曹夫人墓誌

　　永徽四年(653)八月二十一日　正書
　　12391　近拓　1張
　　著録：芒冢四編二·三二

處士楊吴生墓誌並蓋

　　永徽四年(653)十月二十二日　正書
　　12392　近拓　2張
　　著録：徵二·八　館·二九

段會墓誌

　　永徽四年(653)十二月十九日　正書
開封博物館藏石
　　12393　近拓　1張(蓋失拓)
　　著録：徵二·八　名四·三七　館·二
九　芒冢三編·二三　誌初二·六　芒冢
上·十九　蒿二之一·十三

趙君夫人郭氏墓誌

　　永徽五年(654)二月二十一日　正書
開封博物館藏石
　　12394　近拓　1張(蓋失拓)
　　著録：徵二·八　館·二九　蒿二之
一·十三　名四·三七　誌初二·六

劉皆墓誌

　　永徽五年(654)二月三十日　正書
　　12395　近拓　1張

王素墓誌

　　永徽五年(654)二月三十日　正書
　　12397　近拓　1張
　　著録：館·二九　徵二·八　蒿二之
一·十三　名四·三八　誌初二·六

王才墓誌

　　永徽五年(654)三月二十四日　正書
　　12396　近拓　1張
　　著録：名四·三七　徵二·九　蒿二之
一·十三　芒冢四編二·三三　誌初二·六
館·二九

李信墓誌並蓋

　　永徽五年(654)三月二十七日　正書
　　12398　近拓　2張
　　著録：徵二·九　館·二九

王寬墓誌並蓋

　　永徽五年(654)五月二十八日　正書
　　12399　近拓　2張　周慶雲舊藏
　　著録：徵二·九　名四·三八　蒿二之
一·十三　芒冢續中·七

張琛墓誌

　　永徽五年(654)八月十七日　正書
　　12400　近拓　1張

姬推墓誌

　　永徽五年(654)八月十七日　正書　開
封博物館藏石
　　12401　近拓　2張
　　著録：館·三〇　徵二·九　蒿二之
一·十三　名四·三八　芒冢續中·六　誌
初二·六

楊貴墓誌

　　永徽五年(654)九月二十五日　正書
　　12402　近拓　1張　周慶雲舊藏

著録：蒿二之一・十三　徵二・九　名四・三八　芒冢四編二・三五　誌初二・六　館・三○

韓懷墓誌並蓋
永徽五年(654)十月七日　正書
12403　近拓　2張
著録：館・三○　徵二・九

房基墓誌
永徽六年(655)二月二十日　正書
12404　近拓　1張　周慶雲舊藏
著録：館・三○　名四・三八　遼居稿・三四　徵二・九　芒冢三編・二四　誌初二・七　蒿二之一・十四

呂夫人張氏墓誌　　又名"文林郎夫人張須摩墓誌"
永徽六年(655)三月　正書
12405　近拓　1張
著録：徵二・九　蒿二之一・十四　名四・三八　館・三○　甸十七・四　誌彙二・三　陝九・三

趙勛墓誌
永徽六年(655)五月二十七日　正書
12406　近拓　1張

黃羅漢墓誌
永徽六年(655)七月一日卒　正書
12407　近拓　1張
著録：名四・三八　館・三○　徵二・十　蒿二之一・十四　芒冢四編二・三八

王惠墓誌
永徽六年(655)十月二十四日　正書
12408　近拓　1張　周慶雲舊藏
著録：名四・三八　徵二・十　蒿二之一・十四　誌初二・七

高儼仁墓誌
永徽六年(655)十二月二十五日　正書
12409　近拓　1張

著録：蒿二之一・十四　館・三一　徵二・十

韓智門墓誌並蓋
顯慶元年(656)六月二十一日　正書
12410　近拓　1張
著録：徵二・十　名四・三八

賈統墓誌
顯慶元年(656)六月二十七日　正書
徐森玉藏石
12411　近拓　1張　周慶雲舊藏
著録：館・三一　徵二・十　名四・三九　芒冢三編・二五　誌初二・七

韓玄墓誌
顯慶元年(656)八月五日　正書
12412　近拓　1張
著録：館・三一　徵二・十

趙肅墓誌
顯慶元年(656)十月五日　正書
12413　近拓　1張　周慶雲舊藏
著録：徵二・十　名四・三九　蒿二之一・十四　芒冢四編二・四二　誌初二・七

王師感墓誌
顯慶元年(656)十一月十二日　正書
12414　近拓　1張

成徵墓誌
顯慶元年(656)十二月十九日　正書
12415　近拓　1張
著録：名四・三九　蒿二之一・十四　徵二・十一　芒冢四編二・四四

段秀墓誌
顯慶二年(657)三月二十一日　正書
舊誌改刻
12416　近拓　1張
著録：蒿二之一・十四　館・三二　徵二・十一　芒冢四編二・四五　誌初二・八

化度寺僧海禪師方墳記

　　顯慶二年(657)四月八日　正書
12425　近拓　1張
　　著録：關二·七　雍二·九　古墨三·五五　平四·十　彙十二之一·三　誌彙二·三　孫録三·七六　甘泉十·四　關攷三·十八　硯九·二二　萃略一·四六　瓊祛僞·二○　萃目一·十　陝九·四　唐文拾遺六三·二○

張相墓誌

　　顯慶二年(657)四月十六日　正書
12417　近拓　1張(蓋失拓)
　　著録：徵二·十一　館·三二

王立墓誌

　　顯慶二年(657)六月三日　正書　河南博物館藏石
12418　近拓　1張(蓋失拓)
　　著録：徵二·十一　名四·三九　蒿二之一·十四　芒冢四編二·四六　誌初二·八　館·三二

緱綱墓誌

　　顯慶二年(657)七月十六日　正書
12419　近拓　1張
　　著録：蒿二之一·十四　徵二·十一　名四·三九　芒冢四編二·四七　誌初二·八　館·三二

杜詢妻崔素墓誌

　　顯慶二年(657)七月二十七日　正書
12420　近拓　1張　周慶雲舊藏
　　著録：名四·三九　徵二·十一　館·三二　匋十七·八　誌彙二·三　陝九·六　蒿二之一·十四

白土鄉君孔氏墓誌

　　顯慶二年(657)九月十七日　正書
12421　近拓　1張
　　著録：徵二·十一　館·三二

處士姚忠節墓誌

　　顯慶二年(657)十一月二十二日　正書
12422　近拓　1張
　　著録：蒿二之一·十五　名四·四○　館·三三　徵二·十一　芒冢四編二·四九

處士安靜墓誌

　　顯慶二年(657)十二月十九日　正書
12423　近拓　1張

慕容夫人墓誌　　又名"曹夫人慕容麗墓誌"

　　顯慶三年(658)正月二十三日　正書
12424　近拓　1張
　　著録：蒿二之一·十四　名四·四○　徵二·十二　芒冢四編二·五○　誌初二·八　館·三三

劉珪墓誌

　　顯慶三年(658)八月二十二日　正書
12426　近拓　1張
　　著録：館·三三　徵二·十二

處士馬壽墓誌

　　顯慶三年(658)九月十八日　正書
12427　近拓　1張
　　著録：藝十八·四　館·三三　名四·四○　徵二·十二　蒿二之一·十五　陝九·七　匋十七·十一　誌彙二·四

爨君夫人張氏墓誌

　　顯慶三年(658)九月二十三日　正書　開封博物館藏石
12428　近拓　2張
　　著録：徵二·十二　名四·四○　蒿二之一·十五　芒冢四編二·五一　誌初二·八　館·三三

王居士磚塔銘

　　顯慶三年(658)十月十二日　正書
10289　清拓　1冊　説罄本，損字裁去
10290　五種合冊(五石本四，摹刻本一)1冊　附銘背蘇軾詩刻

10291　初拓　1册　鄭摹,惲南田藏印
10292　1册　錢摹
10293　1册　説馨翻刻本,桂珝跋
10294　初拓　1張　錢摹
12431　清拓　1張　翻刻本
12432　清拓　1張　同治翻刻初拓
12433　清拓　1張　咸豐翻刻本
　著録：竹二・七　清二・四五　楊圖五・十八　邵松年古緣萃録十七・十七　獨殘・九　徵二・十二　妙八・十二　孫録三・七六　名十三・二〇九　字三・二　古墨三・五六　跋四・十五　關二・八　雍三・一　萃五一・七　梅跋・五　鈔三・四四　擴七・十四　筆・二七　平四・十一　退四・十四　誌彙二・四　宜三・五　貞二・十二　陝九・六　復二四・七　關攷八・二五　真二・十三　全唐文一六八・十六

楊道綱墓誌
　顯慶三年(658)十月二十三日　正書
　12429　近拓　1張
　著録：芒冢上・二五

泉州長史張諴墓誌
　顯慶三年(658)十月二十四日　正書
　12430　近拓　1張

杜長史妻薛瑶華墓誌
　顯慶三年(658)十二月一日　正書　石佚
　10295　初拓　1册
　12434　清拓　2張　(一1)錢罕題簽
　著録：藝十八・四　館・三三　徵二・十二　嵩二之一・十五　名四・四〇　岷八　瓊三六・十七　硯九・十五　擴七・十四　彙十二之一・三　誌彙二・四　關新二・八　續丁　關攷五・十六　唐文拾遺六四・五　陝九・五　真二・九

霍萬墓誌
　顯慶三年(658)十二月十三日　正書　開封博物館藏石

12435　近拓　2張
　著録：嵩二之一・十五　徵二・十二　館・三三　名四・四〇　誌初二・八(作崔萬)　芒冢四編二・五二

隋處士成願壽墓誌
　顯慶四年(659)三月二十五日　正書
　12437　近拓　1張

將仕郎張安都墓誌
　顯慶四年(659)四月三日　正書　開封博物館藏石
　12438　近拓　2張
　著録：徵二・十三　嵩二之一・十五　名四・四一　芒冢四編二・五二　誌初二・九　館・三三

董君夫人戴氏墓誌
　顯慶四年(659)四月十四日　正書
　12439　近拓　1張(蓋失拓)
　著録：館・三四　陝九・八

王約墓誌
　顯慶四年(659)七月九日　正書
　12440　近拓　1張

支懷墓誌
　顯慶四年(659)七月九日　正書　開封博物館藏石
　12441　近拓　1張
　著録：嵩二之一・十五　徵二・十三　館・三四　名四・四一　芒冢上・二六　誌初二・九

田通墓誌
　顯慶四年(659)七月十日　正書
　12442　近拓　1張
　著録：徵二・十三　館・三四　名四・四一　嵩二之一・十五　芒冢上・二七

豆盧遜墓誌
　顯慶四年(659)八月二十八日　正書
　12443　近拓　1張

著録：徵二・十三　館・三四　蒿二之
一・十五　名四・四一　泉一・二七　求
二・七　隋上・十五　誌五・七　續編五・
十五　瓊三六・二三　續丁　趙錄三・三
攈七・十六　彙十二之一・三　誌彙二・四
關攷七・十五　陝九・九　萃略一・四七
萃目一・十　唐文拾遺六四・六　校　香
平再續・十一　真二・九

董明墓誌

　　　顯慶四年(659)十月二十七日　正書
　　12444　近拓　1張(蓋失拓)　周慶雲
舊藏
　　著録：徵二・十三　蒿二之一・十五
名四・四一　芒冢四編二・五四　誌初二・
九　館・三四

皇甫弘敬墓誌

　　　顯慶四年(659)十月三十日　正書　曾
歸端方
　　12445　近拓　2張
　　著録：蒿二之一・十五　徵二・十三
館・三四　匋十七・十二　誌初二・九　誌
彙二・四　陝九・八

范信墓誌

　　　顯慶四年(659)十月三十日　正書
　　12446　近拓　1張　周慶雲舊藏
　　著録：芒冢四編二・五四

李三墓誌

　　　顯慶四年(659)十一月十八日　正書
　　12447　近拓　1張
　　著録：徵二・十三　館・三四

趙夫人張英墓誌並蓋

　　　顯慶四年(659)十二月十二日　正書
　　12448　近拓　2張

夫人程氏塔銘

　　　顯慶四年(659)□□月四日卒,文明元年
(684)十月五日遷葬。　正書
　　10317　明拓　1冊　陳維岳秋水閣

舊藏
　　著録：藝十八・六　名四・五三　誌彙
二・四　關攷三・二一　陝十・一　竹二・
七　雍三・二　筆・二四　瓊三七・一　孫
録三・七八　關二・十九

翟惠隱墓誌

　　　顯慶五年(660)二月二日　正書
　　12449　近拓　1張
　　著録：徵二・十三　蒿二之一・十六
館・三四　誌初二・九

蕭君夫人柳氏墓誌

　　　顯慶五年(660)二月十三日　正書
　　12450　近拓　1張　周慶雲舊藏
　　著録：蒿二之一・十五　徵二・十四
名四・四一　芒冢四編二・五六　誌初二・
九　館・三五

闕名氏墓誌

　　　顯慶五年(660)二月十三日　正書
　　12455　清拓　1張　周慶雲舊藏
　　著録：金石二跋一・四

顏襄子墓誌

　　　顯慶五年(660)五月二日　正書
　　12451　近拓　1張
　　著録：徵二・十四　館・三五

李府君夫人韓氏墓誌

　　　顯慶五年(660)八月十六日　正書
　　12452　近拓　1張
　　著録：徵二・十四　館・三五

關預仁夫人茹氏墓誌並蓋

　　　顯慶五年(660)九月四日　正書
　　12453　近拓　1張
　　著録：蒿二之一・十六　徵二・十四
名四・四一　芒冢四編二・五八　誌初二・
九　館・三五

河陽□令賓墓誌

　　　顯慶五年(660)十二月二十八日　正書

12454　清拓　1張
著録：萃五三・三

綿州博士張武墓誌

顯慶六年(661)二月七日　正書
12456　清拓　1張
著録：徵二・十五　館・三六　名四・
四二　誌初二・十

朱琳墓誌

顯慶六年(661)二月癸酉(八日)　正書
12457　近拓　1張
著録：徵二・十五　館・三六　誌初
二・十

洛州河南縣録事王寬墓誌

龍朔元年(661)三月十九日　正書　開
封博物館藏石
12436　近拓　2張
著録：蒿二之一・十六　徵二・十五
館・三六　芒冢四編三・一　誌初二・十

王朗夫婦墓誌

龍朔元年(661)四月二十一日　正書
12458　近拓　2張
著録：徵二・十五　館・三六　名四・
四二　蒿二之一・十六　誌初二・十　真
二・九

譚氏墓誌

龍朔元年(661)八月二十一日　正書
12459　近拓　1張　周慶雲舊藏
著録：蒿二之一・十六　徵二・十五
館・三六　芒冢續中・九　誌初二・十

竹氏墓誌並蓋　又名"□夫人竹妙墓誌並蓋"

龍朔元年(661)九月二十三日　正書
12460　近拓　2張
著録：徵二・十五　館・三六　名四・
四二　蒿二之一・十六　芒冢續中・十　誌
初二・十

□君墓誌

龍朔元年(661)十月八日　正書
12461　近拓　1張
著録：芒冢續中・十

處士郭壽墓誌

龍朔元年(661)十月十一日　正書　開
封博物館藏石
12462　近拓　1張
著録：徵二・十五　蒿二之一・十六
名四・四二　芒冢四編三・一　誌初二・十
館・三七

處士張興墓誌

龍朔元年(661)十月二十三日　正書
12463　近拓　1張
著録：藝十八・四　蒿二之一・十六
徵二・十五　館・三七　名四・四二　平
續・五　朔目二・十　河録二・一　宜三・
六　古墨三・五八　全唐文八四一・九　續
編五・五　續安・十　寶鴨下・六　擴七・
十七　彙九之二・四　唐文拾遺六四・九
安陽三・九　續鈔一・十九　趙録三・三
誌彙二・四　萃略一・五〇　誌五・十一

張士高墓誌

龍朔元年(661)十月二十三日　正書
12281　清拓　1張(第一石)
12464　清拓　1張(第二石)
著録：鄴冢上・二九

張伯通墓誌

龍朔二年(662)四月十四日　正書
12466　近拓　1張(蓋失拓)
著録：徵二・十六　館・三七　名四・
四三　誌初二・十

邊敏墓誌

龍朔二年(662)六月一日　正書
12467　近拓　1張
著録：館・四一　徵二・十九　芒冢四
編三・六　誌初二・十

處士張禮墓誌

　　龍朔二年（662）六月二十七日　正書
開封博物館藏石
　　12468　近拓　2張
　　著録：徵二・十六　嵩二之一・十七
名四・四三　芒冢四編三・六　誌初二・十
一　館・三七

索玄墓誌

　　龍朔二年（662）七月二十二日　正書
　　12469　舊拓　1張　周慶雲舊藏
　　著録：嵩二之一・十七　徵二・十六
名四・四三　芒冢四編三・二七　誌初二・
十一　館・三七

皇甫相貴墓誌

　　龍朔二年（662）九月四日　正書
　　12470　清拓　1張
　　著録：館・三七　徵二・六　嵩二之
一・十七　誌初二・十一

麹善嶽墓誌

　　龍朔二年（662）十月二十八日　正書
曾歸端方
　　12471　清拓　1張
　　著録：徵二・十六　匋十七・十五　誌
彙二・五

孫君夫人宋氏墓誌

　　龍朔三年（663）二月十二日　正書　開
封博物館藏石
　　12472　近拓　2張　周慶雲舊藏
　　著録：館・三八　徵二・十六　名四・
四三　嵩二之一・十七　誌初二・十一

段文會墓誌

　　龍朔三年（663）四月二日　正書
　　12473　近拓　2張　（一1）周慶雲舊藏
　　著録：名四・四三　徵二・十七　館・
三八　嵩二之一・三八　芒冢四編三・八
誌初二・十一

荀氏夫人楊氏墓誌

　　龍朔三年（663）五月九日　正書
　　12474　近拓　1張

馮達墓誌

　　龍朔三年（663）五月十二日　正書
　　12475　近拓　1張

唐沙墓誌

　　龍朔三年（663）五月二十日　正書
　　12476　近拓　1張
　　著録：名四・四三　徵二・十七　芒冢
四編三・九

樊秀墓誌

　　龍朔三年（663）八月二十一日　正書
　　12477　近拓　1張

程夫人（令秀）墓誌

　　龍朔三年（663）八月二十一日　正書
　　12478　近拓　1張
　　著録：徵二・十七　館・三八　名四・
四三　芒冢四編三・十　誌初二・十一

斛斯處士張夫人墓誌

　　龍朔三年（663）十月四日　正書
　　12479　近拓　1張
　　著録：館・三八　徵二・十七

古弘節墓誌

　　龍朔三年（663）十一月五日　正書
　　12481　近拓　1張

封温墓誌

　　龍朔三年（663）十一月十一日　正書
　　12480　近拓　1張　周慶雲舊藏
　　著録：芒冢四編三・十一

袁相墓誌

　　龍朔□年十□月十□日　正書
　　12465　近拓　1張
　　著録：徵二・十七　名四・四三　嵩二
之一・十七　芒冢四編三・十三　誌初二・

十　館・三九

騎都尉李文墓誌
　　　麟德元年(664)二月十八日　正書　陝西大荔金塔寺藏
　　　10302　舊拓　1冊　附便拓本
　　　12482　清拓　1張
　　　著録：藝十八・四　徵二・十七　館・三九　名四・四四　字三・四　録補十・一〇〇　來下・八　妙八・十二　關二・八雍三・四　金石二跋一・五　萃五五・一誌六・六　鈔三・六七　古墨三・六〇　平四・十四　雪跋四・四　孫録三・八〇　關攷八・十八　真二・十四　退四・十六　攟七・二〇　彙十二之二・二　愛・二九　全唐文九九四・四　陝九・十一　梅跋・六竹二・九　誌彙二・五

王才及夫人毛氏墓誌
　　　麟德元年(664)三月十三日　正書　曾歸端方
　　　12483　清拓　1張　江建霞舊藏
　　　12484　清拓　1張
　　　著録：藝十八・四　徵二・十七　名四・四四　朔目二・十　館・三九　誌彙二・五　匋十七・十六　蒿二之一・十八

秦寶墓誌
　　　麟德元年(664)三月二十五日　正書
　　　12485　近拓　1張
　　　著録：徵二・十七　館・三九

宋璋墓誌
　　　麟德元年(664)七月二十七日　正書
　　　12486　近拓　1張
　　　著録：芒冢三編・二八

孟師墓誌
　　　麟德元年(664)十一月二日　正書
　　　12487　近拓　1張(蓋失拓)
　　　著録：徵二・十八　館・三九　蒿二之一・十八　名四・四四　芒冢四編三・十五誌初二・十二

梁秀墓誌
　　　麟德元年(664)十一月五日　正書　石存開封博物館
　　　12488　近拓　1張(蓋失拓)
　　　著録：徵二・十八　蒿二之一・十八名四・四四　芒冢三編・二九　誌初二・十二　館・三九

段磧夫人墓誌
　　　麟德元年(664)十一月五日　正書
　　　12489　近拓　1張(蓋失拓)
　　　著録：徵二・十八　館・三九　誌初二・十二

袁弘毅墓誌
　　　麟德元年(664)十一月十六日　正書曾歸河南圖書館
　　　12490　近拓　2張(蓋失拓)
　　　著録：徵二・十八　名四・四四　蒿二之一・十八　芒冢續中・十五　誌初二・十二　館・三九　真二・十

王達墓誌
　　　麟德元年(664)十一月二十八日　正書
　　　12491　近拓　1張
　　　著録：名四・四四　徵二・十八　館・三九　芒冢四編三・十四　誌初二・十二

將仕郎霍達墓誌
　　　麟德元年(664)十一月二十八日　正書
　　　12492　近拓　1張
　　　著録：徵二・十八　館・三九　蒿二之一・十八　誌初二・十二

侯僧達墓誌
　　　麟德二年(665)閏三月二十八日　正書
　　　12495　近拓　1張(蓋失拓)
　　　著録：館・四〇　徵二・二八　蒿二之一・十八　芒冢四編三・十六　誌初二・十二

河東王夫人(師)墓誌
　　　麟德二年(665)五月十三日　正書　開

封博物館藏石

　　12496　近拓　1張

　　著録：蒿二之一・十八　徴二・十八
館・四〇　芒冢三編・三一　誌初二・十

史信墓誌

　　麟德二年(665)七月十二日　正書

　　12497　近拓　1張

　　著録：名四・四四　徴二・十九　蒿二
之一・十八　芒冢三編・三二　誌初二・十
二　館・四〇

索達墓誌

　　麟德二年(665)八月三日　正書

　　12498　近拓　1張

　　著録：館・四〇　徴二・十九

柳尚遠妻宇文夫人墓誌

　　麟德二年(665)八月十五日　正書

　　12499　近拓　1張

　　著録：徴二・十九　館・四〇

楊客僧墓誌

　　麟德二年（665）九月二十五日　正書
開封博物館藏石

　　12500　近拓　1張

　　著録：徴二・十九　館・四〇　誌初
二・十三

趙仁表墓誌

　　麟德二年(665)十月四日　正書

　　12503　近拓　1張　周慶雲舊藏

　　著録：名四・四四　館・四一　誌初
二・十三(皆作王仁表)

周夫人墓誌　又名"程夫人周氏墓誌並蓋"

　　麟德二年(665)十月十一日　正書

　　12501　近拓　1張(蓋失拓)

　　著録：徴二・十九　館・四一　芒冢四
編三・十六　誌初二・十三

魏氏田夫人墓誌

　　麟德二年(665)十月十八日　正書

　　12502　近拓　1張

　　著録：名四・四四　徴二・十九　蒿二
之一・十八　芒冢四編三・十七　誌初二・
十三　館・四一

處士張仁墓誌

　　麟德三年(666)七月三日　正書

　　12504　近拓　1張

　　著録：徴二・十九　館・四一

飛騎尉田博夫人桑氏墓誌

　　乾封元年(666)二月十二日　正書

　　12505　近拓　1張　周慶雲舊藏

　　著録：徴二・十九　名四・四五　蒿二
之一・十八　芒冢上・三一

郭君夫人楊氏墓誌

　　乾封元年(666)九月七日　正書

　　12506　近拓　1張

　　著録：徴二・二〇　名四・四五　蒿二
之一・十八　芒冢四編三・十九　誌初二・
十三　館・四一

張行恭墓誌

　　乾封元年(666)十月十七日　正書

　　12507　近拓　1張　周慶雲舊藏

　　著録：館・四一　徴二・二〇　名四・
四五　中冢・十一　匋十七・十九　誌彙
二・五　朔目二・十　蒿二之一・十八

王道智墓誌

　　乾封二年(667)二月十八日　正書

　　12508　近拓　1張(蓋失拓)

　　著録：館・四二　徴二・二〇　蒿二之
一・十九　誌初二・十三

李表墓誌

　　乾封二年(667)四月七日　正書

　　12509　近拓　1張　周慶雲舊藏

　　著録：名四・四五　蒿二之一・十九
徴二・二〇　芒冢三編・三二　誌初二・十
三　館・四二

楊智積墓誌

　　乾封二年(667)八月十八日　正書
　　12510　近拓　1張
　　著録：藝十八・五　蒿二之一・十九
關攷八・十八　羅録上・二五　誌初二・十
三　關新三・九　名四・四五　徵二・二〇
館・四二　陝九・十三　誌彙二・五

王纂墓誌

　　乾封二年(667)十月二十二日　正書
開封博物館藏石
　　12511　近拓　2張
　　著録：徵二・二〇　蒿二之一・十九
名四・四五　芒冢四編三・二〇　誌初二・
十三　館・四二

王和墓誌

　　乾封二年(667)十月二十二日　正書
開封博物館藏石
　　12512　近拓　2張
　　著録：名四・四五　徵二・二〇　蒿二
之一・十八　誌初二・十三　芒冢續中・十
七　真二・十

謝通墓誌

　　乾封二年(667)閏十二月十二日　正書
　　12513　近拓　2張
　　著録：名四・四五　徵二・二一　館・
四二　誌初二・十四

婁敬墓誌

　　乾封二年(667)閏十二月十七日　正書
　　12514　近拓　1張(蓋失拓)
　　著録：名四・四五　徵二・二一　蒿二
之一・十九　芒冢四編三・二三　誌初二・
十四　館・四二

張朗墓誌

　　乾封二年(667)閏十二月二十七日
正書
　　12515　近拓　1張
　　著録：名四・四五　徵二・二一　蒿二
之一・十九　芒冢續中・十八　誌初二・十

四　館・四三

張對墓誌

　　乾封三年(668)正月二十五日　正書
　　12516　近拓　1張
　　著録：藝十八・五　蒿二之一・十九
徵二・二一　館・四三　誌六・九　攈七・
二二　平三續上・十二　瓊三七・二一　雪
跋四・四　芒冢補遺・四　續編五・七　趙
録三・四　彙九之三・五二　誌彙二・五
洛存・二　陝九・十四　萃略一・五四　唐
文拾遺六四・十一

張德墓誌

　　總章元年(668)三月十二日　正書
　　12517　近拓　1張

田贊墓誌(或作王贊)

　　總章元年(668)九月二十八日　正書
　　12518　舊拓　1張
　　著録：藝十八・五　名四・四六　瓊三
七・二二　誌彙二・六　唐文拾遺六四・三

李政墓誌

　　總章元年(668)十月十日　正書
　　12519　近拓　1張

趙師墓誌

　　總章元年(668)十月十九日　正書
　　12520　近拓　1張
　　著録：芒冢四編三・二四

李泰墓誌

　　總章元年(668)十一月二日　正書
　　12521　近拓　1張　周慶雲舊藏
　　著録：名四・四六　徵二・二一　蒿二
之一・十九　芒冢四編三・二五　誌初二・
十四　館・四三

唐仁軌墓誌

　　總章二年(669)二月二十三日　正書
　　12522　近拓　1張
　　著録：芒冢四編三・二六

范彦墓誌

總章二年(669)二月二十四日　正書

12523　近拓　1張　周慶雲舊藏

著錄：名四・四六　館・四三　徵二・
二二　芒冢三編三・三三　誌初二・十四

上騎都尉康達墓誌

總章二年(669)七月八日　正書

12524　初拓　1張

著錄：徵二・二二　名四・四六　蒿二
之一・二〇　芒冢四編三・二九　誌初二・
十四　館・四四

程義墓誌

咸亨元年(670)三月十二日　正書

12526　近拓　1張

著錄：館・四四　徵二・二二

劉明墓誌

咸亨元年(670)六月一日　正書

12527　近拓　1張

著錄：芒冢上・三四

瀛州河澗縣令樂達墓誌

咸亨元年(670)七月十四日　正書

12528　近拓　1張　周慶雲舊藏

著錄：蒿二之一・二〇　徵二・二二
名四・四六　芒冢上・三四　匋十八・一

張軌墓誌

咸亨元年(670)閏九月二十日　正書

12529　近拓　1張

著錄：芒冢四編三・二九

趙夫人墓誌

咸亨元年(670)十月一日　正書

12530　近拓　1張

著錄：徵二・二三　蒿二之一・二〇
名四・四七　芒冢四編三・三一　誌初二・
十五　館・四四

趙府君夫人墓誌　又名"趙德含墓誌(或誤作趙德)"

咸亨元年(670)十月十五日　正書　于
右任藏石

12531　近拓　1張　于右任舊藏

著錄：名四・四七　館・四四　誌初
二・十五

司馬興及夫人張氏墓誌

咸亨元年(670)十月□四日　正書　江
蘇張氏藏石

12532　近拓　2張

12533　近拓　1張

著錄：中冢・十二　名四・四七　徵
二・二三　誌彙二・六　攈七・二四　筆・
二三　匋十八・三　蒿二之一・二〇　彙九
之二・六五

樂玄墓誌

咸亨元年(670)十月二十八日　正書

12534　近拓　1張(蓋失拓)　周慶雲
舊藏

著錄：名四・四七　蒿二之一・二〇
徵二・二三　芒冢四編三・三〇　誌初二・
十五　館・四四

李府君夫人王氏(琬)墓誌

咸亨元年(670)十二月十五日　正書

12535　近拓　1張

著錄：關攷五・二三

張曉墓誌

咸亨元年(670)十□月二十日　正書

12536　近拓　1張

著錄：館・四五　徵二・二三　名四・
四七　芒冢四編三・三二　誌初二・十五

韓昱墓誌

咸亨二年(671)三月九日　正書

12537　近拓　1張

著錄：芒冢四編三・三四

鄧恢墓誌
　　咸亨二年(671)十二月十日　正書
　　12538　近拓　1張　周慶雲舊藏
　　著録：右叢四・二一

王師墓誌
　　咸亨三年(672)正月二十二日　正書
　　12539　近拓　1張(蓋失拓)
　　著録：徵二・二三　館・四五

張祖墓誌
　　咸亨三年(672)二月二十二日　正書
　　12540　近拓　1張(蓋失拓)　周慶雲
舊藏
　　著録：匋十八・五　名四・四六　蒿二
之一・二〇　徵二・二三　鄴冡二・三五
館・四五

王玄墓誌
　　咸亨三年(672)五月二十四日　正書
　　12541　近拓　1張
　　著録：名四・四七　徵二・二四　蒿二
之一・二〇　芒冡四編三・三五　誌初二・
十五　館・四六

封泰墓誌
　　咸亨三年(672)八月十四日　正書
　　12542　近拓　1張

盧承業墓誌
　　咸亨三年(672)八月十四日　正書　陶
湘藏石
　　12543　近拓　2張
　　著録：名四・四七　蒿二之一・二〇
徵二・二四　芒冡四編三・三六　誌初二・
十五　丁戊稿・三〇

張弘墓誌
　　咸亨三年(672)十月二十七日　正書
　　12544　初拓　1張
　　著録：名四・四七　蒿二之一・二〇
徵二・二四　館・四六　誌初二・十五

陳恭墓誌
　　咸亨三年(672)十一月十五日　正書
　　12545　近拓　1張
　　著録：徵二・二四　館・四六　誌初
二・十五

孫處約墓誌
　　咸亨三年(672)十一月二十三日　正書
　　12546　近拓　1張

處士李子如墓誌
　　咸亨三年(672)十二月三日　正書　開
封博物館藏石
　　12547　近拓　2張
　　著録：蒿二之一・二〇　徵二・二四
名四・四七　誌初二・十六

慕容知禮墓誌
　　咸亨四年(673)二月二十八日　正書
　　12548　近拓　1張　周慶雲舊藏
　　12549　近拓　1張
　　著録：名四・四七　徵二・二四　蒿二
之一・二一　芒冡三編三・三四　誌初二・
十六　館・四六

朱遠墓誌
　　咸亨四年(673)二月二十八日　正書
　　12550　近拓　1張
　　著録：藝十八・五　求二・十　名四・
四七　徵二・二四　匋十八・八　羅録上・
二五　誌彙二・六　關新三・十一　關攷
六・八　蒿二之一・二一　陝九・十八

裴可久墓誌
　　咸亨四年(673)二月二十九日　正書
　　12551　清拓　1張　江建霞舊藏
　　著録：藝十八・五　名四・四七　館・
四六　徵二・二四　蒿二之一・二一　岷・
十　瓊三七・二七　羅録上・二五　誌彙
二・六　關新三・十一　關攷五・二三　硯
十・二　陝九・十七　續寅　唐文拾遺六
四・十二

王夫人墓誌
　　咸亨四年(673)四月五日　正書
　　12552　近拓　1張
　　著録：名四・四八　蒿二之一・二一
館・四六　徵二・二四　誌初二・十六

杜淑墓誌
　　咸亨四年(673)四月三十日　正書
　　12553　近拓　1張

邊真墓誌
　　咸亨四年(673)六月二十六日　正書
　　12554　近拓　1張
　　著録：館・四七　名四・四八　徵二・
二四　誌初二・十六

黄州行參軍韓仁師墓誌
　　咸亨四年(673)九月二十一日　正書
　　12555　近拓　1張
　　著録：名四・四八　徵二・二五　館・
四七　蒿二之一・二一　誌初二・十六

王儉墓誌
　　咸亨四年(673)十月四日　正書　開封
博物館藏石
　　12556　舊拓　1張
　　著録：名四・四八　蒿二之一・二一
徵二・二五　芒冢四編三・四○　誌初二・
十六　館・四七

韓寶才墓誌
　　咸亨四年(673)十一月九日　正書
　　10397　1冊(五種合冊)
　　12557　清拓　1張
　　著録：藝十八・五　名四・四八　館・
四七　蒿二之一・二一　徵二・二五　宜
三・九　誌六・十一　平三續上・十三　續
編五・七　瓊三七・二九　攈七・二五　關
攷一・十九　彙十二之一・三　誌彙二・六
趙録三・四　萃略一・五五　香　唐文拾遺
六四・十四　陝九・十九

處士侯彪墓誌
　　咸亨五年(674)二月二日　正書
　　12558　近拓　1張
　　著録：徵二・二五　名四・四八

劉守忠墓誌
　　咸亨五年(674)八月十三日　正書
　　12559　近拓　2張
　　著録：藝十八・十一　名六・八三　羅
録上・三六　關新三・十二　關攷一・十九
館・四七　徵二・二五　誌彙二・七　唐文
拾遺六四・十七　瓊三八・二　匋十八・十
一　續庚　真二・十

王君夫人柏氏墓誌
　　上元元年(674)八月二十九日　正書
　　12560　近拓　1張
　　著録：藝十八・五　泉一・二九　名
四・四八　館・四七　徵二・二五　關新
三・十二　蒿二之一・二一　瓊三八・四
硯十・三　攈七・二五　彙十二之一・三
趙録三・四　誌初二・十六　誌彙二・七
續成　關攷一・二一　陝九・二○　唐文拾
遺十八・三

處士王義墓誌
　　上元元年(674)十一月二十五日　正書
　　12561　近拓　1張
　　著録：蒿二之一・二一　名四・四八
徵二・二六　芒冢四編三・四四　誌初二・
十七　館・四八

劉奉芝墓誌
　　上元二年(675)正月十一日　行書　趙
昂撰,(從姪)秦書
　　12562　清拓　1張　江建霞舊藏
　　著録：廎・三一

王祥墓誌
　　上元二年(675)八月十三日　正書
　　12563　近拓　1張
　　著録：陝補遺上・十四

楊茂道墓誌

上元二年(675)十一月五日　正書
12566　近拓　1張(蓋失拓)
著録：徵二・二六　名四・四九　嵩二
之一・二二　誌初二・十七　丙寅稿・四七
館・四八

喬難墓誌

上元二年(714)十一月二十日　正書
12736　近拓　1張
著録：徵二・二六　名四・四九　芒冢
三編・三五　誌初二・十七　嵩二之一・二
三　館・四八

韓壽墓誌

上元二年(675)十一月二十一日　正書
12564　近拓　1張
著録：館・四八　徵二・二六　芒冢四
編三・四六　誌初二・十七

楊軌墓誌

上元二年(675)十一月二十一日　正書
12565　近拓　1張
著録：徵二・二六　名四・四九　嵩二
之一・二二　芒冢四編三・四五　誌初二・
十七　館・四八

彭城劉氏墓誌

上元二年(675)十二月一日　正書　開
封博物館藏石
12567　近拓　1張
著録：徵二・二六　嵩二之一・二二
名四・四九　芒冢四編三・四七　誌初二・
十七　館・四八

史夫人趙氏墓誌

上元三年(676)正月二十二日　正書
開封博物館藏石
12568　近拓　1張
著録：名四・四九　館・四八　芒冢三
編・三七　徵二・二六　誌初二・十七

陳懷儼墓誌

上元三年(676)正月二十二日　正書
12569　近拓　1張　周慶雲舊藏
著録：名四・四九　徵二・二六　嵩二
之一・二二　芒冢四編三・四八　誌初二・
十七　館・四八

馬懷墓誌

上元三年(676)二月二十二日　正書
開封博物館藏石
12570　近拓　2張
著録：徵二・二六　名四・四九　嵩二
之一・二二　芒冢四編三・四九　誌初二・
十七　館・四八

樂歸墓誌

上元三年(676)五月十八日　正書
12571　近拓　1張
著録：芒冢四編三・五〇

趙威墓誌

上元三年(676)十月三日　正書
12572　近拓　1張
著録：徵二・二六　名四・四九　芒冢
四編三・五二

張客墓誌

上元三年(676)十月八日　正書
12573　近拓　1張　周慶雲舊藏
著録：徵二・二六　館・四九　嵩二之
一・二二　芒冢四編三・五一　誌初二・
十七

楊神威墓誌

上元三年(676)十一月二十日　正書
12574　近拓　1張
著録：芒冢上・三六

許洛仁妻宋氏墓誌

儀鳳元年(676)五月二十四日　正書
曾歸端方
12575　清拓　1張
12576　清拓　2張

12577　清拓　1張　翻刻本

著録：藝十八·五　名四·五〇　台一·三　館·四九　嵩二之一·二五　誌六·十五　隋上·十四　泉一·三一　續編五·八　瓊三八·二六　硯十·十八　彙十二補遺·十一　趙録三·四　擴七·十九　岷·十　誌彙二·七　關攷五·二六　陝十·四　真二·十三　匋十八·十四　宜三·十五　唐文拾遺六七·十三

蕭公及夫人杜氏墓誌

儀鳳元年(676)十一月二十日　正書
12578　清拓　1張　周慶雲舊藏

王愛墓誌

儀鳳元年(676)十一月二十一日　正書
12579　近拓　1張　周慶雲舊藏

著録：名四·五〇　嵩二之一·二二　徵二·二六　館·四九

馬君夫人令狐氏墓誌

儀鳳元年(676)十一月二十一日　正書　曾歸端方
12580　近拓　1張

著録：匋十八·十三

杜君墓誌

儀鳳二年(677)五月七日　正書
12581　近拓　1張　周慶雲舊藏

著録：萃五九·四　萃正一·十一　誌六·十一　瓊三八·十四　金石二跋一·八　平四·十九

并州主簿□元墓誌

儀鳳二年(677)十二月八日　正書
12582　近拓　1張　周慶雲舊藏

著録：館·四九　徵二·二七　嵩二之一·二二

張府君王夫人墓誌

儀鳳二年(677)十二月十八日　正書
12583　近拓　1張

著録：徵二·二七　館·四九

周廣墓誌

儀鳳三年(678)正月十四日　正書
12584　近拓　1張　周慶雲舊藏

著録：匋十八·十八　徵二·二七　館·四九　中冢·十二　名四·五〇

穆宜長墓誌

儀鳳三年(678)四月十日　正書
12585　近拓　1張

司馬道墓誌並蓋

儀鳳三年(678)五月十七日　正書
12586　近拓　3張

著録：徵二·二七　名四·五〇　嵩二之一·十二　芒冢四編三·五四　誌初二·十七　館·五〇

王文曉墓誌

儀鳳三年(678)十二月二十日　正書
12588　近拓　1張

著録：徵二·二七　嵩二之一·二二　名四·五〇　芒冢四編三·五四　誌初三·十七　館·五〇

王留墓誌　又名"王留生墓誌"

儀鳳四年(679)五月五日　正書
10397　1冊(五種合冊)
12587　清初拓　1張　江建霞題簽

著録：藝十八·五　名四·五〇　館·五〇　徵二·二七　嵩二之一·二三　洛存·二　瓊三八·二五　平三續上·十三　匋十八·二〇　芒冢補遺·四　芒冢上·三七　擴七·二七　彙九之三·五三　趙録三·四　續丁　誌彙二·七　唐文拾遺六四·十五

李弘裕墓誌

調露元年(679)七月十九日　正書　開封博物館藏石
12589　清拓　1張

著録：徵二·二七　嵩二之一·二五　名四·五〇　芒冢四編三·五五　誌初二·十八　館·五〇

王慶墓誌 又名"將仕郎王慶墓誌並蓋"

　　調露元年(679)八月十二日　正書
　　12591　近拓　1張(蓋失拓)
　　著録:名四・五〇　徵二・二七　蒿二之一・二三　芒冢四編三・五七　誌初二・十八　館・五〇

元仁師墓誌

　　調露元年(679)十月二日　正書
　　12590　近拓　1張
　　著録:徵二・二八　館・五〇

張暉墓誌

　　調露元年(679)十月二日　正書
　　12592　近拓　1張　周慶雲舊藏
　　著録:藝十八・五　畿冢上・二〇　名四・五〇　徵二・二八　館・五〇　匋十九・一　羅録上・二六　誌彙二・七　蒿二之一・二三

曹宮墓誌

　　調露元年(679)十月十三日　正書
　　12593　近拓　1張

管俊墓誌

　　調露元年(679)十月十四日　正書
　　12595　近拓　1張　周慶雲舊藏
　　著録:藝十八・五　名四・五一　館・五一　徵二・二八　蒿二之一・二三　誌彙二・七

張仁墓誌 又名"辰州辰溪縣令張仁墓誌"

　　調露元年(679)十月二十三日　正書
　　12596　近拓　1張　周慶雲舊藏
　　著録:藝十八・五　徵二・二八　名四・五一　瓊三九・二　誌彙二・八　館・五一　蒿二之一・二三　關攷三・二〇　關新三・十三　羅録上・二六　唐文拾遺六五・一　陝九・二二

杜秀墓誌

　　調露元年(679)十月二十五日　正書
　　12597　近拓　1張　周慶雲舊藏

　　著録:匋十九・二

馬珍墓誌

　　調露元年(679)十一月二十日　正書
　　12598　清拓　1張　小殘處以新補
　　著録:名四・五一　館・五一　徵二・二八　匋十九・三　誌彙二・八

泉男生墓誌並蓋

　　調露元年(679)十二月二十六日　正書
　　王德真撰,歐陽通書
　　10288　1册
　　12599　近拓　2張
　　著録:河圖・七五　名四・五一　館・五一　徵二・二八　朝攷・一六九　海藩・一　芒冢四編補遺・二〇　河跋・六　誌初二・十八　松・五五

王君夫人禄氏墓誌

　　永隆二年(681)二月九日　正書
　　12600　近拓　1張
　　著録:藝十八・五　徵二・二八　館・五一　名四・五一　匋十九・六　羅録上・二六　關新三・十四　關攷一・二二　蒿二之一・二三　誌彙二・八　唐文拾遺六五・三　陝九・二三

濟度寺尼法樂墓誌

　　永隆二年(681)三月二十三日　正書
　　12601　清拓　1張　江建霞舊藏
　　著録:藝十八・五　名四・五一　瓊三九・四　匋十九・七　誌彙二・八　陝九・二四　關新三・十四　關攷一・二二　羅録上・二六　唐文拾遺六五・三

濟度寺尼法燈墓誌

　　永隆二年(681)三月二十三日　正書
　　12602　清拓　1張
　　著録:藝十八・五　名四・五一　擴七・三〇　彙十二之一・三　唐文拾遺六四・十二　誌彙二・八　關攷五・二五　關新三・十四　陝九・二五

楊君夫人韋氏墓誌　又名"楊政本妻韋檀特墓誌"

永隆二年(681)八月十八日　正書

10347　1册

12603　清拓　2張　(—1)周慶雲舊藏

著錄：藝十八·五　館·五二　徵二·二九　嵩二之一·二三　岷·十一　瓊三九·六　羅錄上·二六　闕新三·十五　闕攷五·二五　名四·五一　陝九·二六　誌彙二·八　硯十·六　續丁　真二·十　唐文拾遺六五·四

張君政墓誌

開耀元年(681)十一月二十五日　正書

12604　近拓　1張　周慶雲舊藏

著錄：芒冢上·三八

康摩伽墓誌

永淳元年(682)四月三日卒　正書

12605　近拓　2張(蓋失拓)

著錄：名四·五二　徵二·二九　館·五二　嵩二之一·二四　芒冢續中·二　真二·十　誌初二·十八

李元軌墓誌

永淳元年(682)六月二十九日　正書　曾歸河南圖書館

12606　近拓　1張

著錄：徵二·二九　名四·五三　館·五二　誌初二·十八

處士賈文行墓誌

永淳元年(682)八月十二日　正書

12607　清拓　2張　(—1)江建霞舊藏

著錄：藝十八·六　名四·五二　館·五二　徵二·二九　誌彙二·八　右冢上·十四　嵩二之一·二三

蘭師墓誌

永淳元年(682)八月十四日　正書

12608　清拓　1張(蓋失拓)

著錄：藝十八·六　名四·五二　嵩二之一·二三　館·五二　徵二·二九　洛存·二　瓊三九·十三　芒冢上·三九　攗七·三一　趙錄三·五　誌彙二·八　唐文拾遺六五·八

康留買墓誌

永淳元年(682)十月十四日　正書　開封博物館藏石

12609　清拓　1張

著錄：徵二·二九　館·五二　名四·五二　嵩二之一·二四　芒冢續中·二一　真二·十

燕秀墓誌

永淳元年(682)十一月十三日　正書

12610　近拓　1張(蓋失拓)

著錄：館·五二　徵二·二九

趙義墓誌

永淳元年(682)十一月二十五日　正書　開封博物館藏石

12611　近拓　1張(蓋失拓)

著錄：名四·五二　館·五二　徵二·二九　芒冢四編三·三九　誌初二·十九

扶餘隆墓誌

永淳元年(682)十二月二十四日　正書

12612　近拓　1張

著錄：徵二·二九　嵩二之一·二四　芒冢四編三·六一　誌初二·十九　朝攷五四七　館·五二　海藩·九

楊君夫人杜氏墓誌

永淳二年(683)二月十四日　正書

12613　近拓　2張

著錄：名四·五二　徵二·二九　館·五二　誌初二·十九

張懿墓誌

永淳二年(683)二月十五日　正書

12614　清拓　1張　江建霞舊藏

著錄：藝十八·六　名四·五二　館·五二　徵二·二九　續丁　嵩二之一·二四　硯十·八　瓊三九·十五　匋十九·九　攗

七・三一　彙十二之一・三　羅録上・二六
誌彙二・八　關新二・十六　關攷一・二六
陝九・二七　唐文拾遺六五・五

王君夫人李氏墓誌
　　永淳二年(683)四月二十八日　正書
　　12615　近拓　1張　周慶雲舊藏
　　著錄：芒冢四編三・六二

趙勤墓誌
　　永淳二年(683)六月十六日　正書
　　12616　近拓　1張

孟氏麻夫人墓誌
　　永淳二年(683)十一月十七日　正書
　　12617　近拓　1張(蓋失拓)
　　著錄：名四・五二　徵二・三〇　蒿二
之一・二四　芒冢四編三・六二　誌初二・
十九　館・五二

孫義普墓誌
　　文明元年(684)五月二十一日　正書
　　12618　近拓　1張
　　著錄：藝十八・六　徵二・三〇　名・
五三　硯十・四　攈七・三二　關新三・十
七　關攷六・二八　彙十二之一・八五　誌
彙二・九　陝九・二八　唐文拾遺六五・十
一　香

孫通墓誌
　　文明元年(684)七月十二日　正書　開
封博物館藏石
　　12619　近拓　3張(蓋失拓)
　　著錄：名四・五二　徵二・三〇　蒿二
之一・二四　芒冢四編三・六三　誌初二・
十九　館・五三

王岐墓誌
　　文明元年(684)八月五日　正書　開封
博物館藏石
　　12620　近拓　1張(蓋失拓)
　　著錄：徵二・三〇　名四・五三　蒿二
之一・二四　芒冢四編三・六四　誌初二・

十九　館・五三

宋夫人王氏墓誌
　　光宅元年(684)十月二十四日　正書
　　12621　近拓　1張
　　著錄：瓊三九・十八　續癸　真二・十

盧氏夫人李灌頂墓誌
　　光宅元年(684)十一月十三日　正書
　　10321　1冊
　　12622　近拓　2張
　　著錄：徵二・三〇　蒿二之一・二四
名五・五四　芒冢四編三・六五　誌初二・
十九

孟君夫人李娘墓誌
　　光宅元年(684)十一月二十五日　正書
　　12623　近拓　1張(蓋失拓)
　　著錄：館・五三　徵二・三〇

孟仁墓誌
　　垂拱元年(685)正月二十六日　正書
　　12624　近拓　1張

張貞墓誌　又名"上柱國張貞墓誌"
　　垂拱元年(685)□月二十八日　正書
　　12625　近拓　1張　周慶雲舊藏
　　著錄：館・五三　徵二・三一　蒿二之
一・二四　芒冢續中・二三　匋十九・十一

柳永錫墓誌
　　垂拱元年(685)七月二十一日　正書
　　12626　初拓　1張
　　著錄：徵二・三〇　蒿二之一・二四
名五・五四　芒冢四編三・六八　誌初二・
二〇　館・五三

張綸墓誌
　　垂拱元年(685)十月二十五日　正書
　　12627　近拓　1張

張覽墓誌
　　垂拱二年(686)二月二十日　正書

12628　近拓　1張（蓋失拓）
著録：館·五四　徵二·三一

王徵君臨終口授銘

垂拱二年（686）四月四日　河南登封出土
10313　舊拓　1册
11188　清拓　1張　泉塘姚氏舊藏
11189　清拓　1張
著録：藝四·二四　竹二·十四　攈七·三二　楊圖五·三二　梅跋·七　字三·十二　來中·二三　中記二·三二　續録二·七　孫録三·八九　誌七·二　金石二跋一·九　古墨三·六四　平四·二一　鈔四·十五　彙九之四·二四　萃六十·四　授續三·三　跋五·二　名五·五四　貞二·十二　說嵩十四·十七　中家補遺·三　全唐文二〇〇·五又七

管基墓誌

垂拱二年（686）六月四日　正書　開封博物館藏石
12629　近拓　1張
著録：徵二·三一　館·五四　名五·五四　嵩二之一·二五　誌初二·二〇

陳沖墓誌

垂拱二年（686）十二月二十八日　正書石在美國
12630　近拓　1張
著録：藝十八·六　徵二·三一　東家·二　嵩二之一·二五　誌彙二·九

吉懷惲墓誌

垂拱三年（687）閏正月二十五日　正書
12631　近拓　1張
著録：芒冢四編三·六九

許堅墓誌

垂拱三年（687）二月十五日　正書
12632　近拓　1張
著録：館·五四　徵二·三一

□君夫人張氏墓誌並蓋　又名"樂師夫人張氏墓誌"

垂拱三年（687）十月二十九日　正書
12633　近拓　2張
著録：館·五四　徵二·三一　誌初二·二〇　芒冢編三·四一

龐德威墓誌

垂拱三年（687）十一月二十二日　正書
10311　1册
著録：藝十八·六　徵二·三一　館·五四　泉一·三二　校　名五·五五　誌七·四　平再續·十二　隋上·二六　嵩二之一·二五　續編五·九　瓊四十·七　攈七·三四　趙録三·五　誌彙二·九　關攷七·十五　陝十·二　唐文拾遺十七·十二　宜三·十一　真二·十二

李善智墓誌

垂拱四年（688）正月二十三日　正書開封博物館藏石
12634　近拓　1張
著録：館·五四　名五·五五　嵩二之一·二五　徵二·三一　誌初二·二〇

陳護墓誌

垂拱四年（688）正月二十三日　正書
12635　清拓　2張
著録：藝十八·六　徵二·三一　館·五四　校　泉一·三三　名五·五五　誌七·七　雪跋四·六　瓊四十·十二　續編五·十　嵩二之一·二五　攈七·三四　萃略一·六〇　趙録三·五　誌彙二·十　關攷十·一　陝十·三　真二·十三　唐文拾遺十七·十五　彙十二補遺·十一

田君夫人衡氏墓誌

垂拱四年（688）五月一日　正書
12636　近拓　1張（蓋失拓）
著録：名五·五五　嵩二之一·二五　徵二·三二　芒冢四編三·七〇　誌初二·二〇　館·五五

袁希范墓誌

　　垂拱四年(688)七月十七日　正書
　　12637　近拓　1張

袁景恒墓誌

　　垂拱四年(688)七月十七日　正書
　　12638　近拓　2張
　　著録：徵二・三二

呂行端墓誌

　　垂拱四年(688)七月十七日　正書　開
封博物館藏石
　　12639　近拓　1張
　　著録：館・五五　徵二・三二　名五・
五五　嵩二之一・二五

楊寶墓誌

　　垂拱四年(688)十月二十四日　正書
　　12640　近拓　1張
　　著録：名五・五五　徵二・三二　嵩二
之一・二五　芒冢四編三・七一　誌初二・
二〇　館・五五

張安安墓誌

　　垂拱四年(688)十月二十四日　正書
　　12641　近拓　1張　周慶雲舊藏
　　著録：名五・五五　徵二・三二　館・
五五　匋十九・十四　誌彙二・十　陝十・
三　嵩二之一・二五

梁府君並夫人唐氏墓誌

　　垂拱四年(688)十一月十七日　正書
　　10315　初拓　1册　葉昌熾長跋及再
記,毛憶香兩跋,陸恢簽
　　著録：關二・十四　字三・十一　誌
七・八　鈔四・十八　關攷三・二三　名
五・五五　館・五五　徵二・三二　古墨
三・六五　攗七・三五　彙十二之一・四
奇觚中・十三　趙懷玉亦有生齋文抄八・四
孫録三・九〇　嵩二之一・二五　誌彙二・
十　竹二・十五　陝十・三　全唐文二三
四・十　跋五・三　録補十一・一〇五

郭本墓誌

　　垂拱四年(688)十一月十七日　正書
　　12642　近拓　1張　鄒安舊藏
　　著録：徵二・三二　嵩二之一・二五
右冢上・二〇　名五・五五

婁德臣墓誌

　　永昌元年(689)四月十五日　正書
　　12643　近拓　1張　周慶雲舊藏
　　著録：芒冢三編・四一

楊師善及夫人墓誌

　　天授二年(691)二月七日　正書
　　12645　近拓　1張
　　著録：徵二・三三　館・五六　名五・
五六　嵩二之一・二六　芒冢四編補遺・二
四　誌初二・二一

格善義妻斛斯氏墓誌

　　天授二年(691)二月七日　正書
　　12646　初拓　1張(蓋失拓)
　　著録：徵二・三三　名五・五六　嵩二
之一・二六　芒冢四編四・一　誌初二・二
一　館・五六

張君夫人田氏墓誌

　　天授二年(691)六月三日　正書
　　12647　清拓　1張
　　著録：藝十八・六　徵二・三三　館・
五六　校　名五・五六　續癸　嵩二之一・
二六　匋十九・十六　瓊四十・二〇　誌彙
二・十　關新三・十八　關攷一・二九　陝
十・九　唐文拾遺六五・六

焦松墓誌

　　天授二年(691)十月二十四日　正書
　　12648　近拓　1張(蓋失拓)
　　著録：徵二・三三　名五・五六　嵩二
之一・二六　芒冢編中・二五　誌初二・二
一　館・五六

張玄弼墓誌

　　天授三年(692)正月六日　正書　李行

廉撰

　　10349　1册（范陽張氏九墓誌合册）
　　12649　近拓　3張　（一3）周慶雲舊藏
　　著録：藝十八・六　楊圖五・二五　名
五・五六　襄冢・一　館・五七　藝文六・
七　嵩二之一・二六　徵二・三三　瓊四
十・二三　續丁　岷・十二　湖四・七　攟
七・三五　趙録三・五　誌彙二・十　夢
二・二八　真二・十　襄略五・四　唐文拾
遺十六・九（録序）　又・七（録銘）

處士張景之墓誌

　　天授三年（692）正月六日　正書
　　10349　1册（范陽張氏九墓誌合册）
　　12650　近拓　4張
　　著録：藝十八・六　館・五七　徵二・
三三　藝文六・八　襄冢・二　嵩二之一・
二六　湖四・十二　續丁　瓊四十・三〇
岷・十二　攟七・三七　趙録三・六　誌彙
二・十　夢二・二八　真二・十　襄略五・
六　唐文拾遺六四・十四

將仕郎張敬之墓誌並蓋

　　天授三年（692）正月六日　正書
　　10349　1册（范陽張氏九墓誌合册）
　　12651　近拓　5張
　　著録：藝十八・六　名五・五六　楊
圖・二六　襄冢・三　館・五七　徵二・三
三　嵩二之一・二六　瓊四十・三二　岷・
十二　攟七・三七　羅録上・二七　誌彙
二・十　藝文六・八　夢二・二八　真二・
十一　襄略五・六　唐文拾遺五二・四

孝廉張慶之墓誌並蓋

　　天授三年（692）正月六日　正書
　　10349　1册（范陽張氏九墓誌合册）
　　12652　近拓　4張
　　著録：藝十八・六　藝文六・八　館・
五七　徵二・三三　嵩二之一・二六　襄
冢・二　楊圖・二七　硯十・十二　攟七・
三七　夢二・二八　湖四・十二　岷・十二
真二・十　襄略五・六　誌彙二・十　瓊四
十・三一　羅録上・二七　唐文拾遺六四・
十三

蘇卿墓誌

　　天授三年（692）正月十七日　正書　徐
森玉藏石
　　12644　近拓　1張　周慶雲舊藏
　　著録：館・五七　名五・五六　徵二・
三四　嵩二之一・二六　芒冢中・一

許琮夫人李氏墓誌

　　長壽二年（693）正月二十九日　正書
　　12653　近拓　1張
　　著録：徵二・三四　嵩二之一・二六
名五・五七　誌初二・二二　芒冢四編四・
三　館・五七

和錢墓誌

　　長壽二年（693）四月二日　正書
　　12654　近拓　1張
　　著録：匋二十・一　名五・五七　中
冢・十五　嵩二之一・二六　誌彙二・十一
館・五七

尚明墓誌

　　長壽二年（693）七月二十二日　正書
　　12655　近拓　1張

程仵郎墓誌

　　長壽二年（693）八月二十七日　正書
　　12657　近拓　1張
　　著録：匋二十・二

昝斌墓誌

　　長壽二年（693）八月二十八日　正書
　　12656　舊拓　1張（蓋失拓）
　　著録：徵二・三四　名五・五七　嵩二
之一・二六　芒冢四編四・四　誌初二・二
二　館・五八

程玄景墓誌

　　長壽三年（694）正月二十二日　正書
　　10284　舊拓　1册
　　12658　清拓　1張　海日樓舊藏，江建
霞、褚德彝題簽
　　著録：藝十八・六　徵二・三四　館・

五八　名五・五七　泉一・三四　匋二十・四　硯十・十三　瓊四四・一　續編六・二一　隋上・二八　擴七・三八　彙十二之一・四　趙録三・六　誌彙二・十一　關攷一・三〇　陝十・十　宜三・十二　真二・十三　唐文拾遺十七・十六

房懷亮墓誌

延載元年(694)十月二十三日　正書

12659　近拓　1張

著録：藝十八・六　徵二・三五　館・五八　名五・五七　蒿二之一・二七　陝十・十　匋二十・六　羅録上・二七　誌彙二・十一

徐登墓誌

証聖元年(695)五月九日　正書

12660　近拓　1張

封抱墓誌

天册萬歲元年（695）十月二十八日正書

12661　舊拓　2張

著録：名五・五八　徵二・三五　蒿二之一・二七　芒冢四編四・八　誌初二・二三　館・五九

仇道朗墓誌

萬歲通天元年（696）五月二十六日正書

12662　近拓　1張

著録：徵二・三六　名五・五八　彙十二之一・四　蒿二之一・二七　誌彙二・十一　瓊四四・九　匋二十・九　擴七・三九　館・五九　唐文拾遺六七・一　關攷三・二五　趙録三・四　陝十・十一

張君夫人徐氏墓誌

萬歲通天元年(696)六月十五日　正書

12663　近拓　1張(蓋失拓)

著録：名五・五八　蒿二之一・二七　芒冢四編四・九　誌初二・二三

崔鋭夫人高氏墓誌

萬歲通天元年(696)七月六日　正書

12664　近拓　2張

著録：徵二・三六　名五・五八　蒿二之一・二七　芒冢四編四・十　誌初二・二三　館・五九

張信墓誌

萬歲通天二年(697)二月十七日　正書

12665　近拓　1張

著録：芒冢三編・四三

梁師亮墓誌

萬歲通天二年(697)三月六日　正書

10314　未斷舊拓　1册　李景灝舊藏，多250餘字

12666　清拓　1張　五石本

著録：藝十八・六　楊圖五・二七　名五・五八　徵二・三六　獨殘・二　誌七・十二　平四・二四　鈔四・二二　蒿二之一・二七　萃六二・二　雍四・二　香字三・十三　録補十一・一〇五　金石二跋一・十　擴七・三九　彙十二之一・四　校誌彙二・十一　竹二・十六　跋五・六　關二・十四　關攷一・三〇　古墨三・六六　全唐文九九四・七　王鳴盛西莊始存稿三三・一　孫録三・九二　陝十・十一　真二・十四

劉洪預墓誌

萬歲通天二年(697)五月二日　正書

12667　近拓　1張

著録：館・六〇

劉夫人李氏墓誌

萬歲通天二年(697)六月二十一日　正書　開封博物館藏石

12668　近拓　2張

著録：徵二・三六　蒿二之一・二八　名五・五八　芒冢四編四・十一　誌初二・二四　館・六〇

韓仁惠墓誌

萬歲通天二年（697）八月二十一日　正書

12670　近拓　1張

著録：徵二・三六　蒿二之一・二八　名五・五八　芒冢四編四・十二　誌初二・二三　館・六〇

常協墓誌

萬歲通天二年（697）八月二十七日　正書

12669　近拓　1張

著録：徵二・三六　館・六〇　誌初二・二三

王緒母郭氏墓誌

神功元年（697）十月二十二日　正書
陶湘藏石

12671　近拓　2張

著録：滿誌別録下・三二

張素墓誌

神功元年（697）十月二十二日　正書

12672　舊拓　2張（蓋失拓）　（一）末行"其四"，"四"字未損

著録：名五・五九　徵二・三七　蒿二之一・二八　芒冢四編四・十三　誌初二・二四　館・六〇

姚恭墓誌

聖曆二年（699）正月二十八日　正書

12682　近拓　1張

著録：徵二・三七　館・六一

周善持墓誌

聖曆二年（699）二月十一日　正書　吳揚吾撰，上官珪書

12673　近拓　1張

房逸墓誌

聖曆二年（699）二月十七日　正書

12674　近拓　1張　于右任舊藏

著録：名五・五九　館・六一　誌初二・二四

黑齒常之墓誌

聖曆二年（699）二月十七日　正書

12675　近拓　1張（蓋失拓）

姬素墓誌

聖曆二年（699）三月十七日　正書

12681　近拓　1張

著録：徵二・三七　蒿二之一・二八　右冢上・二八　名五・五九　右叢五・五〇　館・六一　誌彙二・十二　右三・三六　光緒□年屯留縣誌卷七・藝文

弘化大長公主墓誌並蓋

聖曆二年（699）三月十八日　正書

12680　清拓　2張

著録：徵二・三七　館・六一　隴二・六　交四・十八　西行・一六九

慕容知廉墓誌

聖曆二年（699）八月九日　正書

12677　近拓　1張

慕容昇墓誌

聖曆二年（699）八月九日　正書

12678　近拓　1張

慕容君夫人費氏墓誌

聖曆二年（699）八月九日　正書

12679　近拓　1張（蓋失拓）

著録：徵二・三八　名五・五九　蒿二之一・二八　芒冢四編四・十六　誌初二・二四　館・六一

張達墓誌

聖曆二年（699）十月二十八日　正書

12676　近拓　1張（蓋失拓）

著録：徵二・三八　館・六二

袁氏墓誌　又名"夫人袁氏墓碣"

聖曆三年（700）正月十五日　正書

12683　近拓　1張

著録：藝十八・六　館・六二　徵二・
三八　誌八・一　平再續・十四　泉一・三
四　續編六・四　瓊四五・一　攈七・四〇
彙十二之一・四　趙録三・七　誌彙二・十
二　關攷三・二七　陝十・十二　唐文拾遺
六五・十三　宜三・十三

高慈墓誌

聖曆三年(700)臘月十七日　正書
12684　近拓　1張
著録：芒冢四編四・十八

薛剛墓誌

久視元年(700)五月二十四日　正書
10320　舊拓　1册(蓋失拓)　末行"乎
英"未損
12685　清拓　2張(蓋失拓)　末行"乎
英"未損,(一2)周慶雲舊藏
著録：藝十八・七　徵二・三八　館・
六二　名五・五九　嵩二之一・二八　誌
八・二　平再續・十四　續編六・六　瓊四
五・七　硯十・十五　攈七・四一　彙十二
補遺・十一　趙録三・七　誌彙二・十二
關攷五・二七　陝十・十四　宜三・十三
唐文拾遺十八・四

麴信墓誌

久視元年(700)七月二十六日　正書
12686　清拓　1張
著録：芒冢四編四・二〇　雪跋四・九

褚承恩墓誌

久視元年(700)十月二十二日　正書
12687　清拓　1張
著録：名五・五九　徵二・三八　嵩二
之一・二九　芒冢中・三　誌彙二・十二
珉・八

崔哲墓誌並蓋

久視元年(700)十月二十八日　正書
12688　近拓　1張
著録：丙寅稿・五一　徵二・三九　誌
初二・二五

馮名墓誌

久視元年(700)十月壬申之辰(二十八
日)　正書
12689　近拓　1張
著録：嵩二之一・二八　徵二・三九
館・六三

李買墓誌

久視元年(700)十一月八日　正書
12690　近拓　1張
著録：右冢上・二九　名五・六〇　嵩
二之一・二八　徵二・三九　館・六三

弘農部楊府君墓誌

大足元年(701)二月二十九日　正書
12691　近拓　1張
著録：館・六三　徵二・三九　嵩二之
一・二九　誌初二・二五

趙進墓誌

大足元年(701)四月二十三日　正書
12692　近拓　1張
著録：芒冢四編補遺・二〇

杜並墓誌

長安二年(702)四月十二日　正書
12694　近拓　1張
著録：館・六三　徵二・三九　名五・
六〇　雪跋四・七　循跋下・八　九乙・四
〇　誌初二・二六　夢二・三二　陝十・十
六　嵩二之一・二九

泉男産墓誌並蓋

長安二年(702)四月二十三日　正書
12695　近拓　1張
著録：海藩・二三　名五・六〇　徵
二・三九　嵩二之一・二九　誌初二・二六
館・六三

婁君夫人周氏墓誌

長安二年(702)七月十日　正書
12696　近拓　1張
著録：芒冢三編・四三

張嘉墓誌

　　長安三年(703)二月十七日　正書

　　12697　近拓　1張

　　著録：徵二・四〇　館・六四　名五・六〇　蒿二之一・二九　誌彙二・十二

趙智侃墓誌

　　長安三年(703)二月二十八日　正書

　　12698　清拓　1張　江建霞舊藏

　　著録：藝十八・七　徵二・四〇　蒿二之一・二九　誌彙二・十二　關攷三・二八　關新三・二〇　陝十・二〇　名五・六一　羅録上・二〇　館・六四

周履潔墓誌

　　長安三年(703)二月二十八日　正書

　　12699　近拓　1張

王侁墓誌

　　長安三年(703)三月十一日　正書

　　12700　近拓　1張

　　著録：芒冢三編・四四

處士張師墓誌

　　長安三年(703)八月一日　正書　曾歸徐森玉

　　12701　近拓　1張

　　著録：蒿二之一・二九　名五・六一　右冢上・三一　徵二・四〇　誌初二・二六　館・六四

尚真墓誌

　　長安三年(703)庚申朔戊辰日（八月九日）正書

　　12702　近拓　1張

　　著録：藝十八・七　名五・六一　徵二・四〇　平再續・十四　誌八・五　瓊四九・八　雪跋四・九　續編六・六　攗七・四三　趙録三・七　誌彙二・十二　彙十二之一・四　關攷三・二九　陝十・十八　宜三・十四　彙十二補遺・十一　唐文拾遺四九・十四

杜夫人墓誌　又名"司稼寺卿上柱國楊府君杜夫人墓誌"

　　長安三年(703)十月十五日　正書

　　12703　清拓　2張　蓋失拓，(一2)江建霞舊藏

　　著録：藝十八・七　徵二・四〇　館・六四　蒿二之一・二九　名五・六一　誌八・六　匋二十・十四　瓊四九・十　平三續上・十四　萃六五・六　古墨三・六九　竹二・十八　孫録三・九五　攗七・四三　彙十二之一・四　誌彙二・十二　隋上・三〇　陝十・十八　關攷一・三三　全唐文九九四・六　香

陳叔度墓誌

　　長安三年(703)十二月十日　正書

　　12704　清拓　1張

　　著録：藝十八・七　名五・六一　徵二・四〇　蒿二十之一・二九　誌彙二・十二　館・六四

王美暢夫人長孫氏墓誌

　　長安三年(703)　正書　王昕撰

　　12705　清拓　1張（蓋失拓）江建霞舊藏

　　著録：藝十八・七　徵二・四〇　館・六四　誌八・三　瓊四九・十二　硯十・十六　九甲・六二　攗七・四三　趙録三・七　誌彙二・十二　洛存・二　彙九之三・五三　廎・三二　宜三・十五　芒冢補遺・四　真二・十三　唐文拾遺十八・一

王詢墓誌並蓋

　　長安四年(704)二月十七日　正書

　　12706　近拓　1張

　　著録：芒冢四編四・二二

邢彥褒墓誌

　　長安四年(704)八月七日　正書

　　12707　近拓　1張

　　著録：館・六五　徵二・四一　蒿二之一・二九　名五・六一　誌初二・二七

安令節墓誌

神龍元年（705）三月五日　正書　曾歸端方

12708　近拓　1張

著録：藝十八・七　匋二一・一　名六・六二　徵二・四一　誌初二・二七　館・六六　誌彙二・十三　關新三・二一　嵩二之一・三〇　關攷三・二九　陝十・二二　瓊四九・十九

康悊墓誌

神龍元年（705）十一月二十六日　正書

12709　近拓　1張

著録：徵二・四一　名六・六二　朔目二・十一　河録二・一　河目上・七　誌初二・二七　續安・十

上柱國孫惠及夫人李氏墓誌

神龍二年（706）五月七日　正書

12710　近拓　2張

著録：嵩二之一・三〇　名六・六二　徵二・四二　誌初二・二七　芒冢四編五・一　館・六七

王君夫人李氏墓誌　又名"太原王昕故夫人趙郡李清禪墓誌"

神龍三年（707）四月六日　正書

12711　近拓　1張（蓋失拓）

著録：館・六七　徵二・四二　嵩二之一・三〇　誌初二・二八　芒冢三編・四七　名六・六二

楊承胤墓誌

神龍三年（707）七月一日　正書

12712　近拓　1張（蓋失拓）

著録：徵二・四二　嵩二之一・三〇　名六・六二　芒冢四編五・二　誌初二・二八　館・六七

蔡行基墓誌

景龍二年（708）正月十五日　正書

12713　近拓　1張

王素臣墓誌

景龍二年（708）二月二十四日　正書　開封博物館藏石

12714　近拓　1張（蓋失拓）

著録：徵二・四二　嵩二之一・三〇　名六・六二　芒冢三編・四九　誌初二・二八　館・六八

于賁墓誌

景龍二年（708）十一月二十七日　正書

12715　近拓　1張（蓋失拓）

著録：徵二・四三　館・六八

許君暨夫人楊氏墓誌　又名：一、"恒州司馬殘墓誌"　二、"華陰郡君楊氏合葬誌"

景龍三年（709）七月十九日　正書

12716　初拓　1張　右下角二行未泐失

12717　清拓　1張　右下角二行已斷未失

12718　清拓　2張　（一）周慶雲舊藏右下角二行已佚，傳左面石亦佚

著録：藝十八・七　徵二・四三　名六・六三　萃略二・一　館・六八　瓊四九・二三　攈七・四九　彙十二之一・五　趙録三・八　誌彙二・十三　陝十一・四　關新三・二二　關攷一・三五　平三續上・十四　誌初二・二八　嵩二之一・三〇　香唐文拾遺十七・一一一七　校

魏國太夫人河東裴氏墓誌

景龍三年（709）七月十九日　正書

12719　近拓　1張

著録：徵二・四三　館・六八　嵩二之一・三〇　名六・六三　九乙・四二　誌初二・二八　陝十一・一

黎州刺史王佺墓誌並蓋

景龍三年（709）八月十八日　正書

12720　近拓　1張

著録：館・六八　徵二・四三　嵩二之一・三〇　名六・六三　誌初二・二八

西城縣令梁嘉運墓誌

景龍三年(709)十月二日　正書

12721　近拓　1張　江建霞舊藏

著録：藝十八・七　襄冢・四　湖四・三六　名六・六三　館・六八　蒿二之一・三〇　徵二・四三　瓊四九・二五　續編六・七　平再續・十五　誌彙二・十三　襄略五・九　誌八・九　趙録三・八　唐文拾遺六五・十一

波斯國酋長阿羅憾丘銘

景雲元年(710)四月一日　正書

12722　近拓　1張

著録：匋二一・九　徵二・四三　蒿二之一・三〇　館・六九　名六・六三　芒冢中・四　誌彙二・十三

蕭思亮墓誌

景雲二年(711)二月十五日　正書

12723　清拓　1張(蓋失拓)　陸增祥舊藏,首行"唐"、末行"菊"皆完好

12724　清拓　1張(蓋失拓)　首行"唐"、末行"菊"已泐

著録：藝十八・七　館・六九　徵二・四四　蒿二之一・三〇　獨殘・三　名六・六三　關攷五・二八　鐵上・七　誌八・十字三・十七　跋五・十五　萃六九・三　平五・十　鈔四・五一　古墨四・七一　孫録三・一〇〇　竹二・二一　攈七・五〇　誌彙二・十三　彙十二之一・五　關二・十七　陝十一・五　妙九・二二　宜三・十五　校真二・十四　録補十二・一一二　全唐文二五九・十二

盧玢墓誌

景雲二年(711)四月九日　正書　陶湘藏石

12727　近拓　1張

著録：芒冢四編五・五(作盧玧)

鄭叔墓誌　又名"王屋縣丞白知新妻滎陽鄭氏墓誌"

景雲二年(711)十月十九日　正書　開

封博物館藏石

12725　近拓　1張(蓋失拓)

著録：徵二・四四　蒿二之一・三〇　名六・六三　芒冢三編・五〇　誌初二・二九　館・六九

郭思訓墓誌

景雲二年(711)十二月十五日　正書

12726　近拓　1張

著録：藝十八・七　徵二・四四　館・七〇　名六・六三　蒿二之一・三一　平五・十　竹二・二一　孫録三・一〇〇　誌八・十四　中記二・四一　跋五・十四　萃六九・九　彙九之三・五四　芒冢中・五　金石二跋一・十四　攈七・五〇　誌彙二・十三　洛存・二　梅跋・十　真二・十三　全唐文九九四・八

崔孝昌墓誌

太極元年(712)二月二十一日　正書　陶湘藏石

12728　近拓　1張　陶湘舊藏

著録：芒冢四編五・六

賀玄道墓誌

太極元年(712)三月四日　正書　陶湘藏石

12729　近拓　2張(蓋失拓)

著録：名六・六四　徵二・四四　蒿二之一・三一　芒冢四編五・八　誌初二・二九　館・七〇

史公石象銘

延和元年(712)七月十五日　正書

12731　清拓　1張　陸增祥舊藏

14186　清拓　1張　開裱,劉喜海舊藏

著録：藝十八・七　萃六九・十　平三續上・十五　隋上・三二　孫録三・一〇一　竹二・二二　全唐文九八八・八

蕭貞亮墓誌

延和元年(712)七月十八日　正書

12730　近拓　1張

著録：徵二・四四　館・七〇　名六・
六四　芒冢續下・一　誌初二・二九　嵩二
之一・三一

劉穆墓誌

先天二年(713)十一月十二日　正書
12732　近拓　1張(蓋失拓)
著録：芒冢續下・二

薄仁墓誌

開元二年(714)正月十七日　正書
12733　近拓　1張

榮陽夫人毛氏墓記

開元二年(714)閏二月五日　正書
12734　近拓　1張

侯莫陳大師壽塔文

開元二年(714)六月十日卒　正書
12735　近拓　1張
著録：河目中・八　河録一・四　名
六・六四　朔目一・二　劉續十一・八　芒
冢四編五・十

戴令言墓誌並蓋

開元二年(714)十二月七日　正書
12737　近拓　1張
著録：徵三・一　名六・六四　嵩二・
一　誌初三・一　芒冢四編補遺・二七

鄭玄果及夫人元氏合葬墓誌

開元二年(714)十二月二十九日　正書
10397　1冊(五種合冊)
12738　清拓　2張　江建霞舊藏
著録：藝十八・七　匄二一・十四　關
玫一・三七　名六・六四　香　關新三・二
三　徵三・一　館・七一　嵩二・一　趙録
失編・四　攎八・二　誌彙二・十四　陝十
一・九　彙十二之一・五　瓊五十・十　續
癸　唐文拾遺六五・十四

王顏墓誌

開元三年(715)三月二十四日　正書

12740　近拓　1張(蓋失拓)
著録：徵三・一　館・七一　名六・六
五　嵩二・一　誌初三・一　芒冢四編五・
十三

孟友直女墓誌　又名：一、"馮貞佑妻孟氏墓誌"　二、"馮十一娘墓誌"

開元三年(715)四月九日　正書
12741　清拓　2張
12742　翻刻本　1張　江建霞舊藏
著録：藝十八・七　徵三・一　館・七
一　名六・六五　彙十二之二・四〇　古
銅・四　關玫十・五　嵩二・一　趙録三・
十　孫録三・一〇二　誌彙二・十五　古墨
四・七三　關三・一　萃七十・八　誌八・
十五　平五・十二　攎八・二　雍六・一
陝十一・十　全唐文三九六・五　香

裴公妻賀蘭氏墓誌

開元四年(716)十二月十日至十九日
正書
12743　近拓　2張
著録：萃七一・二　梅跋・十　平三續
上・十六　隋上・三二　香　關玫三・三〇
誌・九二

屯留縣令溫夫人李氏墓誌

開元五年(717)二月十三日　正書
12744　近拓　1張(蓋失拓)
著録：館・七二　徵三・二

慕容昇墓誌

開元五年(717)十月十九日　正書
12745　近拓　1張

陸大亨墓誌

開元六年(718)二月七日　正書
12746　近拓　1張
著録：芒冢四編五・十四

蔣夫人于氏墓誌

開元六年(718)七月十日　正書
12747　近拓　1張(蓋失拓)

著録：館・七二　徵三・三　名六・六
五　誌初三・一　芒冢三編・五二　遼居
稿・四〇

韋項墓誌

開元六年(718)七月二十九日　正書
12749　近拓　1張(蓋失拓)
著録：名六・六五　徵三・三　館・七
二　嵩二・一　誌初三・二　陝十一・十四
遼居稿・三五　真二・十五

薛君夫人柳氏墓誌

開元六年(718)八月二十九日　正書
12750　清拓　1張
著録：藝十八・七　嵩二・一　名六・
六五　面甲・三四　彙九補遺・十五　館・
七二　徵三・三　羅録上・三〇　誌彙二・
十五　芒冢中・七　唐文拾遺六五・十七

廣州兵曹賈黃中墓誌並蓋

開元六年(718)十月二十四日　正書
10324　舊拓　1冊　端方、況周頤舊
藏，日本鑄方德題籤，李葆恂、陳運彰題識
12751　清拓　1張
著録：匋二一・二二　徵三・三　館・
七二　名六・六五　嵩二・一　誌初三・二
誌彙二・十五

劉元超墓誌

開元六年(718)十一月十九日　正書
12752　近拓　2張(蓋失拓)
著録：徵三・三　館・七二　誌初三・
二　真二・十五

呂文倩墓誌

開元七年(719)六月十八日　正書
12755　近拓　1張
著録：徵三・三　名六・六六　嵩二・
二　館・七三　誌彙二・十六　匋二二・三
芒冢中・八

張氏郭夫人墓誌

開元七年(719)十一月七日　正書

12756　近拓　1張
著録：匋二二・四　館・七三　名六・
六六　徵三・三　嵩二・二　朔目二・十一

韋希損墓誌

開元八年(720)正月八日　正書
12757　近拓　2張(蓋失拓)　江建霞
舊藏
著録：藝十八・七　館・七三　徵三・
三　關攷一・四〇　名六・六五　關新三・
二四　羅録上・三〇　瓊五一・八　匋二
二・七　陝十一・十七　續丁　唐文拾遺十
八・十五　誌彙二・十六　岷・十三

王君夫人橋氏墓誌

大足元歲經十八載，即開元八年(701)八
月六日　正書
12693　近拓　1張(蓋失拓)
著録：徵三・三　館・七三　誌初三・
二　嵩補・七

李明遠墓誌

開元八年(720)八月十六日　正書
12758　近拓　2張(蓋失拓)

梁方並夫人張氏墓誌

開元八年(720)十月二十三日　正書
12759　近拓　1張　江建霞舊藏
著録：徵三・四　館・七三　嵩二・二
名六・六六　羅録上・三〇　誌彙二・十六
朔目二・十一　匋二二・五

楊璀墓誌並蓋

開元八年(720)十月三十日　正書
12760　近拓　2張
著録：徵三・四　館・七三

張思道墓誌

開元九年(721)十月十日　正書
12761　清拓　2張(蓋失拓)
著録：藝十八・七　徵三・四　館・七
四　名六・六六　關新三・二五　關攷一・
四二　羅録上・三〇　攈八・六　誌彙二・

十六　彙十二補遺・六　匋二二・九　陝十
一・十九　唐文拾遺六五・十八　瓊五一・
十五

王慶墓誌　又名"朝議郎行登州司馬上柱國王慶墓誌"

　　開元九年(721)十一月六日　　行書
　　12762　清拓　1張
　　著錄：藝十八・七　顧廣圻思適齋集十
六・十五　名六・六七　蒿二・二　館・七
四　徵三・四　趙錄三・十　誌彙二・十六
硯十一・五　左冢・十四　唐文拾遺二二・
十　彙十之三・五九　續丁

郭思謨墓誌

　　開元九年(721)十一月十七日　　正書
　　12763　清拓　2張　(一)江建霞舊藏
　　12764　清拓　1張
　　著錄：藝十八・八　名六・六七　蒿
二・二　徵三・四　金石二跋二・二　館・
七四　竹二・二五　攟八・六　誌彙二・十
六　彙九之三・五四　真二・十三　瓊五
一・二〇　平五・十八　中記二・四四　萃
七三・六　芒冢中・八　誌九・七　全唐文
三〇五・十五　孫錄三・一〇四

夏侯法寶墓誌

　　開元九年(721)十一月二十九日　　行書
　　12765　清拓　1張
　　著錄：徵三・四　蒿二・二　名六・六
七　中冢補遺・五　誌初三・三

長孫安墓誌　又名"青州長史長孫府君墓誌銘"

　　開元九年(721)十一月　　正書
　　12766　近拓　1張(蓋失拓)
　　著錄：陝十一・十八

荀懷節墓誌

　　開元九年(721)十二月二十四日　　正書
　　12767　清拓　1張
　　著錄：藝十八・八　館・七四　徵三・
四　蒿二・二　名六・六七　誌彙二・十六

李暄妻于氏殯銘記

　　開元十年(722)四月二十三日　　正書
　　12768　清拓　1張

茹守福墓誌

　　開元十一年(723)八月九日　　正書
　　10303　舊拓　1冊　徐渭仁舊藏
　　著錄：關三・二　授續三・十二　鈔
四・七七　古墨四・七六　誌九・十一　關
攷五・三〇

雲中郡夫人阿郇氏墓誌

　　開元十一年（723）十月十日　　正書
石毀
　　12770　清拓　1張
　　著錄：藝十八・八　名六・六七　關攷
三・四三　泉一・三六　蒿二・三　徵三・
五　館・七五　攟八・七　誌彙二・十七
彙十二之一・五　瓊五二・二　平三續上・
十七　誌九・十三　萃略二・四　陝十一・
二二　閩略十四・五　宜三・十九　唐文拾
遺六六・一

朱守臣夫人高氏墓誌

　　開元十一年(723)十月二十五日　　正書
千唐誌齋藏石
　　12771　近拓　1張

田靈芝墓誌

　　開元十一年(723)　　正書
　　12772　近拓　1張
　　著錄：名六・六七　蒿二・三　館・七
六　徵三・六　誌初三・四　芒冢四編五・
十七

高福墓誌　又名"高延福墓誌"

　　開元十二年(724)正月二十一日　　行書
孫翌撰
　　10330　原石精拓　1冊
　　10331　舊拓　1冊　汪中藏
　　12773　清拓　1張
　　著錄：藝十八・八　徵三・六　館・七
六　奇觚中・九　蒿二・三　孫錄三・一〇

六　關攷五・三〇　名六・六七　淮陰補
遺・二　竹二・二六　平五・二〇　誌彙
二・十七　關三・四　字三・四　誌十・二
攈八・八　清二・六四　鈔五・十八　古墨
四・七七　匃二二・十一　跋六・五　萃七
五・一　雍六・三　陝十一・二四　全唐文
三〇五・十八

唐昭女端權殯誌

　　開元十二年(724)六月二十六日　正書
　　12774　清拓　1張(蓋失拓)
　　著録：藝十八・八　關攷五・三一　名
六・六八　泉一・四一　隋上・三五　蒿
二・三　館・七六　徵三・六　趙録三・十
一　攈八・八　誌新三・四　誌彙二・十七
誌十・四　彙十二補遺・二　平再續・十五
續編七・一　瓊五二・二六　岷・十四　陝
十一・二六　唐文拾遺六六・二　宜三・
二〇

吳善墓誌

　　開元十二年（724）十一月二十六日
正書
　　12776　近拓　1張(蓋失拓)
　　著録：藝十八・八　匃二二・十九　徵
三・六　館・七六　蒿二・三　畿冢中・一
名六・六八　誌彙二・十七

紀茂重墓誌

　　開元十二年（724）十一月二十八日
正書
　　12777　近拓　1張
　　著録：徵三・六　館・七七　蒿二・三

夫人張氏墓誌

　　開元十二年（724）十一月二十八日
正書
　　12778　近拓　1張(蓋失拓)
　　著録：館・七六　徵三・六

杜濟墓誌

　　開元十三年(725)七月四日　正書
　　12780　近拓　1張

著録：徵三・七　蒿二・三　名六・六
八　誌初三・四　芒冢中・十二

薛君夫人裴氏墓誌

　　開元十四年(726)二月二十三日　正書
　　12781　清拓　2張
　　著録：藝十八・八　徵三・七　蒿二・
三　甘泉十・五　泉一・四三　名六・六八
館・七七　趙録三・十二　攈八・九　誌彙
二・十七　誌十・五　瓊五三・十　洛存・
二　芒冢中・十二　彙九之三・五四　唐文
拾遺十九・十

鄭戎墓誌

　　開元十四年(726)五月十九日　正書
　　12782　近拓　1張(蓋失拓)
　　著録：館・七七　徵三・七　蒿二・三
名六・六八　誌初三・五

陳憲墓誌

　　開元十四年(726)十一月十六日　正書
　　12783　清拓　1張
　　著録：藝十八・八　徵三・七　偃上・
四四　名六・六八　萃七七・一　竹二・二
八　孫録三・一〇七　攈八・九　平五・二
三　鈔五・三四　誌彙二・十八　彙九之
四・二　誌十・七　跋六・八　蒿二・三
東冢・三　古墨四・八〇　中記二・四五
宜三・二一　全唐文九九五・五

思恒律師誌

　　開元十四年(726)十二月十五日　正書
　　12784　清拓　1張(蓋失拓)
　　著録：藝十八・八　徵三・七　關攷
三・五五　名六・六八　竹二・二八　鈔
五・三六　孫録三・一〇七　攈八・九　誌
彙二・十八　蒿五・三　彙十二之一・五
古墨四・八一　誌十・八　雍六・五　匃二
二・一　平三續上・十八　關三・八　香
録補十三・一二三　陝十一・三〇　萃七
七・一　真二・十五　全唐文三九六・十二

魏靖墓誌並蓋
　　開元十五年(727)正月二十四日　正書
　　12787　清拓　1張
　　著録：誌初三・五

李和墓誌
　　開元十五年(727)六月十三日　正書
　　12785　近拓　1張(蓋失拓)
　　著録：徴三・八　蒿二・三　名六・六
九　館・七八　芒冢四編五・二〇

鄭温球墓誌
　　開元十五年(727)七月二十七日　正書
　　12786　近拓　1張
　　著録：藝十八・八　蒿二・四　名六・
六九　徴三・八　趙録三・十二　誌彙二・
十八　彙十二之一・八七　平再續・十五
陝十二・一　誌十・十二　續編七・三　攈
八・十　瓊五三・十八　唐文拾遺十八・
十七

敬覺墓誌並蓋
　　開元十五年(727)十月五日　正書
　　12788　近拓　1張
　　著録：徴三・八　館・七八

朱庭瑾墓誌
　　開元十八年(730)十月四日　正書
　　12790　近拓　1張
　　著録：徴三・九　館・八〇

劉庭訓墓誌
　　開元十八年(730)十月十六日　正書
開封博物館藏石
　　12791　近拓　1張
　　著録：館・八〇　徴三・九　誌初三・
六　芒冢三編・五三

孫節塔誌
　　開元二十年(732)正月二十九日　正書
　　12753　近拓　2張(並蓋,改刻爲開皇
十年)　附端方跋
　　12754　近拓　3張　附端方跋

著録：芒冢中・十四

上柱國王令墓誌
　　開元二十年(732)二月十一日　正書
　　12792　近拓　1張
　　著録：徴三・十　館・八一

上柱國趙君墓誌
　　開元二十年(732)九月二日　正書　開
封博物館藏石
　　12794　近拓　1張

王怡墓誌
　　開元二十年(732)九月二日　正書
　　12795　近拓　1張
　　著録：館・八一　名六・七〇　蒿二・
四　徴三・十　誌初三・七　芒冢四編五・
二〇

房惠琳墓誌
　　開元二十一年(733)三月十二日　正書
　　12796　清拓　1張
　　著録：館・八一　徴三・十一　關新
三・二六　名六・七〇　關攷八・二〇　誌
彙二・十九　陝一二・五

李仁德墓誌
　　開元二十一年(733)四月十三日　正書
　　12797　清拓　1張
　　著録：藝十八・八　徴三・十一　館・
八一　蒿二・四　名六・七〇　關攷三・五
六　關新三・二七　趙録三・十二　閩略十
四・十　續丙　誌彙二・十九　彙十二補
遺・二　硯十一・十　瓊五四・二三　攈
八・十二　陝十二・六　唐文拾遺六六・三

張嵒妻墓誌
　　開元二十一年（733）七月二十五日
正書
　　12799　清拓　1張
　　著録：芒冢四編五・二二

慕容瑾墓誌

開元二十一年(733)八月十四日　正書
12800　清拓　1張

張點墓誌

開元二十一年(733)十月十六日　正書
10349　1冊(范陽張氏九墓誌合冊)
12801　清拓　2張
著録：藝十八・八　名六・七〇　襄
冢・四　楊圖五・三三　蒿二・五　徵三・
十一　館・八二　羅録上・三〇　攈八・十
三　誌彙二・十九　彙十四・十五　瓊五
四・三一　硯十一・十三　真二・十二　湖
四・十九　襄略六・一　唐文拾遺十八・
十九

張輪墓誌

開元二十一年(733)十月十六日　正書
呂嚴説撰。原存襄陽中學，辛亥之際毀於
兵燹
10349　1冊(范陽張氏九墓誌合冊)
12802　清拓(初拓)　1張(蓋失拓)
12803　清拓　2張(並蓋)
12804　清拓　2張(並跋)
著録：藝十八・八　徵三・十一　館・
八二　蒿二・四　彙十四・十五　藝文六・
十　名六・七一　楊圖五・三七　趙録三・
十三　攈八・十三　誌彙二・十　瓊五四・
三九　真二・十一　續丁　湖四・十八　襄
冢・五　襄略六・一　唐文拾遺十九・十九

盧君夫人李氏墓誌

開元二十一年(733)十月十六日　正書
12805　近拓　1張
著録：館・八二　徵三・十一

裴肅墓誌

開元二十二年(734)三月二十四日　正
書　洪孝昌撰
12806　近拓　1張
著録：徵三・十二　館・八二　誌初
三・七

段貞墓誌

開元二十二年(734)八月十四日　正書
開封博物館藏石
12807　近拓　1張
著録：徵三・十二　館・八二　名六・
七一　誌初三・八　蒿補・七

高定方墓誌

開元二十二年（734）八月二十六日
正書
12808　近拓　1張

張休光墓誌

開元二十二年(734)十月二十二日　隸
書　萬俟餘慶撰，張若芬書。開封博物館
藏石
12809　近拓　1張
著録：徵三・十二　館・八三　蒿二・
五　名六・七一　誌初三・八　芒冢四編
五・二二

蕭令臣墓誌並蓋

開元二十三年(735)二月十日　正書
12810　清拓　1張
著録：藝十八・九　匋二三・八　館・
八三　徵三・十二　名六・七一　蒿二・五
羅録上・三〇　誌彙二・十九　芒冢中・十
四　真二・十六

鄭諶墓誌

開元二十三年（735）二月二十三日
正書
12811　清拓　1張
著録：徵三・十二　館・八三　蒿二・
五　名六・七一　誌初三・八　芒冢四編
五・二四

白慶先墓誌

開元二十三年(735)七月二日　正書
13110　近拓　1張

梁義方墓誌

開元二十三年（735）閏十一月三日

正書
　　　12812　清拓　1張
　　　著録：徵三・十二　館・八三　名六・
七一

邵真及馬夫人墓誌
　　　開元二十四年(736)十月二十六日　正
書　端方藏石
　　　12814　初拓　1張(蓋失拓)
　　　著録：匋二三・十二　館・八三　徵
三・十三　蒿二・五　名六・七一　誌彙
二・二〇

李君夫人鄧氏墓誌
　　　開元二十五年(737)十一月十四日　正
書　滕少逸書
　　　12815　清拓　1張
　　　著録：徵三・十三　館・八四　名六・
七一　蒿二・五　誌初三・八　芒冢四編
五・二七

惠隱禪師塔銘
　　　開元二十六年(738)二月六日　正書
　　　12817　清拓　1張　江建霞舊藏
　　　著録：攟八・十五　名六・七二　岷・
十七　洛存・二　彙九之三・五四　徵三・
十三　藝十八・九　硯十一・十四　芒冢補
遺・七　續編七・八　平三續上・十九　瓊
五六・三　唐文拾遺六六・三

薛氏故夫人實信優婆夷未曾有功德塔銘
　　　開元二十六年(738)五月十五日　正書
杜昱撰並書
　　　12818　清拓　1張
　　　著録：徵三・十三　名六・七三　羅録
上・三〇　誌彙二・二〇　唐文拾遺十九・
六　蒿五・三

裴君夫人元氏墓誌
　　　開元二十六年(738)九月十一日　正書
　　　12819　近拓　1張
　　　著録：藝十八・九　名六・七二　館・

八四　誌彙二・二一　陝十二・十三　匋二
三・十三

夏侯思恭墓誌
　　　開元二十六年(738)十一月八日　正書
　　　12820　近拓　1張
　　　著録：館・八四　徵三・十四　名六・七
二　蒿二・五　誌初三・九　芒冢三編・五四

崔玄隱墓誌
　　　開元二十七年(739)十月二十六日
正書
　　　12821　近拓　1張
　　　著録：徵三・十四　館・八五　中冢・
二五　名六・七三　彙九之二・二八　蒿
二・五　誌彙二・二一　匋二三・十四　攟
八・十七　嘉慶六年濬縣誌金石誌上・十二

張易墓誌
　　　開元二十七年(739)十一月二十六日
正書
　　　12822　近拓　1張
　　　著録：藝十八・九　徵三・十四　館・
八五　名六・七三　蒿二・六　誌彙二・
二一

趙知慎墓誌
　　　開元二十八年(740)三月十六日　正書
徐森玉藏石
　　　12823　近拓　1張　周慶雲舊藏
　　　著録：徵三・十四　館・八五　名六・
七三　蒿二・六　誌初三・九

張孚墓誌
　　　開元二十八年(740)六月二十八日
正書
　　　10349　1册(范陽張氏九墓誌合册)
　　　12824　初拓　1張
　　　12825　清拓　2張　(一1)吳公望、況
維琦舊藏　(一2)周慶雲舊藏
　　　著録：藝十八・九　徵三・十四　館・
八五　蒿二・六　藝文六・十　楊圖五・三
四　名六・七三　襄冢・六　攟八・十七

誌彙二・二一　彙十四・十五　芒冢四編
五・二八　瓊五六・十九　硯十一・二〇
真二・十二　湖四・二〇　襄略六・二　唐
文拾遺十九・一　續丁

裴坦墓誌

　　開元二十九年(741)二月二十日　正書
開封博物館藏石
　　12826　近拓　1張(蓋失拓)
　　著録:徵三・十五　館・八六　名六・
七三　蒿二・六　誌初三・九　芒冢四編
五・二九

裴道安墓誌　又名"朝議郎行尚書祠部員外郎裴積墓誌"

　　開元二十九年(741)二月二十日　正書
　　12827　清拓　1張　江建霞舊藏
　　著録:館・八六　徵三・十五　蒿二・
六　名六・七三　關攷三・五九　平續・十
一　孫録三・一一二　誌彙二・二一　竹
二・三六　誌十一・四　攈八・十七　授續
三・二四　雍六・九　關三・十一　彙十二
之一・六　萃八四・一　右録・四　全唐文
三九七・一

李君夫人嚴氏(真如)墓誌

　　開元二十九年(741)七月一日　正書
　　12828　近拓　1張
　　著録:藝續　徵三・十五　名六・七三
館・八六　誌初三・十　芒冢三編・五八

豆善富墓誌

　　開元二十九年(741)八月十八日　正書
　　12829　近拓　1張(蓋失拓)
　　著録:徵三・十五　館・八六　誌初
三・十

張景陽墓誌

　　開元二十九年(741)十一月二十五日
正書
　　12830　近拓　1張
　　著録:徵三・十五　館・八六　蒿
補・七

崔君夫人朱氏墓誌

　　天寶元年(742)四月二十三日　正書
　　12831　近拓　1張(蓋失拓)
　　著録:名六・七三　蒿二・六　徵三・
十五　館・八七　誌初三・十

趙巨源墓誌

　　天寶元年(742)四月二十三日　正書
　　12832　近拓　1張(蓋失拓)
　　著録:徵三・十五　館・八七　名六・
七四　誌初三・十　蒿補・七

苑玄亮墓誌

　　天寶元年(742)十一月十九日　正書
梁普撰
　　12833　近拓　1張
　　著録:徵三・十六　蒿二・六　名六・
七四　誌初三・十　宜四・九　芒冢中・十
六　館・八七　真二・十六

崔君夫人獨孤氏墓誌

　　天寶二年(743)十一月二日　正書
　　12834　近拓　1張
　　著録:藝十八・九　徵三・十六　館・
八七　蒿二・六　關攷一・五五　名六・七
五　誌彙二・二二　羅録上・三〇　岷十
五　匋二四・三　關新四・二　陝十二・二
〇　唐文拾遺十九・二一

陳周子墓誌

　　天寶二年(743)十一月十四日　正書
　　12835　近拓　1張
　　著録:匋二四・五　館・八七　蒿二・
六　名六・七五　徵三・十六　誌彙二・二
二　東冢・四

袁君墓誌

　　天寶三載(744)二月二十六日　正書
袁保恒藏石
　　12836　初拓　1張　周慶雲舊藏
　　著録:中冢・二七　名六・七四　徵
三・十六　館・八八　蒿二・六

索思禮墓誌

　　天寶三載(744)八月十二日　正書

　　12837　清拓　1張

　　著録：藝十八·九　徵三·十六　館·八八　嵩二·六　名六·七五　羅録上·三一　誌彙二·二二　匋二四·七　陝十二·二三

宇文琬墓誌

　　天寶三載(744)十月二十日　正書　周珍撰,曹惟良書

　　10296　舊拓　1册　楊拜蘇舊藏

　　12838　清拓　1張(並蓋)

　　著録：藝十八·九　名六·七五　徵三·十六　館·八八　嵩二·七　關新四·二　羅録上·三一　誌彙二·二二　關二·六五　瓊五七·五　陝十二·二二　真二·十六　唐文拾遺二一·三

司馬元禮墓誌

　　天寶四載(745)八月十七日　正書　鄭苔菜撰,李鈞書

　　12839　清拓　1張　江建霞舊藏

　　著録：藝十八·九　館·八八　嵩二·七　名六·七五　誌彙二·二三　芒冢中·十八

劉升墓誌

　　天寶四載(745)十月十三日　行書

　　12841　近拓　1張

　　著録：徵三·十七　館·八八

諸葛明悊夫人韓氏墓誌

　　天寶四載(745)十月二十五日　正書

　　12842　清拓　2張　(一1)江建霞舊藏(一2)褚德彝舊藏

　　著録：藝十八·九　徵三·十七　館·八九　名六·七五　嵩二·七　羅録上·三一　誌彙二·二三　朔目二·十二　匋二四·十

張客墓誌並蓋

　　天寶六載(747)正月二十六日　正書

　　12844　清拓　2張

　　著録：誌初三·十

董昭墓誌

　　天寶六載(747)二月十四日　正書

　　12845　清拓　1張

　　著録：名六·七六　右冢下·十二　徵三·十八　誌彙二·二三　右叢七·八

張軫妻邵氏合葬誌

　　天寶六載(747)十月十二日　正書　丁鳳撰　原存襄陽中學,後毀於兵燹

　　12846　初拓　1張

　　12847　清拓　2張(並蓋)

　　12848　清拓　2張　(一1)吳公望舊藏

　　著録：藝十八·十　徵三·十八　館·九〇　名六·七六　嵩二·七　趙録三·十四　攈八·二三　誌彙二·二四　彙十四·十五　真二·十一　唐文拾遺二一·五　襄冢·七　襄略六·六　瓊五七·二四　續丁硯十一·八　湖四·二一

宜禄都尉成君墓誌

　　天寶六載(747)十月二十八日　正書

　　12849　清拓　1張　江建霞舊藏

　　著録：藝十八·十　徵三·十八　館·九〇　關攷七·十八　名六·七六　嵩二·七　趙録三·十四　攈八·二三　誌初三·十二　誌彙二·二四　彙十二之一·六　泉二·六　瓊五七·二七　續編八·四　誌十二·二　陝十三·二　唐文拾遺六六·八

李迪墓誌

　　天寶六載(747)十一月二十五日　正書

　　12850　清拓　1張

　　著録：徵三·十八　館·九〇　名六·七六　誌初三·十二　芒冢四編五·三四　嵩二·七

嗣曹王李戢墓誌

　　天寶六載(747)十二月二十日　正書曾歸陶湘

　　12851　近拓　1張

著録:徵三·十八　館·九〇　名六·
七六　蒿二·七　誌初三·十二

潘智昭墓誌

天寶七載(748)七月五日　正書
12852　近拓　1張
著録:藝十八·十　徵三·十八　館·
九〇　蒿二·七　隋上·三六　古墨五·九
三　名六·七六　關攷三·六三　竹二·四
〇　孫録三·一一八　攄八·二五　誌彙
二·二四　真二·十六　彙十二之一·七
匋二四·十一　獨殘·二一　誌十二·四
平六·十四　金石二跋二·二一　萃八八·
四　續鈔二·十四　陝十三·四　全唐文九
九五·十

李君夫人竇氏墓誌

天寶七載(748)十一月二十四日　正書
開封博物館藏石
12853　近拓　1張(蓋失拓)
著録:徵三·十八　館·九〇　名六·
七七　誌初三·十二　芒冢四編五·三五
蒿二·七

薛義墓誌

天寶八載(749)七月二十八日　正書
12854　近拓　1張
著録:徵三·十九　館·九一　蒿二·
七　名六·七七　誌彙二·二四　匋二四·
十六　陝十三·五　壬癸·四五

盧復墓誌

天寶九載(750)二月十三日　正書　開
封博物館藏石
12855　近拓　1張
著録:徵三·十九　館·九一　名六·
七七　誌初三·十二　芒冢四編五·三六
蒿二·八

高荆玉墓誌

天寶九載(750)四月九日　正書
12856　近拓　1張
著録:芒冢二編·三九

李系墓誌

天寶九載(750)十一月十七日　正書
12858　清拓　1張
著録:名六·七七　蒿二·八　徵三·
十九　館·九一　誌彙二·二四　匋二四·
十九　芒冢中·十九

崔虞延墓誌

天寶十載(751)三月二十二日　正書
12860　清拓　1張(蓋失拓)
著録:徵三·二〇　館·九二　右冢
下·十三　蒿二·八　藝續

梁令珣墓誌

天寶十載(751)四月十八日　正書
12861　清拓　1張
著録:芒冢中·二〇

崔湛墓誌並蓋

天寶十載(751)八月十日　正書
12862　清拓　1張　閻伯璵撰
著録:丙寅稿·五三　徵三·二〇　誌
新三·十三

楊君夫人馮氏墓誌並蓋

天寶十載(751)八月二十二日　正書
12863　近拓　1張
著録:陝十三·七

盧全貞墓誌

天寶十載(751)十月二十四日　正書
12864　近拓　1張

王志悌墓誌

天寶十載(751)十一月五日　正書
12865　近拓　1張(蓋失拓)
著録:館·九二　徵三·二〇　名六·
七七　誌初三·十三　芒冢四編五·三七
蒿二·八

李君夫人崔氏墓誌　又名"監察御史趙郡李府君夫人博陵崔氏墓誌"

天寶十載(751)十二月十二日　正書

12859　清拓　1張

著録：徴三・二〇　館・九二　嵩二・八　匋二四・二〇　藝續　遼居稿・四二

劉夫人墓誌　又名"彭城劉君夫人王光贊墓誌並蓋"

天寶十一載(752)十一月二十七日　正書　開封博物館藏石

12866　近拓　1張(蓋失拓)

著録：館・九三　徴三・二一　誌初三・十三　芒冢四編五・三八

張璬墓誌

天寶十二載(753)二月十二日　張晏撰

12867　清拓　1張　江建霞舊藏

著録：藝十八・十　徴三・二一　館・九三　嵩二・八　關攷六・二三　名六・七八　關新四・三　羅録上・三一　誌彙二・二五　岷・十六　匋二五・一　唐文拾遺二一・七　陝十三・十

張朏墓誌

天寶十二載(753)八月二十六日　正書　原存襄陽中學,辛亥之際毀於兵燹

10349　1冊(范陽張氏九墓誌合冊)

12868　初拓　1張(蓋失拓)

12869　清拓　2張

著録：藝十八・十　瓊五八・十一　徴三・二一　嵩二・八　名六・七八　擨八・二九　彙十四・十五　襄冢・八　襄略六・八　藝文六・十三　真二・十二　唐文拾遺十九・十六　誌彙二・二五　遼居稿・三五　趙録三・十五　館・九三　湖四・二六

雲麾將軍劉感墓誌

天寶十二載(753)十月三十日　行書　陝西咸寧出土

12870　清拓　10張　(一4)江建霞舊藏,其他皆爲況周頤舊藏

著録：藝十八・十　名六・七八　關攷七・十八　隋上・四五　館・九三　徴三・二一　嵩二・八　竹二・四一　孫録三・一二〇　校擨八・二九　誌彙二・二五　誌

十二・七　彙十二之一・七　平續・十二　授續四・三　萃八九・六　鈔六・十六　古墨五・九四　陝十三・二　真二・十八　全唐文三七一・十二

張公夫人令狐氏墓誌

天寶十二載(753)十一月四日　行書

12871　清拓　1張

著録：藝十八・十　徴三・二一　館・九四　嵩二・八　關攷一・五九　名六・七八　羅録上・三一　趙録三・十五　擨八・二九　誌彙二・二五　誌十二・九　續編八・七　平三續上・二一　硯十二・一　瓊五八・二〇　彙十二之一・七　陝十三・八　宜四・七　唐文拾遺六六・十一　香

崔銲墓誌

天寶十二載(753)十一月九日　正書

12872　近拓　1張(蓋失拓)

著録：館・九四　徴三・二一　誌初三・十四

孫志廉墓誌

天寶十三載(754)六月八日　行書　申堂構撰,韓獻之書

12874　清拓　1張

著録：藝十八・十　徴三・二一　館・九四　嵩二・八　名六・七八　陝十三・十二　竹二・四二　擨八・二九　關三・十五　雍七・六　跋七・四　授續四・四　萃九十・一　誌彙二・二五　孫録三・一二一　古墨五・九四　平續・十二　清二・六三　誌十二・十　瓊五八・二四　關攷五・三三　全唐文四〇五・十三

黃君夫人劉氏龕銘

天寶十三載(754)秋月□日　正書

12877　清拓　1張

著録：藝十八・十　徴三・二二　名六・七八　館・九四　誌彙二・二五　嵩五・三　瓊五八・二四　芒冢中・二一　洛存・二　唐文拾遺二一・十六

玄宗第五孫女墓誌並蓋

天寶十三載（754）閏十一月二十九日
行書　張漸撰，劉秦書
12875　清拓　1張

李詥墓誌並蓋

天寶十三載（754）閏十一月二十九日
正書
12876　清拓　1張
著録：徵三·二二　蒿二·八　館·九
四　名六·七八　誌初三·十四

鄭君夫人陳氏墓誌　又名"河南侯莫陳夫人墓誌銘"

天寶十四載（755）正月十三日　正書
12878　近拓　1張

張安生墓誌

天寶十四載（755）二月十二日　正書
12879　清拓　1張
著録：藝十八·十　名六·七八　關攷
四·一　隋上·四六　館·九四　竹二·四
二　孫録三·一二二　閩略十四·十三　平
三續上·二二　誌彙二·二六　彙十二之
一·七　誌十二·十五　攈八·三〇　萃九
一·一　陝十三·十七　梅跋·十六　全唐
文九九五·十　香

崔克讓墓誌

天寶十四載（755）二月十六日　正書
12880　清拓　1張
著録：館·九四　名六·七八　誌彙
二·二六　匋二五·九　藝續

韋瓊墓誌

天寶十四載（755）五月十三日　正書
范朝撰
12881　清拓　2張
著録：藝十八·十　徵三·二二　館·
九五　蒿二·八　關攷一·五九　名六·七
八　關新四·四　趙録三·十五　攈八·三
〇　誌彙二·二六　遼居稿·四一　瓊五
八·二七　九甲·六三　陝十三·十六　香

李朏墓誌

天寶十四載（755）十一月十一日　隸書
陽浚撰
12882　近拓　1張

張毗羅墓誌

天寶十四載（755）十一月十七日　正書
12883　近拓　1張
著録：藝十八·十　館·九五　徵三·
二二　蒿二·九　名六·七八　關攷四·一
誌彙二·二六　陝十三·十六　唐文拾遺六
六·十一

張希古墓誌

天寶十五載（756）四月一日　行書　田
穎書
12884　初拓　1張
12885　清拓　1張
著録：藝十八·十　徵三·二二　館·
九五　蒿二·九　關攷五·三四　名六·七
九　淮陰補遺·六　竹二·四三　孫録三·
一二二　攈八·三　誌彙二·二六　關三·
十五　雍七·八　金石二跋二·十二　萃九
一·二　鈔六·二二　古墨五·九五　平
六·二一　清二·六四　誌十三·一　陝十
三·十八　全唐文九九五·十二　跋七·
五　香

李玠墓誌

僞燕聖武元年（756）十二月五日　正書
王良輔撰，（甥）胡滉書
12888　近拓　1張
著録：徵三·二三　館·九五

王清墓誌

僞燕聖武二年（757）十月十六日　正書
沈子良撰並書
12889　近拓　1張（蓋失拓）

右上角：硯十二·三　唐文拾遺二一·四　彙十二之
一·七　匋二五·十

徐懷隱墓誌

偽燕聖武二年(757)十月十六日　正書
12890　近拓　1張
著録：徵三・二三　館・九五　名六・
七九　誌初三・十五

長孫夫人陰堂文

偽燕聖武二年(757)十月十七日　正書
誌文體例從左至右
12891　近拓　1張
著録：匋二三・二〇　徵三・二三
館・九五　名六・七九　蒿二・九

思道禪師墓誌

乾元元年(758)十二月二日　行楷
12892　清拓　1張(蓋失拓)
著録：藝十八・十　萃九一・五　誌十
三・二　右叢七・十六　右四・二八　右
録・五　右冢下・十三　名六・七九　誌彙
三・一　蒿五・三　羅録上・三一　孫録
四・一二五　擄八・三二　彙十一・四三
全唐文九九七・四

程公殘誌

考爲寶應元年(762)十一月　行楷　陶
湘藏石
12894　近拓　1張

焦璀墓誌

寶應元年(762)十二月二十七日　正書
12893　清拓　1張
著録：藝十八・十　瓊五九・十六　羅
録上・三一　匋二六・三　彙十二補遺・十
三　誌彙三・二　徵三・二三　館・九六
關攷二・一　關新四・六　續丁　蒿二之
二・九　擄八・三三　唐文拾遺六六・十二

光禄卿王訓墓誌

大曆二年(767)八月七日　正書　王穗
撰並書
10358　舊拓　1册
12895　清拓　1張　江建霞舊藏
著録：藝十八・十　關三・二二　雍

八・七　跋七・十三　誌十四・三　關攷
五・三五　芒冢四編五・三二　平續・十三
古墨五・一〇一　續抄二・二二　萃九四・
二　館・九六　徵三・二三　誌彙三・二
金石二跋三・三　名六・八一　蒿二之二・
十　擄八・三五　孫録四・一二七　趙懷玉
亦有生齋文抄八・六　彙十二之一・八　陝
十五・十八　梅跋・十七

張禪師義婉墓誌

大曆三年(768)八月十九日　正書
12896　清拓　2張
著録：藝續　金石二跋三・四　萃九
五・二　平七・五　誌十三・六　瓊六二・
二〇　匋二六・六　跋七・十三　中記三・
五七　徵三・二三　名六・八一　孫録四・
一二八　誌彙三・二　蒿五・三　竹三・三
擄八・三六　彙九之三・五五　全唐文九九
七・四　東冢・十

瀛州樂壽縣丞隴西李公墓誌

大曆四年(769)十二月甲寅　正書　邵
説撰
12897　清拓　1張
著録：徵三・二四

崔文修墓誌

大曆六年(771)八月二十九日　正書
曾歸吳縣潘氏
12899　清拓　2張　江建霞舊藏
著録：誌彙三・三　徵三・二四　名
六・八一　畿冢中・八　光緒曲陽縣誌十
一・七四　藝十八・十一　蒿二之二・十

智悟律上人墓誌並蓋

大曆六年(771)十二月二十日　正書
12900　清拓　1張
著録：關攷六・三九　名六・八一　關
新四・七　徵三・二四　蒿五・四　誌彙
三・三　陝十五・二四　藝十八・十一

張鋭墓誌

大曆九年(774)三月四日　正書

12901　清拓　1張　張祖翼舊藏

著録：藝十八・十一　徵三・二四　匋二六・十　關攷二・八　續丁　瓊六五・二五　關新四・七　名六・八一　誌彙三・三陝十五・二六　羅録上・三一　蒿二之二・十　關新四・七　面甲・三四　館・九七唐文拾遺二二・二〇

李濤墓誌　又名"皇五從叔祖衢州司士參軍李濤墓誌"

大曆九年（774）四月二十八日　正書獨孤及撰

12902　近拓　1張

著録：館・九七　徵三・二四　全唐文三九一・二

尼如願律師墓誌

大曆十年（775）七月十八日　正書

12903　清拓　1張

著録：藝十八・十一　關攷四・三　獨殘・九　誌十三・八　平七・十三　關三・二七　萃一〇〇・四　徵三・二四　誌彙三・三　名六・八一　孫録四・一三二　攈八・三九　彙十二之一・七四　陝十五・二八　蒿五・四　梅跋・二〇　香　全唐文九一六・十

崔昭遠墓誌

大曆十年（775）十一月二十四日　正書

12904　清拓　1張

著録：藝續　右冢下・十六

楊瑩墓誌　又名"竇夫人楊氏墓誌"

大曆十二年（777）十一月二十二日　正書　丁壽撰

12906　近拓　1張

著録：藝續　芒冢三編・六〇　誌初三・十六　館・九七　徵三・二四　蒿二之二・十

安國寺大德蕭和尚墓誌

大曆十三年（778）三月十四日　正書沙門飛錫撰

12908　近拓　1張

崔沔墓誌並蓋

大曆十三年（778）四月八日　隸書　李邕撰，徐琪書。開封博物館藏石

12909　近拓　1張

衢州司士參軍李濤墓誌

大曆十三年（778）七月二十三日　正書梁肅撰

12910　近拓　1張

著録：館・九八　徵三・二五

辛君夫人李氏墓誌

大曆十三年（778）七月二十四日　隸書獨孤愐撰，韓秀實書

12911　近拓　1張

著録：藝十八・十一　名六・八二館・九八　誌彙三・四　徵三・二五　蒿二之二・十　匋二六・十九　陝十五・二九

李嘉珍墓誌

大曆十三年（778）十月二十五日　正書

12912　近拓　1張

著録：館・九八　徵三・二五　匋二六・十九　名六・八二　畿冢中・十　誌彙三・四　蒿二之二・十　羅録上・三二

蕭俱興墓誌

大曆十五年（780）正月十六日　正書

12913　近拓　1張

著録：匋二七・一　藝續　名六・八二徵三・二五　誌彙三・四　蒿二之二・十館・九八　朔目二・十三

李君夫人賈氏墓誌

建中二年（781）三月二十三日　正書石佚

12914　近拓　1張

著録：藝十八・十一　館・九八　常十・十九　瓊六五・七　宜四・十六　寶鴨下・九　名六・八三　趙録三・十七　蒿二之二・十　攈八・四二　泉二・三六　畿冢

中・十二　徵三・二五　岷・十七　誌十
三・十四　誌彙三・四　誌初三・十七　彙
三之二・二五　衍四・二二　唐文拾遺二
四・十七

李戢妃鄭氏墓誌

　　建中三年（782）十月九日　正書　張勸
撰，曾歸陶湘
　　12915　近拓　1張

宋儼墓誌

　　建中四年（783）四月二十七日　正書
　　12916　近拓　1張（蓋失拓）
　　著錄：徵三・二六　畿冢中・十六　名
六・八三　光緒壬辰昌平外誌四・二　館・
九八　嵩二之二・十一　誌彙三・五　藝十
八・十一　光緒順天府誌一二八・二三
岷・二〇　匋二七・五　唐文拾遺二四・二

杜夫人墓誌　又名“陳夫人京兆杜氏墓誌”

　　貞元元年（785）十月十四日　正書
　　12917　近拓　1張　顧鼎梅舊藏
　　著錄：芒冢中・二四　徵三・二六　嵩
續・八　嵩補・八

田侁墓誌

　　貞元三年（787）八月四日　正書　葉叔
文撰，褚彥琛書
　　10397　1册（五種合册）
　　12920　清拓　1張（蓋失拓）
　　著錄：藝十八・十一　鐵上・十　江蘇
五・五　廣冢・一　硯十三・一　瓊六六・
五　寶鴨上・十　續壬　東湖一・二五　誌
彙三・五　徵三・二六　館・九九　名六・
八四　攈八・四三　趙錄三・十八　嵩二之
二・十一　楊圖六・二〇　彙四・三六　唐
文拾遺二三・十三

張延賞殘碑

　　貞元三年（787）十月乙酉　正書　趙贊撰
　　12921　清拓　1張
　　著錄：金石八・十五　匋二七・九　跋
八・二　全唐文五二六・十八又九九三・十

六（錄陰）　偃上・四八　名六・八四　萃一
〇二・十一

桑嶧墓誌

　　貞元五年（789）八月二十一日　正書
　　12922　清拓　1張（蓋失拓）
　　著錄：藝十八・十一　瓊六六・七　嵩
二之二・十一　續寅　芒冢中・二五　徵
三・二六　名六・八四　羅錄上・三二　攈
八・四四　彙九之三・五五　館・九九　唐
文拾遺二四・二二

韋君夫人王氏墓誌　又名“華州下邽縣丞京兆韋端夫人王氏墓誌”

　　貞元六年（790）二月二十三日　正書
（子）繽撰並書
　　12918　近拓　1張
　　著錄：徵三・二六　平三續下・四　誌
十四・四　泉二・三七　續編九・三　求
三・三　瓊六六・九　關攷二・十四　館・
九九　名六・八四　誌彙三・五　香嵩二
之二・十一　趙錄三・十八　攈八・四四
陜十四・二八　宜四・十八　真二・十七
彙十二之一・八　唐文拾遺二三・二

法界寺比丘尼正性墓誌並蓋

　　貞元六年（790）十月八日　正書
　　12923　清拓　4張
　　著錄：藝十八・十一　名六・八四　徵
三・二六　陜十四・二七　誌彙三・五　嵩
五・四　匋二七・十一

盧嶠墓誌

　　貞元八年（792）二月癸卯（十八日）　正
書　趙佶撰，李謙書
　　12925　清拓　1張
　　著錄：館・一〇〇　徵三・二七　名
六・八五　壬癸・四六　嵩二之二・十一
誌彙三・六　匋二七・十四　芒冢中・二六

南陽張公太夫人王氏墓誌並蓋　又名“張突母王氏誌”

　　貞元八年（792）三月二十二日　正書

楊自政撰

12926　清拓　1張　江建霞舊藏

著錄：藝十八・十一　瓊六六・二二　旬二七・十七　館・一〇〇　嵩二之二・十一　徵三・二七　名六・八五　續戊　誌彙三・六　羅錄上・三二　關新四・九　攟八・四五　彙十二補遺・二　陝十四・二八　唐文拾遺二三・十六

清河張夫人墓誌　又名"閻夫人張氏墓誌銘"

　　貞元八年（792）五月十八日　正書　楊暄撰，劉釗書

12927　清拓　1張

著錄：藝十八・十一　平再續・二一　誌十四・六　續編九・四　台一・八　隋下・三　關攷四・六　徵三・二七　誌彙三・六　名六・八五　嵩二之二・十一　趙錄三・十八　攟八・四五　彙十二補遺・二　陝十六・三

扶風郡夫人馮氏墓誌　又名"内侍王庭瓌妻馮氏墓誌銘"

　　貞元八年（792）十月二十七日　正書　史恒撰

12928　清拓　1張

著錄：誌十四・七　瓊六六・二四　關攷四・六

東都安國寺臨壇大德塔下銘並蓋

　　貞元九年（793）八月癸酉（二十七日）正書

12929　清拓　1張

著錄：誌初三・十七

盧君夫人崔氏墓誌

　　貞元九年（793）十月三日　正書

12930　清拓　1張（蓋失拓）

著錄：壬癸・四七　旬二七・十八　名六・八五　誌彙三・六　嵩二之二・十一　館・一〇〇　遼居稿・三〇　芒冢續下・七

田君夫人冀氏合祔墓誌並蓋

　　貞元十一年（795）八月二十七日　正書　道光二十二年（1842）梅植之獲石

12931　清拓　2張

著錄：徵三・二七　楊圖六・二一　名六・八五　館・一〇〇　廣冢・二　東十・十四　嵩二之二・十二　宜四・十七　瓊六六・二七　硯十三・五　劉毓崧通義堂文集八・八　梅植之嵇庵石刻攷　況周頤阮盦筆記　誌彙三・七　續壬　江蘇五・八　東湖一・二九　唐文拾遺二三・十七

王仲堪墓誌　又名"故監察御史裏行太原王君墓誌銘"

　　貞元十三年（797）四月六日　正書　曾歸徐松

12932　清拓　1張　江建霞舊藏

著錄：橋二・二三　平七・十九　誌十四・十三　嵩二之二・十二　孫錄四・一三七　續編九・五　徵三・二七　館・一〇一　名六・八六　畿誌一三八・三九　真二・十七　徐星伯先生小集二五　畿冢中・二〇　誌彙三・七　沈濤交翠軒筆記一・九　攟八・四六　彙一・三　復二四・十五　全唐文六一四・十一　光緒順天府誌一二八・二六

河南縣主簿崔程墓誌

　　貞元十五年（799）八月十三日　正書

12315　近拓　1張

12933　清拓　1張　江建霞舊藏

著錄：芒冢中・二七　徵三・二八　旬二八・七　誌彙三・八　名六・八六　館・一〇一　嵩二之二・十二　誌初三・十六　遼居稿・三三

清河郡夫人張氏墓誌

　　貞元十六年（800）　正書　裴同亮撰

12934　清拓　2張

著錄：旬二八・十　名六・八六　續戊　徵三・二八　誌彙三・八　嵩二之二・十二　藝十八・十二　羅錄上・三二　瓊六七・八　館・一〇一　攟八・四八　彙十二補遺・二

陝十六・八　唐文拾遺二三・十四

鄭淮墓誌

　　貞元十七年(801)五月五日　正書
　　12935　清拓　1張
　　著録：匋二八・十二　名六・八六　徵
三・二八　蒿二之二・十二　芒冢補遺・十
四　館・一〇一　遼居稿・三八　誌彙
三・八

李氏殤女墓石記

　　貞元十七年(801)十二月三日　正書
　　12936　清拓　2張
　　著録：藝十八・十二　匋二八・十四
關攷二・十六　遼居稿・四〇　瓊六七・十
一　館・一〇二　徵三・二八　名六・八六
關新四・九　續寅　誌彙三・八　羅録上・
三二　陝十六・八　蒿二之二・十二　唐文
拾遺二三・二二

浄土寺明演塔銘　　又名"大德演公塔銘"

　　貞元十八年(802)正月二十二日　正書
楊葉撰，劉鈞書
　　12937　清拓　1張
　　著録：芒冢補遺・十五　岷・十八　瓊
六七・十四　蒿五・四　徵三・二八　誌彙
三・八　名六・八六　竹三・十二　孫録
四・一三八　攈八・四八　彙九之四・十五
夢四・十三　誌初三・十八

清河張氏女殤墓誌

　　貞元十八年(802)正月二十七日　正書
　　12938　清拓　1張
　　著録：徵三・二八　名六・八六　匋二
八・十五　遼居稿三・九　蒿二之二・十二
館・一〇二　芒冢中・二九　誌彙三・八

東都麟趾寺律大師墓誌並蓋

　　貞元十八年(802)七月二十二日　正書
　　12939　清拓　1張

張遊藝墓誌

　　貞元十八年（802）十二月一日　正書

開封博物館藏石
　　12940　近拓　1張
　　著録：徵三・二八　館・一〇二　名
六・八七　蒿二之二・十二

韓君夫人韋氏墓誌

　　貞元十九年（803）正月辛酉（九日）
正書
　　12941　近拓　1張
　　著録：硯十三・八　名六・八七　誌彙
三・九　攈八・四八　真二・十六　館・一
〇二　藝十八・十二　瓊六七・十六　彙九
之一・十一

畢游江墓誌

　　貞元十九年(803)七月一日　行書
　　12942　清拓　2張　（一1）況周頤舊藏
（一2）褚德彝舊藏
　　著録：藝十八・十二　平三續下・六
彙三之二・十　誌十五・二　蒿二之二・十
二　徵三・二九　常十・二一　宜四・二〇
右冢補・六　館・一〇二　唐文拾遺六六・
十四　匋二八・十七　硯十三・十二　趙録
三・十九　名六・八七　誌彙三・九

王郖墓誌

　　貞元十九年(803)閏十月七日　行楷
　　12943　清拓　1張　江建霞舊藏
　　著録：岷・二二　名六・八七　關攷
二・十八　館・一〇二　徵三・二九　陝十
六・十　雪跋四・十七　蒿二之二・十二
九甲・六五　匋二七・二　唐文拾遺十
二・七

武君夫人裴氏墓誌

　　貞元二十年(804)七月一日　正書　張
氏藏石
　　12944　清拓　1張
　　著録：江蘇五・一　蒿二之二・十二
館・一〇三　匋二九・一　岷・二〇　廣
冢・三　名六・八七　誌彙三・九　藝十
八・十一　楊圖六・二三　徵三・二九

高彦墓誌並蓋

貞元二十年(804)十二月十三日　正書

12945　近拓　3張　(一1)郭槐堂舊藏

著録：光緒濰縣誌卷二七　名六・八七　山東通誌卷一五一　徵三・二九　館・一○三　蒿二之二・十二　誌彙三・九　左冢・十六

張詵夫人樊氏墓誌

永貞元年(805)十月二十日　正書　沙門至咸撰

12946　清拓　2張　江建霞舊藏

著録：藝十八・十二　中記三・六五　金石二跋三・十四　萃一○五・一　芒冢補遺・十七　平七・二一　誌十五・八　館・一○三　徵三・二九　名六・八八　誌彙三・九　誌初三・十九　蒿二之二・十三　竹三・十二　攈八・四九　趙懷玉亦有生齋文抄八・四　彙九之三・五五　梅跋・二三　孫録四・一三九　全唐文九一六・十七

明悟禪師塔銘

永貞元年(805)十二月九日　正書　張弘靖述撰，洪得宗書

12947　近拓　1張

著録：東冢・十五

李肅墓誌並蓋

永貞元年(805)十二月　正書

12948　近拓　2張

著録：徵三・二九　館・一○三

魏和墓誌

元和元年(806)二月十五日　正書　房奐撰

12949　近拓　1張(蓋失拓)

著録：匋二九・三　芒冢中・三○　名六・八八　誌彙三・十　徵三・二九　館・一○三　蒿二之二・十三

毛君夫人鄒氏墓誌

元和元年(806)六月二十日　正書　曾歸王源甲

12950　近拓　1張

著録：藝十八・十二　江蘇五・十二　蒿二之二・十二　誌初三・十九　誌彙三・十　名六・八八　徵三・二九　廣冢・四

劉君夫人張氏墓誌並蓋　又名"南陽張夫人墓誌"

元和元年(806)八月二十五日　正書

12951　清拓　3張

著録：徵三・三○　名六・八八　館・一○三　匋二九・五　瓊六八・一　誌彙三・十　江蘇五・十三　楊圖六・二四　蒿二之二・十三　羅録上・三二　唐文拾遺二六・十九　廣冢・四

昭成寺尼大德三乘墓誌　又名：一、"李昕妻姜氏墓誌"　二、"神兮尼姜氏墓誌"

元和二年(807)二月八日　正書

12952　清拓　1張

著録：徵三・三○　名六・八八　蒿五・四　匋二九・六　羅録上・三二　誌彙三・十　藝續　關新四・十二　關攷二・二○　陝十六・十七　唐文拾遺五二・七

高岑墓誌

元和二年(807)八月十七日　正書　史嶽撰

12953　清拓　1張

著録：芒冢四編六・五　名六・八八　徵三・三○　藝續　館・一○三　誌十五・十一　誌初三・十九　蒿二之二・十三

陳君夫人獨孤氏墓誌

元和四年(809)十月二十四日　正書

12955　近拓　1張(蓋失拓)

著録：徵三・三○　芒冢補遺・十八　匋二九・八　藝十八・十二　蒿二之二・十三　館・一○四　名六・八八　誌彙三・十一

樂安孫素朱壙誌

元和四年(809)十一月十八日　正書

12956　近拓　1張

著録：名六・八九　誌彙三・十一　館・一〇四　藝續　錄補二三・二二三　匋二九・十

袁秀巖墓誌

元和五年（810）二月二日　正書　李播撰

12957　近拓　2張（蓋失拓）　末行"悠"字未損

著録：芒冢三編・六一　藝續　名六・八九　蒿二之二・十三　徵三・三〇　館・一〇四　誌彙三・十九

符載妻李氏墓誌

元和七年（812）八月十日　正書　符載述並書

12958　清拓　1張　褚德彝舊藏

著録：藝十八・十二　匋二九・十三　名六・八九　續丁　瓊六八・三一　硯十三・六　關攷二・二一　誌彙三・十一　徵三・三〇　館・一〇四　羅録上・三三　擴八・五三　蒿二之二・十三　彙十二之一・九　陝十六・十八　唐文拾遺二八・二

朱公夫人趙氏墓誌

元和七年（812）十一月十四日　行書　崔鍔撰

12959　清拓　1張

秦君夫人王氏墓誌

元和八年（813）二月二十五日　正書

12960　清拓　1張

著録：徵三・三一　名六・八九　誌彙三・十二　匋二九・十四　蒿二之二・十三　中冢・三五　館・一〇四

劉通及張夫人墓誌並蓋

元和八年（813）十月十八日　正書

12961　近拓　2張

著録：藝十八・十二　匋二九・十七　瓊六八・五　彙四補遺・十七　江蘇五・二二　楊圖六・二五　名六・八九　廣冢・五　誌彙三・十二　蒿二之二・十三　羅録上・

三二　徵三・三一　館・一〇四　唐文拾遺二六・十八

徐清墓誌

元和八年（813）十月三十日　正書

12962　近拓　1張

著録：九乙・四六　徵三・三一　蒿二之二・十三

張曛墓誌並蓋

元和八年（813）十一月二十三日　正書　崔歸美撰，屈貢書。石原存襄陽中學，辛亥之際毀於兵燹

10349　1冊（范陽張氏九墓誌合冊）

12963　清拓　2張　（一1）係初拓，江建霞舊藏

著録：藝十八・十三　瓊六九・六　湖六・十八　雪跋四・十七　蒿二之二・十四　誌彙三・十二　徵三・三一　楊圖六・二四　名六・九〇　館・一〇四　羅録上・三三　擴八・五三　真二・十二　彙十四・十五　襄冢・十二　唐文拾遺二六・十二　襄略七・七

□□和尚塔銘

元和八年（813）十二月二十六日　正書

12964　清拓　1張　周慶雲舊藏

著録：匋二九・二一　徵三・三一　誌彙三・十二　名六・九〇　蒿五・四

李輔光墓誌

元和九年（814）四月二十五日　正書　崔元略撰，巨雅書

10374　明拓　1冊

12973　清拓　1張　大興傅節子舊藏

著録：藝十八・十三　鐫四・十　字四・三〇　來下・三四　平七・二三　關四・十八　古墨六・一一六　鈔七・四六　萃一〇六・六　授續五・十三　跋八・十　關攷六・三五　雍九・五　誌十六・七　瓊六九・十八　雪跋四・十七　誌彙三・十二　孫録四・一四二　館・一〇五　名六・九〇　蒿二之二・十四　竹三・十四　擴八・五四

妙十二・三一　彙十二之一・八五　陝十六・二一　天一・十　録補十九・一七二
全唐文七一七・七

陳志清墓誌
元和九年(814)十月六日　行書
12965　清拓　1張
著録：匋三十・一　藝十八・十三

劉君夫人崔氏墓誌
元和九年(814)十月六日　正書　(外孫)辛劼撰
12966　清拓　1張(蓋失拓)
著録：藝十八・十三　襄冡・十三　湖六・二三　名六・九〇　徵三・三一　襄略七・十一　蒿二之二・十四

李方乂墓誌
元和九年(814)十一月十七日　正書(從弟)虞仲撰
12967　近拓　1張
著録：芒冡中・三二　真二・十七

魏邈墓誌
元和十年(815)四月八日　行書　(子)匡贊撰並書
10286　初拓　1册　"大唐"未泐,附舊拓本
12969　清拓　1張
著録：平再續・二一　誌十六・五　泉二・四〇　香　續編九・八　瓊六九・十一　硯十三・十四　關攷二・二四　廎・四一　藝十八・十三　趙録三・二〇

安國寺尼劉性忠墓誌　又名"安國寺尼劉大德墓誌"
元和十年(815)七月十三日　正書
12970　清拓　1張
著録：匋三十・二　芒冡中・三三

臧君夫人向氏墓誌
元和十年(815)十月十二日　正書　張季平述

12971　清拓　1張
著録：匋三十・四　芒冡補遺・十九

石默啜墓誌
元和十一年(816)八月二十四日　行書曾歸端方
12974　清拓　2張
著録：匋三十・六

崔黄左墓誌
元和十一年(816)八月二十七日　正書裴譔撰,嚴湛書。曾歸吳興沈廉士
12975　近拓　2張

李岸及夫人徐氏墓誌
元和十一年(816)十一月二十九日　行書　曾歸端方
12972　清拓　2張　(一1)況周頤舊藏
著録：匋三十・八　藝十八・十三

崔君夫人竇氏墓誌
元和十二年(817)閏五月十三日　正書王眾仲撰,上谷寇立書
12976　清拓　1張

李崗墓誌並蓋
元和十二年(817)六月二十四日　正書
12977　清拓　2張
著録：芒冡三編・六二

趙君夫人宗氏墓誌
元和十二年(817)九月二十九日　正書李實撰
12978　清拓　1張

臧君夫人周氏墓誌
元和十三年(818)三月二十六日　正書張師素撰
12979　清拓　1張
著録：寶叢十四・四二　古鈔・三五誌十六・十一　瓊六九・二五　江蘇五・二七　藝十八・十三

龍華寺大德韋和尚墓誌

元和十三年(818)七月乙酉(三日)　正書　(從父弟)同翊撰

12982　清拓　1張

著錄：平再續・二二　誌十六・十五　泉二・四三　萃略二・三一　香　續編十・一　瓊六九・二六　關攷五・三七　藝十八・十三　趙錄三・二〇

西門珍墓誌

元和十三年(818)七月二十日　正書　(從姪)元佐書

12980　清拓　1張　初拓未裂本

12981　清拓　1張　石已裂成六塊

著錄：平再續・二三　誌十六・十二　隋下・五　泉三・一　宜四・二三　續編十・一　瓊七十・一　獨殘・八　關攷七・二二　藝十八・十三　趙錄三・二〇　真二・十七　岷・二一

蕭子昂墓誌

元和十四年(819)三月二十五日　正書

12983　清拓　1張

著錄：匋三十・十一

王守廉墓誌

元和十四年(819)十月二十八日　正書

12984　清拓　2張

著錄：右冢・二六

邵才志墓誌

元和十四年(819)十一月十六日　正書　(從姪)仲方撰,魏瓊書

12985　清拓　1張

著錄：瓊七十・十二　續戊　關攷四・十一　藝十八・十三

趙夫人墓誌

元和十五年(820)二月十二日　正書　顧方蕭撰,曾歸端方

12986　清拓　1張

著錄：匋三十・十三

韋端玄堂誌

元和十五年(820)五月一日　正書　(第四子)紓撰並書

12987　清拓　2張　(一1)江建霞舊藏,(一2)以舊拓補之

著錄：藝十八・十三　平再續・二〇　關攷二・二四　瓊七十・十七　萃略二・三四　續編十・四　趙錄三・二一　真二・十七　香　泉三・六　求三・十　雪跋四・十七　岷・二二

崔倚墓誌

元和十五年(820)十月十六日　正書　(從父弟)倓撰

12988　近拓　1張

弓君並夫人郭氏墓誌並蓋

元和十五年(820)十月二十七日　正書

12989　近拓　2張

著錄：畿冢中・三三

司馬君夫人孫氏墓誌

元和十五年(820)十一月二十二日　正書　賈中立撰

12990　清拓　1張

著錄：平再續・二四　誌十七・三　萃略二・三六　續編十・六　泉三・六　藝十八・十三　趙錄三・二一

羊君夫人王氏墓誌

長慶二年(822)一月二十七日　正書　王仁□撰

12992　清拓　1張

樂安蔣夫人墓誌

長慶二年(822)五月壬寅(十二日)　正書　曾歸吳興沈兼士

12991　清拓　1張

范氏女阿九墓誌

長慶三年(823)四月十二日　正書

12993　清拓　1張　江建霞舊藏

著錄：瓊七一・十　關攷五・三七　藝

顔永墓誌

長慶四年（824）二月二十九日　正書
12994　清拓　2張
著録：瓊七一・十一　匋三十・十七
江蘇五・二七　廣冢・六　藝十八・十四

盧子鷲墓誌

寶曆元年（825）八月二日　正書　曾歸
徐森玉
12995　清拓　1張
著録：芒冢中・三八

石忠政墓誌

寶曆元年（825）八月九日　正書
12996　清拓　1張
著録：闕攷二・二八　瓊七八・四　匋
三十・十七

沈朝墓誌

寶曆元年（825）八月十日　正書
12997　清拓　1張
著録：藝十八・十四

諸葛澄墓誌

寶曆元年（825）九月十五日　正書　韓
宬撰
12998　清拓　1張
著録：匋三十・十九　藝十八・十四

趙全泰夫人武氏墓記

寶曆元年（825）十月十六日　正書
12999　清拓　1張
著録：常十・二五　趙録三・二一

鄭仲連墓誌

寶曆二年（826）十一月七日　正書　史
方邈撰
13000　清拓　1張
著録：右冢・二九

何允墓誌

大和元年（827）五月二十五日　正書
沙門權一撰
13001　清拓　1張
著録：匋三一・一　廣冢・七　藝十
八・十四

王逖墓誌

大和四年（830）二月二十七日　正書
宗肅撰
13003　清拓　1張
著録：匋三一・三　芒冢中・四二

彊君夫人杜氏墓誌

大和四年（830）九月二十九日　正書
杜師顔述
13004　清拓　1張
著録：匋三一・五

吴達墓誌

大和四年（830）十月二十日　正書
13005　清拓　1張　江建霞舊藏
著録：萃一〇八・七　隅・十六　續鈔
二・四〇　古墨六・一一八　藝十八・十四

劉君夫人楊氏墓誌　又名"劉渶潤妻楊斑墓誌銘"

大和四年（830）十月二十九日　正書
魏則之撰
13006　清拓　1張
著録：誌十七・十　瓊七二・六　闕攷
四・十三　趙録三・二二

扶風馬儆墓誌

大和六年（832）二月二十一日　正書
趙侔撰，馬栩書
13007　近拓　1張

王君夫人李氏墓誌　又名"幽州刺史節度押衙王府君墓誌銘"

大和六年（832）五月八日　正書　劉礎
撰並書
13008　清拓　1張　江建霞舊藏

著録：藝十八・十四　岷・二四　續丁
關攷二・二九　瓊七二・九　硯十四・二
匋三一・十三　宜六・五

辛幼昌墓誌

大和七年（833）三月二十七日　正書
眭奮撰

13009　清拓　1張　江建霞舊藏

著録：瓊七二・十五　岷・二四　續戊
關攷二・三〇　匋三一・二〇　藝十八・
十四

崔蕃墓誌

大和七年（833）十一月八日　正書

13011　清拓　1張

著録：平三續下・十　誌十八・一　泉
三・十二　宜五・三　香　瓊七二・二一
續戊　關攷五・三九　趙録三・二二　藝十
八・十四

高霞寓玄堂銘

大和八年（834）二月三日　正書

13012　清拓　1張

著録：徽二・四〇　南陵縣誌

劉逸墓誌

大和八年（834）四月二十五日　正書

13013　清拓　1張　孝感東山黃氏
舊藏

著録：岷・二五　左冢・十八

楊迴墓誌

大和八年（834）八月二十四日　正書
賈文度撰，楊道書

13014　清拓　1張　江建霞舊藏

著録：瓊七二・二八　硯十四・五
岷・二六　續戊　關攷二・三六　匋三二・
一　藝十八・十四

杜公夫人李氏墓誌

大和九年（835）四月十日　行書　李
遇撰

13015　清拓　1張

著録：匋三二・四

裴澣妻京兆杜氏夫人墓誌

大和九年（835）十一月二十九日　正書
杜寶符撰，裴瀚書

13016　清拓　1張　劉喜海舊藏

著録：瓊七二・三四　岷・二六　關攷
五・四二

張源墓誌

大和十二年（838）十月朔日　正書　呂
通書

13017　清拓　1張

著録：瓊七二・三八　硯十四・九　趙
録三・二三　真二・十八

李彥崇墓誌

開成元年（836）七月三十日　正書

13018　清拓　1張（蓋失拓）

著録：匋三二・六　江蘇五・三五　廣
冢・八　藝十八・十四

彭城劉府君墓誌並側

開成元年（836）十二月十九日　正書
潘圖撰

13019　清拓　1張

著録：誌十八・九

田英墓誌

開成三年（838）四月二十日　正書

13020　清拓　1張

著録：瓊七三・十三　藝十八・十五

潁川陳府君墓誌

開成三年（838）四月二十二日　正書

13021　清拓　1張

著録：古鈔・四七　誌十八・十　匋三
二・七

趙公夫人夏侯氏墓誌並蓋

開成五年（840）十一月二十四日　正書
唐正辭撰

13024　清拓　1張

著録：平再續・二六　誌十八・十二　宜五・十二　續編十・十一　瓊七三・二五　續丁　襄冢・十九　湖七・一　趙録三・二三　藝十八・十五

太原王府君〔希庭〕墓誌
會昌元年（841）十月七日　正書　郭深撰
13025　清拓　1張

韋塤墓誌
會昌元年（841）十月二十四日　正書　陸涍撰，李宣晦書
13026　清拓　1張
著録：芒冢四編六・十一

李璆墓誌
會昌元年（841）十一月二十四日　正書　崔璵撰，裴儇書
13027　清拓　1張
著録：芒冢三編・六四

趙公夫人張氏墓誌
會昌三年（843）五月二十六日　正書　沈櫓撰，安子書
13028　清拓　1張
著録：平三續・十三　誌十九・一　香　瓊七三・二九　關攷二・四七　匋三二・十七　藝十八・十五

柳氏殤女老師墓誌
會昌五年（845）六月二十一日　正書
10397　1冊（五種合冊）
13029　清拓　1張　江建霞舊藏
著録：瓊七四・六　關攷四・十八　匋三二・十八

魏公夫人趙氏墓誌
會昌五年（845）十一月二十三日　正書　王儔撰
13030　清拓　3張
著録：平三續・十四　泉三・十二　趙録三・二四　誌十九・九　香　萃略二・四

六　宜五・十三　硯十三・十六　關攷二・四七　藝十八・十五　續編十一・三　瓊七四・七

韋公夫人温氏墓誌
會昌六年（846）六月二日　正書　曾歸陶湘
13031　近拓　1張
著録：芒冢四編六・十三

王守琦墓誌
大中四年（850）正月二十三日　正書　劉景夫撰
13032　清拓　1張　江建霞舊藏，陸增祥贈
著録：瓊七五・一　平再續・二六　續編十一・六　宜五・十四　萃略二・四九　隋下・十五　藝十八・十五　誌十九・十三　關攷五・四五

翟君夫人高氏墓誌
大中四年（850）十月五日　正書
13033　清拓　1張　江建霞舊藏
著録：瓊七五・三　續丁　關攷二・四八　匋三三・五　藝十八・十五

李從證墓誌並蓋
大中五年（851）正月二十三日　正書　尹震鐸撰，林言正書
13034　清拓　2張
著録：關攷五・四五　藝十八・十五

董惟靖墓誌
大中六年（852）六月十九日　正書　鄒敦願述
13035　清拓　1張
著録：瓊七五・七　匋三三・十二　江蘇六・十九　廣冢・十二　藝十八・十五

閻氏萬夫人墓誌並蓋
大中六年（852）十二月二十四日　正書
13036　清拓　2張
著録：誌二十・一　鐵上・十三　宜

五・十四　續編十一・七　續己　硯十四・
十二　江蘇六・十八　趙録三・二四　藝十
八・十六

再建圓覺大師塔誌

　　大中七年(853)正月五日　正書　陳寬
誌，崔倬書
　　13039　清拓　1張
　　著録：瓊七五・十五　續壬　藝十八・
十六　萃補二・五

朱敬之妻墓誌

　　大中七年(853)四月十三日　正書
　　13037　清拓　1張
　　著録：芒冢四編六・十五

支氏墓誌

　　大中七年(853)七月一日　正書
　　13038　清拓　1張　九行"義"字未損

洪君夫人張氏墓誌

　　大中八年(854)十一月四日　正書
　　13040　清拓　1張
　　著録：廣冢・十三　江蘇六・二〇　藝
十八・十六

趙建遂夫人董氏王氏合祔墓誌

　　大中九年(855)二月十七日　正書
　　13041　清拓　1張
　　著録：匋三三・十五

楊乾光墓誌

　　大中九年(855)八月二十四日　正書
劉旭撰，烏次安書。千唐誌齋藏石
　　13042　清拓　1張

韓昶自爲墓誌

　　大中九年(855)十二月十五日　正書
　　13043　清拓　1張
　　著録：中記三・七〇　跋九・二二　金
石二跋四・十　萃一一四・八　鈔八・三八
古墨六・一二二　平八・十四　誌二十・五
宜六・一　獨殘・十七　藝十八・十六

經・十　真二・十八

劉君夫人霍氏墓誌

　　大中十年(856)正月二十九日　正書
　　13044　舊拓　1張　褚德彝舊藏
　　著録：金石二跋四・十　萃一一四・十
梅跋・二六　鈔八・四一　古墨六・一二二
平八・十四　誌二十・九　隋下・十六　獨
殘・二一　關攷二・五一　雪跋四・二一
宜六・一

李畫墓誌

　　大中十年(856)六月　正書　東都庾撰
並書
　　13045　清拓　1張
　　著録：匋三四・一

振武節度李君墓誌

　　大中十年(856)十月二十四日　正書
張元賫撰並書
　　13046　清拓　1册
　　著録：匋三四・五　藝十八・十六

鄭恕己墓誌

　　大中十年(856)十一月九日　正書
　　13047　清拓　1張
　　著録：匋三四・七　藝十八・十六

李君夫人鄭氏墓誌

　　大中十年(856)十一月二十七日　正書
裴瓚撰
　　13048　清拓　1張
　　著録：芒冢中・四四　真二・十七

姚夫人權葬石表

　　大中十一年(857)五月庚申(二十四日)
正書　李坤書
　　13049　清拓　1張
　　著録：關攷四・二〇　藝十八・十六

鄭府君夫人崔氏合葬誌

　　大中十二年(858)二月二十七日　正書
　　13051　清拓　1張　魏錫曾、周慶雲

舊藏

　　著録：字五・十九　録補二一・一九六
妙十二・三六　中記三・七○　誌二一・一
萃一一四・十一　潙上・十九　平八・十四
宜六・二

湯華墓誌

　　大中十二年(858)十一月二十八日　正
書　林珽述
　　13050　清拓　1張
　　著録：浙三・二六　萃一一七・一
經・十二　平三續・十六　誌二一・四
開・七　瓊七五・三○

孫徽妻韋夫人墓誌

　　大中十三年(859)八月二十日　正書
孫徽撰,孫絿書
　　13053　清拓　1張
　　著録：芒冢中・四五　藝十八・十六
真二・十八

朱萱墓誌

　　大中十三年(859)十月八日　正書　宋
玕撰
　　13054　清拓　1張　"曆大中"、"之者
輟"、"儒門"等字未泐
　　著録：宜六・一　廣冢・十三　藝十
八・十六

盧公則墓誌並蓋

　　大中十三年(859)十月十二日　正書
　　13055　清拓　2張
　　著録：襄冢・二一

李士素夫人曲氏墓誌

　　大中十三年(859)十二月十五日　正書
魏鑢撰
　　13056　近拓　1張

袁公夫人王氏墓誌

　　大中十四年(860)四月五日　行楷　王
孟諸撰
　　13057　清拓　1張

　　著録：誌二一・六　瓊七五・三二　關
攷五・四六　匋三四・十二　趙録三・二五
藝十八・十六

張勣墓誌

　　咸通二年(861)八月七日　正書　劉徽
撰。千唐誌齋藏石
　　13058　近拓　1張

王君夫人孫氏墓誌

　　咸通三年(862)九月十八日　正書
　　13059　清拓　1張　沈曾植舊藏
　　著録：瓊七六・一

王公夫人崔氏墓誌並蓋

　　咸通三年(862)十月八日　正書　田石
撰。開封博物館藏石
　　13060　清拓　2張

盧榮墓誌

　　咸通四年(863)三月二十三日　正書
　　13061　清拓　1張　周慶雲舊藏

程修己墓誌

　　咸通四年(863)四月十七日　正書　溫
憲撰,(男)進思書
　　13062　清拓　4張　(一1)周慶雲、褚
德彝舊藏　(一2)江建霞舊藏
　　著録：梅跋・二六　誌二一・八　隋
下・十九　萃略二・五二　宜六・三　岷・
三○　續編十一・九　瓊七六・一　香硯
十四・十三　續戊　關攷二・五二　雪跋
四・二一　藝十八・十六

太原王公夫人清河張氏墓誌

　　咸通四年(863)七月十三日　正書　李
玄中撰,(子)弘泰書
　　13063　近拓　1張
　　著録：平三續・十七　誌二一・十一
萃略二・五五　宜六・三　績癸　瓊七六・
七　趙録三・二六　藝十八・十六

李府君(扶)墓誌

咸通五年(864)二月十三日　正書　馬鬱撰

13064　清拓　2張

著録：鐵上・十四　瓊七六・九　續乙江蘇六・二四　廣冢・十五　藝十八・十六宜六・四

王嬌嬌墓誌　又名"長安尉楊籌女母王氏墓誌"

咸通五年(864)五月四日　正書

13065　清拓　2張　(一1)周慶雲、千墨樓汪嵐坡舊藏

著録：藝十八・十八　誌二一・十三瓊七六・十九　關攷六・十七　續壬　岷・三一　趙録三・二六　香

女道士賀幽凈墓誌

咸通五年(864)六月五日　正書

13066　清拓　1張

鄧瑠墓誌

咸通六年(865)七月二十七日　正書

13068　清拓　1張

著録：廣冢・十六(誤作鄭珆)　藝十八・十六

王仲建暨夫人張氏合祔誌並蓋

咸通六年(865)十月二十二日　正書張魏賓撰並書

13069　清拓　2張

著録：橋三・十　平八・十五　誌二一・十五　瓊七六・十六　續丁　硯十四・十六　藝十八・十六

劉仕俌墓誌

咸通八年(867)正月二十五日　正書張元勿撰並書

13070　清拓　1張　江建霞舊藏

著録：橋三・十　平八・十六　誌二二・三　隋下・二一　宜六・四　續編十一・十　瓊七六・二○　岷・三二　關攷四・三一　趙録三・二六　藝十八・十六

王虔暢墓誌

咸通八年(867)二月一日　正書　賈當撰，李溫書

13071　清拓　1張

李君夫人宇文氏墓誌

咸通八年(867)八月壬申(六日)　正書李郴撰，楚封書

13072　近拓　2張

著録：宜六・四　瓊七六・二三　匋三四・二○　香　關攷二・五九　趙録三・二六　藝十八・十七　岷・三一

孫方紹墓誌

咸通九年(868)八月十一日　正書　開封博物館藏石

13073　近拓　1張

劉遵禮墓誌

咸通九年(868)十一月八日　正書　劉瞻撰，崔筠書

13075　清拓　1張　江建霞舊藏

著録：金石二跋四・十一　萃一一七・四　鈔八・四五　古墨六・一二三　平續・十九　誌二一・五　隋下・二二　關攷五・五○　藝十八・十七　真二・十八

辛仲方暨夫人王氏合祔誌

咸通九年(868)閏十二月一日　正書郭槐堂藏石

13074　初拓　1張

著録：左冢・二三

盧君夫人澹氏墓誌

咸通十年(869)五月　正書　澹麟撰，瞿嚴書

13076　初拓　1張

隴西李君夫人范陽張氏墓誌

咸通十年(869)十一月一日　正書　王郜撰

13077　近拓　1張

著録：陝補遺上・三二

劉思友墓誌
　　咸通十一年（870）二月十四日　正書　楊去甚撰
　　13078　近拓　1張
　　著録：芒冢四編六・十九

進士某君殘誌
　　咸通十一年（870）二月二十四日　正書
　　13079　近拓　1張
　　著録：跋九・二五　浙三・四二　平續・十九　越一・五六　匋三四・二三　誌二二・十一

曹弘立暨夫人石氏合祔誌
　　咸通十二年（871）七月十一日　正書　張可行撰並書
　　13080　清拓　1張
　　著録：畿冢下・十七

閻好問墓誌
　　咸通十四年（873）仲秋月（八月）二十八日　正書　周彦恭敘，曾歸常州李氏
　　13081　清拓　1張　江建霞舊藏
　　著録：瓊七七・一　岷・三三　九甲・六七　藝十八・十七

李纓夫人楊氏墓誌
　　咸通十四年（873）十一月二十三日　正書　李纓自撰
　　13082　清拓　1張
　　著録：誌二二・十三　關攷五・五〇　趙録三・二七

張（藹仁）君夫人劉氏墓誌並蓋
　　咸通十五年（874）閏四月十四日　正書　（姪）紹仁撰。開封博物館藏石
　　13083　近拓　2張

王氏殤女墓誌並蓋
　　咸通　正書
　　13084　近拓　2張
　　著録：芒冢三編・六五

劉氏幼子阿延墓誌
　　乾符二年（875）四月二十四日　正書
　　13085　清拓　1張
　　著録：瓊七七・九

劉定師墓誌
　　乾符二年（875）八月二十八日　正書　劉從周記
　　13086　清拓　1張
　　著録：陝補遺上・三三

郭宣墓誌
　　乾符二年（875）十一月五日　正書　謝珉撰，夏廷珪書
　　13087　清拓　1張

安玄朗墓誌
　　乾符二年（875）十一月二十三日　正書　顔□撰，楊遵書
　　13088　清拓　1張
　　著録：容縣誌卷二四金石誌上・十三

琅玡王夫人墓幢
　　乾符三年（876）二月二十四日　行書
　　13089　清拓　1張　周慶雲舊藏
　　著録：關四・二八　跋九・二七　萃六七・四　古墨六・一二四　誌二三・七　雍十・十

戎仁詡夫人劉氏墓誌
　　乾符三年（876）三月二十一日　正書　王頗撰
　　13091　清拓　2張　（一1）周慶雲舊藏
　　著録：匋三五・一

趙虔章墓誌
　　乾符三年（876）九月二十日　正書　孫溶撰，姚紃書
　　13090　清拓　1張
　　著録：誌二三・九　香　續編十一・十三　瓊七七・十　關攷五・五一　藝十八・十七

李頵墓誌

乾符四年（877）七月十日　正書　裴璆撰

13092　清拓　1張

著錄：匋三五・四

苗君夫人劉氏墓誌

乾符四年（877）十月三日　正書　（嗣子）弇撰並書

13093　近拓　1張

崔紹墓誌

乾符四年（877）十一月二十三日　正書（猶子）競撰，（猶子）連孫書

13094　近拓　2張

姑臧李氏墓誌

乾符五年（878）正月六日　正書　崔曄撰並書

13095　近拓　1張

楊發女子書墓誌

乾符五年（878）十月二十八日　正書（兄）檢撰並書

13096　近拓　1張

著錄：瓊七七・十三　關攷二・六一匋三五・六　藝十八・十八

張師儒墓誌

廣明元年（880）十月五日　正書　蔡德章撰，（男）溥正書

13098　清拓　1張

著錄：瓊七七・十七　關攷二・六一匋三五・八　藝十八・十七

祖君夫人楊氏墓誌

中和元年（881）十一月八日　正書　徐膠撰，（族）從白書

13099　清拓　1張　江建霞舊藏

著錄：匋三五・十三　藝十八・十七

王府君墓誌

中和二年（882）二月二十四日　正書

13100　清拓　1張　江建霞舊藏

著錄：匋三五・十五　藝十八・十七

敬延祚墓誌

中和三年（883）二月十一日　正書　張賓述

13101　清拓　1張

著錄：誌二四・一　瓊七七・二三　藝十八・十七

戚高墓誌

中和三年（883）十月二十七日　正書

13102　清拓　1張

著錄：浙三・四六　平續・二〇　誌二四・二　越一・五九　匋三五・十九　趙錄三・二八　藝十八・十七

楊公夫人隴西縣君李氏墓誌

大順二年（891）二月十七日　正書　李貽厚撰並書

13103　清拓　1張

著錄：匋三六・一

任茂弘墓誌

大順二年（891）十一月二十四日　正書

13104　清拓　1張

著錄：右叢九・三八

杜雄墓誌

乾寧四年（897）十一月二十五日　正書　魯詢撰

13105　清拓　1張　洪頤煊攷定並舊藏

著錄：浙三・四八　平續・二〇　誌二四・十一　台一・二七

崔巘暨夫人鄭氏合祔誌並蓋

乾寧五年（898）八月六日　正書　李舟撰，（兄）德雍書

13106　清拓　2張　鄂諾瑞誥舊藏

著錄：匋三六・三

張宗諫墓誌

天祐十三年(916)四月朔日　正書
13107　清拓　1張
著録：匋三六・十　藝十八・十七

杜君夫人朱氏墓誌

二年十一月二十五日　正書
13112　近拓　2張
著録：匋三六・十二　藝十八・十八

劉君夫人侯氏墓誌

壬申年(912?)辛亥月卒　正書
13113　近拓　1張　周慶雲舊藏
著録：匋三六・十九

孫讜墓誌

七月三十日　正書　孫縈撰,孫徽書
13108　近拓　1張
著録：芒冢四編六・二五

王太貞墓誌

五月十七日　正書
13109　近拓　1張

歐陽君夫人裴氏墓誌

正書　白季隨撰
13111　近拓　1張
著録：藝十八・十八

爾朱逵墓誌

正書
13115　清拓　1張
著録：藝十八・十八　瓊七八・一　關
四・二九　跋十・十一　平八・二二　古墨
六・十三　誌二四・十五　關攷八・二五
萃一一八・八

贈户部郎中太原王君墓誌蓋

正書
13118　近拓　1張
著録：藝十八・十九

殘墓誌

正書
13116　近拓　1張

五代

穆君弘墓誌

後梁開平四年(910)十月十七日　正書
張峭撰
13119　清拓　1張
著録：匋三八・一

惠光和尚舍利銘

後梁乾化五年(915)十月八日　正書
王温書
13120　清拓　1張
著録：瓊七九・八　廡・四四　芒冢補
遺・二三　藝十八・二〇

李濤夫人汪氏墓誌

吳順義四年(924)十二月　正書
13127　近拓　1張
著録：廣冢・二一　淮陰補遺・八　江
蘇七・二〇　藝十八・二〇　面甲・三五

吳君夫人曹氏墓誌

後唐同光三年(925)正月二十二日　正
書　崔匡撰
13121　近拓　1張
著録：芒冢四編六・二七

張積墓誌

後唐天成二年(927)十一月一日　正書
13122　近拓　1張

渤海高夫人墓誌

後唐清泰三年(936)九月四日　正書
李慎儀撰,郭僧奉書。曾歸徐森玉
13123　近拓　1張
著録：芒冢續補・三〇

隴西李夫人墓誌並蓋

後晉天福五年（940）十一月二十三日
正書　胡熙載撰
13124　近拓　2張
著録：芒冢下・六

韓通夫人董氏墓誌

後周顯德二年（955）九月七日　正書
王玭撰，楚光祚書
13125　近拓　1張　周慶雲舊藏
著録：芒冢下・八

蕭處仁墓誌

後周顯德三年（956）七月二十四日　正
書　（從姪）士明撰，石惟忠書。開封博物館
藏石
13126　近拓　1張
著録：芒冢三・六六

石暎墓誌

北漢天會八年（964）四月庚午　行楷
朱仲武撰並書
13129　清拓　1張
著録：藝十八・二〇　平再續・十九
續編十二・十三　瓊八一・一　誌二六・六
隋下・二九

宋

韓通墓誌

建隆元年（960）二月二日　正書　陳保
衡撰
13128　近拓　1張
著録：芒冢下・十

牛知讓墓誌

開寶三年（970）十月五日　正書
13130　近拓　1張
著録：芒冢下・十四

馬測墓誌

開寶三年（970）十月十七日　正書　開
封博物館藏石
13131　近拓　1張

藥繼能墓誌並蓋

太平興國九年（984）四月十二日　正書
（姪）永圖撰
13132　近拓　2張

張敬德墓誌

雍熙二年（985）十月九日　正書
13133　近拓　1張
著録：匋三九・六

鄧王錢俶墓誌

端拱二年（989）正月十五日　正書
13134　清拓　2張
著録：芒冢下・十六　瓊八五・二四
硯十六・一　藝十八・二〇

符昭願墓誌

咸平四年（1001）八月庚申（二十一日）
正書　陳舜封撰，李仁璲書
13135　近拓　1張
著録：芒冢三編・六九

張正中墓誌

慶曆五年（1045）七月二十五日　正書
王鄴書
13136　清拓　1張

奉天令文彥若墓誌

皇祐三年（1051）十月七日　正書　張
芻撰
13137　清拓　1張
著録：瓊九八・九　藝十八・二〇

吳君夫人杜氏墓誌

皇祐三年（1051）十月七日　正書　（外
孫）侯紹復書
13138　清拓　1張

張氏(諱備)墓誌

嘉祐八年(1063)十月二十七日　正書(曾孫)戴書

13139　清拓　1張　證常盦舊藏

著録:光緒增修登州府誌卷六五金石上·十八(周悦讓撰)

安平縣君崔氏夫人墓誌

熙寧二年(1069)十一月癸酉　正書　張吉甫撰,張曜書

13140　清拓　1張

著録:芒冢下·二一　瓊一〇三·二二　藝十八·二〇

魏侯夫人玉城縣主墓誌

熙寧二年(1069)閏十一月十五日　正書蘇畎撰,劉育書

13141　近拓　1張

韓恬墓誌

熙寧四年(1071)二月二十八日　正書(叔祖)琦撰,(弟)跂書

13143　清拓　1張

著録:安陽五·十八　誌二六·十七鄴冢二·四三　藝十八·二一

趙宗道墓誌

熙寧四年(1071)十一月四日　正書　韓琦撰,李中師書,元絳篆蓋

13144　清拓　1張

著録:瓊一〇三·二七　藝十八·二一

祖士衡墓誌並蓋

熙寧五年(1072)十二月十日　正書　邵雍書並篆蓋

13145　清拓　2張

韓琦墓誌

熙寧八年(1075)六月二日　正書　陳薦撰,宋敏求書,文彦博篆蓋

13146　清拓　1張

著録:妙十四·四　安陽六·九　鐵中·七

趙仲伋墓誌

元豐二年(1079)五月戊寅(十一日)　正書　蔡確撰,張隆書

13147　清拓　1張

著録:東冢·三四

趙仲伋夫人劉氏墓誌

元豐三年(1080)三月癸酉(十日)　正書

13148　清拓　1張

乳母任氏墓誌　又名"蘇文忠乳母銘"

元豐三年(1080)十月壬午(二十四日)正書　蘇軾撰並書

13149　清拓　1張

著録:藝十八·二一　妙十四·二二誌二六·十八　硯十六·十三　湖九·二四襄冢·二二

郝質夫人朱氏墓誌

元祐三年(1088)十一月七日　正書

13150　清拓　1張

著録:瓊一〇五·二八　藝十八·二一

仁壽縣君蘇氏墓誌

紹聖四年(1097)十月十四日　正書　劉次莊撰並書

13153　清拓　1張

著録:藝十八·二一　萃一四一·五妙十四·九　誌二七·十七　廣冢附録·三求四·十六　江寧四·四　跋十四·二一江蘇十·七

游師雄墓誌

紹聖四年(1097)十月丁酉(十七日)　正書　張舜民撰,邵虦書,張崟篆蓋

10413　舊拓　1冊

10414　舊拓　1冊　破損

13152　清拓　1張

著録:藝十八·二一　鑴五·十三　續四·九　妙十四·八　關六·十四　隔·三〇　跋十四·二〇　授續十一·十八　萃一四一·六　誌二七·五　真二·二一

韓宗厚墓誌

紹聖五年(1098)九月二十二日　正書　朱光裔撰,杜紘書

13151　清拓　1張

著録：誌二七・二　匋四十・一　續四・九　授續十一・三　萃一四二・一　藝十八・二一　中記四・九六

苻守規墓誌

元符三年(1100)四月庚子(四日)　正書

13154　清拓　1張

劉客人檢屍證誌

崇寧四年(1105)三月十三日　正書

13155　清拓　2張

郭景脩墓誌

大觀四年(1110)閏八月戊申(十二日)　王允中撰,趙令高書,王薦篆蓋

13156　清拓　1張

著録：左冢・三五　藝十八・二一

時氏改葬誌

政和二年(1112)七月五日　正書

13157　清拓　1張

著録：鄴冢二・四六

兵士王進葬記

政和五年(1115)九月八日　正書

13159　清拓　1張

陳寂之墓誌　又名"陳氏中殤誌"

政和七年(1117)四月十二日　正書　(兄)寧之撰

13160　清拓　1張　陸增祥舊藏,以舊拓補之

著録：瓊一一一・十七　硯十六・十八　藝十八・二一

陳明叟墓誌

政和七年(1117)二月十一日卒,後六十一日葬　正書　(叔)宜之撰

13161　清拓　1張

著録：匋四十・七

李遠墓誌

政和七年(1117)七月二十三日　正書　胡松年撰,綦執禮書

13162　清拓　1張

著録：左冢・四六

杜宗象墓誌

重和二年(1119)二月十四日　正書　(姪)公力撰並書

13163　清拓　1張

著録：匋四十・九　芒冢下・二四

劉氏墓誌

宣和元年(1119)九月十七日　正書　韓治撰

13164　清拓　1張

著録：鄴冢二・四七

王壽卿墓誌並蓋

宣和四年(1122)九月庚申　正書　李侁撰,(子)劭書

13165　清拓　1張

孟邦雄墓誌

阜昌四年(當紹興三年,1133)七月二十日　正書　李杲卿撰,李蕭書

10420　舊拓　1張

13167　清拓　1張

著録：中記五・一〇八　授續十一・二一　偃下・三八　萃一五九・六　誌二八・十一　宜六・十七　瓊一二八・二六　藝十八・二一

袁嘉猷乳母樂氏墓誌

乾道六年(1170)二月乙酉(四日)　正書

13169　近拓　1張　周慶雲舊藏

宗室不沴墓誌

淳熙九年(1182)二月一日　正書　楊興宗撰並書

10422　1册　缺字

著録：續編十九・二　江蘇十三・十六
中冢・六　藝十八・二二

楊昕墓誌

開禧三年(1207)十二月　正書　楊晟
撰。嘉定外岡出土，上海博物館藏石
13170　初拓　2張　戚叔玉手拓

陸侃墓誌

嘉定五年(1212)六月甲申(九日)　正書
13171　清拓　1張
著録：瓊一一八・八　藝十八・二二

魏玠壙誌

嘉定十七年(1224)三月庚申(二十三日)
正書
13172　清拓　1張　況周頤舊藏，陳運
彰跋
著録：江蘇十五・二一　中冢・七　徽
四・三三　藝十八・二二

衛毅夫壙誌

淳祐元年(1241)八月庚申(七日)　正書
(子)國寶、國卿書
13173　清拓　1張　況周頤舊藏，陳運
彰題記

周君錫夫人鄭妙静墓誌

淳祐四年(1244)十一月庚申(二十三日)
正書　(夫)周君錫撰，瞿木夫訪得
13174　清拓　1張
著録：瓊一一九・十九　江蘇十七・十
七　藝十八・二二

何堅墓誌並蓋

淳祐六年(1246)七月四日　正書　潘公
溢撰並書，張□存篆蓋
13175　清拓　1張

遼

感化寺禪師智辛塔記

應曆二年(952)十月二十五日　正書
13176　清拓　1張
著録：匋四一・一

金

鄧文貴葬記

大定二十三年(1183)六月九日　正書
13179　清拓　1張

李訓墓誌

大定二十六年(1186)八月十六日　正書
13180　清拓　1張
著録：匋四二・六

鄭公墓記

大安二年(1210)四月十三日　正書　陳
介祺藏石
13181　清拓　1張
著録：阮山二十・四〇　益三・二一
藝十八・二二

元

李德貞墓誌

至元九年(1272)九月九日　正書
13183　清拓　1張

馮士安壙記

大德癸卯(七年，1303)二月辛酉(三日)

正書

　　13185　清拓　1張　周慶雲舊藏

　　著録：匋四三・一

答里麻世禮墓誌

　　泰定元年(1324)二月十八日　正書　焦可撰並書

　　13186　清拓　1張

　　著録：跋十九・十九　藝十八・二二

尼守善塔銘

　　泰定四年(1327)三月甲寅(十五日)　正書　石溪撰

　　13187　清拓　1張

李君墓誌

　　後至元三年(1337)十一月二十四日　正書

　　13188　清拓　1張　徐乃昌舊藏

　　著録：廣冡・二四

馮祐墓誌

　　至正二年(1342)四月九日　行書　余貞撰，孟撝書，燮理溥化篆蓋。陝西咸寧出土

　　10426　舊拓　1册

　　13189　清拓　1張

　　著録：藝十八・二二(誤作馮祐)

莫簡墓誌

　　至正九年(1349)春　正書　匋齋藏石

　　13190　清拓　1張

　　著録：匋四三・十二

陶德生墓表

　　至正十八年(1358)　正書　黃縉撰，劉基書

　　13191　清拓　1張

　　著録：台十三・五

宋仲温七姬權厝墓誌

　　至正二十七年(1367)七月五日　張羽撰，宋克書，盧熊篆蓋

　　10430　翻刻初拓　1册

明

王君夫人李氏墓誌

　　洪武三十年(1397)□月十四日　正書

　　13192　清拓　1張

陳祥墓誌

　　正統二年(1437)十月二十九日　正書　陳稷撰

　　13193　近拓　1張

　　著録：匋四四・一

偶諲墓誌並蓋

　　正統三年(1438)十一月十七日　正書　宋拯撰，夏昺書，盧瑛篆蓋

　　13194　清拓　1張

竇敬墓誌

　　正統六年(1441)二月十七日　正書　張益撰，黃養正書

　　13195　近拓　1張

　　著録：匋四四・三

湯瑄墓誌

　　正統六年(1441)十二月十日　正書　祝允明撰，林符書

　　13196　清拓　1張

孔哲墓誌

　　正統十二年(1447)五月　正書　邢麟述

　　13197　近拓　1張

　　著録：匋四四・六

莫達墓誌並蓋

　　正統十二年(1447)十二月三日　正書　張輯撰，田稢書，沈儼篆蓋

　　13198　近拓　1張

齊汪墓誌
　　景泰元年（1450）　正書　蕭□撰，吳謙書
　　13199　清拓　1張

尤忠墓誌並蓋
　　景泰七年（1456）十二月二十五日　正書李震撰，李昂書，童軒篆蓋
　　13200　清拓　1張

柴幽人墓誌及輓詩
　　成化十五年（1479）十月八日　正書
　　13201　清拓　1張

沈母郁孺人墓誌
　　正德十四年（1519）三月二十八日　正書劉文詔撰
　　13202　清拓　1張

顧璘墓誌
　　嘉靖二十四年（1545）二月二十七日　文徵明書
　　10433　舊拓　1冊

清

金文簡公合葬墓誌
　　嘉慶六年（1801）十月十七日　翁方綱書
　　10435　初拓　1冊

民國

周湘舲行狀
　　民國二十三年（1934）十月二十日卒　篆書　吳昌碩篆額
　　10436　1冊

造　象

劉宋

韓謙造象題記
　　元嘉十四年(437)五月一日　正書
　　13898　清拓　1張

晉豐縣□熊造象
　　元嘉二十五年（448）七月二十三日
正書
　　13897　清拓　5張
　　著録：夢五・十七　匋五・四　唐風・
三九

王清泰造象
　　大明七年(463)二月十五日　正書
　　13243　清拓　1張　謝伯爰舊藏

南齊

玉造象
　　永明二年(484)春　正書
　　13900　清拓　1張　附劉石香先生跋
語，程銘舊藏

吳郡造維衛尊佛題字　又名：一、"妙相
寺石佛題字"　二、"石佛背題字"
　　永明六年(488)　正書

　　13902　清拓　1張
　　著録：萃目一・二　趙録一・十九　藝
一・十九　聚十六・三八　淅一・二七　擴
六・三　越一・十四　平三續上・四　興
一・十二　瓊十・二七　彙七・三四　硯
四・八　續編一・九　增圖二・一一五　嘉
泰會稽誌十六・十七

蕭衍造觀世音象
　　永元二年(500)四月十八日　正書
　　13899　清拓　1張

王阿善造象記
　　隆緒元年(527)十一月二十五日　正書
　　13901　清拓　4張

比丘明儁造象題記
　　五年□月八日　正書
　　13903　清拓　1張

梁

蕭□造象記
　　天監□□□正月二十八日　正書
　　13904　清拓　1張

章景造象　又名"章景爲梁王至尊並亡長兒
坸造無量壽佛象"
　　辛未歲（或釋作丁未，考爲普通八年，
527)三月三日　正書
　　13905　清拓　1張

著録：藝一・二〇（作章昌）　彙十六補遺・八　1932年綿陽縣誌九・二

許善造象

大通三年（529）七月（閏月二十三日）正書

13906　清拓　1張

著録：藝一・二〇　彙十六補遺・八 1932年綿陽縣誌九・二

劉敬造釋迦牟尼象記

大同三年（537）閏九月二十五日　正書 端方藏石

13907　清拓　1張　陳運彰舊藏並題記

著録：匋五・八

陶遷造象記

大同四年（538）四月十八日　正書

13908　清拓　1張

著録：夢三・三　歷一・二一　夢四・十五

勝會造象

大同六年（540）□月　正書

13909　清拓　1張

比丘尼林黎造象

大同九年（543）十一月五日　正書

13910　清拓　1張　沈樹鏞舊藏

釋慧影造象記

中大同元年（546）十一月五日　正書

13911　清拓　1張　謝伯殳舊藏

著録：羅録上・十六　縵七・五　瓊十一・十九　硯四・十一

陳

周文有造無量壽佛象

永定二年（558）七月二十五日　正書

13912　清拓　1張

著録：硯四・十四

北魏

王神虎造象

太平真君元年（440）三月十七日　正書

13245　清拓　1張

王文山造象

太平真君二年（441）三月一日　正書

13246　清拓　1張

鮑纂造象記

太平真君三年（442）正月十八日　正書

13247　清拓　3張　（一1）王廉生舊藏

著録：交三・十八　壬癸・二四　匋六・一　夢五・九

崔浩造象

太平真君十一年（450）二月朔　正書 謝伯殳藏石

13248　清拓　1張

太安造象

太安元年（455）二月　正書

13249　清拓　1張

趙瑁造象

皇興三年（469）　正書

13250　清拓　1張　後附刻同治十年（1871）九月鍾德祥題記

著録：藝二・一　羅録上・十六　彙十補遺・二五　田目續・五　通十五・二　山訪十・二

康知法造象

皇興五年（471）六月三十日　正書

13251　清拓　3張

著録：匋六・二

董永和等造象

延興二年(472)三月三十日　正書

13252　清拓　1張

比丘道匠造象記

當在太和前後　正書

10117　舊拓　1册(十八種合册)　陸恢舊藏

13225　清拓　2張

著録：夢四・三

太和造象磚

太和二年(478)八月　正書

13253　清拓　1張

龔雲羨造象

太和二年(478)九月二十三日　正書

13254　清拓　1張　況周頤舊藏

邑師法宗造象記　又名"邑義信士女等五十四人造象"

太和七年(483)八月三十日　正書

13255　清拓　1張

著録：許同莘恒代遊記・三

崔承宗造象

太和七年(483)十月朔日　正書

13256　清拓　2張　(一2)係復刻初拓

著録：徽十五・一　夢四・十八

席伯仁造彌勒象

太和十二年(488)四月十五日　正書
端方藏石

13257　清拓　2張

13258　清拓　2張

著録：藝續一　匋六・三

張道果等造象

年月缺(姚鵬圖考爲太和十四年以前)
正書

13266　清拓　1張

著録：田目再續・十一　通一五二・一
夢四・十五

王伯安造象

太和十四年(490)九月　正書

13259　清拓　1張

王霖造象

太和十七年(493)十二月六日　正書

13260　清拓　1張

比丘尼慧辯造象

太和十八年(494)　正書

13261　清拓　1張

魏陵亮夫人爲牛橛造象　又名"司空公長樂王邱穆陵乾夫人爲牛橛造象"

太和十九年(495)十一月　正書

10117　舊拓　1册(十八種合册)　陸恢舊藏

13215　清拓　2張

著録：鈔二・二七　古墨二・三三　硯五・二　瓊十二・十八　趙録二・一　藝二・一　夢四・二

姚伯多造象並兩側

太和二十年(496)九月四日　正書

13262　清拓　4張

著録：增圖二・一二九　陝六・九

張元祖妻一弗造象記

太和二十年(496)　正書

10117　舊拓　1册(十八種合册)　陸恢舊藏

13227　清拓　3張　(一1)徐乃昌舊藏

著録：瓊十二・二〇　硯五・三　藝二・一　夢四・三

龍門四品造象記

10116　舊拓　1册(始平公、孫秋生、楊大眼、魏靈藏薛法紹四種)

始平公造象記　又名"比邱慧成題記"

太和二十二年(498)九月十四日　正書

10115　舊拓　1册(三種合册)　王瓘舊藏並跋

10118　舊拓　1册（八種合册）
13228　清拓　3張　（一1）劉喜海舊藏
著録：藝二・一（作太和十二年）　中記・十一（作太和二年）　金石一跋三・十萃二七・五　古墨二・三二（作太和十二年）平二・九　筆・十九　有・十二　瓊十二・二一　孫録二・二四（作太和十二年）　潛目一・八（作太和十二年）　夢四・三

北海王元詳造象記
太和二十二年（498）九月二十三日　正書
10117　舊拓　1册（十八種合册）　陸恢舊藏
10118　1册（八種合册）
13216　清拓　2張
著録：瓊十二・二二　硯五・一　有・十一　藝二・一　夢四・二

石佛寺閣氏造象題記
太和二十三年（499）三月十五日　正書
13263　清拓　2張　（一1）王瓛舊藏
著録：瓊十四・一

元景造象
太和二十三年（499）四月八日　正書
13264　清拓　1張
著録：滿誌一・十九　滿稿一・六　丙寅稿・二四　奉天通二五四・三六　增圖二・一三一

僧伙（或釋欣）造象
太和二十三年（499）十二月九日　正書
13265　清拓　1張
著録：藝二・七（作二月九日）　匋六・四　彙一補遺・十

司馬解伯達題記
太和　正書
10118　1册（八種合册）
13226　清拓　2張
著録：授續一・十四　瓊十二・二三藝二・一　孫録二・二四　潛目一・八　夢

四・三

韓曳雲等造優塡王象
太和間　正書
10117　舊拓　1册（十八種合册）　陸恢舊藏
10118　1册（八種合册）
13235　清拓　1張　唐刻
著録：硯六・十四

王初興造象
景明元年（500）□月□日　正書
13267　清拓　1張
著録：匋六・五

鄭長猷造象記
景明二年（501）九月三日　正書
10117　舊拓　1册（十八種合册）　陸恢舊藏
10118　1册（八種合册）
13217　清拓　2張
著録：瓊十二・二五　硯五・四　續丙藝二・一　夢四・二

比丘惠感造象記
景明三年（502）五月□日　正書
10117　舊拓　1册（十八種合册）　陸恢舊藏
13232　清拓　2張　（一1）徐積餘舊藏
著録：瓊十二・二五　藝二・一　夢四・三

孫秋生等造象記
景明三年（502）五月二十七日　正書孟廣達文，蕭顯慶書
10117　舊拓　1册（十八種合册）　陸恢舊藏
13231　清拓　4張
著録：瓊十二・二六　中記一・十一跋二・十二　金石一跋三・九　萃二七・五平二・十　藝二・一　孫録二・二四　潛目一・八　夢四・三

高樹造象記

景明三年(502)五月三十日　正書

10117　舊拓　1册(十八種合册)　陸恢舊藏

13218　清拓　2張

13219　清拓　1張　謝伯受舊藏

著録：瓊十二・二七　硯五・四　藝二・二　孫録二・二五　夢四・三

賀蘭汗造象記　又名"廣川王太妃侯爲夫造象"

景明三年(502)八月十八日　正書

10117　舊拓　1册(十八種合册)　陸恢舊藏

13220　清拓　1張

著録：瓊十二・二七　硯五・四　求一・二一　邕一・十七　夢四・三　藝二・二

劉未等造象

景明三年(502)十一月十一日　正書

13272　清拓　2張

著録：甸六・六　藝二・七

馬振拜造象記

景明四年(503)八月五日　正書

13237　清拓　1張

著録：瓊十二・二八　藝二・二　夢四・三

廣川王太妃侯造彌勒象記

景明四年(503)十月七日　正書

10117　舊拓　1册(十八種合册)　陸恢舊藏

10118　1册(八種合册)

13221　清拓　2張

著録：瓊十二・二八　藝二・二　夢四・三

比丘法生造象記

景明四年(503)十二月一日　正書

10117　舊拓　1册(十八種合册)　陸恢舊藏

13233　清拓　1張　復刻本

著録：萃二七・六　平二・十　瓊十二・二九　硯五・五　夢四・三　藝二・二(作二月一日)　孫録二・二五

楊大眼爲孝文造象記

正始　正書

10115　清道光拓　1册(三種合册)　王瓘舊藏

13229　2張(一)近拓　(一2)舊拓

著録：中記一・十二　跋二・十九　藝二・一　潛目一・八　金石一跋三・十六　夢四・三　萃二八・三　平二・九　清二・二九　筆・二〇　瓊十二・三〇　有・十二　孫録二・二四

魏靈藏薛法紹造象記

景明　正書

10115　舊拓　1册(三種合册)　王瓘舊藏

10118　清光緒拓　1册(八種合册)

13230　清拓　3張

著録：中記一・二四　萃二八・三　平二・十　瓊十二・三〇　藝二・一　潛目一・八　孫録二・二五　金石一跋三・十七　夢四・三

比丘法雅等一千人造九級浮圖碑

正始元年(504)正月七日　正書

11058　清拓　1張

13273　清拓　2張　下截附楊法果移碑記(開皇五年四月十九日)

著録：藝續一　河目上・一　循跋上・二三　河録一・六　朔目一・一

高洛周七十人等造象碑並陰

正始元年(504)三月九日　正書　涿州出土,石在法國巴黎博物院

13274　清拓　2張

14305　清拓　1張(碑陰)

著録：甸六・八　藝二・七　羅録上・十六　增圖二・一三六　夢五・九　田目再續・八

尼道僧妃造象
正始元年(504)四月二十日　正書
13275　清拓　1張

僧暈造象
正始二年(505)二月四日　正書
13276　清拓　2張　況周頤舊藏

王史平吳合曹人題字
正始二年(505)四月十五日　正書
13278　清拓　2張
著録：瓊十三・一　藝二・二

嘗法端造象　又名"龍門山尤從僕射等題記"
正始三年(506)三月十九日　正書
13238　清拓　1張
著録：瓊十三・二　硯五・三　藝二・三　夢四・三

李伐□等造象記
正始三年(506)三月二十日　正書
13279　清拓　1張

比丘如光題記
正始三年(506)四月　正書
13280　清拓　2張
著録：瓊十三・二

孫大光造象記
正始三年(506)六月二十日　正書
13281　清拓　1張
著録：瓊十三・三　藝二・三(作孫大城)　孫録二・二五

楊小妃造象記
正始三年(506)十二月二十二日　正書
13282　清拓　1張
著録：瓊十三・三　藝二・三　孫録二・二五

安定王元爕造象記
正始四年(507)二月　正書　心僧藏石
10117　舊拓　1冊(十八種合册)　陸恢舊藏
13222　清拓　3張
著録：瓊十三・三　硯五・七　求一・二一　藝二・三　夢四・三

□□造象記
正始四年(507)三月　正書
13283　清拓　1張

魯眾造象記
正始四年(507)四月　正書
13284　清拓　2張
著録：授續一・十四　瓊十三・三　藝二・三　孫録二・二五

楊安族造象記
正始五年(508)正月三十日　正書
13285　清拓　2張　(一1)徐乃昌舊藏
著録：藝二・三(作楊安祥)　孫録二・二五

張英周妻蘇文好造象記
正始五年(508)四月二十日　正書
13286　清拓　2張　陳運彰舊藏
著録：藝二・三　孫録二・二五

比丘惠合題記
正始五年(508)八月十五日　正書
13287　清拓　1張
著録：瓊十三・四　藝二・三　孫録二・二五

道眾題記
永平元年(508)　正書
13288　清拓　2張
著録：瓊十三・五　藝二・三

申屠義造象記
永平二年(509)二月十七日　正書
13289　清拓　1張

比丘尼法文法隆等造象記

永平二年(509)四月二十五日　正書

13290　清拓　2張

著録：瓊十三・五　藝二・三

比丘尼法行造象記(萃作法衍)

永平三年(510)四月四日　正書　在洛陽龍門大佛洞

13291　清拓　2張　徐乃昌舊藏

著録：瓊十三・五　萃二七・八　藝二・四　孫録二・二六

道人惠感造象記(藝作惠願)

永平三年(510)五月十日　正書

13292　清拓　2張

著録：瓊十三・六　藝二・三

尼法貴僧安造象記,尼法慶造象記

永平三年(510)五月十□日,永平三年九月四日　正書

13293　清拓　1張(合裝)　汪志莊舊藏

尼法慶造象記

永平三年(510)九月四日　正書

13294　清拓　1張

著録：瓊十三・六　藝二・三(作永平二年)　孫録二・二六

尼惠智造象記

永平三年(510)十一月二十九日　正書

13295　清拓　1張

著録：瓊十三・六　藝二・四　孫録二・二六　夢四・三

黃元德造象記(藝作賈元德)

永平四年(511)二月十日　正書

13296　清拓　1張

著録：藝二・四

靳杜生妻馬阿媚造象(墓磚)

永平四年(511)二月十八日　正書　陶湘藏石

13464　清拓　1張

曹連題記

永平四年(511)八月廿(下泐)　正書

13297　清拓　1張

著録：瓊十三・六　藝二・四　孫録二・二六　潛目一・八

比丘法興造象記

永平四年(511)九月一日　正書

13298　清拓　2張

著録：瓊十三・七　藝二・四　孫録二・二六

仳和寺造象記

永平四年(511)十月七日　正書

13299　清拓　3張　(一1)徐乃昌舊藏

著録：萃二七・八　平二・十一　瓊十三・七　雪跋二・十六　藝二・四　孫録二・二六　潛目一・八　夢四・三

華州刺史安定王爕造象

永平四年(511)十月十六日　正書　石已佚

13239　清拓　1張　謝伯殳舊藏

著録：中記一・十二　金石一跋三・十　萃二七・十　平二・十二　瓊十三・八　硯五・四　求一・二二　藝二・四　孫録二・二六　潛目一・八　夢四・三

尹伯成妻造象記

永平四年(511)十二月十二日　正書

13300　清拓　1張

著録：瓊十三・八　藝二・四　孫録二・二七

法陵造象記

永平五年(512)正月　正書

13301　清拓　1張

著録：藝二・四

武難生造象記

永平五年(512)四月八日　正書

13302　清拓　2張

慧智造象記
永平　正書
13303　清拓　1張

法堅法榮比丘僧象碑
延昌元年(512)二月　正書
13307　清拓　1張
著録：藝二・十五

王忠合造象記
延昌元年(512)三月六日　正書
13304　清拓　1張

劉洛真兄弟造象記
延昌元年(512)十一月四日　正書
13305　清拓　4張　(一3)徐乃昌舊藏
著録：萃二七・十　瓊十三・九　藝
二・五　孫録二・二七

劉洛真爲兄造象記
延昌元年(512)十一月　正書
13306　清拓　3張
著録：瓊十三・九　藝二・五　孫録
二・二七

侯迪造象記
延昌二年(513)四月十一日　正書
13308　清拓　2張　況周頤舊藏

尼法興造象記
延昌二年(513)八月二日　正書
13309　清拓　1張
著録：瓊十三・九　藝二・五

劉歸安造象記
延昌三年(514)七月九日　正書　端方
藏石,後歸諸城王緒祖
13317　清拓　1張
著録：藝續一　匋六・十六　田目再
續・九　夢五・九

張□伯十四人造象記
延昌三年(514)八月二日　正書
13310　清拓　1張
著録：瓊十三・九　藝二・五

劉□兒造定光象記
延昌三年(514)□月二十二日　正書
13311　清拓　2張　(一1)徐乃昌舊藏
著録：瓊十三・十　藝二・五　孫録
二・二八

悟安等造象四面刻
延昌三年(514)　正書
13313　清拓　4張

白防生造象記
延昌四年(515)二月二日　正書
13314　清拓　2張　(一1)徐乃昌舊藏
著録：瓊十三・十　藝二・五　孫録
二・二八

尹顯房造象記
延昌四年(515)八月二十四日　正書
13315　清拓　1張
著録：瓊十三・十　藝二・五(作尹顯
慶)　孫録二・二八

尹静妙造象記
延昌四年(515)八月二十九日　正書
13316　清拓　1張
13388　清拓　1張
著録：萃二八・二　藝二・五

王遵銘記(墓磚)
熙平元年(516)九月八日　正書
13465　清拓　1張

息孫永安造象記
熙平元年(516)十月十五日　正書
13319　清拓　2張
著録：瓊十五・一　藝二・十二　硯
五・五　攈六・十二　彙九之三・四　趙録
二・三　洛存・一

識空等造象記

熙平二年(517)二月十五日　正書

13323　清拓　1張

劉僧造象記

熙平二年(517)三月二日　正書

13320　清拓　1張

惠榮造象記

熙平二年(517)四月十四日　正書

13321　清拓　1張　徐乃昌舊藏

著錄：瓊十三・十一　孫錄二・二八　藝二・五

惠珍造象記

熙平二年(517)五月二十四日　正書

13322　清拓　1張

著錄：瓊十三・十一　孫錄二・二八　藝二・五

齊郡王祐造象記

熙平二年(517)七月二十日　正書

10117　舊拓　1册(十八種合册)　陸恢舊藏

13234　清拓　4張

13236　近拓　1張

著錄：潛跋二・二〇　萃二八・三　續鈔一・八　古墨二・三五　平二・十四　瓊十三・十一　求一・二六　廎・十一　孫錄二・二八　藝二・五　潛目一・八　夢四・三

郗景哲等造象記

熙平四年(519?,查熙平年號無四年)正書

13324　清拓　1張

孫寶憙造象記

神龜元年(518)三月二十日　正書

13325　清拓　1張　沈樹鏞舊藏

13326　清拓　1張　陳運彰舊藏

著錄：瓊十五・五　藝二・十二　田目再續・九　通一五二・一一六　彙十補遺・二二　歷一・十三　增圖二・一五一　夢四・十八　求一・二七　羅錄上・十七

神龜元年造象記

神龜元年(518)四月□日　正書

13327　清拓　1張

杜遷等廿三人造象題記

神龜元年(518)六月十五日　正書

13328　清拓　1張

13329　清拓　2張

著錄：瓊十三・十二　藝二・五

神龜元年清信女造象記

神龜元年(518)　正書

13330　清拓　2張

趙阿歡造象記

神龜二年(519)二月三日　正書

13331　清拓　1張

著錄：藝二・十三

敬羽造象記

神龜二年(519)二月一日　正書

13332　清拓　1張

孫念堂等造象記

神龜二年(519)三月十五日　正書

13333　清拓　2張

著錄：瓊十三・十三

杜永安造象記

神龜二年(519)四月二十五日　正書

13334　清拓　3張

著錄：瓊十三・十三　藝二・五(作杜民安)　孫錄二・二九(作杜匡安)　潛目一・九

楊善常李伏及題字

神龜二年(519)七月三日　正書

13335　清拓　1張

著錄：瓊十三・十四　孫錄二・二九　藝二・五

馬光仁造象記並兩側

神龜二年(519)九月八日　正書
13336　清拓　3張

崔勰造象記

神龜二年(519)九月十一日　正書
13337　清拓　1張　陳介祺舊藏
著錄：瓊十五・六　藝二・十三

張軾等七十人造象記並陰

神龜二年(519)十月十四日　正書
13338　清拓　2張　謝伯殳舊藏
著錄：關攷五・一

比丘知因題記

神龜三年(520)三月二十五日　正書
13339　清拓　1張
著錄：瓊十三・十五　孫錄二・二九

比丘尼慈香造象記

神龜三年(520)三月廿□日　正書
10117　舊拓　1册（十八種合册）　陸恢舊藏
10118　1册（八種合册）
13223　清拓　2張　（一2）徐乃昌舊藏
著錄：瓊十三・十五　硯六・九　藝二・五　夢四・三

陳子良造象記

神龜三年(520)四月八日　正書　端方藏石
13340　清拓　2張
著錄：藝續一　匋六・二二

翟蠻造彌勒象並陰

神龜三年(520)四月十三日　正書
13341　清拓　4張
13342　清拓　2張
著錄：藝續一　攈六・十四　匋六・二二

神龜三年四月造象記

神龜三年(520)四月二十四日　正書

13343　清拓　1張

趙阿歡等造象記

神龜三年(520)六月九日　正書　在洛陽龍門
10120　1册　附舊拓整本
13240　清拓　1張
著錄：萃二八・七　平二・十五　瓊十三・十五　藝二・六　潛目一・九　夢四・三

劉顯明造象記

正光元年(520)九月二十日　正書
13344　清拓　1張
著錄：瓊十三・十六　藝二・六　孫錄二・二九

龍門山比丘慧榮造象記

正光二年(521)正月七日　正書
13352　清拓　2張　（一1）徐乃昌舊藏
著錄：瓊十三・十六

馬苗仁造象記並兩側

正光二年(521)四月二十七日　正書　石已流入外國
13345　初拓　3張

田黑女造象記

正光二年(521)七月十日　正書
13346　清拓　1張
著錄：瓊十三・十七　藝二・七

正光二年造象記

正光二年(521)七月十五日　正書
13353　清拓　1張

比丘□□造象記

正光二年(521)七月　正書　端方藏石
13347　清拓　1張
著錄：匋七・三

王永安造象記

正光二年(521)八月二十日　正書

13348　清拓　3張　（一1)徐乃昌舊藏

著録：瓊十三・十七　孫録二・三○

藝二・六

比丘慧榮造象記

正光二年(521)八月二十日　正書

13349　清拓　2張　（一1)附楊道萇造

象記,徐乃昌舊藏

著録：瓊十三・十七　藝二・六　孫録

二・三○

錡麻仁等造象並陰及側

正光二年(521)八月二十日　正書　石

已流入外國

13462　清拓　3張

著録：陝六・十三

侯□和造象記

正光二年(521)十月二十二日　正書

13350　清拓　2張　（一1)徐乃昌舊藏

著録：瓊十三・十七　孫録二・三○(誤

作徐□和)　藝二・六

祖□等十五人造象記

正光二年(521)十一月二十九日　正書

13351　清拓　2張

張碩等造象記

正光三年(522)四月六日　正書

13354　清拓　1張

大統寺慧榮題記

正光三年(522)七月十七日　正書

13355　清拓　2張

著録：瓊十三・十八　孫録二・三○

藝二・八

李要□造象記

正光三年(522)八月七日　正書

13357　清拓　1張

著録：藝二・八

汝南王元悅造塔記

正光三年(522)八月十一日　正書

13358　清拓　1張　有端方題字,況維

琦舊藏

著録：匋七・四

尚天賜等七十人造象並題名

正光三年(522)八月十三日　正書

13356　清拓　1張

著録：朔目五・一　河目上・一

比丘慧暢造象記

正光三年(522)九月九日　正書

13360　清拓　2張　（一1)徐乃昌舊藏

著録：萃二九・六　瓊十三・十八　孫

録二・三○

公孫□□造象記

正光三年(522)九月　正書

13361　清拓　1張

參軍賈良造象

正光三年(522)十一月九日　正書

13359　清拓　1張

張祖歡等一百人造象記

正光三年(522)　正書

13362　清拓　1張　謝伯殳舊藏

尼法阤題記

正光四年(523)正月二十六日　正書

13363　清拓　2張

著録：瓊十三・十八　孫録二・三○

藝二・六

沙門惠榮題記

正光四年(523)三月二十三日　正書

13364　清拓　2張

著録：瓊十三・十九　藝二・八

陽景元題記

正光四年(523)三月二十三日　正書

13365　清拓　1張

著録：瓊十三・十九　藝二・八

比丘僧安仰造象記
正光四年(523)四月　正書
13366　清拓　1張

黄石崖法義兄弟姊妹等題記　附喬伏香題記
正光四年(523)七月二十九日　正書
13367　清拓　1張
著録：瓊十六・一　藝二・十三　羅録上・十七　田目續・六　歷一・十七　通一五二・一　山訪二・八　彙十之一・一

太原郡平遥縣樂壁寺趙道富造象並陰及兩側
正光四年(523)八月十三日　正書
13368　清拓　4張

尼法照題記
正光四年(523)九月九日　正書
13369　清拓　2張　(一1)有象
著録：瓊十三・十九　孫録二・三〇　藝二・八

優婆夷李題記
正光四年(523)九月十五日　正書
13370　清拓　2張
著録：瓊十三・二〇　孫録二・三〇　藝二・八

陶申□造象記
正光四年(523)十二月十七日　正書
13371　清拓　1張

王□□妻田造象記
正光四年(523)□月十六日　正書
13373　清拓　1張
著録：瓊十三・二〇

李覆宗造象記
正光五年(524)三月二十日　正書
13374　清拓　1張

□□□仁造象記
正光五年(524)五月四日　正書
13375　清拓　4張

劉根造象記
正光五年(524)五月三十日　正書
13376　清拓　2張　(一1)初拓,(一2)謝伯殳舊藏
著録：藝續一　校　夢三・一　許平石魏劉根造象記跋(河南博物館館刊九期)

清信陳氏造象記
正光五年(524)七月二十三日　正書
13377　清拓　1張
著録：藝二・八

新城成買寺主道充等造象題名
正光五年(524)八月十一日　正書
13378　清拓　2張
著録：瓊十六・五　藝二・十四　田目續・六　彙十補遺・二二　通一五二・一一六

趙某道俗二十七人題記
正光五年(524)十一月二十五日　正書
13379　清拓　2張
著録：瓊十三・二〇　藝二・八

尼惠澄造象記
正光六年(525)三月七日　正書
13381　清拓　1張

曹望憘造象記
正光六年(525)三月二十日　正書　石在法國巴黎博物院
13380　清拓　3張　(一1)原本舊拓(一2)、(一3)翻刻本,無畫像
著録：阮山九・二〇　硯六・十三　田目・十　攈六・十六　彙十之三・三五　萃目一・二　孫録二・三一　校　山訪十二・十　通一五二・一一六　增圖二・六三　觀堂二・十六　珉・三

賈智淵妻張寶珠造象

　　正光六年（525）四月十九日　　正書
1918 年冬出土
　　13382　　清拓　2 張
　　著録：河北第一博物館館刊第五一期

比丘尼寶淵造象記

　　正光六年（525）五月二十二日　　正書
陳介祺藏石
　　13384　　清拓　1 張
　　著録：藝二・十四　田目再續・九

蘇胡仁等造象

　　正光六年（525）□月十五日　　正書
　　13383　　清拓　1 張
　　著録：瓊十三・二一（作二十五日）　孫
録二・三一　藝二・八（作十三日）　夢
四・三

正光六年造象記

　　正光六年（525）六月十日　　正書
　　13387　　清拓　1 張

尼妙暈造象

　　正光□年三月十三日　　行書
　　13456　　清拓　1 張
　　著録：瓊十三・二九

趙清女四百人等造象

　　正光□年　　正書
　　13372　　清拓　1 張
　　著録：藝二・十四

正光□年殘造象記

　　正光□年　　正書
　　13386　　清拓　1 張　周慶雲舊藏

崇□達造象記

　　正□□年□月二十一日　　正書
　　13385　　清拓　1 張
　　13457　　清拓　1 張
　　著録：瓊十六・八

清河王妃胡殘刻

　　正光後（年月泐）　　正書
　　13455　　清拓　1 張
　　著録：瓊十三・二八

田壽造象記

　　孝昌元年（525）二月十五日　　正書
　　13389　　清拓　2 張　（一1）周慶雲舊藏
　　著録：藝續一　匋七・七

比丘尼僧□造象記

　　孝昌元年（525）七月二十七日　　正書
　　13390　　清拓　1 張
　　著録：瓊十三・二一

尼僧達造象記

　　孝昌元年（525）八月八日　　正書
　　13391　　清拓　1 張
　　著録：瓊十三・二二　孫録二・三一

鄧定安造象記

　　孝昌元年（525）八月十五日　　正書
　　13392　　清拓　1 張
　　著録：匋七・八

元寧造象記

　　孝昌二年（526）正月二十四日　　正書
　　13393　　清拓　1 張
　　著録：中記一・十二　跋二・二二　萃
二九・六　平二・十七　攮六・十六　孫録
二・三一　竹一・二○　彙九之一・十八
增圖二・一六六　潛目一・九

郭法洛造象記

　　孝昌二年（526）二月三十日　　正書
　　13406　　清拓　1 張
　　著録：關攷七・一

王永壽造象記

　　孝昌二年（526）三月六日　　正書
　　13394　　清拓　1 張　華西閣舊藏,證常
盦題記
　　著録：藝續一　宣統三年番禺縣續誌三

三·六

周天蓋造象記
孝昌二年(526)四月八日　正書
13395　清拓　1張　徐乃昌舊藏
著録：瓊十三·二二

比丘尼法超造象記
孝昌二年(526)四月二十三日　正書
13396　清拓　1張
著録：藝二·九

清信王造象記
孝昌二年(526)四月二十三日　正書
13397　清拓　1張

□□爲亡女尼法暉造象記
孝昌二年(526)四月二十三日　正書
13398　清拓　1張
著録：藝二·九

榮九州造象記
孝昌二年(526)五月八日　正書
13399　清拓　1張　徐乃昌舊藏
著録：孫録二·三一　藝二·九

紫□司尼造象記
孝昌二年(526)五月八日　正書
13400　清拓　1張
著録：藝二·九

清信欲會造象記
孝昌二年(526)五月十五日　正書
13401　清拓　1張
著録：瓊十三·二三　孫録二·三二

丁辟邪造象記
孝昌二年(526)五月二十三日　正書
13402　清拓　1張
著録：瓊十三·二四　孫録二·三二
藝二·九

比丘尼智空造象記
孝昌二年(526)五月二十三日　正書
13403　清拓　1張
著録：瓊十三·二三　孫録二·三二
藝二·九

比丘尼法璨造象記
孝昌二年(526)五月二十三日　正書
13404　清拓　1張
著録：瓊十三·二三　孫録二·三一
藝二·九

傅□□造象記
孝昌二年(526)五月二十九日　正書
13405　清拓　1張

徐偃卿造象記
孝昌二年(526)八月二十七日　正書
13407　清拓　1張

黄石崖元氏法義三十五人造象記
孝昌二年(526)九月八日　正書　今石
殘缺,只剩題名一小片
13408　清拓　1張
著録：藝二·十三　瓊十六·一　羅
上·十七　趙録二·四　攀十一·十五　彙
十之一·一　山訪一·一　田目續·六　歷
一·十八　通一五二·一

法義等造象殘石　又名"孫世標等造象"
孝昌二年(526)□□月庚子朔二十七日
正書　端方藏石
13409　清拓　3張　周慶雲舊藏
著録：藝二·十四　匋七·十三　藝續
一　夢五·九

黄法僧造象記
孝昌三年(527)正月十五日　正書　在
伊闕蓮花洞
13410　清拓　1張
著録：瓊十三·二三　孫録二·三二
藝二·九

皆公寺比邱道休造象

孝昌三年(527)二月十五日(或釋正月二日)　正書

13417　清拓　2張　(一2)舊拓精本

著録：瓊十六・十　藝二・十四　趙録二・四　彙十之三・三八　攈六・十七　田目續・七　通一五二・一一六　山訪十二・十一

宋景妃造象記

孝昌三年(527)四月八日　正書

13412　清拓　1張

著録：瓊十三・二四　孫録二・三二　藝二・九　潛目一・十　夢四・四

尼法恩等造象記

孝昌三年(527)五月二十四日　正書

13413　清拓　1張

著録：藝二・九　夢四・四

青州齊郡臨善縣邑儀六十人造象記

孝昌三年(527)六月十三日　正書

13414　清拓　1張　初拓本

法義兄弟一百餘人造象記

孝昌三年(527)七月十日　正書

13415　清拓　1張(兩種)　謝伯爰舊藏

著録：藝二・十三　平三續上・五　瓊十六・二　攀十一・十六　趙録二・四　彙十之一・一　山訪一・一　田目續・六　歷一・十九　通一五二・一

皇甫度石窟碑

孝昌三年(527)九月十六日　正書

11076　清拓　1張　陳運彰長跋

著録：攈六・十八

法義九十人等造磚塔記並題名

孝昌三年(527)九月十七日　正書　青州府博興縣尖架寺新出土

13416　清拓　2張

著録：藝二・十四　田目補・一　通一

五一・二九

楊豐生造象記

孝昌三年(527)十二月二十日　正書　謝伯爰藏石

13411　清拓　1張

著録：羅録上・十七

劉平周造象記

孝昌三年(527)　正書

13418　清拓　1張

剗城軍主劉康奴等造象　又名"孝昌三年殘石"

孝昌三年(527)　正書

11077　清拓　4張　陶湘舊藏

著録：藝二・十四　羅録上・十七　彙十補遺・十九　通一五二・七八

青州臨淄縣鹿光熊等造象

孝昌四年(528)三月五日　正書

13419　清拓　2張

著録：羅録上・十七　田目再續・十　通五一・一一六　歷一・十七　夢四・十八

洪懋邑主王黨等造石象銘

年月泐(考爲孝昌間)　正書　陳介祺藏石

13452　清拓　1張

著録：匋七・二三　羅録上・十九　藝續一

曇僉造象記

武泰元年(528)四月六日　正書

13420　清拓　1張

著録：藝二・九　夢四・四

王僧歡造象記

建義元年(528)五月□日　正書

13415　清拓　1張(兩種)　謝伯爰舊藏

著録：瓊十六・三　趙録二・四　攀十一・十七　山訪一・一　彙十之一・一　田

道勇造彌勒象記

建義元年(528)六月十日　正書
13421　清拓　1張
著錄：藝續一　匋七・十三

沙門惠詮造象記

建義元年(528)七月十五日　正書
13422　清拓　2張　(一1)有象
著錄：瓊十三・二四　孫錄二・三二
藝二・十　夢四・四

尼道慧造象

建義元年(528)十一月二十三日　正書
13423　清拓　2張
著錄：孫錄二・三二　藝二・十

張歡□造象記

永安二年(529)三月十一日　正書
13424　清拓　2張
著錄：瓊十三・二五

穆祥等造象記

永安二年(529)四月十九日　正書
13425　清拓　1張　謝伯殳舊藏

李文遷造象並側

永安二年(529)十一月十四日　正書
13426　清拓　2張　(一1)初拓
著錄：藝二・十四　羅錄上・十七　瓊
十六・十三

李長壽妻陳造象

永安三年(530)二月十三日　正書
13427　清拓　1張

張神遠造象記

永安三年(530)五月一日　正書　陳介
祺藏石
13428　清拓　1張
著錄：藝二・十四　趙錄二・四　通一
五二・一一六　山訪十二・十　萃目一・二

廣業寺慧雙造象

永安三年(530)七月十一日　正書
13429　清拓　1張
著錄：朔目一・七　河目上・一　河錄
一・七　河朔訪古隨筆上・五

比丘尼□□造象記

普泰元年(531)二月十一日　正書
13430　清拓　1張

尼道慧法盛造象記

普泰元年(531)八月十五日　正書　在
伊闕破窯
13431　清拓　1張
13432　清拓　1張
著錄：藝二・十

比丘法雲造象記

普泰元年(531)　正書
13433　清拓　1張
著錄：攗六・十八　彙九之四・十二
夢四・十四　萃目一・二

楊阿真造象記

普泰二年(532)三月十五日　正書
13434　清拓　2張
著錄：藝續一　匋七・二〇

比丘静度造象記

普泰二年(532)閏月(閏三月)二十日
正書
13439　清拓　1張
著錄：孫錄二・三三　藝二・十　夢
四・四

尼法光爲弟劉桃扶造象記

普泰二年(532)四月八日　正書
13435　近拓　1張　有鄭文焯題刻
著錄：瓊十三・二五　孫錄二・三三
藝二・十

路僧妙造象記

普泰二年(532)四月二十四日　正書

13438　清拓　2張

著録：萃二九・七　瓊十三・二五　孫
録二・三三　藝二・十

邢安周造象記

普泰二年(532)七月十五日　正書　石
與曹望憘石同時流入國外

13436　清拓　1張

劉均造象

普泰二年(532)十月十六日　正書

13437　清拓　1張

樊奴子造象記

太昌元年(532)六月七日　正書

13441　清拓　1張

著録：藝二・十四　擴六・十九　關新
一・九　陝六・十四　彙十二補遺・六　增
圖二・一六八　關攷七・二八

楊元凱造象記

太昌元年(532)十二月十一日　正書
石在伊闕蓮花洞

13440　清拓　1張

吴屯造象記

□□二年歲□癸丑三月□日己丑朔□四
日庚寅(攷癸丑爲永熙二年,533。但□四日
庚寅,則朔日天干當爲丁,疑有誤。)　正書

13442　清拓　1張
13987　清拓　1張

著録：藝續一

元□□廿餘人造象記　又名"法儀廿餘人造象"

永熙二年(533)八月二十日　正書

13443　清拓　1張

著録：瓊十三・二六　藝二・十　夢
四・四

賈景等造象記

永熙二年(533)九月八日　正書

13444　清拓　3張

著録：夢五・九

段桃樹等造象

永熙二年(533)九月十日　正書　石在
洛陽龍門大佛洞

13445　清拓　2張　(一1)陸恢舊藏
(一2)徐乃昌舊藏

著録：藝二・六

法義兄弟二百人造象

永熙三年(534)三月五日　正書　端方
藏石

13446　清拓　1張　周慶雲舊藏

著録：匋七・二一

比丘道仙造象記

永熙三年(534)四月十三日　正書

13447　清拓　1張

著録：藝二・十

孫姬造象記

永熙三年(534)五月七日　正書

13449　清拓　1張

著録：瓊十三・二七　孫録二・三三
藝二・十　潛目一・九

李晏造象記

永熙三年(534)五月十五日　正書

13448　清拓　3張

韓顯祖等建塔象記

永熙三年(534)六月二十八日　正書

13450　清拓　2張　(一2)精拓

著録：匋七・二二　藝二・十四　羅録
上・十七　瓊十六・十七　校　增圖二・一
七〇

故宮電長殘造象記

永熙三年(534)　正書

13451　清拓　1張

尹景穆等造象記

□□三年四月　正書

13647　清拓　1張

王文路等造象題名
六年□月　正書
13670　清拓　4張

田僧敬造象記
(年月泐)八日　正書
13453　清拓　1張
著錄：藝二・十四　瓊十六・二〇　擴
六・五一　萃二九・八　關攷一・六　彙十
二之一・二　陜十四・二八　孫錄二・三四

□□爲息男造象題記
年月泐　正書
13681　清拓　1張

北海王國高太妃造象記
正書
10117　舊拓　1册(十八種合册)　陸
恢舊藏
13224　清拓　1張
著錄：硯六・十五　夢四・三

尼僧道道安法造象記
正書
13242　清拓　2張
著錄：夢四・四

常岳等百餘人造象記
正書
10205　1册
13458　清拓　1張
著錄：藝二・十五　瓊十六・十八　擴
六・五二　增圖二・二二一　硯六・二九
洛存・一　趙錄二・十四(作北齊)

比丘尼化造象記
正書
13459　清拓　1張
著錄：瓊十三・三一

沙彌法寧造象記
正書
13460　清拓　1張
著錄：瓊十三・二九

佛弟子王歡欣造象記
正書
13610　清拓　1張
著錄：藝二・二五(作王歡奴)

宋承祖等題名
正書　陳介祺藏石
13626　清拓　1張
著錄：藝二・十五

麻令姿造象題名
正書
13633　清拓　1張
著錄：藝二・二五

龍門造象集册
10119　舊拓　1册(共六十四種)

尼法朗造象記
正書
13454　清拓　1張

比丘僧融等造象
正書
13466　清拓　1張

邑子董洛陵等造象
正書
13467　清拓　1張

蓋樹等造象
正書
13468　清拓　1張

張法朗等造象
正書
13469　清拓　1張

李子元等造象題名
　　正書
　　13470　清拓　1張　俞復廬舊藏

王□欣造象記
　　正書
　　13611　清拓　1張

比丘道濟造象題記
　　正書
　　13614　清拓　1張

□仙造象題記
　　正書
　　13615　清拓　1張　徐乃昌舊藏

吳□□造象記
　　正書
　　13616　清拓　1張

劉景珍造象題記
　　正書
　　13617　清拓　1張

石紹維爲兄造象題記
　　正書
　　13618　清拓　1張

□□仁造象題記
　　正書
　　13619　清拓　1張

張□貞造象題記
　　正書
　　13620　清拓　1張

比丘曇宗等造象題記
　　正書
　　13621　清拓　1張

田道義田元顯等造象題記
　　正書
　　13622　清拓　1張

劉天庶造象題記
　　正書
　　13623　清拓　1張

佛弟子段□□造象題記
　　正書
　　13624　清拓　1張

樂法造象題記
　　正書
　　13625　清拓　1張

鄧寔騎造象題名
　　正書　黃縣丁乾圃藏石
　　13628　清拓　1張

張延昌殘造象
　　正書
　　13629　清拓　1張

清信女楊四□造象題記
　　正書
　　13630　清拓　2張　（一2)徐乃昌舊藏

扈元興造象記
　　正書
　　13631　清拓　3張

景和妻張阿暉等造象題名
　　正書
　　13632　清拓　1張

造象四種(龍寧造象、劉大庶造象、吳安
造象、僧峻造象)
　　正書
　　13635　清拓　1張　余越圃舊藏

種休羅造象記
　　正書
　　13636　清拓　1張

吳如光薛鳳頑等造象題名
　　正書

13638　　清拓　1 張

胡□□造象並側
正書
13639　　清拓　3 張

馮翊太守陳□六世合宗造象記
正書
13640　　清拓　7 張
13641　　清拓　4 張

郭達等造象題記
正書
13643　　清拓　2 張

劉召等造象題記
正書
13644　　清拓　1 張

石剾等造象題記
正書
13645　　清拓　1 張

王潤妻董氏造象記
正書
13646　　清拓　1 張

尹景暉等造象題名
正書
13648　　清拓　1 張

張僧胤造象並側
正書
13649　　清拓　4 張

馬貳光造象記
正書
13651　　清拓　2 張

錡承祖等造象記
正書
13652　　清拓　1 張　西安博古堂舊拓

李叔彥等造象題名
正書
13653　　清拓　1 張

呂鴻和造象題記
正書
13654　　清拓　1 張

比丘道安等造象題名
正書
13655　　清拓　1 張

沙門僧義造象題記
正書
13656　　清拓　1 張

張惠然等造象題名
正書
13657　　清拓　1 張

李寶孌造象記
正書
13659　　清拓　2 張　（—1)許翰題字

魏師□造象題記
正書
13660　　清拓　1 張

□智等一百五十人造象題名
正書
13661　　清拓　1 張　程敬銘舊藏

苻楷等造象題名殘石
正書
13662　　清拓　2 張

比丘自乞等字殘造象
正書
13663　　清拓　1 張

浮來山造象題字殘石
正書　城陽浮來山出土
13664　　清拓　1 張　劉君復題跋

□□爲太妃亡□太傅静正造象記
　　正書
　　13665　　清拓　　1張

邑主王法進等造象題名並側
　　正書
　　13666　　清拓　　3張

馮宣等造象題名
　　正書
　　13667　　清拓　　1張

楊珍等造象題名
　　正書
　　13668　　清拓　　1張

法義賀龍等題名
　　正書　　陳介祺藏石
　　13671　　清拓　　1張

比丘法敬等造象題名
　　正書
　　13672　　清拓　　3張

郁龍等造象
　　正書
　　13674　　清拓　　1張

安□□殘造象記
　　正書
　　13675　　清拓　　1張

□意殘造象題記
　　正書
　　13676　　清拓　　1張

陳元清等殘造象記
　　正書
　　13677　　清拓　　1張

清信女佛弟子王□□造象題記
　　正書
　　13678　　清拓　　1張

殿中將軍殘造象題記
　　正書
　　13679　　清拓　　1張

殘造象題記四種
　　正書
　　13680　　清拓　　4張

"今已就達願"等字造象殘石
　　正書
　　13682　　清拓　　2張

師僧父母等殘造象題字
　　正書
　　13683　　清拓　　1張

無字頂蓮造象
　　正書
　　13684　　清拓　　1張

吕覆造象側
　　正書
　　13685　　清拓　　2張

民望營碑象側
　　正書
　　13686　　清拓　　2張

造象側
　　正書
　　13687　　清拓　　2張

光相周等造象題名
　　正書
　　13688　　清拓　　1張

造象
　　無文
　　13689　　清拓　　2張

陳羅漢等造象題記
　　正書
　　13851　　清拓　　1張

王明妻劉英問造象

正書　陳介祺藏石

13854　清拓　1張

西魏

王慎宗等造四面象記

大統元年(535)四月　正書

13471　清拓　1張

著録：瓊十六·二一　藝二·十五　攗六·十九　趙録二·六

比丘法暈造象記

大統二年(536)□月二十日　正書

13472　清拓　1張　石芝、鄭文焯舊藏

著録：瓊二十·三一

中興寺造象

大統三年(537)四月八日　正書

13473　清拓　1張

著録：校

比丘僧榮造象記

大統四年(538)四月二十五日　正書

13475　清拓　1張

黨屈蜀造象記

大統四年(538)六月六日　正書　在伊闕王祥窟

13476　清拓　1張

著録：瓊十六·二二　藝二·十五　孫録二·三三

僧演造象記

大統四年(538)七月十五日　正書

13477　清拓　2張　況氏舊藏

著録：萃三二·三　平二·二三　關攷三·九　孫録二·三三

魯氏合邑四十人等造象記

大統四年(538)十二月辛亥日(考爲二十六日)　正書

13474　清拓　1張

曹續生造象記

大統五年(539)二月二十五日　正書

13478　清拓　1張　于右任舊藏

著録：關一·七　萃三二·四　平二·二三　關攷七·二八　孫録二·三三

蘇方成妻趙鬘造象記

大統六年(540)四月二十八日　正書

13479　清拓　2張　(一1)徐乃昌舊藏

著録：瓊十六·二三　藝二·十五　孫録二·三三

巨始光造象陰側

大統六年(540)七月十五日　正書

13642　清拓　2張

著録：校　增圖二·一七一

沙門璨造象記

大統七年(541)正月十五日　正書

13481　清拓　2張

著録：藝二·十五　孫録二·三四

鄭姿歡造象並陰及側

大統七年(541)　正書　在安邑下馬村

13482　清拓　3張

侯逸造象四面刻

大統十年(544)二月八日　正書

13483　清拓　4張　劉喜海舊藏

許社生等造象

大統十二年(546)　正書　在河南郟縣

13485　清拓　2張　(一2)劉喜海舊藏

著録：孫録二·三四

陳神姜造象四面刻

大統十三年(547)九月八日　正書

13484　清拓　4張

杜照賢等造象題名

　　大統十三年(547)十一月十五日　正書

　　13486　清拓　2張

　　13487　清拓　2張

　　13488　清拓　1張

　　著録：羅録上·十七　雪跋三·八　彙
九補遺·一　藝二·十五　校　增圖二·一
七三　九甲·三九　攈六·二〇

杜魯清妻等十八人造象記

　　大統十三年(547)十一月十五日　正書

　　13489　清拓　2張

薛祖□造象記

　　大統十四年(548)四月三日　正書

　　13490　清拓　1張

**蔡氏造太上老君石象記　又名：一、劉曜
碑　二、蔡興伯碑　三、蔡洪造老子象　四、
老子祠造象記**

　　大統十四年(548)四月八日　正書

　　13491　清拓　3張

　　著録：孫録二·三四　跋三·七　右
十·四九　右叢一·二九　瓊十六·二五

張道顯造象記

　　大統十五年(549)五月二日　正書

　　13492　清拓　3張

　　著録：藝二·十五

湼陽縣馬□寺道俗等造象記

　　大統十七年(551)四月　正書

　　13493　清拓　1張

鞏伏龍造象

　　廢帝元年(551)六月十一日　正書

　　10121　1冊　簠齋所藏魏、齊、周造象
五石冊附唐張志隆等造象

　　著録：趙録二·一　弗乙·二七　田目
再續·八

秦從卌人等造象記

　　恭帝三年(556)四月十五日　正書

　　13494　清拓　1張

　　著録：藝二·十五　語石五·一五一
增圖二·一七四

顏貳郎造象記

　　正書　端方藏石

　　13495　清拓　2張

　　著録：匋十·三

蘇方成爲父母造象

　　正書　在老君洞

　　13480　清拓　2張

　　著録：瓊十六·二三

劉黑婁造象記

　　正書　端方藏石

　　13498　清拓　2張

　　著録：匋十·四

孫始歡、始龍造象記

　　正書

　　13496　清拓　1張　鄭文焯舊藏

東魏

孟起造象記

　　天平二年(535)正月二十日　正書

　　13499　清拓　1張

比丘洪寶造象　又名"張法舜造象記"

　　天平二年(535)四月十一日　正書

　　10182　1冊(三種合冊)

　　13503　清拓　2張　(一2)陶湘舊藏

　　著録：藝二·二四　孫録二·三五　緱
七·七　攈六·二一　萃三十·二　瓊十
七·四　平二·十九　彙九之四·二三　授
續一·十六　校　萃目一·四

僧濟長等造象記

　　天平二年(535)四月八日　正書

13501　清拓　2張　徐乃昌舊藏
著録：孫録二・三五　藝二・十六（誤作僧清長）

赫連義秉造象記
天平二年(535)四月十九日　正書
13502　清拓　1張

比丘尼□悦造象記
天平二年(535)五月五日　正書
13500　清拓　1張
著録：夢五・九

僧受造象記
天平二年(535)五月十二日　正書
13506　清拓　1張
著録：攗六・二一　彙九之四・十二
夢四・十四　鞏十九・三四

王方略造象記　又名：一、造須彌塔記
二、邑師法顯等造象
天平三年(536)正月　正書
13504　清拓　1張
著録：藝二・二五　跋二・二五　偎
上・十一　萃三十・四　平二・十九　潛目
一・九　孫録二・三五　中記一・十四　彙
九之四・一　增圖二・一七八

孔僧時造彌勒象
天平三年(536)正月二十四日　正書
端方藏石
13505　清拓　1張
著録：藝二・二五　匋八・一　田目再
續・十二　夢五・九

魏師妻張造象記
天平三年(536)二月　正書
13507　清拓　1張

楊文昇造象記
天平三年(536)三月三日　正書
13510　清拓　2張
著録：攗六・二二　彙九之四・十二

鞏十九・四〇　夢四・九

清信□□□爲亡父造象
天平三年(536)四月十五日　正書
13508　清拓　1張
13509　清拓　1張
著録：攗六・二二　鞏十九・三五　夢
四・十四

比丘尼曇會阿容造象記
天平三年(536)五月十五日　正書
13511　清拓　4張　(一1)全形拓
(一2)況維琦畫象　(一3)徐乃昌舊藏
著録：萃三十・四　瓊十七・六　藝
二・十六　孫録二・三六

李慧珍等造蓮華記
天平三年(536)十二月　正書
13512　清拓　1張
著録：匋八・一　藝二・二五

孫思香造象題記並側
天平四年(537)正月二十一日　正書
13513　清拓　4張　(一1)左方有宋司
馬旦等題名；(一3)、(一4)徐乃昌舊藏
著録：瓊十七・六　潛目一・九　藝
二・十六

比丘惠暉造象記
天平四年(537)正月二十八日　正書
13514　清拓　1張
著録：匋八・一　藝二・二五　羅録
上・十八

李福李祥等造象題名
天平四年(537)二月　正書
13516　清拓　1張　陸恢題簽
著録：匋八・二　藝二・二五

曹敬容造象題記
天平四年(537)六月二十五日　正書
13517　清拓　1張
著録：瓊十七・六　孫録二・三六　藝

二・十六(作曹暎容)

安村道俗一百餘人造象

　　天平四年(537)七月二十五日　正書
　　13515　清拓　1張
　　著録:綴跋・四

比丘惠樹普慧等造象記

　　天平四年(537)八月十九日　正書
　　13518　清拓　2張　(一1)徐乃昌舊藏
　　著録:藝二・二四

劉悁造象記

　　天平四年(537)閏九月八日　正書　端
方藏石
　　13519　清拓　2張
　　著録:匋八・二　羅録上・十八

維那卅人造石象記

　　天平四年(537)閏九月十三日　正書
　　13521　清拓　1張
　　著録:藝二・二五　匋八・三

張僧安造象記

　　天平四年(537)閏九月十九日　正書
　　13520　清拓　1張
　　著録:藝二・二五　攈六・二二　田目
續・八　山訪十二・十一　通一五二・一
七　趙録二・七　萃目一・四　平三續
上・六

劉霍周造塔記

　　天平四年(537)十二月十九日　正書
　　13522　清拓　1張
　　著録:匋八・五

法儀六十等造釋迦象

　　元象元年(538)四月二十日　正書
　　13523　清拓　1張
　　著録:匋八・六　夢五・九

柳昭造象記

　　元象元年(538)五月八日　正書　端方
藏石
　　13524　清拓　2張
　　著録:匋八・六　羅録上・十八

張敬造六面石柱象

　　元象元年(538)六月二十一日　正書
　　13525　清拓　1張
　　著録:藝二・二五　山訪十二・十九
羅録上・十八　田目續・八　彙十之三・四
九　攈六・二二　夢五・九　通一五一・
三〇

僧愍造象記

　　元象元年(538)八月二十九日　正書
　　13526　清拓　1張
　　著録:匋八・七　藝續一

張法樂造象題名

　　元象元年(538)九月十日　正書
　　13527　清拓　1張
　　著録:藝二・二六　彙十一補遺・一
右叢一・十二

凝禪寺造三級浮圖碑

　　元象二年(539)二月十五日　正書
　　10176　舊拓　1張　劉鐵雲舊藏,有劉
跋及書根
　　11084　清拓　2張(並陰)
　　著録:瓊十八・十二　平再續・五　硯
續六・七　趙録二・七　續乙　楊圖三・二
二　常二・一　寶鴨上・二四　雪跋三・二
攈六・二二　彙三之二・二四　校　藝二・
二六　面乙・二四　畿誌一四六・二　畿
上・二　萃補一・十四　續編二・一　1931
年元氏縣誌　宜二・七

乞伏鋭造象記

　　元象二年(539)三月十三日　正書
　　13528　清拓　1張
　　著録:藝二・二六　山訪一・八　田目
續・八　歷一・二〇　彙十補遺・一　瓊十
八・二九　羅録上・十八　通一五二・二

姚敬遵造象

元象二年(539)三月二十三日　正書
13529　清拓　1張
著録：藝二・二六　田目續・八　山訪一・一　歷一・二〇　瓊十八・三〇　趙録二・七　彙十之一・一　平三續上・六　攀十一・十七　硯續六・十七　通一五二・一　萃目一・四

望兒殘造象

元象二年(539)九月　正書
13530　清拓　1張　陸恢題首

比丘尼曇陵造象

興和二年(540)七月二十五日　正書
10121　1册(六石合册)

趙勝習造象

興和二年(540)九月十七日　正書
13531　清拓　1張
著録：硯續六・二一　平三續上・六　瓊十八・三〇　藝二・二六

廉富義率道俗造象記

興和二年(540)□月　正書
13533　清拓　1張
著録：河目上・二　朔目一・一　河録一・三

吕升歡造象題名並陰

興和二年(540)□月　正書
13538　清拓　2張
著録：河録一・二　朔目一・一　河目上・二

程榮造象記

興和二年(540)　正書　沈樹鏞藏石
13532　清拓　1張
著録：瓊十九・十一　常二・十六　藝二・二六　徽十五・一　彙三之二・七
《長垣縣誌》金石録(攷古所藏清代抄本)

胡元方等造象題名殘石

興和二年(540)　正書
13613　清拓　1張
著録：藝二・二六　田目・十　攈五・二三　山訪三・一　萃目一・四　孫録二・三六　彙十之一・三七　阮山九・二二　通一五二・三三

比丘僧道山造象記

興和三年(541)四月十五日　正書
13534　清拓　1張
著録：匋八・十五　瓊十九・十六　趙録二・八　彙三之二・七　畿上・二

邢生造象記

興和三年(541)六月二十五日　正書
13535　清拓　1張
著録：藝二・二七　右叢一・十九

豐樂寺比丘員光等造象題名

興和三年(541)十一月二十三日　正書
13536　清拓　2張
著録：藝二・二六

成休祖造象

興和四年(542)三月七日　正書　謝伯殳藏石
13539　清拓　1張
著録：羅録上・十八

菀貴妻尉造象記

興和四年(542)九月十一日　正書
13537　清拓　1張
著録：匋八・十五

李顯族合邑造象並陰

興和四年(542)十月八日　正書
13540　清拓　2張
著録：藝二・二七　河目上・二　朔目六・七　河録九・一　校　綴跋・二

上官香合邑等造象記

興和四年(542)十一月二十五日　正書

13541　清拓　2張
著録：綴跋・三

比丘道觀造白玉象
武定元年(543)正月七日　正書
13542　清拓　1張
著録：匋九・一

高歸彥造象記
武定元年(543)四月八日　正書
著録：摹・七　交三・十九　民國二十三年定縣誌十八・十六

曹□身等造象
武定元年(543)五月九日　正書
13544　清拓　1張

道俗九十人等造象銘並兩側　又名"邑義九十人造象"
武定元年(543)七月二十七日　正書
13545　清拓　2張
著録：瓊十九・十九　平三續上・六　河録十・三　彙九之二・三七　增圖二・一九一　朔目七・一　續編二・四　道光五年河內縣誌二〇・三　萃三二・四

武猛從事汲郡□□率邑義五百人造象　又名"封崇寺造象"
武定元年(543)八月　正書　石在美國紐約市立博物館
13546　清拓　4張　(—1)(—4)系整張全形　(—2)杜鎮球舊藏
著録：藝續一　河録六・七　朔目五・五　循跋上・十六　河目上・二　藝二・二七　綴跋・三

王早樹造象記
武定元年(543)十二月一日　正書　石已流入外國
13547　清拓　2張

王貳郎等三百人造象記
武定二年(544)二月十六日　正書
13548　清拓　1張
著録：藝二・二七　匋九・一　校　通一五一・七八

李洪演造象頌
武定二年(545)三月一日　正書
13550　清拓　2張　(—1)全形
著録：萃三一・四　孫録二・三七　中記一・十五　彙九之二・二三　增圖二・一九〇　朔目五・四　攈六・二三　藝二・二七　河録六・四

楊顯叔造象記
武定二年(544)三月十四日　正書
13549　清拓　1張
13553　近拓　3張
著録：孫録二・三七　藝二・二七　竹一・二四　匋九・四　通一五二・二　山訪一・一　羅録上・十八　田目・十一　歷一・二四　彙十之一・二　授續二・二　阮山九・二七　萃目一・四

路文助兄弟造象
武定二年(544)十月十三日　正書
13551　清拓　2張
著録：阮山九・二七　孫録二・三七

王雙虎等造象記
武定二年(544)十二月四日　正書
13552　清拓　1張　劉喜海舊藏
著録：授續二・二　阮山九・二七　宜二・八　續編二・五　孫録二・三七

報德寺造玉象碑　又名"報德玉象七佛頌碑"
武定三年(545)四月十五日　正書
11090　清拓　1張　謝伯受舊藏
13554　清拓　1張
著録：匋九・五　藝二・二八　增圖二・一九三

僧惠造象記　又名"朱永隆唐豊等七十人造象"

武定三年(545)七月十五日　正書

13555　清拓　1張

著録：攈六・二四　瓊十九・二五　授續二・三　孫録二・三七　朔目七・一　續編二・五　河録十・十一　彙九之二・三七　萃目一・四　道光五年河内縣誌二十・四

王氏女張恭敬造象記

武定三年(545)九月三日　正書

13556　清拓　1張

著録：硯六・二一

比丘曇静造釋迦象記

武定三年(545)十一月十日　正書

13557　清拓　1張

13558　清拓　2張　(一1)徐乃昌舊藏

著録：瓊十七・六　孫録二・三七

洛州報德寺造玉象碑

武定三年(545)九月十五日　正書

13849　清拓　1張

著録：匋九・五

尼惠好惠藏造象

武定四年(546)二月八日　正書

13559　清拓　2張　海昌僧六舟舊藏

比丘道穎等造象記

武定四年(546)二月八日　正書　石已流入美國紐約

13561　清拓　1張

邑義道俗五十人等造象

武定四年(546)二月十□日丙戌(考爲十三日)　正書

13560　清拓　1張

大留聖窟題字　又名"道憑法師造象"

武定四年(546)四月八日　正書

11091　清拓　2張　謝伯殳舊藏

13562　清拓　1張

13969　清拓　1張

著録：河録二・六　朔目二・二　羅録上・十八　彙九之二・一　安陽一・十五　攈六・二五

樂天佑二十八人等造塔記殘石

武定四年(546)□月庚午朔(考爲十月)八日丁丑　正書

13563　清拓　3張

著録：匋九・九

比丘僧惠詾等造象記　又名"比丘僧道請爲亡父母造象"

武定五年(547)正月二十六日　正書　端方藏石

13564　清拓　2張

著録：匋九・十一

豊樂七帝二寺邑義人等造象

武定五年(547)二月八日　正書

13565　清拓　2張

著録：民國二十三年定縣誌十八・六

王惠略等造象題名

武定五年(547)七月三日　正書　開封博物館藏石

13567　清拓　1張

朱舍造象記

武定五年(547)七月九日　正書

13568　清拓　1張

著録：藝二・二七　匋九・十五

安鹿交村二十四人造象記

武定五年(547)七月十八日　正書

13566　清拓　2張

著録：藝二・二七　右叢一・十九　羅録上・十八　彙十一補遺・一　校

唐小虎造象記

武定六年(548)五月三日　正書

13569　清拓　1張

著録：匋九・十五　藝二・二七

道深等造象記

　　武定六年(548)五月五日　　正書

　　13570　清拓　1張

　　著録：匋九・十六

邑主造石象銘

　　武定六年(548)九月十二日　　正書

　　13571　清拓　1張

　　著録：攈六・二五　偶上・十一　平三續上・七　萃三一・四　宜二・八　潛目一・九　彙九之四・一　孫録二・三七　中記一・十六

張伏安妻阿胡造象記

　　武定七年(549)正月二十四日　　正書

　　13572　清拓　1張

　　著録：匋九・十六

趙顯造象記殘石

　　武定七年(549)二月三十日　　正書

　　13574　清拓　1張

　　著録：匋九・十七

尼惠遵造象記

　　武定七年(549)三月六日　　正書

　　13575　清拓　1張

　　著録：匋九・十七

孫孟長造象記

　　武定七年(549)三月二十一日　　正書

　　13576　清拓　3張

　　著録：匋九・十八

武德于府君等造義橋石像碑記並陰側　　又名："武德郡建沁水石橋記"

　　武定七年(549)四月八日　　正書

　　13577　清拓　4張

　　13637　清拓　1張(碑陰)

　　著録：藝二・二七　萃三一・五　瓊十九・三〇　孫録二・三七　金石一跋三・十四　續古十・七　竹一・二四　鈔續一・九古墨二・三八　平二・二二　彙九之二・三七　攈六・二五　宜二・八　潛目一・十

增圖二・一九五　乾隆五十四年懷慶府誌二六・三　道光五年河内縣誌二〇・八

龍山寺道瓊造象記　　又名"比丘法相造象記"

　　武定七年(549)四月八日　　正書

　　13578　清拓　2張

　　著録：藝二・二八　河目上・二　羅録上・十九　右叢一・二三　響・二　瓊十七・七　孫録二・三八　攈六・二五　彙十一補遺・二　河録五・三七

永安郡定襄縣高嶺村以東諸村邑儀道俗等造象

　　武定七年(549)四月八日　　正書

　　13579　清拓　1張

　　著録：藝二・二七　攈六・二五　彙十一・十五　右叢一・二二　續編二・五

報德寺比丘法相造象

　　武定七年(549)四月十五日　　正書

　　13580　清拓　2張

　　著録：藝二・二四

□昌遊造象記　　又名"孟□□爲亡師造象"

　　武定七年(549)八月九日　　正書

　　13581　清拓　1張

　　著録：匋九・十七

永安郡定襄縣榆株岑道俗造象記並陰

　　武定七年(549)十一月二十五日　　正書

　　13582　清拓　4張

張保洛等造象記

　　武定七年(549)□(十)二月八日　　正書

　　13573　清拓　5張　　(一5)附武周證聖元年胡元慶造象記

　　著録：萃三一・五　右十・四九　攈六・二五　藝二・二八　平二・二一　潛目一・十　右叢一・二〇　竹一・二四　孫録二・三八

杜文雅十四人等造象記

武定八年(550)二月八日　正書

10174　1册

13583　清拓　3張

著録：藝二·二八　校　羅録上·十九

彙九補遺·一　增圖二·一九七

劉臺顯造象記

武定八年(550)二月二十三日　正書

13584　清拓　1張

著録：匋九·十八

上曲陽劉興造象記

興□十六年二月二十七日　正書

13609　清拓　1張

著録：匋九·二四

史道暢五十人等造象記

（上缺）乙□三月□未朔二十三□乙巳

正書　端方藏石

13608　清拓　1張

著録：匋九·二四

龍門山比丘法勝造象題記

正書　石在老君洞

10117　舊拓　1册(十八種合册)　陸

恢舊藏

13241　清拓　1張

著録：瓊十七·七　藝二·二三　夢

四·四(作北魏)

馮道智等造象題名

正書

13585　清拓　2張　(一1)何秋江舊藏

著録：瓊十七·八　孫録二·三八(作馮

道志)

趙阿四造象題名

正書

13586　清拓　2張

著録：瓊十七·八　孫録二·四二

趙振造象記

正書

13587　清拓　2張　(一1)徐乃昌、況

周頤舊藏

著録：藝二·十六　孫録二·三九　夢

四·四(作北魏)

吳安造象題字

正書

13588　清拓　1張

著録：瓊十七·十　藝二·十六(作吳安

昌)　孫録二·三八

比丘慧敢等造象題名

正書　石在老君洞

13589　清拓　1張

著録：瓊十七·十四

蒢中遷造象記

正書

13590　清拓　1張

著録：瓊十七·十五

董僧智造象題記

正書

13591　清拓　1張

著録：瓊十七·十五　藝二·十八　孫

録二·四六(作董儒智)

劉塙造象記

正書

13592　清拓　1張

著録：瓊十七·十六

尼紹戔造象題字

正書

13593　清拓　1張

著録：瓊十七·十六　孫録二·四四(作

尼垎茎)

羅朡月十人造象記

正書

13594　清拓　2張　(一2)徐乃昌舊藏

著録：瓊十七・十六　藝二・十八　孫録二・四一

陸元慶等造象題名
正書
13595　清拓　1張
著録：瓊十七・十七

比丘僧紹造象殘刻
正書
13596　清拓　1張
著録：瓊十七・十七

黑瓮生兄弟三人爲父母造象記
正書
13597　清拓　1張
著録：瓊十七・十七　藝二・十七

黑瓮生爲亡妻並息造象
正書　石在大佛洞
13598　清拓　2張
著録：瓊十七・十七　藝二・十八　孫録二・三九

李前貴造象記
正書
13599　清拓　1張
著録：瓊十七・十八　孫録二・四二

温靈慈造象記
正書
13600　清拓　1張
著録：瓊十七・十八　藝二・十八

張法香造象記
正書
13601　清拓　1張
著録：瓊十七・十八　藝二・十八　孫録二・四二

信清女楊寶勝造象記
正書
13602　清拓　2張

著録：瓊十七・十八　藝二・十八　孫録二・四二

僧力僧恭造象記
正書
13603　清拓　2張　（一1)徐乃昌舊藏
著録：瓊十七・二〇　藝二・二一　孫録二・三九

王霍憐等造象記
正書
13604　清拓　1張
著録：瓊十七・二〇

王婆羅門造象記
正書
13606　清拓　1張　徐乃昌舊藏
著録：瓊十七・二三　藝二・十七　孫録二・四一

朱顯愚造象記
正書
13607　清拓　1張
著録：瓊十七・二三

伏虎都督樂元愷等題名
正書
14273　清拓　1張（僅拓六行）
著録：瓊十七・十八

劉氏造象題名
正書
13463　清拓　1張

王歡欣劉阿歡造象記
正書
13605　清拓　1張

陳景珍造象殘石
正書
13612　清拓　1張

北齊

張思業母等五十人造象記
天保元年(550)十一月十八日　正書
13691　清拓　1張

張始興造象題記
天保元年(550)十二月　正書
13690　清拓　1張
著錄：匋十一·一　藝續一

李稚暈造象記
天保二年(551)正月二十日　正書
13692　清拓　1張
著錄：匋十一·一

崔賓先造象記
天保二年(551)三月三日　正書
13693　清拓　1張
著錄：攈六·三六　彙九之四·十二

比丘法定造象記
天保二年(551)三月九日　正書
13694　清拓　1張
著錄：彙九之四·十二　攈六·三六
夢四·十四　羣十九·四一

磨生造象記
天保二年(551)閏月(閏三月)八日
正書
13706　清拓　4張

清河崔孝宣弟兄三人造象　又名"左宣等兄弟三人造象"
天保二年(551)四月三日　正書
13696　清拓　1張
著錄：攈六·三六　彙九之四·十二
夢四·十四　羣十九·十四

惠感造象記
天保二年(551)四月八日　正書
13695　清拓　1張

比丘法訓造象記
天保二年(551)四月八日　正書
13697　清拓　1張
著錄：夢四·十四　羣十九·四〇

惠鳳造象記
天保二年(551)四月十一日　正書
13698　清拓　1張
著錄：攈六·三六　彙九之四·十二
羣十九·四〇

道榮造象記
天保二年(551)四月十五日　正書
13699　清拓　1張
著錄：攈六·三六　彙九之四·十二
夢四·十四　羣十九·四一

□敬賢等五十人造象記
天保二年(551)四月二十三日　正書
13700　清拓　1張

比丘惠育造象記
天保二年(551)四月二十六日　正書
13701　清拓　1張
著錄：羣十九·四二

李奴造象記
天保二年(551)六月十三日　正書
13703　清拓　1張
著錄：夢四·十四　羣十九·四二

□國子造象記
天保二年(551)六月二十一日　正書
13702　清拓　1張
著錄：羣十九·四二

鄭敬羨造象記
天保二年(551)九月二十五日　正書
13704　清拓　1張

著録：藝續一　甸十一・一

姬洪業造象記

　　天保二年(551)十一月一日　正書

　　13705　清拓　1張

　　著録：藝續一　甸十一・二

王景熾妻范造象

　　天保三年(552)二月十五日　正書

　　13707　清拓　1張

　　著録：朔目一・七　河録一・八　河朔

訪古隨筆卷上・五

張世寶合邑卅餘人造象

　　天保三年(552)三月八日　正書

　　13708　清拓　1張　劉鶚舊藏

宋顯昌造象題記

　　天保三年(552)五月二十二日　正書

　　13709　清拓　1張

　　著録：藝續一　甸十一・二

牛景悦等造象

　　天保三年(552)七月八日　正書

　　13710　清拓　2張

□遵造象題記

　　天保三年(552)八月八日　正書

　　13711　清拓　1張

　　著録：甸十一・二

楊哲造象記

　　天保三年(552)十一月二十日　正書

　　13712　清拓　1張

　　著録：甸十一・二

公孫村母人和卅一人造象題名

　　天保四年(553)二月二十日　正書　端

方藏石

　　13713　清拓　1張

　　著録：藝續一　甸十一・三

□□兒造白玉觀音象

　　天保四年(553)□月癸巳朔二十三日丁

卯(攷癸巳爲四月，丁卯當爲乙卯之誤)

正書

　　13716　清拓　1張

　　著録：藝續一　甸十一・四

張祖造象記李儉造象記

　　天保四年(553)四月　正書

　　13845　清拓　1張

　　著録：右叢二・三

李買造象記

　　天保四年(553)六月二十五日　正書

　　13714　清拓　1張

　　著録：藝二・三○　瓊二十・七　右叢

二・四

劉思祖造象記

　　天保四年(553)八月二十三日　正書

　　13715　清拓　1張

張氏郝造象記

　　天保五年(554)正月二十五日　正書

端方藏石，後歸鄭文焯

　　13717　清拓　2張

　　著録：藝二・三○　羅録上・十九　彙

三補遺・十六

馬阿顯造象記

　　天保五年(554)二月二十日　正書

　　13718　清拓　1張　天津姚氏舊藏

蔡元興等造象題名

　　天保五年(554)四月二日　正書

　　13719　清拓　1張

殷雙和造象題名

　　天保五年(554)四月　正書

　　13720　清拓　1張

比丘尼静恭等廿餘人造象記

　　天保五年(554)五月十四日　正書

13721　清拓　1張

邸樹仁爲女造寺並造祇桓精舍記
天保五年(554)七月十四日　正書
13722　清拓　1張
著録：匋十一・五

尼惠眾等十一人造象記
天保五年(554)□月十二日　正書
13724　清拓　1張
著録：通一五二・一一七

葛今龍造象記
天保五年(554)十一月□□日　正書
13723　清拓　1張
著録：匋十一・六　藝續一

江阿歡夫妻造象記
天保六年(555)六月二十五日　正書
13725　清拓　1張
著録：萃目一・四

報德象碑　又名"李清造報德象碑"
天保六年(555)七月一日　正書
10195　舊拓　1冊
著録：藝二・三〇　右十・四〇　楊圖
四・二　肙四・二六　孫録二・五〇　右
録一・二五　攈六・二七　彙十一・十一　竹
一・二五　續編二・七　瓊二十・八　右叢
二・四　廎・十三　續己　校　雪跋三・九
妙五・八　録補九・八二　增圖二・二〇一

邵神虎造象記
天保七年(556)三月八日　正書
13726　清拓　1張
著録：藝續一　匋十一・七

比丘□□造象題記
天保七年(556)七月十八日　正書
13727　清拓　1張
著録：藝續一　匋十一・七

亡女翟煞鬼石刻記
天保七年(556)八月八日　正書
13728　清拓　1張
著録：藝續一　匋十一・七

趙郡王高叡爲亡伯亡兄造象記
天保七年(556)閏月(閏八月)十五日　正書
13729　清拓　1張
著録：藝二・三〇　瓊二十・十三　趙
録二・十二　攈六・二七　彙三之二・二一
常二・二一　畿上・三

□□(疑爲鄒鳳)造象題記
天保七年(556)十二月十一日　正書
13732　清拓　2張
著録：匋十一・七　藝續一

造無量壽佛
天保七年(556)　正書
13730　清拓　1張
著録：語石四・一四四

陶長貴爲妻鄧氏造象
天保七年(556)　正書
13731　清拓　1張
著録：通一五二・一一二

法儀兄弟八十人造象記
天保八年(557)三月二十二日　正書
13733　清拓　1張
著録：匋十一・七　藝二・三〇　田目
續・一〇　山訪十一・五　通一五二・一〇
六　彙十補遺・二七

比丘寶演造象
天保八年(557)十一月十(下泐)　正書
13736　清拓　2張
著録：孫録二・五一

僧靜明等修塔造象碑　又名"邑子垣周等造象銘"
天保八年(557)十一月二十九日　正書

13735　清拓　1張

著録：瓊二一・一　藝二・三〇　孫録
二・五一

朱氏邑人造象題名　又名“朱靈振造象”

天保八年(557)十二月　正書

13737　清拓　1張

著録：萃目一・四　藝二・三〇　攈
六・二八　孫録二・五一　畿上・三　彙三
之二・七

比丘僧總智静造象題記

天保八年(557)十二月十□日　正書

13738　清拓　1張

著録：匋十一・九　藝續一

劉碑造象銘　又名“碑樓寺碑”

天保八年(557)　正書

13734　清拓　1張

著録：瓊二一・七　萃三三・六　平再
續・五　藝二・三一　竹一・二五　攈六・
二八　孫録二・五〇　彙九之四・二三　校
中攷七・五　增圖二・二〇五　楊圖四・三
説嵩十四・九　乾隆四十四年河南府誌一一
〇・十　登封縣誌三十・十六

宋敬業等造象　又名“廣固南寺大眾造寶塔頌”

天保九年(558)三月六日　正書

13739　清拓　1張

著録：藝二・三一　羅録上・十九　田
目續・十　攈六・二八　匋十一・九　山訪
十二・七　增圖二・二〇七　田目再續・十
四　瓊二一・十三　彙十之三・二二　通一
五二・一一七　校

僧道勝造象記

天保九年(558)四月八日　正書

13740　清拓　1張

著録：藝續一　匋十一・十

秦㚤伽造象記

天保九年(558)十一月二十八日　正書

13741　清拓　1張

著録：藝續一　匋十一・十三　夢
五・十

龍興邦等造象記

天保十年(559)六月八日　正書

13742　清拓　1張　陶湘舊藏

文海琛妻周雙仁等造象題名

天保十年(559)七月四日　正書

13744　清拓　2張

著録：匋十一・十三　藝續一

比丘道朏造象

天保十年(559)七月十五日　石已裂,歸
日本

13743　清拓　1張

著録：萃三三・七　藝二・三一　攈
六・二九　孫録二・五一　雪・八二　平
三・三　金石一跋四・一　阮山十・一　田
目・十一　濟續十九・四八　通一五二・
九二

法明等造象記

天保□年□月九日　正書

13745　清拓　1張

著録：藝續一

乾明殘造象題記

乾明元年(560)三月八日　正書

13746　清拓　1張

比丘僧邑義(下缺)造象

乾明元年(560)七月十五日　正書

13747　清拓　1張

著録：藝二・三一　攈六・二九　瓊二
一・十五　通一五二・七八　彙十之二・六
五　攀十一・二一　趙録二・十二　田目
續・十　山訪七・一　臨沂十二・七

比丘僧法延造象題記

皇建二年(561)四月二十三日　正書

13748　清拓　1張

著録：通一四九・六一　藝續一　彙三之二・七　匋十二・一

王良伯兄弟造象記

皇建二年(561)五月十五日　正書
13749　清拓　1張
著録：藝續一　匋十二・二

陳神忻七十二人等造象題名

皇建二年(561)五月二十五日　正書
13750　清拓　2張
著録：藝二・三二　右叢二・九　彙十一補遺・二

比丘僧遵造象題名

皇建二年(561)九月十五日　正書
13751　清拓　1張

許儁卅人造象記

皇建二年(561)十月三十日　正書
13752　清拓　1張
著録：藝二・三二　瓊二一・二二

宋容福造多寶象題記

河清元年(562)二月一日　正書
13753　清拓　1張
著録：藝續一　匋十二・四

法儀百餘人造象記

河清元年(562)□月二日　正書
13754　清拓　1張
著録：藝二・三二　瓊二一・二五

阿鹿交村七十人等造象記

河清二年(563)二月十七日　正書
13755　清拓　2張
著録：藝二・三二　羅録上・二〇　右叢二・十六

僧曇欽造象記

河清二年(563)五月十七日　正書
13756　清拓　1張　陶湘舊藏
著録：攈六・三〇　歷一・二七　通一

五二・七八　夢四・十五

比丘法神造象記

河清二年(563)八月十五日　正書
13757　清拓　1張
著録：彙九之四・十三　鞏十九・四三　夢四・十四

梁康等七十人造象並側

河清二年（563）八月二十七日　正書
石在巴黎博物院
13758　清拓　4張

牛永福等造象題名

河清三年(564)二月八日　正書
13759　清拓　1張

比丘凝玄造象記

河清三年(564)四月四日　正書
13760　清拓　2張　（一1）粵東四賢同審
著録：藝續一　宣統三年番禺縣續誌三・三六

張轉興等造象記

河清三年（564）三月二十八日　正書
在淇縣
13761　清拓　1張
著録：藝續一　河録六・五　朔目五・五　循跋下・八　河目上・四　綴跋・四

董淵等造象記

河清三年(564)　正書
13762　清拓　1張
著録：藝二・三二　匋十二・四

朱曇思等一百人造象記

河清四年(565)三月四日　正書
13763　清拓　1張
著録：孫録二・五二　交三・二四　萃三三・九　山訪十二・十　攈六・三一　平三・五　彙十之三・三七　面乙・二六　橋一・十七　通一五一・三七　歷一・二七

王邑師道等造象碑並陰側

河清四年(565)三月八日　正書
13764　清拓　4張
著録：匋十二・五　藝續一

王惠顯等廿人造象記

河清四年(565)三月二十七日　正書
端方藏石
13765　清拓　2張
著録：藝二・三二　匋十二・九

姜興紹等造象並陰側

河清(下洷)癸卯朔十五日　正書　石已
流入國外
13766　清拓　4張

嚴□順兄弟造龍華四面佛龕象記

天統□年(趙録作元年,565)五月十五日
正書
13800　清拓　1張
著録：藝二・三三　瓊二二・三　趙録
二・十三　匋十二・十八　彙十之三・二二
田目續・十一　通一五二・一一八　光緒三
十三年益都縣誌卷二六

法義優婆姨等造象記　又名"吳蓮花等造象"

天統元年(565)七月十五日　正書
10121　1册(六石合册)
13767　清拓　1張
著録：藝二・三二　濰三八・三七

李保濟造象記

天統元年(565)九月四日　正書
13768　清拓　1張

姜簒造象記

天統元年(565)九月八日　正書　河南
偃師出土
10198　舊拓　1册
13769　清拓　1張

著録：萃三四・二　藝二・三三　楊圖
四・五　孫録二・五二　竹一・二六　宜
二・九　擴六・三一　彙九之四・一　校
中記一・二〇　有・十三　偃上・十三　增
圖二・二一一　平三・六　雪・八五　偃補
二・一

比丘思□造象

天統元年(565)十月十八日　正書
13770　清拓　2張
著録：藝續一

天統殘造象

天統元年(565)十月三十日　正書
13771　清拓　1張
著録：夢四・十四

□喬陵造象

天統元年(565)　正書
13772　清拓　1張

比丘道敬造象題記

天統二年(566)二月九日　正書
13773　清拓　1張
著録：擴六・三一　彙九之四・十三
夢四・十四　鞏十九・四三

僧護造象殘石

天統二年(566)二月十八日　正書
13774　清拓　1張
著録：擴六・三一　彙九之四・十三
夢四・十四　鞏十九・四三

比丘惠慶造象記

天統二年(566)三月十二日　正書
13776　清拓　1張
著録：擴六・三一　彙九之四・十三
夢四・十四　鞏十九・四三

劉敬默造象記

天統二年(566)三月二十三日　正書
13775　清拓　1張
著録：藝續一　匋十二・十三

秋進和造象記

　　天統二年(566)四月七日　正書
　　13777　清拓　1張
　　著錄：攈六・三一　彙九之四・十三
夢四・十四　羣十九・四四

張秋等六人造象記

　　天統二年(566)四月二十日　正書　端
方藏石
　　13778　清拓　1張
　　著錄：匋十二・十四

路阿水兄弟造象記

　　天統二年(566)六月十一日　正書　端
方藏石
　　13779　清拓　1張
　　著錄：藝續一　匋十二・十四

南子胤造象記

　　天統二年(566)七月十五日　正書
　　13780　清拓　1張

紀僧諧造象記

　　天統三年(567)正月十二日　正書
　　13781　清拓　1張
　　著錄：瓊二二・六　藝二・三三　攈
六・三二　彙十之三・二二　通一五二・一
一八　平三・六　孫錄二・五三　益一・十
四　山訪十二・一　光緒三十三年益都縣誌
卷二六　阮山十・九

韓永義等造七佛寶堪碑　又名：一、王小
貴暨合邑諸人造七寶佛堪象碑　二、合邑諸
人造佛堪銘

　　天統三年(567)三月十五日　正書
　　13782　清拓　3張　(一1)(一2)係布
質全拓,可貴
　　著錄：萃三四・一　藝二・三三　孫錄
二・五三　竹一・二六　攈六・三二　平
三・六　潛目一・十　彙九之四・一　偶補
二・二

宋買等造象記

　　天統三年(567)四月八日　正書
　　13783　清拓　2張　(一2)況周頤舊藏
　　著錄：藝二・三三　瓊二二・七　萃三
四・二　攈六・三二　平三・六　彙九之
四・一　孫錄二・五三　匋十二・十四　偶
上・十五　偶補二・四　潛目一・十　增圖
二・二一四

張静儒等造象記

　　天統三年(567)五月二十七日　正書
石在巴黎圖書館
　　13784　清拓　2張
　　13785　清拓　2張
　　著錄：匋十二・十六　藝二・三三　緣
四・四七

姚景等卅人造象記

　　天統三年(567)十月八日　正書
　　13786　清拓　1張
　　著錄：藝續一

鄭暈業造象題記

　　天統四年(568)正月三日　正書　黃縣
丁氏藏石
　　13787　清拓　1張

魏顯明造象記

　　天統四年(568)二月十五日　正書
　　13788　清拓　1張
　　著錄：攈六・三二　彙九之四・十三
夢四・十四　羣十九・四三

比丘法朗等造象

　　天統四年(568)四月二十五日　正書
　　13789　清拓　2張

程繼伯等四十九人造象

　　天統四年(568)七月十五日　正書
　　13790　清拓　1張

逢略造象

　　天統四年(568)九月四日　正書

164

13791　清拓　1張

天統四年九月十五日造象
天統四年(568)九月十五日　正書
13792　清拓　1張

郭鐵造象記
天統四年(568)十二月□日　正書　端方藏石，後石不知所在
13793　清拓　2張
著録：匋十二・十七　藝續一

張仲連造象
天統五年(569)二月一日　正書
13794　清拓　1張

孫旿卅人等造象碑並側
天統五年(569)□月庚申朔(考爲四月)十五日　正書
13797　清拓　1張
著録：宜二・九　硯七・六　藝二・三三　攄六・三二　山訪七・一　彙十之二・六五　趙録二・十三　攀十一・二二　通一五二・七八　臨沂十二・八

陳紹邕造象
天統五年(569)五月五日　正書
13795　清拓　1張

棲閑寺六十人造象並側　又名"陃赤齊碑"
天統五年(569)九月十四日　正書
13796　清拓　1張
著録：攄六・三二　趙録二・十三　攀十一・二二　通一五二・七八　彙十之二・六五　山訪七・一　臨沂十二・九

郭市和造象
天統五年(569)十月二十日　正書　端方藏石
13798　清拓　1張
著録：匋十二・十七

韓道□造象記
天統六年(570)七月十五日　正書
13799　清拓　1張

董洪達等造象並側　又名：一、馮暉賓造象　二、少林寺碑
武平元年(570)正月二十六日　正書
10199　舊拓充宋拓　1冊(兩種合冊)梁章鉅跋
13801　清拓　2張
著録：瓊二二・十五　藝二・三三　中記一・二三　彙九之四・二四　孫録二・五三　竹一・二六　攄六・三三　平三・七　廎・十五　雪跋三・十三　字二・十七　萃三四・五　增圖二・二一五　跋三・十一　金石一跋四・一　録補九・八四　宜二・九　中攷七・六　妙五・八　曝四八・九　説嵩十四・十　潛目一・十　登封縣誌三十・十六　乾隆四十四年河南府誌一一〇・十一

慕姜公象碑
武平元年(570)十一月十五日　正書
13803　清拓　1張

薛匡生造象記
武平元年(570)　正書
13802　清拓　1張
著録：阮山十・十一　平三續上・七　瓊二二・十七　孫録二・五四

馬祠佰夫妻造象題記
武平二年(571)四月八日　正書
13804　清拓　1張

慕容士建等造象記
武平二年(571)六月八日　正書
13805　清拓　1張
著録：藝二・三四

比丘尼道外造象記
武平二年(571)九月十五日　正書
13807　清拓　1張
著録：匋十三・五

邑師比丘僧道略等三百餘人造象題名

武平二年(571)九月十五日　正書

13808　清拓　3張　(一3)係布拓

著録：萃三四·七　藝二·三四　孫録
二·五四　竹一·二七　宜二·十　攈六·
三三　彙九之四·一　平三續上·七　平
三·八　偃上·十六　增圖二·二一五　偃
補二·六　潛目一·十

石永興等造象記　又名"石方憘造象"

武平二年(571)十一月二十七日　正書

13809　清拓　1張

著録：攈六·三三　瓊二二·十五　橋
一·十七　彙九之四·二四　孫録二·五四
萃目一·五　平三·九

興聖寺諸葛始興等造象

武平三年(572)三月十八日　正書

13810　清拓　1張

著録：瓊二二·十九　求一·三五

傅醜傅聖頭造盧舍那象

武平三年(572)五月二十四日　正書
東武王氏藏石

13811　清拓　1張

著録：藝二·三四　山訪十三·十九
田目續·十　羅録上·二〇　彙十之三·四
九　通一五二·一一八

比丘曇山合邑等造象題記

武平三年(572)九月十二日　正書

13814　清拓　1張

著録：瓊二十·三一

曹臺眷屬造像題記

武平三年(572)十一月一日　正書

13812(一1)　清拓　1張

著録：藝二·三四　田目再續·十五

王馬居造象題記

武平三年(572)十一月一日　正書

13812(一2)　清拓　1張

著録：藝二·三四　田目再續·十五

趙桃科妻劉造象題記

武平三年(572)十二月十八日　正書

13813　清拓　2張

著録：萃三四·九　平三·十一　瓊二
〇·三二　孫録二·五五

雹水村比丘暈禪師等五十人造象記

武平三年(572)□月二十三日　正書

13815　清拓　1張

婁定遠像碑　又名：一、臨淮王像碑　二、南陽寺碑

武平四年(573)六月二十七日　隸書

11106　清乾隆拓　1張

著録：孫録二·五五　藝二·三四　授
續二·八　萃三五·一　平三·十　竹一·
二七　山訪十二·一　攈六·三四　彙十之
三·二三　金石二二·七　寶叢一·二八
字二·十五　跋三·十三　校　瓊二二·二
五　益一·十五　阮山十·十五　存十一·
十八　田目·十三　天一·四　通一五二·
一一八　潛目一·十一　清楊峒書巖賸稿·
十六

般石合村邑義人造象題名

武平四年(573)七月二十二日　正書

13816　清拓　1張

著録：藝二·三五

賈市蘭造象題記

武平四年(573)八月二日　正書　端方
藏石

13817　清拓　1張

著録：匋十三·八　藝續一

賈思業造象記

武平四年(573)十一月三十日　正書

13818　清拓　1張

董嵩雲等造象題記

武平五年(574)三月十六日　正書

13819　清拓　1張

楊遵善造象記
　　武平五年(574)三月　正書
　　13820　清拓　1張
　　著録：右叢二・二〇

張思伯造象記
　　武平五年(574)四月十二日　正書　端
方藏石
　　13821　清拓　1張
　　著録：匋十三・八　藝續一　彙九之
一・四〇

比丘道軌率道俗百人造象
　　武平五年(574)七月二十二日　正書
　　13822　清拓　1張
　　著録：藝二・三五　羅録上・二一　彙
十補遺・十六　山訪六・十七

馬姸造象
　　武平五年(574)九月二十一日　正書
　　13823　清拓　1張

等慈寺殘造塔銘
　　武平五年(574)十月　正書　在濟南千
佛山
　　11107　清拓　1張　徐乃昌舊藏
　　13824　清拓　1張　附陳運彰跋二頁
　　著録：藝二・三五　硯續六・二六　瓊
二二・三〇　竹一・二七　彙九之四・十三
金石一跋四・二　平三・十一　孫録二・五
五　擴六・三五　中記一・二四　廎・十六
古墨二・四〇　萃三五・三

比丘惠遠造象記
　　武平六年(575)三月一日　正書
　　13832　清拓　1張
　　著録：藝二・三五

賈豚造象記
　　武平六年(575)四月十五日　正書
　　13825　清拓　2張

延市生造象記
　　武平六年(575)五月十五日　正書
　　13826　清拓　1張
　　著録：匋十三・十三　藝續一

比丘尼圓照圓光姊妹造象記
　　武平六年(575)五月二十六日　正書
　　10117　舊拓　1册(十八種合册)　陸
恢舊藏
　　13827　清拓　1張
　　著録：平再續・六　藝二・三五　金石
一跋四・二　孫録二・五五　通一五二・五
八　彙三之二・七　萃目一・五　擴六・三
五　竹一・二七　畿上・三

都邑師道興造象並治疾方並陰　又名
"孫登石室藥方碑"
　　武平六年(575)六月　正書　在藥方洞
　　10182　1册(三種合册)
　　10199　舊拓充宋拓　1册(兩種合册)
梁章鉅跋
　　11112　清拓　3張
　　13860　清拓　2張
　　著録：字二・十五　中記一・二三　金
石一跋四・二　安陽二・十六　瓊二十・三
三　萃三五・三　平三・十一　宜二・十
續編二・十一　孫録二・五五

妙□造象記
　　武平六年(575)六月　正書
　　13828　清拓　2張

龍門山遊達摩等造象題名
　　武平六年(575)十月十一日　正書
　　13829　清拓　1張
　　13830　清拓　1張
　　著録：瓊二十・三六　孫録二・五五

鞏舍合邑二十二人造象題記
　　武平六年(575)　正書
　　13831　清拓　1張

孟阿妃造象記

武平七年(576)二月二十三日　正書

13833　清拓　2張

著録：萃三五・六　潛目一・十一　中記一・二三　孫録二・五五　彙九之四・一攄六・三六　平三・十二　偃上・十八

王景良造象題記

武平七年(576)八月三日　正書　端方藏石

13834　清拓　1張

著録：匋十三・十四　藝續一

劉□造象記

武平七年(576)九月　正書

13835　清拓　1張　況周頤、陳運彰舊藏

馬天祥等造象碑　又名"無窮尊師造象碑"

武平九年(578)二月二十八日　正書

13836　清拓　2張　(一2)係翻刻

著録：瓊二二・三四　萃三五・六　存十一・二三　孫録二・五六　增圖二・二二一　藝二・三五　楊圖四・六　攄六・三六　古墨二・四〇

張思文等造象題記

承光元年（577）正月十五日　正書　石佚

13837　清拓　4張

著録：藝二・三五　孫録二・五六　瓊二二・三五　阮山十・二三　彙十之三・四九　夢五・十　山訪十二・十七　田目・十五　授續二・九　通一五二・一一八　萃目一・五　潛目一・十一

洛州鄉城老人佛碑

大齊□□年正月二十一日　正書

11095　清拓　1張

著録：萃二七・一(考爲大魏太和十七年)　平二・二五　瓊十二・十八　中攷六・六　中記一・二四　潛目一・十一　孫録二・五七　藝四・一

袁清等造象題名

正書

13634　清拓　1張

著録：藝二・三六

張万年造象記

正書　端方藏石

13658　清拓　1張

13842　清拓　1張

著録：匋十三・十六

吳洛族供佛碑

正書

13838　清拓　1張

著録：偃上・二一　萃三五・六　藝二・三六　孫録二・五六　雪一・八六　竹一・二八　平三・十二　彙九之四・一　攄六・六一　偃補二・十六

許始等四面造象碑

正書

13839　清拓　3張　有許翰題跋　(一3)缺正面石

著録：平再續・六　萃目一・五　孫録二・五七

比丘惠鑒造象題記

正書

13840　清拓　3張

著録：瓊二十・三七

田市仁等作象龕記

正書　端方藏石

13841　清拓　1張

著録：匋十三・十六

周萊女等造象記

正書　端方藏石

13843　清拓　1張

著録：匋十三・十六

張大寧造象記

正書　端方藏石

13844　清拓　1張　周慶雲舊藏
著録：匋十三·十四

邑子王清伓等造象題名
正書
13806　清拓　1張

常氏合族造象並陰側
正書
13846　清拓　4張

薛明洛等造象題名
正書
13847　清拓　1張

董元侯等造象
正書
13848　清拓　1張

比丘曇訓等造象題名
正書
13850　清拓　3張

習延超等造象
正書
13852　清拓　1張

比丘僧延等造象
正書
13853　清拓　1張

張阿龍等造象
正書
13855　清拓　1張

王白岳都煞鬼等造象題名
正書
13856　清拓　1張

清信女摩提等造象銘田昭照造象銘
正書
13857　清拓　1張

毛永貴蓋樹等造象題記
正書
13858　清拓　1張

北周

彊獨樂文帝廟造象碑　又名"北周文王廟碑"
明帝元年(557)八月二十日　正書
10213　舊拓　1冊　張祖翼舊藏並跋
11113　清拓　1張
著録：藝二·三七　瓊二三·一　苑
攈六·三六　彙十六之一·二三　趙録二·
十七　增圖二·二二三　錢保塘清風室文抄
四·十

故韋可敦比丘尼法造象記
武成元年(557)九月二十八日　正書
端方藏石
13872　清拓　1張
著録：藝續一　匋十四·一

馬落子造象題字
保定元年(561)四月三日　正書
10121　1冊(六石合冊)
13873　清拓　1張
著録：藝二·三七　攈六·三七　田目
再續·十七

秦國亟造象題記
保定元年(561)六月十一日　正書
13874　清拓　1張
著録：瓊二三·九

檀泉寺造象記　又名"絳州刺史龍頭城開府儀同三司豐利公弟子宇文貞造等身釋迦象"
保定二年(562)六月二十六日　正書
13875　清拓　1張　孫省伯舊藏
著録：右九·十一　右叢二·二四　光

緒六年聞喜縣誌補三・五　民國七年聞喜縣誌二十上・五

惠果寺造象

保定二年(562)　正書

13863　清拓　1張　徐樹蘭舊藏

著録：陝六・十九

李鸞熾造象記

保定五年(565)六月三日　正書

13862　清拓　1張

著録：匋十四・一

造象記

保定五年(565)七月六日　正書

13890　清拓　1張　字跡模糊難辨

追遠寺權彦等造象記

天和元年(566)七月二十五日　正書

13865　清拓　2張

宋金保等十七人造象

天和元年(566)十一月二十日　正書

13866　清拓　1張

著録：藝二・三七　關攷八・十六

句法襲爲亡妻魚恭姬造象

天和二年(567)六月十□日　正書

13891　清拓　1張

著録：西行・一六六　隴一・四一

比丘法明等七十人造象記　又名"弟子邑師僧糾合七十人等造象"

天和二年(567)□月庚子朔(考爲八月)二十一日　正書

13877　清拓　1張

13892　清拓　1張

著録：藝續一

庫汗安洛造象記

天和二年(567)九月十九日　正書　端方藏石

13876　清拓　1張

著録：藝二・三七　羅録上・二一　硯七・十六　匋十四・二　瓊二三・十九

王穎□造象

天和三年(568)二月八日　正書

13893　清拓　1張

薛迴顯爲亡父母造觀世音石象

天和三年(568)四月八日　正書　端方藏石

13878　清拓　1張

著録：匋十四・二　趙録二・十八　田目再續・十七　夢五・十

嚴萇造象記

天和四年(569)正月二十三日　正書　端方藏石

13879　清拓　2張

著録：匋十四・二

侯元賢造無上先君象

天和四年(569)二月二十七日　正書

13894　初拓　1張

清信女造象記

天和五年(570)三月十日　正書　端方藏石

13880　清拓　1張

著録：匋十四・三

司馬治中造象

天和五年(570)七月十八日　正書

13867　清拓　1張

著録：藝二・三八　田目再續・十七

白景造象題記

天和六年(571)十月二十六日　正書　端方藏石

13895　清拓　1張

著録：藝續一　匋十四・十　攈六・三八

比丘尼曇樂造象記

建德元年(572)四月十五日　正書　石流入日本

13868　清拓　1張

著録：藝二・三八　阮亨瀛洲筆談十二・一〇〇

邵道生造象記

建德元年(572)六月二十日　正書　端方藏石

13869　清拓　5張

著録：瓊二三・二一　匋十四・六　彙十之三・四九　彙十二補遺・五　攈六・三八　藝續一

李元海兄弟七人造象記並陰側

建德元年(572)九月十五日　正書

13870　清拓　1張

著録：增圖二・二二九

鄒道隆妻造象

建德元年(572)　正書

10121　1册(六石合册)

比丘智檦等造象記殘石

元年八月三十日　正書　端方藏石

13871　清拓　2張

著録：藝續一　匋十四・十

法襲爲亡妻魯恭姬造象記

正書

13669　清拓　1張

著録：隴一・四一

孔道乘等造象姓名記

正書　端方藏石

13881　清拓　1張

著録：藝續一　匋十四・十一

邑老陽成法洪等造象姓名殘石

正書　端方藏石

13882　清拓　1張

著録：匋十四・十一

高稾爲二子造象

正書　端方藏石

13883　清拓　2張

14805　1張

著録：匋十四・十五

寧靖造象記殘石

正書　端方藏石

13884　清拓　1張

著録：匋十四・十

造那犀那尊者象記

正書　端方藏石

13885　清拓　1張

著録：匋十四・九

張僧哲等造象記

正書　端方藏石

13886　3張　(一1)天津姚氏舊藏

著録：匋十四・十三

比丘曇利等造象

正書

13887　清拓　1張

著録：匋十四・十六

三聖宮平東將軍右銀青光禄等造象題名

正書

13889　清拓　4張

著録：關攷一・六

甄德造佛羅漢象題記

正書　端方藏石

13896　清拓　1張

著録：匋十四・九

王明月柳元貴等造象並陰側

正書

13888　清拓　4張

隋

豆盧通世子僧奴等造象記
開皇元年(581)四月八日　正書
13913　清拓　2張
著録：藝二・三八　右叢三・一　求
二・一　彙十一補遺・二

隆教寺四面造象碑
開皇二年(582)十一月十四日　正書
13673　清拓　3張
13914　清拓　1張
著録：滑縣金石録一・十(王蒲園纂民國
二十一年鉛印本民國重修滑縣誌本)

閿縣大興院造象
開皇三年(583)孟夏佛誕之辰(四月八
日)　正書
13915　清拓　1張

佛弟子□□□一百人等造碑象記並側
開皇三年(583)四月十五日　正書
13917　清拓　1張
著録：藝續一　匋十五・一

董静先造象
開皇三年(583)八月八日　正書
13916　清拓　1張

李惠猛妻楊静太造彌勒象記
開皇四年(584)八月十日　正書
13918　清拓　2張
著録：藝二・三九　趙録二・十九　歷
一・三〇　通一四九・十二　田目續・十三
山訪一・八　瓊二四・一　硯八・一　彙十
補遺・一

殷元暉造象
開皇四年(584)八月二十二日　正書

13920　清拓　1張
著録：瓊二四・一(作段元暉)　趙録
二・十九(作段元暉)

王他奴造象記　又名"佛座記"
開皇四年(584)九月二十日　正書
13919　清拓　1張　周慶雲舊藏
著録：關攷三・十一　雍一・九　關
一・九　攈六・四一　陝七・二　孫録二・
六二　藝續一

翊軍將軍順陽郡守□樹爲妄妻□□女華造象
開皇四年(584)九月二十一日　正書
13921　清拓　1張
著録：藝二・四〇　響録一・三一　趙
録二・十九　畿誌一四八・六四　攈六・四
〇　畿上・四　響・四　彙三之二・七五

樊敬賢漆拾人等造象
開皇五年(585)五月十日　正書
13923　清拓　2張
著録：增圖三・二三三

□太妻夏樹造彌勒象
開皇五年(585)七月七日　正書
13924　清拓　1張
著録：藝二・三九　趙録二・十九　歷
一・三一　山訪一・八　瓊二四・七　硯
八・一　田目續・十三　彙十補遺・一　通
一四九・十三

七帝寺玄凝等造象
開皇五年(585)八月十五日　正書
13925　清拓　1張
著録：民國二十三年定縣誌十八・十三

孫龍伯造象題名
開皇五年(585)九月十五日　正書
13922　清拓　1張

洞元子造象記
開皇六年(586)七月十五日　正書

10182　1册(三種合册)
著録:關攷三・十二

郭伯儁造象記
開皇六年(586)七月二十九日　正書
13926　清拓　1張
著録:藝二・四〇　攈六・四一　彙十之一・七六　瓊二四・十二

劉謙造象
開皇六年(586)十月十五日　正書
13927　清拓　1張

劉景茂造象
開皇七年(587)正月十五日　正書
10225　舊拓　1册(千佛山造象十一種)　況維琦舊藏,陳運彰題識
著録:藝二・四〇(作鄧景茂)　續編三・一　瓊二四・十八　孫録二・六三

樊尚造象記
開皇七年(587)二月三十日　正書　端方藏石
13928　清拓　1張　周慶雲舊藏
著録:藝續一　匋十五・四　攈六・四二

比丘尼静元等造象記
開皇七年(587)九月十五日　正書
13930　清拓　1張
著録:孫録二・六三　通一五二・二　阮山十・二九　田目・十七　彙十之一・二　攈六・四二　藝二・四一　硯八・五

王子華等造象
開皇七年(587)　正書
14403　清拓　1張
著録:藝二・四一　趙録二・十九　石泉　山訪三・十二　瓊二四・二四　攈六・四二　田目續・十三　彙十之一・五八

袁子才造象
開皇八年(588)四月八日　正書

13931　清拓　1張　元和錢氏舊藏
著録:藝二・四〇　響録一・二二　趙録二・十九　畿誌一四八・六五　攈六・四二　彙三之二・七六　響・四

時皆造象
開皇八年(588)五月十五日　正書
10225　舊拓　1册(千佛山造象十一種)　況維琦舊藏,陳運彰題識
著録:歷一・三四　攈六・四二　田目・十七　藝二・四一　續編三・一　彙十之一・二　瓊二四・十九　孫録二・六三　通一五二・二

王輝兒造象記
開皇八年(588)□月□亥朔二十一日己酉(考爲六月,己酉或爲己未之誤)　正書
13934　清拓　1張　寶漢樓舊藏
著録:藝二・四〇　響録一・三二　趙録二・十九　響・四　校　畿誌一四八・六五　畿上・四　攈六・四二　彙三之二・七六

殷洪纂造象記
開皇八年(588)八月八日　正書
13932　清拓　1張
著録:藝二・三九　山訪一・九　田目續・十三　羅録上・二一　彙十補遺・一　歷一・三一　通一四九・十三

王蘭菟造象殘記
開皇八年(588)八月八日　正書　端方藏石
13933　清拓　1張　周慶雲舊藏
著録:藝二・四〇　彙十之三・四九　匋十五・四　趙録二・十九　田目再續・十八　瓊二四・三〇　夢五・十　攈六・四二

管妃造象
開皇九年(589)三月二十三日　正書　端方藏石
13935　清拓　1張
13936　清拓　1張　周慶雲舊藏

著録：藝續一　匋十五・五

張暉造觀世音象
開皇九年(589)七月二十九日　正書
13937　清拓　1張
著録：藝二・三九　攗六・四二　瓊二
四・三一　趙録二・二〇

耿旭造象記
開皇九年(589)十一月二十三日　正書
端方藏石
13938　清拓　2張　(一2)周慶雲舊藏
著録：藝續一　匋十五・五

章仇禹生等造象　又名"涅盤經碑"
開皇九年(589)十二月七日　正書
13939　清拓　3張
著録：藝二・四一　楊圖四・十六　孫
録二・六三　通一五〇・六〇　增圖三・二
四〇　竹一・三八　山訪六・十九　跋三・
二〇　阮山十・三〇　瓊二四・三一　攗
六・四三　田目・十七　刻　彙十之二・
四五

訾益多兄弟四人等造象
開皇十年(590)正月十五日　正書
13940　清拓　1張

李景崇造象
開皇十年(590)八月八日　正書
10225　舊拓　1冊(千佛山造象十一
種)　況維琦舊藏,陳運彰題識
13929　清拓　1張　寶漢樓舊藏
著録：藝二・四一　竹一・三五　歷
一・三四　瓊二四・十九　硯八・四　攗
六・四三　田目・十七　續編三・一　孫録
二・六三　通一五二・二

安永照造象
開皇十一年(591)五月十九日　正書
10225　舊拓　1冊(千佛山造象十一
種)　況維琦舊藏,陳運彰題識
著録：藝二・四一　瓊二四・二〇　彙

十之一・二　田目續・十四　通一五二・三
山訪一・八　攗六・四四　歷一・三五

宋叔□造象
開皇十一年(591)五月二十三日　正書
10225　舊拓　1冊(千佛山造象十一
種)　況維琦舊藏,陳運彰題識
著録：藝二・四一　趙録二・二〇　彙
十之一・二　彙十補遺・二五　田目續・十
四　瓊二四・二一　山訪一・二　續編三・
一　歷一・三五　攗六・四三　通一五
二・三

易州易縣固安凌雲鄉民造玉石象　又名
"馬長和造象"
開皇十一年(591)　正書
10226　1冊
著録：羅録上二・二　藝二・四二　彙
十補遺・十

侯延造象
開皇十二年(592)三月□日　正書
13941　清拓　1張

比丘尼□總造象記
開皇十二年(592)五月八日　正書　端
方藏石
13942　清拓　1張　周慶雲舊藏
著録：藝續一　匋十五・六

皇甫鳳詳造象記
開皇十二年(592)　正書
13943　清拓　1張
著録：匋十五・八　田目續・十四　山
訪十二・十九　彙十補遺・二五　羅録上・
二二　藝續一　通一五二・一一九

吳□造象
開皇十三年(593)三月□三日　正書
10225　舊拓　1冊(千佛山造象十一
種)　況維琦舊藏,陳運彰題識
著録：藝二・四一　歷一・三五　橋
一・十八　田目續・十四　彙十之一・二

楊小□造石浮圖記　又名"佛弟子楊小娘（或作楊小懷）造象"

開皇十三年(593)三月(或作五月)二十八日　正書

13945　清拓　1張

著録：藝二・四二　趙録二・二一　彙三之二・二〇　常三・三二

羅寶奴造象記

開皇十三年(593)五月二日　正書　端方藏石

13944　清拓　1張

著録：藝二・三九　羅録上・二二　歷一・三三　通一四九・十四　彙十補遺・二一　山訪一・九　硯八・八

楊文蓋造象

開皇十三年(593)九月十三日　正書

10225　舊拓　1册(千佛山造象十一種)　況維琦舊藏,陳運彰題識

著録：歷一・三六　瓊二四・二一　續編三・一　山訪一・二　藝二・四一(作湯文蓋)　田目續・十四　攈六・四四　孫録二・六五　彙十之一・二　通一五二・三

張伏保造彌勒象

開皇十四年(594)二月五日　正書

13946　清拓　1張　元和錢氏舊藏

著録：匋十五・九

劉醜軹造象

□□□四年歲次甲寅(考爲開皇十四年,594)十月十三日　正書　端方藏石

13947　初拓　2張　(―2)周慶雲舊藏

著録：匋十五・九　藝續一　通一五二・一〇七　濰三八・四〇

女花從等造象

開皇十五年(595)正月十五日　正書

10225　舊拓　1册(千佛山造象十一種)　況維琦舊藏,陳運彰題識

著録：彙十之一・二　孫録二・六五　通一五二・三　瓊二四・二二　田目續・十

五　藝二・四一　續編三・一　歷一・三六　山訪一・二　攈六・四四

孟清等造象記　又名"張洪亮等造尖光象"

開皇十五年(595)四月己丑朔□日丙申(考爲八日)　正書

13949　清拓　1張

著録：藝二・四三　益一・二三　山訪十二・一　通一五二・一一九　阮山十・三三　跋三・二一　平三・十八　瓊二五・二一　攈六・四五　田目・十五　彙十之三・二四　橋一・十八　潛目一・十二　光緒三十三年益都縣誌卷二六

裴慈明等造象題名

開皇十□年歲次乙卯□月戊□□□四日辛□(考爲十五年五月或六月)　正書

13956　清拓　1張

著録：藝二・四三

陳黑闥造象

開皇十六年(596)二月十一日　正書

13950　清拓　1張

著録：羅録上・二二　硯八・九　通一五二・三　增圖二・三四一　田目續・十五　山訪一・十　彙十補遺・四

正解寺造象記　又名"崇固寺造彌勒大象記"

開皇十六年(596)四月八日　隸書

13952　清拓　1張

著録：畿誌一四四・十　趙録二・二五　寶叢六・三八　金石三・五　彙三補遺・十六　攈六・四六　彙三之二・四六　民國二十三年定縣誌十八・十五

李氏象碑

開皇十六年(596)七月二十日　正書

10224　舊拓　1册　多字本,俞粟盧舊藏

著録：藝二・四四　求二・三　彙三補遺・三一　寶叢二十・三〇　金石三・六

高煥章造象記
開皇十六年(596)孟夏吉辰　正書
14330　清拓　1張

李伯達造象記
開皇十八年(598)二月十三日　正書
13953　清拓　1張

牛□□母郎小妃爲亡女保兒造象
開皇十八年（598）六月□□□六日正書
13954　清拓　1張
著錄：藝續一

澧水石□橋靈累文碑
考爲開皇十八年(598)　正書
13972　清拓　1張
著錄：藝二・四四　授續二・十二　孫錄二・六五　萃四十・二　彙三之二・六五潛目一・十二　攈六・四五　求二・四　光緒十九年南和縣誌卷三・古跡

張峻毋恒造象記
開皇二十年(600)十月八日　正書
13957　清拓　1張
著錄：趙錄二・二二　彙十補遺・二二歷一・三三　瓊二六・十四　田目續・十五藝二・三九　硯八・十二　山訪一・九　通一四九・十五

岐州歧山縣鳳泉寺舍利塔銘
仁壽元年(601)十月十五日　正書
10220　染舊充宋拓　1册（四種合册）梁章鉅跋
10221　翻刻初拓　1册（附天寶七載陀羅尼神呪）
11594　清拓　1張
著錄：藝二・四四　彙十二之二・四一二泉鄉人稿十・三　關攷十・六　隋上・三續編三・四　陝七・八　古銅・二　平再續・八　趙錄二・二三

青州逢山縣勝福寺舍利塔銘
仁壽元年(601)十月十五日　隸書　孟弼書
10220　染舊充宋拓　1册（四種合册）梁章鉅跋
11595　清拓　1張
著錄：藝二・四四　萃四十・三　孫錄二・六六　通一五二・一一九　增圖三・二五〇　瓊二六・二四　竹一・三六　平三・十九　潛目一・十二　跋三・二四　阮山十・三四　攈六・四六　匋十六・一　田目・十八　錄補九・八六　益一・二五　彙十之三・二四　光緒三十三年益都縣誌一・二六

京兆大興縣龍池寺舍利塔記
仁壽元年(601)十月十五日　正書
11593　清拓　1張
著錄：趙錄二・二三　攈六・四六　彙十二補遺・一　瓊二六・二四

番州弘教寺舍利塔銘
仁壽元年(601)　正書　後人集歐陽詢《皇甫誕碑》字
11596　清拓　1張　張祖翼舊藏
11597　清拓　1張　剪裱
著錄：趙錄二・二二

鄧州大興國寺舍利塔銘
仁壽二年(602)四月八日　正書
10220　染舊充宋拓　1册（四種合册）梁章鉅跋
11598　清拓　1張
著錄：藝續　萃四十・四　楊圖四・二三　中記一・二四　孫錄二・六六　跋三・二五　增圖三・二五〇　竹一・三六　平三・二〇　攈六・四七　潛目一・十二　彙九之一・一

潞州壺關縣梵境寺舍利塔銘
仁壽二年(602)四月八日　隸書
11601　清拓　1張
著錄：光緒十九年長治縣誌四・八　右

信州金輪寺舍利塔銘

仁壽二年(602)四月八日　正書
11602　清拓　2張
著録：羅録上・二二　彙十六補遺・二七　瓊二六・二五　藝文六・四

薛鳳頑等造象碑

仁壽二年(602)四月八日　正書
13958　清拓　1張

許曇昞等造象

仁壽二年(602)八月九日　正書
13959　清拓　1張

邑子廿六人等造象

仁壽三年(603)二月八日　正書
13960　清拓　1張

姚伯兒造象

仁壽三年(603)九月十日　正書
13961　清拓　1張
著録：夢五・十

東作大寺卅七人造象

仁壽三年(603)十月十七日　正書
13962　清拓　1張

梓州昌城牛頭山寺舍利塔銘並額

仁壽四年(604)四月八日　正書
11599　清拓　1張　未刻跋
11600　清拓　1張　已刻跋
著録：藝二・四五　況周頤西底叢談十七　雪跋三・二一　唐風・四八

廉州柏肆縣花成寺造塔記

仁壽四年(604)三月丙寅(當爲四月)八日癸酉　正書
13963　清拓　2張

僧修□等造象

大業元年(605)二月二十六日　正書

端方藏石
13964　清拓　1張　周慶雲舊藏
著録：藝二・四五　匋十六・三

李淵造象　又名：一、“唐高祖造象記” 二、“李淵爲子祈疾疏”

大業二年(606)正月八日　正書　端方藏石
13965　清拓　2張
著録：藝二・四五　匋十六・四　萃四十・四　竹一・三七　孫録二・六六　雍一・十　關一・十二　妙五・二七　來中・一　字二・二〇　鑴一・十七　關中・七　陝七・十二　攈六・四八　録補九・八七　瓊二六・二七　平三續上・八　半下・四　關攷六・三八　彙十二之一・八六

朱妃造玉象記

大業二年（606）七月二十六日　正書
端方藏石
13982　清拓　2張　(一2)周慶雲舊藏
著録：藝續　匋十六・六

甄大伽造玉象

大業二年（606）九月三日　正書　端方藏石
13983　清拓　1張(兩種合托)
著録：藝續　匋十六・六

和彥造象記

大業四年(608)四月三十日　正書
13981　清拓　1張
著録：攈六・四八　彙十之三・五〇　瓊二七・一

張貳息造象記

大業四年(608)八月十五日　正書　端方藏石
13983　清拓　1張(兩種合托)
13984　清拓　1張　周慶雲藏本
著録：藝續　匋十六・九　趙録二・二三　瓊二七・一　攈六・四八　彙三之二・九

黃法暾造象

大業六年(610)十二月二十八日　正書
13966　清拓　1張
著録：藝二・四五　硯八・十九　瓊二七・八　彙十六補遺・八　趙録二・二四　攈六・四九

李君晉(辯)造象

大業七年(611)九月二十四日　正書
13967　清拓　1張
著録：藝二・四〇　響録・一四五　羅録上・二二　攈六・四九　響・六　硯八・十九　畿誌一四八・六六　畿上・五　河録五・三　朔目四・三　彙九之二・十八　瓊二七・十

丙子歲芝岑清造象

考爲大業十二年(616)　正書
13978　清拓　1張

梁□仁造象

大業十三年(617)十月十五日　正書
13968　清拓　1張
著録：孫録二・六七

韓乃洞造象記

大業(下渤)　正書
13970　清拓　4張

河東郡首山栖岩道場舍利塔碑

考爲大業中(或作仁壽二年,四年)正書
10219　染舊充宋拓　1冊　梁章鉅跋
10220　染舊充宋拓　1冊(四種合冊)梁章鉅跋
11135　清拓　4張　碑陰唐人詩刻
著録：藝二・四五　竹一・三六　孫録二・六六　九甲・五六　求二・五　攈六・四七　瓊二六・二八　彙十一之一・三一　增圖三・二五一　右叢三・二三　香　續編三・四　廎・二二

唵嘛呢吧彌吽六字

10225　舊拓　1冊(千佛山造象十一種)　況維琦舊藏,陳運彰題識
著録：藝二・四一　田目・十七　通一五二・三　彙十補遺・二　瓊二四・二二　歷一・三六

解省躬題字

10225　舊拓　1冊(千佛山造象十一種)　況維琦舊藏,陳運彰題識
著録：藝二・四一　瓊二四・二二　通一五二・三　彙十之一・二　趙録二・二二　田目・十七　攈六・五〇　山訪一・二　歷一・三六

佚名殘刻

10225　舊拓　1冊(千佛山造象十一種)　況維琦舊藏,陳運彰題識
著録：瓊二四・二二

張平吳等造象記殘石

正書　端方藏石
13971　清拓　1張　周慶雲舊藏
著録：匋十六・十九

鎮西大將軍等造象殘字

正書
13986　清拓　1張
著録：瓊二八・十四

楊顯等造象記

正書
13988　清拓　1張
著録：瓊二八・二四　趙録二・十五(作北齊)

盧義基造象題字

正書
13989　清拓　1張
著録：瓊二八・二三

陳氏造象題名

正書

13951　清拓　4張

牛令香造象
正書
13955　清拓　1張

管明妃等三十二人造象
正書
13973　清拓　1張　邵裴子舊藏

趙阿令等造象題名
隸書
13974　清拓　1張　邵裴子舊藏

王敬伯等造象題名
正書
13975　清拓　1張

史昌造象題記
正書
13977　清拓　1張

藺獻伯等造象題名
正書
13979　清拓　1張

龍徧興等造象題名
正書
13980　清拓　1張

劉氏四龕造象題名
正書
13985　清拓　1張

唐

武德五年二月造象
武德五年(622)二月二十九日　正書
13990　清拓　1張　徐乃昌舊藏

明相揔持造象記
貞觀十二年(638)二月二十六日　正書
13991　清拓　1張(四種)
13993　清拓　1張
著錄：藝三・十三　孫錄三・七〇

王吉祥造象題記
貞觀十三年(639)八月五日　正書
13991　清拓　1張(四種)
13992　清拓　1張
著錄：藝三・十三　瓊三十・十六　孫
錄三・七〇

豫章公主造象
貞觀十五年(641)三月十日　正書
13991　清拓　1張(四種)
著錄：硯九・三　藝四・一

楊夫人阿史那氏造象
貞觀十五年(641)四月　正書
13996　清拓　1張

岑文本岑嗣宗造象
貞觀十五年(641)六月五日　正書
13994　清拓　1張
著錄：藝四・一

清信女妙光造象
貞觀十五年(641)七月六日　正書
13995　清拓　1張

伊闕佛龕碑　又名"三龕記"
貞觀十五年(641)十一月　正書　岑文
本撰,褚遂良書
10270　明拓　1冊　較近拓多30字
11162　清拓　1張　"梅"字初泐本
著錄：藝四・六　楊圖五・十　鈔三・
二六　古墨三・五〇　清二・四二　萃四
五・五　瓊三十・十七　廣跋四・七〇　孫
錄三・七一　中記二・二七　錄續五・五四
平四・七　集五・十　竹二・三　潛目二・
一　金石二跋一・二　攈七・三　瓶四・六
彙九之三・二〇

楊僧威等造象

貞觀十八年(644)八月二十四日　正書
13997　清拓　1張
著録：孫録三・七一　藝四・一

張世祖造象記

貞觀二十年(646)三月二日　正書
13998　清拓　1張(三種)
13999　清拓　1張
著録：藝三・十三　瓊三十・十九　孫録三・七一(作張世相)

韓文雅及妻唐造象記

貞觀二十年(646)五月五日　正書
13998　清拓　1張(三種)
14242　清拓　1張
著録：瓊三十・十九(作五月四日)　孫録三・七一(作韓文柜)　藝四・二

楊叔崇妻王造象

貞觀二十年(646)十月　正書
13998　清拓　1張(三種)
著録：趙録三・二

石静業造象記

貞觀二十年(646)　正書
14000　清拓　1張
著録：藝四・二

楊宣政造象記

貞觀二十一年(647)十一月十五日正書
14002　清拓　1張
著録：藝四・二

思順坊老幼等造象記

貞觀二十二年(648)四月八日　正書
14001　清拓　2張
14237　清拓　1張
著録：中記二・二八　跋四・十一　萃四七・四　平四・八　藝四・七　瓊三十・二〇　孫録三・七二　潛目二・二

崔貴本造象題記

貞觀二十三年(649)十一月八日　正書
14246　清拓　1張
著録：瓊三十・二二　孫録三・七二
藝四・二

朱玉題記

永徽元年(650)正月五日　正書
14005　清拓　1張
著録：瓊三十・二三

王師德等造象題記　又名"洛陽鄉望父老等造象記"

永徽元年(650)　正書　淳于敬一撰
14004　清拓　2張
著録：中記二・二九　跋四・十一　萃四七・二九　平四・九　藝四・二　潛目二・二　孫録三・七三　瓊三十・二四　金石二跋一・三

净土寺主傅法師石龕象記

考爲永徽元年(650)　正書
14247　清拓　1張
著録：瓊三十・二五

孟惠母侯客兒造象題記

永徽二年(651)四月二十六日　正書
14006　清拓　1張
著録：瓊三十・二六　藝四・二

樊慶造象題記

永徽二年(651)九月三十日　正書
14003　清拓　1張
著録：瓊三十・二六　趙録三・二　藝三・十四

張善同造象題記

永徽三年(652)三月一日　正書
14007　清拓　1張
著録：瓊三十・二七　藝三・十四

王寶英妻張造象題名

永徽三年(652)四月八日　正書

14008　清拓　1張
　　著録：瓊三十・二七　孫録三・七三
藝三・十四

楊行□造象題記
　　永徽三年(652)四月　正書
　　14009　清拓　1張
　　著録：瓊三十・二八　孫録三・七三
藝三・十四

趙善勝造象題字
　　永徽三年(652)八月二十七日　正書
　　14010　清拓　1張
　　著録：瓊三十・二八　孫録三・七三
藝三・十四

李君政造象題記
　　永徽三年(652)十二月九日　正書
　　14011　清拓　1張
　　著録：藝三・十四

曾寶師造象題記
　　永徽四年(653)六月二十一日　正書
　　14013　清拓　1張
　　著録：藝四・三

王師亮造象題字
　　永徽四年(653)八月十日　正書
　　14012　清拓　1張
　　著録：瓊三十・二九　孫録三・七四
藝三・十四

周智沖造象題記
　　永徽四年(653)十月八日　正書
　　14014　清拓　1張
　　著録：孫録三・七四　藝三・十四

辛崇敏造象題記
　　永徽五年(654)五月二十日　正書
　　14015　清拓　1張
　　著録：孫録三・七五　藝三・十五

王蒙恩造象題記
　　永徽六年(655)六月十八日　正書
　　14016　清拓　1張

王貴和等造象題記
　　無年月(永徽?)　正書
　　14269　清拓　1張　謝伯㕝舊藏

李福海造象題記
　　顯慶元年(656)三月二十三日　正書
　　14017　清拓　1張
　　著録：瓊三一・一

薛高造象
　　顯慶元年(656)三月二十四日　正書
　　14018　清拓　1張

華師祖妻孫造象
　　顯慶元年(656)四月十五日　正書
　　14019　清拓　1張

諸春□等造象
　　顯慶二年(657)六月　正書
　　14021　清拓　1張

封曾客造象
　　顯慶二年(657)九月二十五日　正書
　　14020　清拓　1張
　　著録：孫録三・七六　藝三・十四(作劉
曾客)

楊真藏造象題記
　　顯慶三年(658)四月　正書
　　14024　清拓　1張
　　著録：瓊三一・二　藝三・十四(作楊直
藏)

信法寺彌陁象碑並額
　　顯慶三年(658)四月八日　正書　鄭萬
英撰
　　11173　清拓　1張　陸樹彰舊藏
　　著録：藝四・十一　攈七・十三　彙三
之二・二四　常四・一　筆・二七　續編

五·二　孫録三·七六　唐文拾遺十七·八全唐文九九一·四　瓊三六·十　硯九·十七　萃目一·十　薮·八　1932年元氏縣誌

王文詡造象

顯慶三年(658,下泐)　正書
14023　清拓　2張
14243　清拓　1張
著録：瓊三一·三　藝三·十五

爨君協造象題記

顯慶四年(659)二月八日　正書
14025　清拓　1張
著録：瓊三一·三　藝三·十六

段玄基造象題記

顯慶四年(659)三月二十五日　正書
14312　初拓　1張　周養庵藏石拓贈

唐德威造象題記

顯慶四年(659)四月十五日　正書
14026　清拓　1張
著録：瓊三一·四(作唐德感)　藝三·十六

武上希造象題記

顯慶四年(659)四月十五日　正書
14027　清拓　1張
著録：瓊三一·四　藝三·十六

馬伏陁及妻劉婆造象

顯慶四年(659)五月二十一日　正書
14029　清拓　1張

漁陽郡君李龕銘　又名"王友方龍門造塔記"

顯慶四年(659)六月十四日　正書
14028　清拓　1張
著録：瓊三一·四　金石二跋一·四古墨三·五七　孫録三·七八　續戊

龍門山李大娘造象題記

顯慶四年(659)七月八日　正書

14031　清拓　1張
著録：瓊三一·五　藝三·十六(作李大妃)

清信佛弟子劉師政造象

顯慶四年(659)七月十二日　正書　陳介祺藏石
14030　初拓　2張
著録：藝四·十二

劉弘義造象題記

顯慶四年(659)八月　正書
14032　清拓　1張
著録：瓊三一·五　藝三·十六(作劉弘壽)

焦孝達造象記

顯慶四年(659)十月十二日　正書　端方藏石
14033　清拓　1張
著録：藝四·十二(作蘇孝達造象)　匋十七·十二

柴義妻張氏等造象

顯慶□年歲次庚申(考爲五年,660)正月壬寅朔二日癸□　正書
14022　清拓　1張

王仁基造象題記

顯慶五年(660)正月二十三日　正書
14035　清拓　1張
著録：瓊三一·七　趙録三·三

王行寶造觀世音象記

顯慶五年(660)四月二十日　正書
14036　清拓　1張
著録：授續三·五　瓊三一·八　孫録三·七八　藝三·十六

楊君植造象題記

顯慶五年(660)七月二十日　正書
14034　清拓　2張
著録：瓊三一·九　孫録三·七八　藝

三·十六（作七月八日）

比丘僧法祥等造優填王象　又名"韓萬迪造優填王象"

顯慶五年（660）八月二日　正書

14037　清拓　1張

著録：夢四·十五　鞏十九·十八

李玄齋兄弟造象題記

龍朔元年（661）三月八日　正書

14038　清拓　1張

著録：瓊三一·十（作李元弈）　孫録三·七九（作李元奕）　藝三·十七（作李元奕）

楊元軌妻王造象記

龍朔元年（661）四月八日　正書

14039　清拓　1張

著録：夢四·十五　鞏十九·三六　攈七·十七　彙九之四·十三

韓弁智造象記

龍朔元年（661）六月十日　正書　端方藏石

14313　清拓　1張

著録：藝四·十六　匋十七·十五

張婆造象題記

龍朔元年（661）九月二十三日　正書

14040　清拓　1張

著録：瓊三一·十　藝三·十七

黃洛思造象記

龍朔元年（661）十二月　正書

14041　清拓　1張

劉元禮等造象題記

龍朔二年（662）正月二十日　正書

14042　清拓　1張

著録：孫録三·八〇　藝四·三

魏處旻造象記

龍朔二年（662）五月二十八日　正書

14043　清拓　2張

著録：藝四·十四　彙九之四·十三　攈七·十八　夢四·十　鞏十九·二八

安大清造象記

龍朔二年（662）七月十五日　正書

14044　清拓　1張

著録：藝四·十一　畿誌一四八·六七　羅録上·二四　畿上·六　彙九之二·十八　河録五·三　響·七　朔目四·三

王弘達造象

龍朔三年（663）正月一日　正書

14045　清拓　1張

著録：匋十七·十六

清信女司馬等造象題記

龍朔三年（663）四月八日　正書

14046　清拓　1張

著録：瓊三一·十三

比丘僧法祥造象

龍朔三年（663）五月七日　正書

14047　清拓　2張

著録：藝四·十四　彙九之四·十三　攈七·十九　夢四·十二　鞏十九·二八

大寺主法稱造象題記

龍朔（下泐）　正書

14048　清拓　1張

著録：鞏十九·三五　夢四·十五

廿人造象

麟德元年（664）正月十日　正書

14049　清拓　1張

張君實造象

麟德元年（664）五月六日　正書

14052　清拓　1張

著録：瓊三一·十四（作五月二日，張君實）　孫録三·八一　藝三·十七（作張君實）

懷州修武縣慈仁鄉無爲里周村廿八家等造象記

麟德元年(664)六月五日　正書

14050　清拓　1張

著録：藝四・十八　羅録上・二五　朔目九・一　河録十二・一　續編五・六　攗七・二〇　彙九之二・六一

劉玄尩造菩薩象

麟德元年(664)十一月十五日　正書

14051　清拓　1張　元和錢氏舊藏

著録：匋十七・十八

清信女朱造象題記

麟德二年(665)八月二十三日　正書

14053　清拓　1張

著録：瓊三一・十四　藝三・十七(作八月初三日)

牛懿德造象題記

乾封元年(666)四月八日　正書

14054　清拓　1張

著録：孫録三・八一

許大德並妻楊造象

乾封元年(666)七月十五日　正書

14055　清拓　1張

著録：孫録三・八二　藝三・十七

丁孝範等造象記

乾封元年(666)七月十五日　正書

14056　清拓　1張

著録：瓊三一・十四　藝三・十七

比丘僧法秤造象記

乾封二年(667)八月十日　正書

14057　清拓　2張

著録：瓊三七・二〇　夢四・十

蘇永生造象

乾封二年(667)十一月三十日　正書

14058　清拓　1張

著録：藝四・十四　攗七・二二　彙九之四・十三　夢四・十

清信女佛弟子孫造象記

乾封二年(667)十二月二十日　正書

14059　清拓　1張

著録：藝續一　匋十七・二〇

清信女陽宜春等造象記

乾封三年(668)二月一日　正書

14060　清拓　1張

種玄應妻造象記

乾封三年(668)三月二十四日　正書

14061　清拓　2張

著録：藝四・十四　彙九補遺・三五　夢四・十

元大娘造象記

乾封三年(668)三月二十七日　正書

14062　清拓　2張

著録：藝四・十四　彙九補遺・三五　鞏十九・三九　夢四・十

敬善寺石象銘

考爲乾封　正書　李孝倫撰，石在洛陽

14240　清拓　2張

著録：中記三・七四　跋五・六　萃五六・三一　鈔三・七一　岷・九　古墨三・六四　平四・十五　宜六・七　求三・九　藝六・三七

秦君英造象

乾封□年景寅十月乙巳朔十一日戊子(干支疑有誤)　正書

14063　清拓　1張

李光嗣妻王氏造象題記

總章元年(668)四月二日　正書

14065　清拓　1張

著録：彙九之四・十四　攗七・二二　夢四・十五(作李元嗣)　鞏十九・三六

盧贊府造象題記

總章元年(668)四月二日　正書

14066　清拓　1張

著錄：彙九之四・十四　攈七・二〇
夢四・十五　鞏十九・三七

王尹農造象題記

總章元年(668)四月八日　正書

14067　清拓　1張

著錄：瓊三一・十五　孫錄三・八三
藝三・十八(作王君農)

李缽頭母王造象題記

總章元年(668)五月一日　正書

14068　清拓　1張

著錄：藝三・十八

王大遠造象題記

總章元年(668)五月□日　正書

14069　清拓　1張

著錄：藝三・十八

王玄藏造象題記

總章元年(668)六月　正書

14070　清拓　1張

著錄：瓊三一・十六　孫錄三・八三
趙錄三・四(作朱景徽造象)　藝三・十八

王合造象題記

總章元年(668)九月八日　正書

14071　清拓　1張

著錄：瓊三一・十六　孫錄三・八三
藝三・十八

清信女陰造象題記

總章元年(668)　正書

14072　清拓　1張

著錄：瓊三一・十六　藝三・十八

柳常柱造象題字

總章元年(668)　正書

14259　清拓　1張

著錄：瓊三一・十七

魏師德造象記

總章二年(669)三月十一日　正書

14073　清拓　1張

著錄：夢四・十五

孤獨歎辭

總章二年(669)十二月　正書

14074　清拓　1張

著錄：瓊三一・十八　藝四・九

成思齊造象題記

咸亨元年(670)三月三十日　正書

14079　清拓　2張

著錄：藝四・十四　攈七・二四　彙九
之四・十四　夢四・十　鞏十九・三〇

苗承祀造象記

咸亨元年(670)五月四日　正書

14075　清拓　2張

著錄：夢四・十三

□行高妻朱造象題記

咸亨元年(670)五月十四日　正書

14076　清拓　1張

著錄：夢四・十五　鞏十九・四五

苗師感造象記

咸亨元年(670)五月十八日　正書

14077　清拓　1張

著錄：攈七・二四　彙九之四・十四

張養仁造象題記

咸亨元年(670)五月三十日　正書

14078　清拓　1張

著錄：藝四・十五(作張登)　彙九之
四・十四　攈七・二四　夢四・十　鞏十
九・二三

張法喜造象題記

咸亨元年(670)八月三十日　正書

14080　清拓　1張

著錄：鞏十九・三〇　夢四・十五

比丘僧法秤造象記

　　咸亨元年(670)九月十八日　正書
　　14081　清拓　1張
　　14082　清拓　2張
　　著錄：藝四・十五　彙九之四・十四
擴七・二四　夢四・十又十三　鞏十九・
二九

張文政造象題記

　　咸亨元年(670)十月三十日　正書
　　14083　清拓　1張
　　著錄：彙九之四・十四　擴七・二四
夢四・十三　鞏十九・三〇

遊□德造象題記

　　咸亨三年(672)三月十日　正書
　　14084　清拓　1張

魏師德妻田姐妹三人造象記

　　咸亨三年(672)七月十日　正書
　　14086　清拓　1張
　　著錄：擴七・二五　彙九之四・十四
鞏十九・三五　夢四・十五

牛密母張造象記

　　咸亨三年(672)十月九日　正書
　　14087　清拓　1張
　　著錄：藝三・二　羅錄上・二五　彙三
補遺・三二

孫行基造象記

　　咸亨四年(673)正月十日　正書
　　14088　清拓　1張
　　著錄：匋十八・八　藝續一

費德造象記

　　咸亨四年(673)四月八日　正書
　　14090　清拓　1張

魏文慶造象記

　　咸亨四年(673)五月十日　正書
　　14089　清拓　1張
　　著錄：鞏十九・三九

竇伏端造象題記

　　咸亨四年(673)五月十日　正書
　　14091　清拓　1張
　　著錄：鞏十九・三八

薛仁貴造象題記

　　咸亨四年(673)五月　正書
　　14092　清拓　1張
　　著錄：瓊三一・十九　孫錄三・八四
藝三・十八

鄭惠王造石塔記

　　咸亨四年(673)十月八日　行書　釋洪
滿撰
　　11182　清拓　1張
　　著錄：藝四・十九　孫錄三・八四　竹
二・十二　擴七・二五　字三・八　右三・
二七　金石二跋一・六　彙十九・五九　萃
五八・九　右叢四・二三　光緒八年長子縣
誌七・六　平續・六　錄補十一・一〇三
全唐文九一二・三

僧惠簡造象記

　　咸亨四年(673)十一月七日　正書
　　14093　清拓　2張　(一1)余紹宋舊藏
　　著錄：授續三・六　古墨三・六二　瓊
三一・二〇　藝三・十八

楊洛采造象記

　　上元二年(675)正月二十五日　正書
河南圖書館藏石
　　14220　清拓　2張

王仁恪造象題記

　　上元二年(675)三月十五日　正書　石
在洛陽
　　14097　清拓　1張
　　14219　清拓　1張(開裱)
　　著錄：瓊三一・二〇　潛目二・五　藝
三・十八

楊□娘造象記

　　上元二年(675)四月八日　正書

14094　清拓　2張
著録：匋二六・二

周遠志等造阿彌陀象記
上元二年（675）十二月八日　正書　石在洛陽
14095　清拓　2張
著録：授續三・六　萃略一・五六　瓊三一・二〇　孫録三・八四　平三續上・十三　藝三・十九　續編五・八

趙客師等造象記
上元二年（675）　正書
14096　清拓　1張
著録：孫録三・八五

王處方造象
上元三年（762）四月□日　正書
14221　清拓　1張
著録：河目上・七　朔目三・一　河録三・二

趙婆造象題記
上元三年（676）十月二十日　正書
14098　清拓　1張
著録：瓊三一・二二　孫録三・八五　藝三・十九

盧舍那石象記
上元三年（676）十二月三十日　正書
14085　清拓　1張

比丘尼八正造象題字
儀鳳三年（678）三月九日　正書
14100　清拓　1張
著録：瓊三一・二三　藝三・十九

聖帝感舍利之銘　又名"梵境寺舍利銘"
儀鳳三年（678）四月八日　正書
11415　出土初拓　1張
14569　清拓　1張
著録：右叢四・二九　右三・三一　光緒十九年長治縣誌四・九

許思言造象記
儀鳳三年（677）四月十日　正書
14099　清拓　1張
著録：藝四・十五　彙九之四・十四　擴七・二六　夢四・十一　鞏十九・二三

洪雲妻孟嗣女大娘造三級浮屠銘
儀鳳三年（678）五月四日　正書
14101　清拓　1張
著録：朔目十・一

李惠妻孫造象記
儀鳳三年（678）七月三十日　正書
14102　清拓　1張
著録：藝四・二〇　擴七・二七　彙九之二・三八　瓊三八・十七　匋十八・二〇

雍州同官縣□□武定村造象記
儀鳳三年（678）　正書
14285　清拓　1張
著録：藝四・二〇　擴七・二七　關攷八・十四　陝九・二一　彙十二之一・一一五　唐文拾遺六三・十六

馬君起造石浮圖頌
儀鳳四年（679）三月二十六日　正書馬孝須書，石在河北冀縣
10310　1冊
11185　清拓　1張
11186　清拓　1張　況周頤舊藏
著録：畿誌一五・十八　藝四・二〇　羅録上・二六　楊圖五・二二　彙三補遺・二四　瓊三八・十七　吳汝綸深州風土記十

高光復造象題記
儀鳳四年（679）六月八日　正書
14103　清拓　2張
著録：藝四・二〇　瓊三一・二四

張感仁等造象題記
調露二年（680）二月　正書
14104　清拓　1張
著録：孫録三・八七

胡貞普造象題記

調露二年(680)七月十五日　正書

14105　清拓　1張

著録：瓊三一・二五(作胡貞)　孫録三・八七(作李貞普)　藝三・十九(作胡貞)

玄照造象題字

調露二年(680)七月十五日　正書

14106　清拓　1張

著録：藝三・十九

胡處貞造象題字

調露二年(680)七月十五日　正書

14107　清拓　1張

著録：瓊三一・二五　孫録三・八七

比丘僧仁□合門徒道俗等造象題記

(上缺)庚辰□□癸酉朔□□日丁亥(考爲調露二年七月十五日)　正書

14249　清拓　1張

著録：藝五・十一　瓊三一・二五　藝三・十九

趙□則妻袁造象題記

永□□年九月壬申朔十五日戊戌(考爲永隆元年,日期干支疑有誤)　正書

14130　清拓　1張

處貞造象題記

永隆元年(680)九月三十日　正書　石在洛陽

14110　清拓　4張

著録：藝四・二三　攈七・四八　彙三之二・七七　瓊三一・二六　藝三・二〇　響・十八

張志隆等造象

永隆元年(680)十二月二十七日　正書　常熟曾氏虛蒼閣藏石

10121　1册(六石合册)

14111　清拓　2張

沙門智運造象題字

正書

14248　清拓　1張

著録：瓊三一・二八(附于永隆元年之末)

清信女楊三娘造象題記

永隆二年(681)正月一日　正書

14108　清拓　1張

著録：藝四・二一

崔懷儉造象題記

永隆二年(681)正月二十日　正書

14112　清拓　1張

著録：瓊三一・二八　孫録三・八八　藝三・二〇

許州儀鳳寺比丘尼智隱造象題字

永隆二年(681)四月八日　正書

14109　清拓　1張(五種)

著録：瓊三一・二九　孫録三・八八　藝三・二〇

侯玄熾造象題字

永隆二年(681)四月八日　正書

14109　清拓　1張(五種)

14114　清拓　1張

著録：瓊三一・二九　孫録三・八七　藝三・二〇

許州儀鳳寺比丘尼造象題字

永隆二年(681)四月□日　正書

14109　清拓　1張(五種)

著録：瓊三一・二九

比丘尼真智造象題字

永隆二年(681)五月八日　正書

14109　清拓　1張(五種)

14113　清拓　3張

著録：瓊三一・二九　孫録三・八七　藝三・二〇

景子鞏造象題記
　　永隆二年(681)五月(下泐)　正書
　　14116　清拓　1張

傅黨仁等三人造象題記
　　永隆二年(681)九月十二日　正書
　　14115　清拓　1張
　　著録：焦山誌七・三　藝四・二一　彙
四補遺・十四　安陽三・十三　攗七・三〇
續編五・九　羅録上・二六

武幹等造象題名
　　永淳元年(682)七月二十六日　正書
　　14117　清拓　1張
　　著録：藝四・二一　攗七・三一

趙奴子造象題記
　　文明元年(684)四月八日　正書
　　14118　清拓　1張
　　著録：瓊三一・三一　孫録三・八八
藝三・二一

龍豐倫造象題記
　　垂拱二年(686)五月八日　正書
　　14119　清拓　1張
　　著録：瓊三二・一　藝三・二一

薛國公史造象題字
　　垂拱二年(686)十二月八日　正書
　　14120　清拓　1張
　　著録：瓊三二・二　孫録三・八九(作薛
國史公)　藝三・二一

郭□現造象記
　　垂拱二年(686)　正書
　　14121　清拓　1張

僧思亮等造象記
　　垂拱三年(687)正月十五日　正書
　　14122　清拓　1張
　　著録：瓊三二・二　孫録三・八九　藝
三・二一

三原薛福等造象題記
　　垂拱三年(687)二月十六日　正書
　　14123　清拓　2張
　　著録：瓊三二・三　孫録三・八九　藝
三・二一

三原戴婆等造象題記
　　垂拱三年(687)二月十六日　正書
　　14124　清拓　2張
　　著録：瓊三二・三　孫録三・八九　藝
三・二一

逕陽蘇伏寶造象題記
　　垂拱三年(687)二月十六日　正書
　　14129　清拓　1張
　　著録：瓊三二・二　孫録三・八九　藝
三・二一

路敬潛妻盧氏造象記
　　垂拱三年(687)三月五日　正書
　　14125　清拓　1張
　　著録：孫録三・九〇(作路敬替)　藝
三・二一

王丑造象題記
　　垂拱三年(687)七月十三日　正書
　　14126　清拓　1張

毋邱海深造象記
　　垂拱三年(687)十月三十日　正書　端
方藏石
　　14128　清拓　1張
　　著録：匋十九・十三

劉孝光造象題記
　　垂拱三年(687)□月八日　正書
　　14127　清拓　1張
　　著録：瓊三二・五　藝三・二二

張元福造象題記
　　載初元年(689)五月二日　正書
　　14132　清拓　1張
　　著録：瓊三二・六(作五月一日)　藝

三・二二

劉大奬妻姚造象題記
載初元年(689)六月三日　正書
14131　清拓　2張
著録：瓊三二・六　藝三・二二

從山寺象碑
天授二年(691)正月十五日　正書
14133　清拓　1張

李吐蕃造象記
天授二年(691)二月八日　正書
14138　清拓　1張
著録：匋十九・十五

張元福三次造象題名
天授二年(691)二月三十日　正書
14136　清拓　1張
著録：瓊三二・六　孫録三・九一

蔡大娘生存願題記二段
天授二年(691)四月十四日　正書
14135　清拓　2張
著録：瓊三二・七　孫録三・九一　藝
三・二二

杜文彊到承福造象記
天授二年(691)五月二十八日　正書
14137　清拓　3張
著録：藝四・二六　匋十九・十六

杜山威造象記
天授二年(691)九月七日　正書　石在
美國華盛頓博物院
14139　清拓　3張
著録：夢三・三　許同萃嵩洛遊記附
録・六

楊行崱妻王造象題記
天授三年(691)三月五日　正書
14134　清拓　1張
著録：瓊三二・七(作天授二年)　孫録

三・九一(作天授二年)　藝三・二三

丁君義造象題記
如意元年(692)閏五月五日　正書
14244　清拓　1張
著録：瓊三二・九　孫録三・九一(作丁
君舜)　藝三・二三(作閏三月四日)

獲嘉縣朱四娘爲女造浮圖銘
如意元年(692)七月十五日　正書
14571　清拓　1張
著録：藝四・二六　朔目九・一　河録
十二・六　彙九之二・六一　萃六一・三〇
攈七・三七　全唐文九八八・六

王國□造象題記
如意元年(692)□月　正書
14140　清拓　1張

任智滿造象題記
長壽二年(693)四月二十三日　正書
14141　清拓　1張
著録：藝三・二三(作崔智滿)

比丘僧道貞造象
延載元年(694)八月十六日　正書
14142　清拓　1張(三種)
著録：彙九之四・十四　攈七・三八
鞏十九・二六　夢四・十四

趙懷策等造象記
武周甲午(考爲延載元年)八月壬子朔三
十日　正書
14287　清拓　1張

解知埭造象題記
證聖元年(695)三月二十日　正書
14143　清拓　1張
著録：匋二十・八

合邑人爲皇帝造象
證聖元年(695)四月八日　正書
14144　清拓　1張

著録：藝續一

楊默合邑卅一人等造象
證聖元年(695)七月十五日　正書
14145　清拓　1張
著録：藝四・二六（作楊固合村造象）
彙三補遺・四二

殘造象記
萬歲登封元年(696)　正書
14064　清拓　1張
著録：瓊三二・九

孔思義造象題記
萬歲通天元年(696)五月二十三日
正書
14146　清拓　1張
著録：瓊三二・九　藝三・二三

馮善廓造浮圖銘
萬歲通天二年(697)四月十四日　行書
11197　清拓　1張
14147　清拓　2張
著録：藝四・二七　竹二・十六　攗
七・三九　孫錄三・九二　跋五・七　萃六
二・四　瓊四四・十八　許州誌三十・一
金石二跋一・十一　潛目二・六　中記二・
三四　平四・二四

梓州司戶盧公龍門山石象贊
萬歲通天二年(697)六月二十三日
正書
14316　清拓　1張

□母爲亡女八娘造象題記
萬歲通天二年(697)臘月二十日　正書
14148　清拓　1張

齒州應福寺造象記
聖曆元年(698)四月八日　正書
14149　清拓　1張
著録：藝續一

馬神貴造象題記
聖曆二年(699)正月二十三日　正書
14153　清拓　1張
著録：瓊三二・十　藝三・二三

比丘尼妙英造象記
聖曆二年(699)二月二十二日　正書
14151　清拓　1張（兩種）

聖曆二年殘造象記
聖曆二年(699)五月三日　正書
14150　清拓　1張

韓君相妻劉造象記
聖曆二年(699)臘月十六日景申　正書
14152　清拓　2張　端方藏石
著録：藝四・二八（作韓君祖）　匋二
十・十三

程基造象
久視元年(700)六月十八日　正書
14142　清拓　1張（三種）
著録：夢四・十三　彙九之四・十四
攗七・四一　甄十九・二六

王二娘造石浮圖並象記
久視元年(700)十二月二十三日　正書
14154　清拓　1張
14314　清拓　1張
著録：攗七・四一　藝四・二八　彙九
之三・五三　瓊四五・九　夢四・十一　洛
存・二　藝四・十五

智威等造象題名
正書
14315　清拓　1張
著録：瓊四五・十（附于久視元年之末）
藝四・十五

薛季昶造象記
長安二年(702)四月八日　正書
14155　清拓　1張
著録：瓊三二・十二

華塔寺高延貴造象記

長安三年(703)七月十五日　正書

14157　清拓　2張　(一1)係開裱

著録：藝四・二九　攡七・四二　關
二・十三　竹二・十八　雍四・五　孫録
三・九四　彙十二之一・四　字三・十六
妙八・三一　萃六五・四　録補十一・一〇
七　平五・四　關攷一・三二　潛目二・六
陝十・十七　瑉・八　全唐文九八七・六
唐文拾遺十八・五

華塔寺韋均造象銘

長安三年(703)九月三日　正書

14159　清拓　1張(開裱,兩種)

著録：藝四・二九　攡七・四三　孫録
三・九五　竹二・十八　平五・四　關二・
十六　彙十二之一・四　字三・十九　瓊四
九・七　萃六五・五　雍四・五　關攷一・
三三　瑉・八　陝十・十七　全唐文二六
六・十四　潛目二・六

郭方剛造象記

長安三年(703)九月八日　正書　石在
磁州

14162　清拓　1張

著録：響・十四　藝四・二三　彙三補
遺・四四

李承嗣造象佛銘

長安三年(703)九月十五日　正書

14158　清拓　1張　況周頤舊藏

14159　清拓　1張(開裱,兩種)

著録：藝四・二九　攡七・四三　孫録
三・九五　雍四・三　竹二・十五　關二・
十五　彙十二之一・四　字三・十九　平
五・五　萃六五・五　妙八・三〇　關攷
一・三三　瑉・八　陝十・十七　全唐文二
六〇・十五　潛目二・六

華塔寺姚元之造象記

長安三年(703)九月十五日　正書

14160　清拓　2張　(一2)係開裱

著録：藝四・二九　竹二・十八　關

二・十五　攡七・四三　平五・五　孫録
三・九五　彙十二之一・四　跋五・九　萃
六五・五　關攷一・三三　陝十・十七　潛
目二・六

蕭元脊造佛象銘

長安三年(703)九月十五日　正書

14161　清拓　1張

著録：藝四・二九　竹二・十八　攡
七・四三　孫録三・九五　關二・十六　平
五・五　字三・十九　萃六五・五　雍四・
五　彙十二之一・四　關攷一・三三　陝
十・十七　瑉・八　全唐文九八七・六　潛
目二・六

長安殘刻

長安三年(703)十二月十二日　正書

14156　清拓　1張

宋婆造象題記

長安四年(704)二月二十四日　正書

14163　清拓　1張　余紹宋舊藏

著録：瓊三二・十二　藝三・二四(作宋
興□)

高□昌造象題記

長安四年(704)二月二十四日　正書

14164　清拓　1張

著録：瓊三二・十三(作高建昌)　孫録
三・九六(作區季昌)

魏懷龥造象題記

長安四年(704)二月二十四日　正書

14165　清拓　1張

著録：瓊三二・十二　孫録三・九六(作
魏懷靜)

陳暉造象題記

長安四年(704)二月二十四日　正書

14169　清拓　2張　(一1)徐乃昌舊藏

著録：瓊三二・十二　孫録三・九六

韓寄生造象記

長安四年(704)二月二十七日　正書

13318　清拓　2張

著録：瓊三二・十三　孫録三・九六(作轉寄生)　藝三・二四

□楷殘造象

長安四年(704)三月□日　正書

14310　清拓　1張　余紹宋舊藏

著録：孫録三・九六

中山郡王隆業石象銘

長安四年(704)三月二十七日　正書

14166　清拓　1張

著録：瓊三二・十三　藝三・二四

佛弟子趙田錫造象(或作趙思瑒造象)

長安四年(704)九月一日　正書　石在磁州

14167　清拓　1張

著録：藝四・二三　響・十五　彙三補遺・四四

姚元景光宅寺造佛象銘

長安四年(704)九月十八日　正書

14168　清拓　1張

著録：藝四・二九　關二・十六　攈七・四四　孫録三・九六　竹二・十九　平五・六　彙十二之一・四　録補十一・一○七　字三・十九　萃六五・六　雍四・三關攷一・三四　珉・九　陝十・二一　全唐文九八七・七　潛目二・六

殘造象題記

長安四年(704)　正書

14172　清拓　1張

高文妻黃造象題記

長安□年九月　正書

14170　清拓　1張

陳昌宗造象題記

長安□年□月二十三日　正書

14171　清拓　1張　余紹宋舊藏

著録：瓊三二・十五　孫録三・九六　藝三・二四

甘大娘造象題記

無年月(武周)　正書

14289　清拓　1張

著録：瓊三二・十六

修行寺尼真空造石浮圖銘

神龍元年(705)三月三日　正書

14174　清拓　1張

著録：藝五・一　攈七・四六　瓊四九・十八　夢四・十一　藝四・十五(誤作二月三日)　彙九補遺・三五

趙祖福造象記

神龍元年(705)三月二十七日　正書石在磁州

14173　清拓　1張(首行失拓)

著録：藝四・二三　響・十六　彙三補遺・四四

佛弟子□安燕造象記

神龍元年(705)三月二十七日　正書石在磁州

14175　清拓　1張

著録：藝四・二三(作□安世)　彙三補遺・四四

郝(或作邢、荊)義振造象記

神龍元年(705)四月　正書

14176　清拓　1張

著録：藝四・二三　響・十六　彙三補遺・四四

劉四思造象記

神龍元年(705)六月十九日　正書　端方藏石

14177　清拓　1張

著録：藝續一　匋二一・三

王思道兄弟造象記

神龍元年(705)九月　正書

14178　清拓　1張

著録：藝四‧二三　彙三補遺‧四四

太州王思業造象題記

正書

14250　清拓　1張

著録：瓊三二‧十七(附神龍元年末)

比丘尼恩恩造地藏菩薩象題記

神龍三年(707)七月二十日　正書

14180　清拓　1張

著録：瓊三二‧十八　孫録三‧九八
藝三‧二四

陳□忠造象記(或作傅□忠造象、僧忠造象)

景龍二年(708)四月八日　正書　石在磁州

14181　清拓　1張

著録：藝四‧二三　響‧十八　攘七‧四八　彙三之二‧七七

楊務勤造象記

景龍二年(708)八月二十日　正書　端方藏石

14179　清拓　1張

著録：匋三七‧五　續十一‧六

修獄得石菩薩象記

景龍二年(708)十月　正書

14183　清拓　1張

景龍殘刻

景龍三年(709)七月八日　正書

14184　清拓　1張

吳如來造象記

景龍四年(710)二月十日　正書　石在磁州

14185　清拓　1張

著録：藝四‧二三(作二月廿日)　響‧

十八　彙三補遺‧四四

程乾祐等造象記

景雲元年(710)十月十五日　正書

14182　清拓　1張

王璬造石浮屠銘

景雲二年(711)四月八日　正書　寧思道書

11212　清拓　1張

著録：藝五‧二　畿誌一四一‧四　攘七‧五〇　字三‧十八　彙一‧十八　瓊五十一　平五‧十　萃六九‧九　孫録三‧一〇一　畿目上‧八　復二四‧十二　全唐文三九五‧八　光緒順天府誌一二八‧十二
房山雲居寺研究‧二九三

造地藏觀音象殘字

景雲二年(711)八月　正書

14317　清拓　1張

易州石浮圖頌　又名"田義起石浮圖頌"

太極元年(712)四月八日　正書

10322　舊拓　1張　韓泰華舊藏
11213　清拓　1張　跋後初拓

著録：畿誌一四一‧五　孫録三‧一〇一　竹二‧二二　妙十二‧三九　萃六九‧九　續鈔一‧二九　畿目上‧八　復二四‧十二　跋五‧十五　古墨四‧七二　彙一‧十八　瓊五十‧八　藝五‧二　平五‧十攘八‧一　全唐文二八二‧二〇　房山雲居寺研究‧三〇二　光緒順天府誌一二八‧十二

徐州司馬元卿造象記

先天元年(712)十月二十八日　正書

14187　清拓　1張　謝伯殳舊藏

著録：藝五‧三

宋進妻孫等造象題字

先天二年(713)二月八日　正書

14151　清拓　1張(兩種)

郭仵娘造象題記

先天二年(713)四月四日　正書　石在磁州

13650　清拓　1張　歸安吳氏舊藏

14226　清拓　1張

著錄：藝四・二三　彙三之二・七七　攈八・一

張□□妻裴造象題字

先天二年(713)五月八日　正書

14188　清拓　1張

著錄：藝三・二四

僧九定等造象記

先天二年(713)九月十二日　正書

14190　清拓　1張　張湘舟舊藏

著錄：藝五・三　孫錄三・一〇一　攈八・一　趙錄二・九　江寧二・六　山訪六・一　彙十補遺・十五　阮山十一・三六　平五・十一　潛目二・七

薛義令等造象記

先天二年(713)十二月十三日　正書

14189　清拓　1張

著錄：平五・十一

杜潛輝造象記

開元二年(714)二月九日　正書

14191　清拓　1張

著錄：瓊三二・二二　孫錄三・一〇二　藝三・二五(作杜玄珪)

造象殘刻

開元三年(715)四月八日　正書　石在磁州

14192　清拓　1張

韋利器等造象銘

開元三年(715)八月十日　正書

14193　清拓　3張

著錄：藝五・三　續編六・八　瓊三二・二二　孫錄三・一〇二(作龍門山造象贊)

郭方山造象記

開元五年(717)正月二十三日　正書　石在磁州

14195　清拓　1張

著錄：藝三・二四　響・十九　攈八・三　彙三之二・七七

張敬琮造象題字

開元五年(717)三月　正書

14194　清拓　1張

幽棲寺尼正覺浮圖銘

開元六年(718)七月十五日　正書

12748　清拓　1張

著錄：藝五・四　孫錄三・一〇三　竹二・二三　跋五・十九　潛目二・八　攈八・四　中記二・四三　彙九之一・二五　匋二一・二一　瓊五一・四　萃七一・七　金石二跋二・二　藝十八・七　全唐文八九八・十一

張貓造象

開元六年(718)八月八日　正書

14196　清拓　1張　褚德彝舊藏,陳運彰長跋

著錄：藝五・四　羅錄上・三〇　彙四補遺・十六　江蘇四・十四　面甲・三三

李神玼功德廟碑

開元七年(719)二月六日　正書

14214　清拓　1張

著錄：匋二二・一

張惟諿造象題字

開元七年(719)三月二十日　正書

14197　清拓　1張

著錄：瓊三二・二五(作裴惟諐)　藝三・二五(作張惟新)

衛州新鄉縣臨清驛造彌勒石像碑

開元七年(719)四月八日　正書

14198　清拓　1張

著錄：攈八・四　朔目五・二　河錄

六・二　彙九之二・二二　全唐文九八
九・八

雲居寺石浮圖銘　又名"劉玄望造石浮圖銘"

開元九年(721)四月八日　正書　釋玄英撰

10338　1冊　張燕昌跋
11228　清拓　1張　徐乃昌舊藏
著錄：畿誌一四一・六　藝五・七　羅錄上・三〇　光緒順天府誌一二八・十三　攈八・六　彙一・十九　畿目上・九　房山雲居寺研究・三一七

懷智造象記

開元九年(721)九月二十日　正書　端方藏石

14199　清拓　1張

雲居寺李文安石浮圖銘

開元十年(722)四月八日　行書

11257　清拓　1張
著錄：光緒順天府誌一二八・十三　藝五・八　竹二・二五　古墨四・七六　攈八・六　孫錄三・一〇五　彙一・十九　瓊五一・二〇　續鈔二・一　萃七三・七　畿誌一四一・六　畿目上・九　平續・八　復二四・十三　全唐文三〇五・十四　孫承澤春明夢餘錄六七・九　潛目二・八

奉先寺大盧舍那像龕記　又名"蔡有鄰盧舍那珉像碑"

開元十年(722)十二月十二日　正書　石在洛陽

14200　清拓　1張
著錄：集六・八　集目六・四　廣七・九　寶叢六・三九　曝四九・二　萃七三・七　瓊三二・二七　錄補十三・一二〇　妙十・三〇　中記二・四四　跋六・三　平五・十八　孫錄三・一〇五　潛目二・八

楊將軍新莊象銘

開元十二年(724)十月八日　正書

14201　清拓　1張(開裱,兩種)
著錄：藝四・二九　孫錄三・一〇六　竹二・二六　關三・五　珉・九　彙十二之一・五　古墨四・七八　錄補十三・一二一　關攷一・四五　跋六・七　字三・二四　陝十一・二七　雍四・三　續鈔二・三　潛目二・九

虢國公楊花臺銘並序

無年月(一說與新莊象銘本一事而分刻,一說開元十三年後)　正書

14201　清拓　1張(開裱,兩種)
著錄：藝四・二九　字五・二五　孫錄三・一〇六　妙十二・二七　關三・四　雍四・四　萃七五・九　續鈔二・四　古墨四・七八　關攷一・四五　瓊五二・二八　潛目二・九　平五・二〇　跋六・七

比丘尼牟模檀沙彌李娘造象

開元十三年(725)二月十三日　正書

14202　清拓　1張

軒轅廷盈造彌陀象

開元十七年(729)九月二十四日　端方藏石

14204　清拓　1張
著錄：藝續一　匋二三・五

王道元造象記

開元十八年(730)閏六月二十日　正書　端方藏石

14205　清拓　2張
著錄：匋二三・五

劉嗣仙造石浮圖記

開元十九年(731)二月二十日　正書　端方藏石

14206　清拓　2張(並陰)
14207　清拓　1張(碑陰)
著錄：匋二三・六

比丘如來造象記

開元十九年(731)五月八日　正書　端

方藏石
    14208　清拓　1張
    著録：匋三七・六

支提龕銘　又名"三尊真容象支提龕銘"
    開元十九年(731)　正書
    11240　清拓　1張
    著録：萃七八・五　朔目三・五　河目中・十六　中記二・四六　孫録三・一〇九河録四・五　彙九之二・十五　竹二・二九集目六・五　字六・二五　録補十三・一二五　攗八・十二　全唐文三九八・九

比丘尼和和石龕銘
    開元二十三年(735)正月十日　正書石在奉先寺
    14320　清拓　1張

皇甫五娘造象題記
    開元二十三年(735)四月二十三日　正書　石在磁州
    14209　清拓　1張
    著録：藝四・二四(作肖五娘)　攗八・十三　彙三之二・七七

董静志造象記
    開元二十三年(735)七月三十日　正書端方藏石
    14210　清拓　1張
    著録：匋二三・十

石門張劍爲刺史孫希莊造象記
    開元二十三年(735)十一月十五日正書
    14212　清拓　1張
    著録：藝五・十七

邢州黄金村合村造經幢記
    開元二十六年(738)四月八日　正書
    14211　清拓　1張

虢國公造象記
    開元□□□年四月二十三日　行書　石

在奉先寺内
    14213　清拓　1張
    14318　清拓　1張
    著録：中記二・五〇　萃七七・一　藝五・九　平六・九　求二・二〇　古墨四・七八　瓊三二・二七　孫録三・一一三　潛目二・十一　金石二跋二・九

内侍省功德碑並額
    開元(下泐)日壬戌　石在洛陽
    11254　清拓　1張
    著録：金石二跋二・九　萃八四・十三平六・九　瓊三二・三二

牛氏像龕碑
    開元　隷書　張九齡撰，石在奉先寺
    11256　清拓　1張
    14319　清拓　1張
    著録：中記二・五一　萃八一・三　瓊三二・二八　孫録三・一一三　平再續・十六　藝五・九又二一

造象：石華第二集第三、四册 24 種
    總章至開元　正書
    14346　清拓　26頁

李元福妻鞏造象題記
    天寶元年(742)十月二日　正書　端方藏石
    14215　清拓　1張
    著録：藝續一　匋二四・二

楊瓚造浮圖頌
    天寶二年(743)四月　行楷
    11410　清拓　1張

本願寺造舍利塔碑
    天寶四載(745)二月十五日　行書
    11255　清拓　1張　附小楷抄著録
    著録：妙十二・二五　萃七三・一　平五・十七　孫録三・一〇八又一二九　鐫四・六　瓊五一・十一　常九・二二

孫樂安造象記　又名"感怨文"

天寶十一載(752)六月庚寅(十五日)逝
正書　王英撰

14216　清拓　2張

著録：瓊五八·十五

王晉等造佛菩薩象

天寶十二載(753)十月二十二日　正書
端方藏石

14217　清拓　2張(右一面)

著録：匋二五·五　瓊五八·十四

李時用德政記

天寶十二載(753)十月二十二日　正書
王英撰

14270　清拓　1張

著録：瓊五八·十七

韓貞瓚造象

天寶十四載(755)正月三十日　正書
河南博物館藏石

14218　清拓　1張

□氏造象

永泰元年(765)四月八日　正書

14222　清拓　1張

聖善寺救苦觀世音菩薩石象銘

貞元七年(791)二月八日　正書

14223　清拓　2張

著録：授續五·二　瓊三二·三三　孫
録四·一三六

孟再榮造象題記

元和三年(808)七月十二日　行書

11417　清拓　1張(開裱,附元結墓銘
殘石、千福寺多寶塔碑殘拓、柳宗元龍城石刻
三種)

14224　清拓　2張

著録：藝六·十三　攈八·五一　關攷
四·八　孫録四·一四〇　竹三·十三　隋
下·四　古墨六·一一四　平七·二一　萃
一〇五·五　彙十二之一·九　陝十六·

十八

元和五年造象

元和五年(810)□月十日　正書

14227　清拓　1張

□温造盧舍那佛象

長慶三年(823)三月十九日　正書

14228　清拓　1張

著録：藝六·十六

李氏爲夫人韓氏造象

大和五年(831)季月　正書

14229　清拓　1張

邑眾七十餘人造象

咸通四年(863)　正書

14230　清拓　1張

窣堵波塔銘

咸通五年(864)八月二十六日　正書

13067　清拓　1張

著録：寶叢一·十一　關四·二八　跋
九·二三　關攷六·十七　孫録四·一五九
萃一一七·二　授續六·四　潛目三·十

朱公佐妻李氏等造象記

咸通六年(865)　正書

14231　清拓　1張

蘇氏造象

咸通八年(867)六月七日　正書

14142　清拓　1張(三種)

男弟子李□造象題記

咸通八年(867)六月七日　正書

14232　清拓　1張

女弟子李氏造象題記

咸通八年(867)六月七日　正書

14233　清拓　1張

著録：夢四·十三

李仲舒造象題記

咸通八年(867)六月七日　正書
14234　清拓　1張
著録：羣十九・二七

李懷造象

咸通□年四月　正書
14235　清拓　1張

殘造象

中和二年(882)　正書
14236　清拓　1張

張師政兄弟造象題記

□□六年三月三十日　正書
14257　清拓　1張
著録：藝三・二六　瓊三三・十五

奚行儼造象記

□□四年癸酉十二月　正書
14275　清拓　1張

造象殘石

二年十一月二十日　正書
14321　清拓　1張

王倫妻陳女婆造象題記

十月一日　正書
14253　清拓　1張
著録：藝三・二六　瓊三三・八

裴沼造象題記

三月二十八日　正書
14263　清拓　1張
著録：藝三・二六　瓊三三・十六

尼法貴等造象題記

□□□年五月十□日　正書
14267　清拓　1張
著録：瓊三三・二〇

柳夫人等造象殘刻

八月　正書

14281　清拓　1張

陽信縣令元□□造象

無年月(貞觀十七年以後)　正書
14277　清拓　1張
著録：瓊三三・二

浄住寺賢劫功德碑

年月泐　正書　斷碑,上截
11407　清拓　1張
著録：寶叢七・十六　字五・二五　關
四・三〇　古墨六・一二五　孫録四・一六
六　瓊七八・九　古銅・八　續編十二・六
藝六・三七

張三顏等像幢記

正書
13627　清拓　1張
著録：匋三七・十二

張仁廓造象記

正書　端方藏石
13976　清拓　1張
14245　清拓　1張
著録：匋三七・七

張師爲兄楚師造象

正書
13991　清拓　1張(四種)
著録：藝三・三〇

安陽縣尉王承頲造象題字

正書
14109　清拓　1張(五種)
14251　清拓　1張
著録：藝三・二七　瓊三三・四

馮鳳翼等造象記

正書
14238　清拓　1張
著録：藝四・二九

千牛高思儉造象題記
正書
14254　清拓　1張
著録：藝三・二七　瓊三三・十四

夏侯升造象題字
正書
14252　清拓　1張
著録：瓊三三・二七

李慶、衛迥造象題名
正書
14255　清拓　1張
著録：瓊三三・十

忠州刺史李素價造象題名
正書
14256　清拓　2張
著録：瓊三三・一　藝四・九

高善達造象題記
正書
14258　清拓　1張
著録：瓊三三・二二

李保妻楊造象題記
正書
14260　清拓　1張　未拓全
著録：瓊三三・十　藝三・三六

常文才女舍利造象題記
正書
14261　清拓　1張
著録：瓊三三・二二　藝三・三二

郢公女妳造象題名
正書
14262　清拓　1張
著録：瓊三三・三七　藝四・四

李五德造象題名
正書
14264　清拓　1張

著録：瓊三三・三一　藝四・十

尼德相造象題記
正書
14265　清拓　1張
著録：瓊三三・六　藝三・三六

尼僧暉造象題記
正書
14266　清拓　2張
著録：瓊三三・十二

尼道進法明造象題記
正書
14268　清拓　1張
著録：瓊三三・二一　藝三・三六

郇王阿妳造象題字
正書
14271　清拓　1張
著録：藝四・四

楊惠勝造象題記
正書
14276　清拓　1張
著録：藝四・十五（作楊專勝）

社老李懷璧等造象題名
正書
14282　清拓　1張
著録：瓊三三・三三

趙大娘等造象六題
正書
14288　清拓　2張　（一2）徐乃昌舊藏
著録：瓊三三・二九

張大娘等七人造象題字
正書
14290　清拓　1張
著録：瓊三三・十　藝四・十

王二娘造象記
　　正書
　　14291　清拓　1張
　　著録：藝三·三四

王懷忠等七人造象題名
　　正書
　　14292　清拓　1張
　　著録：瓊三三·二八

姚祚造象題字
　　正書
　　14296　清拓　1張
　　著録：藝三·三三

弁空造象題記
　　正書
　　14297　清拓　1張
　　著録：瓊三三·九　藝三·三二

小光造象題記
　　正書
　　14298　清拓　1張
　　著録：瓊三三·九　藝三·三二

淨如造象題記
　　正書
　　14299　清拓　1張
　　著録：瓊三三·九　藝三·三二

閻□□造象題記
　　正書
　　14225　清拓　1張　余紹宋舊藏

楊滿藏造象記
　　正書
　　14239　清拓　1張

薛夫人造阿彌陀象龕銘
　　正書
　　14241　清拓　1張　余紹宋舊藏

弟子□貴造象題記
　　正書
　　14272　清拓　1張

茹紹先等造象記
　　正書
　　14274　清拓　1張

洛陽縣鄧思孝等造象記
　　正書
　　14278　清拓　1張

清信仕夏侯回洛等造象殘記
　　正書
　　14279　清拓　1張

清信女□弟子衛□造象題記
　　正書
　　14280　清拓　1張

雍州長安縣王仕朗造象題記
　　正書
　　14283　清拓　1張

張胡師造象題記
　　正書
　　14284　清拓　1張

王思道妻造象記
　　正書　石在磁州
　　14286　清拓　1張

李六娘等造象題記
　　正書
　　14293　清拓　1張

宋方生等造象
　　正書
　　14294　清拓　3張

楊文遇造象題字
　　正書
　　14295　清拓　1張

周玄德等造象記
　　正書
　　14300　　清拓　　1張

何文義造象記
　　正書
　　14301　　清拓　　1張

司馬王亮邑義等造象記
　　正書
　　14302　　清拓　　1張

常斌妻許氏造象題字
　　正書
　　14303　　清拓　　1張

衛景嵩造象殘刻
　　正書
　　14304　　清拓　　1張

玄静等造象
　　正書　　河南圖書館藏石
　　14306　　清拓　　3張

憑瑞塔勒尊容殘石
　　正書
　　14307　　清拓　　1張　　劉喜海舊藏

禱疾造象題字
　　正書
　　14308　　清拓　　2張

石象之碑殘刻
　　正書
　　14309　　清拓　　1張

殘造象
　　正書
　　14311　　清拓　　1張

掌瘡娘娘龕象
　　正書
　　14322　　清拓　　2張

五代

山可球造象記
　　（後梁）開平二年（908）九月十五日
正書
　　14323　　清拓　　2張

李茂全造象記
　　（後梁）開平二年（908）十月八日　　正書
　　14324　　清拓　　1張　　徐乃昌舊藏

李琮造象題記
　　（後梁）乾化五年（915）六月三日　　正書
　　14325　　清拓　　2張
　　著録：瓊七九・八

蘇□君成等造象題字
　　（後唐）天祐十八年（921）八月十日
正書
　　14326　　清拓　　1張

程光遠等造象記
　　（後唐）長興元年（930）十二月二十九日
行書
　　11427　　清拓　　1張
　　著録：瓊七九・二九

楊蘊等造文殊普賢象記並額
　　（後晉）天福四年（939）九月　　正書
　　11430　　清拓　　3張

摩騰大師真身塔題字
　　（後晉）開運二年（945）三月十五日　　正書
　　14328　　清拓　　2張
　　著録：藝七・五

鄭惠造象記
　　（南漢）乾和四年（946）正月三日　　正書
李根源藏石

14331　1張　況周頤舊藏

趙還靳造象記
（南漢）乾和四年（946）三月四日　正書
李根源藏石
14332　1張　況周頤舊藏

宋暉造象記
（契丹）會同十年（947）四月八日　正書
14327　清拓　2張　（一2）趙時棡舊藏

龍門山郭張題字
（後漢）乾祐三年（950）三月二十一日
正書
14338　清拓　1張

滕紹宗造象記
（後周）廣順元年（951）四月三日　正書
14329　清拓　3張
著錄：浙四·二七　孫錄五·一八〇

金塗塔記十一品集册
（吳越）乙卯（考爲955）　正書
10404　1册　有鄒安、趙時棡等跋
著錄：跋十一·十一

張處等造象記
（南漢）大寶二年（959）二月八日　正書
李根源藏石
14333　清拓　1張　況周頤舊藏

梁懷□造象
（南漢）大寶三年（960）正月十五日　正書
14334　清拓　1張
著錄：藝七·十（作大寶四年）

造千佛寶塔記
（南漢）大寶十年（967）四月　行書
11446　清拓　1張　陳運彰舊藏
著錄：錄補二四·二四一　跋十一·十
六　孫錄五·一八三　潛目三·十六

宋

耿□妻宮氏等造象記
乾興元年（1022）一月　正書
14335　清拓　1張
著錄：匋三九·八

龍門山丁裕題名
天聖四年（1026）三月二日　正書
14340　清拓　1張
著錄：藝九·一

龍門山大像龕丁裕題名
天聖四年（1026）三月二十六日　正書
石在奉先寺
14341　清拓　1張
14422　清拓　1張
著錄：孫錄六·二〇七　瓊八八·八
藝九·一　續編十四·二　授續九·五　中
記四·八六

孟疑造象記
景祐元年（1034）六月八日　正書　端方
藏石
14342　清拓　1張
著錄：匋三九·八

造地藏象記
慶曆二年（1042）正月一日　正書
14343　清拓　1張

江寧崇教寺辟支佛塔記
皇祐二年（1050）八月望後三日　正書
11470　清拓　1張
著錄：孫錄五·二一七　潛目四·六
藝十·一

常景造象記
元豐二年（1079）七月十二日　正書
14336　清拓　1張
著錄：瓊八八·九

造象記

元祐二年(1087)三月二十一日　正書

14337　清拓　1張

真相院舍利塔銘

元祐二年(1087)八月甲辰(二十五日)

正書　蘇軾書,宣和三年十月立

14659　清拓　1張

著録：孫録五・二五七

釋迦舍利寶塔禁中應現圖記

紹定四年(1231)　正書　僧道權書

14344　清拓　1張

著録：藝十二・二六

内西頭供奉余祺鐫象記

無年月　正書

14339　清拓　1張

著録：瓊八八・十一　趙録三・三一(作唐末)

清

永清縣合河村劉天甫妻張氏等施錢造佛題名

四月十五日　正書

14345　清拓　1張

雜　　刻

夏

夏禹石刻康樂巖碑
　　篆書　後世僞造
　　10585　清拓　1張　謝伯殳舊藏

岣嶁碑　又名"神禹碑"
　　篆書　後世僞造
　　10586　翻刻舊拓　1張
　　10587　舊拓　1張
　　著録：古文一·一　鐫一·一　史上·二　庚四·十　來上·一　湘·一　續一·一　録補二·十二　妙一·一　存二·一　跋一·二　平再續·一　越六·四六　萃二·一　鈔一·一　古墨一·一　香　石泉·一　孫録一·一　曝四七·一

周

壇山刻石　又名：一、吉日癸巳　二、周穆王刻石
　　篆書　後世僞造
　　9996　明初拓　1册　龔定盦舊藏，龔伯鼎跋
　　10590　舊拓　1張　于右任舊藏
　　著録：集一·七　金石十三·四　寶叢六·五八　薤一·一　鐫一·二　庚四·十五　字一·三　來上·三　續一·一　存

二·八　跋一·三　萃三·二　平一·一　鐵上·一　常一·一　函一·九　愛·五　孫録一·一

石鼓文　又名：一、獵碣　二、岐陽石鼓　三、十鼓文
　　篆書
　　9997　明初拓　1册　王瓘藏
　　9998　石鼓文音訓　舊拓　1册　王瓘藏，江標題簽
　　9999　愙齋臨石鼓文　初拓　1册　吳大澂泥金書題注，吳大澂光緒十三年十一月臨阮文達公摹刻四明范氏天一閣北宋本石鼓文，原本殘缺處間采它説補正，袁世凱手書籤根
　　10588　舊拓　10張　于右任舊藏
　　10589　清拓（乾隆御府摹本，附乾隆題詩）　11張
　　著録：集一·十三　廣二·一　金石十三·四　寶叢一·一　古文二·一　薤一·三　鐫一·二　愛·四　録補二五·二四九·又二六·二七七　金石一跋一·一　史上·一　庚四·十六　來上·四　字一·二　妙一·八　存二·三　有·一　跋一·三　萃一·一　橋一·二　平一·一　清三·一　退二·一　枕二·一　古銅一·一　宜一·一　硯一·一　東跋三·一　復二十·一　獨第一集四·十　香孫録一·一　曝四七·一　雪跋二·一

秦

泰山刻石
　　篆書　李斯書

10003 清道光拓 1册 徐宗幹跋。附傅節子手拓十字、同治乙丑吳雲東海廟殘碑初拓

10591 岱廟舊拓本 1張 廿九字,王宗炎、習艮樞、高毓浵、楊體仁、姚元之、吳熙載等十九人題跋

10592 清拓 1張 廿九字,阮元摹刻

10593 清拓 1張 廿九字,孫星衍摹刻

10594 清拓 1張 十字,徐宗幹置道院後初拓

10595 清拓 1張 十字,徐宗幹置道院後初拓

10596 清拓 1張 十字,徐宗幹置道院後初拓

著錄:集一·十七 廣四·十一 金石十三·五 寶叢二·四 薤二·三 古文三·三 鐫二·三 庚五·一 字一·四 跋一·六 萃四·一 古墨一·二 香 江寧一·一 平一·二 存二·十四 平三續上·一 阮山七·三 經十·四 橋一·三 鐵上·二 退二·四 函一·十三 東跋三·一 宜一·二 筆一·一 硯一·一 古零 孫錄一·一 錄補二·十四 關一·一 苑

嶧山碑
篆書

10000 明拓(宋鄭文寶重刻) 1册 第一次石裂後拓

10001 明拓(第二次石裂後拓) 1册 封面題:"明初拓嶧山碑長安本,小墨妙亭主人(孫多巘)題端。"

10599 精拓(宋鄭文寶重刻) 2張

10600 舊拓(宋鄭文寶重刻) 2張

著錄:集一·十六、十七 廣四·十 金石十三·六 香 寶叢二·七 平三續上·一 薤二·一 古文三·二 鐫一·三 史上·四 庚五·二 字一·五 錄補二六·二七八 來上·七 續一·二 妙一·二一 關一·一 雍一·一 存二·十二 吳興六·十五 跋一·六 阮山二一·三九 萃四·一 古墨一·三 江寧一·一 平一·二 清二·三 浙一·二 越九·十六 退二·六 雪跋二·一 鐵上·二 獨第一集五·二 關中·一 關攷一·一 孫錄一·一

琅玡台刻石
篆書 李斯書

10002 清道光拓 1册

10597 舊拓 1張 陳介祺舊藏,翁大年題識

10598 清拓(十三行) 1張 況周頤舊藏,陳運彰題識

著錄:金石十三·六 寶叢一·三一 薤二·九 古文三·三 存二·十八 庚五·一 字一·四 跋一·五 萃四·三 平一·二 鐵上·二 退二·三 函一·十一 佛·一 枕二·四 阮山七·一 香愛·五 獨第一集五·三 壬癸·五一 孫錄一·一

刻碣石門石 又名"碣石頌"
篆書

10004 清道光二年初拓 1册 道光二年趙昫跋,道光三年陳大鏞跋

10601 清拓(錢泳摹刻本初拓) 6張

著錄:古文三·五 硯一·二

會稽石刻
篆書

10005 翻刻本(李刻本) 1册

著錄:寶叢十三·一 古文三·六 薤二·六 錄補二·十四 浙一·一 橋一·四 清二·一 越九·十九 孫錄一·二

西漢

群臣上壽刻石
文帝後元六年(前158)八月丙寅(二十三日) 篆書

10602 初拓 3張 況周頤舊藏,附唐人題名(正書)

著録：函二・一　萃一・四　硯一・五
瓊二・一　畿二・二　攟五・四一　求一・
一　彙三之二・六七　增圖一・八　梅　聚
一・四四　畿誌一四八・一　廣平府誌三
五・一　趙録一・三　俞樾春在堂隨筆二

甘泉山刻石　又名：一、"廣陵中殿石題字"　二、"江都厲王墓石題字"

元鳳二年(前79)　隸書
10604　舊拓　4張　四石全拓。有褚
德彝書簽、翁方綱跋。附翁方綱《甘泉山獲石
記》拓片、阮元記
10605　舊拓　2張　四石全拓。況周
頤舊藏
著録：萃五・八　函三・十四　香　江
蘇一・十　石索一・八七　雪・六　掔三・
十八　攟四・二三　彙十・三六　增圖一・
八　柯　趙録一・三　復二〇・十二　粟四
筆十五・二　篇續・三　梅　阮亨瀛洲筆談
十二・九三

楊量買山記

地節二年(前68)正月　隸書
14539　清拓　2張　（一1）烏程蔣氏
舊藏
著録：平三續上・一　函二・二　東跋
三・二　枕二・十四　瓊二・四　硯一・六
經・五　柯　古石　箋・二　東八・一
雪・五　攟四・四　篇・一　彙十六補遺・
十一　增圖一・八　趙録一・三　屑二・三
二　嘉上・三五

魯孝王刻石

五鳳二年(前56)六月四日　隸書
10603　舊拓　1張
著録：鐫一・四　庚五・二　字一・六
來上・十二　柯　録補二・十五　妙二・一
存三・一　兩七・六　跋一・六　阮山七・
四　萃五・一　雲一・四　佛二・一　清二・
四　古墨一・三　經・十四　半下・一　平
一・三　漢文一・一　香　枕二・十五　田
目・二　獨第二集一・三　愛・六　羅漢上
隸辨七・一　石索一・八三　攟四・五　曝
四七・三　山訪六・一　雪・六　天下　彙

十之二・四　備　潛目一・二　增圖一・九
曲一・一　竹一・二　愚五・二　孫録一・
二　聖四・一　通一五〇・五　曲誌五一・
一　天一・一　潤下・四　篇・一　梅　表
牛圖

金城太守告戒碑

河平三年(前26)二月　隸書
10608　舊拓　1張　陸恢舊藏並題跋

麃瓘刻石

河平三年(前26)八月丁亥　隸書
10607　清拓　1張　李山農精拓、況周
頤舊藏，陳運彰題記
著録：費縣誌十四上　函二・五　歷
一・四　莒誌五・七　硯一・七　校　山訪
七・三　彙十補遺・一　真續六・三　增圖
一・九　通一五〇・九　柯　羅漢上　梅
田目續・一　筆・一　羅録上・一　息五・
二七

孟孝琚碑　又名：一、孟廣宗碑　二、孟琁殘碑

羅振玉考爲河平四年(前25)　隸書
10066　初拓　1册
10067　謝跋後初拓本　1册　五字行
10068　精拓　1册
10612　初拓　1張
10613　初拓　1張　周慶雲舊藏，杜鎮
球題跋
10614　初拓　1張
著録：億・九　瓜三・五六　交一・四
柯　俑・二〇　漢　羅漢上　校　九甲・二
二　丁戌・十六　希七・五　獨第二集八・
七　增圖一・七四　真續六・十六　雪跋
二・二　袁嘉谷卧雪堂文集九・九(癸酉九
月雲南崇文印書館印)　吴其昌孟琁殘碑跋
尾(北平圖書館館刊四卷五號)

祝其卿墳壇刻石、上谷府卿墳壇刻石

居攝二年(7)二月　篆書
10610　舊拓　1張
著録：萃五・三　函二・七　枕二・十六

兩七・八 阮山七・四 獨第二集一・四 授續一・四 平一・三 石索一・一三九 金石十四・二 牛圖 跋一・七 山訪六・三 擴四・八 彙十之二・四 藪・十七 寶叢二・八 刻・一 潛目一・二 增圖一・十 田目・二 曲一・一 柯 備 梅 竹一・二 寒上・十三 孫錄一・二 書刻下・二七 聖四・一 通一五〇・五 孔十一・二七 宣統三年番禺縣續誌三三・二

新

萊子侯刻石
天鳳三年(16)二月十三日　隸書
10609　舊拓　1張　況周頤舊藏

著錄:泉一・一 函二・八 漢文一・二 石索一・一四一 枕二・十七 續編一・一 經・五 平再續・一 瓊二・十六 硯一・八 寶鴨上・十 濟州八・八 山訪六・十三 擴四・八 彙十之二・二四 萃目一・一 增圖一・十 楊圖一・六 田目續・一 篇・一 趙錄一・四 柯 通一五〇・五 息一・五 鄒縣續誌十・三

東漢

建武元年殘石
建武元年(25)　隸書
10748　清拓　1張　謝伯殳舊藏

三老諱字忌日碑
建武二十八年(52)五月　隸書
10615　初拓　1張　周清宗舊藏
10616　舊拓　1張

著錄:聚二・一 菉三・二八 校 藝一・十三 羅漢上 楊圖一・七 柯 函二・十 東湖五・三一 硯一・八 瓊三・十 有・七 雪跋二・三 邕一・十 增圖一・十二 交一・七 夢一・六 彙七補遺・十六 有・七 延五・一 真續六・四 趙錄一・四 續跋・三二 春在堂隨筆卷二及卷七 寄廬雜記三・三二 清風室文鈔四・八

開通褒斜道摩崖　又名"鄐君開通褒斜道刻石"
永平六年(63)　隸書
10007　舊拓　1册　"鉅鹿"、"冶"皆未泐,耕石跋
10008　舊拓　1册
10617　清道光前拓　2張　褚德彝題簽
10618　清道光拓　1張　王氏舊藏

著錄:弗丙上・三 舟四・十五 隸辨七・二 石索二・三 復二一・三 關一・二 雪・七 擴四・九 彙十二之二・四七 續古十・四 門・十一 羅漢上 兩十三・十二 跋一・七 萃五・六 潛目一・三 增圖一・十一 楊圖一・七 真九・一 源六・八 陝五・一 竹一・二 寒下・一 韻・三 分・三 孫錄一・二 書刻・三二 宜一・三 續鈔一・一 古墨一・三 平一・三 關中・一 枕二・十九 愛・六 獨第二集一・六 關攷十・二一 漢文一・三 香 篇・二 道光辛卯褒城縣誌八・文物誌二 嘉慶十九年漢中續修府誌三一・十 拾遺上

昆弟六人買山地刻石　又名"跳山造冢石刻"
建初元年(76)　篆書
10065　舊拓　1册　李芝陔舊藏並跋
10619　舊拓　1張

著錄:浙補遺一・一 平再續・二 清二・五 越一・一 函二・十四 續編一・二 瓊三・三 硯一・十一 擴四・十 彙七・三四 增圖一・十三 校 柯 楊圖一・七 篇・二 菁續六・八 趙錄一・四 萃目一・一

司馬長元石門題字
建初六年(81)十月三日　隸書　在山東

文登縣南之崮山

　　10620　舊拓　2張　褚德彝題跋

　　10621　翻刻　2張

　　著錄：藝一·八　羅漢上　柯　田目續·二　蕙一·二　山訪十·五　彙十補遺·二五　羅錄上·一　古石　校　通一五一·五〇

永元八年食堂題字

　　永元八年(96)二月十日　隸書

　　10623　清拓　1張　承研題記

　　10624　清拓　1張　傅以禮舊藏,有馬氏家藏印

　　著錄：枕二·二〇　函二·十四　濟州八·一　田目續二　山訪九·九　趙錄一·四　篇·二　漢文一·五　柯　羅漢上　通一五二·八　民國丁卯濟寧直隸州續誌十九·三八　魚臺縣誌四　鄒縣續誌十·三

修通水道記

　　永元十年(98)十月十一日　隸書

　　10766　近拓　1張

王稚子闕(存左闕)

　　元興元年(105)卒　隸書

　　10625　舊拓　2張　劉喜海舊藏

　　著錄：新都縣誌一編·十一　竹一·八　隸釋一·三　韻·二　孫錄一·二　苑一·三　兩十四·四　授續一·七　寶鴨上·八　牛圖　隸續十三·六　隸辨七·四　潛三二·三　石索四·五七　息一·一　集二·九　金石十四·四　蘇二·六　備　天下攟四·十一　萃五·六　刻·二　香　錄補六·五九　復二〇·一　錄續二·六　增圖一·十五　篇·二　篇續·一　源·二九　寒下·十六　分·八　屑二·六七　蓬三冊

袁敞碑

　　元初四年(117)□□辛酉(考爲四月十八日)　篆書

　　10631　近拓　1冊　羅叔言監拓

　　著錄：古零　柯　希六·二　松·三三

祀三公山碑

　　元初四年(117)　隸書

　　10009　乾嘉拓　1冊　沈曾植舊藏"熹"字未壞本

　　10632　舊拓　1張　于右任舊藏

　　10633　初拓　1張　陸和九舊藏

　　著錄：兩十一·三〇　聚三·四　楊圖一·九　藝一·三　柯　梅　畿誌一四五·四七　常一·三　羅漢上　蓬四冊　思十六·二　瓊三·十　平一·四　範　彙三之二·二三　夢五·二〇　俑·二一　數·五　畿上·一　續古十五·一　增圖一·十六　真十一·六　篇·二　雜十五·八二　竹一·二　攟四·十二　獨第二集一·九　筆·三　攀十一·二　第·十八　孫錄一·三　跋一·三二　宜一·三　萃六·一　退二·八　枕二·二三　民國二十年元氏縣誌俞樾讀書餘錄二跋一·三二

中嶽太室石闕銘

　　元初五年(118)四月　隸書

　　10011　明拓　1冊(三種)　陸恢舊藏,有陸恢題識及釋文、戚叔玉題識

　　著錄：兩九·一　聚三·十七　羅漢上　漢文一·十一　柯　隸辨七·六　古墨一·四　平一·四　石索二·二五　牛圖　字一·八　藝一·三　續一·二　嵩上　孫錄一·三　夢一·四　息五·一　跋一·八　校　獨第二集一·十　雪·八又十一　禪十九·二六　攟四·十三　彙九之四·二三　萃六·二　寶鴨上·四　澗下·六　中攷七·一　刻·二　潛目一·三　竹一·二　增圖一·十七　存六·一　中記一·一　退二·十　虛原三·七　續編一·三　真九·二　香　篇·二　金石一跋一·四　宜一·三　瓊三·十五又十八　説嵩十四·三　許同莘嵩洛遊記·四　梅元鼎嵩書三·三五又三·八　登封縣誌三〇·二　乾隆四十四年河南府誌一一〇·一

嵩山少室西闕銘

　　延光二年(123)三月三日　隸書

　　10011　明拓　1冊(三種)　陸恢藏,有陸恢題識及釋文、戚叔玉題識

著録：兩九·八　聚三·二五　漢文
一·十四　柯　楊圖一·九　字一·十　藝
一·三　嵩上　孫録一·三　石索二·十五
夢一·四　中夋七·一　禪十九·二六　雪
跋二·四　雪·八　攓四·十三　彙九之
四·二三　來上·十四　續一·二　潛目
一·三　竹一·二　增圖一·十八　梅　校
録補四·三九　真十一·六　雜十五·八三
未　中記一·二　存三·四　金石一跋一·
六　篇·二　萃六·二　古墨一·四　平
一·五　漢文一·十四　寶鴨上·四　香
瓊三·二一　續甲　獨第二集一·十四　説
嵩十四·三　虛原三·十三　愚五·一　橋
一·六　天一·三八　澗下·六　登封縣誌
三〇·九又十一

開母石闕銘

延光二年(123)　篆書

10011　明拓　1册(三種)　陸恢藏,有陸恢題識及釋文、戚叔玉題識

10012　清乾隆拓　1張

著録：字一·八　跋二·五　來上·十
三　續一·二　録補四·三八　香　中記
一·三　存三·二　兩九·九　金石一跋
一·五　萃六·二　古墨一·四　平一·五
清二·五　漢文一·十五　宜一·四　瓊
三·十七　獨第二集一·十六　楊圖一·十
聚三·三三　羅漢上　藝一·三　邕一·九
天一·三八　柯　衍四·十五　説嵩十四·
五　澗下·六　攓四·十三　中夋七·一
禪十九·二六　孫録一·三　未　潛目一·
三　增圖一·十九　竹一·二　俞一　石
索二·二一　曝四七·四　夢一·四　雪·
九　彙九之四·二三　真十一·六　第·十
四　虛原三·十　校　説嵩十四·五　息
五·一　登封縣誌三·五　嵩上　乾隆四十
四年河南府誌一一〇·三　元和郡縣圖誌
三·三六　梅元鼎嵩書三·三六　俞樾讀書
餘録二

延光殘碑　又名"是吾殘碑"

延光四年(125)六月　隸書

10637　舊拓　1張　平齋審定,丁文蔚印

著録：兩十四·十六　阮山七·五　萃
六·六　平一·六　香　函二·十五　愛·
六　枕二·二五　佛·十五　泉一·四　漢
文一·十九　寶鴨上·四　羅漢上　聚三·
五八　藝一·四　通一五一·二二　柯　弗
丙上·七　牛圖　佛·十五　篇·二　山訪
十二·十七　雪·十一　攓四·十三　梅
彙十之三·四八　泉一·四　潛目一·三
增圖一·二〇　田目·二　竹一·三　校
孫録一·三　瓜三·四〇

永建食堂畫像題字

永建五年(130)二月二十二日　隸書

10636　舊拓　1張　于右任舊藏

著録：聚三·七〇　藝一·四　羅漢上
柯　函二·十六　濟州二·六　硯一·十二
瓊三·二三　支·一〇二　攓四·十四　彙
十之二·四七　篇再續·三　增圖一·二二
通一五二·八　1927年濟寧直隸州續誌十
九·五五

陽嘉殘石　又名：一、少仕州郡等字殘碑 二、黎陽令殘碑

陽嘉二年(133)卒　隸書

10639　舊拓　1張　吳兆璜舊藏

10640　舊拓　1張　況周頤舊藏

10641　舊拓　2張

著録：瓊三·二五　硯續二·六　羅漢
上　柯　羅録上·二　藝一·四　增圖一·
二一　攓四·十四　彙十補遺·十二　通一
五二·五九　田目續·二　臏·二　山訪
六·十二

延年石室題字

陽嘉四年(135)三月　隸書

10638　近拓　2張　柯昌泗監拓

著録：漢俑·二〇　古石　希六·七
貞·三　雪跋二·五　羅漢上　校　蕙一·
六　柯

裴岑紀功碑　又名"敦煌太守碑"

永和二年(137)八月　隸書

10642　舊拓　1張　陳運彰舊藏並跋

10643　舊拓　1張　陶湘舊藏，吳恒、楊峴、陳承修題跋

10644　舊拓　1張　嚴可均舊藏

10645　舊拓　1張　栗恭勤公（毓美）舊藏

10646　舊拓　1張　顧澐舊藏，吳俊、顧澐題識

10647　清朱拓　1張　"領隊大臣"印

著錄：兩十四·二　聚四·一　漢文一·二五　羅漢上　柯校　藝一·五　新一·一　函二·十七　清二·九　平一·六　石索二·三三　鐵上·三　古墨一·四　東八·二　跋一·八　枕二·二七　關一·三　關中·一　牛圖　瓜三·四一　雪·十二　真九·一　攘四·十四　孟四·二四　彙十三·十六　續十五·二　未　鈔一·十一　潛目一·三　篇·二　縵七·一　萃七·三　刻·三　水三·三　齋·七　竹一·三　獨第二集一·二二　增圖一·二二　孫錄一·三　陞·一　關十·五一　退二·一　滄二·二〇　梅

沙南侯獲刻石　又名：一、伊吾司馬侯猗題字　二、焕彩溝碑

永和五年(140)六月十五日　隸書

10649　舊拓　1張　況周頤舊藏

10650　舊拓　1張　河間麗氏舊藏

著錄：聚四·六　藝一·五　羅漢上　柯　函二·十九　硯一·十三　關攷十·五　求一·三　瓊四·一　陞·二　交一·十三　攘四·十五　校　彙十三·十六　篇續·一　增圖一·二二　真續六·八　趙錄一·五　松翁膡二·七　東詩·十四

會仙友題字　又名：一、漢安仙集字　二、漢逍遙山石窟題字

漢安元年(142)四月十八日　隸書

10648　舊拓　1張　陸增祥舊藏

著錄：庚五·三　錄補三·二四　兩十四·十八　香萃七·四　天下　函四·十八　寶鴨上·十　篇·三　孫錄一·三　書刻下·三九　竹一·三　兩十四·十八　聚四·十四　羅漢上　柯　苑一·六　石索四·八一　攘四·十五　刻·三　復二一·二　息一·六　彙十六補遺·一　備　增圖一·二二

宋伯望等分界刻石　又名：一、定界碑　二、莒州漢安三年刻石

漢安三年(144)二月三日　隸書

10013　舊拓　1册

10651　舊拓　4張　楊守敬舊藏

著錄：彙十六補遺·十九　希七·三　藝一·四　柯　田目再續·二　莒誌五〇八　羅錄上·二　通一五二·七八　羅漢上　校

景君銘並陰

永嘉本初間(145—146)　隸書

10014　舊拓　1册

10652　舊拓　2張

10653　舊拓　2張　于右任舊藏

10654　舊拓　2張

10655　舊拓　1張（缺陰）

著錄：韻·三　分·四　寒上·十三　增圖一·二三　篇·三　田目·二　存六·四　天下　未　源·十三　鉏上·四　俞一　帖攷·七　竹一·三　兩八·八　萃七·四　聚四·十七　漢文一·二六　表柯　羅漢上　楊圖一·十一　校　藝一·五　天一·一　隸辨七·八　隸續十六·三　隸釋六·九　牛圖　札樸八·二五　阮山七·十二　篆·三　濟州二·六　來上·十五　雪跋二·五四　通一五二·八九　瓜三·五　石索二·三五　瓊四·五　平一·六　字一·十一　略上·十八　庚五·八　集二·十九　金石十四·八　支·一二七又一二八　古墨一·五　古文五·七　山訪九·一　攘四·十五　鐫一·七　獨第二集二·一　史上·八　雪·十二　跋一·九　魏·一　彙十之二·四一　藪·十七　求一·四　真九·三　備　妙二·二二　墨十七·三　潛目一·三　孫錄一·四　蒼·四　錄續二·七　雜十五·八九　亟·六　塾四·八　曝四七·十　陳壽祺左海文集七·十八　陳奐三百堂文集上·二二　1927年濟寧直隸州續誌十九·三

武班碑

建和元年(147)二月二十三日　隸書

10656　舊拓　1張　汪硯山、徐乃昌、況周頤遞藏

10657　舊拓　2張　謝伯殳舊藏

著錄：篇・三　田目・二　寒下・二　增圖一・二五　源・十三　未　書刻下・三四　竹一・三　韻・三　分・四　通一五〇・七四　兩十五・四九　萃八・一　聚四・四七　柯　羅漢上　藝一・五　籀九・十二　塾四・八　隸釋六・十一　濟州七・一　平一・六　略上・十八　阮山七・十三　薤四・十三　攈四・十六　獨第二集二・九　山訪九・六　集三・一　支・一三〇　天下金石十四・八　古文五・十一　藪・十二　潛目一・三　錄續二・八　真九・九　天一・一　孫錄一・四　養十八・十七　備彙十之二・五七　雜十五・八八　帖攷・七　集目一・二　廣跋一・八　1927年濟寧直隸州續誌十九・一　金石一跋一・六

武氏石闕銘　又名："孝子武始公等造石闕銘"

建和元年(147)三月四日　隸書

10015　舊拓　1冊(附舊拓整張)　陸增祥舊藏，有題識

著錄：篇・三　田目續・二　韻・三　分・十四　柯　通一五二・八九　增圖一・二六　竹一・三　札樸八・三一　天下兩十五・五二　萃八・二　聚四・五三　漢文一・三五　天一・一　源・四九　藝一・五　阮山七・十三　濟州七・四　支・二四　隸辨八・四六　清二・十五　平一・七　校石索三・三　略上・十八　彙十之二・五七　山訪九・六　攈四・十六　續古十・五　真九・九　鈔一・十四　金石十四・九　獨第二集二・十一　潛目一・三　孫錄一・四　羅漢上　枕二・二八　古墨一・五　宜一・五　1927年濟寧直隸州續誌十九・六〇

戚伯著碑

太歲丁亥(柯以爲建和元年，147)　隸書

10076　梁刻初拓　1冊

著錄：隸釋十二・十一　隸辨七・三

函三・三　望　柯　橋一・五　金石十九・九　攈四・二四　天下　彙五・四六　曝四七・四　略上・十八　錄續四・三九　真九・二一　源・二八　分・八　趙錄一・四　徽二・一　集十・九

石門頌　又名："司隸校尉犍爲楊君頌"

建和二年(148)十一月　隸書　王升撰

10021　舊拓　1冊　有康有爲觀款

10022　1冊　舊拓填補，缺字

10023　1冊　舊拓殘本，"高"字未剜

10024　1冊　舊拓殘本，"高"字未剜

10658　清初拓　2張

10659　清嘉道拓　1張

著錄：集三・二　集目一・二　金石十四・十　隸釋四・三　古文十四・四　平一・八　錄續二・八　廣跋一・八　關一・三　兩十三・十六　跋一・十　萃八・三　鈔一・十六　古墨一・六　關中・二　東跋三・七　枕二・三九　漢文一・三八　宜一・五　愛・十三　關攷十・二二　獨第二集二・十二　邕一・九　篇・三　陝五・一　鉏下・二　隸辨七・九　增圖一・三〇　真九・一　雜十五・八八　刻・三　竹一・三　羅漢上　柯　藝一・九　楊圖一・十二　札樸八・二三　未　源・五三　石索二・四七　略上・十八　輿四・三〇　天下攈四・十六　彙十二之二・四八　藪・一　續古十三・一　門・六　墨十七・三　俞・二　潛目一・三　第・十八　源・八　孫錄一・四　褒・二　帖攷・七　瓜三・五五　養十八・十　備　義府下五八又六〇　嘉慶十九年漢中續修府誌三一拾遺十一・十一　道光辛卯褒城縣誌卷八文物誌・二　水經注二七沔水上　俞樾讀書餘錄二

乙瑛碑　又名"孔廟置百石卒史碑"

永興元年(153)六月十八日　隸書

10025　清初拓　1冊　李葆恂署簽，端方跋

10662　清光緒後拓　1張　于右任舊藏

著錄：集二・二　集目一・三　金石十五・二　隸釋一・十四　寶叢二・八　竹

一・三 聚五・四一 古文四・一 羅漢上
田目・三 弗丙上・八 冑四・十六 札樸
八・八 山訪六・三 雪・十五 天下 擴
四・十六 隸辨七・十二 天一・一 石索
二・五五 曝四七・四 支・一二五 藪・
十五 魏録・一 牛圖 薤三・一 鑴一・
五 史上・七 潤下・十 庚五・六 字
一・十一 柯 校 彙十之二・四 表
蒼・四 墨十七・四 潛目一・三 增圖
一・三一 真九・三 備 源・二 鉏下・
二 來上・十五 曲一・一 分・一 寒
上・十一 篇・四 韻・四 第・十九 聖
四・一 孫録一・四 通一五〇・九 東冡
下・五 未 續一・三 録續二・九 廣跋
一・九 金石一跋一・七 妙二・十七 存
六・十 兩六・十二 跋一・十 授續一・
四 阮山八・一 萃八・五 古墨一・七
平一・八 瓜三・四七 宜一・五 枕二・
四〇 獨第二集二・十八 邑一・十一 又十
四 漢文二・四 佛・五 九甲・十九 俞
樾讀書餘録二 陳奐三百堂文集上・二二
（乙亥叢編本）

李孟初神祠碑

永興二年(154)六月十日 隸書
10660 清初拓 1張 于右任舊藏
10661 清咸豐拓 1張 況周頤舊藏
著録：聚五・六四 竹一・四 藝一・
九 羅漢上 柯 孫録一・四 兩十二・二
三 雪・十七 擴四・十六 潛目一・四
中記一・三 萃八・八 古墨一・七 平
一・九 增圖一・三二 真九・六 篇・四
金石一跋二・六 彙九之四・三八 獨第二
集三・二 俞・四

孔謙碑

永興二年(154)七月 隸書
10663 舊拓 1冊 阮元舊藏
10664 舊拓 1冊
著録：聚五・六九 東冡下・十五 孔
十一・二七 竹一・四 牛圖 柯 藝一・
九 兩七・三 羅漢上 田目・三 曲一・
一 漢文二・五 隸釋六・十七 隸辨七・
十二 阮山八・一 平一・九 石索二・九

三 略上・十八 集二・十一 古墨一・八
篇・四 獨第二集三・二 彙十之二・四
藪・十五 寶叢二・九 備 墨十七・四
萃九・一 潛目一・三 録續二・九 增圖
一・三三 存六・十二 真九・六 源・十
四 分・四 寒上・十二 韻・四 曲誌五
一・五 未 通一五二・五九 聖四・一
義府下・七〇 孫録一・四 帖攷・七

孔君墓碣

永壽元年(155) 隸書
10026 黃小松初拓 1冊 陳介祺
題跋
10665 舊拓 2張 附阮元記,于右任
舊藏
著録：聚五・七一 竹一・七 藝一・
九 柯 田目・四 彙十之二・四 曲一・
二 漢文二・八 阮山八・一 隸辨八・四
七 羅漢上 授續一・五 平一・九 支・
一二六 金石十五・三 天一・三八 山訪
六・三 雪・十八 擴四・十六 篇・四
寶叢二・十 萃九・一 潛目一・四 録續
二・十 鉏下・二 復二〇・十一 孫録
一・四 聖四・一 增圖一・三三 第・二
〇 未 通一五二・六〇 俞樾讀書餘録二

李君通閣道記 又名"扶風丞李寓表"

永壽元年(155) 隸書
10634 舊拓 1張 莊眉叔舊藏
10635 舊拓 1張
著録：聚三・六三 羅漢上 清二・七
函二・二五 獨第二集三・三 續編一・三
石索四・八三 瓊四・十二 增圖一・三三
篇・四 關攷十・二四 彙十二之二・四七
思十六・五 擴四・十六 硯一・十四
門・二四 古銅・一 陝五・六 趙録一・
五 萃目一・一 繆荃孫藝風堂文漫存乙丁
稿・十二

禮器碑並陰側 又名"韓勅碑"

永壽二年（156）霜月之靁皇極之日
隸書
10027 清乾隆拓 1冊 沈樹鏞舊藏,
吳昌碩、宗顯、沈樹鏞、俞樾題端,陸恢、童大

年、朱半亭跋

　　10666　近拓　2張　于右任舊藏

　　著録：集二・三　集目一・三　廣五・四　金石十五・三　隸釋一・十七　寶叢二・十　古文四・六　漢文二・九　東冢下・四　澗上・六〇　薤三・七　鐫一・六　史上・五　庚五・五　字一・十　來上・十五　録補三・二五　兩六・一　續一・四　録續二・十　廣跋一・十一　妙二・十一　存六・十三　蘇・三五　羅漢上　跋一・十一　聚六・一　楊圖一・十四　竹一・四　柯藝一・九　校　駕十五・三五六　田目・四　曲一・二　弗丙上・九　札樸八・十二　隸辨七・十三　雪・十八　石索二・六三　略上　藪・十五　攈四・十六　牛圖　山訪六・三　天下　魏・二　彙十之二・四　墨十七・二　萃九・一　蒼・五　澗下・十　增圖一・三四　真九・四　表　備　雜十五・九〇　篇・四　源・二　鉏上・七　寒上・十一又十二　第・二〇　韻・四　孫録一・四　函二・二二　聖四・一　虛原二・一　古墨一・八　半下・一　平一・十　分・一　清二・十　佛・四　孔十・二　曲　誌五一・五　帖攷・七　書刻下・二八　養八・四　天一・一　退二・十二　宜一・六　枕二・四一　硯續三・三　通一五〇・十二　獨第二集三・四　阮山八・二　愛・十二　曝四七・十一　義府下・五二又六〇

劉平國摩崖　又名：“龜茲刻石”

　　永壽四年(158)八月十二日　隸書

　　10667　初拓　1張　程頌萬、梁鼎芬、王仁俊等跋，端方、陶湘舊藏

　　10668　初拓　3張　于右任舊藏

　　著録：硯三・一　壬癸・四九　寶鴨上・七　陲・三　新一・五　羅漢上藝一・九　壬癸・四九　硯續三・一　域下・五三〇　柯　增圖一・三六　真續六・九　雪・十九　羅録上・二　彙十三補遺・二　校　觀堂二十・十一　菉三・十四

鄭固碑

　　延熹元年(158)四月二十四日　隸書

　　10669　舊拓　1張

　　著録：聚六・八三　漢文二・十七　寶鴨上・七　竹一・四　楊圖一・十七　田目・四　田目再續・二　校　藝一・九　兩八・三五　韻・五　牛圖　隸釋六・十七　弗丙上・十　函三・二二　俞・四　分・四　札樸八・二〇　阮山八・二　濟州二・二二　來上・十六　隸辨七・十五　巢・五　柯平一・十　字一・十二　續一・五　集三・三　古墨一・九　曝四七・十二　佛・二支・一二七至一二八　金石十五・五　跋一・十三　雪・二〇　獨第二集三・八　山訪九・一　天下攈四・十七　薤七・八　孟四・十九　古文八・七　魏・二　彙十之二・四七　藪・十三　墨十七・三　萃十・一　巫・十四　潛目一・四　録續二・十一　增圖一・三七　表　備　真九・七　雜十五・九二　妙二・三六　篇・四　源・十四　寒上・十三　孫録一・四　書刻下・二八　帖攷・七　雪跋二・五　天一・一　通一五二・八九　1927年濟寧直隸州續誌十九・十一

鄭固碑殘石

　　延熹元年(158)四月二十四日　隸書

　　10670　舊拓　1張

倉頡廟碑並陰側

　　延熹五年(162)正月　隸書

　　10671　清拓　4張　于右任舊藏

　　10672　舊拓　1張

　　著録：聚六・四八　漢文二・二九　羅漢上　藝一・九　竹一・四　校　牛圖箋・三　隸辨八・五三　雍餘・二　集二・六　集目一・四　金石十五・九又十六・十四　第・二　寶叢二十・八　關一・三　萃十二　略上・二〇　跋一・十四　存六・二三　雪・二〇　金石一跋二・六　古墨一・九　兩十一・一　平一・十　獨第二集三・十二　雪跋二・五　抱十五・三　關攷八・二七　天下備攈四・十七　彙十二之二・十　復二十・十八　潛目一・四　增圖一・三八　柯　真九・十二　篇續・二　陝五・二

桐柏淮源廟碑

延熹六年(163)正月八日　隸書

10028　清拓　1册　元吳炳重摹刻,端方舊藏。張祖翼、李文石題簽,張之洞觀款,張祖翼、莊眉叔、胡棟華、李葆恂、褚德彝跋

10673　清拓　1張　吳摹本,況周頤舊藏

10674　清精拓本　1張　吳炳摹刻

著錄:楊圖一·十八　竹一·四　集一·二五　集目一·四　愛·十二　古文十二·五　中記五·一二五　字六·二五　略上·十六　中攷八·六　錄續三·十五　隸辨七·二〇　隸釋二·十二　彙九之四·六四　藪·七　備墨十七·二　賡跋二·十七　萃十·五　獨第二集三·十三　天下潛目一·四　柯　校　增圖一·三四　寒上·二一　篇·四　鉏上·二　源·四　韻·六　分·二　孫錄一·五　曝四七·五　帖攷·八

孔宙碑

延熹七年(164)七月戊□　隸書

10029　明精拓　1册　趙時棡題簽,劉小峯跋

10030　明拓　1册(碑陰)　劉小峯跋

10031　清拓　1册　"高"字小損。鐵保、張騫、褚德彝、吳昌碩、周嵩堯、周蓮、秦綏章、田庚、沈衛跋

10676　光緒拓　2張

10677　乾隆拓　1張

著錄:聚七·一　漢文二·三三　兩六·二七　藝一·十　隸釋七·十四　楊圖一·九　札樸八·十六　竹一·四　田目·四　牛圖　阮山八·三　來上·十九　隸辨七·二二　平一·十一　石索二·七九　羅漢上　字一·十六　略上·十四　續一·八　集二·十　九甲·二〇　佛·六　支·一二一·一二二　金石十五·十　柯　跋一·十五　古墨·十　雪跋二·六　義府下·七〇　退二·十四　東冢下·十六　孔十一·二九　孔十二·一　獨第二集三·十五　山訪六·三　攈四·十七　鐫一·四　天下史上·十二　藪·十五　薖三·十三　孟四·十二　古文四·十一　備　寶叢二·十

二　魏·二　彙十之二·四　求一·五　廣五·六　墨十七·二　萃十一·一　蒼·三　錄續三·十六　表　俞·五　分·五　潛目一·四　存七·一　增圖一·四〇　真九·五　雜十五·九三　妙二·七　篇·四　曲一·二　未　源·十五　寒上·十二　石墨上·一　聖四·一　孫錄一·五　通一五〇·二一　息六·七　帖攷·八　韻·六　邑一·十　宜一·六　賡跋二·十九　庚五·六　曝四七·十一　曲誌五一·七

封龍山頌

延熹七年(164)五月　隸書

10069　初出土拓　1册　"章、韓林"未泐,曹銓跋

10070　初拓　1册　"章、韓林"未泐,有殘字

10678　初拓　1張

10679　光緒前拓　1張　有沈樹鏞、胡澍審定印

著錄:聚六·六一　藝一·十　柯　羅漢上　楊圖一·二三　趙錄一·五　函二·二二　劦四·十九　硯續一·十六　校枕二·四三　宜一·七　瓊四·十六　範求一·五　獨第二集三·十九　雪·二一　攈四·十七　廡·三　寶鴨上·六　邑一·十　彙三之二·二三　增圖一·四二　真九·十五　攀十·二　第·十七　萃目一·一　1931年元氏縣誌一

土圭刻石

延熹七年(164)五月九日　隸書

10725　清拓　1張

西嶽華山碑

延熹八年(165)四月二十五日　隸書

10032　翻刻初拓長恒本(初拓百本之一,趙烈文翻刻本)　1册

10680　清拓　1張　阮元復刻本(四明本)

著錄:隸釋二·一　寶類一·十二　寶叢十·二七　集二·二一　集目一·五　觀下·一　廣五·八　金石十五·十一　石索

二·一五九 古文七·四 金石一跋一·十
薤六·六 鐫一·十 史上·七 字一·十
七 略上·十二 續一·九 關一·四 錄
續四·二九 存七·五 兩十·一 蘇·二
萃十一·四 天下 攈四·十七 彙十二之
二·十五 藪·五 備 古墨一·十一 天
一·二 柯 增圖一·四三 平再續·二
復二十·十五 孫録一·五 校 獄四·二
真九·七 篇·四 蘇·一 源·三 陝
五·二 韻·六 分·一 寒下·一 雲
一·五 里·一 石泉 漢文二·三九 橋
一·六 清二·十六 關中·二 退二·十
五 東跋三·七 枕三·一 關攷八·三〇
雍餘·六 嘉上三·十 曝四七·八 冬青
館乙集七·二〇

建寧買地莂
建寧元年(168)正月　隸書
14541　清拓　3張　(一1)秦文錦舊藏

張壽碑
建寧元年（168）五月辛酉（十五日）隸書
10033　清乾隆拓　1册　"蓋、晉"未壞本,黃小松拓
10034　舊拓　1册　"蓋、晉"未壞本,十五字行。陸翔題簽,陸恢舊藏
10035　近拓　1册　"晉"字本,十五字行
10681　舊拓　1張　于右任舊藏
10682　清拓　1張
10683　舊拓　1張
著録：兩十二·十七　聚七·三七　漢文三·二　藝一·十　柯　竹一·四　羅漢上　田目·四　楊圖一·二三　校　隸釋七·十八　隸辨七·二八　平一·十一　集三·七　石索四·九一　字一·二〇　函二·二七　阮山八·五　略上·十四　牛圖庚五·十　佛·十七　跋一·十七　枕三·八　獨第二集四·四　山訪八·四　雪·二二　藪·十二　天下攈四·十八　彙十之三·九　墨十七·三　萃十二·三　刻·五　録續三·十九　潛目一·四　存七·十　備增圖一·四五　真九·九　集目一·六

篇·四　源·十七　分·五　韻·七　寶鴨上·七　孫録一·五　通一五一·七　邕一·六　廣跋二·二三　宜一·八　曝四七·十三　帖攷·八

衡方碑
建寧元年(168)九月十七日　隸書
10036　清初拓　1册（並陰）　陸恢題簽、録釋文。碑陰爲黃小松洗碑前拓
10684　初拓　1張　陶湘舊藏
10685　嘉道拓　1張
著録：兩十二·七　聚七·四二　漢三·六　藝一·十　柯　籀八·十一　竹一·五　羅漢上　田目·四　楊圖一·二五　隸釋八·一　隸辨七·二八　平一·十二　天一·一　札樸八·十八　阮山八·五　弗丙上·三　硯二·六　瓊四·二一　牛圖清二·十八　集三·六　石索二·一六九　字一·二一　廣跋二·二四　集目一·六　略上·二〇　佛·十六　分·五　金石十六·五　校跋一·十七　枕三·八　天下古墨一·十二　雪·二三　獨第二集四·九　山訪六·十九　抱十五·一　瓜三·四四　彙十之二·四五　攈四·十八　薤五·八　古文六·七　魏·三　藪·一　表備萃十二·四　宜一·八　録續三·二一　潛目一·四　存七·十二　增圖一·四六　真九·十　雜十五·九五　篇·四　源·十七　俞·七　第·二一　韻·七　孫録一·五　帖攷·八　面乙·二一　義府下·七〇　退二·十八　滄三·三〇　東跋三·八　通一五〇·二四　曝四七·六　清重刻萬曆戊申汶上縣誌·七·雜誌·九又八·藝文·二　俞樾讀書餘録二

曹掾殘字
建寧元年(168)九月　隸書
10871　清拓　1張　于右任舊藏

武榮碑
考爲建寧元年(168)　隸書
10016　舊拓　1册　有周振題
10017　舊拓　1册　褚德彝題簽,楊守敬、李葆恂跋

10734　清拓　1張　于右任舊藏
著録：藝一·十四　楊圖二·一　未
源·二七　漢文三·四四　羅漢上　竹一·
五　兩八·三三　柯　田目·四　聚四·五
五　通一五二·九〇　隸釋十二·七　函
四·十五　壬癸·八　阮山八·四　濟州
二·二八　來上·二〇　隸辨七·二九　獨
第二集四·一　孫録一·六　平一·十五
字二·二　略上·十五　庚五·十　集三·
十八　佛·十九　支·一二七、一二九　跋
一·十六　古墨一·二〇　表　山訪九·一
雪·三二　薤五·一　古文六·一　魏·三
彙十之二·四七　牛圖　藪·十一　備墨
十七·三　萃十二·一　亟·十一　潛目
一·三　天下　録續四·三八　增圖一·五
四　存七·九　寒上·十二　篇·四　妙
二·六　真九·九　雜十五·九四　帖攷·
十　廣跋三·四八　養十八·十六　天一·
二　集目二·七　宜一·十　金石一跋二·
九　曝四七·十四　分·八　1927年續修濟
寧直隸州續誌十九·十四

史晨前後碑
10038　明拓　1册　鄭孝胥、張伯英、
張德榮題簽，張德榮、寶熙跋。前碑"秋"字
完整

魯相史晨饗孔子廟碑　又名"史晨後碑"
建寧元年(168)四月十一日到官　隸書
10687　清乾隆拓　1張　未升碑前拓
著録：兩六·十八　聚八·一　漢文
三·十四　羅漢上　柯　校　藝一·十　竹
一·五　楊圖二·二一　東冢下·五　虛原
三·一　牛圖　田目·四　隸釋一·二八
阮山八·六　弗丙上·十二　曲一·二　札
樸八·十九　隸辨七·三　平一·十二　石
索二·一〇一　字一·二一　源·三　庚
五·六　續一·九　東八·六　佛·九　跋
一·十八　枕三·十　古墨一·十二　獨第
二集四·十六　山訪六·三　表　雪·二八
攈四·十八　鑴一·七　史上·七　薤三·
四　古文四·四　魏·三　彙十之二·四
寶叢二·十五　萃十三·三　蒼·三　潛目
一·四　藪·十五　天下　存七·十七　備

增圖一·四八　妙二·十一　雜十五·九六
真九·五　篇·五　分·一　未　寒上·十
二　韻·七　金石十六·三　隸續十一·一
録補三·二六　聖四·一　帖攷·八　通一
五〇·二七　曲誌五一·九　孫録一·五
虛三·一

魯相史晨祀孔子奏銘　又名"史晨前碑"
建寧二年(169)三月七日　隸書
10686　清乾隆拓　1張　未升碑前拓
著録：集二·四　集目一·六　兩六·
十六　聚七·六六　隸釋一·二五　山訪
六·三　寶叢二·十四　古文四·三　薤
三·三　鑴一·七　史上·六　庚五·六
字一·二一　妙二·十　平一·十二　佛·
八　存七·十五　阮山八·六　授續一·五
跋一·十八　萃十三·一　古墨一·十二
漢文三·十六　獨第二集四·十三　枕三·
九　九甲·二一　邑一·十　退二·十九
東跋三·九　宜一·八　羅漢上　柯　校
藝一·十　竹一·四　楊圖一·二四　牛圖
田目·四　隸釋一·二四　弗丙上·十二
札樸八·九　來上·七　隸辨七·三　曲誌
五一·九　石索二·九五　略上·三　義府
下·五五　天下　天一·二　東冢下·五
虛原三·一　雪·二四　攈四·十八　墨十
七·四　表　彙十之二·四　藪·十五
魏·三　潛目一·四　存七·十五　增圖
一·四七　真九·五　雜十五·九六　韻·
七　分·一　未　篇·五　妙二·十　源·
三　孫録一·五　帖攷·八　曲一·二　孔
十·四　備　滄三·三〇　寒上·十二　虛
三·一　聖四·一　沈跋　通一五〇·二六
吳騫愚谷文鈔五·三　陳奐三百堂文集上·
二二

郭有道碑並額
建寧二年(169)四月十日　隸書
10037　1册　周慶雲舊藏，杜小舫題識
10688　清拓　2張　斧鑿舊摹本，謝伯
妥舊藏
著録：來上·十七　天一·三八　略
上·十二　續一·十　古墨一·十二　山訪
九·五　古文二·二　天下　鑴一·八　寶

類一・十二 表 備 彙十補遺・十七 彙十一・六九 兩十七・十六 田目續・二校 壬癸・五二 藪・十五 萃十二・七漢文三・十七 邕一・十二 潛目一・四真九・十二 妙二・三八 竹一・五 寒上・九 函三・十七 羅録上・二 清二・二〇 書刻下・三七 右録・一 寰記四一・六 通一五二・九〇 面甲・二八 右二・二 同治元年金鄉縣誌十六・藝文二・六 光緒三十三年金鄉縣誌

夏承碑

建寧三年(170)六月　隸書

10689　清拓　1張　明代唐曜重刻本

著録：札樸八・二四　瓊四・二五　隸辨七・三一　略上・二　庚五・九　平一・十三　義府下・七三　石索二・一〇七　字一・二一　續一・十　金石十六・五　跋一・十九　古墨一・十三　獨第二集四・十九　畿上・一　天下　攈四・十八　鐫一・八　薶六・四　古文七・三　魏・四　彙三之二・六七　表　藪・十七　寶叢六・五一　續古十五・五　萃十三・六　蒼・五　半下・一　潛目一・四　存八・一　天一・二柯　漢文三・二一　真九・十四　妙二・十四　東湖二・三三　源・十八　竹一・五寒上・二　韻・七　分・五　虛原三・十四復二十・十五　孫録一・五　韓五・四　書刻下・三　橋一・七　兩十・七　筆・三愛・八　曝四七・七　廣平府誌三・五四程瑤田通藝録十四・九　宜一・八

李翕西狹頌

建寧四年(171)六月十三日　隸書　仇靖書

10039　清乾隆前精拓　1冊　附五瑞全圖。"明、敏"兩字完整清晰，"創"字有口，"因"字有石筋，"建"字清晰

10040　清乾隆拓　1冊　附額、題名並五瑞圖。吳山尊舊藏，張祖翼、俞復跋。"因"字石筋完好，"創"字有口，"建"字已稍損

10041　清嘉道拓本　1冊　附額及題名。"因"旁小石已落，"創"口已空。精拓五字行

10042　嘉道未洗碑前拓本　1冊"因"旁小石已落，"創"口已空。僞裝蓋有伊墨卿、桂未谷、朱竹垞、梁蕉林、翁覃溪、項墨林等印，全係僞作，以充明本

10043　光緒初拓(洗碑後拓本)　1冊缺額及題名，"因"、"創"填墨作僞

10690　清乾隆拓　3張　汪硯山舊藏

10691　清乾隆拓　2張　于右任舊藏

著録：曾鞏元豐金石跋尾・七　金石十六・六　隸釋四・八　隸續十一・九　關一・四　古文十・一　録補三・二七　存八・七　兩十三・一　佛・十四　關中・三跋一・十九　萃十四・一　金石一跋一・十二　鈔一・二〇　古墨一・十三　平一・十三　退二・二二　漢文三・二四　枕三・十一　宜一・九　獨第二集五・二　竹一・五關攷十三・十七　寶鴨上・五　聚八・十二羅漢上　愛・七　蕙二・八　校　藝一・十一　楊圖一・二五　隴一・十五　隴補・四柯　隸辨七・三四　面甲・二八　未　石索二・一一三、一一九　略上・二〇　牛圖天下　攈四・十八　寶類一・十三　備　續古十三・二　彙十三・八　興四・四〇　潛目一・四　增圖一・四九　篇・五　分・三真九・十五　雜十五・九八　源・八　寒下・二　韻・八　孫録一・五　書刻下・三三　義府下・六三

孔彪碑並陰

建寧四年（171）七月辛未（十三日）隸書

10692　清拓　2張

10693　清拓　2張

著録：漢文三・三一　羅漢上　藝一・十一　竹一・五　柯　田目・五　聚八・三九　兩六・二二　隸釋八・十四　札樸九・二二　校　阮山八・七　來上・十八　源十九　隸辨七・三三　平一・十四　字一・二二　略上・十四　庚五・七　牛圖　集二・十一　佛・九　支・一二一、一二三金石十六・七　跋一・二〇　古墨一・十三山訪六・三　獨第二集五・四　抱十五・三天下　未　攈四・十九　薶四・一　古文五・一　魏・四　彙十之二・四　雪・三〇

藪·十一　寶叢二·十六　萃十四·三
蒼·六　潛目一·四　錄續三·二二　存
八·四　備　增圖一·五〇　真九·六　雜
十五·九六　妙二·三三　篇·七　鉏上·
六　曲一·二　第·二三　養十八·三
俞·八　寒上·十二　韻·八　聖三·一
孫錄一·六　通一五〇·二　曲誌五一·十
一　錄補三·二六　妙二·三三　天一·二
東冢下·十五　分·五　孔十一·二九又十
二·二　集目一·七　曝四七·七　賡跋
二·二七　宜一·九　愛·十三

楊叔恭殘碑

七月六日甲子(考爲建寧四年,171)　隸書

10694　舊拓　2張(並陰側)　汪硯山跋

10695　舊拓　3張　陸樹彰舊藏

10696　清拓　1張(並側)　陳漁春舊藏

10697　清拓　1張(並側)　歸端方後之拓本,譚瓶父舊藏

著錄:漢文三·二六　匋二·一　聚十二·十四　田目續·二　柯篇·五　羅漢上　藝一·十一　枕三·十二　校　函二·二八　硯二·四　瓊四·二六　居十五·甲、乙、丙　石索四·八五　山訪八·五又九·十　攈四·十九　彙十之二·五五　通一五二·八三　增圖一·五二　趙錄一·五　雪·三一　濟州八·四一　鄒縣續誌十·四　魚臺縣誌四　道光二十六年滕縣誌十二藝文·五〇

析里橋郙閣頌

建寧五年(172)二月十八日　隸書

10045　乾隆拓("致、攻、堅"本)　1冊　有劉喜海審定印

10698　舊拓　1張　于右任舊藏

著錄:集二·八　集目一·七　聚八·五四　廣五·九　隸釋四·十一　古文十四·四　鐫一·九　藝一·十　柯校　庚五·十一　字一·二二　錄續三·十二　賡跋二·二八　關一·四　雍一·六　平一·十四　存八·十二　兩十三·五　鈔一·二

二　古墨一·十四　金石一跋一·十三　萃十四·六　關中·三　枕三·十三　漢文三·三四　退二·二三　獨第二集五·八　續一·十　雪·三一　天下攈四·十九　關攷十·三六　陝五·四　彙十二之二·五二　羅漢上　略上·十七　竹一·五　隸辨七·三　石索二·一二七　魏·四　寶類一·十三　潛目一·四　增圖一·五三　備縵七·二　駕十五·三五七　門·十三又二〇五　表　真九·十六　雜十五·九九　篇·七　復二十·十三　源·九　鉏下·一　孫錄一·六　帖攷·八　曝四七·七　書刻下·三二　養十八·十七　未　義府下·六二　嘉慶十九年漢中續修府誌三一·二〇　桃花聖解庵日記已集二集·三　俞樾讀書餘錄二　繆荃孫藝風堂文漫存乙丁稿·十一

楊淮表紀　又名"卞玉過石門頌表紀"

熹平二年(173)二月二十二日　隸書

10046　乾隆拓　1冊　黃小松拓

10699　舊拓　1張　況周頤舊藏

10700　舊拓　1張　于右任舊藏

著錄:藝一·十一　籀八·九　柯　羅漢上　楊圖二·一　竹一·五　漢文三·四五　兩十三·二〇　聚九·一　隸續十一·十一　隸辨七·四　平一·十五　石索一·一四五　跋一·二一　枕三·十五　關一·五　古墨一·十五　關中·三　校獨第二集五·十二　東八·七　雪·三三　攈四·十九　彙十二之二·四八　續十五·八　門·七　真九·二　萃十五·二　鈔一·二五　錄補三·二八　潛目一·四　增圖一·五四　雜十五·一〇一　篇·七　源·五三　韻·十　校　復二一·五　孫錄一·六　陝五·四　關攷十·二六　第二·四　俞樾讀書餘錄二

魯峻碑並陰

熹平二年(173)四月庚子(二十二日)　隸書

10047　舊拓　1冊　"宣尼"未損本

10048　1冊　"宣尼"已壞本,端方跋

10701　舊拓　2張

10702 清拓 2張 于右任舊藏
10703 清嘉慶拓 2張 姚氏小紅鵝館舊藏
著錄：藝一·十一 漢文三·四六 田目·五 聚九·十一 柯 竹一·六 兩八·一 羅漢上 楊圖二·二 隸釋九·四 隸續十一·二二 隸辨七·三八 集三·十 阮山八·七 平一·十六 濟州二·三一 來上·十八 石索一·一四九 瓊五·十二 牛圖 佛·十八 略上·十五 弗丙上·十七 支·一二七、一二九 字一·二三 校庚五·九 貞二·二 九甲·二一 金石十六·十 跋一·二一 攈四·十九 山訪九·一 史上·九 薤四·四 獨第二集五·十三 雪·三三 古墨一·十四 彙十之二·四七 表備 雜十五·一〇一 孟四·三九 古文五·三 天下魏·五 寶類一·十二 藪·十一 墨十七·三 萃十五·三 蒼·六 呕·一 潛目一·四 錄補三·二九 錄續三·二三 存八·十三 增圖一·五五 真九·十六 天一·二 關攷十·二六 通一五〇·七五 復二一·十八 妙二·二九 篇·七 源·十九 寒上·十二 韻·九 分·六 孫錄一·六 帖攷·八 書刻下·二七 養十八·九 集目二·二 宜一·十 曝四七·十四 賨跋二·二九 清二·十五 俞·八 佛·十三 未

熹平殘碑 又名"旌善殘碑"
熹平二年(173)十一月乙未(二十一日) 隸書
10705 道光十八年前拓 1張
10706 道光十八年前拓 1張 陸增祥舊藏
10707 道光十八年前拓 1張
著錄：藝一·十一 漢文三·五〇 田目·五 聚九·三六 羅漢上 竹一·六 聖四·二 阮山八·八 授續一·五 平一·六 佛·十四 跋一·二二 雪·三四 彙十之二·四 枕三·十六 山訪六·三 攈四·十九 萃十五·七 篇·七 孫錄一·六 潛目一·四 增圖一·五七 真續六·十八 曲一·三 滄三·三〇 宜一·

十 校 通一五二·六〇 柯 1934年續修曲阜縣誌八·五四

婁壽碑
熹平三年(174)正月甲子 隸書
10704 摹刻初拓 1張
著錄：隸釋九·九 兩十六·十六 札樸八·十七 望 隸辨七·四〇 橋一·八 石索一·一七九 函三·四 漢文四·一 義府下·七三 略上·十五 湖二·六 集三·十 集目二·一 曝四七·六 攈四·十九 薤六·九 彙十四·二六 存八·十七 興三·六又十一 藪·十一 錄補三·二九 錄續三·二四 賨跋二·二九 備邑一·八 真九·九 天下 柯 篇·七 源·二〇 寒下·十五 韻·九 書刻下·十八 雲一·五 古文七·六 分·六 金石一跋一·十四 孫錄一·六 滄二·二〇 復二十·十二 帖攷·九

耿勳表 又名"天井山摩崖"
熹平三年(174)四月二十日 隸書
10049 明拓 1冊 端方舊藏,張之洞題簽,張祖翼補額。張之洞、李佳、王仁東觀款,李葆恂、金蓉鏡、張祖翼跋
10708 舊拓 1張 于右任舊藏
著錄：隴一·二〇 藝一·十二 竹一·六 羅漢上 柯 聚九·三八 書刻下·三三 兩十三·九 隸續十一·二 隸辨七·四二 刻·五 攈四·九 瓊五·十二 平一·十六 獨第二集五·七 跋一·二二 彙十三·九 天下 興四·四〇 續十五·八 萃十五·七 錄補三·三〇 潛目一·四 篇·七 真九·十八 雜五十·一〇二 源·五二 寒下·二 孫錄一·六 關攷十·四〇 備

韓仁銘
熹平四年(175)十一月三十日 隸書
10051 乾隆拓 1冊 "爲、牢、君"皆未損
10052 1冊 "爲、牢、君"皆完整。嘉慶元年裝,嘉慶九年黃小松手裝並簽、跋
10710 乾隆拓 1張

著録：藝一・十二　竹一・六　羅漢上
柯　楊圖二・三　漢文四・四　增圖一・五
九　聚九・五九　兩十二・十四　函四・十
六　天一・三八　平一・十七　獨第二集
五・二〇　石索四・八九　跋一・二三　古
墨一・十五　貞二・二　校　雪・三四
魏・五　孟四・三　攈四・二〇　中記一・
五　牛圖　彙九之一・十九　中攷・四　續
一・十二　萃十七・一　存八・十九　潛目
一・四　篇・七　真九・十七　虛原三・十
六　寒下・二　孫錄一・六　金石一跋一・
十五　未　宜一・十一

尹宙碑

　　熹平六年（177）四月己卯（二十四日）
隸書
　　10053　清初拓　1册　附清乾隆拓整
張，戚叔玉跋
　　10711　清乾嘉拓　1張
　　著録：藝一・十二　竹一・六　羅漢上
柯　楊圖二・四　漢文四・八　隸辨七・五
二　增圖一・六〇　聚九・六八　兩十二・
十一　函四・十七　天一・二　平一・十七
藪・九　字一・二九　續一・十　牛圖　跋
一・二三　古墨一・十五　獨第二集六・六
雪・三六　攈四・二　魏・五　彙九之一・
十四　中攷一・九　萃十七・二　中記一・
六　鈔一・二七　錄補三・三〇　潛目一・
四　存八・二〇　篇・七　真九・十七　妙
二三一　未　第・二六　虛原三・四　寒
上・二〇　寶鴨上・六　校　孫錄一・七
續十五・九　金石一跋一・十六　曝四七・
十四　宜一・十一　沈跋　俞樾讀書餘錄二
陸繼輅合肥學舍札記四・十二

熹平石經尚書

　　熹平　隸書
　　10050　1册　尚書十六石

熹平石經

　　10767　近拓　2張

石經集存所收羅石索引

　　10768　初拓　2册　集貼本

熹平石經尚書

　　573字　隸書　顧氏藏石
　　10777　近拓　1張

熹平石經魯詩

　　"侯洵將來"103字　隸書
　　10778　近拓　1張　書肆沒本

熹平石經魯詩

　　"可永休惠"164字　隸書
　　10779　近拓　1張　書肆沒本

熹平石經魯詩

　　"□栖惟"168字　隸書
　　10780　近拓　1張　書肆沒本

熹平石經周易

　　"九閑有家"145字　隸書
　　10781　近拓　1張　書肆沒本

熹平石經周易

　　"□藏見龍"70字　隸書
　　10782　近拓　1張　書肆沒本

熹平石經論語

　　"是吾憂也"170字　隸書
　　10783　近拓　1張　書肆沒本

熹平石經論語

　　"猷謂孔子"183字　隸書
　　10784　近拓　1張　書肆沒本

熹平石經尚書

　　"短星昴以"344字　隸書
　　10785　近拓　1張　書肆沒本

熹平石經周易

　　"孚威如終"508字　隸書
　　10786　近拓　1張　于右任舊藏

熹平石經周易

"□每厲吉婦"483 字　隸書

10787　近拓　1 張　孫壯舊藏,後歸文氏

熹平石經魯詩

"章四雄雉"24 字　隸書

10788　近拓　1 張　書肆没本

熹平石經魯詩

"不我憂心"52 字　隸書

10789　近拓　1 張　書肆没本

熹平石經周易

"無咎九三"23 字　隸書

10790　近拓　1 張　書肆没本

熹平石經春秋

"公自至□"23 字　隸書

10791　近拓　1 張　書肆没本

熹平石經春秋

"乙卯頓子"18 字　隸書

10792　近拓　1 張　書肆没本

熹平石經論語

"絶費勞□"8 字　隸書　陶湘藏石

10793　近拓　1 張

熹平石經儀禮

"後醋"2 字　隸書　陶湘藏石

10794　近拓　1 張

熹平石經論語

"□叔隨季"4 字　隸書　陶湘藏石

10795　近拓　1 張

熹平石經論語

"言黑且在"7 字　隸書　陶湘藏石

10796　近拓　1 張

熹平石經公羊

"之而曰晉"20 字　隸書　陶湘藏石

10797　近拓　1 張

熹平石經遺字

隸書

10798　近拓　14 張　"蓬萊宿約"摹本。黄小松舊藏,翁方綱題簽

長安石經殘字

隸書

10799　近拓　1 張　申兆定乾隆五十一年碑林摹刻本

三公山碑

光和四年(181)四月二日　隸書

10010　舊拓　1 册

10712　舊拓　1 張　況周頤舊藏

10730　舊拓　2 張(並陰)　秦文錦舊藏

著録:集三・十四　集目二・三　金石十七・八　隸釋三・十五　函三・七　硯二・七　宜一・十二　枕三・二二　寶叢十六・十九　録續四・三一　瓊五・二三　廣跋三・三八　求一・八　常一・十一　楊圖二・五　籀八・十二　柯　羅漢上　聚十・一　藪・十七　養十八・十四　藝一・十二　攈四・二〇　隸辨七・六〇　範略上・二一　畿上・一　彙三之二・二三　獨第二集六・九　墨十七・四　增圖一・六二　真九・十八　寒上・一　篇再續・五　源・七　羅録上・三　分・二　韻・十一　帖攷・九　畿誌一四八・五一　書刻下・二　元氏縣誌

溧陽長潘乾校官碑

光和四年(181)十月二十一日　隸書

10054　明拓　1 册　附縮拓整張。□宗建尺牘,殷鮮灝(耕石)跋

10713　舊拓　1 張　于右任舊藏

著録:隸釋五・三　寶叢十五・一　古文八・四　薙七・六　字一・三〇　妙二・三五　録補三・三二　存九・一　兩十一・十七　跋一・二四　古墨一・十六　金石一跋二・二　授續一・六　萃十七・三　江寧一・三　平一・十八　天下　隸辨七・六二

枕三・二二　佛・十一　退二・二六　函
三・十一　東跋三・九　漢文四・十　瓊
六・一　宜一・十三　宜續・二　求一・九
藝一・十二　柯　羅漢上　楊圖二・六　竹
一・六　聚十・十五　獨第二集六・十二
校　江蘇一・十四　東八・七　面乙・二一
天一・二　雪・三七　攗四・二〇　牛圖
彙四・十　興一・二二　藪・十八　備續
十五・十　潛目一・四　增圖一・六一　恒
三・三三　真九・十七　雜十五・一〇三
篇・七　源・十　鉏上・七　寒上・三
韻・十一　分・三　俞・八　孫録一・七
沈跋　書刻下・四　養十六・九　曝四七・
八　未　汪中舊齋蓄疑・十二

張表造虎函題字

光和六年(183)十二月二十一日　隸書
10715　清拓(初拓)　2張
著録：田目再續・二　古石　通一四
九・三四　歷一・八　柯　羅漢上

白石神君碑

光和六年(183)　隸書
10055　舊拓　1冊　"高等、燀、清、匪"
等字未損。況周頤舊藏，潘伯鷹題簽
10056　舊拓　1冊　"高等、燀、清、匪"
等字未損
10716　舊拓　4張
10717　清拓　2張(並陰)　于右任
舊藏
著録：金石十八・三　隸釋三・二二
寶叢六・二〇　庚五・十二　金石一跋二・
二　字一・三一　續一・十二　録續四・三
三　録補四・三四　廎跋三・四二　妙二・
四〇　存九・三　兩十一・二四　跋一・二
五　萃十七・六　鈔一・二九　廎・三　藝
一・十二　古墨一・十六　橋一・九　平
一・十八　常一・十八　漢文四・十二　獨
第二集六・十五　宜一・十三　瓊六・九
求一・九　邕一・八　柯　羅漢上　隸辨
七・六四　竹一・六　聚十・二四　天一・
二　楊圖二・十　義府下・五七　範石索
二・一八五　略上・二〇　跋一・二五　牛
圖　未　雪・三八　天下　畿誌一四八・九

五　畿上・一　攗四・二〇　魏・五　彙三
之二・二三　表藪・十七　校　增圖一・
六三　備刻・五　潛目一・四　真九・十
八　篇・七　源・七　寒上・一　韻・十二
分・三　孫録一・七　曝四七・六　衍續
四・十三　俞・十　書刻下・二　光緒正定
府誌四五藝文　1931年元氏縣誌金石・三
河朔訪古記上・十二

曹全碑

中平二年(185)十月丙辰　隸書
10057　1冊(並陰)　五字已泐佳拓本。
"曰、乾"二字填墨。戚叔玉跋
10058　1冊　已斷。早期填充僞裝明
拓。戚叔玉跋
10719　咸豐拓　1張　于右任舊藏
著録：籀八・十三　藝一・十二　柯
羅漢上　楊圖二・八　竹一・六　漢文四・
二四　聚十・六一　兩十一・十一　胕四・
二〇　枕三・二四　札樸八・二六　校　來
上・十九　隸辨七・七一　清二・十一　平
一・十九　字一・三一　牛圖　庚五・八
續一・十三　佛・十五　跋一・二五　關
一・五　古墨一・十六　天下　瓜三・五一
虛原三・十七　復二〇・十七　貞二・二
關中・四　雪・三八　攗四・二一　鐫一・
九　録補四・三六　史上・十　薤補遺・二
孟四・三六　魏・六　彙十二之二・四
有・九　萃十八・一　鈔一・三一　獨第二
集七・二　潛目一・四　表備　增圖一・
六五　篇・八　存九・八　駕十五・三五七
真九・十九　妙二・二五　雜十五・一〇四
雍一・一　未　陝五・四　攀十一・七　石
墨・二　第・二七　寒下・二　虛二・十七
雲一・七　金石一跋二・四　求古・二　孫
録一・七　關攷八・二四　瓶四・一　古緣
十七・四　筆・四　退二・二七　邕一・十
一　東跋三・十一　宜一・十四　愛・十三
寶鴨上・六　沈跋　曝四七・九　俞樾讀書
餘録二

張遷碑

中平三年(186)二月上旬　隸書
10059　明拓　1冊　"色、君"本

10060　明拓　1冊（碑陰及額，缺正碑）王瓘題簽

10061　舊拓　1冊　"囚、犁、種"舊本

10062　清末濃拓　1冊

10063　清末拓　1冊

10064　木刻本（海豐吳氏翻刻）　1冊

10718　舊拓　3張（並陰額）

著錄：漢文四·二八　楊圖二·十　藝一·十二　柯　羅漢上　竹一·七　聚十一·一　兩十二·一　巢·五　萃十八·四　枕三·二五　札樸八·六　阮山八·九　來上·二〇　隸辨七·七三　授續一·七　平一·十九　石索四·五九　古墨一·十七　字一·三六　庚五·十一　牛圖　田目·五　佛·十八　天下　夢五·二一　跋一·二八　古文七·七　山訪三·十二　抱十五·一　攈四·二一　薳六·十　魏·六　續十三·三　存九·十四　彙十之一·五八　雪·三九　蒼·六　鈔一·三七　刻·六　錄補三·三五　真九·十八　增圖一·六七　天一·二　妙二·三　備校　雜十五·一〇　六　篇·八　寒上·十四　第·二八　孫錄一·八　未　通一四九·三六　養十八·十　瓜三·五一　寶鴨上·六　金石一跋二·三　授續一·七　退二·二九　宜一·十四　愛·十三　獨第二集七·八　曝四七·十

鄭季宣殘碑

中平三年(186)四月辛酉　隸書

10721　舊拓　3張（並陰）

10722　舊拓　1張　黃小松升碑後手拓，江藩跋

10723　舊拓　1張（並陰）

著錄：藝一·十四　漢文四·十七　田目·五　聚十·四九　柯　竹一·六　隸續十九·五　兩八·十五　羅漢上　雪跋二·七　雪·四〇　校　通一五二·九〇　天一·二　阮山八·九　濟州二·四二　瓊六·十四　隸辨七·七四　平一·二〇　牛圖　字一·三六　略上·二一　佛·十一　支一·二七　金石十八·五　山訪九·一　獨第二集六·十七　天下　源·六三　攈四·二一　彙十之二·四七　萃十七·八　甌·十六　刻·五　潛目一·四　來上·二〇　錄續四·三五　賡跋三·四四　存九·十九　增圖一·六九　真九·七　篇·八　韻·十三　第·二七　孫錄一·七　養十八·十二　屑二·五六

魯郡太守姜鈅造冢殘石

中平三年(186)六月十三日　隸書

10762　舊拓　1張　謝伯受舊藏

趙圉令碑

初平元年(190)十二月二十八日　隸書

10724　清拓　1張

著錄：隸釋十一·八　楊圖二·十一　隸辨八·一　蓬五冊　略上·二一　東八·十三　金石十八·七　天下　攈四·二一　柯　古文十四·三　備　彙九之四·六〇　潛目一·四　增圖一·七〇　天一·二〇　萃目一·一　篇續·二　書刻下·二五　寶叢三·二七　源·二五　東跋三·十八　橋一·九　藪·七　帖攷·十　寒上·十八　中攷八·二　分·七　孫錄一·八

倉龍庚午殘碑　又名：一、□郡太守殘碑　二、永壽殘碑

倉龍庚午(考爲初平元年,190)孟春之月　隸書

10726　清拓　2張

著錄：柯　希六·二〇　彙十補遺·十六　校　羅漢上　硯續二·十　通一五二·六〇　甸二·六　滕縣金石誌五·三〇

嚴季男刻石　又名：一、吹角壩殘石　二、建安殘石　三、盧豐碑

建安六年(201)八月二十一日　隸書，原石已佚

10727　清拓　1張　況周頤舊藏

10728　清拓　1張　于右任舊藏

10729　舊拓　1張

著錄：藝一·十三　羅漢上　聚十一·二六　巢詩八·四　函二·二〇　增圖一·七二　趙錄一·六　硯二·十二　語石二·六二　隸辨八·二　柯　瓊六·十八　彙十六之二·四　攈四·十二　興四·二九

源·六八

樊敏碑
建安十年(205)三月上旬　隸書
10731　舊拓　1張
著錄：藝一·十三　聚十一·二九　苑一·十　義府下·七三　隸釋十一·九　硯二·十　瓊六·二〇　隸辨八·二　柯校羅漢上　字二·一　略上·二一　庚五·十金石十八·八　獨第二集六·十二　雪·四一　天下　攘四·二二　古文九·五　俑·二一　增圖一·七三　彙十六之二·六六　興四·十八　備　錄續四·三五　賡跋三·四五　真九·十九　篇續·二　源·二五第·三〇　分·七　孫錄一·八　書刻下·四二　養十八·九　楊慎升庵全集十　升庵合集二·一八七碑帖　通義堂文集八·二俞樾讀書餘錄二　帖攷·十

高頤碑
建安十四年(209)八月卒　隸書
10732　舊拓　1張
10733　清拓　1張　于右任舊藏
著錄：藝一·十三　羅漢上　聚十一·四八　苑一·十七　彙十六之二·六三分·七　隸釋十一·十二　硯續三·五　瓊七·一　隸辨八·三　攘四·二二　源·二五　寒下·一　趙錄一·六　東詩·二〇柯　函四·九

遵立等字殘石
□安元年九月　篆書
10940　初拓　1張
著錄：居·四五　柯

豫州從事孔褒碑　又名："孔文禮碑"
年月泐　隸書
10044　乾隆拓　1冊　"繼"字小損
14701　舊拓　1張　"繼"字未損本,師曾舊藏
著錄：藝一·十四　竹一·七　羅漢上柯　聚十·三九　田目·五　金石一跋二·七　瓜三·四九　通一五二·六〇　牛圖存七·五　阮山八·七　支·一二四　萃十四·十八　古墨一·十九　佛·八　山訪六·三　兩七·一　雪四·一　抱十五·四攘四·二三　魏·七　平一·二〇　清二·八　漢文四·三四　宜一·十四　獨第二集八·五　雜十五·一〇八　彙十之二·四潛目一·四　增圖一·七七　真九·六篇·七　未　曲一·三　聖四·二　孫錄一·八　韓五·三　骨四·二二　曲誌五一·十三　天一·三八

甘陵相尚書碑
考爲建和二年(148)後　隸書
10071　初拓　1冊　趙叔儒舊藏
著錄：希六·五　柯　遼三·五　觀堂二·十九　交一·十二

居巢劉君墓鎮石及石羊題字
隸書
10074　初拓　1冊
著錄：徽一·六六、六七、六八　居·二五、二六、二七、二八、二九、三〇、三一　柯

劉曜殘碑
年月泐　隸書,石佚
10735　舊拓　1張　況周頤舊藏
著錄：藝一·十四　校　柯　田目續·四　羅漢上　聚十二·十一　隸釋十一·二三　函三·十九　硯二·十三　瓊七·五天下　增圖一·七七　隸辨八·八　略上·十三　集二·十九　集目二·八　金石十八·十一　山訪三·十三　雪·四五　彙十之一·六五　藪·十一　備　廣五·十八墨十七·三　筆·三　源·二六　羅錄上·三　寒上·十二　書刻下·二八　分·七通一四九·三五　帖攷·十　石泉·三　光緒七年東平州誌二一·金石二

唐公房碑並陰
年月缺　隸書
10736　舊拓　2張　于右任舊藏
10737　清拓　2張
著錄：聚十二·一　籀八·十　竹一·

七　萃目一・一　　柯　羅漢上　復二〇・二
二　兩十二・十九　校　隸釋三・九　札樸
八・二三　隸辨三・九　平再續・四　集
二・七　跋一・二九　關一・六　摹・三
古墨一・十八　關中・四　獨第二集八・六
雪・四三　攗四・二三　孟四・三八　天下
彙十二之二・五一　興四・三〇　藪・一
廣五・十六　墨十七・三　萃十九・一　備
鈔一・八　錄續四・四〇　潛目一・四　增
圖一・七五　篇・八　真十九・一　源・六
陝五・五　寒下・二　分・二　孫錄一・八
續編一・四　帖攷・七　橋一・十　鉏上・
四　四當四・二　關攷十・三二　義府下・
五六　集目二・七　賡跋三・五一　平一・
二一　翁方綱集外文三・七　水經注二七・
沔水　寶鴨上・七

劉熊殘碑陰
　　隸書
　　10738　舊拓　1張　謝伯殳舊藏
　　著錄：隸釋五・十五　金石十九・四
略上・十　隸辨八・六　東八・十　交一・
十　河目六・一　天下攗四・二三　增圖
一・六七　篇・八　寒上・十八　彙九之
二・二七　橋一・十　孫錄一・九　集三・
七　楊圖二・十二　義府下・六三　分・四
源・十一　復二〇・十四　雪跋二・七　天
一・二　古文七・一　真九・十七　備　寶
叢一・二二　薤六・一　兩十六・十三　東
跋三・十四　漢文四・三九　曝四七・十一
萃十九・五　平一・二二　綴跋・一　經・
六　瓊祛偽・五

楊震碑　又名"楊伯起碑"
　　隸書　石佚
　　10077　舊拓　1册　翻刻本
　　10739　清拓　1張　謝伯殳舊藏
　　著錄：札樸八・二三　瓊五・十　隸辨
七・二五　備　天下　略上・十二　集二・
十四　彙十二之二・二五　彙九之四・五七
藪・一　廣十五・十七　篇續・二　中攷
七・二九　墨十七・二　萃十五・一　錄續
四・三七　真九・十二　源・二六　鉏上・
十　分・八　寒下・一　帖攷・八　趙錄
一・六　未　義府下・七四　書刻下・二四
寰記二九・十二　閿鄉縣誌十九・一

孔宏殘碑　又名：一、魯相謁孔子廟殘碑
二、吉月令辰碑
　　年月泐　隸書
　　10740　舊拓　1張　沈樹鏞舊藏
　　著錄：隸釋十七・八　寶叢二・十五
存九・二〇　兩七・四　阮山八・十　佛・
十二　萃十九・二　平一・二〇　漢文四・
三六　竹一・七　羅漢上　校　聚五・五九
刻・六　隸辨八・十三　柯　石索四・一〇
五　山訪六・三　攗四・二三　篇・八　增
圖一・七七　藪・十二　潛目一・四　真續
六・十八　未　田目・五　源・三九　曲
一・一　分・十一　寒上・十三　孫錄一・
九　聖四・二　曲誌五一・五　通一五二・
六〇　天一・一又三八　牛圖

竹葉碑　又名："中部碑"
　　年月缺　隸書
　　10741　舊拓　1張　未斷本
　　10742　清拓　1張　未斷本
　　著錄：存九・二二　漢文四・三七　萃
十九・三　枕三・二九　篇・八　阮山八・
十一　兩七・十三　平一・二一　跋一・三
三　藝一・十四　柯　潛目一・四　增圖
一・八一　攗四・二三　未　彙十之二・五
孫錄一・九　羅漢上　校　聚十二・十九
竹一・八　曲誌五一・十四　曲四・一　田
目・五　山訪六・三　牛圖　雪・四五　石
索四・一〇三　通一五二・六〇

武都太守吉躬等題名殘碑陰
　　年月缺　隸書
　　10743　舊拓　1張　于右任舊藏
　　10744　近拓　1張　宋跋後精拓
　　著錄：聚十二・二三　藝一・十四　竹
一・七　函四・五　養十八・十二　關一・
六　獨第二集八・八　攗四・二三　柯　求
一・十　萃十一・九　潛目一・四　真續
六・十九　嶽四・八　校　關攷八・三　彙
十二之二・十二　增圖一・七二　陝五・三
孫錄一・九　摹・三

朝侯小子殘碑

年月缺 隸書

10745 清拓 1張 馬良甫舊藏

10746 舊拓 1張

著錄：柯 漢 羅漢上 希七・一
居・三六甲、乙 夢一・十四 葆・一 陝
五・七 真續六・八 增訂積微居金石小學
論叢六・三〇三 1936年咸寧長安兩縣續誌
十三・五 古石

琅琊相劉殘石

篆書

10752 清拓 1張 尹跋後拓

著錄：藝一・十五 田目再續・三 漢
校 柯 彙十補遺・一 雪跋二・六 羅
漢上

石墻村石刻

隸書

10753 清拓 1張 移置後初拓,于右
任舊藏

10754 清拓 1張

著錄：藝一・十五 聚十二・三三 羅
漢上 田目續・四 山訪六・十三 函三・
二二 枕三・三〇 硯二・十五 篇再續・
八 增圖一・八一 通一五二・六〇 鄒縣
續誌十・一 瓊七・七 趙録一・七

昌陽嚴刻石

篆書

10755 清拓 2張

著錄：藝一・十五 田目再續・三 柯
希六・十六 彙十補遺・二六 瓊七・二〇
俑・二〇 縵七・二 校 通一五一・五二

朱君長題字

隸書

10756 舊拓 2張

著錄：阮山八・十二 萃十九・四
佛・十四 枕三・二九 藝一・十四 擄
四・二四 聚十二・三四 古石 羅漢上
田目・六 竹一・九 彙十之二・四七 石
索四・一〇七 山訪九・一 通一五二・九

〇 嘉上・三五 潛目一・四 孫録一・十
增圖一・八二 篇・八 濟州二・五三
1927年濟寧直隸州續誌十九・四〇

懷君殘石

隸書

10757 舊拓 1張 于右任舊藏

著錄：藝一・十五 柯 彙十六補遺・
一 羅漢上

呂仲殘石

隸書

10758 舊拓 2張

著錄：柯 居・三五

張角殘石

隸書

10759 清拓 1張 謝伯爰舊藏

10760 清拓 1張 有二金蝶室印

10761 清拓 1張

著錄：居・三八 田目再續・六 通一
五二・六〇 1934年續修曲阜縣誌八・五四
柯 校

司勳等字殘碑

隸書

10765 舊拓 1張 陸和九校

著錄：古石 柯

李崧殘字

隸書

10869 清拓 1張

10870 舊拓 1張 況周頤舊藏

著錄：潛目一・六

履和純始等字殘石

隸書

10873 清拓 1張 于右任舊藏

著錄：居五・一 校 田目再續・三
匈二・十 葆・六七 柯

王氏五子等字殘石

隸書 匋齋藏石

10881　近拓　1張　周慶雲舊藏
著録：匋二・十

寬以濟猛等字殘石
隷書　于右任藏石
10882　近拓　1張
著録：柯

卓異等倫等字殘石
隷書　于右任藏石
10883　近拓　1張
著録：柯

大吉利石刻
隷書
10908　近拓　1冊　于右任舊藏
著録：柯

故吏王叔等題名殘石
隷書　周進藏石
10912　清拓　1張
著録：柯　漢　居・四八

謁者沈君右闕
隷書
10915　清拓　1張　劉喜海舊藏
10917　清拓　1張　陶湘舊藏
著録：隷釋十三・二　函三・二　瓊
七・八　硯續三・八　寶鴨上・九　聚十
一・六五　寶叢十九・十四　攈四・二二
藝一・十五　柯　隷辨八・三　源・二九
興四・十九　增圖一・八三　彙十六之二・
二六　録補四・四一　趙録一・六　苑一・
四三　分・八　蜀中名勝記二八・十

新豐令沈君左闕
隷書
10916　清拓　1張　劉喜海舊藏
10918　清拓　1張
著録：同上

馮使君神道闕
隷書

10920　清拓　1張　于右任舊藏
著録：函三・三

高貫方東闕
隷書
10921　清拓　1張　于右任舊藏
著録：隷釋十三・二　瓊七・三　攈
四・二二　藝一・十三　天下　柯　隷辨
八・三　羅漢上　聚十一・六一　彙十六之
二・六三　備　源・二九　興四・八　增圖
一・八三　東詩・二○　分・八　息一・六
趙録一・六　苑一・十九　函四・九

高貫光西闕
隷書
10922　清拓　1張　于右任舊藏
著録：隷釋十三・二　瓊七・三　攈
四・二二　藝一・十三　天下　柯　隷辨
八・三　羅漢上　聚十一・六七　彙十六之
二・六三　備　源・二九　興四・八　增圖
一・八三　東詩・二○　趙録一・六　苑
一・十九　函四・九　硯續三・七　蜀中名
勝記十四・三　錢保塘清風堂文鈔四・九
分・八

楊宗闕
隷書
10923　清拓　1張　于右任舊藏
著録：金石十九・六　隷釋十三・五
録補五・五一　柯　函四・十五　聚十二・
五五　瓊七・九　硯續二・四　苑一・五二
校　羅漢上　天下　攈四・二二　隷辨八・
十八　孫録一・八　石索四・一○九　略
上・二二　彙十六之二・五五　源・三一
興四・六　增圖一・八二　東詩・十九　備
篇・八　趙録一・七　寒下・十七　書刻
下・四○　分・九

李公(業)闕
隷書
10924　清拓　1張
10925　清拓　1張
著録：苑一・四○　藝一・十四　攈

四·二二　興四·三二　硯續二·三　寒下·十七　聚十二·五〇　柯　備　趙録一·四　瓊七·十一　書刻下·三九　王士禎蜀道驛程記　黎庶昌丁亥入都紀程上·三五　蜀中名勝記二六·十五　天下

上庸長司馬孟台神道闕殘石

隸書
10927　清拓　1張　謝伯殳舊藏
10928　清拓　1張
著録：隸釋十三·八　瓊七·十二　硯續三·十　藝一·十五　古石　聚十二·七〇　隸辨八·二〇　天下　柯　羅漢上　校彙十六補遺·十一　備　源·三二　羅録上·三　寒下·十六　分·九　書刻下·四三　黎庶昌丁亥入都紀程上·三二

樂安太守麃君墓石人題字

篆書
10931　清拓　2張
著録：阮山八·十一　牛圖　竹一·八　石索二·一九三　函四·十四　兩七·十一　山訪六·四　枕三·二七　獨第二集八·五　寒上·十三　攘四·二四　通一五二·六〇　彙十之二·四　藪·十七　田目·六　潛目一·四　孫録一·九　萃十九·一　藝一·十三　存三·五　支·一二〇　增圖一·八五　梅　天下　羅漢上　曲四·一　書刻下·二七　刻·一　柯　養十八·十　跋一·三一　平一·二三　宜一·十五　湖二·三五

中嶽廟石人冠頂字

隸書
10934　清拓　1張
著録：硯續三·十　續甲　漢　藝一·十四　攘四·二四　彙九之三·一　篇再續·六　孫録一·十　屑二·六四

安陽殘石四種（正直殘碑、子游殘碑下截、劉梁殘碑、元孫殘碑）

隸書
10072　舊拓　1冊　黃小松贈趙晉齋

本,附趙魏臨本。沈樹鏞舊藏並題跋,翁同龢、吳郁生、褚德彝跋。附黃易尺牘一通

子游殘碑上截（賢良方正等字）

隸書
10763　清拓　1張

諸掾造冢刻石

隸書
10750　清拓　1張　沂水王氏拓
10751　出土初拓　1張　沂水王氏拓

處士等字殘石

隸書　陳介祺藏石
10872　清拓　1張

崔公殘石

隸書　陳介祺藏石
10875　清拓　1張

我君等字殘石

隸書
10876　清拓　1張　于右任舊藏

"魏郡韓妙□"等字殘碑陰

隸書　羅振玉藏石
10878　舊拓　1張

顓學等字殘石

隸書　馬衡藏石
10884　舊拓　1張

殘石

隸書
10901　近拓　1張

當水厓刻石

隸書
10911　清拓　1張

鄭子真書石門題字（石虎二字）

隸書
10904　清拓　1張

傳曹操書石門題字(袞雪二字)
隸書
10905　清拓　1張

惠安西表四字
篆書
10907　近拓　1張

鼓吹種多磚
隸書
10909　清拓　1張

□泉題字　又名:"安穩大吉"
隸書
10910　清拓　1張

李君碑額
隸書
10914　清拓　1張

伏生冢題字
隸書
10929　清拓　1張　謝伯殳舊藏

故周將軍闕
隸書
10930　清拓　1張　謝伯殳舊藏

附

漢中全拓
隸書
10078　6册
第一册:漢開通褒斜道磨崖,第二册:北魏石門銘,第三册:宋山河堰落成摩崖,第四册:李壽表楊淮表紀宋石虎袞雪玉盆並記及題名漢石門榜等,第五册:漢石門頌,第六册:宋晏袤開通褒斜道陰記

清王子若縮刻百漢硯碑
10006　初拓足本,僅曹全碑題識少、殘。1册

魏

上尊號奏　又名"百官勸進表"
考爲黃初元年(220)　隸書
10080　精拓　1册
10943　清乾隆拓　1張
著錄:集四·二　集目三·一　隸釋十九·三　寶叢五·五　鐫一·十一　史上·十四　庚五·十二　字二·二　續一·十五　中記一·八　存十·一　兩十八·四　鈔一·三九　金石一跋三·一　萃二三·一　古墨一·二二　平二·一　真九·一　源四二　魏晉·一　藝一·十六　錄續五·四五　廣跋四·五七　備　潛目一·七　札樸八·三三　養十九·一　隸辨八·三六　石索四·一一一　帖攷·十　雪·四九　中攷二·六　增圖一·八七　分·十二　擴五·一　竹一·十　隸一·六　退二·三一　楊圖二·十七　瓜三·六一　金石一跋三·一　天一·三　聚十三·一　未　墨十七·四面乙·十九　寰記七·七　許州誌十三·一牛圖　柯　略上·二三　漢魏碑攷·七

受禪表
黃初元年(220)十月辛未(二十九日)隸書
10081　清乾隆拓　1册　八字行,張伯英跋
10944　清拓　1張
著錄:萃二三·四　隸釋十九·八篇·九　妙三·一　寒上·二一　增圖一·八七　分·十二　古墨一·二二　擴五·一史上·十五　備　寶類一·十五　楊圖二·十八　寶叢五·六　鐫一·十二　藪·七鈔一·四五　真九·一　藝一·十六　潛目一·七　中攷二·六　中記一·八　柯　帖攷·十　雪·五二　源·四二　魏晉·一

兩十八・十　隷辨八・三六　石索四・一二
七　天下　校　書刻下・二三　石墨上・二
竹一・十一　隷一・六　廣跋四・五六　許
州誌十三・一　牛圖　略上・二二　續一・
十五　平二・一　墨十七・四　字二・三
錄續五・四四　未　存十・四　天一・三
集四・一　集目三・一　庚五・十三　宜
二・一　愛・十六　退二・三一　瓜三・六
二　寰記七・七　漢魏碑攷・七　陳奐三百
堂文集上・二二（乙亥叢編）

封孔羨碑　又名：一、魯孔子廟碑　二、封議郎孔羨爲宗聖侯碑　三、孔羨修孔廟碑

黃初元年（220）　隷書
10082　清乾隆拓　1冊（補額）
10945　近拓　1張　況周頤舊藏
10946　清乾隆拓　1張（缺額）
著錄：集目三・一　竹一・十一　藝
一・十六　萃二三・五　阮山八・二五
源・四三　隷辨八・三六　金石二十・三
未　養十九・一　兩十八・一　來上・二二
山訪六・四　石索四・一三七　天下　曲誌
五二・一　孔一・六　帖攷・十　曝四八・
一　魏晉・一　篇・九　隷釋十九・十一
曲一・三　寒上・十五　分・十二　聖四・
二　古墨一・二二　史上・十五　柯　表
寶類一・十五　鑴一・十一　鈔一・四九
潛目一・七　真九・二　攄五・一　藪・十
四　楊圖二・十八　漢魏碑攷・八　備　校
墨十七・五　退二・三〇　增圖一・八八
隷一・六　廣跋四・五七　牛圖　漢文四・
五三　略上・二三　續一・十六　平二・一
字二・三　通一五〇・三〇　錄續五・四五
存十・七　跋二・二　天一・三　金石一跋
三・一　東冢下・五　沈跋　瓜三・六四
宜二・一　水經注二五・泗水

膠東令王君廟門殘碑

黃初五年（224）　隷書
10947　清拓　1張
10948　清拓　1張
著錄：隷續十一・十二　兩十八・四〇
阮山八・二六　濟州六・二九　古墨一・二
二　源・五三　山訪九・一　潛目一・七

篇・九　柯　田目・八　分・十二　寒上・
十三　攄五・一　藝一・十六　萃二三・七
孫錄一・十六　古墨一・二二　彙之十二・
四八　魏晉・一　田目・八　潛目一・四
天下　楊圖二・二五　滄三・三三　濟續十
九・二〇　漢文四・五一　聚十三・七三
平二・二　跋一・六

黃初殘石　又名：一、牧伯碑殘石　二、邰陽殘碑　三、十八字殘碑

黃初五年（224）　隷書
10949　清拓　1張　疑復刻
10950　初拓　1張　真本，吳公望舊藏
10951　清拓　2張　真本十二字　（一
1)附周殘塔銘
著錄：求一・十一　陝六・一　柯　校
清二・二二　關一・六　關中・五　雪・五
四　彙十二之二・五　攄五・一　萃二三・
七　雍一・六　楊圖二・十九　田目・八
篇・九　孫錄一・十六　竹一・十一　增圖
一・八九　藝一・十六　潛目一・四　平三
續上・二　屑二・八三　兩十八・十三又三
二　聚十三・七一　瓜三・六五　萃目一・
二　魏晉・一　關攷八・二四　錢萬選宰莘
退食錄卷八雜攷・古跡

盧江太守范式碑

青龍三年（235）正月丙戌（六日）　隷書
10083　重出土初拓　1冊　黃小松舊
藏，翁同龢等跋
10084　舊拓　1冊　"會"字未損本
10952　清拓　2張（並陰）　潘伯鷹
舊藏
10953　清拓　2張（並陰額）
著錄：隷釋十九・十六　源・四三　金
石二十・三　略上・二四　弗乙・十四　蓬
四冊　阮山八・二六　平二・二　山訪九・
一　雪・五四　四當四・二　金石一跋三・
三　嵩一・二　藪・十二　兩八・四五　藝
一・十七　札樸九・二四　支・一二七　隷
辨八・三八　菉一・七　濟州二・六二
蘇・三五　天下　竹一・十一　孫錄一・十
七　彙十之二・四八　真九・三　滄三・三
五　萃二四・一　未　薤七・十　潛目一・

七　分二·十二　篇·九　寒上·十二　擽
五·二　增圖一·九〇　書刻下·二八　田
目·八　古墨一·二三　寶類一·十二　魏
晉·一　跋二·三　復二十·十九　校柯
古文八·八　漢文四·四五　集目三·二
天一·三八　聚十三·八九　濟續十九·二
三　瓜三·四六　楊圖二·二〇　宜二·一
通一五〇·八二　同治元年金鄉縣誌十六·
藝文二·三　備

毌丘儉紀功刻石並陰

正始六年(245)　隸書
10956　初拓　1張　錢氏舊藏
10957　清拓　1張(缺陰)
著錄:希八·二三　滿誌一·一　奉天
通二五四·一　觀堂二十·十一　彙二補
遺·一　滿稿一·一　九乙·二

五官掾等字殘石

正始　曾歸端方
10965　初拓　1張
著錄:匋三·十五

正始石經尚書春秋殘字

正始　三體書(古文、篆、隸)
10089　已裂本　1冊
著錄:希八·七

三體石經尚書無逸殘石

正始　三體書
10802　舊拓　1張
著錄:魏錄·七　希八·一　增圖一·
九二

三體石經尚書君奭殘石

正始　三體書
10803　舊拓　1張
著錄:魏錄·十三　校魏晉·一　壬
癸·一　古石　增圖一·九四　通一五一·
五四　藝一·十七

三體石經春秋僖公卅年至文公二年殘石

正始　三體書

10804　舊拓　1張
著錄:魏錄·三〇　希八·六　增圖
一·九五

三體石經春秋僖公廿八年至卅年殘石

正始　三體書
10805　舊拓　1張
著錄:魏錄·三〇　希八·四　增圖
一·九六

三體石經春秋殘石

正始　三體書
10806　舊拓　1張
著錄:希八·四

三體石經尚書殘石

正始　三體書　龔懷西藏石
10807　舊拓　1張
著錄:希八·一

三體石經尚書多士殘石

正始　三體書　陶湘藏石
10808　舊拓　1張
著錄:魏錄·四　希八·七　增圖一·
九四

三體石經春秋文公九年殘石

正始　三體書　陶湘藏石
10809　舊拓　1張
著錄:魏錄·四二　希八·八　增圖
一·九七

三體石經尚書皋陶謨殘石

正始　三體書
10827　舊拓　3張　馬衡藏,後歸陶
氏藏
著錄:魏錄附錄·二

正始三體石經

正始　三體書
10087　精拓足本　1冊

正始三體石經殘字
　　正始　三體書
　　10088　出土精拓　1册

三體石經尚書君奭殘石
　　正始　三體書　陶湘藏石
　　10810　初拓　1張　有光緒十八年
(1892)丁幹圖購石印

三體石經自□□殘石
　　正始　三體書　陶湘藏石
　　10811　舊拓　1張

三體石經禹禹四殘石
　　正始　三體書　陶湘藏石
　　10812　舊拓　1張

三體石經屮殘石
　　正始　三體書　陶湘藏石
　　10813　舊拓　1張

三體石經趙殘石
　　正始　三體書　陶湘藏石
　　10814　舊拓　1張

三體石經姬遇殘石
　　正始　三體書　陶湘藏石
　　10815　舊拓　1張

三體石經伊殘石
　　正始　三體書　陶湘藏石
　　10816　舊拓　1張

三體石經子曰殘石
　　正始　三體書　陶湘藏石
　　10817　舊拓　1張

三體石經烏虛殘石
　　正始　三體書　陶湘藏石
　　10818　舊拓　1張

三體石經春秋僖公廿八年殘石
　　正始　三體書　陶湘藏石

　　10819　舊拓　1張

三體石經惟殘石
　　正始　三體書　陶湘藏石
　　10820　舊拓　1張

三體石經四三殘石
　　正始　三體書　陶湘藏石
　　10821　舊拓　1張

三體石經叔殘石
　　正始　三體書　陶湘藏石
　　10822　舊拓　1張

三體石經弗言殘石
　　正始　三體書　陶湘藏石
　　10823　舊拓　1張

三體石經有殘石
　　正始　三體書　陶湘藏石
　　10824　舊拓　1張

三體石經爾殘石
　　正始　三體書　陶湘藏石
　　10825　舊拓　1張

三體石經公來殘石
　　正始　三體書　陶湘藏石
　　10826　舊拓　1張

三體石經□殘石
　　正始　三體書　陶氏藏石
　　10828　舊拓　1張

三體石經石殘石
　　正始　三體書　陶氏藏石
　　10829　舊拓　1張

王基斷碑
　　景元二年(261)四月辛丑(二十四日)卒
隸書
　　10086　1册
　　10958　清拓　1册　杜跋後初拓

著録：求一・十三　蒿一・二　平二・三　札樸八・三四　金石一跋三・三　魏晉一・一　古墨一・二三　攟五・二　潛目一・七　中記一・九　增圖一・九八　真九・三　萃二四・三　藝一・十七　孫録一・十七　柯　竹一・十一　校　跋二・四　聚十三・九八　彙九之三・一　寶鴨上・十二　存十・十　瓜三・六六　宜二・二　洛陽石刻録一　述學補遺二八

李苞通閣道題記

景元四年(263)十二月十日　隸書,石佚
10959　清拓　1張　況周頤舊藏
10960　清拓　1張　吳荷屋舊藏
10961　清拓　1張　錢氏舊藏

著録：枕三・三四　關一・七　關中・五　跋二・四　未葆・八一　石索四・一四七　陝六・二　柯　思十六・八　壬癸・十七　古石　魏晉・一　潛目一・七　復二一・四　篇・九　平二・三　孫録一・十七　竹一・十一　彙十二之二・四七又十二補遺・十四　門・八　禪十九・六　藝一・十七　聚十三・一一○　寶鴨上・十七　獨第二集三・三　萃二四・四　攟五・二　關攷十・二六　褒・十一　九乙・四　嘉慶十九年漢中續修府誌三一・拾遺上・十二

曹真殘碑並陰

隸書
10085　出土最初拓　1册　"邦"字未損本
10954　清拓　2張　吳雲舊藏
10955　清拓　2張　石歸端方後拓,鑿字甚多

著録：蒿一・二　雪・五四　求一・十四　瓊八・三　壬癸・十　東湖四・十九　匋三・一　摹・五　關新一・一　硯二・十八　趙録一・十一　攀十一・八　陝六・一　藝一・十六　校　魏晉・一　篇再續・九　柯　攟五・二　楊圖二・二○　真九・三　綴跋・八　關攷一・六　增圖一・九九　聚十三・七五　寶鴨上・十一　開・一　徐星伯先生小集二四　楊樹達積微居金石小學論叢五・十五　民國二十四年咸寧長安兩縣續

誌十二・四

鶴鳴殘石

隸書
10868　清拓　1張　馬吉樟跋,韋佩軒舊藏

著録：校　柯葆・七五　河目二・一　河録二・十

西方侯兄張君殘碑

隸書
10941　清拓　2張
10942　初拓　1張　陳恕齋舊藏

著録：匋三・十一　九甲・二三　九乙・四　希八・二五

蘇君神道

篆書
10962　近拓　1張　周夢坡舊藏
10963　近拓　1張

著録：希八・二九　柯葆・二一　循一・二　蒿六・一　誌新・一　古石　古零

皇女殘石　又名:"女年九歲殘碑"

隸書
10964　初拓　2張

著録：希八・二三　魏晉・二　彙九補遺・五　摹・五　古石　漢晉　校　居一○四　柯

吳

浩宗買地券

黃武四年(225)十一月　正書
14543　清拓　1張
著録：徽一・七三　齋・八

谷朗碑

鳳皇元年(272)四月乙未(二十二日)卒
隸書

234

10091　舊拓　1冊
10966　清拓　1冊
　著錄：藝一・十七　泉一・五　柯　潛目一・七　增圖一・一〇〇　真九・四　攈五・六　楊圖二・二三　石墨上・三　校續編一・五　寶叢十五・三　彙十五・二五　瓊八・十三　萃一・五　魏晉・二　籀八・十四　篇・九　錄補七・七〇　續古十五・十六　興二・十八　孫錄一・十七　兩十八・十五　雪・五五　平二・三　嵩一・三　思十六・七　帖攷・十一　硯續三・十一　集四・五　竹一・十一　聚十四・一　略上・二四　集目三・二　刻・十一　寶鴨上・十二　橋一・十一　天一・三　萃目一・二　邕一・十五　沈跋　光緒湖南通誌二六一・藝文誌十七・金石三

封禪國山碑　又名"天紀碑"

　天璽元年(276)　篆書　蘇建書,在宜興張朱鎮西南五十里董山上
　10092　舊拓　1冊　附殘字及丁鶴盧小楷跋語
　10967　舊拓　1張　整張舊拓,張少巖舊藏
　10968　清拓　1張
　著錄：集四・五　集目三・三　金石二十・五　寶叢十四・三六　存三・九　鈔二・一　兩十八・十七　跋二・五　萃二四・七　古墨一・二四　平二・四　宜二・二　江蘇二・一　潛目一・七　增圖一・一〇一　備　楊圖一・二三　攈五・七　彙四・三一　真十一・七　寒上・三　魏晉・二　興一・八　藪・二二　書刻下・五　牛圖刻・十一　籀八・十四　竹一・十二　金石二十・六　柯　略上・二四　雪・五六　藝一・十七　孫錄一・十七　四當四・二　校　聚十四・三五　江蘇二・一　帖攷・十一　天一・三　粟四筆十五・三　寰記九・二九　天下　愚谷文抄一・三　宋史能之咸淳毗陵誌十五・九又二九・十二　楊壽祺跋　孫吳禪國山碑(藝文雜誌一卷一期)　雲麓漫鈔七・一九二　吳騫尖陽叢筆一・五(適園叢書本)　李慈銘荀學齋日記戊集上・八

天發神讖碑　又名：一、天璽紀功刻石 二、三段碑　三、段石岡記功德碣　四、巖山紀功碑

　天璽元年(276)七月十四日　嘉慶十年石毀
　10093　清拓　1冊
　著錄：集目三・三　竹一・十一　校跋二・五　藪・十八　孫錄一・十七　鈔二・五　蒼・八　半下・三　己庚・一　柯　萃二四・五　錄續五・四五　隸二・七　東八・十四　古墨一・二四　寶叢十五・二　天下　史上・十三　攈五・七　四當四・四　彙四・一　字二・五　來上・二三　備　廣跋四・五八　潛目一・七　江蘇一・三二　金石二十・六　枕三・三八　兩十八・二八　梅未　奇觚中・九　廣四　妙三・二　牛圖　清二・二三　平二・五　寒上・三　增圖一・一〇二　石索四・一五五　古墨一・二四　東湖二・二九　雪・五五　存三・七　書刻下・四　天一・三　興一・二〇　彊識編四・二一　略上・二四　聚十四・八　江寧一・五　望　東跋三・二〇　粟四筆十五・三　宜二・二　曝四八・二　開・二　廣　正德辛巳江寧縣誌二・七　同治壬申南海縣誌十一・二　宣統三年番禺續誌三三・四

葛祚碑額

　正書
　10969　清拓　1冊
　10970　舊拓　1冊
　著錄：孫錄一・十七　平二・五　刻・十一　嵩一・三　寶叢十五・三　聚十四・八三　攈五・七　潛目一・七　魏晉・二　竹一・十二　古石　句容一・一　跋二・六　江寧一・七　藝一・二〇　江蘇三・六　粟四筆十五・三　彙四・六　萃二四・十一

禹陵窆石題字

　隸書
　10972　清拓　2張(附道光題名)
　著錄：浙一・十四　孫錄一・十七　藝一・十七　竹一・八　攀十・六　興一・十二　天下　刻・十一　寶叢十三・二　萃十

一・九　備　擴五・七　彙七・三四　潛目一・四　復五・十九　寒下・十一　書刻下・十一　筆・五　聚十四・八七　越一・四　廣五・三　平三續上・二　金石一・三曝四七・三　瓊四・二〇　越一・六三　夢六・二〇　嘉慶八年山陰縣誌二七・四　周嵩堯禹陵窆石辨(浙江圖書館刊四卷六期)

晉

南鄉太守郛休碑
泰始六年(270)二月丙子(二十一日)隸書
　　10094　1册
　　10973　清拓　2張(並陰額)
　　10974　清拓　2張(並陰額)
　　著録：寶鴨上・十二　硯三・一　雪・五七　嵩一・三　柯　校　交二・一　擴五・八　篇再續・五　田目再續・五　真九・四　藝一・十七　匋四・一　瓊九・一　趙録一・十三　山訪十一・一　九甲・二六　聚十五・一　瓜三・六七　彙十之三・五七　通一五一・五八　增圖二・一〇三

任城太守孫夫人碑
泰始八年(272)五月庚寅　隸書
　　10095　初拓　1册　六字行
　　10096　舊拓　1册　五字行，"過"字未壞
　　10975　最初拓　1張
　　10976　最初拓　1張
　　著録：跋二・六　授續一・九　阮山八・二六　萃二五・一　平二・五　東跋三・二〇　瓊九・六　九甲・二六　札樸八・三四　瓜三・六九　山訪三・十六　嵩一・三　雪・五七　石索五・一　校　東八・十四　聚十五・二六　彙十之一・六八　楊圖二・二四　潛目一・七　孫録一・十八　真九・四　擴五・八　篇・九　通一四九・四〇　柯竹一・十三　田目・八　藝一・十八　瓊九・六　魏晉・二　增圖二・一〇五　黄承吉夢陔室八・十(1939年重排道光

刻本)　趙懷玉亦有生齋文抄七・二五

隆熙頌
咸寧四年(278)十月二十日　隸書
　　10977　初拓　2張(並陰額)
　　著録：希九・一　柯　交二・二　四當四・四　河北第一博物館半月刊十一、十二期　顧廷龍大晉龍興皇帝三臨辟雍太子又再蒞盛德隆熙之頌跋(《燕京學報》第十期)　余嘉錫晉辟雍碑攷證(《輔仁學誌》三卷一期)　張鵬一晉辟雍碑跋(《北平圖書館館刊》十三期)　陳伯綯發晉辟雍碑跋(《制言》十三期)　許平石晉太學盛德隆熙碑跋(《河南博物館館刊》四期，1936年10月)

馮恭墓門刻石　又名：一、趙國高邑導官令中大夫馮恭墓門刻石　二、馮恭石楣題字
太康三年(282)二月三日　隸書
　　10978　近拓　2張
　　著録：誌新一・一　嵩六・二　柯　循一・三　古石　居・一一六　菁編　誌彙一・一　誌釋一・一

楊紹買冢地莂
太康五年(284)九月　隸書
　　10097　翻刻　1册　張廷濟舊藏
　　11009　清拓　1張　謝伯發舊藏
　　著録：跋二・七　越一・九　九乙・六

安丘長王君神道
太康五年(284)　隸書
　　10999　清拓　2張
　　著録：柯　匋四・十二　田目再續・七　嵩六・一　魏晉・二　古石　校　羅録上・六　誌彙一・二

韋子平大磋題字　又名：一、昌盧石題字　二、太康磨
太康九年(288)六月二十日　隸書
　　11002　舊拓　1張　山東金石所藏石印
　　著録：葆・三三　田目再續・七　柯古石　交二・二七　民國續滕縣誌五・四九

齊太公呂望表

太康十年(289)三月十九日　隸書

10098　清嘉慶四年前拓　1册　楊浚跋及康熙時移來蘭連舊跋

10099　清嘉慶四年後拓　1册

10979　清拓　4張(並陰額側,陰有復份)

著錄:石索五・九　金石二十・七　跋二・七　天下平二・六　字二・七　雪・五八　壬癸・二○　籀八・十五　錄續五・四六　廣跋四・五八　柯　魏晉・二　彙九之二・十九　萃二五・二　潛目一・八　養十九・五　中攷四・十　校　楊圖二・二五　攗五・十二　中記一・十　真九・四　篇九　廣六・三　衍續六・十五　古墨二・一　竹一・十二　藝一・十八　孫錄一・十八　續古十五・十九　河目中・一　聚十五・四六　略上・二七　瓊九・九　金石一跋三・六　寶叢六・四七　續鈔一・三　天一・三　增圖二・一○六　續一・十六　宜二・三　曝四八・三　冬青館乙集七・二二

汲令王君立石師子題字

永寧元年(301)六月　隸書

10981　清拓　1張

著錄:居・一一九　柯

韓府君神道殘石

考爲永寧元年(301)　隸書

10982　清拓　1張

10996　清拓　1張　褚德彝舊藏

著錄:求一・十六　廙・五　平二・七　蒿六・一　攗五・四○　彙九之三・一　魏晉・三　循一・七　藝一・十八　聚十五・七五　柯　藝文六・一　硯三・十一　誌彙一・三　洛存・一　孫錄一・二一　竹一・十三　瓊九・十四　芒冢補遺・一　洛陽石刻錄・一

枳楊陽神道

隆安二年(398)十月十一日　隸書

10995　清拓　1張

著錄:希九・三二　居・一二○　柯

匋四・十四　硯續四・二　九甲・二八　蒿六・一　羅錄上・十四　魏晉・三　聚十五・七三　古石　校　藝一・十八　藝文六・一　誌彙一・三　瓊九・三三　增圖二・一○七

建寧太守爨寶子碑

大亨四年(義熙元年,405)四月上旬隸書

10100　舊拓　1册　陶北溟舊藏,有康有爲、褚德彝簽,劉可毅跋

10101　舊拓　1册　稍有填墨

10102　舊拓　1册　染舊拓,梁章鉅跋簽

10985　咸豐拓　1張　跋未剜本

著錄:養十九・三　藝一・十八　九甲・二九　蒿一・三　瓊九・三四　楊圖二・二六　魏晉・三　趙錄一・十七　柯　硯三・七　縵七・二　聚十五・六二　攗五・二九　彙十九・九　增圖二・一○八　沈跋　荀學齋日記戊集上・三二　吳振棫養古齋餘錄六・八

當利里社殘石並陰　又名:一、祀後土碑二、石社碑　三、朱闡祀神殘碑

隸書

10983　最初拓　2張

10984　初拓　2張

著錄:古石　柯　居・一二一　葆・四一　希十・十二　交二・二二

蜀中書賈公闕

隸書

10986　清拓　1張　"闕"字歸合本

10987　清拓　1張　有宋人跋

著錄:藝一・十八　魏晉・三　攗五・四一　硯續三・十三　柯　校　聚十五・八四　趙錄一・十七　瓊九・三六　彙十六之一・四○　1925年四六號生春紅

蜀侍中楊發闕

隸書

10988　清拓　1張　于右任舊藏

10989　清拓　1張
　　著録：聚十五・八〇　魏晉一・十八
攓五・四一　藝一・十八　竹一・八　息
一・七　硯續三・十三　孫録一・八　柯
瓊八・一　彙十六之一・四〇　萃目一・二

河内趙府君墓道闕
　　隸書
10994　清拓　2張　譚瓶父舊藏
　　著録：柯校　誌新一・一　希一・十
五　葆・四　蒿六・一　循跋上・二一　循
一・八　朔目十・一　中冢・一　誌彙一・
一　1933年孟縣誌・九

徐文德改葬記
　　隸書
11001　舊拓　1張

體訖於春秋等字殘碑
　　隸書　于右任藏石
11011　清拓　1張

祥光等字殘碑
　　隸書
11012　清拓　1張

前秦

重修鄧艾祠碑　又名：一、鄭宏道修鄧艾祠記　二、符秦修鄧太尉祠碑　三、鄧太尉祠碑
　　建元三年(367)六月　隸書
10104　舊拓　1冊　陸恢簽跋、釋文
10105　1冊
10990　舊拓　2張　劉喜海舊藏
10991　清拓　2張(並陰)
　　著録：萃目一・二　聚十五・六八　藝
一・十八　竹一・十三　雪・六〇　攀十
一・九　授續一・十三　交二・二八　柯
泉一・八　求一・十八　續編一・六　篇再

續・十三　硯續四・三　陝六・四　魏晉・
三　綴跋・八　攓五・四一　彙十二之二・
三〇　萃一・六　鈔二・十六　真續六・二
一　九甲・三〇　刻・十二　校　金石二
十・十三　孫録二・一　衎四・六　古墨
二・三一　跋二・十　存十・十三　松二・
六　瓊十・一　貞遺二・六　增圖二・一〇
九　關攷九・三四　廣六・十五　集四・四
蕭穆敬孚類稿四・六(光緒丁未刻本)

廣武將軍□産碑並陰側　又名："立界山石祠碑"
　　建元四年(368)十月一日　隸書
10106　1冊
10992　乾隆前拓　3張(並陰側補額)
10993　乾隆前拓　1張
　　著録：授續一・十三　平二・七　刻・
十二　陝六・五　彙十二之二・五七　瓊
十・七　夢一・十五　攓五・四一　九甲・
三三　九乙・十二　柯校　潛目一・八
萃二五・六　聚十五・九四　藝一・十九
楊圖二・二七　養十九・二　蒿一・三　增
圖二・一一〇　古墨二・三一　孫録二・一
真十・四　關一・七　古石　邕一・十五
關攷十・三八

劉宋

石騧銘
　　元嘉十七年(440)三月十六日　正書
11014　清拓　1張　朱拓
11015　清拓　1張

寧州刺史爨龍顔碑
　　大明二年(458)九月上旬　正書
10107　阮元跋後拓　1冊
10108　阮元跋後拓　1冊
11016　清拓　2張(並陰)　光緒跋後初拓
　　著録：趙録一・十八　縵四・三　藝
一・十九　校　續編一・七　滇・三　橋

一·十二　聚十六·一　平三續上·三雪·六一　攄六·二　瓊十·十一　彙十九·十　萃略一·六　硯四·一　筆·六循跋上·十四　增圖二·一一三　李慈銘桃花聖解盦日記己集第二集·二　萃目一·二

謝靈運石門新營詩

正書

11017　清拓　1張　陳運彰長跋

著錄：栝一·二

梁

蕭順之東西二闕

考爲天監元年(502)　正書

11027　清拓　4張　(一3)沈樹鏞舊藏，趙之謙題簽

著錄：彙四補遺·一　粟四筆十五·四校　藝一·十九　瓊十一·一　聚十六·四三　興一·九　羅錄一·十六　江蘇二·二六　硯四·七　寶叢四·十七　筆二·六陵·二九　增圖二·一一九

瘞鶴銘

考爲天監十三年(514)　正書

10110　清拓　1冊　黃小松、端方舊藏，王闓運、李瑞清、楊守敬、李葆恂、張之洞、文悌、金蓉鏡、吳廣霈、王秉恩、俞廉三、陳伯陶、蒯光典、張祖翼、王瓘等題跋觀款

11018　清拓　5張　康熙水拓本

11019　清拓　2張　水拓本

11020　清拓　1張　合石後未刻本，吳公望舊藏

著錄：集十·一　集目十·十二　金石三十·九　觀下·五八又附錄·九　廣六·十七　雲麓漫鈔二·四六　聚十六·一一六　平三續上·四　經·二一　退三·三二　鈔二·二〇　東跋四·九又五·二七　妙四·一　清二·二八　來上·二八　校　半下·四　雲二·二一　古墨二·三一　楊圖二·二九　東九·六　平再續·五　備　江蘇

三·七　竹一·十四　彙四·三二　摹·九孫錄二·二四　鐵函二·二一　藝一·二攄六·六　略上·二九　寶叢十四·十四萃二六·一　牛圖　薤八·十二　筆二·十八　鐵下·四〇　字二·九　愛·十九　增圖二·一一八　曝五十·二　邕一·十六興一·十　天一·三　藪·十八　雪·六二天下　息一·九又五·三　吳雲焦山誌五·一(同治乙丑刊)　至順鎮江誌二一·九(癸亥焦山刻本)　陳任暘焦山續誌三·一(光緒三十年刊本)　宋劉昌詩蘆浦筆記七·二(知不足齋叢書本)　輟畊錄十四·六(四部叢刊本)　張弨張弝齋遺集瘞鶴銘辯一卷　汪士鋐瘞鶴銘攷一卷(康熙五十三年松南書屋寫刻本)　翁方綱瘞鶴銘攷補一卷(光緒三十四年端方刻本)　張開福山樵書外紀一卷(光緒三十四年端方刻翁書後附)　吳東發瘞鶴銘攷一卷(涉聞梓舊本)　汪鋆十二硯齋補瘞鶴銘攷二卷(光緒十一年刻本)　陳鵬年瘞鶴銘攷二卷(康熙末年見山樓刻本)　楊賓藏水前拓瘞鶴銘(存七十八字，羅振玉影印本)　王士禎池北偶談十三　徐康前塵夢影錄上·十九　陳進宦瘞鶴銘跋(藝觀二期)　汪珂玉珊瑚網二〇·四六五　吳錫麟游焦山記(有正味齋駢體文十六·二)

瘞鶴銘殘字華陽真逸

正書　端方摹刻並跋

11021　清拓　1張

蕭恢入蜀題記

天監十三年(514)十二月　正書　石在四川雲陽江中

11022　清拓　1張

11023　清拓　1張

著錄：藝一·十九　瓊十一·三　藝文六·二　壬癸·二三　古石　增圖二·一一六　羅錄上·十五　彙十六補遺·二七　況周頤窗底叢談·八　吳慶坻蕉廊脞錄六·四1935年雲陽縣誌二二·十

井闌題記　又名"井牀題字"

天監十五年(516)□月十五日　正書

11024　清拓　3張

11026　清拓　1張　謝伯弢舊藏
　　著録：跋二・十一　萃二六・四　江寧
一・八　平二・七　東跋五・二〇　竹一・
十四　匋五・八　江蘇二・二六　孫録二・
一　聚十六・三九　句容一・四　彙四・六
擴六・四　藝一・十九　粟四筆十五・四
增圖二・一一六　明都穆遊名山記　清金鼇
金陵誌地録(小方壺齋叢書)

許長史舊館壇碑
　　天監十七年(518)　正書
　　10103　初拓　1冊　顧湘舟刻
　　著録：集目三・六　觀下・五三　寶叢
十五・六　古鈔・十二　字二・七　清三・
四五　曝四八・八　金石一跋三・七　鐵
上・四　硯四・八　江蘇二・二二

蕭秀西闕
　　天監十七年(518)卒　正書
　　11028　清拓　2張　謝伯弢舊藏
　　11035　清拓　1張
　　著録：江蘇二・四四　藝一・二〇　筆
二・六　萬曆癸巳上元縣誌五・二八　硯
四・八　瓊十一・四　曝四八・七

蕭秀東碑
　　正書
　　11030(一2)　清拓　1張
　　著録：竹一・十四　江蘇二・二七又四
四　江寧一・八　孫録二・一　粟四筆十
五・四　藝一・十九　彙四・一　聚十六・
三六　橋一・十四　瓊十一・四　校　硯
四・八　平二・八　寶類一・十八　寶叢十
五・八　擴六・六　筆二・六　復二一・六
藪・二二　曝四八・七　陵・五〇又一一七

蕭秀西碑陰並額
　　正書
　　11029　清拓　2張　額莫友芝臨拓,況
周頤舊藏
　　11031　清拓　2張　額水拓

蕭秀東西兩碑額
　　正書
　　11030(一1)　清拓　1張　莫友芝臨拓,
況周頤舊藏

蕭秀東碑額
　　正書
　　11032　清拓　1張　沈樹鏞舊藏
　　11034　清拓　1張

蕭秀西碑額
　　正書
　　11033　清拓　1張

始興忠武王蕭憺碑
　　普通三年(522)十一月八日卒　正書
　　10111　舊拓　1冊　末行"淵鈞"可辨
　　11036　清拓　3張(並額)
　　著録：江寧一・九　江蘇二・四四　竹
一・十四　藝一・二〇　彙四・一　粟四筆
十五・四　孫録二・一　瓊十一・九　校
聚十六・五八　寶叢十五・八　天下　平
二・八　復二一・六　古墨二・三二　寶類
一・十八　藪・二二　擴六・六　筆・七七
面乙・二三　萃二六・五　跋二・十一　金
攷・七　增圖二・一一七　曝四八・七
陵・五五又一二五　雪跋二・十三　備　萬
曆癸巳上元縣誌五・二八

蕭憺碑額
　　11037　清拓　1張

蕭景神道西闕
　　普通四年(523)卒　正書
　　11038　清拓　1張　翻刻本
　　11039　清拓　1張　翻刻本,沈樹鏞
舊藏
　　11040　清拓　1張　翻刻本
　　著録：江蘇三・四　聚十六・九九　寶
叢十五・九　天下　古墨二・三二　筆二・
十六　江寧一・十三　竹一・十四　粟四筆
十五・四　備　彙四・一　鈔一・十九　萃
二六・十一　平二・八　跋二・十二　藪・

二二　陵・五六　復詩十二・五　萬曆癸巳
上元縣誌五・二八　增圖二・一一九

蕭績東西二闕
　　大通三年卒(529)　正書
　　11041　清拓　2張
　　著録：羅録上・十六　聚十六・一一三
彙四補遺・四　增圖二・一一九　藝一・二
○　瓊十一・十七　粟四筆十五・五　筆
二・十七　江蘇三・三　句容・十三　陵・
五七　硯四・八　萬曆癸巳上元縣誌五・
二八

蕭績東闕
　　正書
　　11042　清拓　1張

蕭宏東西二闕
　　正書
　　11043　清拓　2張
　　11044　清拓　2張　東闕有趙之謙跋，
西闕有趙之謙、程文榮、朱善旗跋
　　11045　清拓　2張
　　著録：江蘇三・二　瓊十一・十六　粟
四筆十五・五　彙四補遺・一　聚十六・一
○五　寶叢十五・九　趙録一・二○　藝
一・二○　硯四・七　攈六・六　筆二・十
七　藪・二二　增圖二・一一九　備　天下
陵・四八　金攷・五　萬曆癸巳上元縣誌
五・二八

蕭映神道西闕
　　正書
　　11047　清拓　2張
　　著録：羅録上・十六　瓊十一・二一
彙四補遺・四　藝一・二○　筆二・十八
硯四・十　寶叢十五・九　句容附録・三
江蘇三・五　陵・六一

蕭正立東西二闕
　　正書
　　11048　清拓　4張
　　著録：蘇三・五　聚十六・一一五　天

下　寶叢十五・九　瓊十一・二○　筆二・
十七　羅録上・十六　彙四補遺・一　藝
一・二○　硯四・十　備　萬曆癸巳上元縣
誌五・二九　陵・五九　金攷・五

陳

新羅真興王巡狩碑
　　光大二年(568)八月二十六日　正書
　　11051　清拓　1張　六舟上人舊藏，褚
德彝跋
　　著録：海苑一・二　瓊一二九・九　硯
續六・三二　海苑補遺一・二六

北魏

太武帝東巡碑
　　太延三年(437)　正書
　　11052　近拓　1張　周養庵訪得時
初拓
　　著録：後丁戊稿・三八　交三・一　藝
林月刊遊山專號第八期(1936年12月)　藝
林月刊六十九期(1935年9月)

中嶽嵩高靈廟碑
　　太安二年(456)　正書
　　10113　舊拓　1册　"剖"字未壞，多
160字。魏錫曾跋
　　10114　舊拓　1册
　　11053　清初拓　1張
　　11054　清拓　2張(並陰)
　　著録：字六補遺・二六　藝二・一　存
十一・一　金石一跋三・九　增圖二・一二
二　古墨二・三二　宜二・四　瓊十二・一
中攷七・三　循跋上・十五　彙九之四・二
三　孫録二・二四　竹一・十四　寶鴨中・
一　雪・六三　攈六・七　登封縣誌三十・
十四　校

宕昌公暉福寺碑　　又名"造三級浮圖碑"

太和十二年(488)七月一日　正書

10123　舊拓　1張　五字小損本

11055　舊拓　1張

著錄：藝二・一　寶叢二十・十六　硯續五・一　求一・十九　擩六・七　楊圖三・二　關攷八・二六　孫錄二・二四　增圖二・一二七　校陝六・七　羅錄上・十六　交三・四　關新一・一　彙十二之二・五　通義堂文集八・六

重刻吊比干文

太和十八年(494)十一月四日　正書
元祐吳處厚重刻

10122　舊拓　1冊　俞粟盧舊藏

11056　清拓　2張(並額陰)

著錄：集目三・七　金石二一・三　寶叢六・四八　字二・十　續一・十七　妙五・一　中記一・十八　存十一・四　跋二・十三　萃二七・一　鈔二・二二　筆・十八　瓊十四・一　平二・九　孫錄二・二四　古墨二・三三　擩六・七　竹一・十五　菉二・九　河目中・二　河錄一・三　備彙九之二・二　墨十七・六　略上・三○天下　中攷四・十　天一・三　增圖二・一二八

霍揚碑

景明五年(504)正月二十六日　正書
山西臨晉東霍村出土,後移北郭蒲坂中學

11057　清拓　1張

著錄：交三・十二　蒿一・三　民國癸亥臨晉縣誌十三

飲龍泉古井誌

正始四年(507)三月二十七日　正書

11059　清拓　2張　(一1)謝伯殳舊藏
(一2)來楚生舊藏

張神洛買田券

正始四年(507)九月十六日　正書

14545　清拓　1張

著錄：匋六・十一　名十四・二三　蒿

四・一

高慶碑

正始五年(508)六月二十四日　正書

11060　清拓　1張　出土早拓本,陶湘舊藏

著錄：雪跋二・六　寶鴨上・二○　校田目再續・九　增圖二・一三七　唐風・四二　藝二・七　通一五二・一

石門銘

永平二年(509)正月三十日　正書

10124　1冊　缺上冊

11061　清乾隆拓　1張

著錄：集四・七　關一・八　跋二・十七　萃二七・六　古墨二・三五　平二・十一　關中・五　筆・二一　愛・三一　關攷十・二六　藝二・七　孫錄二・二六　陝六・十一　增圖二・一四○　校羅錄上・十六　交三・四　關新一・一　雪・六五弗丙下・一　竹一・十六　彙十二之二・四八　擩六・十　天下　門・三　興四・三一復二一・五　褒・四　道光辛卯襄城縣誌八・文物誌四

嵩顯寺碑並陰

永平二年(509)四月八日　正書

11062　清初拓　2張　馬君武舊藏

著錄：萃二七・七　隴一・三二　孫錄二・二六　擩六・十　隴補・七(陰)　西行・一五二

南石窟寺碑並陰

永平三年(510)四月十四日　正書

11063　清初拓　2張(缺額)

著錄：循跋上・十六　隴一・三四　交三・七　西行・一四七　隴補・九　後丁戊稿・三九

鄭羲上碑

永平四年(511)　正書

10125　舊拓　1冊

10126　1冊

10128　舊拓　1册
11064　清拓　1張
　著錄：金石二一·五　藝二·十　天下
孫錄二·二七　寶叢一·三九　札樸八·三
八　跋二·十八　田目續·五　瓊十四·十
通二五一·一〇六　彙十之三·六四　阮山
九·一　萃目一·三　攟六·十一　鄭·一
平二·十二　楊圖三·七　增圖二·一四一

鄭羲下碑

　永平四年(511)　正書
10127　海內第一舊拓　1册
10129　1册　缺下册
11065　清拓　1張
　著錄：瓊十四·三　藝二·十　田目·
八　金石二一·五　寶叢一·三九　跋二·
十八　楊圖三·七　鄭·二　札樸八·三八
竹一·十六　硯五·八　略上·三一　孫錄
二·二七　雪跋二·十六　校　弗丙下·三
彙十之三·五七　天下　阮山九·一　通二
五一·一〇六　平二·十二　萃目一·三
攟六·十一　增圖二·一四二

鄭道昭登雲峯山詩

　永平四年(511)　正書　曾歸端方
11615　清拓　1張
11616　清拓　1張　徐昉藏石時拓
　著錄：寶叢一·三九　交三·二　貞
二·八　四當四·四　通一五二·二八

雲峯山鄭道昭論經書詩刻

　永平四年(511)　正書
10132　2册
　著錄：阮山九·四　平二·十三　硯
五·十四　瓊十四·十二　廎·八　藝二·
十一　孫錄二·二七　彙十之三·五八　楊
圖三·七　攟六·十一　鄭·三　通一五
二·一〇六　田目·九　增圖二·一四三

楊宣碑

　延昌元年(512)十月　正書
11067　清拓　1張　況周頤舊藏,何紹
基題識

　著錄：藝二·十二　求一·二二　校
畿誌一四七·四三　嵩一·四　羅錄上·十
七　彙三補遺·三一　增圖二·一四七　光
緒七年唐山縣誌十五　1930年后堯山縣誌卷
十四·金石

王子晉碑

　延昌四年(515)十月三日　正書
10139　1册　染舊充宋拓,梁章鉅印
　著錄：偃上·九　略

驪山溫泉頌

　考爲延昌間　正書
10137　舊拓精本　1册(並額側)
10138　染舊充宋拓　1册(並額)　梁
章鉅印
11068　清拓　1張
11069　清拓　1張(附大定題名)
　著錄：字二·十三　關一·九　關攷
六·二六　雍餘·七　瓊十四·二八　平
二·十三　關中·五　萃二八·二　求一·
二五　香廎·五　攟六·十九　關一·九
跋二·十七　古墨二·三五　妙五·八　平
二·十一　筆·二一　愛·三一　藝二·十
二　孫錄二·三五　竹一·二一　彙十二之
一·八二　天下　略上·三〇　增圖二·一
七六　備

賈思伯碑

　神龜二年(519)四月□日　正書
10140　舊拓　1册　"文"字未壞
10141　1册　濃拓掩字
10142　1册　附明拓碑陰。染舊充宋
拓,梁章鉅跋
11070　清拓　2張(並陰側)
　著錄：藝二·十三　攟六·十三　田
目·十　竹一·十八　錄補八·七七　萃二
八·五　孫錄二·二九　跋二·二一　阮山
九·十　彙十之二·一　天下　古墨二·三
六　宜二·五　平二·十四　山訪六·一
略上·二九　通一五二·六〇　墨十七·四
增圖二·一五四　牛圖

張猛龍清頌碑

正光三年(522)正月二十三日　正書

10143　近拓　1册（並陰）　殘，裁去泐字

11071　道光後拓　2張（並陰）

11072　乾隆拓　1張（並陰）　"冬温夏清"本

著録：藝二・十三　攈六・十五　弗丙下・五　牛圖竹一・十九　金石一跋三・十四　孫録二・三〇　鑣一・十三　史上・十五　備字二・十一　來上・三〇　録續五・四八　虞跋四・六三　妙五・六　天下跋二・二一　萃二九・二　鈔二・三二　古墨二・三六　平二・十六　宜二・六　阮山九・十五　瓊十五・八　彙十之二・五　增圖二・一五八　雪・七二　田目・十　隸二・九　略上・三〇　山訪六・四　復二・七　通一五二・三三　天一・三　抱十五・四　曝四八・八　夢一・二一　東冢下・五

馬鳴寺根法師碑

正光四年(523)二月三日　正書

10144　舊拓　1册

11073　乾隆拓　1張　未斷本，陶湘舊藏

著録：硯續五・八　瓊十五・十五　藝二・十三　通一五二・一一六　增圖二・一五七　彙十之三・三八　攈六・十五　楊圖三・十六　山訪十二・十一　趙録二・三　田目續・六　雪・七四

營州刺史高貞碑

正光四年(523)六月八日　正書

10145　初拓　1册　"於、王"未損，"安"少損。陶陶山舊藏

10146　1册

11074　乾隆拓　1張　宗室岳氏舊藏

11075　道光拓　1張　陸樹彰舊藏

著録：藝二・十三　田目續・六　趙録二・三　楊圖三・十七　泉一・八　橋一・十四　平二・十六　宜補・一　筆・二〇校　續編一・九　瓊十五・十七　九甲・四〇　硯六・十　雪跋二・二六　萃目一・四彙十之一・二〇　攈六・十五　面甲・二九

增圖二・一六一　貞三・十　寶鴨上・二〇通一四九・五　山訪十一・十六　雪・七四

大基山鄭道昭詩刻

正書

10131　1册

著録：藝二・十一　阮山九・六　硯六・三　廟・九　瓊十四・十六　楊圖三・九　鄭・六　田目・九　山訪一・一　彙十之三・五八　通一五一・七〇　增圖二・一四四　孫録二・二七　萃目一・三

鄭道昭雲峯山觀海島詩刻

10133　1册

著録：阮山九・五　硯五・十三　瓊十四・十三　藝二・十一　校　彙十之三・五八　楊圖三・七　攈六・十一　孫録二・二七　鄭・四　通一五一・七五　增圖二・一四三

天柱山東堪石室銘

正書

10136　1册

著録：寶叢一・三九　金石　瓊十四・十九　硯六・一　廟・九　鄭・八　藝二・十二　通一五一・六七　增圖二・一四四

雲峯山鄭道昭全套

10130　舊拓精本　1册

雲峯山等題刻三十五種

11066　清拓　38張

中山太守王盛碑

正書

11079　清拓　1張

著録：藝二・十四　彙三補遺・二七

朱遐殘碑並陰

正書

11078　清拓　2張　陶湘舊藏

石門題字

隸書

14534　清拓　1張

東魏

邸珍碑

天平元年(534)七月二十九日卒　正書

11081　清拓　1張

著錄：寶叢二十・二六　求一・二八

九甲・五〇

程哲碑

天平元年(534)十一月三日　正書

10183　舊拓　1冊　張磊堪舊藏

11080　清拓　2張　張之銘舊藏

著錄：校　藝二・十六　右十・三七

羅錄上・十八　楊圖三・二〇　彙十一補

遺・三　右叢一・五　增圖二・一七七　光

緒十九年長治縣誌四・二

中嶽嵩陽寺碑

天平二年(535)四月八日　隸書

10175　明拓　1冊　王瓘舊藏

11082　清拓　1張

著錄：瓊十七・二四　萃三十・一　藝

二・十六　中記一・十三　校　存十一・十

二　來上・三〇　跋二・二五　平二・十八

授續一・十六　字二・十三　彙九之四・二

三　孫錄二・三五　竹一・二三　攈六・二

一　面乙・二五　天下　中攷七・五　萃目

一・四　字補遺・二六　天一・三　雪・七

五　松二・一　增圖二・一七八　說嵩十

四・九　乾隆四十四年河南府誌一一〇・十

登封縣誌三十・十五

刻經碑

天平四年(537)正月　正書

14546　清拓　3張

著錄：藝二・二五

高翻碑　又名"高孝宣碑"

元象元年(538)　正書

11085　清拓　1張

著錄：金石二一・八　寶叢六・五五

楊圖三・二二　九甲・四一　畿誌一四八・

五九　增圖二・一八一　校　雪跋三・二

唐風・四四　響・一　蒿一・四　略上・三

三　畿上・二　光緒二十年重修廣平府誌三

五・十八

敬使君顯儁碑

興和二年(540)八月八日　正書

10177　舊拓　1冊

10178　1冊　周慶雲舊藏

11086　清拓　2張(並陰)

11087　清拓　2張(並陰)　麗芝閣

舊藏

著錄：藝二・二六　中記一・十四　跋

三・四　授續二・一　萃三十・五　鈔二・

三七　古墨二・三六　平二・二〇　宜二・

七　瓊十九・十　壬癸・三二　匋八・八

雪跋三・三　楊圖三・二六　校　竹一・二

三　攈六・二三　面甲・三〇　中攷二・十

金石二一・十一　彙九之二・四八　孫錄

二・三六　田目再續・十二　唐風・四二

雪・七六　許州誌十三・一　增圖二・一八

六　趙懷玉亦有生齋文鈔八・一

李仲璇修孔子廟碑

興和三年(541)十二月十一日　正書

10179　舊拓　1冊　填墨

11088　清嘉慶拓　2張(並陰)

著錄：田目・十　藝二・二六　楊圖

三・二七　授續二・一　孫錄二・三六　跋

三・五　竹一・二三　攈六・二三　彙十之

二・五　字二・十四　來上・三〇　校　阮

山九・二二　鈔二・四三　平二・二一　古

墨二・三七　萃三一・一　雪跋三・四　牛

圖　妙五・五　史上・十六　鑴一・十三
集四・二一　録續五・五〇　山訪六・四
天下　養十九・六　墨十七・六　略上・三
三　孔十・八　天一・三　通一五二・六〇
增圖二・一八九　雪・七八　虧跋四・六四
宜二・七　沈跋　曝四八・九　東冡下・五
虛齋名畫録十六・三　温日鑒勘書巢未定
稿・八(適園叢書本)

張奢碑

興和三年(541)十二月十一日　正書
11089　清拓　2張
著録：瓊十九・十二　孫録二・三六
授續二・一　常二・十七　藝二・二七　弗
丙下・七　攈六・二三　畿上・二　畿誌一
四五・三七　寶叢二十・十九　彙三之二・
二一　集目四・一

關勝誦德碑　又名："關德顯紀德碑"

武定八年(550)二月四日　正書
11092　清拓　2張　況周頤舊藏
著録：硯六・十八　天下　藝二・二八
彙十一・十一　寶鴨上・二三　右叢一・二
五　攈六・二五　趙録二・八　右二・二三

太公呂望表　又名"修太公呂望祠碑"

武定八年(550)四月十二日　正書
10180　明拓　1冊　多百數十字
10181　1冊　梁章鉅跋
11093　3張(並陰)　"四海一統"本,陸
樹彰舊藏。(―1)明拓　(―2)清拓
11094　清拓　1張　"郡任民情"本,吳
熙載舊藏
著録：字二・十四　藝二・二五　筆・
二一　楊圖三・三〇　授續二・三　竹一・
二四　攈六・二五　校　孫録二・三八　彙
九之二・二〇　跋三・六　萃三二・一　鈔
二・四八　古墨二・三八　金石一跋三・十
五　平二・二二　瓊十九・三四　求一・三
四　妙五・三　朔目一・二　河録一・三
中攷四・十一　天一・四　增圖二・一九八
中記一・十七　宜二・八

高盛殘碑
正書
11083　清拓　1張
著録：雪跋三・八　寶鴨上・二四

北齊

風峪華嚴經殘石

天保二年(551)　正書
14554　清拓　1張
著録：字二・十二

西門豹祠堂碑

天保五年(554)　正書
10194　舊拓　1冊　多字本
11097　清拓　2張(並陰)
著録：藝二・三〇　孫録二・五〇　楊
圖四・一　校　札樸八・三七　金石二十・
十五　循跋下・七　瓊二十・三　萃三三・
一　河録二・一　朔目二・二　天下　彙九
之二・一　筆・二一　竹一・二五　攈六・
二七　平三・二　安陽二・一又五・十五
中記一・十九　寶叢六・三〇　雪・八〇
中攷四・二　備　增圖二・二〇二　許平石
齊西門君碑頌跋(河南博物館館刊七、八期)

趙郡王高叡修定國寺塔碑並額

天保八年(557)三月十五日　正書
10204　1冊
11098　清拓　2張
著録：藝二・三〇　縵七・十三　授續
二・七　彙三之二・二二　畿誌一四五・三
七　孫録二・五〇　瓊二十・二〇　攈六・
二八　雪跋三・十一　畿上・三　常二・三
四　岷・四　李慈銘桃花聖解盦日記己集二
集・十二

定國寺慧照爲高叡修寺頌記

天保八年(557)四月八日　正書
11099　清拓　1張

著録：藝二・三〇　萃目一・五　彙三之二・二二　畿誌一四五・四〇　趙録二・十二　瓊二十・二〇　雪跋三・十一　畿上・三　常二・二五　增圖二・二〇七

修夫子廟碑

乾明元年(560)　正書

11100　明拓　1張　陳運彰題記

著録：字二・十四　來上・三一　續一・十九　存十一・三　阮山十・一　萃三三・七古墨二・三九　平三・三　藝二・三一　孫録二・五一　竹一・二五　天下　彙十之二・五攈六・二九　山訪六・四　田目・十一　略上・三四　天一・四　雪・八二　備　東冢下・五　通一五二・六〇　孔十・十一

重修海壇寺碑

皇建元年(560)九月三日　正書

11101　清拓　1張

著録：藝二・三一　田目再續・十四彙十補遺・十　通一五二・三三

孝義雋敬碑

皇建元年(560)十二月二十日　正書

10196　舊拓　1册

10197　1册

著録：藝二・三一　授續二・八　札樸八・三八　校　瓊二一・十八　彙十之二・四〇　山訪六・十九　孫録二・五一　攈六・二九　楊圖四・四　通一五二・六一阮山十・三　田目・十一　萃目一・五　平三・四　續編二・九　增圖二・二〇六　續古文苑十六・十八　續甲　續己

高渙修寺功德碑並陰

太寧二年(562)二月八日　正書

11617　清拓　2張

著録：藝續一　民國二十三年定縣誌十八・八　遼・四六

標異鄉義慈惠石柱頌　又名：一、慈惠石柱頌　二、王興國等造石柱頌

太寧二年(562)四月十七日　隸書

11102　清拓　5張

著録：羅録上・二〇　藝二・三二　彙三補遺・二　寶鴨中・一　光緒癸巳正興縣誌十・二　光緒十六年正興縣誌十六・二中國營造學社彙刊五卷二期二十九頁劉敦楨定興縣北齊石柱

鄭述祖天柱山銘

天統元年(565)五月十八日　隸書

10134　舊拓　1册

著録：硯七・三　藝二・三二　瓊二二・一　山訪十一・五　孫録二・五二　平三・五　攈六・三一　彙十之三・六四　田目・十二　跋三・九　阮山十・七　寶叢一・四〇　鄭・十　廎・十五　通一五一・一七一　萃目一・五　略上・三五　天下增圖二・二一〇　金石二二・五

雲居館鄭述祖題名　又名"鄭述祖雲居山門題字"

天統元年(565)九月五日　隸書

10135　1册

著録：藝二・三三　硯七・五　瓊二二・四　阮山十・八　攈六・三一　孫録二・五二　山訪十一・一　竹一・二六　彙十之三・五九　田目・十二　通一五一・八三　萃目一・五　鄭・十

馮叔平碑

天統三年(567)　正書

11109　清拓　4張

11110　清拓　8張

宇文宴碑

天統五年(569)八月三日卒　正書

11104　清拓　1張

著録：藝二・三三　蒿一・四　朔目二・四　河録二・一　校　彙九補遺・二墓・八　增圖二・二一三　雪跋三・十二續安・六

隴東王感孝頌　又名："孝子郭巨墓碑"

武平元年(570)正月二十二日　隸書

申嗣邕撰，梁恭之書

11111　清拓　1册　謝伯受舊藏

著錄：藝二·三三　萃三四·四　孫錄二·五三　摹·九　竹一·二六　山訪三·十八　攟六·三三　彙十之一·七三　田目·十二　循跋上·十七　通一二五·三三　跋三·十一　古墨二·三九　鈔二·五五　阮山十·九　金石二二·六　天一·四　平三·七　錄續五·五　廣跋四·六六　宜二·九　字二·十七　藝文六·二　面甲·三一　略上·三五　雪·八五　寶叢二十·二五　退四·八　增圖二·二一四　趙懷玉亦有生齋文鈔七·二六

唐邕寫經頌

武平三年(572)五月二十八日　正書

10201　舊拓　1册
14547　清拓　1張

著錄：藝二·三四　瓊二二·二一　楊圖四·五　趙錄二·十四　畿誌一四八·六一　攟六·三四　朔目四·二　河錄五·三　彙九之二·二十九　彙三補遺·四二　存十一·十六　寶叢二十·二五　九甲·三五　畿上·三　響·二　略上·三五　響錄·十四　集目四·四　增圖二·二一六　雪·八六　光緒二十年重修廣平府誌三五·十　1937年武安縣誌十三·五

高潤平等寺碑

武平三年(572)八月十五日　正書

11105　清拓　1張

著錄：藝二·三四　金石二二·八　中記一·二二　偃上·十九　萃正一·七　平三·九　攟六·三四　中攷六·八　萃三四·七　略上·三五　竹一·二七　偃補二·七　孫錄二·五四　彙九之四·一

高肅碑並陰　又名：一、蘭陵忠武王高肅碑　二、高長恭碑

武平六年(575)□月　隸書

11108　清拓　2張　出土初拓(配陰)

著錄：藝二·三五　蒿一·四　趙錄二·十四　雪跋三·十四　響·三　唐風·四六　校　光緒二十三年重修廣平府誌三五

文殊般若經碑

正書

10200　舊拓　1册　沈樹鏞舊藏並題記

14548　清拓　2張

著錄：藝二·四八　田目·十五　硯七·九　平續·一　阮山十·二三　瓊二二·三九　山訪六·十二　彙十之二·二二　增圖二·二一七　攟六·六一　雪·九八　楊圖四·六　孫錄二·五七　通一五〇·五一

宇文公碑

正書

11114　清拓　1張

著錄：彙十之三·五九　藝二·十二　瓊二二·三六　阮山十·二三　雪跋三·十三　硯七·十九　孫錄二·六一　摹　攟六·六一　山訪十一·一　通一五二·一〇七

"龍華菩提樹"殘經

隸書

14553　清拓　1張

著錄：匋十三·十八

慧奢摩他毗婆舍那經

正書

10202　舊拓　1册

無量義經

10203　舊拓　1册

華嚴經初發心菩薩功德品

正書

14549　清拓　1張　謝伯受舊藏

維摩經見阿佛門品

正書

14550　清拓　1張

"善哉天帝"殘經

隸書

14551　清拓　1張

"時眾生不識父"殘經
正書
14552　清拓　1張

北周

豆盧恩碑
天和元年(566)二月六日　隸書　庾信撰
11118　清拓　1張
著録：平三·十三　橋一·十七　授續二·九　妙五·八　録補九·八三　嵩一·四　來上·三七　竹一·三○　攜六·三七　彙十二之二·七四　孫録二·五八　遼居稿·二一　鑴一·十四　天下　字二·二○　天一·四　備　關攷六·二　陝六·二三　關一·八　曝四八·十

西嶽華山廟碑
天和二年(567)十月十日　隸書　萬鈕于瑾撰，趙文淵書
10212　舊拓　1册
11115　清嘉慶拓　1張
11116　清嘉慶拓　1張
著録：金石二二·六　寶叢十·三四　鑴一·十四　史上·十六　字二·十六　雍一·八　來上·三一　録續五·五○　備廣跋四·六五　妙五·九　古墨二·四○　關攷八·三一　萃三七·一　關一·十　存十一·二四　跋三·十四　鈔二·五八　關中·五　平三·十四　清二·三○　宜二·十一　石泉·三　藝二·三七　竹一·二九　楊圖四·十　曝四八·十　孫録二·五八　天下　增圖二·二二七　彙十之二·十三　菉二·九　瓶四·三一　天一·四　東湖三　跋三·十四　攜六·三七　略上·二六

曹恪碑
天和五年(570)十月　正書
10209　舊拓　1册
10210　1册
10211　1册
11117　清拓　2張(並側)　陶湘舊藏
著録：藝二·三八　嵩一·五　右二·二四　萃三七·六　右叢二·二七　攜六·三八　廎·十七　孫録二·五九　楊圖四·十一　校　右訪·三　增圖二·二二八　彙十一·四二　右録·一

隋

仲思那等造橋碑　又名"石裏村造橋碑"
開皇六年(586)二月八日　隸書
10218　舊拓　1册(兩種合册)　染舊充宋拓，梁章鉅跋
11119　清拓　1張
著録：藝二·四○　孫録二·六二　授續二·十一　札樸八·四二　通一五○·五七　山訪六·十四　跋三·十七　阮山十·二八　平三·十六　瓊二四·八　彙十之二·二六　硯八·一　攜六·四一　田目·十六　宜二·十二　光緒十八年鄒縣續誌十·九

龍藏寺碑
開皇六年(586)十二月五日　正書　張公禮撰
10214　清初拓　1册
10215　1册
11120　清乾隆拓　1張　葉汝蘭舊藏
著録：藝二·四○　畿誌一四四·六　畿上·四　竹一·三四　集五·二　弗丙下·一　孫録二·六二　天一·四　楊圖四·十二　弗乙·三五　增圖三·二三五　寶叢六·二二　鑴一·十六　字二·十八　來上·三三　雪跋三·十九　瓊二四·十三　録續五·五二　筆·二二　常三·十五　平再續·七　萃三八·二　跋三·十八　妙

五・十九 庚六・二 擴六・四一 校 彙
三之二・八 墨十七・七 牛圖 藪・二七
薙八・五 略中・一 雪・八八 宜二・十
一 賡跋四・六七 曝四八・十一 光緒三
年正定縣誌

南宮令宋君碑 又名：一、勅建僧尼二寺碑記 二、南宮令宋君搆寺造像碑 三、建安公搆尼寺銘

開皇十一年（591）六月辛亥（十一日）
隸書
11124　清拓　1張
著録：藝二・四二　畿誌一五一・十
孫録二・六四　萃三八・八　彙三之二・三
六　平三・十七　瓊二五・一　廎・二一
擴六・四三

諸葛子恒紀功碑

開皇十三年（593）四月十五日　山東蘭
山道光七年出土，移至琅琊書院王右軍祠
10222　初拓　1冊
11126　清拓　3張
著録：藝二・四三　趙録二・二〇　彙
十之二・六六　通一五二・七九　瓊二五・
十三　增圖三・二四二　山訪七・二　平三
續上・八　雪・九二　硯八・六　彙十之
二・六六　攀十・八　田目再續・十四　擴
六・四四　宜二・十二

殘碑

開皇十三年（593）□月　正書
11145　清拓　1張

曹子建碑

開皇十三年（593）　正書
10217　舊拓　1冊
著録：藝二・四三　竹一・三五　孫録
二・六五　楊圖四・十八　通一四九・四八
授續二・十一　增圖三・二四四　山訪三・
十四　平三・十七　雪・九三　古墨二・四
一　跋三・十九　阮山十・三一　萃三九・
一　續鈔一・十三　擴六・四四　復二十・
十三　田目・十八　彙十之一・六六　廎・

二一　王士禎居易録二十・三　宋書升旭齋
文抄・四

開花院佛寶寺修蓋佛殿鐘樓記

開皇十四年（594）十月二十四日　正書
劉位書，謝伯旻藏石
11133　清拓　1張
13948　初拓　1張

上開府城皋郡公扈誌碑

開皇十四年（594）十一月十二日　正書，
石佚
10223　舊拓　1冊　邵海父舊藏
著録：藝二・四三　彙十二之一・二
蒿一・五　擴六・四四　關攷五・四　雪
九二　陝七・四　交

趙芬殘碑

考爲開皇十四年（594）十二月　正書
10216　1冊
11121　清拓　1張　洗后初拓
11122　清拓　2張　洗前拓，顧湘舟
舊藏
11123　清拓　2張　洗前拓
著録：藝二・四四　竹一・三四　雪跋
三・二〇　雪・八七　擴六・四一　彙十二
之一・二　增圖三・二三七　關攷五・四
萃三八・六　陝七・三　雍一・九　跋三・
十七　蒿一上・四　古墨二・四二　平三・
十五　關一・九　關中・六　宜二・十一
瓊二四・三六　陳璞尺岡草堂遺文四・三〇

澧水石橋碑並額

考爲開皇十六年（596）以前　隸書
11125　清拓　2張
著録：藝二・四三　畿誌一四七・三〇
趙録二・二一　竹一・三五　授續二・十
二　孫録二・六五　跋三・二三　萃四
十一　九甲・五六　擴六・四五　彙三
之二・六五　求二・二　光緒十九年南和
縣誌卷三古跡

賀若誼碑

開皇十六年(596)八月二十二日　正書

10218　舊拓　1冊(兩種合册)　染舊充宋拓,梁章鉅跋

11128　清拓　2張(並額)　馬君武舊藏

著録:鐫一‧十六　關中一‧九　雍一‧十一　張録一‧三　跋三‧二三　萃三九‧五　平續‧三　關中‧六　香　瓊二五‧三九　關攷六‧十八

安喜公李使君碑

開皇十七年(597)二月二十□日　隸書

11129　清拓　1張　謝伯殳舊藏

著録:藝二‧四四　鐫一‧十五　竹一‧三六　孫録二‧六五　摹‧十　瓊二六‧一　關中‧六　攈六‧四五　萃三九‧七　跋三‧二二　存十一‧二八　彙十二之二‧三一　關一‧十一　平續‧一　妙五‧十八　字二‧十九　關攷六‧十六　雪‧九三　陝七‧五　來上‧三四　天下

陳茂碑

開皇十八年(598)十一月十□日　正書

11127　清拓　1張　汪硯山舊藏

著録:竹一‧三六　孫録二‧六五　右二‧三〇　平三‧十九　嵩一‧四　攈六‧四六　瓊二六‧十一　集五‧四　萃三九二　跋三‧十七　古墨二‧四二　關中‧六　墨十七‧七　彙十一‧三六　略中‧一　右叢三‧十一　右録‧二　民國癸亥臨晉縣誌十三

孟顯達碑

開皇二十年(600)十月二十八日　正書

11130　清拓　1張　謝伯殳舊藏

11131　清拓　1張

著録:藝續　嵩一‧五　陝七‧六

密長盛等造橋記

開皇二十年(600)十二月十五日　正書

11132　清拓　1張　謝伯殳舊藏

著録:藝二‧四四　趙録二‧二二　通一五二‧七九　山訪七‧二　彙十之二‧六六　攈六‧四六　田目續‧十五　攀十‧十　又十一‧二三

支提塔記

仁壽二年(602)四月五日　正書　石佚

12112　近拓　1張

唐拓啟法寺碑

仁壽二年(602)十二月　正書

10575　照片　1張

著録:集五‧五　集目四‧七　寶叢三‧九　字二‧二〇　録續五‧五二　清二‧三二　賡跋四‧六七　湖三‧三三

龍華碑

仁壽三年(603)　正書

10228　1冊　鄭叔問舊藏並跋

11134　清拓　1張

著録:藝二‧四四　求二‧六　通一五一‧四四　增圖三‧二五二　彙十之三‧三七　山訪十二‧十　攈六‧四七　田目續‧十五　瓊二八‧七　趙録二‧二三

始建縣界碑

大業四年(608)　正書

11137　清拓　1張　謝伯殳舊藏

著録:藝二‧四五

竇贊碑

大業五年(609)四月　正書

10229　舊拓　1冊　多字鈐印、失拓字已補足

11136　清拓　1册

著録:藝二‧四五　趙録二‧二四　寶鴨中‧十八　瓊二七‧一　筆‧二二　續編三‧六　楊圖四‧二五　增圖三‧二五六　硯八‧十五　攈六‧四八　面甲‧三一　雪‧九六　嵩一‧四　張心泰粵遊小識

陳叔毅修孔子廟碑

大業七年（611）七月二日　隷書　仲孝
俊文

11138　清拓　1張
11139　清拓　1張
著録：竹一・三七　孫録二・六七　通
一五〇・五七　瓊二七・九　天下　平三・
二一　古墨二・四二　鈔二・六七　萃四
十・五　增圖三・二五七　阮山十・三五
跋三・二七　存十一・三二　妙五・十七
金石一跋四・七　録續五・五三　鑴一・十
六　字二・二四　來上・三四　續一・十九
攘六・四九　田目・十八　彙十之二・五
廣跋四・六八　金孔元措孔氏祖庭廣記十・
十一　雪・九七

鄭僧修塔記

大業八年（612）七月六日　正書
12175　近拓　1張

緣果道場磚塔銘

大業九年（613）六月八日　正書
10263　舊拓　1冊　謝伯殳舊藏
著録：薤八・十四　録補九・八八

寶梁經石刻

大業　正書
10243　1冊　陳運彰舊藏並題識
14615　清拓　1張
著録：匋十六・十二

青州默曹殘碑

隷書
11141　清拓　2張
11142　清拓　1張
著録：藝二・四五　益一・二七　孫録
二・六七　通一五一・四三　彙十之三・二
四　山訪十二・二　阮山十・三七　攘六・
六三　田目・十八　光緒三十三年益都縣誌
二六　平三・二二

菩薩等字殘石

正書
11143　清拓　1張

勾龍殘石

正書　四川出土
11144　清拓　1張

静琬寫經殘石

正書　會稽陶氏藏石
14555　清拓　2張

高王經

正書
14556　清拓　2張

唐

新建觀音寺碣

武德五年（622）　正書
11146　清拓　1張
著録：藝三・九　攘七・一　中記二・
二七　竹二・一　孫録三・六九　平四・一
萃四一・二　金石二跋一・一　跋四・二
梅跋・一　全唐文一四六・二五

宗聖觀記

武德九年（626）二月十五日　隷書
11147　清拓　1張
著録：藝三・九　攘七・一　孫録三・
六九　萃四一・二　字二・二三　關攷七・
二五　來下・一　關二・一　雍二・一　竹
二・二　存十二・一　鈔三・一　彙十二之
一・九八　瓊二九・二四　古墨三・四五
平續・三　關中・八　獨殘・一　鑴・二
陝七・二二　天一・三九　全唐文一三三・
三　全唐文一四六・十五　1926年重修盩厔
縣誌一・一二八

孔子廟堂碑(東)

武德九年(626)十二月　正書　虞世南書

10245　舊拓　1册　火前城武本之最近最精拓

10246　舊拓　1册　缺字、顛倒

10247　舊拓　1册　與晚清拓兩本校比,面貌不同,且多字

著録:竹二·二　藝三·十　攗七·一孫録三·六九　彙十之三·九　退四·五蔣衡存拙堂題跋·二

孔子廟堂碑(西)

武德九年(626)十二月　正書　虞世南書

10248　明拓　1册　"多、永、宣、金石"等20餘字未泐

10249　舊拓　1册

10250　舊拓　1册　顛倒

著録:竹二·二　孫録三·六九　楊圖五·一　攗七·一　藝三·十　彙十二之一·二　集五·七　金石二三·三　鐫二·六　史上·十八　薤十八·一　雍二·三庚六·二　萃四一·四　關二·一　妙六·十三　來下·一　字二·二八　續一·六東跋五·五　蘇·四八　跋三·三二　鈔三·一　平四·一　關中·八　天一·四續編四·一　藪·二　瓊二九·二四　岷·五　雪跋四·一　甘泉一·十五　關攷一·九　陝七·二三　退四·四　復二二·一古緣十七·十二　金石二跋一·一　古墨三·四五　宜二·十四　邕一·十八　梅跋·一　全唐文一三八·十六　蔣衡存拙堂題跋·二　光緒湖南通誌二六七·藝文二三

孔子廟堂碑兩石合册

武德九年(626)十二月　正書　虞世南書

10251　清拓　1册

10576　照片　1張

11148　清拓　1張　翁方綱舊藏,復刻本

11149　乾隆拓　1張

11150　清拓　1張　東廟堂城武本

豳州昭仁寺碑

貞觀四年(630)十一月　正書　朱子奢撰,傳虞世南書

10254　1册

11152　清拓　3張(並陰額)

著録:藝三·十二　竹二·二　孫録三·六九　攗七·一　集五·八　寶叢十·四四　集目五·四　薤十三·一　鐫二·七庚六·四　字二·二八　來下·二　古墨三·四六　關二·二　雍二·二　授續三·一　萃四二·五　平四·三　關中·九瓊二九·二六　獨殘·十一　石泉·十四　彙十二之二·三八　關攷九·六三　藪·二又·七(作歐陽通書)　陝七·二四　天一·四　梅跋·三　退四·十　元和郡縣誌三·七　全唐文一三五·八　虛七·四　香

房彦謙碑並陰側額

貞觀五年(631)三月二日　隸書　李百藥撰,歐陽詢書

11153　清拓　4張

著録:藝三·十二　攗七·一　竹二·二　孫録三·六九　蒿一·四　金石二三·四　寶叢一·一三五　字二·三〇　校　妙六·四　瓊二九·二八　萃四三·一　阮山十一·二　跋四·五　存十二·四　彙十之一·十　滄三·四一　復二二·二六　通一四九·十六　平四·三　寰記十九·十八道光十五年章丘縣誌十四·二　王鳴盛西莊存稿三一·一　全唐文一四三·八　溫日鑒勘書巢未定稿八(適園叢書本)

九成宮醴泉銘並額

貞觀六年(632)孟夏之月旬有六日正書

10255　宋拓　1册　原石北宋南宋兩本配成,沈樹鏞舊藏。翁大年、王瓘跋,黃小松、張廷濟印

10256　翻刻初拓　1册

10257　翻刻初拓　1册

11154　乾隆初拓　1張(缺額)　貞石圖本,楊惺吾舊藏

11155　清拓　2張　劉喜海舊藏

著録:集五·十一　鐫二·六　史下·

一 校 庚六・十 字二・三〇 萃四三・
五 來下・三 續一・二 妙六・十八 關
二・二 雍二・三 蘇・五七 彙十二之
二・四五 跋四・六 關中・九 鈔三・十
四 古墨三・四七 梅跋・四 退四・一
東湖四・三一 平四・四 關攷十・九 古
銅・二 宜二・十五 愛・二四 九甲・五
九 復二二・十九 寶鴨下・一 藝三・十
二 續録一・二 楊圖五・五 貞二・十一
孫録三・七〇 廣七・一 獨殘・一 攟
七・二 郭麐唐文粹補遺十・一 全唐文一
四一・十三 曾鞏元豐金石跋尾・一 藪
二 肩四・二八 弗跋丁・六 陝七・二五

大法師行記
貞觀六年(632)八月二十日 正書
11156 清拓 1張
著録:藝三・十二 攟七・二 彙九之
二・三 河録二・八 朔目二・八 名四・
三二 安陽三・二 全唐文九〇四・八

昭陵六駿圖
貞觀十年(636) 正書
14566 清拓 1張 縮摹
著録:金石二三・五 寶叢九・一 雍
餘・九 古墨三・五三 邑一・二〇

溫彥博碑
貞觀十一年(637)六月四日卒 正書
岑文本撰,歐陽詢書
10259 1册(並額) "的"字未壞,多九
字。沈樹鏞舊藏
10260 明翻刻初拓 1册(並額)
11364 清拓 1張
11365 清初拓 1張
著録:藝三・十三 嵩一・五 東湖
三・十七 獨殘・十三 竹二・三 金石二
三・六 攟七・二 楊圖五・六 孫録三・
七〇 彙十二之一・一〇八 寶叢九・二
鐫二・十一 庚六・十一 字二・三一 續
辛 來中・十六 續録一・二 妙六・二五
瓊三十・六 蘇・五五 跋四・七 關二・
二 雍二・四 藪・二 萃四四・三 平
四・四 關中・九 昭上・一 關攷八・二

石泉・十二 退四・八 古墨三・五一 東
十一 陝八・三 復二二・二〇 錢保塘
清風室文鈔四・十四 全唐文一五〇・二五
唐文拾遺十五・十五

裴鏡民碑
貞觀十一年(637)十月二十一日 正書
李百藥撰,殷令名書
10258 清拓 1册 王福盦舊藏
著録:藝三・十三 嵩一・五 楊圖
五・七 攟七・二 趙録三・一 金石二
三・八 寶叢二十・三二 萃四四・一 瓊
三十・十四 右叢四・三 右三・四 彙十
一・五〇 平四・五 右録・二 右跋・二
宜二・十六 全唐文一四三・十六 光緒六
年聞喜縣誌補三・九 民國七年聞喜縣誌廿
上・九

等慈寺碑
考爲貞觀十一年(637) 正書 顏師
古撰
10253 舊拓 1册 陳文伯舊藏
11151 清拓 1張
著録:竹二・二 藝三・十一 集目
五・一 攟七・一 孫録三・六九 中記
二・二七 彙九之一・二四 集五・九 寶
叢五・二二 校跋四・五 雪跋四・一
瓊二九・二六 平四・二 古墨三・四五
鈔三・六 廣跋四・六九 金石二跋一・二
録續五・五三 萃四二・一 虛七・二 夢
五・二二 全唐文一四八・一

張琮碑
貞觀十三年(639)二月十一日 正書
10265 舊拓 1册 俞宗海舊藏
11157 清拓 1張(並額)
著録:藝四・一 攟七・三 嵩一・五
獨殘・十二 楊圖五・八 彙十二之一・七
四 孫録三・七〇 關中・十 關二・三
授續三・一 雍二・四 古墨三・四八 萃
四五・一 跋四・七 竹二・三 鈔三・十
九 雪跋四・二 瓊三十・十六 抱十五・
六 關攷六・八 陝七・二七 平四・五
宜二・十六 乾隆十六年咸陽縣誌五・十六

太宗屏風碑

貞觀十四年(640)四月二十二日　草書

10504　舊拓　1冊

11165　清拓　1張

著録：藝四・八　竹二・五　攈七・三
孫録三・七二　彙七・二一　録補十・九四
來中・四　浙一・二八　平三續上・九　甘
泉十・一

姜行本碑

貞觀十四年(640)閏六月二十五日　正書

10268　1冊

11158　清拓　1張　陳運彰舊藏

11159　清拓　1張

11160　清拓　1張　陸樹彰舊藏

著録：藝四・一　關二・一　授續三・
二　關攷十・五二　萃四五・三　古墨三・
四九　平四・六　關中・十　宜二・十六
瓊三四・一　跋四・八　孫録三・七〇　彙
十三・十六　新二・一　獨殘・十二　攈
七・三　竹二・三　雪跋四・一　楊圖五・
九　衍四・二一　陞・六　全唐文一六二・
十　古文苑十七・一　西域水道記三

濮陽令于孝顯碑

貞觀十四年(640)十一月十日　正書

10269　1冊

11161　清拓　1張　王跋后初拓

著録：藝四・一　趙録三・一　蒿一・
五　關中・十　岷・六　彙十二之一・二
攈七・三　九甲・六〇　唐録中・一　平再
續・九　瓊三四・二　宜二・十七　陝七・
二七　續編四・二　萃略一・一三五　關攷
一・十一　續丁　唐文拾遺六二・十二　徐
星伯先生小集二六

段誌玄碑並額

貞觀十六年(642)□月十八日卒　正書

11361　清拓　2張

11362　清拓　1張

著録：藝四・六　蒿一・五　獨殘・三
竹二・三　攈七・四　彙十二之一・一〇八
金石二三・八　瓊三四・十　孫録三・七一

關中・十一　古墨三・五一　萃四五・六
雍二・五　關二・四　金石二跋一・三　妙
六・十　寶叢九・三　鐫二・十三　字二・
三四　關攷八・二　昭上・六　宜二・十七
陝八・三　全唐文九九一・一

文州總管陸讓碑

貞觀十七年(643)十一月二十六日　正
書　陳□□撰，郭儼書

10271　舊拓　1冊

著録：藝四・六　蒿一上・五　攈七・
四　隋上・九　竹二・五　彙十二之一・九
四　來上・三七　萃四六・一　關中・十一
關攷七・八　陝七・二八　退四・二〇　宜
三・二　瓊三四・十一　全唐文九二・一

皇甫誕碑

貞觀十七年(643)　正書　歐陽詢書

10261　宋拓　1冊　線斷精拓。畢海
梯舊藏，段晴川、毛昶題跋

10262　明拓　1冊　"三監"本

著録：竹二・三　清二・四一　藝三・
十二　金石一跋四・八　攈七・一　集目
五・四　孫録三・六九　楊圖五・三　校
蒿一・五　彙十二之一・三　薤八・一　金
石二三・十　寶叢七・三　鐫一・十八　庚
六・一　字二・二七　來上・三六　妙五・
二二　關二・四　雍二・一　跋四・三　萃
四四・六　古墨三・四六　平四・二　關
中・十二　雪跋四・一　石泉・十二　瓊三
四・三〇　貞二・十一　關攷一・十　藪
二　東跋五・一　陝八・二　復二二・二三
續一・二〇　東十・一　梅跋・二　愛・二
五　宜二・十四　退四・九　雪跋四・一
古緣十七・十　又十一　又十二　全唐文一
四四・七　唐文拾遺十四・十六　錢保塘清
風室文鈔四・十三

太宗祭比干文並額

貞觀十九年(645)二月三十日　隸書
薛純陀書

11163　清拓　4張

著録：藝四・六　竹二・三　孫録三・
七一　朔目二・二　寶叢六・四九　字二・

三五　中記二・二八　跋四・十　萃四六・三　平續・四　續編四・五　天一・五　河錄一・四　存十二・十三

慧潤寺慧休法師刻石紀德文

貞觀二十年(646)季春月(三月)十五日正書

12335　近拓　1張

著錄：河錄二・六　朔目二・八　校羅錄上・二四　攈七・五　彙九之二・三

晉祠銘

貞觀二十一年(647)七月　行書　太宗撰並書

10272　1册

11164　清拓　3張(並陰側額)

著錄：藝四・六　竹二・三　攈七・五　孫錄三・七二　瓊三四・十四　金石二三・八　鐫二・二　字二・三五　來中・二　錄補十・九六　妙七・一　曝四九・一　跋四・十　萃四六・四　鈔三・三二　古墨三・五〇　平四・七　獨殘・四　右錄・二　右叢四・七　續編四・二〇　平再續・十　萃目一・九　寰記四十・十二　面乙・二八　復二二・一　右三・七　彙十一・二　天一・五　元和郡縣誌十三・七

高士廉碑並額　又名"右尚書僕射司徒申文獻公高士廉塋兆記"

貞觀二十一年(647)二月二十六日葬正書　許敬宗撰,趙模書

11371　清拓　2張

著錄：藝四・七　竹二・三　集目五・三　孫錄三・七一　金石二四・九　寶叢九・三　嵩一・六　獨殘・一　攈七・七　鐫二・十　彙十二之一・一〇八　字三・十　來中・十六　昭中・一　關中・十一　平三續上・十　古墨三・五二　萃四八・一　雍三・七　關二・四　錄續六・六二　廥跋五・七九　雪跋四・三　鐵函三・二五　全唐文一五〇・二六　關攷八・三　陜八・三

褚亮碑

貞觀二十一年(647)卒　隸書

11366　清拓　1張

著錄：藝四・七　嵩一・六　古墨三・五二　金石二五・二　寶叢九・六　鐫二・十六　庚七・八　獨殘・一　字三・十　來中・十九　關二・五　雍三・八　跋四・二五　萃四八・三　平四・二〇　關中・十三　彙十二之一・一〇八　昭上・二〇　關攷八・十二　集目五・四(列永徽間)　瓊三九・十六　存十二・二八

淤泥寺心經　又名"宮官張功謹敬德造心經幢"

貞觀二十二年(648)三月　正書

14589　清拓　1張

著錄：藝四・七　攈七・六　孫錄三・七二　字二・三七　竹二・四　錄補十・九六　萃四七・一　彙十一・三　畿誌一三八・二八　天一・三九　復詩二九・五　宜三・一

孔穎達碑並額

貞觀二十二年(648)九月□八日卒　正書　于志寧撰

11363　清拓　1張

著錄：藝四・八　攈七・六　嵩一・五　獨殘・三　竹二・四　孫錄三・七二　平續・四　昭上・十一　關中・十二　瓊三四・二七　觀下・七二　彙十二之一・一〇八　寶叢九・四　萃四七・二　跋四・十一　雍二・五　關二・四　妙六・十一　來中・十七　金石二三・九　字二・三八　鐫二・十一　集五・十一　集目五・三　關攷八・三　藪・六　全唐文一四五・一　復二二・七　陜八・五　宜三・一

牛秀碑

貞觀　正書

10266　舊拓　1册

11394　清拓　1張　劉喜海舊藏

著錄：藝四・八　求二・十三　獨殘・十三　關中・十二　隋上・三一　丙寅稿・

四二 昭下・三一 彙十二補遺・六 續編
四・七 平三續上・九 彙十二之二・一一
〇 蒿一・六 瓊三四・三一 陝八・十八
關攷八・九 趙録失編・六

倪寬贊

貞觀 正書 褚遂良書
10275 明拓 1册 戚叔玉題識
10276 舊拓 1册 袁氏舊藏,潘式、
陳運彰跋
著録:録補十・九七

豆盧寬碑

永徽元年(650)六月四日卒 正書 李
義府撰
11367 清拓 1張
11368 清拓 1張
著録:藝四・八 竹二・五 蒿一・五
字三・一 昭上・二二 彙十二之一・一〇
九 寶叢九・六 孫録三・七三 鐫二・十
四 攈七・八 來中・十七 關中・十三
關二・五 雍二・六 瓊三五・九 集目
五・五 續編四・八 關攷八・四 陝
八・六

樊興碑

永徽元年(650)七月九日 正書
10279 舊拓 1册
11166 清拓 1張
著録:藝四・八 楊圖五・十二 蒿
一・五 趙録三・二 寶叢十・十六 泉
一・二四 岷・六 硯九・四 瓊三五・十
七 萃略一・四〇 續丁 彙十二之一・九
四 宜三・二 關攷七・九 陝八・二三
萃目一・九 唐文拾遺六二・十八

李神符碑

永徽二年(651)十月八日 隸書 殷仲
容書
11167 清拓 1張 陸樹彰舊藏
著録:唐録上・一 關攷七・十二 陝
八・二八 藝四・八 攈七・九 攀十一・
二六 彙十二補遺・六

房玄齡碑

永徽三年(652) 正書 褚遂良書
10277 明拓 1册 "繼"、"帥"字完
好,唐翰題題跋
11396 清拓 1張 碑額
著録:藝四・八 蒿一・五 竹二・五
彙十二之一・一〇八 籀・八 孫録三・七
三 金石二四・九 關中・十三 昭上・十
八 攈七・十 雍餘・一 寶叢九・六 字
二・三八 來中・十六 妙六・五 關二・
五 關攷八・四 雍二・六 金石二跋一・
六 萃五十・一 古墨三・五二 平四・八
鐫二・十 瓊三五・二九 集目五・四 松
翁勝二・三 陝八・四 退四・十一 全唐
文一四八・二六 1935年續修醴泉縣誌稿
三・十四

雁塔聖教序 又名"慈恩寺聖教序"

永徽四年(653)十月十五日 正書 李
世民撰,褚遂良書
10273 明拓 1册 五玄兩治本。吳
雲、周慶雲、包伯寬舊藏,俞宗海、金蓉鏡跋
11168 清拓 2張 缺額
著録:集目五・五 寶叢八・四 鐫
二・五 史下・五 字三・一 庚六・五
來下・五 孫録三・七四 楊圖五・十三
竹二・六 關二・六 貞二・十二 鐵函卷
一、卷三、卷四 隸三・十二 寶類四二・
二八 古墨三・五四 雍二・七 跋四・十
二 校 萃四九・一 續跋・三四 金石
四・二 續二・三 關中・十四 攈七・十
平四・九 關攷五・十六 清二・四三 彙
十二之一・三 退三・十七 陝九・二 宜
三・三 愛・二二 石泉・十三 曝四九・
一 妙八・七

洨水橋碑

考爲永徽四年(653)十二月 正書
10396 1册 程烒懷舊藏
著録:求二・七 藝四・八 羅録上・
二四 彙三之二・二〇 京畿金石攷下 同
治十一年欒城縣誌十四・六

萬年宮銘

永徽五年(654)五月十五日　正書　高宗撰並書

10282　明拓　1冊　蔣祖詒舊藏，倪粲、顧廣圻題跋

10283　舊拓　1冊　寶熙舊藏

11169　清拓　1張

著録：關中・十四　藝四・十一　攈七・十一　思十六・十一　字三・一　妙六・二三　古墨三・五五　金石二四・二　鐫二・三　庚六・七　來中・四　續二・三　關二・六　雍二・七　雍餘・三　跋四・十二　授續三・三　平四・九　鈔三・三七　孫録三・七四　萃五十・二　古銅・三　宜三・四　瓊三五・三二　陝九・二　竹二・六　關攷十・十　彙十二之二・四五　全唐文十五・十　岑仲勉續貞石證史(歷史語言研究所集刊十五本・二二九頁)

韓仲良碑

永徽六年(655)三月十四日　正書　王行滿書

10285　出土初拓　1冊　“圍”字未損，多24字

11170　清拓　1張

著録：藝四・十　竹二・六　關中・十四　攈七・十一　孫録三・七五　瓊三五・三四　跋四・十四　關二・七　雍二・八　萃五十・五　蒿一・五　古墨三・五五　關攷七・二八　彙十二之一・一〇六　邕一・二〇　陝九・三　全唐文一四三・十一

薛收碑

永徽六年(655)八月二十三日　正書

11369　清拓　1張　陸樹彰舊藏

11370　清拓　1張

著録：藝四・十　攈七・十二　孫録三・七五　蒿一・五　集目五・五　金石二四・二　平續・五　竹二・六　寶叢九・七　彙十二之一・一〇九　陝八・五　關二・六　雍二・九　鐫二・十四　字六・二七　來中・十七　妙六・二七　萃五一・一　關中・十五　關攷八・五　昭上・二六　全唐文一四三・二〇

王行滿書聖教序並額

顯慶二年(657)十二月十五日　正書

11172　清拓　2張　以布代帋拓

著録：孫録三・七六　藝四・十一　攈七・十三　平四・十　中記二・二九　竹二・七　跋四・十五　萃四九・六　古墨三・五四　偃上・二二　寶類二・三一　彙九之四・二　退三・十九　天一・三九　乾隆四十四年河南府誌一〇九・四

張允碑

顯慶三年(658)三月　正書

11372　清拓　1張　陸樹彰舊藏

11373　清拓　2張(並額)

著録：寶叢九・八　鐫二・十五　庚七・八　字三・二　録續六・五八　賡跋五・七四　關二・六　跋四・十五　萃五一・二　來中・十九　古墨三・五六　平四・十　關中・十五　瓊三六・八　雍二・九　關攷八・六　昭中・八

李靖碑

顯慶三年(658)五月　正書　許敬宗撰，王知敬書

10287　明拓　1冊　“班劍四十人”未泐

11374　清拓　2張

著録：藝四・十一　孫録三・七六　攈七・十四　獨殘・二　楊圖五・十四　弗跋丁・九　蒿一・五　竹二・七　關中・十五　昭中・十一　鐫二・十三　集目五・六　金石二四・三　退四・十三　寶叢九・八　彙十二之一・一〇九　萃五一・四　妙十三・十八　平四・十一　庚七・七　字三・二　關二・八　關攷八・六　雍二・十　金石二跋一・四　古墨三・五六　瓊三六・十七　集五・八　來中・十八　陝八・七　古緣十七・十六　全唐文一五二・十二　翠一・十　1935年續修醴泉縣誌稿三・八

桂州善興寺舍利塔銘

顯慶四年(659)四月八日　正書

14568　清拓　2張　(一1)況周頤、余

紹宋舊藏　（一2)周濟舊藏
　　著錄：攟七·十五　續編五·四　橋
二·一　平再續·十　寶鴨下·二　硯九·
二二　瓊三六·二〇　粵一·四　趙錄三·
二　彙十八·一　甘泉十·四　唐文拾遺六
一·三　宜三·六　續乙　萃目一·十

尉遲恭碑
　　顯慶四年(659)四月十四日　正書　許
敬宗撰
　　10297　舊拓　1冊　"華"字未損,多20
餘字
　　11375　清拓　2張(並額)
　　著錄：藝四·十二　竹二·七　嵩一·
五　陝八·七　關二·六　彙十二之一·一
〇九　古墨三·五六　寶叢九·八　萃五
二·一　攟七·十五　宜三·六　平四·十
一　集目五·六　跋四·十六　關中·十六
關攷八·六　昭中·十五　孫錄三·七七
瓊三六·二一　雍四·一　全唐文一五二·
十七　乾隆四十八年醴泉縣誌稿十一·十三
1935年續修醴泉縣誌稿三·八　文苑英華九
一一·四

紀功頌碑
　　顯慶四年(659)八月十五日　行書　高
宗李治撰並書
　　10298　明拓　1冊　寶熙舊藏
　　11174　清道光拓　1張
　　著錄：藝四·十二　中記二·二九　萃
五二·三　彙九之一·二四　孫錄三·七八
瓊三六·二二　平四·十二　寶叢五·二二
攟七·十六　鈔三·四七　古墨三·五七
竹二·八　金石四·三　萃目一·十　天
一·五

蘭陵長公主碑
　　顯慶四年(659)十月二十九日葬　正書
　　10299　舊拓　1冊
　　11376　清拓　2張(並額)
　　著錄：藝四·十二　孫錄三·七八　竹
二·八　攟七·十六　嵩一·五　金石二·
四·四　關中·十六　昭中·十八　寶叢
九·九　鐫二·十七　庚七·七　來中·十

七　跋四·十七　妙七·八　關二·八　字
三·二　瓊三六·二九　集目五·七　古墨
三·五八　萃五二·五　彙十二之一·一〇
九　雍三·十　平四·十二　陝八·八　關
攷八·六　退四·十五　天一·五　1935年
續修醴泉縣誌稿三·十二　全唐文一五
三·五

六祖墜腰石題字
　　龍朔元年(661)三月　正書
　　14405　清拓　2張　（一1)朱拓　（一
2)汪鋆舊藏
　　著錄：萃五四·一　攟七·十八　粵東
五·十　瓊三七·一　孫錄三·七九　禪二
十·十九　彙十四·三七

許洛仁碑並額
　　龍朔二年(662)十一月十七日葬　正書
下截缺
　　11377　清拓　1張
　　著錄：藝四·十六　關中·十六　平
四·十三　嵩一·五　竹二·九　孫錄三·
七九　昭中·二一　寶叢九·十　瓊三七·
二　萃五四·一　雍三·二　鐫二·十七
字三·四　獨殘·八　關二·八　古墨三·
五八　錄補十·九九　彙十二之一·一〇九
關攷八·七　陝八·八　宜三·六　全唐文
九九一·八

敬善寺般若金剛經
　　龍朔三年(663)四月八日　正書
　　14578　清拓　2張

同州聖教序
　　龍朔三年(663)六月二十三日　正書
褚遂良書
　　10274　翻刻清拓　1冊　四玄兩治本
　　11176　清拓　2張
　　著錄：集目五·七　藝四·十七　竹
二·九　攟七·十九　孫錄三·八〇　退
三·十八　藪·四　寶叢十·十四　平續·
六　續二·四　來下·六　史下·五　庚
六·四　雍三·二　妙八·九　關中·十六

關二·九　萃四九·七　關攷八·十八　字
二·三　陝九·十　古墨三·五九　彙十二
之二·二　復外三·十四　梅跋·六

道因法師碑

龍朔三年（663）十月十日　正書　李儼
撰，歐陽通書
　　10300　明拓　1册　多完字30餘
　　10301　舊拓　1册　"於、顯"完好
　　著録：藝四·十七　攎七·十九　楊圖
五·十七　孫録三·八〇　竹二·九　鐫
四·二　關中·十七　獨殘·十六　彙十二
之一·三　嵩一下·一　史下·三　關二·
九　雍三·三　庚六·十二　字三·四　來
下·七　續二·四　録續六·五九　妙九·
二七　古墨三·五九　跋四·十七　萃五
四·四　鈔三·五九　平四·十三　瓊三
七·六　宜三·七　貞二·十二　關攷一·
十七　陝九·十一　梅跋·六　廣跋五·七
五　東跋五·二又三又四　全唐文二〇
一·十

劉仁願紀功碑

考爲龍朔三年（663）　正書
　　11175　清拓　2張
　　著録：藝四·十七　朝攷上·十七　海
苑一·十三　趙録三·三　彙二·三　續編
二一·一　廎·二七　全唐文九九〇·九

杜君綽碑

龍朔三年（663）二月十八日卒，麟德元年
（664）正月丙子（二十八日）建。　正書　李
儼撰，高正臣書
　　11378　清拓　2張（上截並額）
　　11379　清拓　1張（下截）
　　著録：藝四·十七　竹二·九　攎七·
十九　瓊三七·三　關二·九　丙寅稿四·
三　嵩一·六　昭中·二五　獨殘·八　萃
五四·三　關攷八·七　陝八·八　孫録
三·八〇　彙十二之一·一〇九　全唐文九
九一·十一

清河長公主碑

麟德元年（664）十月　正書　李儼撰，暢
整書
　　11380　清拓　1册
　　11381　清拓　2張（並額）
　　著録：藝四·十八　楊圖五·十九　雍
三·四　嵩一·六　昭中·二九　金石二
四·四　寶叢九·十一　攎七·二〇　關攷
八·七　陝八·八　彙十二之一·一〇九
丙寅稿·四三　平三續上·十一

程知節碑

麟德二年（665）十月十一日葬　正書
許敬宗撰，暢整書
　　10267　1册
　　11395　清拓　1張
　　著録：嵩一·六　寶叢九·十一　昭
補·一　丙寅稿·四四　陝八·九　集目
五·七

孔宣公碑

乾封元年（666）二月　隸書　崔行功撰，
孫師範書
　　10304　明拓　1册　項子京、寶熙、沈
兆澐舊藏
　　著録：竹二·十　藝四·十八　攎七·
二一　孫録三·八一　鐫三·十八　字三·
五　來中·二一　妙十·二四　萃五五·四
阮山十一·十九　跋四·十九　彙十之二·
五　録補十一·一〇四　平續·六　續二·
六　史下·三　存十二·二四　全唐文一七
五·一　宜三·十

于志寧碑

乾封元年（666）十一月□二日　正書
令狐德棻撰，（子）立政書
　　10305　舊拓　1册
　　10306　1册
　　11178　清拓　1張
　　著録：藝四·十八　攎七·二一　孫録
三·八一　嵩一·六　竹二·十　金石二
四·五　寶叢十·十五　字三·六　來中·
八　録續六·五九　廣跋五·七六　妙七·

二三　關二・九　雍三・五　跋四・二〇
萃五六・一　平四・十四　關中・十八　彙
十二之一・九四　宜三・八　瓊三七・十六
關攷七・十五　唐錄中・五　古墨三・六〇
陝九・十二　全唐文一三七・十三

紀國陸妃碑

　　乾封元年(666)十二月九日　正書
　　11382　清拓　1張(下截)
　　11383　清拓　1張(並額)
　　著錄：藝四・十八　攗七・二一　竹
二・十　萃五六・五　跋四・二〇　孫錄
三・八二　寶叢二十・三四　彙十二之一・
一〇九　瓊三七・十七　嵩一・六　昭下・
一　平四・十四　關二・十　古墨三・六〇
關中・十八　貞外二・十一　關攷八・八
陝八・十二　雍四・八　全唐文九九二・八

大將軍上柱國郭君殘碑

　　乾封二年(667)十一月二十八日　正書
　　11179　清拓　1張
　　著錄：藝四・十八　攗七・二二　孫錄
三・八三　字三・六　萃七五・三　右三・
十三　右叢四・十五　瓊三七・二〇　錄補
十一・一〇二　彙十一・六四　全唐文九九
二・三　復外三・十四　曝四九・二　汾陽
縣金石類編二

道安禪師塔記

　　總章三年(670)二月十五日　正書
　　12525　清拓　1張　褚德彝舊藏,余紹
宋遞藏
　　著錄：藝十八・五　名四・四六　徵
二・二二　誌彙二・六　孫錄三・八三　關
二・十　雍三・三　竹二・二十一　萃五七・
五　攗七・二四　平三續上・十二　匋十
七・二〇　嵩五・三　雪跋四・十　關攷
三・十九　陝九・十四　全唐文九八七・一

李孝同碑

　　咸亨元年(670)五月二十四日葬　正書
諸葛思禎書
　　10307　舊拓　1册

　　11180　清拓　1張
　　著錄：藝四・十九　攗七・二四　竹
二・十一　嵩一・六　寶叢十・十五　平
四・十五　妙九・二　關二・十　彙十二之
一・九四　鐫三・九　字三・七　陝九・十
五　萃五七・五　古墨三・六一　關中・十
九　唐錄上・四　瓊三七・二三　來下・十
關攷七・十五　雍三・五　孫錄三・八三
全唐文九九二・四

□□重修題名

　　咸亨元年(670)十月　正書
　　14406　清拓　1張

碧落碑　又名：一、碧落天尊碑　二、李訓等爲亡母房大妃造大道天尊像

　　咸亨元年(670)　篆書
　　11181　清拓　1張
　　著錄：集五・十五　廣七・四　金石二
四・六　鐫三・二〇　史下・十　古墨三・
六一　庚七・六　字三・七　來下・十　萃
五七・八　妙九・八　存四・一　平續・十
七又十九　潛四・二一　鈔三・七三　續
二・五　右叢九・三二　獨殘・十九　攗
七・二四　右錄・三　右三・十八　孫錄
三・八四　竹二・十一　楊圖五・二七　錄
補二一・一九九　跋四・二一　彙十一・四
七　藪二・六　宜三・八　全唐文二〇七・
十八

張阿難碑並額

　　咸亨二年(671)九月二十日　正書　僧
普昌書
　　11384　清拓　2張
　　著錄：關中・十九　藝四・十九　攗
七・二四　嵩一・六　孫錄三・八四　平
四・十六　鐫二・二十五　字五・二八　妙
六・二八　關二・十　關攷八・九　雍三・
七　潛四・二二　陝八・十二　萃五八・一
瓊三七・二五　古墨三・六一　彙十二之
一・一〇九　昭下・四　全唐文九一一・
十三

金剛經

咸亨三年(672)十月三日　正書　王知敬書

　　10308　1册

　　14579　清拓　2張

　　著錄：藝四·十九　竹二·十一　攗七·二五　孫錄三·八四　字三·八　來中·二三　中記二·三〇　萃五八·二　平四·十七　瓊三七·二七　彙九之四·二四　説嵩十四·十三

集王聖教序

咸亨三年(672)十二月八日　行書

　　10280　宋拓　1册　明内府、清果親王、吳乃琛舊藏。"慈"字未損本，王澍、宋伯魯跋

　　10281　明拓　1册　三奥一故本

　　11171　清拓　2張

　　著錄：藝四·十九　楊圖五·二〇　東湖四·四　竹二·十二　鐫二·六　攗七·二五　字三·八　觀下·三九　史上·十九　庚六·六　來下·十一　萃四九·四　妙八·一　續二·五　雍三·六　雍餘·六　跋四·二二　古墨三·六二　平四·十七　清二·四六　關中·二〇　隋上·二一　蘇·五〇　退三·十九—二九　寶鴨下·十四　孫錄三·八四　彙十二之一·三　關攷一·十七　籔·二　梅跋·七　愛·二一　陝九·十五　吳興三·一　宜三·九　張鑒墨妙亭碑目攷上之下·八

蘇昱德政碑並額

咸亨　正書

　　11177　清拓　3張

　　著錄：右叢四·二五

馬周碑並額

上元元年(674)十月六日　隸書　許敬宗撰，殷仲容書

　　11385　清拓　1張

　　著錄：竹二·十二　藝四·十八　存十二·二一　孫錄三·八四　彙十二之一·一〇九　寶叢九·十二　鐫二·十三　字三·十　攗七·二五　來中·十七　關二·十平四·十七　昭下·六　雪跋四·二　雍二·六　瓊三八·七　關中·二〇　古墨三·六二　關攷八·八　陝八·十七　全唐文一五〇·二五

阿史那忠碑

上元二年(675)十月十五日　正書

　　11386　清拓　2張　最上截剥蝕未拓

　　11387　舊拓　2張　上截

　　著錄：藝四·十九　孫錄三·八五　關中·二〇　竹二·十二　攗七·二六　獨殘·六　嵩一·六　昭下·八　瓊三八·十二　平四·十六　關二·十一　萃五八·七　潛四·二三　關攷八·八　彙十二之一·一〇九　陝八·十七　來中·二〇　鑛二·十四　寶叢九·十二　金石二四·十二　雍三·六　橋二·一　字三·九　集目五·九　全唐文九九一·五

明徵君碑

上元三年(676)四月二十五日　行書　高宗李治撰，高正臣書

　　10309　1册

　　11183　清拓　1張(並額)

　　著錄：藝四·二〇　孫錄四·八五　籀·八　竹二·十二　攗七·二五　金石二四·七　寶叢十五·十一　獨殘·三　瓊三八·十二　平四·十八　鈔四·一　筆·二四　萃五九·一　跋四·二四　妙七·二二　字三·九　錄續六·六〇　江寧二·一　古墨三·六三　四當四·六　江蘇三·二六　宜三·九　虞跋五·七六　曝四九·二　全唐文十五·十一

修孔子廟詔表

儀鳳二年(677)七月　隸書

　　10328　舊拓　1册　陳璚跋

　　11184　清拓　1張

　　著錄：字三·十　鈔四·九　古墨三·六三

李勣碑

儀鳳二年(677)十月六日　隷書　高宗李治撰並書

11388　清拓　1張　缺額

11389　清拓　1張　上截

著録：藝四・二〇　攌七・二七　竹二・十二　關中・二一　嵩一・六　孫録四・八六　雍三・七　金石二四・七　昭下・十二　來中・五　瓊三八・十七　平四・十九　雪跋四・四　退四・十七　萃五九・五　金石二跋一・八　妙七・六　鐫二・二　字三・十　關攷八・八　録續六・六〇　宜三・十　廣跋五・七七　雍記餘・三　彙十二之一・一〇九　陝八・十八　古墨三・六三　全唐文十五・二二

彊三娘造心經記

永隆二年(681)五月四日　正書　張萬基刻

14590　清拓　1張

著録：藝四・二一　趙録三・五　續編五・九　隋上・二五　瓊三九・六　攌七・二〇　關攷九・四三　續辛　彙十二之二・三一　陝九・二四　民國三十年乾縣新誌十・九　張庭濟桂馨堂集内順安詩草卷二

天后御制詩書碑　又名"武則天少林寺詩"

永淳二年(683)九月二十五日　正書　王知敬書

10312　舊拓　1册

11187　清拓　1張

著録：藝四・二一　録續六・六一　中記二・三二　彙九之四・二四　廣跋五・七九　竹二・十三　跋四・二五　字三・十一　來中・二三　攌七・三一　續二・七　妙七・九　授續三・六　孫録三・八八　萃六十・一　平四・二　説嵩十四・十二

八都壇神君實録碑

垂拱元年(685)十月一日　正書　□元質撰

11192　清拓　1張　陸樹彰舊藏

著録：畿誌一四六・七　藝四・二二

畿上・六　趙録三・五　集六・一　集目五・十　寶叢六・二六　常四・二四　瓊三九・二三　彙三之二・二四　陳鐵卿唐八都神壇君實録(河北月刊三卷七期)　唐文拾遺五二・一

白鶴觀碑

垂拱二年(686)　正書　石歸日本大古氏

11193　舊拓　1張　陸樹彰舊藏

著録：録補十一・一〇五　右叢五・一岷・十一

慧暕塔記

垂拱四年(688)四月八日　正書

14570　清拓　1張

著録：瓊四十・十四

美原神泉詩序

垂拱四年(688)四月戊□　篆書　韋元旦序，賈言淑詩，尹元凱書

11194　清拓　1張　張廷濟朱題

著録：藝四・二五　攌七・三四　竹二・十五　關中・二二　存四・五　孫録三・九〇　楊圖五・二三　關二・十三　彙十二之一・一〇六　雪跋四・六　跋五・三　平四・二二　古墨三・六五　字三・十一　寶叢十・十六　關攷七・二九　陝十・三　復外三・十四　萃六一・一　全唐文二五九・十四

安和尚塔記

□(永?)昌元年(689)四月　正書　郭永成造

14660　清拓　1張　王相舊藏

法如禪師行狀

永昌元年(689)七月二十七日　隷書

11195　清拓　1張

著録：藝四・二五　攌七・三五　彙六之四・二四　續編六・二　名五・五五　硯十・九　唐文拾遺六七・十六

狄知慭碑

載初元年(689)正月(十一月)　正書

11196　清拓　1張　陸樹彰舊藏

著録：藝四・二六　跋五・五　彙九之三・五三　橋二・十一　平四・二三　萃六九・十　蒿一・七　孫録三・九○　授續六・九　右跋・三　全唐文九九三・一

乙速孤神慶碑並額

載初二年(690)二月十九日　正書　苗神客撰，釋行滿書

11390　清拓　1張

11391　清拓　2張

著録：藝四・二六　攗七・三六　關中・二二　竹二・十五　獨殘・十一　瓊四十・十五　蒿一・六　關二・十四　昭下・十七　平四・二二　橋二・二　萃六一・四　雍六・四　集六・二　鐫二・十七　彙十二之一・一一○　關攷八・十二　宜三・十一　陝八・二○　全唐文二○一・二

嚴行□重修題名

長壽二年(693)二月三日　正書

14407　清拓　1張

廖州刺史韋敬辨智城碑　又名："韋厥碑"

萬歲通天二年(697)四月七日　正書　韋敬一撰

10387　舊拓　1冊　杜鎮球舊藏

著録：藝四・二六　求二・十六　瓊四四・十二　興三・二○　張思泰粵遊小録五・六　楊翰粵西得碑記・二四　攗七・三七　陳壽祺左海文集三・四五

龍龕道場銘

聖曆二年(699)正月二十三日　正書　陳集原撰

11198　清拓　1張

著録：藝四・二七　思十六・十三　平續・七　瓊四四・二○　續編六・三　經・十六　彙十七・十八　全唐文二○二・二

升仙太子碑額及陰

聖曆二年(699)六月十九日　行草　武則天撰並書

10316　舊拓　1冊

著録：藝四・二七　孫録三・九三　竹二・十七　平五・二　攗七・四○　萃六三・一　中記二・三五　彙九之四・二　獨殘・十五　瓊四四・二七　古墨三・六六　鈔四・二六　偋上・三○　妙七・十四　來中・二四　復二二・二六　金石二五・四　說嵩十四・十六　宜三・十二　鐫二・四　字三・十五　寶類一・二

升仙碑陰上截雜言遊仙篇

聖曆二年(699)六月十九日　正書　薛曜書

14567　清拓　2張

仙壇山銘

聖曆三年(700)三月十八日　正書

11199　清拓　1張

著録：寶鐵上・六　藝十八・六　集目五・十一　寶叢十五・二一　彙四補遺・十五　江蘇四・六

于大猷碑

聖曆三年(700)十一月十二日葬　正書

11200　清拓　1張

著録：關中・二二　竹二・十七　攗七・四○　字三・十六　蒿一・六　寶叢十・十六　彙十二之一・九四　鐫三・十一　獨殘・七　來下・十二　録續六・六二　關攷七・十六　關二・十四　雍四・三　跋五・八　萃六三・六　平五・二　瓊四五・四　唐録中・十一　陝十・十三　全唐文二三七・七

夏日游石淙詩碑

久視元年(700)五月十九日　正書　薛曜書

10318　舊拓　1冊　俞粟廬舊藏，戚叔玉跋

11201　舊拓　1張　陸樹彰舊藏

著録：藝四・二八　竹二・十七　中記
二・三八　攄七・四一　妙七・九　萃六
四・一　楊圖五・二九　孫録三・九三　字
三・十六　退四・二七　來中・二四　彙九
之四・二五　鈔四・三四　古墨三・六七
瓊四五・六　平五・二　説嵩十四・十二
復二二・二八　梅跋・八　曝四九・三

秋日宴石淙序

　　久視元年（700）　正書　張易之撰，薛
曜書
　　10319　舊拓　1册　俞粟廬舊藏
　　11202　清拓　1張
　　11203　清拓　6張
　　著録：藝四・二八　竹二・十七　孫録
三・九三　字三・十七　平五・三　來中・
二五　續二・八　中記二・三九　萃六四・
三　攄七・四一　彙九之四・二五　説嵩十
四・十三　瓊四五・六　寶類二・四〇　乾
隆四十四年河南府誌一一〇・十七　全唐文
二三八・十四

大雲寺碑　又名"皇帝聖祚碑"

　　大足元年（701）五月十五日　正書　賈
膺福撰並書
　　11204　清拓　1張
　　著録：藝四・二八　攄七・四一又四二
孫録三・九三　竹二・十七　朔目・七二
河録・十一　中記二・三九　平五・三　古
墨三・六七　金石二五・五　寶叢六・四四
彙九之二・三八　集目五・十一　萃六四・
四　道光五年河内縣誌二十金石誌上・二三
全唐文二五九・二

薛縑石刻殘字

　　長安四年（704）六月九日　隸書
　　11190　清拓　1張
　　11191　清拓　1張　歸劉氏後初拓，尚
未刻款
　　11413　清拓　1張　有劉世珩題
　　著録：藝四・二九　羅録上・二九　徵
二・二九

門下省行尚書省文刻石　又名"神龍批制"

　　神龍二年（706）四月六日　正書
　　11207　清拓　1張
　　著録：藝五・一　匋二一・四　岑仲勉
續貞石證史（歷史語言研究所集刊十五本・
二三七頁）

□獄經

　　無年月，有武后製字　正書
　　14602　清拓　1張

盧正道清德碑

　　神龍三年（707）五月八日　隸書　劉穆
之撰，王守質書
　　11205　清拓　1張　陸樹彰舊藏
　　著録：藝五・一　孫録三・九九　竹
三・二〇　攄七・四七　跋五・十　存十
三・一　彙九之一・十九　全唐文二七〇・
十一

賜盧正道勅

　　景龍元年（707）十月十七日　正書　中
宗李顯書
　　11206　清拓　1張
　　著録：萃六八・四　授續三・七　中記
二・四一　梅跋・二八　全唐文十七・六
平五・八

鮑懷坦等祭東嶽題記

　　景龍二年（708）三月十三日　正書
　　11208　出土初拓　1張　謝伯殳舊藏
　　著録：藝三・十四

法琬法師碑

　　景龍三年（708）五月十日　正書　僧承
遠撰，劉欽旦書
　　11209　清拓　1張　況周頤舊藏
　　11210　清拓　1張　陸樹彰舊藏
　　著録：藝五・一　孫録三・九九　竹
二・二一　關中・二三　關二・十六　攄
七・四八　嵩一下・一　跋五・十二　古墨
四・七一　彙十二之一・五　關攷一・三五
萃六八・五　瓊四九・二三　平五・九　鈔

四・四五　録補十二・一一一　字三・十八　陝十一・三　雍四・七　梅跋・九　全唐文九一三・四

獨孤仁政碑

景雲二年（711）二月二十七日　正書　劉待價撰，劉珉正書

11211　清拓　1張　謝伯殳舊藏

著録：藝五・二　孫録三・一〇〇　攈七・五〇　彙九之二・六五　平三續上・十五　嵩一上・六　竹二・二一　金石二跋一・十二　萃六九・四　瓊五十・一　朔目十・二　河録十三・二　全唐文二七八・十三

日本多胡郡碑

和銅四年（711）三月九日　正書

11610　清拓　1張

11611　清拓　1張　復刻本

馮本紀孝碑

先天元年（712）十一月七日　隷書　閻朝隱撰，子敦直書

11214　清拓　1册　陸樹彰舊藏

著録：藝五・三　關攷六・三〇　竹二・二二　關中・二四　關二・十七　跋五・十五　孫録三・一〇一　瓊五十・八　攈八・一　彙十二之一・八五　陝十一・六　來下・十二　萃七十・一　平五・十一　字三・十九　全唐文二〇七・十二

契苾明碑

先天元年（712）十二月十六日　正書　婁師德撰，殷元祚書

10323　明拓　1册　多"碑、夫"等四、五十字

著録：藝五・三　孫録三・一〇一　竹二・二二　關中・二四　關二・十八　攈八・一　關攷六・十　嵩一上・七　跋五・十六　續鈔一・三一　彙十二之一・七四　古墨四・七二　雍五・一　鑴三・十五　寶叢八・四六　字三・十九　來下・十二　瓊五十・九　萃七十・二　平五・十一　妙

七・二四　録補十二・一一三　金石二跋一・十四　宜三・十六　陝十一・六　備全唐文一八七・四　乾隆十六年咸陽縣誌五・十六

崔忻井記

開元二年（714）五月十八日　正書　王玄貞撰

11421　清拓　1張　跋後初拓

著録：藝五・三　滿稿一・十　攈八・二　彙二・一　珉・九　奉天通二五四・四六　藝林月刊五期　民國二十二年十二月河北第一博物院畫報五十四期

周公祠碑

開元二年（714）十二月五日　行書　賈大義撰

11215　清拓　1張

著録：孫録三・一〇一　偓上・四〇　古墨四・七三　彙九之四・二　中記二・四二　跋五・十六　萃七十・四　鈔四・五六　平五・十二　竹二・二二　全唐文三〇三・一　藝五・三　瓊五十・十　攈八・二　復二四・一　乾隆四十四年河南府誌一〇八・五

龍瑞宮記

開元二年（714）　正書

14557　清拓　1張

著録：寶叢十三・五　浙二・十三　越一・十八

少林寺戒壇銘

開元三年（715）正月十五日　行書　李邕書

11216　清拓　1張　翻刻縮本

著録：趙録三・九　楊圖五・三〇　薤十二・十　平三續上・十六　録補十二・一一四　萃七十・六　妙八・二四　彙九補遺三・六　復二三・八　梅跋・十

虞鄉縣令劉君幡竿銘

開元三年（715）正月二十八日　正書

劉行忠撰

　　11217　　清拓　1張

　　12739　　清拓　1張

　　著録：藝五・三　孫録三・一〇二　右
四・一　竹二・二二　攗八・二　彙十一・
三八　右叢五・二三　萃七十・六　平續・
七　民國九年虞郷縣誌九・三　全唐文九八
八・八

醴泉寺誌公碑並額

　　開元三年（715）十月十五日　正書　沙
門元傘撰

　　11218　　清拓　1張

　　著録：藝五・三　孫録三・一〇二　平
五・十三　山訪一・十一　録補十二・一一
五　彙十之一・十二　寶叢一・四六　攗
八・二　阮山十二・一　萃七十・七　瓊五
十・二〇　竹二・二三　字三・十九　全唐
文九九三・三　濟南金石誌三　池北偶談十
九　道光十五年章邱縣誌十四・十五

法藏禪師塔銘

　　開元四年（716）五月二十七日　正書
田休光撰

　　10325　　舊拓　1冊　王福盦舊藏

　　著録：藝五・三　孫録三・一〇二　竹
二・二三　跋五・十七　關三・一　妙九・
二二　攗八・三　古墨四・七四　録補十
二・一一五　瓊五十・三〇　字三・二〇
陝十一・十一　雪跋四・十　萃七一・一
鈔四・六二　彙十二之一・五　平五・十三
名六・六五　徵三・二　誌彙二・十五　梅
跋・十　宜三・十六　香　關攷一・三九

姚彝碑

　　開元五年（717）四月二十七日　正書
崔沔撰，徐嶠之書

　　11219　　清拓　1張

　　11220　　清拓　1張

　　著録：藝五・四　面甲・三四　嵩一
上・七　孫録三・一〇三　攗八・三　平
五・十三　中記二・四三　彙九之三・五四
跋五・十八　金石二跋二・一　萃七一・四
宜三・十七　瓊五一・一

柏梯寺碑

　　開元六年（718）十月六日　隸書　徐彥
伯文，胡輔之書

　　11221　　清拓　1張　陸樹彰舊藏

　　著録：藝五・四　孫録三・一〇三　竹
二・二四　攗八・四　彙十一・三八　右叢
五・三一

東海縣鬱林觀東巖壁記

　　開元七年（719）正月　隸書　崔逸文

　　11223　　清拓　8張

　　著録：藝五・四　孫録三・一〇三　竹
二・二四　跋五・十九　攗八・四　彙四・
三五　寶叢二十・三九　存十三・十六　瓊
五一・五　江蘇四・十五　全唐文三〇四・
四　雲臺新誌二

于知微碑

　　開元七年（719）六月三日　隸書　姚
崇撰

　　11222　　清拓　1張

　　著録：藝五・四　孫録三・一〇三　竹
二・二四　攗八・四　字三・二〇　來下・
十三　彙十二之一・九四　寶叢十・十七
録續六・六五　廣跋五・八三　關三・一
萃七一・八　瓊五一・八　唐録中・十五
古墨四・七四　平三續上・十六　關中・二
五　關攷七・十六　跋五・二〇　宜三・十
七　雍五・三　陝十一・十五　瓶四・九
全唐文二〇六・十五

修孔子廟詔表

　　開元七年（719）十月十五日　隸書　李
邕撰，張庭珪書

　　10328　　舊拓　1冊

　　著録：藝五・五　字三・二二　鐫三・
十八　來中・二二　備　妙十・六　萃七
二・一　存十三・十八　阮山十二・七　續
鈔一・四七　古墨四・七四　梅跋・十一
孔十一・十四　竹二・二四　山訪六・七
隸三・十三　平五・十五　來中・二二　攗
八・四　滄三・四四　彙十之二・五　孫録
三・一〇三　文苑英華八四六・一　全唐文

二六二・二〇　唐文粹五一・四

華嶽精享昭應碑並額

　　開元八年(720)三月　隸書　咸廙撰，劉升書
　　11224　清拓　1張
　　11225　清精拓　1張
　　著録：藝五・五　字三・二二　續二・十二　關攷八・三一　關中・二六　鐫三・十九　孫録三・一〇三　竹二・二四　跋五・二一　關三・二　攈八・五　録補十二・一一六　彙十二之一・十四　存十三・二一　寶叢十・四〇　求二・十九　雍五・四　清二・五〇　鈔四・七三　平五・十七　古墨四・七五　萃七二・六　金石二跋二・二　録續二・十二　史下・四　妙九・十四　來下・十四　陝十一・十六　乾隆五十九年華陰縣誌十六・四九　備

雲麾將軍李思訓碑

　　開元八年(720)六月二十八日葬　行書　(族子)李邕撰並書
　　10326　舊拓　1冊　"寶氏"未泐
　　10327　1冊　殘損之"小小"舊本
　　11226　清拓　1張
　　著録：藝五・六　嵩一上・七　集目六・二　寶叢十・三五　鐫三・八　東跋五・十二　庚六・十三　字三・二三　來下・十四　妙八・二〇　關三・一　雍五・四　跋五・二一　萃七二・四　平五・十六　清二・四八　退四・二三　藪・三　關中・二六　弗跋丁・十三　孫録三・一〇四　關攷九・四一　邕一・十九　雪跋四・十　彙十二之二・三〇　四當四・六　冎四・二九　楊圖五・三一　備　竹二・二四　攈八・五　隸三・十三　瓶四・十九　全唐文二六五・八

北嶽府君碑

　　開元九年(721)三月二十六日　行書　韋虛心撰，陳懷誌書
　　10329　舊拓　1冊
　　11227　清拓　1張
　　11237　清拓　1張　陸樹彰舊藏

　　著録：畿誌一五三・六　畿目上・九　藝五・六　竹二・二五　攈八・五　隸三・十三　彙三之二・四八　寶叢六・二七　字三・二三　妙八・二八　萃七三・一　平五・十七　瓊五一・十三　孫録三・一〇四　宜三・十七　全唐文二六九・十三

吳文碑　又名：一、半截碑　二、興福寺碑

　　開元九年(721)十月二十三日　僧大雅集王羲之行書
　　10332　明拓　1冊　孫多巘、李經畬舊藏，朱昌頤、崇恩、楊能格題識
　　著録：字三・二四　藝五・七　鐫二・七　竹二・二五　攈八・六　孫録三・一〇四　史下・一　來下・十五　續二・五　録補十二・一一七　妙十二・二六　彙十二之一・五　關三・二　雍六・一　石泉・十四　跋六・一　授續三・十二　萃七三・五　古墨四・七五　平五・十八　關中・二七　陝十一・二〇　關攷一・四二　嵩一上・七　復二三・十五　退四・二六　半下・五　全唐文九九三・六

孔子顏子贊殘石

　　開元十一年(723)八月十六日　正書　睿宗李旦撰，玄宗李隆基書
　　14558　清拓　1張
　　著録：藝五・九　存十四・一　瓊五二・一　攈八・七　阮山十二・十三　寶叢十二・二　續編六・十　彙十之二・五五

御史臺精舍碑

　　開元十一年(723)　正書　崔湜撰，梁昇卿書
　　10333　明拓　1冊
　　11232　清拓　2張(並額陰)
　　11233　清拓　1張
　　著録：藝五・九　存十三・二四　關攷一・四三　竹二・二六　跋六・四　攈八・八　古墨四・七六　隸三・十四　備　集六・六　廣七・九　鐫四・四　來下・十六　妙十・一　續二・十　孫録三・一〇五　雍六・二　字三・二三　萃七四・二　抄五・一　平五・十九　瓊五二・二〇　彙十二之

一・五　陝十一・二〇　曝四九・八　宜
三・十九　關中・三〇　關三・二　全唐文
二八〇・六　清趙魏御史台精舍題名一卷
（讀畫齋叢書本）　清趙鉞榮格唐御史台精舍
題名攷三卷（月河精舍叢抄本）

少林寺柏谷塢莊碑

開元十一年（723）十二月二十一日
正書
11230　明拓　1張
11231　清拓　1張
著錄：錄補十・一　萃七四・一　平
五・十九　瓊五二・十

青城山常道觀碑陰

開元十三年（725）正月十七日　正書
甘榮書
11234　清拓　1張
著錄：泉一・四二　宜三・二一　續編
七・一　瓊五三・一

乙速孤行儼碑並額

開元十三年（725）二月十六日　隸書
劉憲撰，白義旺書
11392　清拓　2張
著錄：藝五・十一　竹二・二七　雍
六・四　彙十二之一・一一〇　關中・二八
關三・六　關攷八・十三　攮八・八　思十
六・十六　蒿一上・七　古墨四・七八　跋
六・七　鐫二・十八　字三・二八　昭下・
二三　平五・二二　來中・二〇　獨殘・十
四　存十四・十二　萃七五・五　孫錄三・
一〇六　瓊五三・五　鈔五・二一　備　橋
二・十三　宜三・二〇　陝八・二〇　全唐
文二三四・三　乾隆四十八年醴泉縣誌十
一・二五

述聖頌

開元十三年（725）六月九日　正書　呂
向撰並書
10335　舊拓　1册　趙士烈舊藏
著錄：藝五・十　孫錄三・一〇七　竹
二・二七　關中・二九　關三・七　攮八・

九　集目六・三　寶叢十・三八　鐫三・十
九　字三・二六　來下・十九　史下・四
雍五・七　萃七五・八　梅跋・十一　宜
三・二〇　關攷八・三二　陝十一・三〇
彙十二之二・十四　金石二跋二・三　乾隆
五十九年華陰縣誌十六・四六　民國二十一
年華陰縣續誌七・九二

釋迦寺西聖容□□院碑

開元十四年（726）三月二十八日　正書，
兩面
11235　清拓　1張
14203　清拓　1張
著錄：藝五・十一　趙錄三・十二　攮
八・九　彙九之一・四八

紀太山銘

開元十四年（726）九月十二日　隸書
玄宗李隆基撰並書
11398　清拓　6張
著錄：藝五・十一　孫錄三・一〇七
備　竹二・二八　彙十之一・四〇　攮八・
九　鐫二・四　庚六・九　字三・二六　來
中・十二　妙七・十五　存十四・十八　萃
七六・三　授續三・十七　阮山十二・十六
鈔五・二九　通一四九・五一　滄三・四四
梅跋・十二　宜三・二一　古墨四・八〇
平五・二二　曝四九・四　唐文粹十九・一
明查誌龍峀史八・十　全唐文四一・十八
陸繼輅合肥學舍札記四・十三

端州石室記

開元十五年（727）正月二十五日　正書
李邕撰並書
10336　舊拓　1册　附舊拓整張
著錄：藝五・十一　孫錄三・一〇七
楊圖五・三二　竹二・二八　高要金石略
一・三　隸三・十四　錄補十三・一二三
集六・八　集目六・四　寶叢十九・三一
字六・二三　萃七七・二　平五・二三　攮
八・十　東十・六　獨殘・二四　瓊五三・
十三　塾四・九　彙十七・九　興三・十五
梅跋・十四　東跋五・八　寰記一五九・八
全唐文二六二・一　愛・二七　郭麐唐文粹

補遺十七・一

道安禪師碑

開元十五年（727）十月二十八日　行書
宋儋撰並書

11236　清乾隆拓　1張　陸樹彰舊藏

著録：説嵩十四・二二　藝五・十二
竹二・二八　録補十三・一二四　瓊五三・
二四　擩八・十　古墨四・八一　中記二・
四五　備　雪跋四・十　平五・二四　萃七
七・三　妙八・二九　孫録三・一〇八　來
上・二五　字三・二六　續二・十

少林寺碑

開元十六年（728）七月十五日　行書
裴淮撰並書

10339　明拓　1冊
11238　清拓　1張（缺額）

著録：藝五・十二　説嵩十四・十四
竹二・二八　孫録三・一〇八　中記二・四
五　古墨四・八一　録補十三・一二四
藪・十　跋六・八　擩八・十　薙十二・一
鐫二・八　字三・二六　來中・二五　續
二・十一　妙九・四　授續三・十八　史
下・六　求二・二四　瓊五三・二七　平
五・二四　萃七七・四　梅跋・十三　宜
四・一　全唐文二七九・十六　天一・七
彙九之四・二六

楊淡造佛頂尊勝陀羅尼經幢

開元十六年（728）十一月八日　正書

14604　清拓　1張

著録：闕攷十・十四　藝五・十三　竹
二・二九　孫録三・一〇八　彙十二之二・
四六　闕三・八　擩八・十　雍六・六　萃
六六・一　平五・二四

興聖寺尼法澄塔銘

開元十七年（729）十一月二十三日　正
書　李誌暕撰並書

10340　舊拓　1冊　十四字未鑿，"嗣、
光"本

著録：字三・二七　妙九・一　闕三・

七　跋六・八　萃七八・一　梅跋・十三
雍六・六　平五・二五　闕攷一・五三　擩
八・十一　雍六・六　名六・六九　徵三・
九　竹二・二九　孫録三・一〇八　彙十二
之一・五　藝十八・八　跋六・八

岳麓山寺碑

開元十八年（730）九月十一日　行書
李邕撰並書

10341　明拓　1冊　"大唐開元英英披
霧"未壞

著録：鐫三・九　庚六・十四　跋六・
九　來下・十六　續二・十三　金石二跋
二・四　妙八・二六　藝五・十三　竹二・
二九　孫録三・一〇八　東湖三・二六　楊
圖五・三一　萃七八・三　字三・二八　古
墨四・八二　平六・一　清二・五〇　泉
二・一　退四・二五　東跋五・七　隸三・
十四　瓊五四・三　擩八・十一　愛・二七
寶鴨下・七　彙十五・一　甘泉一・十八
東十・四　藪・二八　湘・五　全唐文二六
三・六　唐文拾遺十六・二三　天一・七
光緒湖南通誌二六三・藝文十八・金石三

廬山東林寺碑

開元十九年（731）七月十五日　行書
李邕撰並書

11239　清拓　1張　古智重刻本

著録：藝五・十四　竹二・二九　天一
孫録三・一〇九　擩八・十二　集目六・六
字三・二八　跋六・九　萃七八・三　瓊五
四・十八　彙六・三四　東十・十　興二・
五　邕一・十九　繆荃孫江西金石目六　全
唐文二六四・三

左羇府長史王元明尊勝幢記

開元十九年（731）十一月十五日　正書

14605　清拓　4張

著録：藝五・十四　竹二・二九　孫録
三・一〇九　中記二・四七　金石二跋二・
五　瓊四六・二五　平六・一　擩八・十二
彙九之四・十四　民國二十六年鞏縣誌十
九・五　夢四・十三

闕特勤碑並陰

　　開元二十年(732)十月七日　正書
11241　舊拓　2張
　　著録：廎·三八　九乙·四五　車·五
〇　夢一·二六　盛昱意園文略一·八　李
文田和林金石録·一

代國長公主碑

　　開元二十二年(733)十二月三日　行書
鄭萬鈞撰，子聰書
11242　清初拓　1張　吳公望舊藏
　　著録：闕攷九·四一　藝五·十四　陝
十一·二四　孫録三·一〇九　金石二六·
十一　古墨四·八二　關中·二九　跋六·
十　關三·九　獨殘·十　寶叢十·三六
萃七八·六　竹二·三〇　瓊五五·一　攗
八·十三　求二·二八　彙十二之二·三〇
雍六·七　平六·二　嵩一上·七　史下·
十一　全唐文二七九·二

令長新誡

　　開元二十四年(736)二月七日　正書
韋堅書，在陝西大荔
10342　舊拓　1册　周余炤、崇恩舊藏
　　著録：續編七·五

令長新誡

　　開元二十四年(736)二月七日　正書
王良輔書，在乾州
11244　清拓　1張
　　著録：闕攷九·四四　藝五·十七　民
國三十年乾縣新誌十·九

大智禪師碑

　　開元二十四年(736)九月十八日　隸書
嚴挺之撰，史惟則書
10343　舊拓　1册　吳承今舊藏
11243　清拓　1張
　　著録：藝五·十八　跋六·十一　關
中·二九　關三·十一　金石六·九　竹
二·三四　孫録三·一一〇　闕攷一·五四
菉三·十五　攗八·十四　古墨四·八二
芒冢補遺·六　鑴四·二　存十四·二五

雍六·八　續二·十二　妙九·三〇　來
下·十六　字三·二九　硯十一·十六　瓊
五五·二七　平三續上·二〇　平六·四
金石二跋二·六　萃八一·七　鈔五·三九
彙十二之一·六　梅跋·十四　續編七·十
七　陝十二·八　藝八·十六(陰)

臨高寺碑

　　開元二十五年(737)四月二十八日　行
書　常允之撰，常演之書
11245　清拓　1張
　　著録：萃八二·一　攗八·十五　竹
二·三五　跋六·十二　瓊五六·三　平
六·五　孫録三·一一一　中記二·四八
彙九之四·五七　全唐文三九六·十四

會善寺景賢大師身塔石記

　　開元二十五年(737)八月十二日　行書
羊愉撰，僧温古書
11246　清拓　1張
　　著録：藝五·十七　説嵩十四·二三
孫録三·一一一　中記二·四八　古墨四·
八三　名六·七一　中冢補·六　徵三·十
三　攗八·十三　彙九之四·二七　全唐文
三六二·四　平六·五　泉二·五　獨殘·
四　瓊五五·六　鈔五·四五　萃七八·九
金石二跋二·六　來中·二五　字三·二九

無畏不空法師塔記

　　開元二十五年(737)八月　正書
11247　清拓　1張
12816　清拓　1張
　　著録：孫録三·一一一　攗八·十五
徵三·十三　彙十二之一·七四　關攷六·
十二　名六·七一　竹二·三五　藝十八·
九　關三·九　跋六·十二　平六·五　萃
八二·二　古墨四·八三　陝十二·十二
妙十·二〇　乾隆十六年咸陽縣誌五·十六
鑴四·一　録補十四·一三一　授續三·二
二　香

尉遲迴廟碑陰及額

　　開元二十六年(738)二月二十五日　隸

書　（元孫）士良述
　　11248　清拓　3張
　　著録：藝五・十九　跋六・十四　金石
六・十　竹二・三五　攈八・十五　集目
六・九　中記二・四八　古墨四・八三　寶
叢六・三一　孫録三・一一一　廣七・十
續二・十二　安陽四・一　字三・二九　萃
八二・五　續鈔二・五　平六・五　瓊五
六・五　河録二・四　彙九之二・四　朔目
二・十二　藪・九　河朔訪古記中・十五
全唐文三九六・六（録碑陰）

大房山投龍壁記
　　開元二十七年（739）三月　正書　張
湛詞
　　11250　清拓　1張
　　14559　清拓　1張
　　著録：畿誌一三八・三〇　藝五・二〇
攈八・十六　畿目上・十　録補十四・一三
三　徵三・三一　徵二・三一　彙一・一
唐文拾遺五十・二六

易州鐵像碑頌
　　開元二十七年（739）五月三日　行書
王端撰，蘇靈芝書
　　11249　清拓　1張
　　著録：畿誌一五〇・四〇　畿目上・十
藝五・二〇　跋六・十五　孫録三・一一二
金石六・十二　竹二・三六　楊圖五・三三
攈八・十六　古墨四・八五　鈔五・五三
字三・二九　彙三之一・六　萃八三・六
梅跋・十三　妙十・十二　寶叢六・六六
上谷・二　曝四九・七　金石二跋二・七
全唐文三六三・三　王鳴盛西莊存稿三二・
二　平六・六

唐儉碑並額
　　開元二十九年（741）二月二十□日　正
書　（從孫）唐瑾撰
　　11393　清拓　1張
　　著録：關攷八・十二　藝五・二一　跋
六・十七　關中・三〇　關三・十一　金石
二七・三　又六・十四　嵩一上・七　竹
二・三六　橋二・十六　攈八・十八　萃八

四・五　孫録三・一一二　古墨四・八六
隋上・三七　平六・七　鐫二・十三　瓊五
六・二一　退四・十二　昭下・二六　獨
殘・四　彙十二之一・一一〇　雍四・一
陝八・二〇　全唐文九九一・十四

夢真容碑
　　開元二十九年（741）六月一日　行書
張九齡撰，蘇靈芝書
　　11252　清拓　1張　陸樹彰舊藏
　　著録：岷・十五　藝五・二一　跋六・
十八　關中・二九　關三・十一　關攷七・
二五　金石六・十四　竹二・三六　攈八・
十八　鐫三・十六　字三・三〇　彙十二之
一・九八　雍六・十　來下・十八　金石二
跋二・八　陝十二・十五　全唐文三〇〇・
四　妙十・十八　鈔五・六二　寶叢六・六
三　平六・八　古墨四・八六

石壁寺鐵彌勒像頌
　　開元二十九年（741）六月二十四日　行
書　林諤撰，房麟妻高氏書
　　11251　清拓　1張
　　著録：集六・十三　鐫四・八　庚七・
十　藝五・二一　瓊五六・二五　寶叢六・
六六　來下・十七　跋六・十八　金石六・
十四　孫録三・一一三　攈八・十八　古墨
四・八五　字三・二九　妙十二・三三　彙
十一・九　萃八四・四　金石二跋二・七
鈔五・五三　平六・六　經・九　右四・十
九　攀十二・七又・九　右叢六・三六　全
唐文三六三・二　右録・四　光緒八年交城
縣誌卷二興地

金仙長公主碑
　　開元　行書　徐嶠之撰，玄宗李隆基書
　　11253　清拓　1張
　　著録：藝五・二一　跋六・十九　關
中・三〇　金石二七・三　雍七・一　竹
二・三七　孫録三・一一三　攈八・十八
關攷九・四一　古墨四・八七　來中・十五
字三・三〇　寶叢十・三八　金石二跋二・
八　萃八四・十二　平六・八　瓊五六・三
一　獨殘・十六　彙十二之二・三〇　陝十

二・十六　全唐文二六七・九

佛頂尊勝陀羅尼經幢

開元　正書

14607　清拓　1張

著録：孫録三・一一三

李秀碑殘石

天寶元年(742)正月十□日　行書　李邕撰並書

11258　清拓　2張　附吳涵題記

11259　清拓　2張　金祖同舊藏

11260　清拓　1張　缺一面拓

著録：畿誌一三八・三〇　藝五・二二　孫録三・一一四　攈八・十九　楊圖五・三四　竹二・三七　嵩一上・七　古墨五・八九　畿目上・一　寶叢六・六五　録續六六・六　彙一・一　字四・一　金石二七・四　續二・十二　平六・九　妙八・二二　復二三・六　夢一・二五　瓊五七・一　九乙・四六　虞跋五・八五　蘇・四九　萃八五・一　愛・二六　全唐文二六八・二二　孫承澤春明夢餘録六・七　光緒順天府誌一二八・十五　范大澈碑帖記證四

盧正道神道碑

天寶元年(742)二月八日　行書　李邕撰並書

11261　舊拓　1張

著録：藝五・二二　平六・十　攈八・十九　萃八五・二　嵩一上・七　中記三・五三　金石二跋四・十三　彙九之三・五四　孫録三・一一四　竹二・三七　全唐文二六五・一　寶叢四・九　乾隆四十四年河南府誌一〇八・十六

陳令望造蜜多心經碑並陰

天寶元年(742)四月八日　正書　端方藏石

14591　清拓　5張

著録：藝五・二二　攈八・二〇　畿目上・一　匋二四・一　瓊五七・一　續編八・一　宜四・四　趙録三・十四　平續・十一　集六・十五　寶叢十・二五　畿誌一四一・七　字四・三　光緒順天府誌一二八・十五

告華岳文並額

天寶元年(742)四月十日　正書　韓賞撰，韓擇木書

11262　清拓　1張

著録：集目七・一　字四・二　跋六・二一　闕攷八・三四　續二・十　寶叢十・三八　古墨五・八九　存十五・一　梅跋・十五　平六・十　闕三・十　闕中・三一　萃八五・三

兗公頌並額

天寶元年(742)四月二十三日　正書　張之宏撰，包文該書

11263　清拓　1張

著録：藝五・二二　竹二・三八　攈八・二〇　録續六・六六　山訪六・五　平六・一　孫録三・二四　鑴三・十八　古墨五・八九　彙十之二・六　字四・一　金石二跋二・九　來中・二三　妙九・二三　跋六・二〇　萃八五・四　鈔五・六五　瓊五七・一　宜四・四　阮山十二・三〇　虞跋五・八六

靈巖寺碑

天寶元年(742)十一月十五日　行書　李邕撰並書

10337　舊拓　1册

11264　清拓　1張

11265　清拓　2張

著録：藝五・二二　邕一・十九　寶叢一・三六　阮山十二・三三　彙十之一・二三　山訪一・十九　瓊五七・二　攈八・二〇　楊圖五・三五　攀十二・十一　竹二・三八　全唐文二六三・九

實際寺隆闡法師碑

天寶二年(743)十二月十一日　正書

10344　宋拓　1册　榷場本，"紺、惟"未泐，多67字。翁鼎臣舊藏

10584　明拓　1册　趙宗建、姚子正舊藏

11266　清初拓　1張

11267　清初拓　1張

著録：藝五・二三　孫録三・一一五竹二・三八　關攷一・五八　彙十二之一・六　薤十五・八　鑴四・三　攈八・二〇嵩一下・一　史下・十四　字四・三　來下・十八　録補十四・一三六　妙九・二五雍四・七　關三・十二　金石二跋二・十萃八六・三　古墨五・九一　平六・十一關中・三一　東跋五・十二　瓊五七・五陝十二・二〇　東十・九　全唐文九一六・一

嵩陽觀聖德感應頌

天寶三載(744)二月五日　隸書　李林甫撰，徐浩書

10345　舊拓　1册

11268　清初拓　3張

著録：說嵩十四・十八　藝五・二三孫録三・一一五　竹二・三九　攈八・二一古墨五・九一　跋六・二二　彙九之四・二七　中記三・五四　平六・十二　鈔六・六萃八六・五　金石二跋二・十　存十五・六妙十・二九　金石二七・四　鑴三・二一字四・三　來中・二六　續二・十四　史下・七　梅跋・十五　勞格讀書雜識六・十一

佛頂尊勝陀羅尼經

天寶三載(744)二月十五日　正書

14585　清拓　1張

著録：羅録上・三一　趙録失編・四攈八・二一　彙十二之一・六　陝十二・二一　續編八・三　萃略二・二一

石台孝經

天寶四載(745)九月一日　隸書　玄宗李隆基撰序注並書

11269　清初拓　4張

著録：藝五・二三　關攷一・五八　孫録三・一一五　竹二・三九　彙十三之一・六　關中・三二　攈八・二一　寶叢六・十

四　陝十二・二五　古墨五・九二　關三・十三　存十五・九　雍七・三　鑴二・四平六・十二　隸三・三五　來中・十四　字四・五　妙七・十七　萃八七・一　續鈔二・十二　續二・十二　梅跋・十五

任令則碑

天寶四載(745)十二月二十八日　行書李邕文並書

11270　清初拓　1張

著録：藝五・二三　關攷九・四七　趙録三・十四　攈八・二二　彙十二之二・三三　瓊五七・九　隋上・四三　續編八・三思十六・十八　隅・十　陝十三・一　嵩一上・七　關中・二六　宜四・五　續丁　邕一・十八　唐文拾遺十六・二〇

興聖寺經幢

天寶五載(746)九月十五日　正書

14606　清拓　1張

著録：藝五・二三　隋下・三二　萃六六・二　竹二・三九　攈八・二二　陝十三・一　孫録三・二六　彙十二之一・六關攷三・三二

竇居士神道碑　又名："竇天生碑"

天寶六載(747)二月八日　行書　李邕撰，段清雲書

10346　舊拓　1册

11271　清初拓　2張(並額)

著録：藝五・二四　孫録三・一一六關攷七・三　關中・三二　字四・六　嵩一上・七　攈八・二二　古墨五・九二　跋七・二　關三・十三　瓊五七・二〇　平六・十三　雍七・三　彙十二之一・九四萃八七・五　古銅・十　宜四・五　宣統辛亥涇陽縣誌二金石・二二　全唐文二六五・三

崇仁寺陀羅尼石幢

天寶七載(748)五月十五日　行書　張少悌書

14608　清拓　1張

著録：藝五・二六　攘八・二四　雍七・五　字四・六　孫録三・一一八　妙十・二八　來中・四七　香録補十五・一三八　關三・十四　萃六六・三　曝四九・五　竹二・四〇　平再續・十七　關攷三・六〇　彙十二之一・七　陝十三・五

李峯神道碑

天寶八載(748)十一月二十九日　隷書
郭納撰,顧誡書

11272　清拓　1張

著録：藝五・二七　攘八・二六　彙九之三・五五

中嶽永泰寺碑

天寶十一載(752)閏三月五日　正書
沙門靖彰撰,荀望書

10348　1冊

11274　清拓　1張

著録：説嵩十四・二五　藝五・二八　攘八・二七　孫録三・一二〇　中記三・五六　録補十五・九四　竹二・四一　彙九之四・二七　字四・七　來中・二六　續二・十七　妙九・十三　萃八九・一　鈔六・十二　平六・十六　金石二跋二・十二　瓊五八・六　古墨五・九三　全唐文九一五・二

千福寺多寶塔感應碑

天寶十一載(752)四月二十二日　正書
岑勛撰,顏真卿書

10351　明拓　1冊　18字未泐

10352　明拓　1冊　方琴夫、吳同遠舊藏

11275　清嘉慶拓　1張

著録：關攷一・五八　楊圖五・三七　雪跋四・十一　孫録三・一二〇　甘泉十・三　攘八・二七　竹二・四一　彙十二之一・七　金石二七・六　薤十一・一　妙十一・二七　鐫三・四　庚六・十七　字四・七　來中・二七　續二・十六　關三・十四　雍七・五　跋七・四　關中・三三　平六・十七　古墨五・九四　萃八九・二　張録一・七　藪・二　夢五・二三　宜四・七　陝十三・七　全唐文三七九・一　文苑英華

八五七・七

棲岩寺智通塔銘

天寶十三載(754)六月三日　行書　沙門復珪撰

10395　1冊

著録：名六・七八　右叢七・十四　徵三・二一　右十・十四　瓊五八・二三

慧沼等造橋記

天寶十三載(754)八月　正書　端方藏石

11273　清拓　1張

著録：匋二五・七

東方朔畫贊碑

天寶十三載(754)十二月　正書　晉夏侯湛撰,顏真卿書

10353　宋拓　1冊　張廷濟、龔孝拱舊藏,張廷濟跋

著録：藝五・二九　攘八・三〇　竹二・四二　雪跋四・十二　楊圖六・一藪・十三　隷三・十六　古墨五・九五　録續六・六七　金石七・十一　山訪一・十八集目七・七　集七・二　寶叢六・十六　鐫三・四　孫録三・一二一　庚六・十五　阮山十二・四七　字四・七　來中・二八　續三・七　廣跋五・八七　妙十一・八　萃九十・三　平六・二〇　平三續上・二一　清三・十六　彙十之一・二二　寰記六四・四興二・四　跋七・五　授續四・二　鈔六・十九　廣八・二　梅跋・十六　退四・三二寶類二・四六

鶺鴒頌

天寶　行書　唐明皇撰並書

10510　明拓　1冊

著録：集六・十　寶叢一・二九　來中・十四　金石七・十一　益四・三二

日本佛足跡歌碑

天平勝寶四年(752)　行書

11612　清拓　1張

著録：瓊一三〇・三〇

憫忠寺寶塔頌

　　　　至德二載（757）十一月十五日　行書
張不矜撰，蘇靈芝書
　　　　10355　明拓　1冊　張祖翼舊藏
　　　　著録：藝六・一　畿誌一三八・三三
畿目上・二　孫録三・一二八　金石二跋
三・一　攘八・三二　彙一・三　庚七・五
字四・七　録補十五・一四二　萃九一・三
跋七・六　妙十・十四　古墨五・九五　竹
三・一　梅跋・十七　鈔六・二三　瓶四・
四二　平七・一　宜四・八　授續四・五
香　復二四・十一　曝四九・六　潛目三・
一　全唐文三六三・五　光緒順天府誌一二
八・十七　孫承澤春明夢餘録・六七

金天王神祠題名記

　　　　乾元元年（758）十月十二日　正書　顏
真卿撰並書
　　　　14408　清拓　2張
　　　　著録：寶叢十・四〇　鑴三・七　字
四・九　庚六・十七　來中・二八　平三續
下・一　妙十・十一　關三・十三　萃七
九・一　鈔二・十六　古墨五・九七　關攷
八・三五　雍五・五

縉雲縣城隍廟碑

　　　　乾元二年（759）八月　篆書　李陽冰撰
並書
　　　　10356　1冊
　　　　11276　清拓　1張
　　　　11277　清拓　1張
　　　　著録：竹三・一　孫録四・一二五　楊
圖六・三　攘八・三三　跋七・七　藪・二
六　隸三・十七　古墨五・九七　集目七・
九　平七・一　栝二・七　萃九一・六　宜
四・八　浙二・十四　集七・十四　鈔六・
三三　金石七・十四　寶叢十三・二八　彙
七・五四　鑴四・七　存四・八　興一・十
九　潛目三・一　全唐文四三七・九　唐文
粹七一・四

杜甫書嚴武南山詩摩崖

　　　　乾元二年（759）　行書
　　　　10350　1冊

巴州佛龕記

　　　　乾元三年（760）四月十三日　正書
　　　　11278　清拓　1張　譚延闓舊藏
　　　　著録：藝六・一　攘八・三三　金石
七・十六　苑　瓊五九・六　彙十六之一・
四八　興四・三三　趙録三・十六　唐文拾
遺二二・六

嚴武題龍日寺西龕石壁詩

　　　　約乾元間　正書
　　　　11412　清拓　1張　葉燮生舊藏
　　　　著録：藝六・一

離堆記

　　　　寶應元年（762）四月十五日　正書　顏
真卿撰並書
　　　　11406　清拓　8張
　　　　著録：藝六・一　攘八・三三　金石
七・十六　苑　瓊五九・十　彙十六之一・
四五　興四・三五　趙録三・十六　顏魯公
文集十三・二（四部叢刊本）

日本多賀城定界碑

　　　　天平寶字六年（762）十二月一日　正書
　　　　11613　清拓　1張

空寂寺大福和尚碑

　　　　寶應二年（763）五月九日　行書　陸海
撰，沙門惟崿書
　　　　11279　清拓　1張　陸樹彰舊藏
　　　　著録：關攷六・三九　彙一二之一・九
〇　寶叢八・四〇　陝十五・十一　關中・
三二　攘八・三三　藝六・一　蒿一上・一

臧懷恪碑

　　　　廣德元年（763）十月　正書　顏真卿撰
並書
　　　　11280　乾隆拓　1張
　　　　著録：藝六・一　蒿一上・七　竹三・

二　孫録四・一二六　楊圖六・三　攈八・三四　關攷七・二〇　録續七・七八　關三・十八　關中・三四　古墨五・九八　金石二跋三・二　庚六・十五　集目八・三　跋七・二一　薤十・一　藪・五　天一・九　鐫三・四　字四・十　萃九五・六　瓊六三・二　唐録下・一　陜十四・十　平七・二　雍七・六　廣跋六・九八　妙十一・十一　來中・三一　寶叢十・十七　宜四・九　彙一二之一・九四　顔魯公文集五・三（四部叢刊本）

李光弼神道碑並額

廣德二年（764）十一月二十七日　行書　顔真卿撰，張少悌書

11281　清拓　1張　陸樹彰舊藏

著録：藝六・十　竹三・二　關攷七・二九　雪跋四・十二　面甲・三四　攈八・三四　關三・二一　關中・三六　孫録四・一二六　録續六・六八　金石七・十六　妙十・三〇　寶叢十・十九　鐫三・十二　藪・五　字四・十　雍七・八　萃九二・五　陜十五・十六　平續・十二　瓊五九・十八　天一・九　廣跋五・八八　彙十二之一・一〇六　嘉靖三十六年耀州誌三・二二　又十一・三　顔魯公文集四・十三（四部叢刊本）

白道生碑

永泰元年（765）三月二十四日　正書　于益撰，摯宗書

11282　道光三年題後初拓　1張

著録：藝六・二　竹三・二　關攷二・三　孫録四・一二六　寶叢八・十七　獨殘・七　蒿一上・七　攈八・三四　跋七・十　關三・二二　關中・三六　古墨五・一〇〇　雍八・一　萃九三・三　鈔六・四五　平七・三　瓊五九・二二　彙十二之一・八　全唐文三七一・一　文苑英華九〇八・三　退四・三九　潛目三・一

怡亭銘並序

永泰元年（765）五月十一日　隸書　裴虬撰，李莒書。序李陽冰篆書

11283　清拓　2張（附乾隆題名一）

著録：藝六・二　竹三・二　孫録四・一二七　息一・十　楊圖六・四　攈八・三四　跋七・十一　橋二・十九　湖五・二八　宜四・十　鈔六・四八　平七・三　瓊五九・二二　授續四・九　續編八・七　彙十四・一　集七・十五　古墨五・一〇〇　金石七・十七　存四・十　復二四・六　潛目三・一　全唐文四八二・十二　黃彭年陶樓文抄十・二九　興三・六

承天軍城記

大曆元年（766）　行書　胡伯成撰

11284　清拓　1張（連刻）

著録：藝六・二　孫録四・一二七　畿目上・二　攈八・三五　岷・十九　續編八・八　録補十五・一四五　右四・三〇　妙十・八　右叢七・二八　彙十一・十一

鐵元始贊

大曆元年（766）　正書　胡伯成撰

11284　清拓　1張（連刻）

著録：藝六・二　攈八・三五　右十・十四　右叢七・二六　續編八・八　録補十五・一四五　彙十一・十一

南詔德化碑並陰

贊普鍾十四年（766）春　正書

11400　清拓　7張　附嘉慶三年南昭碑亭記

11401　清拓　1張

11402　清拓　1張　徐乃昌舊藏

著録：授續六・十二　萃一六〇・一　瓊一二九・一　滇・十九　潛目三・十六

嵋臺銘

大曆二年（767）六月十五日　篆書　元結撰，瞿令向書

11285　清拓　2張（附溪園二字）

著録：藝六・二　竹三・三　楊圖六・五　攈八・三五　跋七・十一　孫録四・一二七　集目八・一　金石八・一　瓊六一・一　泉二・十一　平七・四　續三・一　萃九四・一　金石二跋三・三　存四・十五

集七・十三　字六・二六　彙十五・五〇
興二・十八　宜四・十一　潛目三・一　光
緒湖南通誌二六五・藝文二一・金石七

會善寺戒壇勅牒

　　大曆二年(767)十二月一日　正書
　　11288　清拓　1張
　　著録：藝六・三　竹三・三　孫録四・
一二七　攈八・三五　中記三・五七　平
七・四　字四・十一　來中・二六　萃九
四・三　彙九之四・二七　天一・九　全唐
文九一六・十四(止録表文)

唐隝銘

　　大曆三年(768)閏六月九日　篆書　元
結撰,袁滋書
　　11286　清拓　1張
　　著録：藝六・三　孫録四・一二八　攈
八・三六　跋七・十三　平七・六　瓊六
一・四　硯十二・九　字六・二六　泉一・
二二　彙十五・五〇　潛目三・二　禪二
十・十　石韞玉獨學廬三稿四・八　沈濤十
經齋文二集・三四　光緒湖南通誌二六五・
藝文二一・金石七

浯溪銘

　　考爲大曆三年(768)　篆書　元結撰,季
康書
　　10357　舊拓　1册
　　11287　清拓　1張
　　著録：藝六・七　攈八・三六　橋二・
十九　彙十五・五〇　硯十二・八　字六・
二六　平七・六　瓊六一・九　孫録四・一
二八　泉二・二九　光緒湖南通誌二六五・
藝文二一・金石七

大證禪師碑

　　大曆四年(767)三月二十四日　正書
王縉撰,徐浩書
　　10359　舊拓　1册　多25字
　　11289　舊拓　1張(缺額)
　　11290　舊拓　1張(缺額)
　　著録：藝六・三　竹三・四　孫録四・

一二八　攈八・三六　中記三・五七　金石
八・三　古墨五・一〇二　字四・十二　來
中・二七　續三・二　天一・九　授續四・
十一　萃九四・三　彙九之四・二八　潛目
三・二　文苑英華八六二・八

逍遥樓三大字

　　大曆五年(770)正月一日　正書　顏真
卿書
　　14409　清拓　1張
　　著録：藝六・三　攈八・三六　平再
續・十七　彙十六之一・五三　孫録四・一
二八　粵一・五　彙十八・一　萃九五・四
潛目三・二

潤州上元縣福興寺碑

　　庚辰(考爲大曆五年,770)　六月一日
行書　許登撰,張從申書
　　11291　清拓　1張(缺額)　陸樹彰
舊藏
　　著録：江蘇四・二一　藝六・四　攈
八・三六　跋七・十四　續戊　録補十六・
一四八　寶叢十五・十六　平七・七　孫録
四・一二九　瓊六二・二〇　寧二・十二
彙四・二　潛目三・二　全唐文四四一・二

庚賁德政頌

　　大曆五年(770)九月三日　篆書　李陽
冰撰並書
　　11292　清拓　1張　金重刻本,陸樹彰
舊藏
　　11293　清拓　1張(殘)
　　著録：孫録四・一二九　竹三・四　彙
十之二・二二　獨殘・六　平七・八　天
一・九　萃九五・五　存四・十六　跋七・
十四　授續四・十三　潛目三・二　全唐文
四三七・十　王士禎蜀道驛程記

中興頌

　　上元二年八月撰,大曆六年(771)六月刻
正書　元結撰,顏真卿書。在湖南祁陽
　　10361　1册　精拓,附整張縮摹
　　11294　清拓　4張　原石拓

著録：藝六・四　楊圖六・七　孫録四・一三〇　攟八・三七　續三・二　隸三・十七　金石八・五　獨殘・十八　泉二・二五　集七・八　廣八・一　鈔六・四九　來中・三三　鐫三・五　字四・十二妙十一・一　平七・九　萃九六・一　興一・十八　退四・二八　古墨五・一〇二彙十五・五〇　瓶四・二四　天一・九　潛目三・二　唐文粹十九中・一　光緒湖南通誌二六五・藝文二一・金石七

中興頌

10360　資州翻刻本　2册

著録：藝六・四　趙録三・十七　攟八・三七　彙十六之一・二七　興四・十五苑

八關齋會報德記

大曆七年（772）七月　正書　顏真卿撰並書

11296　清乾隆拓　8張

著録：竹三・五　孫録四・一三一　楊圖六・十　攟八・三八　録三・十八　平七・十　古墨五・一〇五　録續七・七三金石八・七　鈔六・五七　萃九八・一　妙十一・四　字四・十三　庚六・十六　鐫三・六　彙九之一・四九　全唐文七五九・四　天一・九　賡跋六・九三　梅跋・十九潛目三・二　顏魯公文集十四・一（四部叢刊本）

宋璟碑並陰額側

大曆七年（772）九月二十五日　正書顏真卿撰並書

11297　道光拓　4張

11298　乾隆拓　3張（缺側一）

著録：畿誌一四七・十五　藝六・五楊圖六・九　孫録四・一三〇　古墨五・一〇三　畿目上・二　蒿一上・八　攟八・三八　跋七・十五　藪・七　録續七・七二集目八・四　金石二八・六　雪跋四・十四瓊六三・十四　平七・九　萃九九・一　金石二跋三・五　妙十一・二三　來中・三四字四・十三　庚六・十六　薤十六・一又六

寶叢六・四〇　彙三之二・六四　復二四・二　賡跋六・九二　天一・九　潛目三・二郭麐唐文粹補遺十二・六（止録碑側）　顏魯公文集四・六（四部叢刊本）

元次山墓碑

大曆七年（772）十一月壬寅（二十六日）正書　顏真卿撰並書

10362　明拓　1册　"經略"等字未損，缺字舊拓補足

著録：集八・三　集目八・十　金石二八・九　寶叢五・三九　續三・三　字四・十三　妙十二・十　中記三・五八　跋七・二〇　授續四・十二　金石二跋三・四　萃九八・四　鈔六・五二　古墨五・一〇五梅跋・二〇　平七・十　瓊六三・十四　孫録四・一三三　雪跋四・十四　藝六・七攟八・三八　楊圖六・十三　蒿一上・八天一・十　竹三・七　彙九之四・八一　郭麐唐文粹補遺十三・六　顏魯公文集五・九（四部叢刊本）

般若臺題記

大曆七年（772）　篆書　李陽冰書

11299　清拓　1張　謝伯癸舊藏

著録：藝六・五　竹三・五　孫録四・一三一　攟八・三八　金石八・六　萃九八・三　寶叢十九・十八　字六・二五　獨殘・八　閩一・十三　退四・一　彙八・一閩略一・一　瓶四・四〇　天一・九　潛目三・二　福建金石誌三・三

黃石公祠記並陰

大曆八年（773）七月十五日　隸書　李卓撰，裴平書

11301　清拓　2張

著録：藝六・五　孫録四・一三一　通一四九・五五　攟八・三八　寶叢二十・四六　跋七・十六　金石八・七　彙十之一・六六　萃九九・一　潛目三・二　授續四・十五　阮山十三・一　平七・十一　梅跋二七　竹三・六　全唐文三七〇・七　全唐文五四九・十二（録陰）

桐君巖唐、宋人題名三種

　　大曆八年（773）八月二十二日　篆書
崔縝等題名

　　大曆八年（773）十月二十四日　正書
程濟等題名

　　皇祐二年(1050)夏　正書　蘇才翁題名

　　14410　清拓　3張

文宣王廟新三門記

　　大曆八年（773）十二月一日　隸書　裴
孝智撰

　　10363　舊拓　1册　鄧秋枚舊藏
　　11302　清拓　1張
　　著録：藝六·五　存十五·二一　竹
三·六　攈八·三九　跋七·十七　阮山十
三·四　古墨五·一〇三　金石八·八　瓊
六三·十五　平七·十一　萃九九·二　妙
十·十一　來中·二二　字四·十四　孫録
四·一三一　寶叢二十·四六　彙十之二·
七　天一·九　潛目三·二　全唐文四五
八·三

薛嵩碑

　　大曆八年（773）十月　隸書　程浩撰，韓
秀實書

　　11295　清拓　1張
　　著録：集目八·五　寶叢十·十　右叢
七·三七

滑臺新驛記

　　大曆九年（774）八月　篆書　李勉詞，李
陽永書

　　11304　明拓　1張
　　著録：衍四·十九　趙録三·十七　金
石二八·七　集目八·五　廣八·二　禪
一·九　集七·十三　寶叢五·十七

王忠嗣碑

　　大曆十年（775）四月三日　行書　元載
撰，王縉書

　　10364　舊拓　1册
　　11305　清拓　1張
　　著録：藝六·六　關攷七·二七　孫録

四·一三二　獨殘·十五　史下·六　嵩一
上·八　攈八·三九　關三·二七　關中·
三八　續三·十八　録續七·七五　雍八·
二　金石八·九　跋七·十八　寶叢十·四
〇　鑴三·十六　古墨五·一〇四　瓊六
三·三三　萃一〇〇·一　來下·二二　字
四·十五　鈔六·六五　彙十二之一·一〇
五　陝十五·二六　平七·十二　妙十二·
二二　金石二跋三·七　賡跋六·九六　潛
目三·三　全唐文三六九·八

鮮于氏里門碑

　　大曆十二年（777）五月十日　隸書　韓
雲卿撰，韓秀實書

　　11307　清拓　1張　陸樹彰舊藏
　　著録：藝六·六　岷·十七　孫録四·
一三二　攈八·四〇　金石八·十　興四·
三五　瓊六四·十三　彙十六之一·四六

平蠻頌

　　大曆十二年（777）五月二十五日　隸書
韓雲卿撰，韓秀實書

　　11308　清拓　1張
　　著録：羅録上·三二　攈八·四〇　録
補十六·一五四　瓊六四·十四　續編八·
十一　寶叢十九·三六　粤一·五　彙十
八·一　全唐文四四一·七　楊翰粤西得碑
記·十一　嘉慶六年廣西通誌二五·金石
一·六

李含光碑殘石　又名"玄靖李先生碑"

　　大曆十二年（777）五月　隸書　顏真卿
撰並書

　　11309　清拓　1張
　　著録：藝六·六　竹三·五　孫録四·
一三二　楊圖六·十二　嵩一上·一　筆·
二六　江蘇四·三七　攈八·四〇　録續
七·七五　集目八·七　古墨五·一〇〇
彙四·七　金石八·十　字四·十五　雪跋
四·十五　賡跋六·九六　寧二·二十五　寶
叢十五·十七　潛目三·二　清二·六〇
藪·十九　平七·十四　梅跋·二〇　萃一
〇〇·七　雍十·十　邑一·二〇　顏魯公
文集九·十一(四部叢刊本)

殷夫人顏氏碑

開元二十六年(738)正月葬,大曆十三年
(778)前立。　　正書　顏真卿撰並書
11313　清拓　4張　刻款後初拓
11317　清拓　4張(並陰側)
著錄:萃一〇一·五　續三·六　中記
二·五〇　跋七·二一　橋二·十九　平
七·十　泉二·二五　古墨四·八三　金石
二跋二·七　續編七·六　瓊六四·十八
愛·二八　獨殘·十七　雪跋四·十六

明覺寺比丘尼刻經記　又名"一切如來心真言並明覺寺持律尼心印記"

大曆十三年(778)正月二十七日　正書
12907　近拓　1張
14601　清拓　1張
著錄:藝六·六　羅錄上·三二　關攷
四·四　寶叢七·三〇　續丁　瓊六四·二
五　硯十二·十一　名六·八二　彙十二補
遺·二　陝一·二九　唐文拾遺六一·八

馬璘新廟碑並額

大曆十四年(779)七月　正書　程浩撰,
顏真卿書
11414　再出土初拓　1張
著錄:藝六·七　集目八·九　金石
八·十二　寶叢十四·十八　彙十二補
遺·二

重修吳季子廟記　又名"改修吳延陵季子廟記"

大曆十四年(779)八月二十七日　正書
蕭定記,張從申書
10365　1冊(另補額)
11310　清拓　2張
著錄:藝六·七　江蘇四·三五　孫錄
四·一三三　楊圖六·十四　古墨五·一〇
五　攎八·四一　寶鐵上·八　續編八·十
二　錄續七·七六　廎跋六·九八　金石
八·十二　寶叢十四·十八　竹三·八　字
六·二六　來下·二六　集八·二　妙九·
四　鈔七·一　寶鴨上·八　菉三·十九
瓊六四·二八　彙四·三四　明寰宇通誌十

六·鎮江府·七　齋·九　唐文粹七一·三
全唐文四三四·二　唐文拾遺二二·二二
(張從申題記)

顏勤禮碑並陰側

大曆十四年(779)　正書　顏真卿撰
並書
11399　近拓　2張
著錄:集目八·十　金石二八·十　寶
叢七·四　集七·八　陝十四·四　周貞亮
顏勤禮碑跋(木齋圖書館季刊一期)

李陽冰書聽松二字

大曆　篆書
11300　清拓　2張　(一2)有嘉熙題名
14412　清拓　1張
著錄:萃九八·四　古墨五·一〇二
清四·三二　江蘇四·二七　孫錄四·一二
八　筆·二五　藝六·三

李陽冰書謙卦

大曆　篆書
11311　清拓　4張
著錄:潛目三·三　萃九八·三　孫錄
四·一二八　徽二·三四　藝六·三　平
七·五　跋七·二二　存四·十七　古墨
五·一〇一

李陽冰書黃帝祠額

大曆　篆書
11312　清拓　2張　伊力勳舊藏
著錄:浙二·十六　萃九八·四　平三
續下·三　梠二·十五　孫錄四·一二八

李陽冰書天清墜寧四大字

大曆　篆書
14411　清拓　2張
著錄:浙二·十七　瓊六四·三〇　藝
六·三

洪經綸題名

建中元年(780)正月　正書
14413　清拓　1張

著錄：求二·二二

舜廟碑

建中元年（780）三月二日　隸書　韓雲卿撰，韓秀弼書

　　11314　清拓　1張
　　11315　清拓　1張
　　著錄：藝六·六　羅錄上·三二　攈八·四一　跋七·二四　續編九·一　瓊六五·一　孫錄四·一三四　平再續·十九　彙十八·一　全唐文四四一·十　楊翰粵西得碑記·九　興三·十七　潛目三·四

顏氏家廟碑　又名"通議大夫行薛王友柱國贈秘書少監國子祭酒太子少保顏惟貞廟碑"

建中元年（780）七月　正書　顏真卿撰並書

　　10366　明拓　1册
　　10367　宋拓　1册　缺上册
　　11316　清拓　4張
　　著錄：藝六·七　竹三·八　雪跋四·十六　孫錄四·一三四　關攷二·十　集八·一　楊圖六·十六　攈八·四一　跋七·十三　關四·一　藪·三　關中·四〇　篆三·十八　古墨五·一〇六　錄續七·七七　集目八·十　寶叢七·五　來中·三七　薶二十·四　庚六·十五　字四·十七　妙十一·二二　雍八·五　金石二跋三·九　萃一〇一·六　平七·十五　彙十二之一·八　陝十四·十二　潛目三·三　賡跋六·九九　梅跋·二一　續三·七　鐫三·五　天一·十　唐文拾遺十九·二四

獨秀山新開石室記

建中元年（780）八月二十八日　正書　鄭叔齊撰

　　11318　清拓　1張
　　著錄：藝六·八　趙錄三·十七　彙十八·一　攈八·四一　瓊六五·五　續編九·一　平再續·二〇　粵一·八　楊翰粵西得碑記·七　嘉慶六年廣西通誌二一五·金石一·十

景教流行中國碑

建中二年（781）正月　正書　釋景净撰，呂秀巖書

　　10368　1册
　　11319　清拓　4張（並額側）
　　著錄：藝六·八　竹三·九　楊圖六·十九　雪跋四·十六　關攷四·四　攈八·四一　跋七·二四　關四·九　關中·十　古墨五·一〇八　錄補十七·一五四　庚七·十一　字四·一　來下·二六　妙九·十四　雍八·八　萃一〇二·一　鈔七·十　平七·十五　瓊六五·七　孫錄四·一三四　彙十二之一·八　唐風·五一　陝十四·二〇　天一·十　潛目三·四　宜四·十六　香　全唐文九一六·十四

雲居上寺吉逾等題詩附范惟清等題名

建中二年（781）八月　正書

　　14561　清拓　1張
　　著錄：錄補十七·一五四　萃一〇五·九　瓊六五·十七

三藏和尚不空碑

建中二年（781）十一月十五日　正書　嚴郢撰，徐浩書

　　10369　明拓　1册　吳雲舊藏
　　10370　舊拓　1册　啟功舊藏
　　11320　清拓　1張
　　著錄：藝六·八　竹三·九　孫錄四·一三四　關攷二·十一　楊圖六·十七　嵩一上·一　攈八·四三　關中·四一　古墨五·一〇八　金石二八·十二　萃一〇二·四　寶叢七·五　平七·十六　關四·九　鈔七·十七　集目八·十　雍八·八　史下·十三　陝十四·十八　字四·二一　來下·二七　續三·七　彙十二之一·八　瓶四·四四　宜四·十六　天一·十　梅跋·二一　潛目三·四　全唐文三七二·十　唐文粹六二·三

疊玉峯摩崖

建中三年（782）　正書
　　14414　清拓　1張

著録：藝六・八　江蘇五・一　彙四補遺・四

張孝子祠殘碑

建中　正書

11321　清拓　1張

吳嶽祠堂記

興元元年（784）十月十一日　行書　于公異撰，冷朝陽書

11322　清拓　1張

著録：藝六・八　竹三・九　字四・二四　攟八・四二　録補十七・一五六　關四・九　雍八・九　授續五・二　萃一〇二・八　鈔七・二〇　古墨五・一〇五　孫録四・一三四　梅跋・二二　陝十四・二二　關中・四一　古銅・六　關攷四・十四　彙十二之二・四六　平七・十六　瓊六五・二五　潛目三・四　全唐文五一三・十三

魏文侯師段干木廟銘

貞元元年（785）八月七日　正書　盧士牟撰，趙肜書

11323　清拓　1張

著録：攟八・四三　跋八・二　平七・十六　右叢八・一　右十・十六　彙十一・四六　孫録四・一三四　潛目三・四

戴叔倫題詩

（卒于貞元五年，789）　正書

14560　清拓　1張

李元諒懋功昭德頌

貞元五年（789）八月十一日　隸書　張濛撰，韓秀弼書

11324　清拓　1張

著録：關攷八・二九　藝六・九　攟八・四四　孫録四・一三五　雍八・九　竹三・十　關四・十一　寶叢十・二一　鐫三・二一　平三續下・三　字四・二四　彙十二之二・十一　來下・二九　萃一〇三・一　史下・十八　録續七・七七　陝十四・二六　古墨六・一一一　瓊六六・九　關

中・四二　鈔七・二八　獨殘・六　潛目三・四　全唐文六一七・五　光緒壬午三續華州誌十二・十

張維岳碑並額

貞元八年（792）三月十日　正書　邵説撰，□膺書

11306　清拓　2張

著録：關攷六・三一　趙録三・十八　彙十二之一・八三　平三續下・四　關中・四二　藝六・九　萃略二・二四　攟八・四五　瓊六六・十七　唐文拾遺二四・五　續丁　陝十六・一

姜嫄公劉新廟碑

貞元九年（793）四月　正書　高郢撰，張誼書

11325　明拓　1張

著録：關攷九・五四　藝六・九　攟八・四五　古墨六・一一一　竹三・十　跋八・二　關四・十三　雍九・一　妙十二・八　獨殘・十　録續七・七八　字四・二五　鐫三・十七　蓮十七・五　萃一〇三・三　孫録四・一三六　古銅・十　寶叢十・四五　賡跋六・一〇〇　彙十二之二・三五　平七・十七　關中・四二　陝十四・二八　金石二跋三・十　天一・十　潛目三・四　全唐文四四九・十五

嵩山會善寺告戒壇記

貞元十一年（795）七月　隸書　陸長源撰，陸郢書

11326　清拓　2張

著録：説嵩十四・二三　藝六・九　攟八・四六　梅跋・八　竹三・十一　鈔七・三五　瓊六六・二七　平七・十八　古墨六・一一二　續三・八　萃一〇三・七　存十五・二七　中記三・六二　字四・二四　彙九之四・二七　金石二跋三・十一　全唐文五一〇・三　孫録四・一三七　來中・二七　潛目三・四

鹽池靈慶公碑

貞元十三年（797）八月二十日　正書
崔敖撰，韋縱書

　　10371　舊拓　1册
　　11327　清拓　1張
　　著録：藝六・十一　攈八・四六　孫録
四・一三七　録續七・七八　賾跋六・一〇
一　跋八・四　寶叢十・四七　授續五・五
瓊六七・一　竹三・十一　平七・十八　右
録・六　右叢八・四　右四・四三　彙十
一・四二　萃一〇三・八　梅跋・二二　全
唐文六一四・九　潛目三・四

濟瀆廟北海壇祭器碑　又名"濟瀆廟北海壇二所新置祭器沈幣雙舫雜物銘"

貞元十三年（797）　隸書　張洗撰

　　11328　清拓　1張
　　著録：藝六・十　面乙・二九　集八・
七　攈八・四六　雪跋四・十七　中記三・
六二　孫録四・一三七　萃一〇三・十　竹
三・十一　平七・十八　字六・二六　集目
八・十三　寶叢五・二五　薤十七・三　妙
十二・二八　朔目八・二　河録十一・十
曝四九・十三　金石二跋三・十一　彙九之
二・五〇　全唐文六三三・十二　乾隆二十
六濟源縣誌十五・藝文・二

鄭叔敖德政碑並額

貞元十四年（798）正月二十五日　行書
陳京撰，鄭雲達書

　　11329　清拓　2張
　　著録：關攷八・二七　藝六・十一　攈
八・四六　竹三・十一　關四・十五　獨
殘・二　求三・五　瓊六七・一　孫録四・
一三七　關中・四四　金石二跋三・十三
萃一〇四・一　平七・十九　古墨六・一一
二　字四・二六　録續九・七九　彙十二之
二・五　妙九・二九　雍九・二　賾跋六・
一〇二　潛目三・四　陝十六・八　全唐文
五一五・二

董晉碑並陰額

貞元十五年（799）二月卒　行書　權德

興撰，王丕書

　　11330　清拓　3張　陶湘、陸樹彰舊藏
　　著録：萃一〇四・二　彙九之四・三
集目八・十四　孫録四・一三八　寶叢四・
十一　攈八・四七　偓上・五五　藝六・十
一　全唐文四九九・一　文苑英華八八
六・七

焦玭碑

貞元十八年（802）七月　行書　（從弟）
郁撰，朱獻能書

　　11404　清拓　1張
　　著録：關攷六・十二　彙十二補遺・四
寶類四・一三四　藝文六・二〇　寶叢八・
四九　藝六・十一　陝十六・九

李廣業碑

貞元二十年（804）十一月十三日　行書
鄭雲達撰並書

　　10372　舊拓　1册　張廷濟舊藏
　　著録：藝六・十二　嵩一上・十八　孫
録四・一三九　古墨六・一一三　關攷七・
二一　竹三・十二　跋八・六　關四・十五
攈八・四九　寶叢十・二二　鐫三・十　字
四・二七　來下・三一　録補十八・一四六
萃一〇四・十　平續・十四　彙十二之一・
九四　雍九・四　關中・四四　瓊六七・二
五　潛目三・五　唐録上・八　陝十六・十
一　全唐文四九七・三

柳宗直等華嚴巖題名

元和元年（806）三月八日　正書　柳宗
直書

　　14415　清拓　1張
　　著録：萃一〇五・一　孫録四・一三九
光緒湖南通誌二六四・藝文二十・金石六

龍泉記

元和三年（808）月在高棗十日　正書
張鑄撰，裴少微書

　　11332（—1）清拓　1張
　　著録：攈八・五一　右叢八・十六　平
七・二二　右十・十六　潛目三・五　跋

八・九　孫録四・一四〇　彙十一・四六

諸葛武侯祠堂碑並側

元和四年(809)二月二十九日　正書
裴度撰,柳公綽書

11333　清拓　2張　謝伯殳舊藏,葉燮
生藏側

著錄：藝六・十三　攇八・五一　孫録
四・一四〇　竹三・十三　錄補十九・一六
九　跋八・十　來下・三三　字四・二八
史下・九　金石二跋三・十四　萃一〇五・
七　鈔七・四二　古墨六・一一五　平七・
二二　平續・十四　瓊六八・十四　彙十六
之一・一　集目九・一(有陰無陽)　興四・
三　天一・十　苑　蕘補遺・六　梅跋・二
三　潛目三・五　文苑英華八七七・一　全
唐文五三八・三　唐文粹五五上・四

周處碑

元和六年(811)十一月十五日重立　行
書　陸機撰,王羲之書(唐人僞託)

11334　清拓　1張(殘)

著錄：藝六・十六　攇八・五二　寶鐵
上・九　寶叢十四・四二　錄補十九・一七
一　彙四・三一　字四・二八　來上・二六
曝四八・三　妙三・七　萃一〇六・二　鈔
二・九　鑴一・十二　孫録四・一四一
筆・五　古墨二・二七　瓊六八・二九　江
蘇五・十四　愛・十九　潛目三・五

辛祕題名

元和十二年(817)閏五月二十九日
正書

14416　清拓　3張

著錄：中記三・六六　續編九・十一
瓊五八・三　藝六・十五

葛州報善寺覺公紀德碑

元和十二年(817)七月七日　正書　宇
文鐵述,(姪)亮書

11335　清拓　1張

柳宗元龍城石刻

元和十二年(817)　行書

14417　清拓　2張

著錄：平七・二三　瓊六九・二四　錄
補十九・一七三　萃一〇七・二　宜四・二
二　粵一・十　清二・五九　藝六・十五
潛目三・五

佛本行集經碑

元和十四年(819)四月八日　行書

14599　清拓　1張

著錄：橋三・一　平七・二三　藝六・
十五

南海神廣利王廟碑

元和十五年(820)十月一日　正書

11336　清拓　1張

著錄：集八・八　集目九・六　寶叢十
九・二四　字四・三一　妙十二・十五　宜
五・一　跋八・十三　粵東二・一　授續
五・十五　平七・二四　續編十・五　瓊七
十・二三　獨殘・十　萃一〇七・四　藝
六・十五　潛目三・五

蕃會盟碑

長慶二年(822)　行書

11338　舊拓　1張

著錄：橋三・一　平八・一　瓊七一・
二　雪跋四・十八　陸・二三　藝六・十六

修浯溪記

寶曆元年(825)五月二十三日　正書
韋詞撰,羅洧書

11339　清拓　1張

著錄：萃一〇八・一　平八・二　泉
三・八　瓊六一・十八　獨殘・十七　藝
六・十七

崔獻直遊石室新記

寶曆元年(825)九月二十日　正書

11340　清拓　1張　陳運彰舊藏

著錄：高要金石略一・七　平再續・
二四

李渤南溪詩

寶曆二年(826)三月七日　隸書

11403　清拓　1張

著錄：粵一・十　瓊七一・十七

普惠寺井欄題記

泰和元年(827)三月吉日　正書

11409　清拓　1張(附清嘉慶二十五年題記)　謝伯殳舊藏

14537　清拓　1張

著錄：匋三一・一

李渤留別南溪詩

大和二年(828)十一月十三日　正書

14565　清拓　1張

著錄：跋八・十八　粵一・十四　平再續・二五　潛目三・六　藝六・十七

皇甫湜浯溪詩刻

大和三年(829)　正書

14563　清拓　1張

著錄：萃一〇七・六　梅跋・二四　泉三・十　平再續・十八　瓊六一・二一　宜五・一　藝六・十八　潛目三・十三

龍泉記

大和六年(832)七月立秋日　正書　鄭澤撰,姚全書

11332(—2)　清拓　1張

著錄：跋八・二〇　平八・四　右叢九・三　孫錄四・一四七　潛目三・六

阿育王寺常住田碑

大和七年(833)十二月一日　行書　萬齊榮撰,范的書

10375　1册

著錄：寶叢十三・二〇　字六・二六　跋八・二二　開・六　曝五十・四　浙一・三三　萃一〇八・八　鈔七・六四　古墨六・一一八　經・十二　平再續・十六　潛目三・七　藝六・十九

修龍宮寺碑

大和九年(835)四月二十五日　正書　李紳撰

10377　舊拓　1册　王瓘舊藏

11342　清拓　1張

11343　清拓　1張

著錄：寶叢十三・九　跋八・二二　浙二・三三　萃一〇八・十二　平三續下・十一　越一・二八　宜五・四　瓊七二・三二　潛目三・七　藝六・十九

馮宿碑

開成二年(837)五月　正書　王起撰,柳公權書

10334　1册(兩種合册)

著錄：古墨六・一二〇　潛目三・七　萃一一三・一　藝六・二〇

開成井欄

開成四年(839)五月十五日　正書

11345　清拓　1張　吳大澂手題

著錄：藝六・二〇

傳鳳尊勝幢題名

開成四年(839)十二月十四日　序行書,經正書。　奚虛己書

14609　清拓　8張

著錄：瓊四七・十七

往生社碑

開成五年(840)五月　正書　沙門處訥撰

11346　清拓　1張

著錄：瓊七三・二一　藝六・二一

玄秘塔碑並陰額

會昌元年(841)十二月二十八日　正書　裴休撰,柳公權書

11347　道光拓　2張

11348　嘉慶拓　2張(缺額)

著錄：薙十四・七　鐫三・二二　庚七・四　字十四・十八　來下・四一　關四・二二　妙十二・十七　跋九・十六　萃

一一三・十四　古墨六・一二一　梅跋・二
五　關中・四八　平八・十　雍十・七　續
三・十　退四・四〇　關攷二・四七　潛目
三・八　藝六・二一

四望山題記

　　會昌四年（844）七月　隸書　元晦撰
　　14418　清拓　1張
　　著錄：瓊七四・二　平八・十一　藝
六・二二

周公祠靈泉記

　　大中二年（848）十一月二十日　正書
崔琪奏
　　11349　清拓　1張
　　著錄：鐫四・五　字五・十九　錄補二
十・一八八　香　妙十二・二五　關四・二
四　雍十・七　跋九・十七　史下・八　平
八・十一　關中・四八　古銅・六　瓊七
四・十三　關攷十・五　潛目三・八　萃一
一三・十七　藝六・二三

劉沔碑

　　大中二年（848）十二月　正書　韋博撰，
柳公權書
　　10334　1冊（兩種合冊）
　　著錄：藝六・二三　瓊七四・十三

元存劭等造陀羅尼經幢

　　大中四年（850）二月十八日　行書
　　14610　清拓　12張

高元裕碑

　　大中六年（854）十一月十日　正書　蕭
鄴撰，柳公權書
　　11350　清乾隆拓　1張
　　著錄：中記三・六九　跋九・二〇　平
八・十二　潛目三・九　宜五・十四　萃一
一四・三　金石二跋四・九　金石三十・五
瓊七五・十　雪跋四・二一　藝六・二四

圭峯定慧禪師碑

　　大中九年（855）十月十三日　正書　裴

休撰並書

　　11351　清拓　1張
　　11352　未斷乾隆拓　2張（並陰）
　　著錄：集九・十一　集目十・八　寶叢
八・三九　鐫四・三　史下・十二　跋九・
二二　庚七・九　字五・十九　來下・四一
續三・十一　妙十二・二三　關四・二五
雍十・八　授續六・三　鈔八・三〇　宜
六・一　獨殘・五　梅跋・二五　潛目三・
九　關攷六・三八　關中・五〇　古墨六・
一二二　萃一一四・六　平八・十三　藝
六・二五

裴休書心經

　　大中九年（855）十月　正書
　　14592　清拓　3張

崔坤造陀羅尼經碑

　　大中十一年（857）六月　小楷
　　14582　清拓　2張
　　著錄：匋三四・九

劉景孚造尊勝幢

　　大中十二年（858）四月十五日　正書
　　14611　清拓　2張　陳運彰舊藏

郎官石柱題名

　　大中十二年（858）十一月十二日　正書
　　11353　清拓　1張
　　著錄：鐫四・十三　字五・十九　萃一
一五・一　錄補二一・一九五　妙十二・三
九　關四・二七　雍十・八　跋九・二三
平八・十五　關中・五〇　關攷二・五二
續跋・七　曝四九・四　潛目三・十　來
下・四一　藝六・二六

陽臺觀唐宋題名

　　大中十四年（860）四月二十八日等
正書
　　14420　清拓　1張

福田寺三門記

　　咸通三年（862）九月十一日　行書　楊

知新述

　　11354　清拓　1 張　陸樹彰舊藏

　　著録：萃一一七・二　平三續下・十七
宜六・二　瓊七六・一

修中嶽廟記

　　咸通六年(865)二月五日　正書　李方
郁撰

　　11355　清拓　1 張

　　著録：瓊七六・十二　續己　藝六・
二七

歸義縣魏惟儼等題名附陰

　　咸通六年(865)　正書

　　14536　清拓　2 張

　　著録：匋三四・十六

後魏昌黎馮王新廟碑

　　咸通八年(867)十一月九日　正書　(十
二代孫)元德述,元錫書

　　11356　清拓　1 張

　　著録：跋九・二四　偃上・六六　萃一
一七・三　潛目三・十　藝六・二八

魏公先廟碑

　　咸通　正書　崔璵撰,柳公權書

　　10392　1 册

　　11357　清雍正十三年拓　1 張

　　著録：授續六・十七　萃一一七・八
古墨六・一二三　平八・十三　關攷二・五
一　關中・四九　隋下・二六　雍九・九
瓊七七・七

謁升仙太子廟詩

　　乾符四年(877)閏二月三日　正書　鄭
畋撰

　　11411　清拓　1 張

　　著録：獨殘・二三　偃上・六九　平
八・十九　藝六・三〇　萃一一七・九　潛
目三・十一　瓊七七・十二　中記三・七二

淨土寺毗沙門天王殘碑

　　中和二年(882)正月十八日　正書　王

礼撰,韋兼書

　　11358　清拓　1 張

　　著録：平三續下・十九　瓊七七・二一
藝六・三一

李克用題名

　　中和五年(885)二月二十一日　正書

　　10391　明拓　1 册　張蔥玉舊藏

　　14419　清拓　1 張

　　著録：字五・二〇　來下・四八　古墨
六・十七　妙十二・三七　跋十・二　宜
六・六　金石三跋一・一　曝五十・五　萃
一一七・十一　潛目三・十一　鈔八・五五
平八・二〇　獨殘・五　録補二二・二〇七

升仙廟興功記

　　乾寧四年(897)正月三日　隸書　李綽
撰,鄭珏書

　　11359　清拓　1 張

　　著録：偃上・六八　藝六・三四

賜錢鏐鐵券

　　乾寧四年(897)八月四日　正書

　　10393　1 册

　　著録：潛目三・十一　萃一一八・三

牟平縣昆崳山無染禪院碑

　　光化四年(901)三月十八日　正書

　　11360　清拓　1 張

王審知造庵池記

　　天祐乙丑(二年,905)　正書

　　10394　舊拓　1 册　楊寶鏞舊藏,楊寶
鏞、黃侃、鄒安、陳運彰跋

　　著録：瓊七七・三二

王審知德政碑

　　天祐三年(906)十二月一日　正書　于
兢撰,王倜書

　　11439　清拓　2 張　兩截拓

　　著録：録補二二・二〇九　跋十・七
閩四・六　平八・二二　退五・五　宜六・
六　瓊七七・三三　萃一一八・五　藝六・

三四

雲峯寺枯木庵木碑
　　天祐三年(906)　正書
　　14562　清拓　1張
　　著録：閩四・十七

神福山寺靈跡記並陰
　　天祐四年(907)五月十四日　正書　王
居仁撰,王崇裕書
　　11416　出土初拓　2張
　　著録：右叢九・四八　藝六・三五

禹穴二字
　　篆書
　　10906　清拓　1張　有石泉縣兩官印,
真本
　　著録：藝六・四二

汝南周府君碑額並題記
　　篆書
　　10913　清拓　2張
　　著録：藝六・四二

北嶽寺殘刻
　　正書　匋齋藏石
　　11418　清拓　1張
　　著録：匋三七・十五

孫大壽殘石
　　篆書
　　11419　清拓　1張
　　著録：瓊七八・七

贊皇公詩刻
　　正書
　　14564　清拓　1張
　　著録：瓊七八・三〇

昭陵石鼓經文
　　正書
　　14583　清拓　1張
　　著録：藝六・四〇

陀羅尼經
　　正書　高岑書
　　14588　清拓　1張　陳運彰舊藏
　　著録：萃六六・四　藝六・四四

妙法蓮花經
　　正書
　　10398　1冊　精拓十張合冊

火井銘
　　篆書
　　11408　清拓　1張　謝伯殳舊藏

慈氏殿殘石
　　正書　光緒十三年洛陽出土
　　11420　清拓　1張　有慰之女史跋,以
爲顏真卿書

唐人書陸機謝靈運泰山吟
　　篆書
　　11422　清拓　1張　1942年金祖同贈

隸殘碑
　　11423　清拓　1張

塦開等字殘石
　　正書
　　11424　清拓　1張　徐乃昌舊藏

高允鎮井碑
　　隸書　傳明萬曆二十三年出土
　　11609　清拓　1張　吳潯源、端方舊
藏,陳運彰等跋

沙彌尼清真塔殘刻
　　正書　沙門季良撰並書
　　14572　清拓　1張

殘塔銘(有懷州刺史等字)
　　正書
　　14573　清拓　1張

女道士李安宮文
　　正書
　　14574　清拓　1 張

涅盤經法書
　　正書
　　14575　清拓　2 册
　　14576　清拓　24 張

涅盤經後分卷
　　正書
　　14577　初拓　1 張

金剛經石刻
　　正書　在敬善寺
　　14580　清拓　1 張

金剛經並心經
　　正書
　　14581　清拓　2 張

陀羅尼經
　　正書
　　14586　清拓　1 張

心經
　　正書
　　14587　清拓　1 張

心經
　　正書
　　14593　清拓　1 張

心經
　　正書　有像
　　14594(一1)　舊拓　1 張
　　14594(一2)　近拓　1 張

心經
　　正書
　　14595　清拓　1 張

"爲緣所生"等字殘經
　　正書
　　14596　清拓　1 張

"福田衆生"等字殘經
　　正書
　　14597　清拓　1 張

"於衣服中得不樂"等字殘經
　　正書
　　14598　清拓　1 張

造阿彌陀經殘字
　　正書
　　14600　清拓　1 張

盂蘭盆經
　　正書
　　14603　清拓　1 張

陀羅尼經幢
　　正書　在嵩嶽寺
　　14612　清拓　8 張

陀羅尼經幢
　　行書
　　14613　清拓　8 張

篆書心經
　　篆書
　　14614　清拓　4 張

五代十國

葛從周碑
　　後梁貞明二年（916）十一月十二日
行書
　　11425　清拓　1 張
　　著録：中記三・七五　跋十・十四　授
續七・二　偃上・七四　平八・二三　萃一

一九・四　潛目三・十四　藝七・一　孫録
五・一七五

龍興寺鄭義尊勝等經幢

後梁貞明三年（917）十一月二十六日
正書

14619　清拓　1張　況周頤、陸增祥
舊藏

著録：瓊七九・二　潛目三・十四　孫
録五・一七六

重修法門寺塔廟記

吳天祐十九年（922）二月二十六日　正
書　薩昌序撰，王仁恭書

11426　清拓　1張

開慈雲嶺記

吳越甲申（寶大元年，924）六月十五日
篆書　吳越國王撰並書

11442　清拓　1張　張彥生舊藏

著録：浙四・三二　孫録五・一八四
平三續・二四　藝七・十一　武七・一　宜
六・九　續編十二・十三

投龍簡文十六品

吳越寶正三年（928）三月二十六日
正書

10405　1冊　銀簡、玉簡、石簡俱全

著録：浙四・三三　橋三・十二　續編
十二・十三　江蘇七・四五　雪跋四・二三

明州舍利塔

吳越寶正四年（929）三月　隸書

11441　清拓　1張（附永興西塔磚刻）
謝伯殳舊藏

金塗塔記十一品集册

吳越

10404　1册　吳雲、徐乃昌、錢培益、趙
時棡舊藏

潁州開元寺鐘銘

後唐長興三年（932）十一月十日　正書

李璨撰

10400　舊拓　1册　何子貞舊藏，葉汝
蘭跋

著録：藝七・二

大安寺鐵香爐欵識

吳大和五年（933）七月十五日　正書

10402　1册

著録：潛目三・十五　藝七・七

開義井碑

閩通文三年（938）三月十八日　正書
僧廷敏書

11440　清拓　1張

著録：藝七・十一

十力士尊經殘石

後晉天福三年（938）　正書

14616　清拓　1張

著録：匋三八・四

觀音殿開路記

後晉天福四年（939）五月二十五日　正
書，楊寶鏞藏石

11428　清拓　1張　鄒安舊藏並跋
11429　清拓　1張

著録：浙四・十

泰寧軍衙前題字

後晉天福四年（939）九月（下泐）　正書

11431　清拓　2張

復溪州銅柱記

後晉天福五年（940）七月十八日鑄，八月
九日鐫，十二月二十五日立。　正書陰文
李宏臯銘

10401　舊拓　1册

著録：藝七・三

奈何將軍廟堂記

後晉天福六年（941）三月　正書　劉元
度撰，史福如書

11432　清拓　1張

著録：阮山十四・七　孫録五・一七九

井闌題字
南唐保大三年（945）□月十五日　行書
11443　清拓　1張
著録：江蘇七・三八　藝七・八

五百羅漢記
南漢乾和四年（946）八□□□□十五日
正書　陳億撰，楊珞書
11445　清拓　2張
著録：藝七・十

壽州開元寺新建金剛經碑並額
南唐保大五年（947）十二月二十八日
行書
11507　清拓　1張　六舟拓
著録：瓊八一・二八　藝七・八

景福寺思道和尚塔銘
後漢乾祐二年（949）正月二日　正書
大德守澄撰，崔虛己書
11433　清拓　2張
著録：藝七・五　萃一二一・一　右叢
十・三〇　孫録五・一八〇

謙公安公構造殘碑記
南唐保大八年（950）六月二十八日　正
書　釋契恩撰並書
11603　清拓　2張
著録：藝七・八　孫録五・一八二

棲霞二徐題名
南唐保大□年八月　正書
10403　舊拓　1册　梁鼎芬舊藏，鄭孝
胥、梁鼎芬跋
著録：江蘇七・四〇

新羅石南山故國師碑銘後記
後周顯德元年（954）七月十五日　正書
釋純白述並書
11608　清拓　1張
著録：藝七・六　經・十五　平續・二

三　海苑三・四一　續編二一・九　趙録
四・八

相州採石記
後周顯德元年（954）十二月　正書
11434　清拓　1張
著録：安陽四・二二

郭進屏盜碑並額
後周顯德二年（955）五月十一日　行書
杜韡撰，孫崇望書
11435　清拓　1張
著録：潛目三・十五　萃一二一・二
授續七・十一　孫録五・一八一　跋十一・
二　字五・二九　藝七・六　中記三・七七
平八・二七

啟母少姨廟碑並額
後周顯德五年（958）七月二十日　正書
許中孚撰，僧惠林書
11436　清拓　1張
著録：平再續・二八　續編十二・九
藝七・六　孫録五・一八二

大岯山寺記並額
後周顯德六年（959）七月末旬　正書
馬去非撰
11437　清拓　1張
著録：中記三・七八　萃一二一・七
平八・二八　潛上・二三　藝七・七　孫録
五・一八一

崇化寺西塔基記
後周顯德五年（958）七月二十八日　正書
11438　清拓　1張　陶浚宣舊藏
著録：跋十一・十二　浙四・三九　平
續・二三　越一・七六　清二・七〇

新開宴石山記
南漢大寶二年（959）九月二十四日　正
書　麥皓書
11444　清拓　1張
著録：粵二・五　南漢一・十八　續編

十二・十二　瓊八十・十九　藝七・十

拓路記

南漢大寶三年(960)十一月　正書

11450　清拓　1張　陳運彰舊藏

著録：跋十一・十四　南漢一・二一
孫録五・一八三

馬二十四娘買地券

南漢大寶五年(962)十月一日　正書
碑文一倒一順

11447　清拓　1張

著録：藝七・十

東鐵塔記

南漢大寶六年(963)五月十七日　正書

11449　清拓　5張

著録：粵東一・五

西鐵塔記

南漢大寶六年(963)　正書

11448　清拓　4張　陳運彰舊藏

南漢都嶠石刻四種

蔡珽慶讚齋記

大寶七年(964)二月二十一日　正書
盧保宗書

游都嶠山七言二首

開寶七年(974)三月五日　正書　張
白撰

區若谷等題名

康定元年(1040)中元節(七月十五日)
正書

曾晉卿等題名

皇祐二年(1050)季春(三月)二十四日
正書

11451　清拓　1張　蔡哲夫舊藏

著録：藝七・十

雷峯塔殘經

正書

14617　近拓　4張　類後初拓

雷峯塔華嚴經殘石

正書

14618　近拓　2張

宋

温室洗浴眾僧經記

建隆二年(961)二月十一日　行書

14662　清拓　1張

著録：瓊八三・一　藝八・一　趙録
四・十一

龍興寺鑄金銅像菩薩碑

乾德元年(963)五月八日　正書　僧惠
演撰

11452　清拓　1張

著録：萃一二三・六　常十二・二七
瓊八三・一　孫録六・一八八　藝八・一

篆書千字文序

乾德五年(967)九月二十八日　正書
陶穀撰，皇甫儼書

11454(―2)　舊拓　1張　殘破

著録：鐫五・五　妙十三・一　關五・
二　萃一二四・三　孫録六・一八八　潛目
四・一　藝八・二

張仲荀抄高僧傳序

乾德　行書　陶穀撰，僧夢英書

11457　清拓　1張　韓應陛舊藏

著録：鐫五・十　妙十三・五　關五・
三　萃一二四・四　孫録六・一八八　藝
八・二

蒼公碑　又名"倉頡廟碑"

開寶八年(975)十二月十日　正書　韓
從訓撰，韓文正書

11453　清拓　1張　陳運彰舊藏

著録：續編十三・七　關五・四　瓊八
四・六　潛目四・一　孫録六・一九〇　藝

八・四

法門寺浴室院靈異記
太平興國三年(978)四月　正書　毛文恪撰

11455　清拓　1張

著錄：關五・四　續編十三・七　瓊八四・二六　張錄三・一　孫錄六・一九一

夫子廟堂記
太平興國七年(982)六月二十五日　正書　程浩撰,僧夢英書

11456　清拓　1張

著錄：鐫五・六　妙十三・四　跋十二・四　孫錄六・一九一　潛目四・二　藝八・五　萃一二五・七

馬隱安等賣地券
太平興國九年(984)正月四日　正書

14661　清拓　1張

廣慈禪院殘碑
雍熙二年(985)三月十八日　正書　陳搏撰,楊從乂書

11502　清拓　1張

著錄：妙十三・一　關五・五　瓊八五・一　孫錄六・一九二　藝八・六　潛目四・二　續編十三・七

新譯三藏聖教序
端拱元年(988)十月七日　隸書　太宗御制,僧雲生書

11458　清拓　1張　斷後精拓

著錄：鐫五・三　跋十二・六　關五・五　萃一二五・十一　藝八・十一　潛目四・二　妙十三・三〇　孫錄六・一九三

重修北嶽安天王廟碑
淳化二年(991)八月九日　行書　王禹偁撰,黃仲英書

11460　清拓　1張

著錄：跋十二・八　授續八・三　橋四・一　續編十三・八　瓊八六・三　求

四・三　潛目四・二　藝八・十四　孫錄六・一九三

盧縣説性亭銘
淳化二年(991)十月二十日　篆書　申革文並書

11459　清拓　1張　陳運彰舊藏

著錄：橋四・二

贈夢瑛詩碑
咸平元年(998)正月三日　正書　陶穀等作,僧正蒙書

11461　清拓　1張

著錄：鐫五・十二　續四・一　關五・六　潛目四・二　孫錄六・一九五　藝八・十七　萃一二六・一

□仲卿祭嶽廟題記
景德二年(1005)□月二十四日　正書

14421　清拓　1張

著錄：關五・九　萃一二六・八　孫錄六・一九七

馮憲等砌街記
大中祥符三年(1010)八月二十七日　正書

11462　清拓　1張

汧陽縣普濟禪院碑
大中祥符三年(1010)十一月九日　行書　閻仲卿撰,僧善儔集王書

11463　清拓　1張

著錄：關五・十一　妙十三・十二　授續八・十二　萃一二九・二　孫錄六・二〇〇　鐫五・九　藝八・二九　潛目四・三

京兆府興平縣保寧寺浴室院建鐘樓碑
天禧二年(1018)六月十八日　行書　冉曾撰並書

11464　清拓　1張

著錄：鐫五・七　關五・十三　張錄一・二五　萃一三〇・六　藝九・二　潛目四・四　孫錄六・二〇四

勃興頌

天禧三年(1019)五月十一日　篆書　虛儀先生撰,唐英書

11465　清拓　1張

著録:存五・三　關五・十三　跋十二・十九　萃一三〇・七　筆・二八　潛目四・四　孫録六・二〇四　藝九・四

摩騰入漢靈異記

天禧五年(1021)正月七日　行書　僧景遵書

11466　清拓　1張

著録:中記四・八五　授續九・二　萃一三〇・八　藝九・五　孫録六・二〇四

絳州重修夫子廟記

(上泐,考爲天聖八年,1030)六月癸未朔二十八日庚戌　行書　李垂撰,集王羲之書

10408　1册　武雲章跋

著録:鐫五・八　史下・十八　妙十三・五　續四・六　萃一三一・八　藝九・十一　右録・十　右叢十二・五一　孫録六・二〇九　潛目四・五

文安公牡丹詩

天聖九年(1031)五月　行書　劉孟堅撰序

10406　舊拓　1張

著録:關五・十六　萃一三一・七　藝九・十一　孫録六・二〇八　潛目四・四

解州鹽池新堰箴

天聖十年(1032)十月五日　行書　集王羲之書

11467　清拓　1張　破損

著録:金石三跋一・十　萃一三一・九　右録・十　右叢十二・五五　孫録六・二〇九　藝九・十一

重修昇仙太子廟碑並額

明道二年(1033)六月一日　正書　謝絳撰,僧智晟書

11468　清拓　2張

著録:中記四・八六　萃一三二・一偓下・七　潛目四・五　藝九・十二　孫録六・二〇九

包拯題名　又名"七星巖周湛等題名"

慶曆二年(1042)三月九日　正書

10415　舊拓　1册　陳運彰舊藏

著録:跋十三・五　高要金石略二・四續編十四・二　潛目四・五　孫録六・二一二

鳳翔府扶風縣夫子廟記

慶曆八年(1048)　正書　程浩撰

11469　清拓　1張

著録:續編十四・十　藝九・四四　趙録四・十五

華岳廟程琳己丑題名

皇祐元年(1049)四月十八日　正書

14423　清拓　1張　金祖同贈

著録:關五・二〇　瓊八七・十九　萃一二八・五　藝九・三六　孫録六・二一六潛目四・五

崇教寺辟支佛塔記

皇祐二年(1050)八月望後三日　正書僧普莊撰,顧清書

11470　清拓　1張

著録:藝十・一　潛目四・六　孫録六・二一七　萃一三四・四

復唯識廡院記

皇祐三年(1051)五月　行書　黄庶撰,□□元書

11471　清拓　1張　況周頤舊藏

著録:鐫五・十二　關五・二一　萃一三四・五　香　潛目四・六　孫録六・二一八　妙十四・一

龍隱巖平蠻三將題名

皇祐五年(1053)四月　正書

11472　清拓　2張

著録：粵二・十五　續編十四・十三
瓊九八・十四　潛目四・七　孫録六・二一
九　藝十・三

嵩臺石室文

皇祐五年(1053)仲夏　正書　陶翼撰

11473　清拓　1張

著録：跋十三・十　續編十四・十四
潛目四・七　藝十・三　孫録六・二一九

趙士宏舒昭敍等題名

皇祐五年(1053)十二月二十二日　正書

14425　清拓　1張

張仲武題石淙詩

皇祐五年(1053)十二月　隸書　附政和
三年(1113)正月唐愨等題名,正書

14424　清拓　1張

歐陽氏世次碑

至和二年(1055)　正書

11474　清拓　1張

會善寺張景儉殘詩刻

嘉祐五年(1060)三月十六日　行書

14626　清拓　1張　陸星農舊藏

著録：瓊九九・二七

題劉仙巖詩

一、李師中　嘉祐五年(1060)五月二十
八日　二、曹輔宋　紹聖三年(1096)三月十
八日　行書

14627　清拓　2張

著録：粵七・十四

萬安橋記

嘉祐五年(1060)秋　蔡襄撰並書

10409　2册

著録：鐫六・一　庚七・十六　妙十
三・二四　授續十・一　經・二一　潛目

四・八　閩七・二　退五・十六　孫録六・
二二三　萃一三四・十二　藝十・九

郭子儀碑記

嘉祐六年(1061)五月二十八日　正書
王彰撰。明隆慶中重刻

11475　清拓　1張

著録：孫録六・二二五　藝十・十三
瓊一〇一・四

周禮二體石經

嘉祐六年(1061)五月　篆書、正書

10416　舊拓　1册　多20餘字,何紹
基、陳運彰舊藏,陳運彰跋

著録：宜六・十二　九乙・四八　寶鴨
下・十　存五・十八　橋四・八　東跋五・
二四　中記四・九〇　瓊一〇一・二二　跋
十三・十五

龍隱巖李師中宋頌

嘉祐七年(1062)　六月一日　正書　李
師中撰,陳淳書

11477　清拓　1張

著録：粵三・五　續編十五・三　瓊九
八・二一　藝十・十五

醉翁亭記

嘉祐七年(1062)十月庚寅(十七日)　篆
書　歐陽修撰,蘇唐卿書

11476　清拓　1張

著録：存五・十四　阮山十六・十五
續編十五・三　續四・五　潛目四・八　橋
四・九　瓊一〇一・二五　藝十・十五　孫
録六・二二六

李師中龍隱巖詩

嘉祐七年(1062)十一月　正書

14628　清拓　1張

著録：跋十三・十二　續編十五・四
粵三・六　瓊九八・二三　孫録六・二二六

石林亭詩

嘉祐七年(1062)十二月十五日　正書

劉敞作蘇軾和，李郤書
　　14620　清拓　1張
　　著録：關五・二三　跋十三・十四　萃
一三五・四　潛目四・九　孫録六・二二六

終南山蘇軾章惇題名

甲辰（治平元年，1064）正月十一日
正書
　　14509　清拓　1張　況維琦舊藏
　　著録：藝十・十七

焦山浮玉巖裴煜題名

治平元年（1064）仲春十八日　隸書
　　14426　清拓　1張
　　著録：江蘇八・十二

余藻（質夫）題名

治平元年（1064）仲冬十八日　正書
　　14478　清拓　1張
　　著録：跋十三・十七　粵三・八　瓊一
〇二・四　孫録六・二二九　潛目四・九

余藻龍隱巖題名

治平元年（1064）仲冬二十七日　行書
　　14479　清拓　1張
　　著録：粵三・八　孫録六・二二九

周惇頤何延世題名

熙寧元年（1068）十二月十六日　正書
清咸豐二年許乃釗重摹
　　14427　清拓　1張

陳襄等石屋洞題名

熙寧六年（1073）二月二十一日　正書
　　14428　清拓　1張
　　著録：浙六・六　孫録七・二三九

程師孟等題名

熙寧七年（1074）上元日　行書
　　14431　清拓　1張
　　著録：瓊一〇二・十六　跋十三・二三
孫録七・二四〇　潛目四・十二　續編十
五・六

許彥先再遊詩

熙寧七年（1074）上巳　正書
　　14432　清拓　1張
　　著録：粵三・十二　瓊一〇二・十六
潛目四・十二

張觀題名

熙寧七年（1074）六月八日　正書　在龍
隱巖
　　14480　清拓　1張
　　著録：粵三・十四

米黻涪溪題名

熙寧八年（1075）十月望　行書
　　14429　清拓　1張
　　著録：萃一三六・三　孫録七・二四三

曾布等九曜石題名

元豐元年（1078）正月晦日　行書
　　14433　清拓　1張
　　著録：跋十四・一　續編十五・六　瓊
一〇二・十七　潛目四・十三

盧侗金山題名

元豐元年（1078）　正書
　　14440　清拓　1張　陳運彰舊藏

李琮等靈隱題名

元豐二年（1079）五月四日　正書
　　14441　清拓　1張
　　著録：武八・十　浙六・十六　孫録
七・二四七

玉華宮蔣之奇詩

元豐三年（1080）正月十七日　正書　全
載書
　　14621　清拓　1張
　　著録：瓊一〇五・七　孫録七・二四七

陳倩等題名

元豐三年（1080）十二月十七日　正書
　　14481　清拓　1張
　　著録：粵四・六　潛目四・十三　孫録

七・二四八　藝十一・三

米芾嶽麓寺碑陰題名等

元豐三年(1080)元日　正書　附紹興八年(1138)三月晦曾思等題名,隸書

14442　清拓　1張　陳運彰舊藏並跋

著録：瓊五四・十四　泉三・三七湘・二二　孫録七・二四八

南山順濟龍王廟記

元豐六年(1083)　行書　黃庭堅撰並書

11478　清拓　1張

著録：孫録七・二五二

孔子手植檜贊

元豐　行書　米芾書

11484　清拓　1張

著録：阮山十七・八　瓊一〇五・十七藝十一・七　潛目五・九　孫録八・二九三續編十七・四

米芾第一山大字

元豐　行書

14510　清拓　1張　陳運彰舊藏

著録：鐫六・三　徽十二・三九　徽十四・二五

李之紀等九曜石題名

元祐三年(1087)三月十六日　正書

14434　清拓　1張

著録：續編十五・七　瓊一〇二・十八

蘇軾觀李昭道畫詩

元祐三年(1088)九月六日　行書

14622　清拓　1張

楊傑等題名

元祐三年(1088)　隸書

14443　清拓　1張

著録：越三・十三　孫録七・二五八

贈李方叔賜馬券

元祐四年(1089)四月十五日　行書　蘇

軾書

10410　舊拓　1册
10411　1册

著録：妙十四・二七　東五・二五　萃一三九・二　潛目五・一　孫録七・二五九清四・四九

蘇軾等大麥嶺題名

元祐五年(1090)三月二日　正書

14508　清拓　1張　陳運彰舊藏,錢罕跋

著録：武五・十四　浙六・三三

蘇軾懷弟子由詩

元祐五年(1090)秋庚午　行書

14649　清拓　1張

著録：妙十四・二六　續編十六・四瓊一〇六・九　孫録七・二六一

秦鳳等金仙巖題名

元祐五年(1090)季冬望日　正書

14444　清拓　1張

過九成宮詩

元祐五年(1090)十二月十五日　正書游師雄撰

14623　清拓　1張　況維琦舊藏

著録：續編十六・四　潛目五・二　孫録七・二六〇

焦山米芾題名

元祐六年(1091)四月　正書

14445　清拓　1張

著録：孫録七・二六二

伯夷叔齊墓碑

元祐六年(1091)六月丙申（八日）　正書黃庭堅撰

11480　清拓　1張

著録：藝十一・十三　萃一四〇・三孫録七・二六二　鐫六・四　右叢十五・三一　妙十四・三一

顏魯公新廟記

元祐七年（1092）四月二十七日　正書
曹輔撰，秦觀書
　　10417　1册
　　著録：跋十四·十三　阮山十七·十六
橋四·十一　瓊一〇七·五　孫録七·二六
三　藝十一·十三

趙瞻碑並額

元祐七年（1092）五月二十五日　正書
范祖禹撰，蔡京書
　　11481　清拓　1張
　　著録：續編十六·六　鐫五·十三　藝
十一·十四　趙録四·二〇

魯公仙跡記　又名"顏魯公碑陰"

元祐七年（1092）　行書　米芾書
　　11479　清拓　1張
　　著録：萃一四〇·四　孫録七·二六四
庚七·十四　妙十四·四〇　藝十一·十三
偃下·三七

劉銅等草堂寺題名

元祐七年（1092）七月至宣和　行書、
正書
　　14446　清拓　1張
　　著録：孫録七·二六四　萃一四〇·一

聖教序碑游師雄題名

元祐九年（1094）中和節後一日　正書
　　14430　清拓　1張
　　著録：關六·十二　萃一三七·五　潛
目五·三　孫録七·二六七

石門賈公直等題名

紹聖二年（1095）中春望　正書　俞次
皋書
　　14448　清拓　1張
　　著録：潛目五·三　孫録七·二六九
萃一四一·二

盧約等題名

紹聖二年（1095）初伏　正書
　　14483　清拓　1張
　　著録：潛目五·三　粵四·九

胡宗回等題名

紹聖二年（1095）季秋甲辰　正書
　　14482　清拓　1張
　　著録：潛目五·四　孫録七·二七〇
粵四·十

呂升卿題試劍石

紹聖二年（1095）　正書
　　14447　清拓　1張
　　著録：潛目五·四　孫録七·二七〇

梁才甫題名

紹聖三年（1096）十二月一日　正書
　　14484　清拓　1張
　　著録：粵四·十二

龍興寺大悲閣記

紹聖四年（1097）二月望日　正書　葛
繁撰
　　11503　清拓　1張
　　著録：常十二·二四　孫録七·二七二
藝十一·十八

王元等琵琶泓題名

紹聖四年（1097）四月四日　正書
　　14449　清拓　1張
　　著録：藝十一·十九　右叢十六·十

觀自在菩薩如意輪陀羅尼經

紹聖四年（1097）五月　正書　蘇軾書
　　14665　清拓　1張
　　著録：徽十五·二三　孫録七·二七三

張壽之題名

元符二年（1099）九月旦日　正書
　　14485　清拓　1張
　　著録：粵四·十三　孫録七·二七五
潛目五·五

許端卿題名

元符三年(1100)五月十九日　正書

14486　清拓　1張

著録：粵四・十三

三洲巖東坡題名

元符三年(1100)九月二十四日　正書

14450　清拓　1張　況維琦舊藏，陳運彰跋

著録：瓊一〇八・七　孫録八・二八二　粵東八・十五　廣東通誌二〇九・金石略十一・十九

魯池黄堅庭西山題記

建中靖國元年(1101)二月辛酉(三十日)行書

14451　清拓　2張　陳運彰題記

著録：藝十一・二二　瓊一〇八・九　邕一・二一　孫録八・二七九

王稚子關馬中行等題名

建中靖國元年(1101)十□月十四日正書

14452　清拓　1張　況維琦舊藏

著録：瓊八七・三〇

譚捄等題名

建中靖國元年(1101)臘月二十日　正書

14524　清拓　1張

著録：孫録八・二八〇　粵五・二　潛目五・七

米程唱和詩

崇寧元年(1102)三月清明　行書　李彦弼書

14654　清拓　1張

著録：粵五・二　續編十七・一

劉晦叔等題名

崇寧元年(1102)季春(三月)十七日正書

14454　清拓　1張

著録：跋十四・二三　萃一四三・一

太上説九幽拔罪心印妙經相

崇寧元年(1102)四月二十五日　正書李宗顏書

14663　清拓　1張

著録：藝十一・二五

李夷行等題名

考爲崇寧元年(1102)孟秋　正書

14453　清拓　1張　戚叔玉題記

著録：徽十二・三七

澹山巖黄庭堅詩刻

考爲崇寧三年(1104)三月　行書

10418　舊拓　1冊　劉喜海舊藏

著録：萃一三五・一　孫録八・二八九潛目五・八

蕪湖縣新學記

考爲崇寧三年(1104)　行書　黄裳撰，米芾書

11482　清拓　1張

著録：鐫六・三　庚七・十四　跋十四・二四　授續十一・七　萃一四三・六徽三・三六　妙十四・四二

元祐黨籍碑

崇寧三年(1104)　正書　蔡京書

11486　清拓　1張　金祖同贈，廣西融縣本

11487　清拓　1張　金祖同贈，廣西融縣本

11488　清拓　1張　廣西臨桂本

著録：曝五十・三　妙十三・十九　跋十五・一　粵五・七　宜六・十三　筆・二九　續跋・三五　潛目五・八　萃一四四・一　孫録八・二九一

王氏雙松堂記

崇寧四年(1105)四月十六日　行書　晁説之撰，晁詠之書

11483　清拓　1 張
　　著録：瓊一一〇・一　藝十一・二九

真宗孔子贊
　　崇寧四年(1105)　篆書　米芾書
　　11485　清拓　1 張
　　著録：吳興・六七　徽三・三八　孫錄
八・二九〇　藝十一・三〇

建安黃公詩
　　崇寧五年(1106)三月晦日　行書　束長
孺書
　　14624　清拓　1 張
　　著録：關六・十七　續編十七・四　瓊
一一〇・十一　藝十一・三〇　孫錄八・二
九〇

王若愚題名
　　崇寧五年(1106)八月十九日　正書
　　14487　清拓　1 張
　　著録：粵五・十五

張大亨米芾題名
　　崇寧五年(1106)　行書
　　14455　清拓　1 張
　　著録：萃一四六・一　徽十二・三八
孫錄八・二九一　潛目五・八

李粹老等題名
　　大觀元年(1107)二月　行書
　　14456　清拓　1 張
　　著録：徽十二・三九　潛目五・九　孫
錄八・二九二

湖州林虡石刻
　　大觀元年(1107)十二月望　正書　石佚
　　14625　清拓　1 張
　　著録：藝十一・三一

僧仁欽篆書心經
　　大觀三年(1109)正月　篆書
　　11490　清拓　1 張
　　著録：瓊一〇一・二〇　藝十一・三二

韓公輔題名
　　大觀四年(1110)十一月二十五日　行書
胥士穎書
　　14488　清拓　1 張
　　著録：粵六・三　潛目五・十　孫錄
八・二九七

崇福官張杲題名
　　大觀四年(1110)十二月一日　行書
　　14457　清拓　1 張
　　著録：授續十一・九　孫錄八・二九七
藝十一・三二　瓊一一〇・二一　續編十
七・六

陳仲宜題名
　　政和元年(1111)九月十三日　正書
　　14489　清拓　1 張
　　著録：粵六・三　續編十七・一　孫錄
八・二九九　潛目五・十

王先之題名
　　政和壬辰(二年,1112)季秋丙子日(九月
二十二日)　正書
　　14490　清拓　1 張
　　著錄：粵六・五　孫錄八・三〇一　潛
目五・十

謝勳題名
　　政和三年(1113)二月二十四日　正書
　　14525　清拓　1 張
　　著録：粵六・五　孫錄八・三〇二　潛
目五・十一　藝十一・三四

趙士□等題名
　　政和三年(1113)閏四月七日　正書
　　14458　清拓　1 張

王鞏碑並陰
　　重和元年(1118)十二月朔日　篆書、正
書　王壽卿書
　　11489　清拓　2 張

劉鎡題名

宣和己亥(元年,1119)仲秋(八月)二十三日　行書

14491　清拓　1張

著録：粵六・十四　潛目五・十二　孫録八・三一二

寶安寺尊勝幢

宣和三年(1121)　正書

14664　清拓　1張

著録：瓊八二・三八　孫録八・三一五

呂謂記養氣湯方

宣和四年(1122)上巳(三月三日)　正書

14629　清拓　1張

著録：粵六・十四

面壁之塔

宣和四年(1122)八月　正書　蔡京書

11491　清拓　1張　陸增祥、況維琦舊藏

著録：孫録八・三一六

朱濟道呈妙空禪師詩

宣和五年(1123)二月九日　篆書

11492　清拓　1張

著録：阮山十八・二五　潛目五・十三　孫録八・三一七　藝十一・四一　萃一四七・六

蔡憚題名

宣和六年(1124)八月八日．正書

14526　清拓　1張

著録：粵六・十五　潛目五・十三　藝十一・四四　孫録八・三一九

董夏篆陰符經

宣和六年(1124)九月十一日　篆書

11493　清拓　1張

黃仲堪浯溪題名

靖康元年(1126)十月二十九日　正書

14459　清拓　1張

著録：泉四・九　瓊九一・七　孫録八・三二一

太宗戒石銘

紹興二年(1132)七月癸酉(十五日)　正書　黃庭堅書

11494　清拓　1張

著録：續編十七・十　藝十二・二

孫覿題名

紹興四年(1134)十月十七日　正書

14492　清拓　1張

著録：粵七・四　續編十七・十　瓊一一〇・三〇　潛目六・一　孫録九・三三七

張彥叔等題名

紹興十七年(1147)八月十四日　正書

14460　清拓　1張

著録：瓊一一三・五　藝十二・四

張淵道題名

紹興十八年(1148)六月丁酉(十一日)正書

14493　清拓　1張

著録：粵七・八

張平叔真人歌

紹興十八年(1148)除日　正書

14630　清拓　1張

著録：孫録九・三四〇

路質夫方務德題名

紹興十九年(1149)二月十四日　正書

14494　清拓　1張

著録：粵七・十二

棲霞子銘

紹興十九年(1149)　正書　在臨桂劉仙巖

14631　清拓　1張

著録：粵七・十四

呂少衛等九曜石題名

紹興二十二年（1152）二月二十二日
正書

14435　清拓　1張

著録：續編十五・八　瓊一〇二・二〇
孫録九・三四二

佘先生論金液還丹歌訣

紹興二十二年（1152）重午（五月五日）
行書　覺真道人書

14655　清拓　1張

著録：藝十二・六

趙夔詩

紹興二十二年（1152）六月　行書

14656　清拓　1張

著録：粵七・十九

跋唐少卿遇仙記二段

紹興二十二年（1152）七月十日　正書
趙夔書

14495　清拓　1張

著録：瓊一〇七・二二

隱山呂願忠北牖洞詩

紹興二十四年（1154）季春（三月）十三日
正書

14632　清拓　1張

著録：粵八・四　瓊一〇二・五

龍泉集福禪院鐘銘

紹興乙亥（二十五年，1155）十月三十日
正書

10407　舊拓　1冊

焦山陸放翁題名

隆興二年（1164）閏十一月二十九日
正書

14461　清拓　1張

著録：鐵下・五　瓊一〇七・三　孫録
九・三四五

焦山陸務觀等題名

乾道元年（1165）七月四日　行書

14462　清拓　1張

著録：孫録九・三四五　藝十二・九

張維題名

乾道元年（1165）九月二十二日　行書

14527　清拓　1張

著録：粵八・十三

劉真人贊

乾道元年（1165）十月朔　行書

14633　清拓　1張

著録：妙十三・三二

孫師聖題名

乾道三年（1167）六月上休　隸書

14528　清拓　1張

著録：粵八・十七

定林題名

乾道三年（1167）八月十日　正書　徐乃
昌訪得

14463　清拓　1張　徐乃昌舊藏

李景亨題名

淳熙三年（1176）立夏日　行書

14496　清拓　1張

著録：粵九・四　瓊一〇七・十八

詹儀之題名

淳熙五年（1178）春分日　正書　在疊
采山

14498　清拓　1張

著録：粵九・七　續編十七・十一　瓊
一一二・二四　潛目六・五　孫録九・三
四九

廖重能題名

淳熙五年（1178）六月　行書　在隱山

14497　清拓　1張

著録：粵九・八　孫録九・三五〇

詹體仁題名

淳熙五年(1178)閏六月下澣　正書　在隱山

14499　清拓　1張

著録：粤九・九　瓊一〇二・六

梁安世詞

淳熙七年(1180)重九日　草書　在棲霞洞

14657　清拓　1張

著録：粤九・十一

史彌大等題名

淳熙八年(1181)季秋(九月)二十六日隸書

14464　清拓　2張

著録：跋十六・十　徽十三・十　潛目六・五　孫録九・三五一

洙泗時佐季雄等題名

淳熙八年(1181)季冬(十二月)六日隸書

14465　清拓　1張

著録：徽十三・十一

劉愈題名

淳熙十四年(1187)孟冬(十月)初澣正書

14500　清拓　1張

著録：粤九・十八

鄒非熊等九曜石題名

淳熙十五年(1188)十月丁卯(五日)隸書

14436　清拓　2張

著録：續編十五・八　瓊一〇二・二〇潛目六・五　孫録九・三五三

朱熹書溪山第一

淳熙　行書

14511　清拓　1張

著録：閩十二・三

梅公瘴説

紹熙元年(1190)中秋日　隸書　梅摯撰，朱晞顔跋，石俛書

14634　清拓　1張

著録：藝十二・十七　粤十・一　潛目六・六

袁説友等題名

紹熙二年(1191)九月二十五日　隸書

14466　清拓　1張

著録：徽十三・十八　孫録九・三五五潛目六・六

白梅倡和詩

紹熙五年(1194)長至後五日　行書　劉褒書，在龍隱巖

14635　清拓　1張

著録：粤十・四

朱希顔刻石曼卿書

慶元元年(1195)正月吉日　行楷

14636　清拓　1張

著録：粤十・五

洪内相高州石屏記

慶元元年(1195)十月既望(十六日)　行書　朱晞顔跋

14637　清拓　1張

著録：粤十・七　瓊九八・二八　藝十二・十八　趙録四・三三

張釜九曜石題記

慶元元年(1195)季冬(十二月)十三日隸書

14467　清拓　1張

著録：續編十五・八　瓊一〇二・二〇孫録九・三五七

張釜遊山七詠

慶元二年(1196)正月既望(十七日)　行書　在龍隱巖，滑懋跋

14638　清拓　1張

著録：孫録九・三五八　潛目六・七

石門玉盆閭邱資深等題名

慶元二年(1196)二月壬申(二十二日)隸書

14468　清拓　1張

著錄：萃一四三‧二　瓊一一〇‧四　潛目六‧七　孫錄九‧三五七

石門趙公茂題名

慶元二年(1196)暮春(三月)止餘三日　正書

14469　清拓　1張

著錄：萃一四一‧二　瓊一一〇‧五　潛目六‧七　孫錄九‧三五八

蘇唐卿竹鶴二篆字

慶元二年(1196)孟夏　篆書

14471　清拓　2張

著錄：跋十六‧十六　江蘇十三‧三一　藝十二‧十九　潛目六‧七　孫錄九‧三五八

張釜等題名

慶元二年(1196)季冬　隸書

14470　清拓　1張

著錄：跋十六‧十六　徽十三‧二二　潛目六‧七　孫錄九‧三五八

杜思恭刻陸遊手跡

慶元三年(1197)四月既望(十六日)行書

14639　清拓　2張

著錄：藝十二‧十九

石門范鼎題名

慶元三年(1197)重陽後一日(九月十日)正書

14472　清拓　1張

著錄：萃一四一‧二　潛目六‧七　孫錄九‧三五九

張埏詩又(龍隱洞龍隱巖)

慶元四年(1198)季春上澣　正書

14640　清拓　1張

著錄：粵十‧十四　潛目六‧七　孫錄九‧三五九

太平興國禪院鐘銘

慶元五年(1199)正月　隸書　馬景修撰

10399　1冊

著錄：藝十二‧二〇

太守安丙石門玉盆題名

嘉定二年(1209)閏月　正書

14473　清拓　1張

著錄：續編十九‧五　瓊一一〇‧六　潛目六‧八　孫錄九‧三六七

齊碔等題名

嘉定二年(1209)四月七日　行書

14474　清拓　1張

著錄：徽十三‧三二　潛目六‧八　孫錄九‧三六七

石門安丙詩

附嘉定二年(1209)　正書

14658　清拓　1張

著錄：瓊一一〇‧六

平亭詩

嘉定三年(1210)霜降節　正書　在龍隱巖

14641　清拓　1張

著錄：粵十一‧五　潛目六‧八　孫錄九‧三六七

管湛題名

嘉定五年(1212)六月下澣　正書

14501　清拓　1張

14531　清拓　1張

著錄：粵十一‧八

管定夫題名

嘉定六年(1213)上春(一月)下澣　正書

在棲霞洞

14529　清拓　1張

著録：粵十一・九

崔正子題名

嘉定六年(1213)二月旦日　正書　在白龍洞

14530　清拓　1張

著録：粵十一・九

方信孺刻陸遊書"詩境"二字

嘉定七年(1214)正月望　正書

14642　清拓　1張

著録：藝十二・二三　粵十一・十四

方信孺龍隱巖詩

嘉定七年(1214)四月朔　正書

14643　清拓　1張

著録：粵十一・十四　續編十七・二瓊九八・三七

張自明詩

嘉定七年(1214)夏五　行書

14644　清拓　1張

著録：粵十一・十五

陳孔碩卦德亭銘

嘉定七年(1214)九月　篆書

14645　清拓　1張

著録：粵十一・十八

方信孺龍隱巖三詩

嘉定九年(1216)秋　草書

14642　清拓　1張

著録：瓊九八・三八　粵十一・二三續編十七・二

羅池廟迎送神辭碑

嘉定十年(1217)春　正書　□良跋,唐□玉書

11498　清拓　2張

著録：藝十二・二三

鄒應龍等題名

嘉定十年(1217)七月　正書

14502　清拓　1張

著録：跋十六・二一　粵十一・二五孫録九・三六九　潛目六・九

蘇軾南海浴日亭詩

嘉定十四年(1221)立夏　正書

11499　清拓　1張

著録：粵東二・十三　續編十九・六瓊一一八・二五

葉任道等題名

嘉定十五年(1222)夏五　正書

14532　清拓　1張

著録：粵十一・二六

方信孺再游龍隱巖追和陶商翁韻詩

嘉定　行草

14646　清拓　1張

著録：粵十一・二〇

石門趙彦吶題名

寶慶二年(1212)前熟食五日　正書

14475　清拓　1張

著録：潛目六・十　孫録九・三七二萃一四一・三

趙子肅邵伯高題名

端平三年(1236)歲除前八日　篆書

14533　清拓　1張

著録：粵十二・九

韓琦書杜詩畫鶻行

嘉熙二年(1238)臘月十五日　正書

11500　清拓　1張

著録：藝十二・二八　孫録九・三七七粵十二・十二

陳疇九曜石題記

嘉熙三年(1239)元巳　隸書

14437　清拓　1張

著録：續編十五・八　瓊一〇二・二一

潛目六・十一　孫録九・三七七

黄樸九曜石題記

嘉熙四年(1240)孟秋(七月)　正書
14438　清拓　1張
著録：跋十七・四　續編十五・八　瓊
一〇二・二二　潛目六・十一　孫録九・三
七八

法基井闌題字

嘉熙四年(1240)冬至節　正書
14476　清拓　1張
著録：瓊一一九・十九　硯十七・十
江蘇十七・六

謝逵題名

淳祐元年(1241)六月二十一日　正書
14503　清拓　1張
著録：粤十二・十四

趙希墍定林題名

淳祐九年(1249)春　正書
14477　清拓　1張　徐乃昌舊藏

曾原一等隱山題詞

淳祐十二年(1252)上巳(三月三日)
正書
14647　清拓　1張
著録：粤十二・二六　瓊一〇二・九

朱填題名

寶祐六年(1258)　行書
14504　清拓　1張
著録：粤十三・二

逸老堂記

開慶元年(1259)七月　正書　吳潛撰，
張即之書
11501　清拓　1張
著録：潛目六・十三　孫録九・三八五
藝十二・三二

任忠益題名

景定初　正書
14505　清拓　1張
著録：粤十三・十　續編十九・十

朱禩孫題名

咸淳元年(1265)春　正書
14506　清拓　1張
著録：粤十三・十　潛目六・十四　孫
録九・三八七

□□題名殘石

(上泐)年九月二十(下泐)　行書
14516　清拓　1張

李釜魏拱之等題名

隸書
14513　清拓　1張
著録：潛目六・十六

宋之源李師章等題名

正書
14514　清拓　1張
著録：萃一四一・三　潛目六・十五

禹陵窆石趙與陞等題名

隸書
14515　清拓　1張
著録：孫録九・三九〇　越六・三九
潛目六・十六

歐陽修聞喜亭詩

行書
14648　清拓　1張
著録：湖九・十七

趙毓芝等九曜石題名

正書
14439　清拓　1張

蘇軾等訪象老題名

正書
14507　清拓　1張

翁忱龍虎軒題名
　　正書
　　14512　清拓　1張

攷盤澗三字
　　篆書　在曲阜東門外橋底石柱
　　14517　初拓　1張

丹霞壁三字
　　正書
　　14518　清拓　1張

絕塵龕三字
　　行書　在四川萬縣西山太白崖
　　14519　清拓　3張

金沙泉三字
　　正書
　　14520　清拓　1張

象山樹三字
　　正書
　　14535　清拓　1張

青州龍興寺陀羅尼經殘石
　　正書
　　14584　清拓　1張

李士久靈巖寺詩
　　行書
　　14650　清拓　1張

華陽洞詩
　　正書
　　14651　清拓　1張

遼

藏掩感應舍利記
　　太康六年(1080)四月二十八日　正書

山陰周氏藏石
　　11504　清拓　1張　吳興況氏舊藏
　　著録：瓊一二二・七

建舍利塔記
　　壽昌二年(1096)三月望日　正書
　　11505　清拓　1張　況周頤舊藏

王師放買地記
　　壽昌二年(1096)七月二十二日　正書
　　11506　清拓　1張

郭仁孝建頂幢
　　天慶十年(1120)十月二十七日　正書
　　14673　清拓　1張
　　著録：藝十三・十三

西夏

感通寺碑
　　天祐民安五年(1094)正月十五日　正書、西夏文
　　11604　清拓　2張
　　著録：藝十一・四八　續編二十・一趙録五・二　瓊一二二・十四

金

真山題晉源之柏第一章
　　考爲天會十二年(1134)　行書　陝西乾陵摩崖
　　14521　清拓　1張　趙友琴贈

重修唐太宗廟碑
　　天眷元年(1138)三月十五日　正書
　　11508　清拓　1張
　　著録：孫録十・四〇五

□□壽造真言幢記
　　天眷二年(1139)四月二十一日　正書
　　14674　清拓　1張
　　著録：匋四一・九

集柳書沂州普照寺碑
　　皇統四年(1144)十月二十日　正書　仲
汝尚撰
　　10423　舊拓　1册　"斷碑於土"未壞
　　著録：鐫六・六　庚七・十九　藝十
四・三　跋十八・三　萃一五四・一　潛目
七・一　孫録十・四〇六　阮山十九・五
授續十二・五

古柏行
　　正隆五年(1160)九月三日　草書　任君
謀書
　　10425　明拓　1册　楊沐霖舊藏
　　11522　清拓　2張
　　著録：妙十五・一　瓊一二四・六　石
泉・十五

敕廣濟寺牒
　　大定三年(1163)十一月　正書,批答
行書
　　11510　清拓　1張
　　著録：藝十四・九　瓊一二四・十　趙
録五・三

修昭化院記
　　大定五年(1165)六月　行書
　　11509　清拓　1張
　　著録：續編二十・四

通妙大師塔碑
　　大定五年(1165)三月望日　正書　蔡珪
撰,高衍書
　　11511　清拓　1張
　　著録：藝十四・十

牛承直石窟寺題詩
　　大定十九年(1179)十二月二十日　正書
　　14668　清拓　1張

博州重修廟學記並陰
　　大定二十一年(1181)六月晦日　行書
王去非撰,王庭筠書
　　10424　1册
　　著録：鐫六・七　庚七・十九　妙十
五・五　藝十四・十八　潛目七・三　跋十
八・六　萃一五五・六　阮山十九・三二
孫録十・四一七

艾宏建頂幢
　　大定二十四年(1184)二月　正書
　　14675　清拓　1張
　　著録：藝十四・十九　匋四二・五

華州城隍新廟記
　　大定二十四年(1184)十月一日　正書
張建撰,蔚文書
　　11513　清拓　1張
　　著録：潛目七・三　藝十四・二〇　妙
十五・四　萃一五六・二　關七・四　孫録
十・四一九

檀特山建釋迦殿記並額
　　大定二十七年(1187)十二月望日　正書
黨懷英撰,高尚謙書
　　11512　清拓　1張
　　著録：藝十四・二二　瓊一二五・十八

皇伯漢王爲世宗皇帝造佛經
　　大定末至明昌二年(1191)四月間　正書
　　14672　清拓　1張
　　著録：匋四二・九

趙氏買地券
　　明昌二年(1191)七月十五日　正書
　　14671　清拓　1張

戒壇院齋僧功德銘
　　明昌六年(1195)　正書
　　11514　清拓　1張
　　著録：藝十四・二八

懷州靜應廟額牒

承安四年(1199)五月晦日　正書

11515　清拓　1張　方彥聞拓，況周頤、陸增祥舊藏

著録：瓊一二七·四　中記五·一〇六

開化寺釋迦如來三身銘

承安五年(1200)七月十五日　正書　僧雲湛撰，王瓘書

11516　清拓　1張

著録：孫録十·四二八　藝十四·三一　常十五·三　瓊一二七·十四

長春子谷山詩刻

泰和七年(1207)八月　正書

14669　清拓　1張

著録：阮山二十·三八　孫録十·四三一

湧雲樓記

大安二年(1210)重陽日　正書　趙秉文撰，在山西平定

11517　清拓　1張

著録：藝十四·三四　右叢二三·三五

開化寺羅漢院重修前殿記

大安三年(1211)重陽日　正書　劉夔撰，僧崇寧書

11518　清拓　1張

著録：藝十四·三四　常十五·十四

重修仙鶴觀記並額

大安歲在協洽(三年辛未，1211)冬十一月哉生魄(十六日)　正書　武揚撰並書

11519　清拓　1張

著録：孫録十·四三三　藝十四·三四　偃下·四三

重興文憲王碑

興定五年(1221)正月一日　正書　游淑撰，商術書

11520　清拓　1張

著録：孫録十·四三五

風流子詞

正大三年(1226)重九日　正書　僕散汝弼撰

14670　清拓　1張

著録：關七·九　萃一五八·十三　孫録十·四三七

劉章墓碣

正書

11521　清拓　1張　劉喜海、劉世衍舊藏

著録：趙録五·七

僞齊

禹跡圖

阜昌七年(1136)四月　正書

14652　清拓　1張

著録：孫録十·四三九　潛目六·十七　藝十四·三七

華夷圖

阜昌七年(1136)十月　正書

14653　清拓　1張

著録：孫録十·四四〇　潛目六·十七　藝十四·三七

元

王貞婦祠記

至元十三年(1276)　篆書　李孝光記，泰不華書

11523　清拓　1張

著録：孫録十二·五八一

樓觀重修説經臺記

至元二十一年(1284)陽復日　行書　李

道謙撰，李誌宗書

    11524   清拓 2張

    著錄：孫錄十一・四六一 潛目七・八

藝十五・十九 鐫六・十五 妙十五・十三

關八・七 跋十八・二三 金石萃編未刻稿

一・五五

利津縣新修廟學記並額

    至元三十年(1293)八月 篆書 李師聖

撰，趙孟頫書

    11527   清拓 1張

    著錄：孫錄十一・四七一 阮山二

二・一

修白馬寺記

    至元三十年(1293)九月 正書 商挺撰

    11526   清拓 1張

    著錄：孫錄十一・四七一 藝十五・

二四

李白酒樓記

    至元三十年(1293) 篆書 沈光撰，楊

桓書

    11528   清拓 4張

    著錄：孫錄十一・四七二 阮山二二・

二 存五・二二

居竹記

    大德二年(1298)二月八日 行書 方回

記，趙孟頫書

    10428   1册

    11529   清拓 1張

    著錄：孫錄十一・四七九 潛目七・十

藝十五・二九 妙十六・六 跋十八・二九

江蘇十九・十一

紹興路增置義田記

    大德八年(1304)四月 行書 曾鋼撰，

趙孟頫書

    11531   清拓 1張

    著錄：浙十四・四三 越七・四八 孫

錄十一・四八五

唐故蟬蛻劉真人傳並額

    大德十年(1306)七月二日 隸書 賈善

翔編，秦誌安續詩

    11532   清拓 1張

    著錄：孫錄十一・四八八 藝十五・

三六

臨濟正傳隆禪師碑

    至大三年(1310)正月既望 正書 徐林

撰，趙孟頫書

    10427   舊拓 1册 費屺懷舊藏

佑聖觀重建玄武殿碑

    考爲至大二三年間(1309～1310) 行書

元明善撰，趙孟頫書

    10429   舊拓 1册

    11530   清拓 1張

    著錄：潛目七・十一 孫錄十一・四

九五

重建南鎮廟碑

    皇慶元年(1312)六月三日 正書 鄧文

原撰並書

    11533   清拓 1張

    著錄：藝十六・四 孫錄十一・四九八

浙十五・五 越八・六

長興州修建東嶽行宮記

    延祐元年(1314)四月十二日 正書 孟

淳撰，趙孟頫書

    11534   清拓 1張

    著錄：潛目八・一 孫錄十一・五〇二

妙十六・七 跋十九・四 吳興十三・十五

浙十五・九

張成墓碑

    延祐二年(1315)三月 正書 元明善

撰，趙孟頫書

    11535   清拓 1張

    著錄：孫錄十一・五〇三 藝十六・七

妙十六・十一 跋十九・六 阮山二三・二

授續十四・九 潛目八・一

高翽書古老子

　　乙卯(考爲延祐二年,1315)十月　篆書

　　11525　清拓　3張

李彬墓碑

　　延祐五年(1318)四月　正書　元明善撰,趙孟頫書

　　11537　清拓　1張

　　著録：藝十六・十一　孫録十一・五〇九　中記五・一二一　萃補三・二四

崇禧萬壽宮詔並道士陳誌新謝表

　　延祐七年(1320)二月　詔行書,表正書

　　11538　清拓　1張

　　著録：藝十六・十三　江蘇二一・七

處州萬象山崇福寺碑

　　延祐七年(1320)三月望日　行書　沙門明本撰,趙孟頫書

　　11536　清拓　1張

　　著録：妙十六・七　跋十九・十五　浙十五・二九　栝十・十三　孫録十一・五一二　藝十六・十三

建康路三茅山崇禧萬壽宮記

　　至治元年(1321)正月十五日　行書　王去疾文,趙孟頫書

　　11539　清拓　1張

　　著録：江寧六・八　江蘇二一・九　藝十六・十五

大瀛海道院記並額

　　至治二年(1322)二月十九日　行書　吳澂撰,趙孟頫書

　　11540　清拓　1張

　　著録：潛目八・三　藝十六・十六　孫録十二・五一六

重修天王寺碑並額

　　泰定二年(1325)十月　隸書　胡炳文撰,尹程恭書

　　11541　清拓　1張

　　著録：鐵下・十九　江蘇二一・二八

藝十六・二一

田彬劉造牛王德勝將軍行宮廟記

　　致和元年(1328)九月　正書

　　11542　清拓　1張

　　著録：匋四三・六　藝十六・二三

韓山書院記並額

　　至順三年(1332)七月　正書　吳澄撰,邢讓書

　　11544　清拓　1張

　　著録：潛目八・五　孫録十二・五三三

長明燈記

　　至順四年(1333)正月十五日　正書　僧福佑撰

　　11546　清拓　1張　已斷本初拓

　　著録：中記五・一二三　孫録十二・五三三　藝十六・二八

校官碑釋文

　　至順四年(1333)五月　正書　單禧書並跋

　　10714　精拓　1張　陶湘舊藏

　　著録：潛目八・五　孫録十二・五三四　藝十六・二九

白馬寺祖庭記並額

　　至順四年(1333)九月十五日　正書　僧文才撰

　　11545　清拓　2張

　　著録：中記五・一二三　孫録十二・五三四　藝十六・二九

重修太山廟記並額

　　元統三年(1335)十月望日　正書　賈昌文撰

　　11547　清拓　1張

　　著録：潛目八・六　藝十六・三一　金石萃編未刻稿二・四六

許公神道碑

　　後至元四年(1338)八月　正書　歐陽玄

撰，趙孟頫書
　　11548　清拓　4張
　　著録：授續十三・六　安陽十一・一
循跋下・十四　中記五・一一〇　藝十七・
四　金石萃編未刻稿二・六四

三靈侯廟碑陰
　　後至元五年(1339)十月　正書
　　11549　清拓　1張
　　著録：李文田和林金石録・二一

建真武廟記
　　至正元年(1341)五月五日　正書　匋齋
藏石
　　11550　清拓　2張
　　著録：匋四三・十一

紹興路總管宋公去思碑並額
　　至正二年(1342)三月　正書
　　11551　清拓　2張
　　著録：浙十七・三　越九・二六　趙録
五・十七

重修南鎮廟記
　　至正四年(1344)六月　隸書　貢師泰
撰，泰不華書
　　11552　清拓　1張
　　著録：潛目八・八　孫録十二・五五五
跋二十・十一　浙十七・二一　越九・三七

刻漏銘並序
　　至正四年(1344)　隸書
　　11557　清拓　1張
　　著録：藝十七・十一

北海橋題字
　　至正九年(1349)九月　正書
　　14522　清拓　1張
　　著録：越十・十七

舜廟碑
　　至正二十三年(1363)夏四月　隸書　劉
傑撰並書

　　11553　清拓　1張
　　著録：孫録十二・五七七　藝十七・二
六　粵十四・二二

潮州韓文公廟碑
　　至正二十七年(1367)春　正書
　　11554　清拓　1張
　　著録：妙十五・十七

方國珍德政碑銘殘石
　　考爲至正三十年(1370)十月後　正書
　　11555　清拓(出土初拓)　1張　陳運
彰題記

社稷神位刻石
　　正書　端方藏石
　　11556　清拓　2張
　　著録：匋四三・十四

趙孟頫書格言
　　正書
　　11558　清拓　1張

趙孟頫書長短句
　　行書
　　11559　清拓　1張

陀羅尼咒
　　正書
　　14666　清拓　1張
　　14667　清拓　1張　況周頤舊藏

明

程羽肅題漢昭烈樓桑廟詩
　　洪武七年(1374)二月　正書
　　14676　清拓　1張
　　著録：匋四四・一

重修福田明覺寺生佛道場碑
洪武二十八年（1395）　六月佛化日
行書
11560　清拓　1張

鐵像銘
永樂十一年（1413）四月　正書　匋齋
藏石
11561　清拓　2張

禹陵重建窆石亭記
天順六年（1462）九月　正書　韓陽撰，
曹南書
11543　清拓　2張

禹陵窆石碑陰記
成化元年（1465）八月二十三日　正書
羅周記
11562　清拓　1張

重修濂溪書院記
成化八年（1472）十一月　正書　胡榮書
11563　清拓　1張
14677　清拓　1張

浴日亭詩
成化二十一年（1485）四月望後　草書
陳獻章書
11564　清拓　1張

桃花詩
弘治十八年（1505）三月　行書　唐寅書
11565　清拓　1張

沈宗仁買地券
正德三年（1508）八月十日　正書
14686　清拓　2張

楊一清焦山詩
正德五年（1510）四月甲午（九日）　正書
14681　清拓　1張

泰山御祝文
正德五年（1510）六月一日　篆書
11566　清拓　1張

喬宇書東海廟詩
正德五年（1510）六月十八日　篆書
14680　清拓　1張

劉瑞告南鎮神文
正德十二年（1517）十月二十四日　隸書
11567　清拓　1張

昆山縣學重修記
嘉靖五年（1526）　篆書　方鳳撰，王理
之書
11571　清拓　1張

吳鵬、陳卿等九曜石題名
嘉靖十七年（1538）二月二十二日　正書
14538　清拓　2張

辭金記
嘉靖十九年（1540）三月　正書　楊上林
撰，文徵明書
11569　清拓　1張　劉承幹贈，況周頤
舊藏

兩橋記
行書　楊上林撰，文徵明書
11570　清拓　1張　劉承幹贈，況周頤
舊藏

定官石頌
嘉靖三十五年（1556）四月　正書　陳
棐撰
11568　清拓　1張

白佛山贊
萬曆□年七月　隸書
11575　清拓　1張　附隋王子華題名

眺曲江亭題詩
萬曆十一年（1583）正月二十三日　正書

周宇作

    14683   清拓   1張

汪渠瀛題韓祠詩

    萬曆十三年(1585)十月   草書
    11572   清拓   1張

華亭縣許潮、張氏買地券

    萬曆十四年(1586)十月十日   正書
    14687   初拓   3張   謝伯弢舊藏,原石拓

重建萬象山崇福寺碑

    萬曆二十四年(1596)孟秋(七月)   行書
屠隆撰,林芝書
    11573   清拓   1張

峨嵋山普賢金殿碑

    萬曆三十一年(1603)九月   正書   傅光
宅撰,吳士端集褚遂良書
    10431   舊拓   1冊

峨嵋山銅殿碑

    萬曆三十一年(1603)九月   行書   王毓
宗撰,吳士端集王羲之書
    10432   舊拓   1冊

謁唐升仙太子廟詩

    萬曆三十二年(1604)春   行書   霍鵬書
    14685   清拓   1張

崔應科石門洞題詩

    萬曆三十五年(1607)秋   正書
    14678   清拓   1張

華亭楊氏買地券

    壬子年(考爲萬曆四十年,1612)閏十一
月十六日   正書
    14688   清拓   3張   謝伯弢舊藏,陳運
彰題記

潘藩潞安府昭覺寺重安舍利建造銅塔碣石

    萬曆四十三年(1615)五月十日   正書

    11574   清拓   1張

釋迦如來成道記

    天啟四年(1624)十一月長至前一日   行
書   唐王勃撰,董其昌書
    10434   初拓   1冊   王杰、劉墉題識,
周氏望山樓舊藏

鄭芝龍七星巖題詩

    崇禎十年(1637)四月望日   正書
    14682   清拓   1張   越鏏山堂舊藏

樂陵縣城隍廟夢感記

    崇禎十年(1637)八月   行書   張圖南集
王羲之書
    11576   清拓   1張

王篋輿竹素園詩

    庚戌   草書
    14679   清拓   1張

何邃盦飛來峯題詩

    甲戌九月   行書
    14690   清拓   1張

顧□伏買地券

    年月泐   正書
    14689   清拓   1張

南溪賦

    行書   李東陽書
    10539   1冊

學訓

    正書
    11577   清拓   1張

尹年崆峒碧雲洞題詩

    草書
    14684   清拓   1張   況周頤舊藏

天文圖

    正書

14691　　清拓　1張　謝伯戕舊藏

清

建關帝廟碑銘並額
雍正六年(1728)五月十(下泐)　正書
11579　　清拓　1張

屯田碑
雍正十一年(1733)八月十日　正書
11578　　清拓　1張

重建唐顏魯公放生池庵碑記
乾隆十年(1745)四月　行書　陳大受撰,程廷祚書
11580　　清拓　1張

白鸚鵡賦
乾隆三十六年(1771)七月五日　正書翁方綱書
11586　　清拓　1張

重修甘泉縣城隍廟記
乾隆五十一年(1786)四月穀旦　行書陳太初撰,王文治書
11581　　清拓　1張

石鐘山記
乾隆五十三年十月(復刻)　正書　翁方綱書
11583　　清拓　1張

清摹刻漢石經(六石十三方)
乾隆五十七年(1792)六月李曉園摹刻隸書　姚賁芳藏石
10800　　近拓　2張

翁麠標祀齊東名宦祠記
乾隆五十八年(1793)六月　正書　翁方綱書

11584　　初拓　1張

大禹陵廟碑
嘉慶五年(1800)　隸書　阮元撰並書
11587　　清拓　2張　附咸豐四年(1854)大禹陵廟重修記,正書

杭州靈隱書藏記及條例
嘉慶十四年(1810)五月　正書　阮元撰,翁方綱書
11585　　清拓　2張

重修日本長崎孔廟碑
弘化二年(道光二十五年,1845)正月正書　王元珍撰並書
11614　　清拓　1張

明隆慶李太后繡千佛袈裟詩
咸豐二年(1852)立秋　行書　劉位坦題
11588　　清拓　1張

禹陵窆石清人題名
乾隆、嘉慶、道光、光緒年間　正、隸書
14523　　清拓　1張

朝鮮興法寺真空大師塔碑
(上泐)五年七月十八日　行書　中石已佚,存上、下截
11607　　清拓　2張

孤山關帝廟照膽臺記
行書　陳秉直撰,祁豸佳書
11582　　清拓　1張

通海界柱銘
正書
11592　　近拓　3張

摹刻漢石經殘石
隸書　周養安藏石
10801　　近拓　6張

民國

捐助二補蕩田證書

民國元年(1912)五月十七日(陰曆四月一日)　行書　張謇撰

11590　近拓　1張

天童玲瓏岩甲壽徑碑記

甲子(考爲 1924)冬至日　正書　釋印光撰,朱孝臧書

11591　近拓　1張

重修南康學宮記

民國十三年(1924)十二月十五日　正書康有爲撰並書

11589　近拓　1張

附

詠齋朱士彦碑目

10572　墨跡本　1册

畫　　像

西漢

鮑宅山鳳凰畫像題字　又名"沂水摩崖"

元鳳（前80—前75）　隸書　道光二十四年（1844）山東沂水縣鮑宅山出土

14358　清拓　3張　（一1）十二硯齋舊藏，道光舊拓。（一2）于右任舊藏。（一3）謝伯殳舊藏

著録：攗五・十七　攀十・三一　羅漢下・一　硯二・十八　彙十之二・七三　瓊二・三　楊圖二・二六　田目續・一　趙録一・十四　藝一・二　山訪七・一又四　增圖二・一〇七

曲阜楊公村畫像

河平三年（前26）八月　隸書　城東三十里楊公村出土

14382　清拓　1張
14383　清拓　1張
14384　清拓　1張

東漢

南武陽皇聖卿闕畫像（西闕南面，有題銘）

元和三年（86）八月
14348　清拓　1張

著録：聚三・一　藝一・三　羅漢上柯　田目續・一　彙十之二・六九　趙録一・四　瓊三・六　略上・一八　山訪七・一又七・三　天下　攗四・十　攀十・一金石十四・三　費縣誌十四上

南武陽皇聖卿闕畫像（西闕西面）

14349　清拓　1張
著録：同上

南武陽功曹闕畫像（南闕南面，有題銘）

章和元年（87）二月十六日　隸書
14350　清拓　2張

著録：聚三・一　藝一・三　羅漢上柯　彙十之二・六九　田目續・一　金石一四・三　攀十・一　趙録一・四　瓊三・六隸辨八・四四　山訪七・一又七・三　天下攗四・十　費縣誌十四上

南武陽功曹闕畫像（南闕北面）

14351　清拓　1張
著録：同上

南武陽功曹闕畫像（南闕東面）

14352　清拓　1張
著録：同上

南武陽功曹闕畫像（南闕西面）

14353　清拓　1張
著録：同上

南武陽東闕畫像（東闕西面，有題銘）

隸書
14357　清拓　1張

著録：藝一・三　羅漢上　柯　田目
續・二　瓊三・六　彙十之二・六九　山訪
七・三　攃四・十　攀十一・一

南武陽東闕畫像（東闕南面）

14354　清拓　1張
著録：同上

南武陽東闕畫像（東闕北面）

14355　清拓　1張
著録：同上

南武陽東闕畫像（東闕東面）

14356　清拓　1張
著録：同上

路公食堂畫像

永元元年(89)二月二十日　分書　咸豐
八年山東魚臺出土,歸曲阜孔某,後歸濟南金
石保存所
10839　舊拓　1張
10938　清拓　1張
14388　清拓　1張
著録：歷一・八　葆五・五　柯　田目
補・一

陽三老石堂題字

延平元年(106)十二月十四日　分書
10628　清拓　1張　褚德彝題,鄒安
舊藏
10629　初拓精本　1張　陶湘舊藏
10630　初拓精本　1張　謝伯戔舊藏
著録：田目再續・一　古石　匋一・十
一　柯　羅漢上　希六・十一　彙十補遺・
十五　楊圖一・十五　真續六・六　校　曲
四・一　羅録上・二　民國甲戌續修曲阜縣
誌八・五三

吳王與齊桓公畫像

永初四年(110)八月　隸書
14367　近拓　1張　羅振玉舊藏

戴氏享堂畫像題字

永初五年(111)八月　隸書
14366　清拓　1張
著録：匋一・十二　希六・十一

永初畫像戴父母卒日記　又名"戴氏父母畫像題字"

永初七年(113)閏月(閏十二月)十八日
分書
10936　清拓　1張
著録：匋一・十二　柯　希六・九

畫鳳凰麒麟題字　又名"麟鳳讚並記"

永建元年(126)七月　篆書
10937　清拓　2張
著録：金石十四・四　隸續五・十八

永建食堂畫像題字

永建五年(130)二月二十三日　分書
10636　舊拓　1張　于右任舊藏
著録：聚三・七○　柯　彙十之二・四
七　函二・十六　通一五二・八○　硯一・
十二　濟州二・六　羅漢上　瓊三・二三
支・一○二　增圖一二・一　攃四・十四
篇再續・三　藝一・四　1927年濟寧直隸州
續誌十九・五五

兩城山畫像

永和二年(137)九月二日　山東兩城縣
出土
10831　清拓　28張
著録：阮山八・十四

武氏石闕銘

建和元年(147)三月四日　隸書
10015　舊拓　1冊　陸增祥舊藏,有
題識
著録：萃八・八　阮山七・十三　兩十
五・五二

武梁祠西闕正闕身南面畫像第一層及武氏石闕銘

建和元年(147)三月四日　隸書

10856　清拓　2張

武梁祠畫像

建和元年(147)三月　清乾隆五十一年(1786)在山東嘉祥縣出土

10857　清拓　8張　(一9)待考,"畫像庚"題字

著録:金石十九・八　隸釋十六・一　隸續六・一　寶叢十五・二　古墨一・二三　曝二・七　兩十五・一　蘇・二〇　平一・二五　萃二十・一　半下・二　清二・十五　跋十二・九　瓊七・十三又七・十五　獨七・十四　宜一・十八　邕一・八　愛・十

武梁祠畫像題榜

建和元年(147)三月　隸書

10018　清乾隆拓　1冊　端方舊藏,戚叔玉批註

10019　1冊　"度"字已壞,不全

著録:同上

武榮祠畫像　又名"武氏前石室畫像"

建和元年(147)三月

10860　清拓　39張

著録:阮山七・三二　金石一跋二・八　萃二一・四　平一・二四

武梁祠祥瑞圖

建和元年(147)三月

10861　清拓　9張　(一1)稀有。(一9)新出土石

著録:阮山七・二九　萃二一・十九　平一・二四

武開明祠畫像　又名"武氏後石室畫像"

建和二年(148)十一月

10858　清拓　23張

著録:阮山七・四二　平一・二四

武斑祠畫像　又名"武氏左石室畫像"

永嘉元年(151)

10859　清拓　26張　(一3)出土初拓,原石在法國博物館

著録:跋一・三〇　阮山七・四七　萃二一・一　平一・二四

石門畫像

建寧四年(171)　隸書

14389　近拓　1張

梧台里石社碑額

熹平五年(176)　隸書

14363　清拓　1張

著録:夢一・二九　葆六・二　田目再續・四　俑・二〇　通一五二・一〇一　歷一・七　支・一三〇　古石　柯

梧台里石社碑畫像(額陰)

14364　清拓　1張

梧台里石社碑畫像題記

清宣統二年(1910)　正書　羅正鈞撰

14365　清拓　1張

梧台里石社碑畫像(兩側)

10850　清拓　2張

孔子見老子畫像題榜

分書

10020　乾嘉拓　2張

著録:隸續十三・一　寶叢二十・十三　錄補六・五　跋一・三二　阮山七・二九　萃二一・二八　兩十五・三一　古墨一・二五　平一・二五　半下・三

孝堂山畫像

分書

10830　清拓　12張　(一2)有兩張,内容重複

著録:阮山七・五　金石三續跋一・八　萃七・一　平一・二三　漢文一・二〇　香硯一・十二　獨一・二〇

食齋祠園畫像　又名:"白楊樹村畫像"

分書

10838　舊拓　1張

著録：匋二・九　阮山八・二四　瓊七・二〇

劉村洪福院畫像
10840　舊拓　5張
著録：平一・二五

顏氏樂圃畫像　又名"白楊店畫像"
分書
10852　清拓　1張
著録：阮山八・二三

重立漢武梁祠石記
10863　清拓　18張
著録：兩十五・四七

周公輔成王畫像
10866　清拓　1張
著録：寶叢二十・十二　隸續八・四萃二一・二一　錄補六・五　兩十九・二金石三續跋一・八

君車畫像　又名"畫像門下小吏等字題字"
分書　山東臨淄出土,今在巴黎博物館
14360　清拓　1張
著録：古石上・十五

嘉祥焦城村畫像
分書
10841　舊拓　2張
著録：阮山八・十七

嘉祥城小學堂畫像
10842　清拓　1張

嘉祥蔡氏園畫像
10843　清拓　6張

嘉祥商村畫像
10844　清拓　1張

嘉祥隨家莊關廟畫像
10845　清拓　3張

著録：阮山八・十九

嘉祥郗家莊畫像
10846　清拓　1張

嘉祥吳家觀音堂畫像
10847　清拓　2張

嘉祥上華林村真武廟畫像
10848　清拓　2張

嘉祥畫像題記
清宣統元年(1909)十月　行楷
14374　近拓　1張

嘉祥七日山畫像
隸書
14375　近拓　1張
著録：阮山八・十七

嘉祥車馬殘畫像
14376　近拓　1張

朱鮪石室畫像　又名"朱長舒石室畫像"
分書
14377　近拓　3張
14378　清拓　17張
14379　清拓　5張
著録：阮山八・二四　平一・二六　兩十四・十四　萃二一・三二　函三・二〇

東安漢里畫像
山東肥城出土
10832　清拓　24張　其中五張硃拓

東安漢里畫像題字
10833　清拓　2張

西南鄉畫像
10834　清拓　2張

東北厓頭畫像
10835　清拓　2張

宏道院畫像
10836　清拓　8張

滕縣畫像
10837　清拓　11張

洪家廟畫像
10849　清拓　1張

山東泰安馬家店畫像
10851　清拓　2張

奇獸畫像
10853　清拓　1張

殘畫像
10854　清拓　6張

肥城畫像
10855　清拓　2張

濰縣南門外畫像
10862　清拓　4張

周公廟像
10864　清拓　1張

新豐令沈君左闕畫像
10919　清拓　1張

李夫人墓門畫鹿
10932　清拓　1張　吳大澂舊藏
10933　清拓　1張　鄒安舊藏

郭家莊建築裝飾畫像
14347　清拓　1張

置車驛使畫像
14359　清拓　2張

青州畫像
14361　近拓　1張

青州畫像
14362　近拓　1張

山東畫像　又名"漢吳王畫像"
　　隸書
14368　近拓　2張　(一1)謝伯殳舊藏

山東畫像
14369　近拓　1張

山東畫像
　　永和二年(137)□月二日　隸書
14370　近拓　1張

山東殘畫像(壬)
　　隸書
14371　近拓　2張

山東殘畫像(癸)
　　隸書
14372　近拓　1張

山東畫像
14373　近拓　1張

沂南北寨村畫像
　　沂南縣城西十二里北寨村新出土
14380　初拓　1張
14381　清拓　1張

泰安畫像
14385　清拓　4張

鞍山畫像
14386　近拓　4張

更封殘字畫像
　　隸書
14387　近拓　2張　(一1)清拓

人畫像
14390　近拓　3張

晉

河内竹林七賢圖（殘）
正書
14391　清拓　1張

梁

馮道根墓畫像
普通元年（520）　正書
14392　清拓　1張

蕭宏東闕側畫像
11046　清拓　4張　十六幅全

六朝至隋

六朝畫像
14393　近拓　1張

長慶觀等畫像
其中有延昌、開皇、大業等
14394　清拓　26張

宋

張九齡畫像
淳熙十三年（1186）二月己酉　行草
14397　清拓　1張

蘇軾畫像
行書

14398　清拓　1張

明

吳道子畫孔子像
正書　宋大觀元年（1107）閏十月廿五日尚佐均書,明嘉靖四十二年（1563）六月孫應鼇書
14395　清拓　1張　陳蒙盦舊藏

蘇洵題張仙像
正書　萬曆二十一年（1593）錢景醇書
14400　清拓　1張

清

羅聘畫説文統系圖
正書　乾隆四十四年（1779）十月張壎書
14402　清拓　1張　陳運彰舊藏

姜白石畫像
行書　林則徐書
正書　道光元年（1821）六月十八日管以金書
14399　清拓　1張　陳運彰舊藏,有韋寬等題跋

年代不明

太史慈（子義）像
年月泐　隸書
14401　清拓　1張

李勣畫像
正書
14396　清拓　1張

磚　　瓦

東漢

詔文磚
建初元年(76)
9967　2張

左章葬磚
章和元年(87)九月　隸書
14692　清拓　1張

章和二年殘葬磚
章和二年(88)　隸書
14693　清拓　1張

靳春葬磚
永元二年(90)　隸書
14694　清拓　1張

東門當葬磚
永元二年(90)　隸書
14695　清拓　1張

張護葬磚
永元六年(94)　隸書
14696　清拓　1張

周陽葬磚
永元十年(98)　隸書
14697　清拓　2張　(—1)附隋雷榮燧
造像

單于和親磚
9971　10張(其中2張硃拓)
著録：匋二・十三

墓磚
9965　1張

買曹者畫象磚
9966　2張

千秋萬歲磚
9968　5張

宜子孫磚文
9969　3張同

富樂未央磚文
9970　8張同

磚刻文字
9972　16張

磚刻花紋圖案
9973　7張

匋齋藏磚
東漢至宋　隸書
14700　清拓　4冊335種

魏

景元元年磚
景元元年(260)
9975　1張

張普先君墓磚
景元元年(260)　隸書
11006　舊拓　1張　趙之謙、謝伯殳舊藏
著録：雪跋二·八　摹·四

晉

張□墓磚　又名：兵士張揖葬磚
咸寧五年(279)正月七日　隸書　風雨樓藏石
11007　舊拓　1張
著録：循一·三

陳留等字磚
太康元年(280)　隸書
11008　清拓　1張　謝伯殳舊藏

陳鐘紀磚
太康三年(282)六月二十七日　隸書
11010　舊拓　1張

張儁妻劉氏墓磚
太康九年(288)正月二十七日　隸書

11005　舊拓　1張　紹興范氏舊藏
著録：循一·三

太康磚
太康
9976　1張　附唐韓静興造像

鄧元女葬磚
元康七年(297)六月　隸書
14699　清拓　1張

永康元年磚
永康元年(300)
9977　2張

宋

泰始七年磚
泰始七年(471)
9978　1張

梁

天監磚
天監(502—518)
9979　1張

大同三年長幹寺塔磚
大同三年(537)
9980　2張

陳

天嘉磚
天嘉(560—565)
9981　1張

北魏

正光五年墓磚
正光五年(524)
9982　1張

楊宗墓磚
9983　1張

朱長舒墓磚
9984　1張

唐

諸法因緣磚
9986　1張

符磚
9987　1張

宋

雷峯塔磚
9989　4張

元

焦山塔磚
9988　1張

隨盦藏陶
9880　1張　有徐乃昌簽

簠齋藏三代古陶軒瓦(瓦器、瓦登)
9881　2冊　徐乃昌簽

簠齋藏寶康瓠室瓦拓本(瓦器、瓦登)
9882　2冊

淮陰陳氏藏瓦削拓本
9883　1張　陳運彰簽

簠齋藏瓦量
9884　1冊　精拓

趙氏藏瓦當
9885　2冊

簠齋藏瓦登
9886　1冊

適齋集古磚文
9887　2冊　李恩績舊藏

陶齋藏葬磚
9888　1冊

適齋集古陶文
9889　1冊

嶺南新出土古磚文
9891　1冊

海陽縣磚

    9974   1 張

磚文

    9990   6 册

瓦當

    9991   4 册

泉　幣

戰國

泉幣拓片
9950　1 張(2 枚)

秦

泉幣拓片
9951　3 張(共 4 枚)　海濱手拓

漢

泉幣拓片
9952　35 張

三國

泉幣拓片
9953　6 張

六朝

泉幣拓片
9954　15 張

唐

泉幣拓片
9955　7 張

五代

泉幣拓片
9956　1 張

宋

泉幣拓片
9957　62 張

金

泉幣拓片
9958　2 張

西夏

泉幣拓片
9959　1 張

元

泉幣拓片
9960　13 張

明

泉幣拓片
9961　8 張

清

泉幣拓片
9962　1 張

壓勝錢及其它
9963　18 張

日本泉幣
9964　3 張

夢坡寶藏古泉
9877　4 冊

善齋古泉録
9878　5 冊

陳簠齋精拓二百泉範
9879　4 冊

青　銅

商

亞鼎鼎
銘二字
9932　1張

亞鼎
銘一字
9933　1張

人鼎
9934　1張

西周

屰爿爵
銘二字
9899　1張
著録：攈古一之一・三三　綴遺十九・
二五　小校六・二三・二　三代十五・三
九・二　續殷下・十八

叔董爵
銘二字
9900　1張

咠子父乙尊
銘四字
9901　1張

鳳紋卣
9902　1張

⚘⚘父乙卣
銘六字
9903　1張

車父辛卣
銘三字
9904　1張
著録：貞續中・十六後　三代十二・五
四・四

⚘父丁卣
銘三字
9905　1張

析子孫祖父丁卣
銘六字
9906　1張

同乍父戊卣
銘二十五字
9907　1張
著録：攈古二之三・三七　愙齋十二・
五　綴遺十二・二四　周金五・九一　韡華
庚上・二　文選下三・十一　殷文存上・四
一後　文録四・十七　厤朔三・十二　三代

十三・三九・一　小校四・六〇・一（又八・二四）

趞乍姞寶卣

　　銘二十八字
　　9908　　1張
　　著録：奇觚金五・十三　　周金五・九〇後　　韡華庚上・二　　簠齋一・尊六　　青研・六〇　　貞松七・十九　　小校五・三八・一　　積微・二二〇　　三代十一・三四・二一三　　文録四・十三　　大系・録五攷十五　　希五・十二・三　　厤朔二・二八　　斷代（二）・一一六　　文選下二・三

頌壺

　　銘一五〇字
　　9909　　1張
　　著録：從古十一・十二　　奇觚金十八・十四　　小校四・九七（又九五）　　積古五・十二　　攗古三之三・一　　周金五・三八—三九　　三代十二・三二　　大系・録五六　　愙齋十四・十

伯矩壺

　　銘六字
　　9910　　1張

田父甲罍

　　銘三字
　　9911　　1張
　　著録：貞續中・十前　　三代十一・四〇・六

𡥆簋

　　銘三字
　　9912　　1張

貯父丁簋

　　銘三字
　　9913　　1張

竊曲紋簋

　　銘偽

　　9914　　1張

𢼸簋

　　銘一字
　　9915　　1張
　　著録：殷文存上・十四後　　小校七・三・五　　三代六・三・三

虢遣生簋　　又名“城虢敦”

　　銘十五字
　　9916　　1張
　　著録：從古十五・二二　　攗古二之二・十三　　窊齋十・十三　　窊賸・四八　　綴稿六・八　　奇觚金三・十四　　周金三・八三後　　小校七・九一・二　　三代七・三四・二　　敬吾上・五六　　簠齋三・敦十三

仲叔父簋

　　銘二十九字
　　9917　　1張
　　著録：窊齋九・七　　綴稿六・五五　　周金三・五二　　文録三・三一　　小校八・三〇・三　　三代八・三二・二

中惠父簋

　　銘二十字
　　9918　　1張

叔器父簋

　　銘二十三字
　　9919　　1張

無㠱簋

　　銘五十八字
　　9920　　1張
　　著録：窊齋九・十　　綴稿五・八二　　周金三・三七　　初版大系・一二〇　　文録三・二二　　文選下二・二三　　小校八・四九・一　　斷代（五）・一一七　　夢郘上・三一　　厤朔一・四一　　三代九・一　　大系・圖一〇三録一〇七攷一二〇　　通攷三四九：一三一圖三二一

單子伯簋

銘十八字

9921　1張

著錄：積古七・十二　擴古二之二・六六　奇觚金七・三一　小校九・三五　周金三・一五九前

師酉簋

銘一〇六字，蓋同

9922　4張

著錄：積古六・二三　兩罍六・十　二百三・一　全上古十三・十一　古文審七・十一　擴古三之二・二七　評註・八一　藝類二・七　周金三・二〇　餘論三・二七　麻朔三・九　大系・圖九三錄七六玫八八　奇觚金四・二二（又二四）　小校八・六九二（又九〇・二）　窓齋九・十二　韡華丙・十二　文選下二・二〇　三代九・二一・二一二三・一　初版大系・九五

史頌簋

銘六十三字

9923（一1）　1張

史頌簋

銘六十三字，蓋同

9926（一1）　1張

9923（一2）　1張（蓋）

著錄：恒軒上・二七　窓齋十・十七　綴稿五・九〇　韡華乙中・五九　奇觚金四・八　周金三・三二後、三三前　麻朔五・十一　文錄三・二四　文選上三・十　三代九・七・一　窓賸・四二　小校八・五六・一一二　大系・圖八五錄四〇玫七一　積微・六八

史頌簋

銘六十三字，蓋同

9926（一2）　1張

著錄：窓齋十・十五　筠清三・三三　綴稿五・九一　周金三・三三　三代九・九・一　擴古三之一・五五　小校八・五五・二　大系・錄四三前

師艅簋

銘一四二字，蓋一二五字

9924　2張

著錄：綴稿六・七〇（蓋）　三代九・三六　周金三・十四　大系・錄一三九——一四〇　窓齋九・十九　小校八・八三—八四

杜白盨

銘三十字，蓋二十九字

9925　1張（一蓋二器）

著錄：周金三・一五六前　大系・錄一四五後　小校九・三九・二　三代十・四一・一　貞松六・四三

周金三補遺　貞松六・四三　希四・十五・一　小校九・四〇・一　三代十・四二・二　大系・錄一四四後

小校九・三九・一　周金三・一五四後　希四・十五・二　大系・錄一四四後　貞松六・四三　三代十・四三・一

趩鼎

銘九十七字

9927　1張

小克鼎

銘六十九字

9928　1張

亞醜父丁方鼎

銘四字

9930　1張

著錄：貞續上・十四

父乙方鼎

銘二字

9931　1張

光父乙鼎

銘三字

9935　1張

著錄：小校二・十三・三

辛鼎
　　銘二十三字
　　9936　　1張
　　著録：周金二・四〇

卧乍詻白鼎
　　銘七十字
　　9937　　1張
　　著録：小校三・二二・二

鄭伯熹父鼎
　　銘二十一字
　　9938　　1張
　　著録：小校二・八六・二　　善齋禮器
一・六九

光瓶
　　9939　　1張　　含全器拓片及銘文4字

兮甲盤
　　9944　　1張　　銘文133字，無全器拓片
　　著録：攈古三之二・六七　　窓齋十六・
十三　　綴遺七・七　　周金四・二　　簠齋三・
盤一　　韡華壬・二　　餘論三・三五　　奇觚金
八・十九　　大系・録一三四攷一四三　　文選
上三・二四　　厤朔五・十六　　文録四・二六
初版大系・一六〇　　評註・一一五　　三代十
七・二〇・一　　積微・三五　　觀堂別集補遺

附三代

陳子匜
　　銘三十字
　　9942　　1張
　　著録：攈古二之三・六〇　　窓齋十六・
二四　　初版大系・二一八　　三代十七・三
九・一　　奇觚金八・三四　　周金四・二一前
簠齋三・匜一　　大系・録二〇四攷一八四
綴遺十四・十八　　文選下三・十三　　小校
九・六五・二

子孫父乙匜
　　銘四字
　　9943　　1張
　　著録：小校九・五五・七

米夒盤
　　銘十二字
　　9945　　1張
　　著録：貞續下・二〇前　　三代十七・
五・一

戰國

陳純釜
　　9940　　1張　　含全器拓片及銘文34字
　　著録：綴遺二八・十七　　奇觚金六・三
五　　初版大系・二六〇　　周金六・一二二
文録四・三三─三四　　小校九・一〇四

秦

新篆刻廿八種
　　9873　　1册(詔版三、權十九、量五、新量
一)　　光緒精拓，端方題跋及簽

權
　　9946　　2張　　全器拓片，上有銘文

漢

冰鑑
　　五鳳二年(前56)九月
　　9948　　1張

𠫑卣鼎

銘二字

9929　1張

叔盉

銘四字

9941　1張

青銅銘文

9947　1冊

銅器雜件

9949　12張

法　帖

淳化閣帖十卷
歷代　淳化三年(992)王著奉旨模勒

10545　舊拓　1册(第七册)。殘缺卷首一二一行,另"毒熱帖"首三字誤作"日、午、每"

著錄:寶叢一·十二　庚四·一　閩十一·二三　清四·二　愛·三一

遵訓閣重摹淳化閣帖(殘)
歷代　萬曆四十三年(1615)八月温如玉、張應召重摹。又名蕭府本、蘭州本淳化閣帖

10546　1册　殘缺末尾四行29字及卷末篆書19字

著錄:蘇·六二

淳化閣帖十卷
歷代　乾隆三十四年(1769)奉敕摹勒

10544　清翻刻宋拓(内府最初烏金拓)10册　陶湘舊藏

宋武崗帖二十卷
歷代

10552　舊拓　1册　姚姬傳、盧象升、姚士榮舊藏,雜亂殘

太清樓帖十卷　別名"大觀帖"
歷代　大觀三年(1109)奉宋徽宗旨摹刻

10547　明拓　2册(4、9卷)　鄧基喆、陳復、章式之舊藏,章式之、戚叔玉跋

著錄:寶叢一·十五　庚四·四　退五·十一　清四·四　愛·三二

澄清堂帖
歷代　傳民國初在山東,後有王稺登跋

10543　明拓　1册　楊晉舊藏

著錄:庚四·十三　清四·一

眞賞齋帖三卷
歷代　嘉靖元年(1523)無錫華夏編次,章簡父鑴刻。石今在蘇州

10554　清拓　1册　翻刻本,裝裱卷下順序顛倒

著錄:清四·十五

停雲館帖十二卷
歷代　嘉靖十六年(1537)到三十九年(1560),文徵明撰集,文彭、文嘉摹勒,温恕、章簡甫刻。後歸寒山趙氏、武進劉氏、常熟錢氏、鎮江畢氏、桐鄉馮氏

10553　16頁(殘)　第十卷中部分

著錄:清四·十九

卓觀樓集古法帖
歷代　有王羲之佛遺教經、十七帖、黃庭經、金剛經、東方畫贊、樂毅論,王獻之十三行,歐書心經,虞書破邪論,褚書陰符經

10496　明拓明裝　3册

停雲館帖第一卷晉唐小字
歷代　嘉靖十六年(1537)正月摹勒上石

10497　明拓　1册　張廷濟跋

唐林藻書深慰帖、王羲之書告姜道帖(前四行)、楊凝式書神仙起居法帖
歷代　停雲館帖第四卷中部分,嘉靖二十年(1542)六月摹勒上石

10517　　1 册

鬱崗齋墨妙十卷

　　歷代　萬曆三十九年（1611），王肯堂編次，管駧卿鐫刻

　　　10556　　明拓　5 册　鐵保舊藏
　　　10557　　明拓　9 册另 8 頁　翻刻本，第三本殘存八頁
　　著録：清四·十八

快雪堂法書五卷

　　歷代　崇禎十四年（1641）至順治間。馮銓撰集，内府刻

　　　10562　　清内府烏金拓　5 册　五卷中各帖順序稍有顛倒。第三卷增入米芾九歌、燕然山銘二帖。第四卷增入卷五米芾惡詩帖

三希堂石渠寶笈法帖三十二卷

　　歷代　乾隆十五年（1750）梁詩正、蔣溥、汪由敦、嵇璜等奉敕編

　　　10560　　清内府烏金初拓　32 册
　　　10561　　清内府舊拓無花邊本　12 册存第 7、8、9、10、22、25、26、27、28、29、30、32 卷

滋蕙堂墨寶八卷

　　歷代　乾隆三十三年（1768）曾恒德撰集
　　　10563　　初拓　8 册

經訓堂法書十二卷

　　歷代　乾隆五十四年（1789）畢沅撰集，錢泳、孔千秋鐫刻，畢裕曾編次

　　　10567　　清拓　1 册（存第七册）
　　　10568　　1 册（存第六册）

筠清館法帖六卷

　　歷代　道光十年（1830）吳榮光撰集
　　　10569　　舊拓　1 册　僅存一卷後半部及第二卷（缺唐人藏經殘字）

聽雨樓法帖四卷

　　歷代　咸豐元年（1851）太谷孫阜昌撰集，金陵穆庭椿、邵仁禮、吳鳴岐、穆靄堂鐫刻

10565　　9 册
著録：清四·二五

詒晉齋法書四集十六卷

　　臨摹　成親王永瑆書，嘉慶二十四年（1819）錢泳摹勒

　　　10564　　15 册（缺初集卷一）

偈絳帖十二卷

　　偈帖　明刻
　　　10548　　舊拓　10 册
　　　10549　　舊拓　9 册　缺第 1、11 册，六卷殘缺
　　　10550　　舊拓　6 册
　　　10551　　舊拓　5 册　存三卷
　　著録：復二八·十五

章草雜綴（漢章帝、皇象）

　　諸家法書
　　　10440　　舊拓　1 册　鄞縣秦氏舊藏

二王帖

　　諸家法書　嘉靖二十六年（1547）湯世賢摹刻
　　　10489　　2 册　上卷右軍書，與 10495 號相連
　　　10495　　3 册　中卷右軍書，下卷大令書，與 10489 號相連

擬唐人書體殘帖

　　諸家法書
　　　10570　　舊拓　1 册

清陳迦陵先生填詞題詠

　　諸家法書　道光二十五年（1845）胡萬本摹勒
　　　10542　　初拓　1 册　況維琦舊藏

宣示表

　　傳鍾繇楷書
　　　10444　　初拓　1 册　停雲館中宣示初拓，翁方綱跋及清道人簽是偽作
　　著録：朱跋三·一　清三·十

漢史遊急就章

吴皇象帖　章草　明楊政刊本
10437　近拓　1册　戚叔玉跋
10438　1册
10439　1册　褚德彝舊藏
著録：橋一·十一

晉索靖月儀章

章草
10446　1册　附唐無名書《月儀》

蘭亭序

王羲之行書，永和九年(353)三月作
10448　宋拓　1册　龔自珍舊藏，龔公
襄、俞宗海跋
著録：古墨二·二八　妙三·五〇　東
觀下·四　寶叢六·三三　集四·七　朱跋
三·六　來上·二六　東跋四·二　字二·
七　續一·十七　關一·六　雍一·七
經·八　關中·五　清三·二二　徽二·
十九

定武蘭亭

10447　明拓　1册　海日樓舊藏，與吴
炳藏本同一祖石
10450　1册　五字未損本，汪中許爲第
一定武。戚叔玉跋
著録：朱跋三·六　妙三·二〇　東跋
四·一　寶鴨下·十一　鐵函五·五九　庚
四·七

國學本定武蘭亭

傳趙孟頫摹
10449　舊拓　1册　長洲龔氏舊藏
著録：東跋四·一　退三·十

王曉藏定武蘭亭

10451　舊拓　1册　合肥龔氏舊藏

趙子昂跋定武蘭亭

10452　1册　徐渭仁舊藏
10453　1册　沈澂綺、秦康祥舊藏

快雪堂趙書蘭亭十三跋

10454　1册　作舊，傅叔和舊藏
著録：吴興十三·十一

何士英定武蘭亭

10456　1册　附明木刻
10457　明拓　1册　東陽本，又名何氏
本。王謙跋一，朱景跋三

禾郡張氏藏定武蘭亭

10458　舊拓　1册　秦康祥舊藏

定武褉帖

10459　舊拓　1册　秦康祥舊藏

薛稷拓定武蘭亭序

10461　1册　戚叔玉題記
著録：録補十·九八　妙三·五〇

定武蘭亭三種

10462　1册　趙孟頫跋吴靜心本、米芾
審定本、吴熙載刻汪中跋本

神龍本蘭亭

10465　舊拓　1册　錢伯彝舊藏
10466　1册
著録：朱跋三·八　妙三·四〇　清
三·十九

玉枕蘭亭

10460　1册　附陳奕禧臨本。傳歐陽
詢縮摹。戚叔玉跋："此本與侯官林道山贈翁
覃溪者爲同一原石之精拓，可寶。"
著録：録補二二·二一六　閩五·一
清三·二二　寶鴨下·十一

隨軒重撫柯九思瘦本蘭亭

10455　初拓　1册　上海徐渭仁刻家
藏本。徐渭仁、吴雲跋

唐模蘭亭

10464　舊拓　1册　楊晉舊藏，蕭叔美
跋認爲褚氏原拓

禊帖二種

10469　1册（殘）

思古齋蘭亭

10472　明拓　1册　潁上本，秦康祥
舊藏

10473　硃拓　1册

姜西溟蘭亭兩面刻

10474　1册

蘭亭別本

10475　舊拓　1册（附潁上本殘字）
秦康祥舊藏，張士保跋

縮本蘭亭

10476　1册

思古齋法帖真本足拓黄庭經、蘭亭序

別名潁上本，傳褚遂良摹
10470　1册（附思古齋蘭亭序、黄庭經
殘石，況維琦舊藏）　戚種言、包世臣、李國
松、合肥沈氏舊藏，端方跋
著録：鐵函五・五七

思古齋刻黄庭、蘭亭

10471　舊拓　1册　費念慈舊藏

蘭亭殘字、晉唐小楷集錦

10477　1册　黄小松、戴光曾、上海朱
氏五松草堂舊藏，殷樹柏、戴光曾題跋

焦山翻刻蘭亭六種

10463　1册　明程孟陽本、米芾臨本、
祝允明書本、董其昌臨本、開皇本、汪中跋本。
況維琦舊藏

蘭亭六種合册

10467　1册　唐模本、天一閣本、筠清
刊本等

蘭亭五種集册

10468　1册　張金界奴摹唐本、洛陽

本、游譚縮臨本、錢國衡題玉枕本、向刻高
廟本

蘭亭百種

10478　10册　舊拓定武"會"字本、舊
拓定武本、賈刻本、星鳳樓本、宋摹定武古本、
感字作點者二本、康熙間復刻宋游相藏定武
蘭亭十種、反真定武已泐四行本等

王右軍臨宣示表

王羲之楷書　賈似道摹刻
10445　初拓　1册

元祐秘閣祖本黄庭經

王羲之楷書，永和十二年（356）五月二十
四日書
10479　明拓　1册　張廷濟書，雲壺
録跋

唐刻黄庭經

王羲之楷書
10480　宋拓　1册　法黄山、陳介祺
舊藏

黄庭經

王羲之楷書
10481　1册　附褚遂良臨本。法黄山
舊藏，生莃珠跋
10482　1册　翻刻
著録：古墨二・二八　鐵函五・五七
妙三・五二　東觀下・四又三四　寶叢十
三・三　集目三・三　庚四・十一　又五・
十五　集十・三　朱跋三・四　退三・十四
東跋四・三　寶鴨下・十六　邕一・十五
録補七・七〇　蘇・八二

孝女曹娥碑

題王羲之楷書
10483　1册
著録：古墨二・二九　鐵函五・五八

樂毅論

王羲之楷書，永和四年（348）十二月書

10484　舊拓　1張　況維琦舊藏,朱孝臧題簽

著錄:集四·七　寶叢十四·三七　庚五·十五　退三·十二　蘇·八〇　東跋四·一　清三·十四　金石二十·十三

王羲之書金剛經

王羲之楷書,永和十年(354)四月十八日書

10485　明拓　1冊　李宗鏡舊藏

王羲之書道德經

傳王羲之楷書

10486　明拓　1冊　附褚遂良跋,吳乃琛舊藏

10487　舊拓　1冊　附褚遂良跋

著錄:古墨二·二九

王羲之書報道帖

行書

10488　舊拓　1冊

雙柏詩

集王羲之字

10490　明拓　1冊　吳榮光舊藏,有"東卿過眼"、"荷屋審定"印

王獻之玉版十三行

楷書　翁嵩年刻

10491　舊拓　1冊　六舟、劉健之舊藏,陳運彰、王延樓跋

10492　舊拓　1冊

著錄:妙三·五九　經·二三　古墨二·三〇　東跋四·五　退三·三一　清三·三五　有·十九　續跋·三四

玄宴齋十三行

王獻之楷書　明代管一虯刻

10493　舊拓　1冊　劉炳奎、汪恭、費念慈舊藏

著錄:退三·三〇

王獻之保母帖二種

王獻之行書

10494　翻刻舊拓　1冊　龐澤鑾、褚德彝舊藏

六朝書法

王獻之行書(其中"小園帖"係王羲之書)

10498　明拓　1冊　剪裱有錯倒,張廷濟舊藏

真草千文

隋智永帖

10503　1冊

著錄:集四·十三　金石三十·七　寶叢一·十　鑴一·十七　史上·十七　庚六·一　字二·二二　妙五·十五　續一·二〇　來上·三五　關一·十　雍一·十一　萃四十·九　東跋四·十　清三·四四　關中·七　關攷一·八　石泉·十二　邕一·十七

褚書哀册及枯樹賦合册

唐褚遂良帖

10500　1冊　王錫卣跋

10501　舊拓　1冊

孫過庭書千字文

孫過庭草書

10505　舊拓　1冊　日本木刻,吳廣霈舊藏並題識

薛刻孫過庭書譜

孫過庭帖

10506　內府烏金初拓　1冊　與商務印行本爲同石同時拓

著錄:寶叢一·十五　石泉·十三　愛·三〇

安刻孫過庭書譜及陳香泉書釋文

孫過庭帖

10507　內府烏金初拓　2冊　較羅振玉影印本爲先

蜀都賦

孫過庭草書　真跡已佚

10508　1 冊　秦康祥舊藏

李邕書懋勤殿法帖一卷

行書　成於康熙三十四年（1695）七月

10559　内府烏金初拓　1 冊　詳目：大照法師碑、牡丹詩等。有陳惟寅、董其昌跋。牡丹詩則僞書。《懋勤殿法帖》二十四卷中未包括此帖目

靈飛經渤海藏真本

唐鍾紹京小楷

10499　舊拓　1 冊　"齋"字未損本

唐顏魯公後忠義常集帖四卷

顏真卿帖　成於光緒十三年（1887），吳念椿集次

10571　4 冊

争坐位帖　又名"與郭僕射書"

廣德二年（764）十二月　行書　顏真卿書

10511　明拓　1 張

著録：竹三・二　孫録四・一二六　攟八・三四　菉三・十八　金石二八・九　薤十一・七　鐫三・六　庚六・十八　字四・十七　來中・三六　續三・八　妙十二・一　關三・二〇　雍八・五　萃九三・一　古墨五・九九　石泉・十五　清四・三九　東跋五・十六　平七・二　關中・三五　關攷二・三　彙十二之一・七　陝十五・十五　寶鴨下・十七　瓶四・三六　跋七・九　退四・三五　潛目三・一　顏魯公文集十一・三（四部叢刊本）

顏書小楷麻姑仙壇記四種

大曆六年（771）四月　正書　顏真卿撰並書

10502　1 冊

著録：竹三・四　弗丁・十五　孫録四・一二九　集七・七　集目八・三　金石二八・五　來中・三二　攟八・三七　妙十

一・十四　萃九六・一　古墨五・一〇二　平再續・十八　東跋五・十二又十四又十五　香蘇・五四　庚六・十八　寶鴨下・十八　録續六・六九　薤二十・一　字四・十二　廣跋五・八九　愛・二九　興二・八　獨殘・七　跋七・十五　清二・六一　宜四・十二　梅跋・十八　彙六・四四　顏魯公文集十三・七（四部叢刊本）　寶類二・四七　潛目三・二

干禄字書

大曆九年（774）正月　正書　顏元孫撰，顏真卿書

11303　明拓　2 張

著録：藝六・十二　雪跋四・十五　孫録三・一三一　集七・三　攟八・三九　竹三・六　平七・十二　瓊六三・五　吳興三・九　萃九九・三　跋七・十七　金石二跋三・七　續三・三　集目八・五　觀下・二　寶十四・二五　鐫三・六　字四・十四　興四・三五　瓶四・三五　潛目三・二　苑梅跋・十九　宜四・十三

千字文斷碑

唐張旭草書

10509　舊拓　1 冊

著録：寶叢十三・十四　鐫四・十二　來下・二四　録補十四・一三四　關攷一・六一　關三・十三　關中・三四　續三・十二

懷素草書集帖（千字文、聖母、藏真、律公）

10512　明初拓　1 冊

唐懷素草書三帖（聖母、藏真、律公）

10513　明拓　1 冊

唐懷素藏真律公二帖

草書

10514　明拓　1 冊　張石園舊藏

著録：鐫四・十三　史下・十六　字二・二八　來下・三〇　古墨五・一〇八

跋八・七　續三・十二　録補十八・一六五
關四・十二　雍九・一　關中・四三　關攷
二・十五

唐懷素律公帖（殘）
草書
10515　明拓　1册　翻刻舊拓，劉鶚
舊藏

唐懷素書聖母帖
貞元九年（793）懷素草書，元祐三年
（1088）摹刻
10516　1册
著録：鐫四・十三　史下・十七　字
二・二三　來下・三〇　續三・十三　平三
續下・五　録補十八・一六一　關四・十二
雍九・一　橋二・二一　清四・三五　泉
二・三二　跋八・三　關中・四三　續編
九・五　關攷二・十四　瓊一〇五・二四

夢瑛篆書千字文
乾德三年（965）十二月二十八日　僧夢
瑛篆書，袁正己隷書
11454（一1）　舊拓　1張
著録：鐫五・五　關五・一　跋十二・
一　萃一二四・一　藝八・二

蘇軾書西湖詩帖
蘇軾
10518　明拓原刻　1册

黃庭堅書千峯帖
黃庭堅行書
10519　舊拓　1册　楊尚文、俞德源、
王睿章舊藏

黃文節公法書四卷
嘉慶元年（1796）分寧萬承風審定
10520　9册　按“叢帖目”校，裝裱顛
倒，内容殘缺。另有四本相似“分寧黃帖入
卷”本，如七佛偈、蓄狸説、劉明仲墨竹賦、吾
子帖、經伏波神祠

米書小楷集册
米芾
10522　舊拓　1册　内容：唐人書唯識
論註（前缺六行 122 字）、臨辭世帖、九歌、西
園雅集圖記、李伯時書孝經

米南宮墨妙卷－李太白《贈懷素草書歌》
米芾草書
10523　明拓　1册　劉伍偉、許修直
舊藏

米南宮行楷五種
米芾
10524　1册　内容：丹青引、臨辭世帖、
九歌、蕪湖縣學記、名花詩

離騷經
米芾行書　李東陽刻跋
10521　明刊初拓　1册　張廷濟跋

岳飛前、後出師表
草書　光緒四年（1878）七月重摹
10525　精拓　1册　秦康祥舊藏

張即之書息心銘
楷書
10526　舊拓　1册

松雪齋法書墨刻六卷（存第四卷）
趙孟頫　成于嘉慶二十一年（1816），錢
泳爲齊彦槐摹勒
10534　1册　内容：韓方明授筆要説，
韓愈馬説，贈鮮於樞西溪圖詩跋，題高克恭墨
竹七絶

趙書臨樂毅論
趙孟頫小楷
10528　明拓本　1册
著録：清四・五七

趙書閑邪公傳
趙孟頫小楷

10530　舊拓　1 册　清秘閣舊藏

趙書天冠山詩詠

趙孟頫行書　嘉慶十五年(1810)五月刻

10532　1 册

著録：復三十・二

趙書安素軒石刻道德經

趙孟頫楷書　延祐三年(1316)三月二十五日書。道光二十四年(1824)八月摹刻,鮑勳茂跋尾

10531　初拓　1 册

趙書信心銘及其他合册

10529　1 册　內容：信心銘,周馳書仲彬總管尊兄,倪高士詩(張維屏跋),張雨書茂林隱居四景(張維屏、南山、陳其錕跋),文徵明書佛遺教經(陳其錕跋),黄州竹樓記,樂誌論等四首(張孝思、孔繼勳、黄言蘭、何春培等跋)

歸田賦等合册

10533　舊拓　1 册　內容：趙孟頫書歸田賦,張雨書杜子美詩醉時歌,吳鎮草書詩,唐步瀛書重濬南泖涇記。楊兆杶舊藏

元陳基、張雨、王蒙、倪瓚帖合册

10535　停雲館舊拓　1 册(缺陳基帖首頁)

宋仲温書前出塞九首

宋克草書

10537　舊拓　1 册

10538　舊拓　1 册(附歷代章草集)

沈度三舅帖沈粲陳情表等

10536　舊拓　1 册(殘)

李東陽南溪賦

10539　1 册

文徵明自書詩册

行草　嘉靖二十二年(1543)書

10540　精拓　1 册

瑞露館千字文

行草　徐元化集邢侗書。王洽、董其昌、陳繼儒跋

10555　舊拓　1 册

玉煙堂董帖四卷

董其昌　萬曆四十四年(1616)至崇禎三年(1630),陳元瑞編次,吳朗摹刻

10558　舊拓　2 册　都俞舊藏

明王覺斯劉後祐兩進士手劄

順治六年(1649)劉光暘摹勒

10541　舊拓　1 册(附晉《真子飛霜》鏡,石印)　況維琦舊藏,陳運彰題記

宋徽宗臨龔遂草書帖

偽帖　明刻。題宣和四年八月書。王衍恕供石,劉蒿嶠鑴

10527　清拓　1 册　邃密精廬主人舊藏

學福樓墨刻

咸豐四年(1854)周爾墉書,輝縣張春枲鑴

10566　2 册　趙夢春舊藏

雜　　類

甲骨文

鐵雲藏龜

9995　5册　共738片　宣統元年(1909)吳榮題首

戚叔玉批注："甲骨自光緒廿五年出土後，海内藏者首推劉鐵雲氏。所藏五千片，選其精者一千零六十一片石印出版，題曰《鐵雲藏龜》，爲甲骨文字書籍流佈人間之始。其後羅叔言丈以劉氏所貽墨本四十紙成《藏龜》之餘。同時葉玉森又作《拾遺》，所輯亦皆得自劉氏之舊藏。此册乃宣統初年由《藏龜》選精之初拓本，都七百五十片爲十册，余約之五册，實甲骨之菁華、文物之極品也。因憙而爲之記。　叔玉"

竹

鞠鄰刻竹拓

9894　1張

硯

百磚硯齋磚硯拓

9895　1張

褚禮堂硯銘二十章拓

9896　1張

畫

宋　蘇軾壽星像

14806　1張

明　護國慈恩寺並大士像圖題記

萬曆二十二年(1594)五月

14807　2張

明　吕純陽像題記

萬曆二十八年(1600)

14808　1張

至聖先師孔子林圖

14809　1張

達摩像題記

14810　1張(殘)

摹唐吴道子先師孔子行教像

14811　1張(破損)

各類均有

陸星農金石拓存：銅器、銘文、泉幣、泉範、硯拓、造像、鈐印等
　　9892　1册

方小東藏金石拓本：銘文、泉幣、泉範、瓦磚陶器、縮漢碑等
　　9893　1册

甲骨文、泉幣、秦量、銅造像（先秦至唐）、虎符、鐙等
　　9992　1册

戈、銅造像、銅鐵權、石造像等
　　9993　1册

瓦當、買地券、造像、燈籠銘等
　　9994　1册

草書要領
　　書學體制著作　題王羲之家藏原本，張旭補缺，米友仁補楷
　　10441　2册

草訣辨疑
　　書學體制著作　明范文明撰集
　　10442　舊拓　1册

草訣百韻
　　書學體制著作　題王羲之書
　　10443　1册　萬曆連奎館范文明刻本，盧桐柏舊藏並跋

筆 劃 索 引

墓誌依志主姓氏編入，不列官銜封號。

品名相同者按年代先後順序排列，年代不詳則按藏品編號順序排列。

首字殘損不可辨識及難以隸定者附於最後。

泉幣、雜類數量很少，故不再編入。

一畫

一切如來心眞言並明覺寺持律尼心印記
 （又名）   281
乙速孤行儼碑並額 開元十三年(725) 269
乙速孤神慶碑並額 載初二年(690) 264
乙瑛碑 永興元年(153) 212

二畫

丁氏（宮人司饎）墓誌 大業十一年(615) 52
丁君義造象題記 如意元年(692) 190
丁孝範等造象記 乾封元年(666) 184
丁辟邪造象記 孝昌二年(526) 140
七帝寺玄凝等造象 開皇五年(585) 172
七星巖周湛等題名（又名） 慶曆二年(1042) 295
九成宮醴泉銘並額 貞觀六年(632) 253
二王帖   338
人畫像   323
八都壇神君實錄碑 垂拱元年(685) 263
八關齋會報德記 大曆七年(772) 279
刁遵墓誌 熙平二年(517) 11
十八字殘碑（又名）   231
十力士尊經殘石 後晉天福三年(938) 291
十鼓文（又名）   205
卜氏（宮人）墓誌 大業十二年(616) 53

三畫

三公山碑 光和四年(181) 222
三老諱字忌日碑 建武二十八年(52) 208
三希堂石渠寶笈法帖三十二卷 338
三段碑（又名）   235
三洲巖東坡題名 元符三年(1100) 300
三乘墓誌 元和二年(807) 107
三聖宮平東將軍右銀青光祿等造象題名 171
三體石經□殘石 正始 233
三體石經子曰殘石 正始 233
三體石經中殘石 正始 233
三體石經公來殘石 正始 233
三體石經四三殘石 正始 233
三體石經弗言殘石 正始 233
三體石經石殘石 正始 233
三體石經有殘石 正始 233
三體石經自□□殘石 正始 233
三體石經伊殘石 正始 233
三體石經叔殘石 正始 233
三體石經尚書多士殘石 正始 232
三體石經尚書君奭殘石 正始 233
三體石經尚書君奭殘石 正始 233
三體石經尚書皋陶謨殘石 正始 232
三體石經尚書殘石 正始 232
三體石經尚書無逸殘石 正始 232
三體石經春秋文公九年殘石 正始 232
三體石經春秋殘石 正始 232

三體石經春秋僖公卅年至文公二年殘石
　　正始　232
三體石經春秋僖公廿八年至卅年殘石
　　正始　232
三體石經春秋僖公廿八年殘石　正始　233
三體石經禹禹四殘石　正始　233
三體石經姬遇殘石　正始　233
三體石經烏虛殘石　正始　233
三體石經惟殘石　正始　233
三體石經爾殘石　正始　233
三體石經趙殘石　正始　233
三龕記（又名）　255
三靈侯廟碑陰　後至元五年（1339）　313
上曲陽劉興造象記　興□十六年　156
上官香合邑等造象記　興和四年（542）　152
上庸長司馬孟台神道闕殘石　229
上尊號奏　考爲黃初元年（220）　230
乞伏保達墓誌並蓋　武平二年（571）　34
乞伏銳造象記　元象二年（539）　151
乞伏寶墓誌　永熙二年（533）　26
于大猷碑　聖曆三年（700）　264
于氏（李暄妻）殯銘記　開元十年（722）　92
于氏（蔣夫人）墓誌　開元六年（718）　90
于仙姬墓誌　孝昌二年（526）　19
于孝顯碑　貞觀十四年（640）　255
于志寧碑　乾封元年（666）　260
于知微碑　開元七年（719）　267
于景墓誌並蓋　孝昌二年（526）　20
于賁墓誌　景龍二年（708）　88
于纂（富平伯）墓誌　孝昌三年（527）　20
于纂（光祿大夫）墓誌並蓋　孝昌二年（526）　20
亡女翟煞鬼石刻記　天保七年（556）　160
千牛高思儉造象題記　200
千字文斷碑　342
千秋萬歲磚　325
千福寺多寶塔感應碑　天寶十一載（752）　275
土圭刻石　延熹七年（164）　215
土操女娥素行女嚴足誌　55
大吉利石刻　228
大同三年長幹寺塔磚　326
大安寺鐵香爐欵識　吳大和五年（933）　291
大寺主法稱造象題記　龍朔　183
大岯山寺記並額　後周顯德六年（959）　292
大房山投龍壁記　開元二十七年（739）　272

大法師行記　貞觀六年（632）　254
大禹陵廟碑　嘉慶五年（1800）　316
大留聖窟題字　武定四年（546）　154
大基山鄭道昭詩刻　244
大智禪師碑　開元二十四年（736）　271
大統寺慧榮題記　正光三年（522）　137
大雲寺碑　大足元年（701）　265
大融法師支提塔記　開皇十三年（593）　39
大瀛海道院記並額　至治二年（1322）　312
大證禪師碑　大曆四年（767）　278
女年九歲殘碑（又名）　234
女弟子李氏造象題記　咸通八年（867）　198
女花從等造象　開皇十五年（595）　175
女道士李安宮文　290
子孫父乙匜　334
子游殘碑上截　229
子游殘碑下截　229
小光造象題記　201
小克鼎　333
山可球造象記　後梁開平二年（908）　202
山東泰安馬家店畫像　323
山東殘畫像（壬）　323
山東殘畫像（癸）　323
山東畫像　永和二年（137）　323
山東畫像（14368）　323
山東畫像（14369）　323
山東畫像（14373）　323
山暉墓誌　延昌四年（515）　9
山徽墓誌　永安二年（529）　24
干祿字書　342
弓君並夫人郭氏墓誌並蓋
　　元和十五年（820）　110

四畫

不湊墓誌　淳熙九年（1182）　122
不空碑　建中二年（781）　282
中山太守王盛碑　244
中山郡王隆業石象銘　長安四年（704）　193
中部碑（又名）　226
中惠父簋　332
中興寺造象　大統三年（537）　148
中興頌　大曆六年（771）　278
中興頌（翻刻）　279

中嶽太室石闕銘　元初五年(118)　209
中嶽永泰寺碑　天寶十一載(752)　275
中嶽嵩高靈廟碑　太安二年(456)　241
中嶽嵩陽寺碑　天平二年(535)　245
中嶽廟石人冠頂字　229
丹霞壁三字　308
五百羅漢記　南漢乾和四年(946)　292
五官掾等字殘石　正始　232
井牀題字(又名)　239
井闌題字　南唐保大三年(945)　292
井闌題記　天監十五年(516)　239
仁□合門徒道俗等造象題記
　　　考爲調露二年(680)　188
仇道朗墓誌　萬歲通天元年(696)　84
"今已就達願"等字造象殘石　147
元□□廿餘人造象記　永熙二年(533)　143
元乂墓誌　孝昌二年(526)　19
元大娘造象記　乾封三年(668)　184
元子直墓誌　正光五年(524)　16
元仁師墓誌　調露元年(679)　78
元公墓誌　大業十一年(615)　51
元天穆墓誌並蓋　普泰元年(531)　24
元引墓誌　正光四年(523)　15
元文墓誌　太昌元年(532)　26
元氏(王誦妻)墓誌　熙平二年(517)　11
元氏(宮人)墓誌　大業五年(609)　43
元氏(宮人)墓誌　大業十年(614)　48
元氏(裴君夫人)墓誌　開元二十六年(738)　14
元氏(馮邕妻)墓誌並蓋　正光三年(522)　15
元仙墓誌　正光四年(523)　15
元平墓誌　正光五年(524)　16
元存劭等造陀羅尼經幢　大中四年(850)　287
元延生磚誌　熙平元年(516)　10
元延明墓誌　太昌元年(532)　25
元次山墓碑　大曆七年(772)　279
元羽墓誌　景明二年(501)　4
元均之墓誌　建義元年(528)　21
元均墓誌　武定二年(544)　30
元玕墓誌　天平二年(535)　27
元秀墓誌　正光四年(523)　15
元使君墓誌蓋　27
元伴墓誌並陰　永平四年(511)　7
元周安墓誌　建義元年(528)　22
元和五年造象　元和五年(810)　198

元固墓誌　孝昌三年(527)　21
元始和墓誌　正始二年(505)　5
元孟輝墓誌　神龜三年(520)　13
元定墓誌　景明元年(500)　4
元尚之墓誌　正光四年(523)　16
元茂墓誌　正光六年(525)　17
元保洛墓誌　永平四年(511)　7
元彥墓誌　熙平元年(516)　10
元彧墓誌　建義元年(528)　22
元思墓誌　正始四年(507)　6
元昭墓誌　正光五年(524)　16
元洛神(穆彥夫人)墓誌並蓋
　　　建義元年(528)　21
元洪儁墓誌並蓋　開皇五年(585)　37
元珍墓誌　延昌三年(514)　9
元祐秘閣祖本黃庭經　340
元祐墓誌　神龜二年(519)　12
元祐黨籍碑　崇寧三年(1104)　300
元倪墓誌　正光四年(523)　15
元孫殘碑　229
元恩墓誌　永安二年(529)　24
元悦墓誌　永平四年(511)　8
元悌墓誌並蓋　建義元年(528)　21
元悛墓誌　建義元年(528)　22
元朗墓誌　孝昌二年(526)　20
元琕墓誌並蓋　孝昌二年(526)　19
元純陀墓誌　永安二年(529)　23
元華光墓誌　孝昌元年(525)　18
元陳基、張雨、王蒙、倪瓚帖合冊　344
元偃墓誌　太和二十二年(498)　4
元崇業墓誌　正光五年(524)　17
元彬墓誌　太和二十三年(499)　4
元惊墓誌　武定元年(543)　29
元略墓誌　建義元年(528)　22
元馗墓誌　永安二年(529)　23
元馗墓誌　太昌元年(532)　26
元弼墓誌　太和二十三年(499)　4
元弼墓誌　普泰元年(531)　24
元斌墓誌　正光四年(523)　16
元晫墓誌　孝昌元年(525)　18
元景造象　太和二十三年(499)　130
元欽墓誌　永安元年(528)　23
元湛墓誌並蓋　武定二年(544)　29
元診墓誌　永平五年(512)　8

元買得墓誌並側　　開明元年(619)　　55
元暉墓誌　　神龜三年(520)　　12
元暐墓誌　　武泰元年(528)　　21
元楨墓誌　　太和二十年(496)　　4
元肅墓誌　　永熙二年(533)　　26
元詳墓誌　　永平元年(508)　　6
元遙墓誌　　神龜二年(519)　　12
元頊墓誌　　太昌元年(532)　　25
元壽安墓誌並蓋　　孝昌二年(526)　　19
元寧造象記　　孝昌二年(526)　　139
元寧墓誌　　正光五年(524)　　17
元廣墓誌　　熙平元年(516)　　11
元毓墓誌並蓋　　建義元年(528)　　22
元演墓誌　　延昌二年(513)　　8
元熙墓誌　　孝昌元年(525)　　18
元維墓誌　　永安二年(529)　　23
元緒墓誌　　正始四年(507)　　6
元誘妻薛伯徽墓誌(又名)　　18
元誨墓誌　　普泰元年(531)　　24
元誨墓誌蓋　　普泰元年(531)　　24
元颺墓誌　　永平元年(508)　　6
元廞墓誌　　建義元年(528)　　22
元德磚誌　　永平二年(509)　　7
元澄妃李氏墓誌(又名)　　4
元賢墓誌　　天保二年(551)　　31
元晬墓誌　　武定三年(545)　　30
元舉墓誌　　武泰元年(528)　　21
元龍墓誌　　正始元年(504)　　5
元徽墓誌　　太昌元年(532)　　26
元璨墓誌　　正光五年(524)　　16
元禮之墓誌　　永安元年(528)　　23
元謐墓誌　　正光五年(524)　　16
元鍾葵墓誌(又名)　　45
元鍾墓誌並蓋　　大業七年(611)　　45
元簡墓誌　　太和二十三年(499)　　4
元颺墓誌　　延昌三年(514)　　9
元懷墓誌　　熙平二年(517)　　11
元騰墓誌　　神龜二年(519)　　12
元寶建墓誌　　興和三年(541)　　29
元繼墓誌　　永安二年(529)　　23
元纂墓誌　　孝昌元年(525)　　18
元顥墓誌　　太昌元年(532)　　25
元襲墓誌　　太昌元年(532)　　26
元譿墓誌　　神龜三年(520)　　12

元鑒墓誌　　正始四年(507)　　6
元顯墓誌　　武定二年(544)　　30
元顯儁墓誌　　延昌二年(513)　　8
元顯魏墓誌　　孝昌元年(525)　　18
元靈曜墓誌　　正光四年(523)　　15
元鸞墓誌　　正始二年(505)　　5
內侍省功德碑並額　　開元　　197
公孫□□造象記　　正光三年(522)　　137
公孫村母人和卅一人造象題名
　　　　天保四年(553)　　159
公孫肱墓誌並蓋　　天統二年(566)　　33
公孫猗墓誌　　孝昌二年(526)　　20
公孫甄生墓誌　　天平四年(537)　　27
六祖墜腰石題字　　龍朔元年(661)　　259
六朝書法　　341
六朝畫像　　324
兮甲盤　　334
內西頭供奉余祺鐫象記　　204
勾龍殘石　　252
升仙太子碑額及陰　　聖曆二年(699)　　264
升仙碑陰上截雜言遊仙篇　　聖曆二年(699)　　264
升仙廟興功記　　乾寧四年(897)　　288
卞玉過石門頌表紀(又名)　　219
卞鑒墓誌並蓋　　大業十二年(616)　　53
天井山摩崖(又名)　　220
天文圖　　315
天后御制詩書碑　　永淳二年(683)　　263
天柱山東堪石室銘　　244
天紀碑(又名)　　235
天發神讖碑　　天璽元年(276)　　235
天童玲瓏岩甲壽徑碑記　　民國甲子
　　　　(考爲1924)　　317
天統四年九月十五日造象　　天統四年(568)　　165
天統殘造象　　天統元年(565)　　163
天嘉磚　　327
天監磚　　326
天璽紀功刻石(又名)　　235
太上說九幽拔罪心印妙經相
　　　　崇寧元年(1102)　　300
太公呂望表　　武定八年(550)　　246
太史慈(子義)像　　324
太平興國禪院鐘銘　　慶元五年(1199)　　305
太守安丙石門玉盆題名　　嘉定二年(1209)　　305
太安造象　　太安元年(455)　　128

太州王思業造象題記　附神龍元年末　194
太和造象磚　太和二年(478)　129
太宗戒石銘　紹興二年(1132)　302
太宗屏風碑　貞觀十四年(640)　255
太宗祭比干文並額　貞觀十九年(645)　255
太武帝東巡碑　太延三年(437)　241
太康磚　326
太康磨（又名）　236
太清樓帖十卷　337
夫子廟堂記　太平興國七年(982)　294
孔子手植檜贊　元豐　298
孔子見老子畫像題榜　321
孔子廟堂碑（西）　武德九年(626)　253
孔子廟堂碑（東）　武德九年(626)　253
孔子廟堂碑兩石合冊　武德九年(626)　253
孔子顏子贊殘石　開元十一年(723)　268
孔文禮碑（又名）　225
孔氏墓誌　顯慶二年(657)　65
孔君墓碣　永壽元年(155)　213
孔宏殘碑　226
孔宙碑　延熹七年(164)　215
孔長寧墓誌　貞觀二十一年(647)　60
孔宣公碑　乾封元年(666)　260
孔彪碑並陰　建寧四年(171)　218
孔思義造象題記　萬歲通天元年(696)　191
孔神通墓誌並蓋　大業八年(612)　47
孔哲墓誌　正統十二年(1447)　124
孔道乘等造象姓名記　171
孔羨修孔廟碑（又名）　231
孔僧時造彌勒象　天平三年(536)　150
孔廟置百石卒史碑（又名）　212
孔穎達碑並額　貞觀二十二年(648)　256
孔謙碑　永興二年(154)　213
少仕州郡等字殘碑（又名）　210
少林寺戒壇銘　開元三年(715)　266
少林寺柏谷塢莊碑　開元十一年(723)　269
少林寺碑（又名）　165
少林寺碑　開元十六年(728)　270
尤忠墓誌並蓋　景泰七年(1456)　125
尹年崆峒碧雲洞題詩　315
尹伯成妻造象記　永平四年(511)　133
尹宙碑　熹平六年(177)　221
尹貞墓誌　貞觀二十年(646)　59
尹善幹墓誌（又名）　59

尹景暉等造象題名　146
尹景穆等造象記　143
尹靜妙造象記　延昌四年(515)　134
尹顯房造象記　延昌四年(515)　134
屯田碑　雍正十一年(1733)　316
巴州佛龕記　乾元三年(760)　276
廿人造象　麟德元年(664)　183
心經(14587)　290
心經(14593)　290
心經(14594)　290
心經(14595)　290
支氏墓誌　大中七年(853)　114
支提塔記　仁壽二年(602)　251
支提龕銘　開元十九年(731)　197
支懷墓誌　顯慶四年(659)　66
文安公牡丹詩　天聖九年(1031)　295
文安縣主墓誌　貞觀二十二年(648)　60
文宣王廟新三門記　大曆八年(773)　280
文彥若墓誌　皇祐三年(1051)　120
文殊般若經碑　248
文海珎妻周雙仁等造象題名
　　天保十年(559)　161
文徵明自書詩冊　344
方信孺再游龍隱巖追和陶商翁韻詩　嘉定　306
方信孺刻陸遊書“詩境”二字
　　嘉定七年(1214)　306
方信孺龍隱巖三詩　嘉定九年(1216)　306
方信孺龍隱巖詩　嘉定七年(1214)　306
方國珍德政碑銘殘石
　　考爲至正三十年(1370)　313
日本多胡郡碑　和銅四年(711)　266
日本多賀城定界碑　天平寶字六年(762)　276
日本佛足跡歌碑　天平勝寶四年(752)　275
毋邱海深造象記　垂拱三年(687)　189
毌丘儉紀功刻石並陰　正始六年(245)　232
比丘□□造象記　正光二年(521)　136
比丘□□造象題記　天保七年(556)　160
比丘尼□□造象記　普泰元年(531)　142
比丘尼□悅造象記　天平二年(535)　150
比丘尼□總造象記　開皇十二年(592)　174
比丘尼八正造象題字　儀鳳三年(678)　187
比丘尼化造象記　144
比丘尼牟模檀沙彌李娘造象
　　開元十三年(725)　196

比丘尼妙英造象記　聖曆二年(699)　191
比丘尼和和石龕銘　開元二十三年(735)　197
比丘尼林黎造象　大同九年(543)　128
比丘尼法文法隆等造象記　永平二年(509)　133
比丘尼法行造象記　永平三年(510)　133
比丘尼法超造象記　孝昌二年(526)　140
比丘尼法璨造象記　孝昌二年(526)　140
比丘尼恩恩造地藏菩薩象題記

　　神龍三年(707)　194
比丘尼眞智造象題字　永隆二年(681)　188
比丘尼智空造象記　孝昌二年(526)　140
比丘尼道外造象記　武平二年(571)　165
比丘尼圓照圓光姊妹造象記

　　武平六年(575)　167
比丘尼慈香造象記　神龜三年(520)　136
比丘尼僧□造象記　孝昌元年(525)　139
比丘尼慧辯造象　太和十八年(494)　129
比丘尼曇陵造象　興和二年(540)　152
比丘尼曇會阿容造象記　天平三年(536)　150
比丘尼曇樂造象記　建德元年(572)　171
比丘尼靜元等造象記　開皇七年(587)　173
比丘尼靜恭等廿餘人造象記

　　天保五年(554)　159
比丘尼寶淵造象記　正光六年(525)　139
比丘如光題記　正始三年(506)　132
比丘如來造象記　開元十九年(731)　196
比丘自乞等字殘造象　146
比丘明儁造象題記　127
比丘法生造象記　景明四年(503)　131
比丘法定造象記　天保二年(551)　158
比丘法明等七十人造象記　天和二年(567)　170
比丘法相造象記(又名)　155
比丘法神造象記　河清二年(563)　162
比丘法朗等造象　天統四年(568)　164
比丘法訓造象記　天保二年(551)　158
比丘法敬等造象題名　147
比丘法雅等一千人造九級浮圖碑

　　正始元年(504)　131
比丘法雲造象記　普泰元年(531)　142
比丘法量造象記　大統二年(536)　148
比丘法興造象記　永平四年(511)　133
比丘知因題記　神龜三年(520)　136
比丘思□造象　天統元年(565)　163
比丘洪寶造象　天平二年(535)　149

比丘惠合題記　正始五年(508)　132
比丘惠育造象記　天保二年(551)　158
比丘惠感造象記　景明三年(502)　130
比丘惠暉造象記　天平四年(537)　150
比丘惠遠造象記　武平六年(575)　167
比丘惠慶造象記　天統二年(566)　163
比丘惠樹普慧等造象記　天平四年(537)　151
比丘惠鑒造象題記　168
比丘智樆等造象記殘石　171
比丘道仙造象記　永熙三年(534)　143
比丘道匠造象記　太和前後　129
比丘道安等造象題名　146
比丘道朏造象　天保十年(559)　161
比丘道軌率道俗百人造象　武平五年(574)　167
比丘道敬造象題記　天統二年(566)　163
比丘道穎等造象記　武定四年(546)　154
比丘道濟造象題記　145
比丘道觀造白玉象　武定元年(543)　153
比丘僧安仰造象記　正光四年(523)　138
比丘僧延等造象　169
比丘僧邑義(下缺)造象　乾明元年(560)　161
比丘僧法延造象題記　皇建二年(561)　161
比丘僧法祚造象　龍朔三年(663)　183
比丘僧法祚造象記　乾封二年(667)　184
比丘僧法祚造象記　咸亨元年(670)　186
比丘僧法祚等造優填王象　顯慶五年(660)　183
比丘僧紹造象殘刻　157
比丘僧惠詅等造象記　武定五年(547)　154
比丘僧道山造象記　興和三年(541)　152
比丘僧道貞造象　延載元年(694)　190
比丘僧道請爲亡父母造象(又名)　154
比丘僧榮造象記　大統四年(538)　148
比丘僧遵造象題名　皇建二年(561)　162
比丘僧融等造象　144
比丘僧總智靜造象題記　天保八年(557)　161
比丘慧敢等造象題名　156
比丘慧暢造象記　正光三年(522)　137
比丘慧榮造象記　正光二年(521)　137
比丘凝玄造象記　河清三年(564)　162
比丘曇山合邑等造象題記　武平三年(572)　166
比丘曇利等造象　171
比丘曇宗等造象題記　145
比丘曇訓等造象題名　169
比丘曇靜造釋迦象記　武定三年(545)　154

比丘靜度造象記　普泰二年(532)　142
比丘寶演造象　天保八年(557)　160
比邱慧成題記(又名)　129
毛氏墓記　開元二年(714)　90
毛永貴蓋樹等造象題記　169
毛佑墓誌　貞觀四年(630)　56
毛君夫人鄒氏墓誌　元和元年(806)　107
火井銘　289
父乙方鼎　333
牛□□母郎小妃爲亡女保兒造象
　　開皇十八年(598)　176
牛方大墓誌　大業十二年(616)　54
牛氏像龕碑　開元　197
牛令香造象　179
牛弘第三女暉墓記　大業十年(614)　49
牛永福等造象題名　河清三年(564)　162
牛秀碑　貞觀　256
牛承直石窟寺題詩　大定十九年(1179)　309
牛知讓墓誌　開寶三年(970)　120
牛密母張造象記　咸亨三年(672)　186
牛景悅等造象　天保三年(552)　159
牛懿德造象題記　乾封元年(666)　184
王□□妻田造象記　正光四年(523)　138
王□欣造象記　145
王二娘造石浮圖並象記　久視元年(700)　191
王二娘造象記　201
王大遠造象題記　總章元年(668)　185
王子晉碑　延昌四年(515)　243
王子華等造象　開皇七年(587)　173
王小貴暨合邑諸人造七寶佛堪象碑(又名)　164
王才及夫人毛氏墓誌　麟德元年(664)　70
王才墓誌　永徽五年(654)　63
王丑造象題記　垂拱三年(687)　189
王仁恪造象題記　上元二年(675)　186
王仁基造象題記　顯慶五年(660)　182
王元等琵琶泓題名　紹聖四年(1097)　299
王元鷥墓誌　興和三年(541)　29
王友方龍門造塔記(又名)　182
王太貞墓誌　119
王夫人(元颺妻)墓誌　延昌二年(513)　8
王夫人墓誌　大業三年(607)　42
王夫人墓誌　貞觀十年(636)　57
王夫人(師)墓誌　麟德二年(665)　70
王夫人墓誌　咸亨四年(673)　75
王夫人(張府君妻)墓誌　儀鳳二年(677)　77
王夫人墓幢　乾符三年(876)　117
王尹農造象題記　總章元年(668)　185
王文山造象　太平真君二年(441)　128
王文詶造象　顯慶三年(658)　182
王文路等造象題名　144
王文曉墓誌　儀鳳三年(678)　77
王方略造象記　天平三年(536)　150
王氏(給事君夫人)墓誌　永平二年(509)　7
王氏(張君妻)墓誌　永徽三年(652)　62
王氏(李府君夫人)墓誌　咸亨元年(670)　73
王氏(宋夫人)墓誌　光宅元年(684)　80
王氏(韋君夫人)墓誌　貞元六年(790)　104
王氏(秦君夫人)墓誌　元和八年(813)　108
王氏(羊君夫人)墓誌　長慶二年(822)　110
王氏(袁公夫人)墓誌　大中十四年(860)　115
王氏(楊籌女母)墓誌(又名)　116
王氏(高建妻)墓誌並蓋　武平四年(573)　34
王氏(張公太夫人)墓誌並蓋
　　貞元八年(792)　104
王氏(張突母)誌(又名)　104
王氏女張恭敬造象記　武定三年(545)　154
王氏五子等字殘石　227
王氏殤女墓誌並蓋　咸通　117
王氏雙松堂記　崇寧四年(1105)　300
王世琛墓誌並蓋　大業十二年(616)　53
王他奴造象記　開皇四年(584)　172
王令媛墓誌並蓋　武定二年(544)　30
王令墓誌　開元二十年(732)　94
王史平吳合曹人題字　正始二年(505)　132
王右軍臨宣示表　340
王弘達造象　龍朔三年(663)　183
王弘墓誌　大業十一年(615)　51
王永安造象記　正光二年(521)　136
王永壽造象記　孝昌二年(526)　139
王玄墓誌　咸亨三年(672)　74
王玄藏造象題記　總章元年(668)　185
王白岳都煞鬼等造象題名　169
王立墓誌　顯慶二年(657)　65
王仲建暨夫人張氏合祔誌並蓋
　　咸通六年(865)　116
王仲堪墓誌　貞元十三年(797)　105
王先之題名　政和壬辰(二年,1112)　301
王光墓誌　大業十年(614)　48

王光贊(劉君夫人)墓誌並蓋(又名)	100	王誦墓誌　建義元年(528)　22
王合造象題記　總章元年(668)	185	王貞婦祠記　至元十三年(1276)　310
王吉祥造象題記　貞觀十三年(639)	179	王倫妻陳女婆造象題記　199
王守琦墓誌　大中四年(850)	113	王師放買地記　壽昌二年(1096)　308
王守廉墓誌　元和十四年(819)	110	王師亮造象題字　永徽四年(653)　181
王早樹造象記　武定元年(543)	153	王師墓誌　咸亨三年(672)　74
王行滿書聖教序並額　顯慶二年(657)	253	王師感墓誌　顯慶元年(656)　64
王行寶造觀世音象記　顯慶五年(660)	182	王師德等造象題記　永徽元年(650)　180
王郊墓誌　貞元十九年(803)	106	王晉等造佛菩薩象　天寶十二載(753)　198
王伯安造象　太和十四年(490)	129	王朗夫婦墓誌　龍朔元年(661)　68
王初興造象　景明元年(500)	130	王留生墓誌(又名)　77
王君夫人李氏墓誌　洪武三十年(1397)	124	王留墓誌　儀鳳四年(679)　77
王君表	2	王祥墓誌　上元二年(675)　75
王君殘墓誌　永熙二年(533)	26	王素臣墓誌　景龍二年(708)　88
王君墓誌　天統元年(565)	33	王素墓誌　永徽五年(654)　63
王君墓誌蓋	119	王虔暢墓誌　咸通八年(867)　116
王君劉夫等墓誌蓋	27	王訓墓誌　大曆二年(767)　102
王岐墓誌　文明元年(684)	80	王遜墓誌　大和四年(830)　111
王志悌墓誌　天寶十載(751)	99	王通墓誌　開皇五年(585)　37
王良伯兄弟造象記　皇建二年(561)	162	王馬居造象題記　武平三年(572)　166
王邑師道等造象碑並陰側　河清四年(565)	163	王偃墓誌並蓋　武定元年(543)　29
王阿善造象記　隆緒元年(527)	127	王國□造象題記　如意元年(692)　190
王佺墓誌並蓋　景龍三年(709)	88	王基墓誌　正光四年(523)　15
王侁墓誌　長安三年(703)	87	王基斷碑　景元二年(261)　233
王和墓誌　乾封二年(667)	72	王婆羅門造象記　157
王居士磚塔銘　顯慶三年(658)	65	王清泰造象　大明七年(463)　127
王府君(希庭)墓誌　會昌元年(841)	113	王清墓誌　偽燕聖武二年(757)　101
王府君墓誌　中和二年(882)	118	王紹墓誌　延昌四年(515)　10
王府君墓誌銘(又名)	111	王翊墓誌　永安二年(529)　23
王忠合造象記　延昌元年(512)	134	王處方造象　上元三年(762)　187
王忠嗣碑　大曆十年(775)	280	王袞墓誌並蓋　大業十一年(615)　50
王怡墓誌　開元二十年(732)	94	王進葬記　政和五年(1115)　122
王昌墓誌　熙平元年(516)	10	王善來墓誌　大業元年(605)　42
王明月柳元貴等造象並陰側	171	王惠略等造象題名　武定五年(547)　154
王明妻劉英問造象	148	王惠墓誌　永徽六年(655)　64
王明府誌蓋	54	王惠顒等廿人造象記　河清四年(565)　163
王法愛墓誌　大業□年	54	王敬伯等造象題名　179
王若愚題名　崇寧五年(1106)	301	王景良造象題記　武平七年(576)　168
王英銘記(殘)	27	王景熾妻范造象　天保三年(552)　159
王則墓誌　永徽三年(652)	62	王舒磚誌　永安三年(530)　24
王思道兄弟造象記　神龍元年(705)	194	王貳郎等三百人造象記　武定二年(544)　153
王思道妻造象記	201	王貴和等造象題記　181
王神虎造象　太平真君元年(440)	128	王道元造象記　開元十八年(730)　196
王約墓誌　顯慶四年(659)	66	王道智墓誌　乾封二年(667)　71

王達墓誌　　麟德元年(664)　　　　70
王愛墓誌　　儀鳳元年(676)　　　　77
王慎宗等造四面象記　大統元年(535)　148
王禎墓誌　　延昌四年(515)　　　　10
王稚子闕(存左闕)　元興元年(105)　209
王稚子闕馬中行等題名
　　　　建中靖國元年(1101)　　　　300
王義墓誌　　上元元年(674)　　　　75
王蒙恩造象題記　永徽六年(655)　　181
王詢墓誌並蓋　長安四年(704)　　　87
王僧男墓誌並蓋　正光二年(521)　　14
王僧墓誌　　天平三年(536)　　　　27
王僧歡造象記　建義元年(528)　　　141
王壽卿墓誌並蓋　宣和四年(1122)　122
王寬墓誌　　龍朔元年(661)　　　　68
王寬墓誌並蓋　永徽五年(654)　　　63
王儉墓誌　　咸亨四年(673)　　　　75
王嬌嬌墓誌　咸通五年(864)　　　　116
王審知造庵池記　天祐二年(905)　　288
王審知德政碑　天祐三年(906)　　　288
王徵君臨終口授銘　垂拱二年(686)　81
王慶墓誌　　調露元年(679)　　　　78
王慶墓誌　　開元九年(721)　　　　92
王潤妻董氏造象記　　　　　　　146
王箴興竹素園詩　庚戌　　　　　　315
王肇碑並陰　重和元年(1118)　　　301
王輝兒造象記　開皇八年(588)　　　173
王遵銘記(墓磚)　熙平元年(516)　　134
王遺女墓誌　正光二年(521)　　　　14
王頎墓誌　　開元三年(715)　　　　90
王曉藏定武蘭亭　　　　　　　　339
王穎□造象　天和三年(568)　　　　170
王羲之書金剛經　　　　　　　　341
王羲之書報道帖　　　　　　　　341
王羲之書道德經　　　　　　　　341
王興國等造石柱頌(又名)　　　　247
王霖造象　　太和十七年(493)　　　129
王璥造石浮屠銘　景雲二年(711)　　194
王曜墓誌並蓋　開皇十年(590)　　　38
王雙虎等造象記　武定二年(544)　　153
王懷忠等七人造象題名　　　　　201
王寶英妻張造象題名　永徽三年(652)　180
王獻之玉版十三行　　　　　　　341
王獻之保母帖二種　　　　　　　341

王篡墓誌　　乾封二年(667)　　　　72
王蘭苑造象殘記　開皇八年(588)　　173
王護墓誌　　貞觀十一年(637)　　　57
王霍憐等造象記　　　　　　　　157
王馨墓誌　　景明元年(500)　　　　4
王歡欣劉阿歡造象記　　　　　　157
王顯慶墓誌　興和二年(540)　　　　28
瓦當　　　　　　　　　　　　328

五畫

丘哲墓誌　　武泰元年(528)　　　　23
丘蘊墓誌並蓋　貞觀二十二年(648)　60
丙子歲芝岑清造象　考爲大業十二年(616)　178
仙壇山銘　　聖曆三年(700)　　　　264
代國長公主碑　開元二十二年(733)　271
仳和寺造象記　永平四年(511)　　　133
令狐氏(馬君夫人)墓誌　儀鳳元年(676)　77
令狐氏(張公夫人)墓誌　天寶十二載(753)　100
令長新誡(在大荔)　開元二十四年(736)　271
令長新誡(在乾州)　開元二十四年(736)　271
包拯題名　　慶曆二年(1042)　　　295
北周文王廟碑(又名)　　　　　　169
北海王元詳造象記　太和二十二年(498)　130
北海王國高太妃造象記　　　　　144
北海橋題字　至正九年(1349)　　　313
北嶽寺殘刻　　　　　　　　　　289
北嶽府君碑　開元九年(721)　　　268
半截碑(又名)　　　　　　　　　268
古弘節墓誌　龍朔三年(663)　　　　69
古柏行　　　正隆五年(1160)　　　309
句法襲爲亡妻魚恭姬造象　天和二年(567)　170
叱李綱子墓誌　大業十二年(616)　　54
史公石象銘　延和元年(712)　　　　89
史昌造象題記　　　　　　　　　179
史信墓誌　　麟德二年(665)　　　　71
史晨前後碑　　　　　　　　　　217
史晨前碑(又名)　　　　　　　　217
史晨後碑(又名)　　　　　　　　217
史道暢五十人等造象記　　　　　156
史頌簋(9923-1)　　　　　　　　333
史頌簋(9926-1)　　　　　　　　333
史頌簋(9926-2)　　　　　　　　333
史彌大等題名　淳熙八年(1181)　　304

司空公長樂王邱穆陵乾夫人爲牛橛造象
　　（又名）　　　　　　　　　129
司馬元興墓誌　永平四年(511)　　7
司馬元禮墓誌　天寶四載(745)　98
司馬氏(元譚妻)墓誌　正光四年(523)　15
司馬王亮邑義等造象記　　　　202
司馬昇墓誌　天平二年(535)　　27
司馬治中造象　天和五年(570)　170
司馬長元石門題字　建初六年(81)　208
司馬昞墓誌並蓋　正光元年(520)　13
司馬紹等四墓誌　永平四年,正光元年,
　　延昌三年,天平二年　　　　7
司馬景和妻墓誌　延昌三年(514)　8
司馬道墓誌並蓋　儀鳳三年(678)　77
司馬解伯達題記　太和　　　　130
司馬遵業墓誌　天保四年(553)　32
司馬興及夫人張氏墓誌　咸亨元年(670)　73
司馬顯姿墓誌　正光二年(521)　13
司勳等字殘碑　　　　　　　227
司隸校尉犍爲楊君頌（又名）　212
四望山題記　會昌四年(844)　287
尼妙暈造象　正光□年　　　139
尼法光爲弟劉桃扶造象記　普泰二年(532)　142
尼法陵題記　正光四年(523)　137
尼法恩等造象記　孝昌三年(527)　141
尼法朗造象記　　　　　　144
尼法貴等造象題記　　　　199
尼法貴僧安造象記,尼法慶造象記
　　永平三年(510)　　　　133
尼法照題記　正光四年(523)　138
尼法慶造象記　永平三年(510)　133
尼法興造象記　延昌二年(513)　134
尼紹戔造象題字　　　　　156
尼惠好惠藏造象　武定四年(546)　154
尼惠眾等十一人造象記　天保五年(554)　160
尼惠智造象記　永平三年(510)　133
尼惠澄造象記　正光六年(525)　138
尼惠遵造象記　武定七年(549)　155
尼道進法明造象題記　　　200
尼道僧妃造象　正始元年(504)　132
尼道慧法盛造象記　普泰元年(531)　142
尼道慧造象　建義元年(528)　142
尼僧道道安法造象記　　　144
尼僧達造象記　孝昌元年(525)　139

尼僧暉造象題記　　　　　200
尼德相造象題記　　　　　200
左宣等兄弟三人造象（又名）　158
左棻墓誌並陰　永康元年(300)　2
左章葬磚　　　　　　　　325
左樂府長史王元明尊勝幢記
　　開元十九年(731)　　　270
巨始光造象陰側　大統六年(540)　148
平亭詩　嘉定三年(1210)　　305
平蠻頌　大曆十二年(777)　　280
弁空造象題記　　　　　　201
弘化大長公主墓誌並蓋　聖曆二年(699)　85
本願寺造舍利塔碑　天寶四載(745)　197
正光□年殘造象記　正光□年　139
正光二年造象記　正光二年(521)　136
正光五年墓磚　　　　　　327
正光六年造象記　正光六年(525)　139
正始三體石經　正始　　　232
正始三體石經殘字　正始　233
正始石經尚書春秋殘字　正始　232
正性墓誌並蓋　貞元六年(790)　104
正直殘碑　　　　　　　　229
正解寺造象記　開皇十六年(596)　175
民望營碑象側　　　　　　147
永元八年食堂題字　永元八年(96)　209
永安郡定襄縣高嶺村以東諸村邑儀道俗
　　等造象　武定七年(549)　155
永安郡定襄縣榆株岑道俗造象記並陰
　　武定七年(549)　　　　155
永初畫像戴父母卒日記　　320
永建食堂畫像題字　永建五年(130)　210
永建食堂畫像題字　　　　320
永康元年磚　　　　　　　326
永清縣合河村劉天甫妻張氏等施錢造佛
　　題名　　　　　　　　204
永壽殘碑（又名）　　　　224
玄宗第五孫女墓誌並蓋　天寶十三載(754)　101
玄宴齋十三行　　　　　　341
玄秘塔碑並陰額　會昌元年(841)　286
玄照造象題字　調露二年(680)　188
玄靖李先生碑（又名）　　280
玄靜等造象　　　　　　　202
玉枕蘭亭　　　　　　　　339
玉華宮蔣之奇詩　元豐三年(1080)　297

玉造象　永明二年(484)　127

玉煙堂董帖四卷　344

甘大娘造象題記　無年月(武周)　193

甘泉山刻石　元鳳二年(−79)　207

甘陵相尚書碑　225

田氏(宮人采女)墓誌　大業十年(614)　49

田氏(宮人采女)墓誌　大業十一年(615)　51

田氏(史君夫人)墓誌　永徽四年(653)　63

田氏(張君夫人)墓誌　天授二年(691)　82

田父甲罍　332

田市仁等作象龕記　168

田侁墓誌　貞元三年(787)　104

田英墓誌　開成三年(838)　112

田通墓誌　顯慶四年(659)　66

田彬劉造牛王德勝將軍行宮廟記
　致和元年(1328)　312

田道義田元顯等造象題記　145

田黑女造象記　正光二年(521)　136

田義起石浮圖頌(又名)　194

田僧敬造象記　144

田壽造象記　孝昌元年(525)　139

田贊墓誌　總章元年(668)　72

田靈芝墓誌　開元十一年(723)　92

申屠義造象記　永平二年(509)　132

申貴墓誌　開皇三年(583)　36

申穆墓誌　仁壽元年(601)　40

白石神君碑　光和六年(183)　223

白防生造象記　延昌四年(515)　134

白佛山贊　萬曆□年七月　314

白馬寺祖庭記並額　至順四年(1333)　312

白梅倡和詩　紹熙五年(1194)　304

白景造象題記　天和六年(571)　170

白道生碑　永泰元年(765)　277

白楊店畫像(又名)　322

白楊樹村畫像(又名)　321

白慶先墓誌　開元二十三年(735)　95

白鶴觀碑　垂拱二年(686)　263

白鸚鵡賦　乾隆三十六年(1771)　316

石夫人(江陽王次妃)墓誌　永平元年(508)　6

石方憙造象(又名)　166

石臺孝經　天寶四載(745)　274

石永興等造象記　武平二年(571)　166

石佛寺閻氏造象題記　太和二十三年(499)　130

石佛背題字(又名)　127

石社碑(又名)　237

石定墓誌　永嘉二年(308)　2

石忠政墓誌　寶曆元年(825)　111

石林亭詩　嘉祐七年　296

石門玉盆閭邱資深等題名
　慶元二年(1196)　305

石門安丙詩　附嘉定二年(1209)　305

石門范鼑題名　慶元三年(1197)　305

石門張釗爲刺史孫希莊造象記
　開元二十三年(735)　197

石門畫像　321

石門賈公直等題名　紹聖二年(1095)　299

石門頌　建和二年(148)　212

石門趙公茂題名　慶元二年(1196)　305

石門趙彥呐題名　寶慶二年(1212)　306

石門銘　永平二年(509)　242

石門題字　245

石信墓誌　大寧元年(561)　32

石紹維爲兄造象題記　145

石象之碑殘刻　202

石暎墓誌　北漢天會八年(964)　120

石劌等造象題記　146

石尠墓誌　永嘉二年(308)　2

石經集存所收羅石索引　221

石裹村造橋碑(又名)　249

石鼓文　205

石墻村石刻　227

石壁寺鐵彌勒像頌　開元二十九年(741)　272

石靜業造象記　貞觀二十年(646)　180

石默啜墓誌　元和十一年(816)　109

石颿銘　元嘉十七年(440)　238

石鐘山記　乾隆五十三年(1788)　316

禾郡張氏藏定武蘭亭　339

立界山石祠碑(又名)　238

艾宏建頂幢　大定二十四年(1184)　309

六畫

仲思那等造橋碑　開皇六年(586)　249

仲叔父簠　332

任氏(董君夫人)墓誌　貞觀十九年(645)　59

任氏墓誌　元豐三年(1080)　121

任令則碑　天寶四載(745)　274

任忠益題名　景定初　307

任茂弘墓誌　大順二年(891)　118
任城太守孫夫人碑　泰始八年(272)　236
任軌墓誌並蓋　大業四年(608)　43
任智滿造象題記　長壽二年(693)　190
伊吾司馬侯猗題字(又名)　211
伊闕佛龕碑　貞觀十五年(641)　179
伍恭公墓誌並蓋　大業十一年(615)　50
伏仁墓誌　開皇六年(586)　37
伏生冢題字　230
伏虎都督樂元愷等題名　157
光父乙鼎　333
光相周等造象題名　147
光觚　334
再建圓覺大師塔誌　大中七年(853)　114
冰鑑　334
合邑人爲皇帝造象　證聖元年(695)　190
合邑諸人造佛堪銘(又名)　164
吉日癸巳(又名)　205
吉月令辰碑(又名)　226
吉懷惲墓誌　垂拱三年(687)　81
同乍父戊卣　331
同州聖教序　龍朔三年(663)　259
吐谷渾氏(武昌王妃)墓誌　建義元年(528)　22
吐谷渾璣墓誌　熙平元年(516)　10
向氏(臧君夫人)墓誌　元和十年(815)　109
圭峯定慧禪師碑　大中九年(855)　287
如願墓誌　大曆十年(775)　103
宇文公碑　248
宇文夫人(柳尚遠妻)墓誌　麟德二年(665)　71
宇文氏(房蘇威妻)墓誌　大業十二年(616)　53
宇文氏(李君夫人)墓誌　咸通八年(867)　116
宇文貞造等身釋迦象(又名)　169
宇文萇碑　天統五年(569)　247
宇文琬墓誌　天寶三載(744)　98
宇文誠墓誌　武平元年(570)　34
守善塔銘　泰定四年(1327)　124
安□□殘造象記　147
安大清造象記　龍朔二年(662)　183
安丘長王君神道　太康五年(284)　236
安令節墓誌　神龍元年(705)　88
安永照造象　開皇十一年(591)　174
安玄朗墓誌　乾符二年(875)　117
安村道俗一百餘人造象　天平四年(537)　151
安刻孫過庭書譜及陳香泉書釋文　341

安和尚塔記　□(永?)昌元年(689)　263
安定王元燮造象記　正始四年(507)　132
安陽殘石四種　229
安陽縣尉王承潁造象題字　199
安鹿交村二十四人造象記　武定五年(547)　154
安靜墓誌　顯慶二年(657)　65
安穩大吉(又名)　230
延市生造象記　武平六年(575)　167
延光殘碑　延光四年(125)　210
延年石室題字　陽嘉四年(135)　210
成公夫人墓誌並蓋　大業八年(612)　47
成公君誌蓋　55
成氏(顯祖嬪)墓誌　延昌四年(515)　9
成休祖造象　興和四年(542)　152
成君墓誌　天寶六載(747)　98
成思齊造象題記　咸亨元年(670)　185
成晃碑　元康元年(291)　1
成徵墓誌　顯慶元年(656)　64
成願壽墓誌　顯慶四年(659)　66
曲氏(李士素夫人)墓誌　大中十三年(859)　115
曲阜楊公村畫像　319
朱氏(宮人典綵六品)墓誌　大業六年(610)　45
朱氏(崔君夫人)墓誌　天寶元年(742)　97
朱氏(杜君夫人)墓誌　119
朱氏(郝贇夫人)墓誌　元祐三年(1088)　121
朱氏邑人造象題名　天保八年(557)　161
朱四娘爲女造浮圖銘　如意元年(692)　190
朱永隆唐豐等七十人造象(又名)　154
朱玉題記　永徽元年(650)　180
朱妃造玉象記　大業二年(606)　177
朱君長題字　227
朱希顏刻石曼卿書　慶元元年(1195)　304
朱岱林墓誌　武平二年(571)　34
朱舍造象記　武定五年(547)　154
朱長舒石室畫像(又名)　332
朱長舒墓磚　327
朱庭瑾墓誌　開元十八年(730)　94
朱埔題名　寶祐六年(1258)　307
朱敬之妻墓誌　大中七年(853)　114
朱琳墓誌　顯慶六年(661)　68
朱萱墓誌　大中十三年(859)　115
朱遐殘碑並陰　244
朱遠墓誌　咸亨四年(673)　74
朱褆孫題名　咸淳元年(1265)　307

朱曇思等一百人造象記　河清四年(565)　162
朱熹書溪山第一　淳熙　304
朱濟道呈妙空禪師詩　宣和五年(1123)　302
朱鮪石室畫像　322
朱闡祀神殘碑(又名)　237
朱顯愚造象記　157
朱靈振造象(又名)　161
汝南公主墓誌　貞觀十年(636)　57
汝南王元悅造塔記　正光三年(522)　137
汝南周府君碑額並題記　289
江阿歡夫妻造象記　天保六年(555)　160
江都厲王墓石題字(又名)　207
江寧崇教寺辟支佛塔記　皇祐二年(1050)　203
汲令王君立石師子題字　永寧元年(301)　237
牟平縣昆侖山無染禪院碑　光化四年(901)　288
百官勸進表(又名)　230
祁讓墓誌　永徽元年(650)　61
竹氏墓誌並蓋　龍朔元年(661)　68
竹妙(□夫人)墓誌並蓋(又名)　68
竹葉碑　226
米芾第一山大字　元豐　298
米芾嶽麓寺碑陰題名等　元豐三年(1080)　298
米南宮行楷五種　343
米南宮墨妙卷一李太白《贈懷素草書歌》　343
米書小楷集冊　343
米程唱和詩　崇寧元年(1102)　300
米黻浯溪題名　熙寧八年　297
羊本墓誌　大業十二年(616)　53
羊瑋墓誌　大業六年(610)　44
老子祠造象記(又名)　149
考盤潤三字　308
西方侯兄張君殘碑　234
西門珍墓誌　元和十三年(818)　110
西門豹祠堂碑　天保五年(554)　246
西南鄉畫像　322
西嶽華山碑　延熹八年(165)　215
西嶽華山廟碑　天和二年(567)　249
西鐵塔記　南漢大寶六年(963)　293
邢弁墓誌　貞觀八年(634)　56
邢生造象記　興和三年(541)　152
邢安周造象記　普泰二年(532)　143
邢州黃金村合村造經幢記　開元二十六年(738)　197
邢阿光墓誌　皇建二年(561)　32

邢彥袞墓誌　長安四年(704)　87

七畫

伯夷叔齊墓碑　元祐六年(1091)　298
伯矩壺　332
佑聖觀重建玄武殿碑　考爲至大二三年間(1309～1310)　311
何士英定武蘭亭　339
何允墓誌　大和元年(827)　111
何文義造象記　202
何氏(宮人六品)墓誌　大業八年(612)　46
何堅墓誌並蓋　淳祐六年(1246)　123
何蘧盦飛來峰題詩　甲戌　315
佘先生論金液還丹歌訣　紹興二十二年(1152)　303
余藻(質夫)題名　治平元年(1064)　297
余藻龍隱巖題名　治平元年(1064)　297
佚名殘刻　178
佛本行集經碑　元和十四年(819)　285
佛弟子□□□一百人等造碑象記並側　開皇三年(583)　172
佛弟子□安燕造象記　神龍元年(705)　193
佛弟子王歡欣造象記　144
佛弟子段□□造象題記　145
佛弟子楊小娘(或作楊小懷)造象(又名)　175
佛弟子趙田錫造象(或作趙思場造象)　長安四年(704)　193
佛座記(又名)　172
佛頂尊勝陀羅尼經　天寶三年(744)　274
佛頂尊勝陀羅尼經幢　開元　273
利津縣新修廟學記並額　至元三十年(1293)　311
君車畫像　322
吳□□造象記　145
吳□造象　開皇十三年(593)　174
吳公(吳國公尉遲安)李氏(富娘)女墓誌(又名)　51
吳屯造象記　考爲永熙二年(533)　143
吳文碑　開元九年(721)　268
吳王與齊桓公畫像　320
吳如光薛鳳頑等造象題名　145
吳如來造象記　景龍四年(710)　194
吳安造象題字　156

吳安國墓誌　孝昌元年(525)	17	宋永貴墓誌　大業十二年(616)	54
吳洛族供佛碑	168	宋仲墓誌　大業九年(613)	48
吳郡造維衞尊佛題字　永明六年(488)	127	宋仲溫七姬權厝墓誌　至正二十七年(1367)	124
吳高黎墓誌　孝昌二年(526)	18	宋仲溫書前出塞九首	344
吳善墓誌　開元十二年(724)	93	宋伯望等分界刻石　漢安三年(144)	211
吳景達妻劉氏墓誌　貞觀四年(630)	56	宋叔□造象　開皇十一年(591)	174
吳道子畫孔子像	324	宋承祖等題名	144
吳達墓誌　大和四年(830)	111	宋武崗帖二十卷	337
吳蓮花等造象(又名)	163	宋虎墓誌　太昌元年(532)	26
吳嶽祠堂記　興元元年(784)	283	宋金保等十七人造象　天和元年(566)	170
吳嚴墓誌並蓋　大業四年(608)	43	宋容福造多寶象題記　河清元年(562)	162
吳鵬、陳卿等九曜石題名		宋婆造象題記　長安四年(704)	192
嘉靖十七年(1538)	314	宋進妻孫等造象題字　先天二年(713)	194
吹角壩殘石(又名)	224	宋敬業等造象　天保九年(558)	161
呂升卿題試劍石　紹聖二年(1095)	299	宋景妃造象記　孝昌三年(527)	141
呂升歡造象題名並陰　興和二年(540)	152	宋買等造象記　天統三年(567)	164
呂少衞等九曜石題名　紹興二十二年(1152)	303	宋暉造象記　契丹會同十年(947)	203
呂文倩墓誌　開元七年(719)	91	宋睦墓誌　開皇十八年(598)	40
呂仲殘石	227	宋璋墓誌　麟德元年(664)	70
呂行端墓誌　垂拱四年(688)	82	宋璟碑並陰額側　大曆七年(772)	279
呂胡墓誌　大業五年(609)	44	宋徽宗臨虢遂草書帖	344
呂超墓誌　永明十一年(493)	3	宋儼墓誌　建中四年(783)	104
呂超靜墓誌(又名)	3	宋顯昌造象題記　天保三年(552)	159
呂憲墓表　弘始四年(402)	3	宏道院畫像	323
呂謂記養氣湯方　宣和四年(1122)	302	岐州歧山縣鳳泉寺舍利塔銘	
呂覈造象側	147	仁壽元年(601)	176
呂鴻和造象題記	146	岐陽石鼓(又名)	205
告華岳文並額　天寶元年(742)	273	岑文本岑嗣宗造象　貞觀十五年(641)	179
妙□造象記　武平六年(575)	167	弟子□貴造象題記	201
妙法蓮花經	289	弟子邑師僧糾合七十人等造象(又名)	170
妙相寺石佛題字(又名)	127	弟子普閏等爲師立靈塔記(又名)	59
孝女曹娥碑	340	張信墓誌　萬歲通天二年(697)	84
孝子武始公等造石闕銘(又名)	212	快雪堂法書五卷	338
孝子郭巨墓碑(又名)	247	快雪堂趙書蘭亭十三跋	339
孝昌三年殘石(又名)	141	我君等字殘石	229
孝堂山畫像	321	戒壇院齋僧功德銘　明昌六年(1195)	309
孝義雋敬碑　皇建元年(560)	247	扶風丞李寓表(又名)	213
宋之源李師章等題名	307	扶餘隆墓誌　永淳元年(682)	79
宋公去思碑並額　至正二年(1342)	313	投龍簡文十六品　吳越寶正三年(928)	291
宋夫人斑氏墓誌(又名)	59	改修吳延陵季子廟記(又名)	281
宋方生等造象	201	更封殘字畫像	323
宋氏(孫君夫人)墓誌　龍朔三年(663)	69	李三墓誌　顯慶四年(659)	67
宋氏(許洛仁妻)墓誌　儀鳳元年(676)	76	李士久靈巖寺詩	308
宋氏(苟府君妻)墓誌並蓋　大業十一年(615)	50	李子元等造象題名	145

李子如墓誌　咸亨三年(672)　74
李之紀等九曜石題名　元祐三年(1087)　298
李五德造象題名　200
李仁德墓誌　開元二十一年(733)　94
李元姜(元顥妃)墓誌　(又名)　8
李元軌墓誌　永淳元年(682)　79
李元海兄弟七人造象記並陰側
　　建德元年(572)　171
李元墓誌　大業十二年(616)　53
李元福妻鞏造象題記　天寶元年(742)　197
李元諒懋功昭德頌　貞元五年(789)　283
李公墓誌　大曆四年(769)　102
李公(業)闕　228
李六娘等造象題記　201
李夫人墓門畫鹿　323
李夫人(元公妻)墓誌　(又名)　29
李夫人墓誌並蓋　後晉天福五年(940)　120
李文墓誌　麟德元年(664)　70
李文遷造象並側　永安二年(529)　142
李方義墓誌　元和九年(814)　109
李氏爲夫人韓氏造象　大和五年(831)　198
李氏象碑　開皇十六年(596)　175
李氏(朱公佐妻)等造象記　咸通六年(865)　198
李氏(任城王妃)墓誌　景明二年(501)　4
李氏(北海王妃)墓誌　延昌元年(512)　8
李氏(陽平幽王太妃)墓誌　熙平二年(517)　11
李氏(世宗皇帝嬪)墓誌　孝昌二年(526)　19
李氏(曹禮暨夫人)墓誌　武平三年(572)　34
李氏(馮君夫人)墓誌　仁壽四年(604)　41
李氏(宮人典璽)墓誌　大業五年　43
李氏(宮人司燈)墓誌　大業七年(611)　45
李氏(田光山妻)墓誌　大業八年(612)　47
李氏(王君夫人)墓誌　永淳二年(683)　80
李氏(許琮夫人)墓誌　長壽二年(693)　83
李氏(劉夫人)墓誌　萬歲通天二年(697)　84
李氏(王君夫人)墓誌　神龍三年(707)　88
李氏(溫夫人)墓誌　開元五年(717)　90
李氏(盧君夫人)墓誌　開元二十一年(733)　95
李氏(辛君夫人)墓誌　大曆十三年(778)　103
李氏(符載妻)墓誌　元和七年(812)　108
李氏(王君夫人)墓誌　大和六年(832)　111
李氏(杜公夫人)墓誌　大和九年(835)　112
李氏墓誌　乾符五年(878)　118
李氏(楊公夫人)墓誌　大順二年(891)　118
李氏殤女墓石記　貞元十七年(801)　106
李奴造象記　天保二年(551)　158
李弘秤墓誌　大業二年(606)　42
李弘裕墓誌　調露元年(679)　77
李玄齋兄弟造象題記　龍朔元年(661)　183
李白酒樓記　至元三十年(1293)　311
李仲舒造象題記　咸通八年(867)　199
李仲璇修孔子廟碑　興和三年(541)　245
李伐□等造象記　正始三年(506)　132
李光弼神道碑並額　廣德二年(764)　277
李光嗣妻王氏造象題記　總章元年(668)　184
李吐蕃造象記　天授二年(691)　190
李夷行等題名　考爲崇寧元年(1102)　300
李伯達造象記　開皇十八年(598)　176
李克用題名　中和五年(885)　288
李君政造象題記　永徽三年(652)　181
李君通閣道記　永壽元年(155)　213
李君絢墓誌　貞觀二十三年(649)　61
李君晉(辯)造象　大業七年(611)　178
李君墓志　大中十年(856)　114
李君墓誌　後至元三年(1337)　124
李君碑額　230
李含光碑殘石　大曆十二年(777)　280
李孝同碑　咸亨元年(670)　261
李秀碑殘石　天寶元年(742)　273
李系墓誌　天寶九載(750)　99
李良墓誌　貞觀二十三年(649)　61
李使君碑　開皇十七年(597)　251
李叔彥等造象題名　146
李和墓誌　開元十五年(727)　94
李孟初神祠碑　永興二年(154)　213
李岸及夫人徐氏墓誌　元和十一年(816)　109
李府君(扶)墓誌　咸通五年(864)　116
李承嗣造象佛銘　長安三年(703)　192
李明遠墓誌　開元八年(720)　91
李東陽南溪賦　344
李玢墓誌　偽燕聖武元年(756)　101
李苞通閣道題記　景元四年(263)　234
李茂全造象記　後梁開平二年(908)　202
李表墓誌　乾封二年(667)　71
李迪墓誌　天寶六載(747)　98
李長壽妻陳造象　永安三年(530)　142
李保妻楊造象題記　200
李保濟造象記　天統元年(565)　163

李信墓誌並蓋　永徽五年(654)	63	李景崇造象　開皇十年(590)	174
李則墓誌並蓋　開皇十二年(592)	38	李智墓誌　永徽四年(653)	62
李前貴造象記	157	李欽墓誌　開皇十二年(592)	39
李覆宗造象記　正光五年(524)	138	李淵爲子祈疾疏(又名)	177
李彦崇墓誌　開成元年(836)	112	李淵造象　大業二年(606)	177
李彦墓誌　貞觀四年(630)	55	李渤南溪詩　寶曆二年(826)	286
李思訓碑　開元八年(720)	268	李渤留別南溪詩　大和二年(828)	286
李挺墓誌　興和三年(541)	29	李琮造象題記　後梁乾化五年(915)	202
李政墓誌　總章元年(668)	72	李琮等靈隱題名　元豐二年(1079)	297
李胐墓誌　天寶十四載(755)	101	李琮墓誌　武平五年(574)	35
李洪演造象頌　武定二年(545)	153	李翕西狹頌　建寧四年(171)	218
李神珫功德廟碑　開元七年(719)	195	李買造象記　天保四年(553)	159
李神符碑　永徽二年(651)	257	李買墓誌　久視元年(700)	86
李要□造象記　正光三年(522)	137	李超墓誌　正光六年(525)	17
李娘墓誌　光宅元年(684)	80	李道素墓誌　貞觀十五年(641)	58
李峯神道碑　天寶八載(748)	275	李勣畫像	324
李師中龍隱巖詩　嘉祐七年(1062)	296	李勣碑　儀鳳二年(677)	263
李時用德政記　天寶十二載(753)	198	李瑷華墓誌　正光五年(524)	16
李晏造象記　永熙三年(534)	143	李福李祥等造象題名　天平四年(537)	150
李晝墓誌　大中十年(856)	114	李福海造象題記　顯慶元年(656)	181
李泰墓誌　總章元年(668)	72	李稚暈造象記　天保二年(551)	158
李訓等爲亡母房大妃造大道天尊像(又名)	261	李蕭墓誌　大業八年(612)	46
李訓墓誌　大定二十六年(1186)	123	李蕭墓誌並蓋　永貞元年(805)	107
李邕書戀勤殿法帖一卷	342	李諂墓誌並蓋　天寶十三載(754)	101
李崗墓誌並蓋　元和十二年(817)	109	李遠墓誌　政和七年(1117)	122
李崟魏拱之等題名	307	李靖碑　顯慶三年(658)	258
李崧殘字	227	李嘉珍墓誌　大曆十三年(778)	103
李彬墓碑　延祐五年(1318)	312	李廣業碑　貞元二十年(804)	284
李從証墓誌並蓋　大中五年(851)	113	李彰墓誌　太昌元年(532)	25
李淑真墓誌　正光二年(521)	14	李粹老等題名　大觀元年(1107)	301
李清造報德象碑(又名)	160	李輔光墓誌　元和九年(814)	108
李清禪(王昕夫人)墓誌(又名)	88	李德貞墓誌　至元九年(1272)	123
李盛墓誌並蓋　開皇十八年(598)	40	李徹墓誌　貞觀四年(630)	56
李鉢頭母王造象題記　總章元年(668)	185	李慧珍等造蓮華記　天平三年(536)	150
李陽冰書天清墜寧四大字　大曆	281	李慶、衛迴造象題名	200
李陽冰書黃帝祠額　大曆	281	李璆墓誌　會昌元年(841)	113
李陽冰書謙卦　大曆	281	李蕤墓誌(又名)	5
李陽冰書聽松二字　大曆	281	李壁墓誌　正光元年(520)	13
李善智墓誌　垂拱四年(688)	81	李憲墓誌　元象元年(538)	28
李惠妻孫造象記　儀鳳三年(678)	187	李謀墓誌　孝昌二年(526)	18
李惠猛妻楊靜太造彌勒象記		李濤墓誌　大曆九年(774)	103
開皇四年(584)	172	李濤墓誌　大曆十三年(778)	103
李戬墓誌　天寶六載(747)	98	李簡子墓誌　正始二年(505)	5
李景亨題名　淳熙三年(1176)	303	李頴墓誌　乾符四年(877)	118

李懷造象　咸通□年　199
李寶孿造象記　146
李灌頂墓誌　光宅元年(684)　80
李護墓誌　貞觀十三年(639)　57
李護墓誌　貞觀二十年(646)　59
李顯族合邑造象並陰　興和四年(542)　152
李豔華墓誌　興和三年(541)　29
李鷟煋造象記　保定五年(565)　170
杜山威造象記　天授二年(691)　190
杜夫人(楊府君妻)墓誌　長安三年(703)　87
杜夫人墓誌　貞元元年(785)　104
杜夫人(裴瀚妻)墓誌　大和九年(835)　112
杜文雅十四人等造象記　武定八年(550)　156
杜文彊到承福造象記　天授二年(691)　190
杜氏(楊君夫人)墓誌　永淳二年(683)　79
杜氏(陳夫人)墓誌(又名)　104
杜氏(強君夫人)墓誌　大和四年(830)　111
杜氏(吳君夫人)墓誌　皇祐三年(1051)　120
杜永安造象記　神龜二年(519)　135
杜白盦　333
杜延登磚誌　正光五年(524)　17
杜君墓誌　儀鳳二年(677)　77
杜君綽碑　龍朔三年(663)　260
杜甫書嚴武南山詩摩崖　乾元二年(759)　276
杜秀墓誌　調露元年(679)　78
杜並墓誌　長安二年(702)　86
杜宗象墓誌　重和二年(1119)　122
杜思恭刻陸遊手跡　慶元三年(1197)　305
杜淑墓誌　咸亨四年(673)　75
杜雄墓誌　乾寧四年(897)　118
杜照賢等造象題名　大統十三年(547)　149
杜榮墓誌　貞觀十五年(641)　58
杜潛輝造象記　開元二年(714)　195
杜遷等廿三人造象題記　神龜元年(518)　135
杜魯清妻等十八人造象記
　　大統十三年(547)　149
杜濟墓誌　開元十三年(725)　93
杜臨爲父通作封記　延熹六年(163)　1
沂陽縣普濟禪院碑　大中祥符三年(1010)　294
汪氏(李濤夫人)墓誌　吳順義四年(924)　119
汪渠瀜題韓祠詩　萬曆十三年(1585)　315
沂水摩崖(又名)　319
沂南北寨村畫像　323
沈氏(宮人)墓誌　大業八年(612)　46

沈宗仁買地券　正德三年(1508)　314
沈度三舅帖沈粲陳情表等　344
沈朝墓誌　寶曆元年(825)　111
沙門惠詮造象記　建義元年(528)　142
沙門惠榮題記　正光四年(523)　137
沙門僧義造象題記　146
沙門璨造象記　大統七年(541)　148
沙南侯獲刻石　永和五年(140)　211
沙彌尼清真塔殘刻　289
沙彌法寧造象記　144
狄知懸碑　載初元年(689)　264
男弟子李□造象題記　咸通八年(867)　198
社老李懷璧等造象題名　200
社稷神位刻石　313
祀三公山碑　元初四年(117)　209
祀後土碑(又名)　237
谷朗碑　鳳皇元年(272)　234
豆善富墓誌　開元二十九年(741)　97
豆盧氏(宮人)墓誌　大業九年(613)　48
豆盧恩碑　天和元年(566)　249
豆盧通世子僧奴等造象記　開皇元年(581)　172
豆盧寔墓誌並蓋　大業九年(613)　48
豆盧遜墓誌　顯慶四年(659)　66
豆盧寬碑　永徽元年(650)　257
車父辛卣　331
辛幼昌墓誌　大和七年(833)　112
辛仲方暨夫人王氏合祔誌　咸通九年(868)　116
辛祕題名　元和十二年(817)　285
辛崇敏造象題記　永徽五年(654)　181
辛鼎　334
邑子廿六人等造象　仁壽三年(603)　177
邑子王清伃等造象題名　169
邑子垣周等造象銘(又名)　160
邑子董洛陵等造象　144
邑主王法進等造象題名並側　147
邑主造石象銘　武定六年(548)　155
邑老陽成法洪等造象姓名殘石　171
邑師比丘僧道略等三百餘人造象題名
　　武平二年(571)　166
邑師法宗造象記　太和七年(483)　129
邑師法顯等造象(又名)　150
邑眾七十餘人造象　咸通四年(863)　198
邑義九十人造象(又名)　153
邑義信士女等五十四人造象(又名)　129

邑義道俗五十人等造象　武定四年(546)　154
邵才志墓誌　元和十四年(819)　110
邵氏(張軫妻)合葬誌　天寶六載(747)　98
邵神虎造象記　天保七年(556)　160
邵真及馬夫人墓誌　開元二十四年(736)　96
邵道生造象記　建德元年(572)　171
邸珍碑　天平元年(534)　245
邸樹仁爲女造寺並造祇桓精舍記
　　天保五年(554)　160
阿史那氏(楊夫人)造象　貞觀十五年(641)　179
阿史那忠碑　上元二年(675)　262
阿育王寺常住田碑　大和七年(833)　286
阿郍氏墓誌　開元十一年(723)　92
阿鹿交村七十人等造象記　河清二年(563)　162
阿羅憾丘銘　景雲元年(710)　89
陀羅尼咒　313
陀羅尼經(14588)　289
陀羅尼經(14586)　290
陀羅尼經幢(14612)　290
陀羅尼經幢(14613)　290
陃赤齊碑(又名)　165
陳氏(宮人七品)墓誌　大業八年(612)　46

八畫

亞鼎　331
亞鼎鼎　331
亞醜父丁方鼎　333
京兆大興縣龍池寺舍利塔記
　　仁壽元年(601)　176
京兆府興平縣保寧寺浴室院建鐘樓碑
　　天禧二年(1018)　294
兩城山畫像　320
兩橋記　314
刻經碑　天平四年(537)　245
刻漏銘並序　至正四年(1344)　313
刻碣石門石　206
匋齋藏磚　325
卓異等倫等字殘石　228
卓觀樓集古法帖　337
叔盉　335
叔孫協墓誌　正光元年(520)　13
叔孫固墓誌　武定二年(544)　30
叔董爵　331

叔器父簠　332
周千墓誌　永平三年(510)　7
周公祠碑　開元二年(714)　266
周公祠靈泉記　大中二年(848)　287
周公輔成王畫像　322
周公廟像　323
周天蓋造象記　孝昌二年(526)　140
周夫人墓誌　麟德二年(665)　71
周文有造無量壽佛象　永定二年(558)　128
周氏(婁君夫人)墓誌　長安二年(702)　86
周氏(臧君夫人)墓誌　元和十三年(818)　109
周氏(程夫人)墓誌並蓋(又名)　71
周玄德等造象記　202
周仲隱墓誌　貞觀二十三年(649)　61
周棄女等造象記　168
周惇頤何延世題名　熙寧元年(1068)　297
周處碑　元和六年(811)　285
周陽葬磚　325
周善持墓誌　聖曆二年(699)　85
周智沖造象題記　永徽四年(653)　181
周湘岺行狀　民國二十三年(1934)　125
周遠志等造阿彌陀象記　上元二年(675)　187
周廣墓誌　儀鳳三年(678)　77
周履潔墓誌　長安三年(703)　87
周穆王刻石(又名)　205
周禮二體石經　嘉祐六年(1061)　296
周藻墓誌　永徽四年(653)　63
和彥造象記　大業四年(608)　177
和醜仁墓誌　太昌元年(532)　25
和錢墓誌　長壽二年(693)　83
和邃墓誌　孝昌三年(527)　20
奇獸畫像　323
奈何將軍廟堂記　後晉天福六年(941)　291
奉先寺大盧舍那像龕記　開元十年(722)　196
始平公造象記　太和二十二年(498)　129
始建縣界碑　大業四年(608)　251
始興忠武王蕭憺碑　普通三年(522)　240
孟□□爲亡師造象(又名)　155
孟仁墓誌　垂拱元年(685)　80
孟元華墓誌　正光四年(523)　14
孟友直女墓誌　開元三年(715)　90
孟氏麻夫人墓誌　永淳二年(683)　80
孟再榮造象題記　元和三年(808)　198
孟邦雄墓誌　阜昌四年(1133)　122

孟孝敏墓誌並蓋　貞觀八年(634)　57

孟孝琚碑　考爲河平四年(−25)　207

孟阿妃造象記　武平七年(576)　168

孟保同墓誌　貞觀十四年(640)　57

孟師墓誌　麟德元年(664)　70

孟起造象記　天平二年(535)　149

孟常墓誌　開皇十二年(592)　38

孟清等造象記　開皇十五年(595)　175

孟琁殘碑（又名）　207

孟惠母侯客兒造象題記　永徽二年(651)　180

孟廣宗碑（又名）　207

孟疑造象記　景祐元年(1034)　203

孟顯達碑　開皇二十年(600)　251

孤山關帝廟照膽臺記　316

孤獨歎辭　總章二年(669)　185

宕昌公暉福寺碑　太和十二年(488)　242

宗氏（趙君夫人）墓誌　元和十二年(817)　109

宗聖觀記　武德九年(626)　252

定官石頌　嘉靖三十五年(1556)　314

定林題名　乾道三年(1167)　303

定武禊帖　339

定武蘭亭　339

定武蘭亭三種　339

定界碑（又名）　211

定國寺慧照爲高叡修寺頌記
　　　　天保八年(557)　246

宜子孫磚文　325

尚天賜等七十人造象並題名
　　　　正光三年(522)　137

尚明墓誌　長壽二年(693)　83

尚真墓誌　長安三年(703)　87

居竹記　大德二年(1298)　311

居巢劉君墓鎮石及石羊題字　225

峋嶁碑　205

岳飛前、後出師表　343

岳麓山寺碑　開元十八年(730)　270

建安公搆尼寺銘（又名）　250

建安黃公詩　崇寧五年(1106)　301

建安殘石（又名）　224

建武元年殘石　建武元年(25)　208

建舍利塔記　壽昌二年(1096)　308

建眞武廟記　至正元年(1341)　313

建康路三茅山崇禧萬壽宮記
　　　　至治元年(1321)　312

建寧買地莂　建寧元年(168)　216

建關帝廟碑銘並額　雍正六年(1728)　316

往生社碑　開成五年(840)　286

忠州刺史李素儥造象題名　200

怡亭銘並序　永泰元年(765)　277

房氏（常泰夫人）墓誌　大業十二年(616)　54

房玄齡碑　永徽三年(652)　257

房彥謙碑並陰側額　貞觀五年(631)　253

房基墓誌　永徽六年(655)　64

房逸墓誌　聖曆二年(699)　85

房惠琳墓誌　開元二十一年(733)　94

房懷亮墓誌　延載元年(694)　84

承天軍城記　大曆元年(766)　277

拓路記　南漢大寶三年(960)　293

"於衣服中得不樂"等字殘經　290

昆山縣學重修記　嘉靖五年(1526)　314

昆弟六人買山地刻石　建初元年(76)　208

昌陽嚴刻石　227

昌盧石題字（又名）　236

明王覺斯劉後祐兩進士手劄　344

明州舍利塔　吳越寶正四年(929)　291

明相搃持造象記　貞觀十二年(638)　179

明悟禪師塔銘　永貞元年(805)　107

明隆慶李太后繡千佛袈裟詩
　　　　咸豐二年(1852)　316

明雅墓誌　貞觀十九年(645)　59

明雲騰墓誌並蓋　大業十一年(615)　50

明演塔銘　貞元十八年(802)　106

明徵君碑　上元三年(676)　262

明覺寺比丘尼刻經記　大曆十三年(778)　281

易州石浮圖頌　太極元年(712)　194

易州易縣固安凌雲鄉民造玉石象
　　　　開皇十一年(591)　174

易州鐵像碑頌　開元二十七年(739)　272

杭州靈隱書藏記及條例
　　　　嘉慶十四年(1810)　316

東方朔畫贊碑　天寶十三載(754)　275

東北厓頭畫像　322

東安漢里畫像　322

東安漢里畫像題字　322

東作大寺卅七人造象　仁壽三年(603)　177

東門當葬磚　325

東海縣鬱林觀東巖壁記　開元七年(719)　267

東鐵塔記　南漢大寶六年(963)　293

松雪齋法書墨刻六卷(存第四卷)　　　343
析子孫祖父丁卣　　　331
析里橋郙閣頌　建寧五年(172)　219
武上希造象題記　顯慶四年(659)　182
武氏(趙全泰夫人)墓記　寶曆元年(825)　111
武氏左石室畫像(又名)　321
武氏石闕銘　建和元年(147)　212
武氏石闕銘　320
武氏前石室畫像(又名)　321
武氏後石室畫像(又名)　321
武君夫人裴氏墓誌　貞元二十年(804)　106
武則天少林寺詩(又名)　263
武班碑　建和元年(147)　212
武都太守吉躬等題名殘碑陰　226
武梁祠西闕正闕身南面畫像第一層及
　　武氏石闕銘　320
武梁祠祥瑞圖　321
武梁祠畫像　321
武梁祠畫像題榜　321
武猛從事汲郡□□率邑義五百人造象
　　武定元年(543)　153
武斑祠畫像　321
武開明祠畫像　321
武幹等造象題名　永淳元年(682)　189
武榮祠畫像　321
武榮碑　考爲建寧元年(168)　216
武德于府君等造義橋石像碑記並陰側
　　武定七年(549)　155
武德五年二月造象　武德五年(622)　179
武德郡建沁水石橋記(又名)　155
武難生造象記　永平五年(512)　133
河內竹林七賢圖(殘)　324
河東郡首山栖岩道場舍利塔碑
　　考爲大業中　178
法如禪師行狀　永昌元年(689)　263
法明等造象記　天保□年　161
法門寺浴室院靈異記　太平興國三年(978)　294
法陵造象記　永平五年(512)　133
法基井闌題字　嘉熙四年(1240)　307
法堅法榮比丘僧象碑　延昌元年(512)　134
法琬法師碑　景龍三年(708)　265
法義九十人等造磚塔記並題名
　　孝昌三年(527)　141
法義兄弟一百餘人造象記　孝昌三年(527)141

法義兄弟二百人造象　永熙三年(534)　143
法義等造象殘石　孝昌二年(526)　140
法義賀龍等題名　147
法義優婆姨等造象記　天統元年(565)　163
法儀六十等造釋迦象　元象元年(538)　151
法儀廿餘人造象(又名)　143
法儀兄弟八十人造象記　天保八年(557)　160
法儀百餘人造象記　河清元年(562)　162
法樂墓誌　永隆二年(681)　78
法燈墓誌　永隆二年(681)　78
法藏禪師塔銘　開元四年(716)　267
法襲爲亡妻魯恭姬造象記　171
爭坐位帖　342
牧伯碑殘石(又名)　231
盂蘭盆經　290
空寂寺大福和尚碑　寶應二年(763)　276
肥城畫像　323
苑玄亮墓誌　天寶元年(742)　97
苗承祀造象記　咸亨元年(670)　185
苗師感造象記　咸亨元年(670)　185
苻守規墓誌　元符三年(1100)　122
苻昭願墓誌　咸平四年(1001)　120
苻秦修鄧太尉祠碑(又名)　238
苻楷等造象題名殘石　146
范氏女阿九墓誌　長慶三年(823)　110
范安貴墓誌　大業十一年(615)　52
范信墓誌　顯慶四年(659)　67
范彥墓誌　總章二年(669)　73
范思彥墓誌　興和三年(541)　29
范高墓誌　大業六年(610)　44
述聖頌　開元十三年(725)　269
郁龍等造象　147
郁孺人墓誌　正德十四年(1519)　125
郘陽殘碑(又名)　231
郇王阿妳造象題字　200
郎官石柱題名　大中十二年(858)　287
金天王神祠題名記　乾元元年(758)　276
金文簡公合葬墓誌　嘉慶六年(1801)　125
金仙長公主碑　開元　272
金沙泉三字　308
金城太守告戒碑　河平三年(一26)　207
金剛經　咸亨三年(672)　262
金剛經石刻　290
金剛經並心經　290

金塗塔記十一品集冊　吳越乙卯(考爲955)　203
金塗塔記十一品集冊　吳越　291
長安石經殘字　222
長安殘刻　長安三年(703)　192
長明燈記　至順四年(1333)　312
長春子谷山詩刻　泰和七年(1207)　310
長孫夫人陰堂文　偽燕聖武二年(757)　102
長孫氏(王美暢夫人)墓誌　長安三年(703)　87
長孫史瓘墓誌　延昌三年(514)　9
長孫安墓誌　開元九年(721)　92
長孫囚墓誌　天平四年(537)　28
長慶觀等畫像　324
長興州修建東嶽行宮記　延祐元年(1314)　311
門下省行尚書省文刻石　神龍二年(706)　265
青州逢山縣勝福寺舍利塔銘
　　仁壽元年(601)　176
青州畫像　323
青州畫像　323
青州齊郡臨善縣邑儀六十人造象記
　　孝昌三年(527)　141
青州黙曹殘碑　252
青州龍興寺陀羅尼經殘石　308
青州臨淄縣鹿光熊等造象　孝昌四年(528)　141
青城山常道觀碑陰　開元十三年(725)　269
青銅銘文　335

九畫

侯□和造象記　正光二年(521)　137
侯元賢造無上先君象　天和四年(569)　170
侯夫人(顯祖第一品嬪)墓誌
　　景明四年(503)　5
侯氏(宮人)墓誌　大業十年(614)　49
侯氏(劉君夫人)墓誌　119
侯玄熾造象題字　永隆二年(681)　188
侯延造象　開皇十二年(592)　174
侯迪造象記　延昌二年(513)　134
侯彪墓誌　咸亨五年(674)　75
侯剛墓誌並蓋　孝昌二年(526)　19
侯海墓誌並蓋　武定二年(544)　30
侯逸造象四面刻　大統十年(544)　148
侯僧達墓誌　麟德二年(665)　70
信州金輪寺舍利塔銘　仁壽二年(602)　177
信法寺彌陀象碑並額　顯慶三年(658)　181

信清女楊寶勝造象記　157
修中嶽廟記　咸通六年(865)　288
修太公呂望祠碑(又名)　246
修夫子廟碑　乾明元年(560)　247
修孔子廟詔表　儀鳳二年(677)　262
修孔子廟詔表　開元七年(719)　267
修白馬寺記　至元三十年(1293)　311
修行寺尼真空造石浮圖銘　神龍元年(705)　193
修昭化院記　大定五年(1165)　309
修浯溪記　寶曆元年(825)　285
修通水道記　永元十年(98)　209
修獄得石菩薩象記　景龍二年(708)　194
修龍宮寺碑　大和九年(835)　286
兗公頌並額　天寶元年(742)　273
勃興頌　天禧三年(1019)　295
勅建僧尼二寺碑記(又名)　250
南子胤造象記　天統二年(566)　164
南山順濟龍王廟記　元豐六年(1083)　298
南石窟寺碑並陰　永平三年(510)　242
南武陽功曹闕畫像(南闕北面)　319
南武陽功曹闕畫像(南闕西面)　319
南武陽功曹闕畫像(南闕東面)　319
南武陽功曹闕畫像(南闕南面)　319
南武陽東闕畫像(東闕北面)　320
南武陽東闕畫像(東闕西面)　319
南武陽東闕畫像(東闕東面)　320
南武陽東闕畫像(東闕南面)　320
南武陽皇聖卿闕畫像(西闕西面)　319
南武陽皇聖卿闕畫像(西闕南面)　319
南宮令宋君搆寺造像碑(又名)　250
南宮令宋君碑　開皇十一年(591)　250
南海神廣利王廟碑　元和十五年(820)　285
南陽寺碑(又名)　166
南詔德化碑並陰　贊普鍾十四年(766)　277
南溪賦　315
南漢都嶠石刻四種
　　蔡琎慶讚齋記　大寶七年(964)
　　游都嶠山七言二首　開寶七年(974)
　　區若谷等題名　康定元年(1040)
　　曾晉卿等題名　皇祐二年(1050)　293
臥乍詺白鼎　334
受禪表　黃初元年(220)　230
城虢敦(又名)　332
契苾明碑　先天元年(712)　266

姚元景光宅寺造佛象銘　　長安四年(704)　　193
姚太墓誌並蓋　　大業十年(614)　　49
姚夫人權葬石表　　大中十一年(857)　　114
姚伯多造象並兩側　　太和二十年(496)　　129
姚伯兒造象　　仁壽三年(603)　　177
姚孝寬墓誌　　貞觀十七年(643)　　58
姚忠節墓誌　　顯慶二年(657)　　65
姚祚造象題字　　201
姚恭墓誌　　聖曆二年(699)　　85
姚敬遵造象　　元象二年(539)　　152
姚景等卌人造象記　　天統三年(567)　　164
姚暢墓誌　　貞觀十八年(644)　　58
姚彝碑　　開元五年(717)　　267
姚纂墓誌　　延昌四年(515)　　9
姚辯墓誌　　大業七年(611)　　45
姜氏(宮人典樂)墓誌　　大業十一年(615)　　50
姜氏(李昕妻)墓誌(又名)　　107
姜白石畫像　　324
姜行本碑　　貞觀十四年(640)　　255
姜西溟蘭亭兩面刻　　340
姜明墓誌　　大業九年(613)　　47
姜敬親墓誌　　開皇三年(583)　　36
姜嫄公劉新廟碑　　貞元九年(793)　　283
姜纂造象記　　天統元年(565)　　163
姜興紹等造象並陰側　　河清　　163
宣示表　　338
封夫人(崔上師妻)墓誌　　大業十年(614)　　49
封孔羨碑　　黃初元年(220)　　231
封抱墓誌　　天冊萬歲元年(695)　　84
封泰墓誌　　咸亨三年(672)　　74
封崇寺造象(又名)　　153
封曾客造象　　顯慶二年(657)　　181
封溫墓誌　　龍朔三年(663)　　69
封禪國山碑　　天璽元年(276)　　235
封龍山頌　　延熹七年(164)　　215
封議郎孔羨爲宗聖侯碑(又名)　　231
幽棲寺尼正覺浮圖銘　　開元六年(718)　　195
律大師墓誌並蓋　　貞元十八年(802)　　106
後魏昌黎馮王新廟碑　　咸通八年(867)　　288
思古齋刻黃庭、蘭亭　　340
思古齋法帖眞本足拓黃庭經、蘭亭序　　340
思古齋蘭亭　　340
思恒律師誌　　開元十四年(726)　　93
思道禪師墓誌　　乾元元年(758)　　102

思順坊老幼等造象記　　貞觀二十二年(648)　　180
恆州司馬殘墓誌(又名)　　88
故吏王叔等題名殘石　　228
故周將軍闕　　230
故韋可敦比丘尼法造象記　　武成元年(557)　　169
故宮電長殘造象記　　永熙三年(534)　　143
故清水□守墓誌蓋　　27
昝斌墓誌　　長壽二年(693)　　83
昝雙仁墓誌　　孝昌二年(526)　　19
昭陵六駿圖　　貞觀十年(636)　　254
昭陵石鼓經文　　289
是吾殘碑(又名)　　210
枳楊陽神道　　隆安二年(398)　　237
柏氏(王君夫人)墓誌　　上元元年(674)　　75
柏梯寺碑　　開元六年(718)　　267
某君殘誌　　咸通十一年(870)　　117
柳夫人等造象殘刻　　199
柳氏(唐遜妻)墓誌　　貞觀十二年(638)　　57
柳氏(蕭君夫人)墓誌　　顯慶五年(660)　　67
柳氏(薛君夫人)墓誌　　開元六年(718)　　91
柳氏殤女老師墓誌　　會昌五年(845)　　113
柳永錫墓誌　　垂拱元年(685)　　80
柳宗元龍城石刻　　元和十二年(817)　　285
柳宗直等華嚴巖題名　　元和元年(806)　　284
柳昭造象記　　元象元年(538)　　151
柳常柱造象題字　　總章元年(668)　　185
段干木廟銘　　貞元元年(785)　　283
段夫人墓誌　　貞觀二年(628)　　55
段文會墓誌　　龍朔三年(663)　　69
段玄基造象題記　　顯慶四年(659)　　182
段石岡記功德碣(又名)　　235
段志玄碑並額　　貞觀十六年(642)　　255
段秀墓誌　　顯慶二年(657)　　64
段貞墓誌　　開元二十二年(734)　　95
段師墓誌　　貞觀二十年(646)　　59
段桃樹等造象　　永熙二年(533)　　143
段會墓誌　　永徽四年(653)　　63
段模墓誌　　大業六年(610)　　45
段濟墓誌　　大業十二年(616)　　52
段頵夫人墓誌　　麟德元年(664)　　70
泉男生墓誌並蓋　　調露元年(679)　　78
泉男產墓誌並蓋　　長安二年(702)　　86
洙泗時佐季雄等題名　　淳熙八年(1181)　　304
洛州鄉城老人佛碑　　168

洛州報德寺造玉象碑　　武定三年(545)　　154
洛陽鄉望父老等造象記(又名)　　180
洛陽縣鄧思孝等造象記　　201
洞元子造象記　　開皇六年(586)　　172
洨水橋碑　　考爲永徽四年(653)　　257
洪內相高州石屏記　　慶元元年(1195)　　304
洪永銘　　天平二年(535)　　27
洪家廟畫像　　323
洪雲妻孟嗣女大娘造三級浮屠銘
　　　儀鳳三年(678)　　187
洪經綸題名　　建中元年(780)　　281
洪懋邑主王黨等造石象銘　　考爲孝昌間　　141
"爲緣所生"等字殘經　　290
皆公寺比邱道休造象　　孝昌三年(527)　　141
皇女殘石　　234
皇伯漢王爲世宗皇帝造佛經
　　　大定末至明昌二年間　　309
皇甫五娘造象題記　　開元二十三年(735)　　197
皇甫弘敬墓誌　　顯慶四年(659)　　67
皇甫度石窟碑　　孝昌三年(527)　　141
皇甫相貴墓誌　　龍朔二年(662)　　69
皇甫深墓誌　　大業九年(613)　　47
皇甫湜浯溪詩刻　　大和三年(829)　　286
皇甫琳墓誌並蓋　　天保九年(558)　　32
皇甫誕碑　　貞觀十七年(643)　　255
皇甫鳳詳造象記　　開皇十二年(592)　　174
皇甫驎墓誌　　延昌四年(515)　　10
皇帝聖祚碑(又名)　　265
相州採石記　　後周顯德元年(954)　　292
祖□等十五人造象記　　正光二年(521)　　137
祖士衡墓誌並蓋　　熙寧五年(1072)　　121
祝其卿墳壇刻石、上谷府卿墳壇刻石
　　　居攝二年(7)　　207
神禹碑(又名)　　205
神福山寺靈蹟記並陰　　天祐四年(907)　　289
神龍本蘭亭　　339
神龍批制(又名)　　265
神龜三年四月造象記　　神龜三年(520)　　136
神龜元年造象記　　神龜元年(518)　　135
神龜元年清信女造象記　　神龜元年(518)　　135
禹穴二字　　289
禹陵窆石清人題名　　乾隆、嘉慶、道光、
　　光緒年間　　316
禹陵窆石碑陰記　　成化元年(1465)　　314
禹陵窆石趙與陞等題名　　307
禹陵窆石題字　　235
禹陵重建窆石亭記　　天順六年(1462)　　314
禹跡圖　　阜昌七年(1136)　　310
秋日宴石淙序　　久視元年(700)　　265
秋進和造象記　　天統二年(566)　　164
紀太山銘　　開元十四年(726)　　269
紀功頌碑　　顯慶四年(659)　　259
紀茂重墓誌　　開元十二年(724)　　93
紀國陸妃碑　　乾封元年(666)　　261
紀僧諧造象記　　天統三年(567)　　164
美原神泉詩序　　垂拱四年(688)　　263
胡□□造象並側　　146
胡元方等造象題名殘石　　興和二年(540)　　152
胡永墓誌　　貞觀二年(628)　　55
胡宗回等題名　　紹聖二年(1095)　　299
胡昭儀墓誌並蓋　　孝昌三年(527)　　21
胡貞普造象題記　　調露二年(680)　　188
胡處貞造象題字　　調露二年(680)　　188
茹氏(關預仁夫人)墓誌並蓋
　　　顯慶五年(660)　　67
茹守福墓誌　　開元十一年(723)　　92
茹紹先等造象記　　201
荀岳墓誌　　元康五年(295)　　1
荀景墓誌並蓋　　永安二年(529)　　23
荀懷節墓誌　　開元九年(721)　　92
莒州漢安三年刻石(又名)　　211
追遠寺權彥等造象記　　天和元年(566)　　170
郜景哲等造象記　　熙平四年(519?)　　135
郜蓋族銘　　興和二年(540)　　28
郛休碑　　泰始六年(270)　　236
郝(或作邢、荊)義振造象記
　　　神龍元年(705)　　193
郝榮墓誌　　永徽二年(651)　　61
鄖公女妳造象題名　　200
重立漢武梁祠石記　　322
重刻吊比干文　　太和十八年(494)　　242
重建南鎮廟碑　　皇慶元年(1312)　　311
重建唐顏魯公放生池庵碑記
　　　乾隆十年(1745)　　316
重建萬象山崇福寺碑　　萬曆二十四年(1596)　　315
重修天王寺碑並額　　泰定二年(1325)　　312
重修太山廟記並額　　元統三年(1335)　　312
重修日本長崎孔廟碑　　弘化二年

（道光二十五年，1845）		316
重修仙鶴觀記並額	大安三年（1211）	310
重修北嶽安天王廟碑	淳化二年（991）	294
重修甘泉縣城隍廟記	乾隆五十一年（1786）	316
重修吳季子廟記	大曆十四年（779）	281
重修昇仙太子廟碑並額	明道二年（1033）	295
重修法門寺塔廟記	吳天祐十九年（922）	291
重修南康學宮記	民國十三年（1924）	317
重修南鎮廟記	至正四年（1344）	313
重修唐太宗廟碑	天眷元年（1138）	308
重修海壇寺碑	皇建元年（560）	247
重修福田明覺寺生佛道場碑		
	洪武二十八年（1395）	314
重修鄧艾祠碑	建元三年（367）	238
重修濂溪書院記	成化八年（1472）	314
重興文憲王碑	興定五年（1221）	310
面壁之塔	宣和四年（1122）	302
韋子平大礎題字	太康九年（288）	236
韋夫人（孫徽妻）墓誌	大中十三年（859）	115
韋氏（宮人）墓誌	大業八年（612）	46
韋氏（楊君夫人）墓誌	永隆二年（681）	79
韋氏（韓君夫人）墓誌	貞元十九年（803）	106
韋匡伯墓誌並蓋	開明二年（620）	55
韋利器等造象銘	開元三年（715）	195
韋希損墓誌	開元八年（720）	91
韋和尚墓誌	元和十三年（818）	110
韋略墓誌	開皇八年（588）	37
韋厥碑（又名）		264
韋敬辨智城碑	萬歲通天二年（697）	264
韋塤墓誌	會昌元年（841）	113
韋項墓誌	開元六年（718）	91
韋端玄堂誌	元和十五年（820）	110
韋檀特（楊政本妻）墓誌（又名）		79
韋瓊墓誌	天寶十四載（755）	101
風峪華嚴經殘石	天保二年（551）	246
風流子詞	正大三年（1226）	310
食齋祠園畫像		321
倉頡廟碑（又名）		293
倉頡廟碑並陰側	延熹五年（162）	214
倉龍庚午殘碑	考爲初平元年（190）	224
倪寬贊	貞觀	257

十畫

剡城軍主劉康奴等造象	孝昌三年（527）	141
唐頠銘	大曆三年（768）	278
唐人書陸機謝靈運泰山吟		289
唐小虎造象記	武定六年（548）	154
唐仁軌墓誌	總章二年（669）	72
唐公房碑並陰		225
唐氏（宮人）墓誌	大業十年（614）	49
唐氏（宮人六品御女）墓誌		
	大業十三年（617）	54
唐君蘇夫人誌蓋		55
唐沙墓誌	龍朔三年（663）	69
唐刻黃庭經		340
唐拓啟法寺碑	仁壽二年（602）	251
唐林藻書深慰帖、王羲之書告姜道帖		
（前四行）、楊凝式書神仙起居法帖		337
唐直墓誌	大業十二年（616）	54
唐昭女端權殯誌	開元十二年（724）	93
唐邕寫經頌	武平三年（572）	248
唐高祖造象記（又名）		177
唐該墓誌並蓋	大業十一年（615）	50
唐模蘭亭		339
唐儉碑並額	開元二十九年（741）	272
唐德威造象題記	顯慶四年（659）	182
唐顏魯公後忠義常集帖四卷		342
唐懷素律公帖（殘）		343
唐懷素草書三帖（聖母、藏眞、律公）		342
唐懷素書聖母帖		343
唐懷素藏眞律公二帖		342
唐耀墓誌	永安元年（528）	22
夏日游石淙詩碑	久視元年（700）	264
夏承碑	建寧三年（170）	218
夏侯升造象題字		200
夏侯氏（趙公夫人）墓誌並蓋		
	開成五年（840）	112
夏侯法寶墓誌	開元九年（721）	92
夏侯思恭墓誌	開元二十六年（738）	96
夏禹石刻康樂巖碑		205
奚行儼造象記		199
奚智墓誌	正始四年（507）	6
姬氏（元公夫人）墓誌	大業十一年（615）	52
姬伯度磚誌	正光四年（523）	15

姬洪業造象記　天保二年(551)　159
姬素墓誌　聖曆二年(699)　85
姬推墓誌　永徽五年(654)　63
孫大光造象記　正始三年(506)　132
孫大壽殘石　289
孫方紹墓誌　咸通九年(868)　116
孫氏(王君夫人)墓誌　咸通三年(862)　115
孫氏(司馬君夫人)墓誌　元和十五年(820)　110
孫世標等造象(又名)　140
孫行基造象記　咸亨四年(673)　186
孫志廉墓誌　天寶十三載(754)　100
孫佰悅灰身塔銘　貞觀二十年(646)　59
孫始歡、始龍造象記　149
孫孟長造象記　武定七年(549)　155
孫念堂等造象記　神龜二年(519)　135
孫昕卅人等造象碑並側　天統五年(569)　165
孫思香造象題記並側　天平四年(537)　150
孫秋生等造象記　景明三年(502)　130
孫姬造象記　永熙三年(534)　143
孫師聖題名　乾道三年(1167)　303
孫素朱壙誌　元和四年(809)　107
孫通墓誌　文明元年(684)　80
孫處約墓誌　咸亨三年(672)　74
孫過庭書千字文　341
孫惠及夫人李氏墓誌　神龍二年(706)　88
孫登石室藥方碑(又名)　167
孫節塔誌　開元二十年(732)　94
孫義普墓誌　文明元年(684)　80
孫樂安造象記　天寶十一載(752)　198
孫遷墓誌　永徽二年(651)　61
孫遼浮圖銘　正光五年(524)　16
孫龍伯造象題名　開皇五年(585)　172
孫寶憘造象記　神龜元年(518)　135
孫覿題名　紹興四年(1134)　302
孫讜墓誌　119
峨嵋山普賢金殿碑　萬曆三十一年(1603)　315
峨嵋山銅殿碑　萬曆三十一年(1603)　315
峿臺銘　大曆二年(767)　277
師西簋　333
師僧父母等殘造象題字　147
師龢簋　333
席氏(宮人)墓誌　大業十年(614)　49
席伯仁造彌勒象　太和十二年(488)　129
庫汗安洛造象記　天和二年(567)　170

徐之才墓誌　武平三年(572)　34
徐文德改葬記　238
徐氏(宮人)墓誌　大業十二年(616)　53
徐氏(張君夫人)墓誌　萬歲通天元年(696)　84
徐州司馬元卿造象記　先天元年(712)　194
徐彪墓誌　貞觀八年(634)　57
徐純墓誌　仁壽二年(602)　41
徐偃卿造象記　孝昌二年(526)　140
徐清墓誌　元和八年(813)　108
徐淵墓誌　正光六年(525)　17
徐登墓誌　証聖元年(695)　84
徐懷隱墓誌　偽燕聖武二年(757)　102
息孫永安造象記　熙平元年(516)　134
悟安等造象四面刻　延昌三年(514)　134
捐助二補蕩田證書　民國元年(1912)　317
時氏改葬誌　政和二年(1112)　122
時珍墓誌　宣政元年(578)　35
時皆造象　開皇八年(588)　173
"時眾生不識父"殘經　249
晉祠銘　貞觀二十一年(647)　256
晉索靖月儀章　339
晉豐縣□熊造象　元嘉二十五年(448)　127
柴幽人墓誌及輓詩　成化十五年(1479)　125
柴義妻張氏等造象　考爲顯慶五年(660)　182
校官碑釋文　至順四年(1333)　312
桂州善興寺舍利塔銘　顯慶四年(659)　258
桃花詩　弘治十八年(1505)　314
桐君巖唐、宋人題名三種　大曆八年(773);
　　大曆八年(773);皇祐二年(1050)　280
桐柏淮源廟碑　延熹六年(163)　215
桑氏(田博夫人)墓誌　乾封元年(666)　71
桑崿墓誌　貞元五年(789)　104
梧台里石社碑畫像(兩側)　321
梧台里石社碑畫像(額陰)　321
梧台里石社碑畫像題記　321
梧台里石社碑額　321
殷元暉造象　開皇四年(584)　172
殷夫人顏氏碑　大曆十三年(778)前　281
殷洪纂造象記　開皇八年(588)　173
殷雙和造象題名　天保五年(554)　159
泰山刻石　205
泰山御祝文　正德五年(1510)　314
泰安畫像　323
泰始七年磚　326

泰寧軍衙前題字　後晉天福四年(939)　291
浩宗買地券　黄武四年(225)　234
涅陽縣馬□寺道俗等造象記
　　　大統十七年(551)　149
浮來山造象題字殘石　146
浯溪銘　考爲大曆三年(768)　278
浴日亭詩　成化二十一年(1485)　314
海陽縣磚　328
海禪師方墳記　顯慶二年(657)　65
涅盤經碑(又名)　174
畢游江墓誌　貞元十九年(803)　106
眞山題晉源之柏第一章
　　　考爲天會十二年(1134)　308
眞宗孔子贊　崇寧四年(1105)　301
眞相院舍利塔銘　元祐二年(1087)　204
眞草千文　341
眞賞齋帖三卷　337
祥光等字殘碑　238
秦氏(張君夫人)墓誌　貞觀十四年(640)　57
秦君英造象　乾封□年　184
秦庀伽造象記　天保九年(558)　161
秦洪墓誌並蓋　孝昌二年(526)　19
秦國嘔造象題記　保定元年(561)　169
秦從卅人等造象記　恭帝三年(556)　149
秦進儀墓誌　永徽三年(652)　62
秦鳳等金仙巖題名　元祐五年(1090)　298
秦寶墓誌　麟德元年(664)　70
索氏(斛斯府君夫人)墓誌銘(又名)　62
索玄墓誌　龍朔二年(662)　69
索思禮墓誌　天寶三載(744)　98
索相兒墓誌　永徽三年(652)　62
索達墓誌　麟德二年(665)　71
翁忱龍虎軒題名　308
翁麐標祀齊東名宦祠記
　　　乾隆五十八年(1793)　316
耴□妻宮氏等造象記　乾興元年(1022)　203
耴氏(高宗嬪)墓誌　延昌三年(514)　9
耴旭造象記　開皇九年(589)　174
耴壽姬墓誌　神龜元年(518)　11
耴勳表　熹平三年(174)　220
般石合村邑義人造象題名　武平四年(573)　166
般若臺題記　大曆七年(772)　279
莫達墓誌並蓋　正統十二年(1447)　124
莫簡墓誌　至正九年(1349)　124

華夷圖　阜昌七年(1136)　310
華州刺史安定王燮造象　永平四年(511)　133
華州城隍新廟記　大定二十四年(1184)　309
華岳廟程琳己丑題名　皇祐元年(1049)　295
華亭楊氏買地券　考爲萬曆四十年(1612)　315
華亭縣許潮、張氏買地券
　　　萬曆十四年(1586)　315
華師祖妻孫造象　顯慶元年(656)　181
華陰郡君楊氏合葬誌(又名)　88
華陽洞詩　308
華塔寺姚元之造象記　長安三年(703)　192
華塔寺韋均造象銘　長安三年(703)　192
華塔寺高延貴造象記　長安三年(703)　192
華嶽精享昭應碑並額　開元八年(720)　268
華嚴經初發心菩薩功德品　248
袁子才造象　開皇八年(588)　173
袁氏墓誌　聖曆三年(700)　85
袁弘毅墓誌　麟德元年(664)　70
袁君墓誌　天寶三載(744)　97
袁希范墓誌　垂拱四年(688)　82
袁秀巖墓誌　元和五年(810)　108
袁相墓誌　龍朔口年　69
袁清等造象題名　168
袁敞碑　元初四年(117)　209
袁景恒墓誌　垂拱四年(688)　82
袁説友等題名　紹熙二年(1191)　304
軒轅廷盈造彌陀象　開元十七年(729)　196
逍遙樓三大字　大曆五年(770)　278
通妙大師塔碑　大定五年(1165)　309
通海界柱銘　316
造三級浮圖碑(又名)　242
造千佛寶塔記　南漢大寶十年(967)　203
造地藏象記　慶曆二年(1042)　203
造地藏觀音象殘字　景雲二年(711)　194
造那犀那尊者象記　171
造阿彌陀經殘字　290
造象:石華第二集第三、四冊24種
　　　總章至開元　197
造象四種(龍寧造象、劉大庶造象、
　　　吳安造象、僧峻造象)　145
造象記　保定五年(565)　204
造象記　元祐二年(1087)　170
造象側　147
造象殘石　199

造象殘刻　　開元三年(715)　　　　195
造無量壽佛　　天保七年(556)　　　160
造須彌塔記　（又名）　　　　　　150
逢略造象　　天統四年(568)　　　164
郭□現造象記　　垂拱二年(686)　　189
郭子儀碑記　　嘉祐六年(1061)　　296
郭仁孝建頂幢　　天慶十年(1120)　308
郭元和墓誌並蓋　　大業五年(609)　43
郭方山造象記　　開元五年(717)　　195
郭方剛造象記　　長安三年(703)　　192
郭氏(宮人司儀)墓誌　　大業七年(611)　45
郭氏墓誌(趙君夫人)　　永徽五年(654)　63
郭氏(王緒母)墓誌　　神功元年(697)　85
郭世昌墓誌　（又名）　　　　　　43
郭市和造象　　天統五年(569)　　　165
郭本墓誌　　垂拱四年(688)　　　　82
郭仵娘造象題記　　先天二年(713)　195
郭休墓誌並蓋　　仁壽二年(602)　　41
郭有道碑並額　　建寧二年(169)　　217
郭伯儁造象記　　開皇六年(586)　　173
郭君殘碑　　乾封二年(667)　　　　261
郭法洛造象記　　孝昌二年(526)　　139
郭宣墓誌　　乾符二年(875)　　　　117
郭思訓墓誌　　景雲二年(711)　　　89
郭思謨墓誌　　開元九年(721)　　　92
郭家莊建築裝飾畫像　　　　　　　323
郭通墓誌　　貞觀二年(628)　　　　55
郭進屛盜碑並額　　後周顯德二年(955)　292
郭提墓誌　　貞觀八年(634)　　　　56
郭景脩墓誌　　大觀四年(1110)　　122
郭達等造象題記　　　　　　　　　146
郭達墓誌　　大業八年(612)　　　　46
郭雲墓誌　　大業三年(607)　　　　43
郭槐墓石　　元康六年(296)　　　　1
郭壽墓誌　　龍朔元年(661)　　　　68
郭鐵造象記　　天統四年(568)　　　165
郭顯墓誌　　正光五年(524)　　　　17
都邑師道興造象並治疾方並陰
　　　　　武平六年(575)　　　　167
陳□六世合宗造象記　　　　　　　146
陳□忠造象記(或作傅□忠造象、
　　僧忠造象)　　景龍二年(708)　194
陳大師壽塔文　　開元二年(714)　　90
陳子匜　　　　　　　　　　　　　334

陳子良造象記　　神龜三年(520)　　136
陳元清等殘造象記　　　　　　　　147
陳孔碩卦德亭銘　　嘉定七年(1214)　306
陳氏(宮人六品)墓誌　　大業七年(611)　45
陳氏(宮人)墓誌　　大業九年(613)　47
陳氏(鄭君夫人)墓誌　　天寶十四載(755)　101
陳氏中殤誌　（又名）　　　　　　122
陳氏造象題名　　　　　　　　　　178
陳令望造蜜多心經碑並陰　　天寶元年(742)　273
陳平整墓誌　　武定二年(544)　　　29
陳仲宜題名　　政和元年(1111)　　301
陳志清墓誌　　元和九年(814)　　　109
陳沖墓誌　　垂拱二年(686)　　　　81
陳花樹(宮人司寶)墓誌　　大業十年(614)　49
陳叔度墓誌　　長安三年(703)　　　87
陳叔毅修孔子廟碑　　大業七年(611)　252
陳周子墓誌　　天寶二年(743)　　　97
陳府君墓誌　　開成三年(838)　　　112
陳昌宗造象題記　　長安□年　　　193
陳明叟墓誌　　政和七年(1117)　　122
陳茂碑　　開皇十八年(598)　　　　251
陳思道墓誌　　大業二年(606)　　　42
陳神忻七十二人等造象題名
　　　　　皇建二年(561)　　　　162
陳神姜造象四面刻　　大統十三年(547)　148
陳倩等題名　　元豐三年(1080)　　297
陳恭墓誌　　咸亨三年(672)　　　　74
陳留等字磚　　太康元年(280)　　　326
陳祥墓誌　　正統二年(1437)　　　124
陳純釜　　　　　　　　　　　　　334
陳寂之墓誌　　政和七年(1117)　　122
陳常墓誌並蓋　　大業九年(613)　　48
陳紹邑造象　　天統五年(569)　　　165
陳景珍造象殘石　　　　　　　　　157
陳黑闥造象　　開皇十六年(596)　　175
陳暉造象題記　　長安四年(704)　　192
陳憲墓誌　　開元十四年(726)　　　93
陳襄等石屋洞題名　　熙寧六年(1073)　297
陳懷儼墓誌　　上元三年(676)　　　76
陳疇九曜石題記　　嘉熙三年(1239)　306
陳羅漢等造象題記　　　　　　　　147
陳護墓誌　　垂拱四年(688)　　　　81
陳鐘紀磚　　太康三年(282)　　　　326
陶申□造象記　　正光四年(523)　　138

陶長貴爲妻鄧氏造象　天保七年(556)	160	高夫人墓誌　後唐清泰三年(936)　119
陶貴墓誌　開皇十七年(597)	39	高文妻黃造象題記　長安□年　193
陶德生墓表　至正十八年(1358)	124	高氏(崔鋭夫人)墓誌　萬歲通天元年(696)　84
陶遷造象記　大同四年(538)	128	高氏(朱守臣夫人)墓誌　開元十一年(723)　92
陶齋藏葬磚	327	高氏(翟君夫人)墓誌　大中四年(850)　113
陸大亨墓誌　開元六年(718)	90	高王經　252
陸元慶等造象題名	157	高光復造象題記　儀鳳四年(679)　187
陸希道誌蓋　正光四年(523)	16	高延福墓誌(又名)　92
陸侃墓誌　嘉定五年(1212)	123	高百年墓誌並蓋　河清三年(564)　33
陸紹墓誌　建義元年(528)	22	高孝宣碑(又名)　245
陸順華墓誌　武定五年(547)	31	高岑墓誌　元和二年(807)　107
陸讓碑　貞觀十七年(643)	255	高虬墓誌並蓋　仁壽元年(601)　40
馬二十四娘買地券　南漢大寶五年(962)	293	高定方墓誌　開元二十二年(734)　95
馬天祥等造象碑　武平九年(578)	168	高建墓誌　天保六年(555)　32
馬少敏墓誌並蓋　仁壽四年(604)	41	高長恭碑(又名)　248
馬伏陁及妻劉婆造象　顯慶四年(659)	182	高彥墓誌並蓋　貞元二十年(804)　107
馬光仁造象記並兩側　神龜二年(519)	136	高洛周七十人等造象碑並陰
馬君起造石浮圖頌　儀鳳四年(679)	187	正始元年(504)　131
馬妍造象　武平五年(574)	167	高荊玉墓誌　天寶九載(750)　99
馬阿顯造象記　天保五年(554)	159	高澱修寺功德碑並陰　太寧二年(562)　247
馬周碑並額　上元元年(674)	262	高盛殘碑　246
馬苗仁造象記並兩側　正光二年(521)	136	高貫方東闕　228
馬長和造象(又名)	174	高貫光西闕　228
馬姜墓石　延平元年(106)	1	高善達造象題記　200
馬珍墓誌　調露元年(679)	78	高湛墓誌　元象二年(539)　28
馬神貴造象題記　聖曆二年(699)	191	高慈墓誌　聖曆三年(700)　86
馬祠佰夫妻造象題記　武平二年(571)	165	高煥章造象記　開皇十六年(596)　176
馬振拜造象記　景明四年(503)	131	高福墓誌　開元十二年(724)　92
馬測墓誌　開寶三年(970)	120	高肅碑並陰　武平六年(575)　248
馬落子造象題字　保定元年(561)	169	高僧護墓誌　武平四年(573)　35
馬貳光造象記	146	高廣墓誌　孝昌二年(526)　20
馬鳴寺根法師碑　正光四年(523)	244	高槀爲二子造象　171
馬儆墓誌　大和六年(832)	111	高緊墓誌　大業八年(612)　46
馬壽墓誌　顯慶三年(658)	65	高慶碑　正始五年(508)　242
馬稱心墓誌　大業十年(614)	49	高潤平等寺碑　武平三年(572)　248
馬璘新廟碑並額　大曆十四年(779)	281	高樹造象記　景明三年(502)　131
馬隱安等賣地券　太平興國九年(984)	294	高頤碑　建安十四年(209)　225
馬龜墓誌　大象二年(580)	36	高霞寓玄堂銘　大和八年(834)　112
馬懷墓誌　上元三年(676)	76	高歸彥造象記　武定元年(543)　153
高□昌造象題記　長安四年(704)	192	高翻碑　元象元年(538)　245
高士廉塋兆記(又名)	256	高翻書古老子　考爲延祐二年(1315)　312
高士廉碑並額　貞觀二十一年(647)	256	高儼仁墓誌　永徽六年(655)　64
高允鎮井碑	289	
高元裕碑　大中六年(854)	287	

十一畫

乾明殘造象題記　乾明元年(560)　161
停雲館帖十二卷　337
停雲館帖第一卷晉唐小字　337
偶諲墓誌並蓋　正統三年(1438)　124
偽絳帖十二卷　338
參軍賈良造象　正光三年(522)　137
唵嘛呢叭彌吽六字　178
畐子父乙尊　331
啟母少姨廟碑並額　後周顯德五年(958)　292
國學本定武蘭亭　339
婁定遠像碑　武平四年(573)　166
婁敬墓誌　乾封二年(667)　72
婁黑女墓誌　天保六年(555)　32
婁壽碑　熹平三年(174)　220
婁德臣墓誌　永昌元年(689)　82
密長盛等造橋記　開皇二十年(600)　251
寇奉叔墓誌並蓋　開皇三年(583)　37
寇治墓誌　孝昌二年(526)　20
寇胤哲墓誌並蓋　大成元年(579)　36
寇偘墓誌並蓋　孝昌二年(526)　20
寇演墓誌　神龜二年(519)　11
寇遵考墓誌並蓋　開皇三年(583)　36
寇霄墓誌　永安三年(530)　24
寇憑墓誌　神龜二年(519)　11
寇熾墓誌　大象二年(580)　36
寇臻墓誌　正始三年(506)　5
尉太妃(穆亮妻)墓誌　神龜三年(520)　12
尉富娘墓誌　大業十一年(615)　51
尉遲迴廟碑陰及額　開元二十六年(738)　271
尉遲恭碑　顯慶四年(659)　259
崇□達造象記　正□□年　139
崇仁寺陀羅尼石幢　天寶七載(748)　274
崇化寺西塔基記　後周顯德五年(958)　292
崇固寺造彌勒大象記(又名)　175
崇教寺辟支佛塔記　皇祐二年(1050)　295
崇福官張杲題名　大觀四年(1110)　301
崇禧萬壽宮詔並道士陳志新謝表
延祐七年(1320)　312
崔公殘石　229
崔文修墓誌　大曆六年(771)　102
崔氏夫人墓誌　熙寧二年(1069)　43
崔氏(李君夫人)墓誌　天寶十載(751)　99
崔氏(盧君夫人)墓誌　貞元九年(793)　105
崔氏(劉君夫人)墓誌　元和九年(814)　109
崔氏(化明縣丞夫人)墓誌並蓋
大業三年(607)　43
崔氏(王公夫人)墓誌並蓋　咸通三年(862)　115
崔正子題名　嘉定六年(1213)　306
崔玄隱墓誌　開元二十七年(739)　96
崔克讓墓誌　天寶十四載(755)　101
崔孝芬族弟墓誌　正始元年(504)　5
崔孝昌墓誌　太極元年(712)　89
崔忻井記　開元二年(714)　266
崔沔墓誌並蓋　大曆十三年(778)　103
崔坤造陀羅尼經碑　大中十一年(857)　287
崔承宗造象　太和七年(483)　129
崔法師立靈塔記　貞觀十八年(644)　59
崔宣華墓誌　河清元年(562)　32
崔昭遠墓誌　大曆十年(775)　103
崔倚墓誌　元和十五年(820)　110
崔哲墓誌並蓋　久視元年(700)　86
崔浩造象　太平真君十一年(450)　128
崔素墓誌　顯慶二年(657)　65
崔偕墓誌　延昌三年(514)　9
崔紹墓誌　乾符四年(877)　118
崔黃左墓誌　元和十一年(816)　109
崔湛墓誌並蓋　天寶十載(751)　99
崔程墓誌　貞元十五年(799)　105
崔貴本造象題記　貞觀二十三年(649)　180
崔虞延墓誌　天寶十載(751)　99
崔賓先造象記　天保二年(551)　158
崔蕃墓誌　大和七年(833)　112
崔鍔墓誌　天寶十二載(753)　100
崔懃造象記　神龜二年(519)　136
崔應科石門洞題詩　萬曆三十五年(1607)　315
崔懷儉造象題記　永隆二年(681)　188
崔巇暨夫人鄭氏合祔誌並蓋
乾寧五年(898)　118
崔獻直遊石室新記　寶曆元年(825)　285
崔顧墓誌　天保四年(553)　31
常文才女舍利造象題記　200
常氏合族造象並陰側　169
常協墓誌　萬歲通天二年(697)　85
常季繁墓誌　正光四年(523)　15
常岳等百餘人造象記　144

常斌妻許氏造象題字　　　　　　　　202
常景造象記　元豐二年(1079)　　　　203
常景墓誌　大業十一年(615)　　　　　52
康知法造象　皇興五年(471)　　　　　128
康留買墓誌　永淳元年(682)　　　　　79
康悊墓誌　神龍元年(705)　　　　　　88
康達墓誌　總章二年(669)　　　　　　73
康摩伽墓誌　永淳元年(682)　　　　　79
庾賁德政頌　大曆五年(770)　　　　　278
張□□妻裴造象題字　先天二年(713)　195
張□伯十四人造象記　延昌三年(514)　134
張□貞造象題記　　　　　　　　　　145
張□墓磚　咸寧五年(279)　　　　　　326
張九齡畫像　　　　　　　　　　　　324
張万年造象記　　　　　　　　　　　168
張三顏等像幢記　　　　　　　　　　199
張士高墓誌　龍朔元年(661)　　　　　68
張大亨米芾題名　崇寧五年(1106)　　301
張大娘等七人造象題字　　　　　　　200
張大寧造象記　　　　　　　　　　　168
張仁墓誌　麟德三年(666)　　　　　　71
張仁墓誌　調露元年(679)　　　　　　78
張仁廓造象記　　　　　　　　　　　199
張允碑　顯慶三年(658)　　　　　　　258
張元祖妻一弗造象記　太和二十年(496)　129
張元福三次造象題名　天授二年(691)　190
張元福造象題記　載初元年(689)　　　189
張公誌蓋　　　　　　　　　　　　　55
張夫人(斛斯處士妻)墓誌　龍朔三年(663)　69
張夫人墓誌　貞元八年(792)　　　　　105
張文政造象題記　咸亨元年(670)　　　186
張氏女殤墓誌　貞元十八年(802)　　　106
張氏郝造象記　天保五年(554)　　　　159
張氏(呂夫人)墓誌　永徽六年(655)　　64
張氏(爨君夫人)墓誌　顯慶三年(658)　65
張氏(樂師夫人)墓誌(又名)　　　　　81
張氏(郭夫人)墓誌　開元七年(719)　　91
張氏墓誌　開元十二年(724)　　　　　93
張氏墓誌　貞元十六年(800)　　　　　105
張氏(趙公夫人)墓誌　會昌三年(843)　113
張氏(洪君夫人)墓誌　大中八年(854)　114
張氏(王公夫人)墓誌　咸通四年(863)　115
張氏(李君夫人)墓誌　咸通十年(869)　116
張氏(諱備)墓誌　嘉祐八年(1063)　　121

張氏(□君夫人)墓誌並蓋　垂拱三年(687)　81
張氏(閻夫人)墓誌銘(又名)　　　　　105
張世祖造象記　貞觀二十年(646)　　　180
張世寶合邑卅餘人造象　天保三年(552)　159
張功謹敬德造心經幢(又名)　　　　　256
張平吳等造象記殘石　　　　　　　　178
張平叔真人歌　紹興十八年(1148)　　302
張弘墓誌　咸亨三年(672)　　　　　　74
張正中墓誌　慶曆五年(1045)　　　　120
張玄弼墓誌　天授三年(692)　　　　　82
張玄墓誌(又名)　　　　　　　　　　25
張仲武題石淙詩　皇祐五年(1053)　　296
張仲荀抄高僧傳序　乾德　　　　　　293
張仲連造象　天統五年(569)　　　　　165
張伏安妻阿胡造象記　武定七年(549)　155
張伏保造彌勒象　開皇十四年(594)　　175
張伏敬墓誌　大業八年(612)　　　　　47
張休光墓誌　開元二十二年(734)　　　95
張守令墓誌　元嘉十八年(441)　　　　3
張安生墓誌　天寶十四載(755)　　　　101
張安安墓誌　垂拱四年(688)　　　　　82
張安姬墓誌　正光二年(521)　　　　　14
張安都墓誌　顯慶四年(659)　　　　　66
張延昌殘造象　　　　　　　　　　　145
張延賞殘碑　貞元三年(787)　　　　　104
張成墓碑　延祐二年(1315)　　　　　311
張自明詩　嘉定七年(1214)　　　　　306
張行恭墓誌　乾封元年(666)　　　　　71
張行密墓誌　貞觀十六年(642)　　　　58
張行滿墓誌　貞觀二十二年(648)　　　60
張伯通墓誌　龍朔二年(662)　　　　　68
張即之書息心銘　　　　　　　　　　343
張君政墓誌　開耀元年(681)　　　　　79
張君墓誌蓋　　　　　　　　　　　　36
張君寶造象　麟德元年(664)　　　　　183
張孚墓誌　開元二十八年(740)　　　　96
張孝子祠殘碑　建中　　　　　　　　283
張孝緒墓誌　貞觀十六年(642)　　　　58
張希古墓誌　天寶十五載(756)　　　　101
張志隆等造象　永隆元年(680)　　　　188
張角殘石　　　　　　　　　　　　　227
張阿龍等造象　　　　　　　　　　　169
張阿難碑並額　咸亨二年(671)　　　　261
張始興造象題記　天保元年(550)　　　158

張宗諫墓誌　天祐十三年(916)　119

張怦暨夫人東門氏合葬墓誌並蓋

　　大業三年(607)　42

張明墓誌　貞觀七年(633)　56

張易墓誌　開元二十七年(739)　96

張武墓誌　顯慶六年(661)　68

張法香造象記　157

張法朗等造象　144

張法喜造象題記　咸亨元年(670)　185

張法舜造象記(又名)　149

張法樂造象題名　元象元年(538)　151

張波墓誌並蓋　大業十一年(615)　51

張育墓誌　貞觀二十二年(648)　60

張英周妻蘇文好造象記　正始五年(508)　132

張英墓誌並蓋　顯慶四年(659)　67

張表造虎函題字　光和六年(183)　223

張保洛等造象記　武定七年(549)　155

張埏詩又(龍隱洞龍隱巖)

　　慶元四年(1198)　305

張姜墓誌並蓋　仁壽四年(604)　41

張客墓誌　上元三年(676)　76

張客墓誌並蓋　天寶六載(747)　98

張彥叔等題名　紹興十七年(1147)　302

張思文等造象題記　承光元年(577)　168

張思伯造象記　武平五年(574)　167

張思道墓誌　開元九年(721)　91

張思業母等五十人造象記　天保元年(550)　158

張胐墓誌　天寶十二載(753)　100

張毗羅墓誌　天寶十四載(755)　101

張洛都葬磚記　正始五年(508)　6

張洛墓誌　永徽四年(653)　62

張洪亮等造尖光象(又名)　175

張盈墓誌並蓋　大業九年(613)　47

張相墓誌　顯慶二年(657)　65

張祖造象記李儉造象記　天保四年(553)　159

張祖墓誌　咸亨三年(672)　74

張祖歡等一百人造象記　正光三年(522)　137

張神洛買田券　正始四年(507)　242

張神遠造象記　永安三年(530)　142

張秋等六人造象記　天統二年(566)　164

張胡師造象題記　201

張貞墓誌　垂拱元年(685)　80

張貳息造象記　大業四年(608)　177

張軌墓誌　咸亨元年(670)　73

張勍墓誌　咸通二年(861)　115

張峻毋恒造象記　開皇二十年(600)　176

張師政兄弟造象題記　199

張師爲兄楚師造象　199

張師墓誌　長安三年(703)　87

張師儒墓誌　廣明元年(880)　118

張朗墓誌　乾封二年(667)　72

張朗碑　永康元年(300)　2

張素墓誌　神功元年(697)　85

張起墓誌　天統元年(565)　33

張通墓誌　貞觀二十二年(648)　60

張釜九曜石題記　慶元元年(1195)　304

張釜等題名　慶元二年(1196)　305

張釜遊山七詠　慶元二年(1196)　304

張奢碑　興和三年(541)　246

張婆造象題記　龍朔元年(661)　183

張惟諿造象題字　開元七年(719)　195

張猛龍清頌碑　正光三年(522)　244

張處等造象記　南漢大寶二年(959)　203

張逸墓誌　永徽四年(653)　62

張善同造象題記　永徽三年(652)　180

張喬墓誌　大業六年(610)　44

張崑妻墓誌　開元二十一年(733)　94

張惠然等造象題名　146

張敬之墓誌並蓋　天授三年(692)　83

張敬造六面石柱象　元象元年(538)　151

張敬琮造象題字　開元五年(717)　195

張敬德墓誌　雍熙二年(985)　120

張普先君墓磚　景元元年(260)　326

張景之墓誌　天授三年(692)　83

張景略墓誌　開皇十一年(591)　38

張景陽墓誌　開元二十九年(741)　97

張淵道題名　紹興十八年(1148)　302

張琛墓誌　永徽五年(654)　63

張琮碑　貞觀十三年(639)　254

張貴男墓誌　大業二年(606)　42

張軫墓誌　開元二十一年(733)　95

張軻墓誌並蓋　大業十年(614)　50

張遊藝墓誌　貞元十八年(802)　106

張道果等造象　考爲太和十四年以前　129

張道顯造象記　大統十五年(549)　149

張達墓誌　大業十年(614)　49

張達墓誌　聖曆二年(699)　85

張須摩(文林郎夫人)墓誌(又名)　64

張黑女墓誌	普泰元年(531)	25
張轙等七十人造象記並陰	神龜二年(519)	136
張感仁等造象題記	調露二年(680)	187
張暉造觀世音象	開皇九年(589)	174
張業墓誌	大業九年(613)	47
張源墓誌	大和十二年(838)	112
張詵夫人樊氏墓誌	永貞元年(805)	107
張僧安造象記	天平四年(537)	151
張僧胤造象並側		146
張僧哲等造象記		171
張僧殷墓誌	開皇九年(589)	37
張嘉墓誌	長安三年(703)	87
張壽之題名	元符二年(1099)	299
張壽墓誌	大業十一年(615)	50
張壽碑	建寧元年(168)	216
張寧墓誌	永熙二年(533)	26
張對墓誌	乾封三年(668)	72
張曄墓誌	調露元年(679)	78
張滿墓誌	天平四年(537)	28
張碩等造象記	正光三年(522)	137
張維岳碑並額	貞元八年(792)	283
張維題名	乾道元年(1165)	303
張綸墓誌	垂拱元年(685)	80
張鳳舉墓誌	大業九年(613)	48
張儔妻劉氏墓磚	太康九年(288)	326
張儉暨妻胡氏墓誌	仁壽三年(603)	41
張德墓誌	總章元年(668)	72
張慶之墓誌並蓋	天授三年(692)	83
張積墓誌	後唐天成二年(927)	119
張貓造象	開元六年(718)	195
張遷碑	中平三年(186)	223
張銳墓誌	大曆九年(774)	102
張養仁造象題記	咸亨元年(670)	185
張叡墓誌	貞觀七年(633)	56
張整墓誌	景明四年(503)	5
張曉墓誌	咸亨元年(670)	73
張盧墓誌	正光三年(522)	14
張禪師義婉墓誌	大曆三年(768)	102
張興墓誌	龍朔元年(661)	68
張靜儒等造象記	天統三年(567)	164
張濟墓誌	大業十二年(616)	53
張璥墓誌	天寶十二載(753)	100
張禮墓誌	龍朔二年(662)	69
張禮墓誌並蓋	開皇九年(589)	38
張點墓誌	開元二十一年(733)	95
張曛墓誌並蓋	元和八年(813)	108
張藥墓誌	永徽元年(650)	61
張覬題名	熙寧七年(1074)	297
張轉興等造象記	河清三年(564)	162
張纂妻趙氏墓版文	貞觀六年(632)	56
張諴墓誌	顯慶三年(658)	66
張護葬磚		325
張歡□造象記	永安二年(529)	142
張覽墓誌	垂拱二年(686)	80
張懿墓誌	永淳二年(683)	79
強三娘造心經記	永隆二年(681)	263
強獨樂文帝廟造象碑	明帝元年(557)	169
從山寺象碑	天授二年(691)	190
戚伯著碑	考爲建和元年(147)	212
戚高墓誌	中和三年(883)	118
扈元興造象記		145
扈志碑	開皇十四年(594)	250
敕廣濟寺牒	大定三年(1163)	309
斛律氏(樂陵王妃)墓誌並蓋		
	河清三年(564)	33
斛斯氏(格善義妻)墓誌	天授二年(691)	82
斛斯樞磚誌	大業七年(611)	45
旌善殘碑(又名)		220
曹□身等造象	武定元年(543)	153
曹子建碑	開皇十三年(593)	250
曹夫人墓誌	永徽四年(653)	63
曹氏(吳君夫人)墓誌	後唐同光三年(925)	119
曹弘立暨夫人石氏合祔誌		
	咸通十二年(871)	117
曹全碑	中平二年(185)	223
曹恪碑	天和五年(570)	249
曹宮墓誌	調露元年(679)	78
曹海凝墓誌並蓋	大業十一年(615)	51
曹真殘碑並陰		234
曹連題記	永平四年(511)	133
曹望憘造象記	正光六年(525)	138
曹掾殘字	建寧元年(168)	216
曹敬容造象題記	天平四年(537)	150
曹臺眷屬造像題記	武平三年(572)	166
曹諒及夫人安氏墓誌	永徽元年(650)	61
曹續生造象記	大統五年(539)	148
望兒殘造象	元象二年(539)	152
梁□仁造象	大業十三年(617)	178

梁子彦墓誌並蓋　武平二年(571)　34
梁才甫題名　紹聖三年(1096)　299
梁方並夫人張氏墓誌　開元八年(720)　91
梁氏(元遙妻)墓誌　神龜二年(519)　12
梁氏(寇嶠妻)墓誌　36
梁令珣墓誌　天寶十載(751)　99
梁安世詞　淳熙七年(1180)　304
梁有意墓誌並蓋　永徽四年(653)　62
梁伽耶墓誌並蓋　河清四年(565)　33
梁秀墓誌　麟德元年(664)　70
梁坦墓誌並蓋　開皇三年(583)　36
梁府君並夫人唐氏墓誌　垂拱四年(688)　82
梁師亮墓誌　萬歲通天二年(697)　84
梁康等七十人造象並側　河清二年(563)　162
梁嗣鼎墓誌並蓋　大象二年(580)　36
梁義方墓誌　開元二十三年(735)　95
梁嘉運墓誌　景龍三年(709)　89
梁凝達墓誌　貞觀十五年(641)　58
梁懷□造象　南漢大寶三年(960)　203
梁瓛墓誌並蓋　大業六年(610)　44
梅公瘴説　紹熙元年(1190)　304
梓州昌城牛頭山寺舍利塔銘並額
　　仁壽四年(604)　177
淤泥寺心經　貞觀二十二年(648)　256
淨土寺主傳法師石龕象記
　　考爲永徽元年(650)　180
淨土寺毗沙門天王殘碑　中和二年(882)　288
淨如造象題記　201
淨住寺賢劫功德碑　199
淨智塔銘　元象元年(538)　28
淮陰陳氏藏瓦削拓本　327
淳于儉墓誌　開皇八年(588)　37
淳化閣帖十卷　淳化三年(992)　337
淳化閣帖十卷　乾隆三十四年(1769)　337
清王子若縮刻百漢硯碑　317
清河王妃胡殘刻　正光後　139
清河長公主碑　麟德元年(664)　260
清河崔孝宣弟兄三人造象　天保二年(551)　158
清信□□□爲亡父造象　天平三年(536)　150
清信女□弟子衛□造象題記　201
清信女司馬等造象題記　龍朔三年(663)　183
清信女朱造象題記　麟德二年(665)　184
清信女佛弟子王□□造象題記　147
清信女佛弟子孫造象記　乾封二年(667)　184

清信女妙光造象　貞觀十五年(641)　179
清信女造象記　天和五年(570)　170
清信女陰造象題記　總章元年(668)　185
清信女陽宜春等造象記　乾封三年(668)　184
清信女楊四□造象題記　145
清信女摩提等造象銘田昭照造象銘　169
清信王造象記　孝昌二年(526)　140
清信仕夏侯回洛等造象殘記　201
清信佛弟子劉師政造象　顯慶四年(659)　182
清信陳氏造象記　正光五年(524)　138
清信欲會造象記　孝昌二年(526)　140
清陳迦陵先生填詞題詠　338
清摹刻漢石經(六石十三方)
　　乾隆五十七年(1792)　316
琅玡台刻石　206
琅琊相劉殘石　227
眺曲江亭題詩　萬曆十一年(1583)　314
章仇禹生等造象　開皇九年(589)　174
章和二年殘葬磚　325
章草雜綴(漢章帝、皇象)　338
章景爲梁王至尊並亡長兒　造無量壽佛象
　　(又名)　127
章景造象　考爲普通八年(527)　127
符盛墓誌並蓋　仁壽四年(604)　41
符磚　327
紹興路增置義田記　大德八年(1304)　311
終南山蘇軾章惇題名　考爲治平元年(1064)　297
習延超等造象　169
菀貴妻尉造象記　興和四年(542)　152
菩薩等字殘石　252
萊子侯刻石　天鳳三年(16)　208
處士等字殘石　229
處州萬象山崇福寺碑　延祐七年(1320)　312
處貞造象題記　永隆元年(680)　188
許大德並妻楊造象　乾封元年(666)　184
許公神道碑　後至元四年(1338)　312
許州儀鳳寺比丘尼造象題字
　　永隆二年(681)　188
許君暨夫人楊氏墓誌　景龍三年(709)　88
許社生等造象　大統十二年(546)　148
許和世墓誌　正始元年(504)　5
許始等四面造象碑　168
許長史舊館壇碑　天監十七年(518)　240
許彥先再遊詩　熙寧七年(1074)　297

許思言造象記　儀鳳三年(677)　187
許洛仁碑並額　龍朔二年(662)　259
許堅墓誌　垂拱三年(687)　81
許善造象　大通三年(529)　128
許端卿題名　元符三年(1100)　300
許儁卅人造象記　皇建二年(561)　162
許曇晒等造象　仁壽二年(602)　177
象山樹三字　308
逸老堂記　開慶元年(1259)　307
過九成宮詩　元祐五年(1090)　298
陽三老石堂題字　320
陽信縣令元□□造象　199
陽景元題記　正光四年(523)　137
陽嘉殘石　陽嘉二年(133)　210
陽臺觀唐宋題名　大中十四年(860)　287
隆教寺四面造象碑　開皇二年(582)　172
隆熙頌　咸寧四年(278)　236
隗天念墓誌　武定二年(544)　30
魚玄明銘　皇興二年(468)　3
麻令姿造象題名　144
黃元德造象記　永平四年(511)　133
黃文節公法書四卷　343
黃石公祠記並陰　大曆八年(773)　279
黃石崖元氏法義三十五人造象記
　　孝昌二年(526)　140
黃石崖法義兄弟姊妹等題記
　　附喬伏香題記　正光四年(523)　138
黃仲堪浯溪題名　靖康元年(1126)　302
黃朴九曜石題記　嘉熙四年(1240)　307
黃初殘石　黃初五年(224)　231
黃法僧造象記　孝昌三年(527)　140
黃法暾造象　大業六年(610)　178
黃庭堅書千峰帖　343
黃庭經　340
黃洛思造象記　龍朔元年(661)　183
黃羅漢墓誌　永徽六年(655)　64

十二畫

傅□□造象記　孝昌二年(526)　140
傅叔墓誌　貞觀二十年(646)　59
傅醜傅聖頭造盧舍那象　武平三年(572)　166
傅黨仁等三人造象題記　永隆二年(681)　189
勝會造象　大同六年(540)　128

博州重修廟學記並陰　大定二十一年(1181)　309
"善哉天帝"殘經　248
喬宇書東海廟詩　正德五年(1510)　314
喬難墓誌　上元二年(675)　76
單于和親磚　325
單子伯簠　333
報德玉象七佛頌碑(又名)　153
報德寺比丘法相造象　武定七年(549)　155
報德寺造玉象碑　武定三年(545)　153
報德象碑　天保六年(555)　160
富樂未央磚文　325
御史臺精舍碑　開元十一年(723)　268
復唯識廨院記　皇祐三年(1051)　295
復溪州銅柱記　後晉天福五年(940)　291
惠光和尚舍利銘　後梁乾化五年(915)　119
惠安西表四字　230
惠果寺造象　保定二年(562)　170
惠珍造象記　熙平二年(517)　135
惠猛法師墓誌　正始二年(505)　5
惠感造象記　天保二年(551)　158
惠榮造象記　熙平二年(517)　135
惠鳳造象記　天保二年(551)　158
惠隱禪師塔銘　開元二十六年(738)　96
掌瘡娘娘龕象　202
敦煌太守碑(又名)　210
敬延祚墓誌　中和三年(883)　118
敬羽造象記　神龜二年(519)　135
敬使君顯儁碑　興和二年(540)　245
敬善寺石象銘　考爲乾封　184
敬善寺般若金剛經　龍朔三年(663)　259
敬覺墓誌並蓋　開元十五年(727)　94
斑夫人墓誌　貞觀二十年(646)　59
普惠寺井欄題記　泰和元年(827)　286
普賢墓誌　延昌二年(513)　8
景子鞏造象題記　永隆二年(681)　189
景元元年磚　326
景君銘並陰　永嘉本初間(145—146)　211
景和妻張阿暉等造象題名　145
景教流行中國碑　建中二年(781)　282
景福寺思道和尚塔銘　後漢乾祐二年(949)　292
景龍殘刻　景龍三年(709)　194
智辛塔記　應曆二年(952)　123
智威等造象題名　附久視元年末　191
智悟律上人墓誌並蓋　大曆六年(771)　102

智運造象題字　附于永隆元年之末　　　188
智隱造象題字　永隆二年(681)　　　188
曾布等九曜石題名　元豐元年(1078)　　297
曾原一等隱山題詞　淳祐十二年(1252)　307
曾寶師造象題記　永徽四年(653)　　181
朝侯小子殘碑　　　227
朝鮮興法寺眞空大師塔碑　　　316
棲岩寺智通塔銘　天寶十三載(754)　　275
棲閑寺六十人造象並側　天統五年(569)　165
棲霞二徐題名　南唐保大□年　　292
棲霞子銘　紹興十九年(1149)　　302
殘石　　　229
殘造象　中和二年(882)　　199
殘造象　　　202
殘造象記　萬歲登封元年(696)　　191
殘造象題記　長安四年(704)　　193
殘造象題記四種　　　147
殘塔銘(有懷州刺史等字)　　289
殘畫像　　　323
殘墓誌　　　119
殘碑　開皇十三年(593)　　250
游師雄墓誌　紹聖四年(1097)　　121
湖州林虙石刻　大觀元年(1107)　　301
湧雲樓記　大安二年(1210)　　310
湯華墓誌　大中十二年(858)　　115
湯瑄墓誌　正統六年(1441)　　124
涅盤經法書　　　290
涅盤經後分卷　　　290
滋蕙堂墨寶八卷　　　338
滑臺新驛記　大曆九年(774)　　280
無字頂蓮造象　　　147
無畏不空法師塔記　開元二十五年(737)　271
無異簋　　　332
無量義經　　　248
無窮尊師造象碑(又名)　　　168
焦山米芾題名　元祐六年(1091)　　298
焦山浮玉巖裴煜題名　治平元年(1064)　297
焦山陸放翁題名　隆興二年(1164)　　303
焦山陸務觀等題名　乾道元年(1165)　　303
焦山塔磚　　　327
焦山翻刻蘭亭六種　　　340
焦孝達造象記　顯慶四年(659)　　182
焦松墓誌　天授二年(691)　　82
焦袦碑　貞元十八年(802)　　284

焦璀墓誌　寶應元年(762)　　102
甞法端造象　正始三年(506)　　132
甯想墓誌　孝昌三年(527)　　21
番州弘教寺舍利塔銘　仁壽元年(601)　176
畫像門下小吏等字題字(又名)　　322
畫鳳凰麒麟題字　　　320
祿氏(王君夫人)墓誌　永隆二年(681)　78
程公殘誌　考爲寶應元年(762)　　102
程夫人(令秀)墓誌　龍朔三年(663)　　69
程氏塔銘　顯慶四年(659)　　67
程氏墓誌(宮人五品)　大業六年(610)　44
程玄景墓誌　長壽三年(694)　　83
程仵郎墓誌　長壽二年(693)　　83
程光遠等造象記　後唐長興元年(930)　202
程羽蕭題漢昭烈樓桑廟詩
　　　洪武七年(1374)　　　313
程知節碑　麟德二年(665)　　260
程修己墓誌　咸通四年(863)　　115
程哲碑　天平元年(534)　　245
程師孟等題名　熙寧七年(1074)　　297
程虔墓誌　太清三年(549)　　3
程乾祐等造象記　景雲元年(710)　　194
程基造象　久視元年(700)　　191
程義墓誌　咸亨元年(670)　　73
程榮造象記　興和二年(540)　　152
程繼伯等四十九人造象　天統四年(568)　164
等慈寺殘造塔銘　武平五年(574)　　167
等慈寺碑　考爲貞觀十一年(637)　　254
答里麻世禮墓誌　泰定元年(1324)　　124
紫□司尼造象記　孝昌二年(526)　　140
絕塵龕三字　　　308
絳州重修夫子廟記　考爲天聖八年(1030)　295
舜廟碑　建中元年(780)　　282
舜廟碑　至正二十三年(1363)　　313
萬安橋記　嘉祐五年(1060)　　296
萬年宮銘　永徽五年(654)　　258
萬德墓誌　貞觀二十一年(647)　　60
葉任道等題名　嘉定十五年(1222)　　306
葛今龍造象記　天保五年(554)　　160
葛州報善寺覺公紀德碑　元和十二年(817)　285
葛袚碑額　　　235
葛從周碑　後梁貞明二年(916)　　290
董元侯等造象　　　169
董氏王氏(趙建遂夫人)合祔墓誌

大中九年（855） 114
董氏（韓通夫人）墓誌　後周顯德二年（955） 120
董永和等造象　延興二年（472） 129
董明墓誌　顯慶四年（659） 67
董昭墓誌　天寶六載（747） 98
董柱墓誌　貞觀二十三年（649） 61
董洪達等造象並側　武平元年（570） 165
董美人墓誌　開皇十七年（597） 40
董夏篆陰符經　宣和六年（1124） 302
董晉碑並陰額　貞元十五年（799） 284
董偉墓誌　孝昌三年（527） 20
董惟靖墓誌　大中六年（852） 113
董淵等造象記　河清三年（564） 162
董嵩雲等造象題記　武平五年（574） 166
董僧智造象題記 156
董穆墓誌　大業六年（610） 44
董靜先造象　開皇三年（583） 172
董靜志造象記　開元二十三年（735） 197
董顯□磚誌　乾明元年（560） 32
詒晉齋法書四集十六卷 338
詔文磚 325
詠齋朱士彥碑目 317
貯父丁簠 332
買曹者畫象磚 325
費氏（慕容君夫人）墓誌　聖曆二年（699） 85
費德造象記　咸亨四年（673） 186
賀屯植墓誌　保定四年（564） 35
賀玄道墓誌　太極元年（712） 89
賀若誼碑　開皇十六年（596） 251
賀幽淨墓誌　咸通五年（864） 116
賀蘭氏（裴公妻）墓誌　開元四年（716） 90
賀蘭汗造象記　景明三年（502） 131
跋唐少卿遇仙記二段　紹興二十二年（1152） 303
遊□德造象題記　咸亨三年（672） 186
道人惠感造象記　永平三年（510） 133
道因法師碑　龍朔三年（663） 260
道安禪師塔記　總章三年（670） 261
道安禪師碑　開元十五年（727） 270
道俗九十人等造象銘並兩側
　　　武定元年（543） 153
道勇造彌勒象記　建義元年（528） 142
道政法師支提塔記　開皇十年（590） 38
道深等造象記　武定六年（548） 155
道眾題記　永平元年（508） 132

道凭法師造象（又名） 154
道榮造象記　天保二年（551） 158
鄐君開通褒斜道刻石（又名） 208
鄒非熊等九曜石題名　淳熙十五年（1188） 304
鄒道隆妻造象　建德元年（572） 171
鄒應龍等題名　嘉定十年（1217） 306
開化寺羅漢院重修前殿記
　　　大安三年（1211） 310
開化寺釋迦如來三身銘　承安五年（1200） 310
開母石闕銘　延光二年（123） 210
開成井欄　開成四年（839） 286
開花院佛寶寺修蓋佛殿鐘樓記
　　　開皇十四年（594） 250
開通褒斜道摩崖　永平六年（63） 208
開慈雲嶺記　吳越寶大元年（924） 291
開義井碑　閩通文三年（938） 291
雁塔聖教序　永徽四年（653） 257
集王聖教序　咸亨三年（672） 262
集柳書沂州普照寺碑　皇統四年（1144） 309
雲居上寺吉逾等題詩附范惟清等題名
　　　建中二年（781） 282
雲居寺石浮圖銘　開元九年（721） 196
雲居寺李文安石浮圖銘　開元十年（722） 196
雲居館鄭述祖題名　天統元年（565） 247
雲峯山等題刻三十五種 244
雲峯山鄭道昭全套 244
雲峯山鄭道昭論經書詩刻　永平四年（511） 243
雲峯寺枯木庵木碑　天祐三年（906） 289
飲龍泉古井志　正始四年（507） 242
馮十一娘墓志（又名） 90
馮士安壙記　大德七年（1303） 123
馮氏（元謐妃）墓誌　熙平元年（516） 5
馮氏（安豐王妃）墓誌　武定六年（548） 31
馮氏墓誌　貞元八年（792） 105
馮氏（楊君夫人）墓誌並蓋　天寶十載（751） 99
馮氏（王庭瓖妻）墓誌銘（又名） 105
馮氏（元誘命婦）誌　景明四年（503） 5
馮令華墓誌　武定五年（547） 31
馮本紀孝碑　先天元年（712） 266
馮名墓誌　久視元年（700） 86
馮迎男墓誌　正光二年（521） 13
馮使君神道闕 228
馮叔平碑　天統三年（567） 247
馮季華墓誌　正光五年（524） 17

馮宣等造象題名 147
馮祐墓誌 至正二年(1342) 124
馮貞佑妻孟氏墓誌(又名) 90
馮恭石槨題字(又名) 236
馮恭墓門刻石 太康三年(282) 236
馮宿碑 開成二年(837) 286
馮善廓造浮圖銘 萬歲通天二年(697) 191
馮道根墓畫像 324
馮道智等造象題名 156
馮達墓誌 龍朔三年(663) 69
馮暉賓造象(又名) 165
馮鳳翼等造象記 199
馮憲等砌街記 大中祥符三年(1010) 294
黑甕生兄弟三人爲父母造象記 157
黑甕生爲亡妻並息造象 157
黑齒常之墓誌 聖曆二年(699) 85

十三畫

傳曹操書石門題字(袞雪二字) 230
傳鳳尊勝幢題名 開成四年(839) 286
傷氏(湯府君妻)墓誌 永徽二年(651) 61
堲開等字殘石 289
墓磚 325
夢眞容碑 開元二十九年(741) 272
夢瑛篆書千字文 343
嵩贊碑 大業五年(609) 251
嵩山少室西闕銘 延光二年(123) 209
嵩山會善寺告戒壇記 貞元十一年(795) 283
嵩陽觀聖德感應頌 天寶三年(744) 274
嵩臺石室文 皇祐五年(1053) 296
嵩顯寺碑並陰 永平二年(509) 242
廉州柏肆縣花成寺造塔記 仁壽四年(604) 177
廉富義率道俗造象記 興和二年(540) 152
感怨文(又名) 198
感通寺碑 天祐民安五年(1094) 308
慈氏殿殘石 289
慈明禪師塔銘 開皇十四年(594) 39
慈恩寺聖教序(又名) 257
慈惠石柱頌(又名) 247
慈義墓誌 神龜元年(518) 11
慈慶墓誌 正光五年(524) 16
新建觀音寺碣 武德五年(622) 252
新城成買寺主道充等造象題名

正光五年(524) 138
新開宴石山記 南漢大寶二年(959) 292
新篆刻廿八種 334
新豐令沈君左闕 228
新豐令沈君左闕畫像 323
新羅石南山故國師碑銘後記
　　　後周顯德元年(954) 292
新羅真興王巡狩碑 光大二年(568) 241
新譯三藏聖教序 端拱元年(988) 294
會仙友題字 漢安元年(142) 211
會善寺戒壇勅牒 大曆二年(767) 278
會善寺張景儉殘詩刻 嘉祐五年(1060) 296
會善寺景賢大師身塔石記
　　　開元二十五年(737) 271
會稽石刻 206
楊□娘造象記 上元二年(675) 186
楊一清焦山詩 正德五年(1510) 314
楊三娘造象題記 永隆二年(681) 188
楊士漢墓誌 貞觀十四年(640) 57
楊大眼爲孝文造象記 正始 131
楊小□造石浮圖記 開皇十三年(593) 175
楊小妃造象記 正始三年(506) 132
楊元軌妻王造象記 龍朔元年(661) 183
楊元凱造象記 太昌元年(532) 143
楊文昇造象記 天平三年(536) 150
楊文遇造象題字 201
楊文蓋造象 開皇十三年(593) 175
楊氏墓誌 正光二年(521) 14
楊氏(宮人司言)墓誌 大業十二年(616) 53
楊氏(荀氏夫人)墓誌 龍朔三年(663) 69
楊氏(郭君夫人)墓誌 乾封元年(666) 71
楊氏(竇夫人)墓誌(又名) 103
楊氏(劉君夫人)墓誌 大和四年(830) 111
楊氏(李緯夫人)墓誌 咸通十四年(873) 117
楊氏(祖君夫人)墓誌 中和元年(881) 118
楊平樂生柩誌 元康三年(293) 1
楊玉姿墓誌 貞觀十六年(642) 58
楊安族造象記 正始五年(508) 132
楊成其墓誌 貞觀二十三年(649) 61
楊行□造象題記 永徽三年(652) 181
楊行朗妻王造象題記 天授三年(691) 190
楊伯起碑(又名) 226
楊君植造象題記 顯慶五年(660) 182
楊吳生墓誌並蓋 永徽四年(653) 63

楊秀墓誌　大業六年(610)	44	
楊阿真造象記　普泰二年(532)	142	
楊叔恭殘碑　考爲建寧四年(171)	219	
楊叔紫妻王造象　貞觀二十年(646)	180	
楊宗墓磚	327	
楊宗闕	228	
楊居墓誌並蓋　開皇四年(584)	37	
楊府君墓誌　大足元年(701)	86	
楊承胤墓誌　神龍三年(707)	88	
楊昕墓誌　開禧三年(1207)	123	
楊茂道墓誌　上元二年(675)	76	
楊客僧墓誌　麟德二年(665)	71	
楊宣政造象記　貞觀二十一年(647)	180	
楊宣碑　延昌元年(512)	243	
楊昭墓誌　貞觀二十三年(649)	60	
楊洛采造象記　上元二年(675)	186	
楊珍等造象題名	147	
楊神威墓誌　上元三年(676)	76	
楊胤墓誌　熙平元年(516)	10	
楊軌墓誌　上元二年(675)	76	
楊迴墓誌　大和八年(834)	112	
楊務勤造象記　景龍二年(708)	194	
楊哲造象記　天保三年(552)	159	
楊將軍新莊象銘　開元十二年(724)	196	
楊師善及夫人墓誌　天授二年(691)	82	
楊珽(劉渼潤妻)墓誌銘(又名)	111	
楊眞藏造象題記　顯慶三年(658)	181	
楊乾光墓誌　大中九年(855)	114	
楊乾墓誌並蓋　孝昌二年(526)	19	
楊淡造佛頂尊勝陀羅尼經幢　開元十六年(728)	270	
楊淮表紀　熹平二年(173)	219	
楊紹買冢地莂　太康五年(284)	236	
楊逸墓誌　永徽四年(653)	62	
楊傑等題名　元祐三年(1088)	298	
楊善常李伏及題字　神龜二年(519)	135	
楊惠勝造象題記	200	
楊智積墓誌　乾封二年(667)	72	
楊發女子書墓誌　乾符五年(878)	118	
楊發闕	237	
楊貴墓誌　永徽五年(654)	63	
楊道綱墓誌　顯慶三年(658)	66	
楊量買山記　地節二年(—68)	207	
楊豐生造象記　孝昌三年(527)	141	
楊僧威等造象　貞觀十八年(644)	180	
楊厲墓誌　大業十二年(616)	53	
楊滿藏造象記	201	
楊德墓誌　大業四年(608)	43	
楊德墓誌　貞觀二十年(646)	59	
楊瑩墓誌　大曆十二年(777)	103	
楊璡墓誌並蓋　開元八年(720)	91	
楊範墓誌　永平四年(511)	7	
楊遵善造象記　武平五年(574)	167	
楊震碑	226	
楊默合邑卅一人等造象　證聖元年(695)	191	
楊藝墓誌　永徽二年(651)	61	
楊蘊等造文殊普賢象記並額　後晉天福四年(939)	202	
楊寶墓誌　貞觀六年(632)	82	
楊寶墓誌　垂拱四年(688)	56	
楊瓚造浮圖頌　天寶二年(743)	197	
楊顯叔造象記　武定二年(544)	153	
楊顯等造象記	178	
殿中將軍殘造象題記	147	
源磨耶墓誌　武定八年(550)	31	
溧陽長潘乾校官碑　光和四年(181)	222	
溫氏(韋公夫人)墓誌　會昌六年(846)	113	
溫室洗浴眾僧經記　建隆二年(961)	293	
溫彥博碑　貞觀十　年(637)	254	
溫靈慈造象記	157	
煥彩溝碑(又名)	211	
瑞露館千字文	344	
甄大伽造玉象　大業二年(606)	177	
甄元希墓誌銘　大業六年(610)	45	
甄德造佛羅漢象題記	171	
當水屋刻石	229	
當利里社殘石並陰	237	
碑樓寺碑(又名)	161	
褉帖二種	340	
福田寺三門記　咸通三年(862)	287	
"福田眾生"等字殘經	290	
窣堵波塔銘　咸通五年(864)	198	
筠清館法帖六卷	338	
經訓堂法書十二卷	338	
置車驛使畫像	323	
群臣上壽刻石　後元六年(—158)	206	
聖帝感舍利之銘　儀鳳三年(678)	187	
聖教序碑游師雄題名　元祐九年(1094)	299	

聖善寺救苦觀世音菩薩石象銘
　　　　貞元七年(791)　　　　　198
聖曆二年殘造象記　聖曆二年(699)　191
蒼公碑　開寶八年(975)　　　　　293
蓋樹等造象　　　　　　　　　　144
褚承恩墓誌　久視元年(700)　　　86
褚亮碑　貞觀二十一年(647)　　　256
褚書哀冊及枯樹賦合冊　　　　　341
解州鹽池新堰箴　天聖十年(1032)　295
解知埲造象題記　證聖元年(695)　190
解省躬題字　　　　　　　　　　178
解深墓誌　貞觀八年(634)　　　　56
訾益多兄弟四人等造象　開皇十年(590)　174
詹儀之題名　淳熙五年(1178)　　303
詹體仁題名　淳熙五年(1178)　　304
豊樂七帝二寺邑義人等造象
　　　　武定五年(547)　　　　　154
豊樂寺比丘員光等造象題名
　　　　興和三年(541)　　　　　152
賈公闕　　　　　　　　　　　　237
賈文行墓誌　永淳元年(682)　　　79
賈氏(司饌六品)墓誌　大業六年(610)　44
賈氏(李君夫人)墓誌　建中二年(781)　103
賈市蘭造象題記　武平四年(573)　166
賈玄賛墓誌　大業十年(614)　　　49
賈昂墓誌　貞觀二十三年(649)　　60
賈武仲妻馬姜墓記(又名)　　　　1
賈思伯碑　神龜二年(519)　　　　243
賈思業造象記　武平四年(573)　　166
賈黃中墓誌並蓋　開元六年(718)　91
賈景等造象記　永熙二年(533)　　143
賈智淵妻張寶珠造象　正光六年(525)　139
賈統墓誌　顯慶元年(656)　　　　64
賈豚造象記　武平六年(575)　　　167
賈瑾墓誌　普泰元年(531)　　　　25
路公食堂畫像　　　　　　　　　320
路文助兄弟造象　武定二年(544)　153
路阿水兄弟造象記　天統二年(566)　164
路敬潛妻盧氏造象記　垂拱三年(687)　189
路僧妙造象記　普泰二年(532)　　142
路質夫方務德題名　紹興十九年(1149)　302
跳山造冢石刻(又名)　　　　　　208
雍州同官縣□□武定村造象記
　　　　儀鳳三年(678)　　　　　187

雍州長安縣王仕朗造象題記　　　201
雷峰塔華嚴經殘石　　　　　　　293
雷峰塔殘經　　　　　　　　　　293
雷峰塔磚　　　　　　　　　　　327
电水村比丘暈禪師等五十人造象記
　　　　武平三年(572)　　　　　166
靳杜生妻馬阿媚造象(墓磚)
　　　　永平四年(511)　　　　　133
靳春葬磚　　　　　　　　　　　325
頌壺　　　　　　　　　　　　　332
鼓吹種多磚　　　　　　　　　　230

十四畫

僧九定等造象記　先天二年(713)　195
僧力僧恭造象記　　　　　　　　157
僧仁欽篆書心經　大觀三年(1109)　301
僧伙(或釋欣)造象　太和二十三年(499)　130
僧修□等造象　大業元年(605)　　177
僧受造象記　天平二年(535)　　　150
僧思亮等造象記　垂拱三年(687)　189
僧惠造象記　武定三年(545)　　　154
僧惠雲墓誌　開皇十四年(594)　　39
僧惠簡造象記　咸亨四年(673)　　186
僧道勝造象記　天保九年(558)　　161
僧順禪師誌　貞觀十三年(639)　　57
僧慇造象記　元象元年(538)　　　151
僧量造象　正始二年(505)　　　　132
僧演造象記　大統四年(538)　　　148
僧曇欽造象記　河清二年(563)　　162
僧靜明等修塔造象碑　天保八年(557)　160
僧濟長等造象記　天平二年(535)　149
僧護造象殘石　天統二年(566)　　163
嘉祥七日山畫像　　　　　　　　322
嘉祥上華林村真武廟畫像　　　　322
嘉祥吳家觀音堂畫像　　　　　　322
嘉祥車馬殘畫像　　　　　　　　322
嘉祥城小學堂畫像　　　　　　　322
嘉祥郗家莊畫像　　　　　　　　322
嘉祥商村畫像　　　　　　　　　322
嘉祥焦城村畫像　　　　　　　　322
嘉祥畫像題記　　　　　　　　　322
嘉祥蔡氏園畫像　　　　　　　　322
嘉祥隨家莊關廟畫像　　　　　　322

壽州開元寺新建金剛經碑並額
　　　南唐保大五年(947)　　　292
實際寺隆闡法師碑　天寶二年(743)　273
寧陵公主墓誌　永平三年(510)　7
寧靖造象記殘石　171
寬以濟猛等字殘石　228
廖重能題名　淳熙五年(1178)　303
廣川王太妃侯造彌勒象記　景明四年(503)　131
廣川王太妃侯爲夫造象(又名)　131
廣固南寺大眾造寶塔頌(又名)　161
廣武將軍□產碑並陰側　建元四年(368)　238
廣陵中殿石題字(又名)　207
廣慈禪院殘碑　雍熙二年(985)　294
廣業寺慧雙造象　永安三年(530)　142
慕姜公象碑　武平元年(570)　165
慕容士建等造象記　武平二年(571)　165
慕容夫人墓誌　顯慶三年(658)　65
慕容昇墓誌　聖曆二年(699)　85
慕容昇墓誌　開元五年(717)　90
慕容知廉墓誌　聖曆二年(699)　85
慕容知禮墓誌　咸亨四年(673)　74
慕容瑾墓誌　開元二十一年(733)　95
慕容麗(曹夫人)墓誌(又名)　65
摹刻漢石經殘石　316
榮九州造象記　孝昌二年(526)　140
漁陽郡君李龕銘　顯慶四年(659)　182
漢中全拓　317
漢史遊急就章　339
漢安仙集字(又名)　211
漢吳王畫像(又名)　323
漢逍遙山石窟題字(又名)　211
爾朱元靜墓誌並陰　河清三年(564)　33
爾朱紹墓誌　永安二年(529)　24
爾朱遙墓誌　119
爾朱敞墓誌　開皇十一年(591)　38
爾朱襲墓誌並蓋　永安二年(529)　24
碭石頌(又名)　206
碧落天尊碑(又名)　261
碧落碑　咸亨元年(670)　261
種玄應妻造象記　乾封三年(668)　184
種休羅造象記　145
端氏縣令誌蓋　55
端州石室記　開元十五年(727)　269
管妃造象　開皇九年(589)　173

管定夫題名　嘉定六年(1213)　305
管明妃等三十二人造象　179
管俊墓誌　調露元年(679)　78
管洛墓碑並陰　永平元年(291)　1
管基墓誌　垂拱二年(686)　81
管湛題名　嘉定五年(1212)　305
維那卅人造石象記　天平四年(537)　151
維摩經見阿佛門品　248
翟惠隱墓誌　顯慶五年(660)　67
翟蠻造彌勒象並陰　神龜三年(520)　136
臧質墓誌　開皇二十年(600)　40
臧懷恪碑　廣德元年(763)　276
蔡大娘生存願題記二段　天授二年(691)　190
蔡元興等造象題名　天保五年(554)　159
蔡氏造太上老君石象記　大統十四年(548)　149
蔡有鄰盧舍那珉像碑(又名)　196
蔡行基墓誌　景龍二年(708)　88
蔡府君妻張夫人墓誌(又名)　42
蔡洪造老子象(又名)　149
蔡懌題名　宣和六年(1124)　302
蔡興伯碑(又名)　149
蔣夫人墓誌　長慶二年(822)　110
蕥中遷造象記　156
蜀都賦　342
裴氏(歐陽君夫人)墓誌　119
裴氏(薛君夫人)墓誌　開元十四年(726)　93
裴氏墓誌　景龍三年(709)　88
裴可久墓誌　咸亨四年(673)　74
裴休書心經　大中九年(855)　287
裴岑紀功碑　永和二年(137)　210
裴坦墓誌　開元二十九年(741)　97
裴沼造象題記　199
裴道安墓誌　開元二十九年(741)　97
裴慈明等造象題名　開皇十五年(595)　175
裴蕭墓誌　開元二十二年(734)　95
裴積墓誌(又名)　97
裴鏡民碑　貞觀十一年(637)　254
赫連子悅墓誌並蓋　武平四年(573)　34
赫連悅墓誌　普泰元年(531)　24
赫連義秉造象記　天平二年(535)　150
趙□則妻袁造象題記　考爲永隆元年(680)　188
趙士□等題名　政和三年(1113)　301
趙士宏舒昭敘等題名　皇祐五年(1053)　296
趙大娘等造象六題　200

趙子昂跋定武蘭亭　　　　　　　　　339
趙子肅邵伯高題名　端平三年(1236)　306
趙仁表墓誌　麟德二年(665)　　　　71
趙夫人墓誌　咸亨元年(670)　　　　73
趙夫人墓誌　元和十五年(820)　　110
趙氏買地券　明昌二年(1191)　　　309
趙氏(王憐妻)墓誌　天保六年(555)　32
趙氏(王文隋妻)墓誌　貞觀二十三年(649)　61
趙氏(史夫人)墓誌　上元三年(676)　76
趙氏(朱公夫人)墓誌　元和七年(812)　108
趙氏(魏公夫人)墓誌　會昌五年(845)　113
趙氏藏瓦當　　　　　　　　　　327
趙奴子造象題記　文明元年(684)　189
趙巨源墓誌　天寶元年(742)　　　97
趙仲伋墓誌　元豐二年(1079)　　121
趙充華墓誌　延昌三年(514)　　　9
趙光墓誌並蓋　正光元年(520)　　13
趙安墓誌　永徽三年(652)　　　　62
趙君誌蓋　　　　　　　　　　　55
趙希塈定林題名　淳祐九年(1249)　307
趙芬殘碑　考爲開皇十四年(594)　250
趙阿令等造象題名　　　　　　　179
趙阿四造象題名　　　　　　　　156
趙阿歡造象記　神龜二年(519)　　135
趙阿歡等造象記　神龜三年(520)　136
趙孟頫書長短句　　　　　　　　313
趙孟頫書格言　　　　　　　　　313
趙宗道墓誌　熙寧四年(1071)　　121
趙府君夫人墓誌　咸亨元年(670)　73
趙府君墓道闕　　　　　　　　　238
趙知愼墓誌　開元二十八年(740)　96
趙南山墓誌　開元二十年(732)　　94
趙威墓誌　上元三年(676)　　　　76
趙客師等造象記　上元二年(675)　187
趙某道俗二十七人題記　正光五年(524)　138
趙祖福造象記　神龍元年(705)　　193
趙郡王高叡修定國寺塔碑並額
　　　　天保八年(557)　　　　246
趙郡王高叡爲亡伯亡兄造象記
　　　　天保七年(556)　　　　160
趙師墓誌　總章元年(668)　　　　72
趙振造象記　　　　　　　　　　156
趙書天冠山詩詠　　　　　　　　344
趙書安素軒石刻道德經　　　　　344
趙書信心銘及其他合冊　　　　　344
趙書閑邪公傳　　　　　　　　　343
趙書臨樂毅論　　　　　　　　　343
趙朗墓誌並蓋　大業九年(613)　　48
趙桃枝妻劉造象題記　武平三年(572)　166
趙虔章墓誌　乾符三年(876)　　　117
趙圉令碑　初平元年(190)　　　　224
趙婆造象題記　上元三年(676)　　187
趙清女四百人等造象　正光□年　139
趙進墓誌　大足元年(701)　　　　86
趙瑂造象　皇興三年(469)　　　　128
趙勝習造象　興和二年(540)　　　152
趙善勝造象題字　永徽三年(652)　181
趙智侃墓誌　長安三年(703)　　　87
趙道富造象並陰及兩側　正光四年(523)　138
趙道德墓誌　天統元年(565)　　　33
趙勛墓誌　永徽六年(655)　　　　64
趙勤墓誌　永淳二年(683)　　　　80
趙義墓誌　永淳元年(682)　　　　79
趙蕭墓誌　顯慶元年(656)　　　　64
趙榮墓誌　貞觀二十三年(649)　　60
趙毓芝等九曜石題名　　　　　　307
趙韶墓誌　仁壽元年(601)　　　　40
趙德含墓誌(又名)　　　　　　　73
趙還靳造象記　南漢乾和四年(946)　203
趙瞻碑並額　元祐七年(1092)　　299
趙懷策等造象記　考爲延載元年(694)　190
趙夔詩　紹興二十二年(1152)　　303
趙顯造象記殘石　武定七年(549)　155
適齋集古陶文　　　　　　　　　327
適齋集古磚文　　　　　　　　　327
鄧元女葬磚　　　　　　　　　　326
鄧太尉祠碑(又名)　　　　　　　238
鄧文貴葬記　大定二十三年(1183)　123
鄧氏(李君夫人)墓誌　開元二十五年(737)　96
鄧州大興國寺舍利塔銘　仁壽二年(602)　176
鄧宲騎造象題名　　　　　　　　145
鄧定安造象記　孝昌元年(525)　　139
鄧恢墓誌　咸亨二年(671)　　　　74
鄧瑤墓誌　咸通六年(865)　　　　116
鄧寶明墓誌　大業十年(614)　　　50
鄭子尚墓誌並蓋　武平五年(574)　35
鄭子眞書石門題字(石虎二字)　　229
鄭公墓記　大安二年(1210)　　　123

鄭夫人墓誌　開皇九年(589)　38
鄭氏(嚴君妻)墓誌　永徽三年(652)　62
鄭氏(白知新妻)墓誌(又名)　89
鄭氏(李戢妃)墓誌　建中三年(782)　104
鄭氏(李君夫人)墓誌　大中十年(856)　114
鄭令妃(元范妻)墓誌(又名)　38
鄭玄果及夫人元氏合葬墓誌
開元二年(714)　90
鄭仲連墓誌　寶曆二年(826)　111
鄭戎墓誌　開元十四年(726)　93
鄭芝龍七星巖題詩　崇禎十年(1637)　315
鄭伯熹父鼎　334
鄭君殘誌　武定五年(547)　30
鄭妙静墓誌　淳祐四年(1244)　123
鄭宏道修鄧艾祠記(又名)　238
鄭叔敖德政碑並額　貞元十四年(798)　284
鄭叔墓誌　景雲二年(711)　89
鄭固碑　延熹元年(158)　214
鄭固碑殘石　延熹元年(158)　214
鄭季宣殘碑　中平三年(186)　224
鄭府君夫人崔氏合葬誌　大中十二年(858)　114
鄭述祖天柱山銘　天統元年(565)　247
鄭述祖雲居山門題字(又名)　247
鄭長猷造象記　景明二年(501)　130
鄭姿歡造象並陰及側　大統七年(541)　148
鄭恕己墓誌　大中十年(856)　114
鄭淮墓誌　貞元十七年(801)　106
鄭躭磚誌　55
鄭善妃墓誌　大業十三年(617)　54
鄭惠王造石塔記　咸亨四年(673)　186
鄭惠造象記　南漢乾和四年(946)　202
鄭敬羨造象記　天保二年(551)　158
鄭道忠墓誌　正光三年(522)　14
鄭道昭登雲峯山詩　永平四年(511)　243
鄭道昭雲峰山觀海島詩刻　244
鄭暈業造象題記　天統四年(568)　164
鄭温球墓誌　開元十五年(727)　94
鄭僧修塔記　大業八年(612)　252
鄭羲上碑　永平四年(511)　242
鄭羲下碑　永平四年(511)　243
鄭諶墓誌　開元二十三年(735)　95
鄯乾墓誌　延昌元年(512)　8
銅器雜件　335
間伯升暨夫人元氏墓誌　興和二年(540)　29
閭炫墓誌並蓋　河清三年(564)　33
隨軒重撫柯九思瘦本蘭亭　339
隨盦藏陶　327
鮮于仲兒墓誌　孝昌二年(526)　19
鳳紋卣　331
鳳翔府扶風縣夫子廟記　慶曆八年(1048)　295
齊太公吕望表　太康十年(289)　237
齊夫人墓誌並蓋　貞觀二十年(646)　59
齊汪墓誌　景泰元年(1450)　125
齊郡王祐造象記　熙平二年(517)　135
齊郡順王常妃墓誌蓋　27
齊礪等題名　嘉定二年(1209)　305

十五畫

劉□兒造定光象記　延昌三年(514)　134
劉□造象記　武平七年(576)　168
劉大獎妻姚造象題記　載初元年(689)　190
劉仁願紀功碑　考爲龍朔三年(663)　260
劉元超墓誌　開元六年(718)　91
劉元禮等造象題記　龍朔二年(662)　183
劉升墓誌　天寶四載(745)　98
劉天庶造象題記　145
劉夫人(侯君妻)墓誌　貞觀十五年(641)　58
劉夫人墓誌　天寶十一載(752)　100
劉氏四龕造象題名　179
劉氏幼子阿延墓誌　乾符二年(875)　117
劉氏造象題名　157
劉氏(鄭舒夫人)殘墓誌　2
劉氏(宫人司樂)墓誌　大業六年(610)　44
劉氏(孟孝敏妻)墓誌　大業八年(612)　46
劉氏(宫人)墓誌　大業十一年(615)　52
劉氏(宫人司計)墓誌　大業十三年(617)　54
劉氏墓誌　上元二年(675)　76
劉氏(戎仁詡夫人)墓誌　乾符三年(876)　117
劉氏(苗君夫人)墓誌　乾符四年(877)　118
劉氏(趙仲伋夫人)墓誌　元豐三年(1080)　121
劉氏墓誌　宣和元年(1119)　122
劉氏(張藹仁夫人)墓誌並蓋
咸通十五年(874)　117
劉氏(黄君夫人)龕銘　天寶十三載(754)　100
劉仕俌墓誌　咸通八年(867)　116
劉召等造象題記　146
劉四思造象記　神龍元年(705)　193

劉平周造象記　孝昌三年(527)　　　141

劉平國摩崖　永壽四年(158)　　　214

劉弘義造象題記　顯慶四年(659)　　　182

劉未等造象　景明三年(502)　　　131

劉玄望造石浮圖銘(又名)　　　196

劉玄軋造菩薩象　麟德元年(664)　　　184

劉玉墓誌　孝昌三年(527)　　　21

劉多墓誌並蓋　開皇二十年(600)　　　40

劉守忠墓誌　咸亨五年(674)　　　75

劉安妙娥磚誌　太和元年(477)　　　4

劉君夫人張氏墓誌並蓋　元和元年(806)　　　107

劉君幡竿銘　開元三年(715)　　　266

劉均造象　普泰二年(532)　　　143

劉孝光造象題記　垂拱三年(687)　　　189

劉忻墓誌　武平二年(571)　　　34

劉村洪福院畫像　　　322

劉沔碑　大中二年(848)　　　287

劉奉芝墓誌　上元二年(675)　　　75

劉定師墓誌　乾符二年(875)　　　117

劉尚食墓誌並蓋　大業二年(606)　　　42

劉府君墓誌並側　開成元年(836)　　　112

劉性忠墓誌　元和十年(815)　　　109

劉明墓誌　咸亨元年(670)　　　73

劉明暨夫人梁氏合葬墓誌
　　　開皇十八年(598)　　　40

劉則墓誌　大業七年(611)　　　45

劉客人檢屍證誌　崇寧四年(1105)　　　122

劉庭訓墓誌　開元十八年(730)　　　94

劉思友墓誌　咸通十一年(870)　　　117

劉思祖造象記　天保四年(553)　　　159

劉政墓誌　貞觀十六年(642)　　　58

劉洛眞兄弟造象記　延昌元年(512)　　　134

劉洛眞爲兄造象記　延昌元年(512)　　　134

劉洪預墓誌　萬歲通天二年(697)　　　84

劉珍墓誌　大業二年(606)　　　42

劉皆墓誌　永徽五年(654)　　　63

劉悄造象記　天平四年(537)　　　151

劉根造象記　正光五年(524)　　　138

劉珪墓誌　顯慶三年(658)　　　65

劉眞人傳並額　大德十年(1306)　　　311

劉眞人贊　乾道元年(1165)　　　303

劉華仁墓誌　正光二年(521)　　　13

劉通及張夫人墓誌並蓋　元和八年(813)　　　108

劉晦叔等題名　崇寧元年(1102)　　　300

劉梁殘碑　　　229

劉猛進墓誌　大業五年(609)　　　43

劉章墓碣　　　310

劉逸墓誌　大和八年(834)　　　112

劉敬造釋迦牟尼象記　大同三年(537)　　　128

劉敬默造象記　天統二年(566)　　　163

劉普曜墓誌　永徽四年(653)　　　62

劉景孚造尊勝幢　大中十二年(858)　　　287

劉景茂造象　開皇七年(587)　　　173

劉景珍造象題記　　　145

劉淵墓誌　大業三年(607)　　　43

劉裕墓誌　永徽四年(653)　　　62

劉黑㜑造象記　　　149

劉嗣仙造石浮圖記　開元十九年(731)　　　196

劉塙造象記　　　156

劉愈題名　淳熙十四年(1187)　　　304

劉感墓誌　天寶十二載(753)　　　100

劉瑞告南鎮神文　正德十二年(1517)　　　314

劉碑造象銘　天保八年(557)　　　161

劉節墓誌　貞觀五年(631)　　　56

劉粲墓誌　貞觀十六年(642)　　　58

劉僧造象記　熙平二年(517)　　　135

劉熊殘碑陰　　　226

劉臺顯造象記　武定八年(550)　　　156

劉銅等草堂寺題名　元祐七年(1092)　　　299

劉遵禮墓誌　咸通九年(868)　　　116

劉穆墓誌　先天二年(713)　　　90

劉霄周造塔記　天平四年(537)　　　151

劉醜輒造象　考爲開皇十四年(594)　　　175

劉謙造象　開皇六年(586)　　　173

劉鎰題名　宣和元年(1119)　　　302

劉曜碑(又名)　　　149

劉歸安造象記　延昌三年(514)　　　134

劉懷民墓誌　大明八年(464)　　　3

劉曜殘碑　　　225

劉韜墓誌　　　2

劉寶墓誌　仁壽四年(604)　　　41

劉懿墓誌　興和二年(540)　　　28

劉顯明造象記　正光元年(520)　　　136

劉攬墓誌　永徽四年(653)　　　63

履和純始等字殘石　　　227

慧沼等造橋記　天寶十三載(754)　　　275

慧奢摩他毗婆舍那經　　　248

慧智造象記　永平　　　134

慧潤寺慧休法師刻石紀德文

　　　　　貞觀二十年(646)　　　　　256

慧靜法師靈塔銘　貞觀十五年(641)　　57

慧磧塔記　垂拱四年(688)　　　　　263

愍忠寺寶塔頌　至德二載(757)　　　276

摩騰入漢靈異記　天禧五年(1021)　　295

摩騰大師真身塔題字　後晉開運二年(945)　202

暴永墓誌　開皇九年(589)　　　　　38

樂天佑二十八人等造塔記殘石

　　　　　武定四年(546)　　　　　154

樂氏(袁嘉猷乳母)墓誌　乾道六年(1170)　122

樂玄墓誌　咸亨元年(670)　　　　　73

樂生墓誌(又名)　　　　　　　　　1

樂安太守廐君墓石人題字　　　　　229

樂法造象題記　　　　　　　　　145

樂陵縣城隍廟夢感記　崇禎十年(1637)　315

樂達墓誌　咸亨元年(670)　　　　　73

樂毅論　　　　　　　　　　　340

樂巋墓誌　上元三年(676)　　　　　76

樊三品(宮人)墓誌　大業十年(614)　49

樊奴子造象記　太昌元年(532)　　　143

樊秀墓誌　龍朔三年(663)　　　　　69

樊尚造象記　開皇七年(587)　　　　173

樊敏碑　建安十年(205)　　　　　　225

樊敬賢漆拾人等造象　開皇五年(585)　172

樊慶造象題記　永徽二年(651)　　　180

樊興碑　永徽元年(650)　　　　　　257

樓觀重修説經臺記　至元二十一年(1284)　310

標異鄉義慈惠石柱頌　太寧二年(562)　247

歐陽氏世次碑　至和二年(1055)　　　296

歐陽修聞喜亭詩　　　　　　　　307

滕紹宗造象記　後周廣順元年(951)　203

滕縣畫像　　　　　　　　　　323

潁州開元寺鐘銘　後唐長興三年(932)　291

潘卿墓誌　永徽二年(651)　　　　　61

潘智昭墓誌　天寶七載(748)　　　　99

潤州上元縣福興寺碑　考爲大曆五年(770)　278

潮州韓文公廟碑　至正二十七年(1367)　313

澄清堂帖　　　　　　　　　　337

瘞鶴銘　考爲天監十三年(514)　　　239

瘞鶴銘殘字華陽眞逸　　　　　　239

篆書千字文序　乾德五年(967)　　　293

篆書心經　　　　　　　　　　290

緣果道場磚塔銘　大業九年(613)　　252

緱綱墓誌　顯慶二年(657)　　　　　65

膠東令王君廟門殘碑　黃初五年(224)　231

蕃會盟碑　長慶二年(822)　　　　　285

蕪湖縣新學記　考爲崇寧三年(1104)　300

虢國公造象記　開元　　　　　　197

虢國公楊花臺銘並序(又名)　　　　196

虢遣生簠　　　　　　　　　　332

衛州新鄉縣臨清驛造彌勒石像碑

　　　　　開元七年(719)　　　　195

衛景嵩造象殘刻　　　　　　　　202

衛毅夫壙誌　淳祐元年(1241)　　　123

諸法因緣磚　　　　　　　　　327

諸春□等造象　顯慶二年(657)　　　181

諸掾造冢刻石　　　　　　　　229

諸葛子恒紀功碑　開皇十三年(593)　250

諸葛武侯祠堂碑並側　元和四年(809)　285

諸葛澄墓誌　寶曆元年(825)　　　　111

豫州從事孔褒碑　　　　　　　　225

豫章公主造象　貞觀十五年(641)　　179

賜盧正道勅　景龍元年(707)　　　　265

賜錢鏐鐵券　乾寧四年(897)　　　　288

遵立等字殘石　□安元年　　　　　225

遵訓閣重摹淳化閣帖(殘)　　　　　337

醉翁亭記　嘉祐七年(1062)　　　　296

閭縣大興院造象　開皇三年(583)　　172

鞍山畫像　　　　　　　　　　323

鞏伏龍造象　廢帝元年(551)　　　　149

鞏舍合邑二十二人造象題記

　　　　　武平六年(575)　　　　167

鞏賓墓誌　開皇十五年(595)　　　　39

魯公仙跡記　元祐七年(1092)　　　299

魯孔子廟碑(又名)　　　　　　　231

魯氏合邑四十人等造象記　大統四年(538)　148

魯池黃堅庭西山題記　建中靖國元年(1101)　300

魯孝王刻石　五鳳二年(—56)　　　207

魯相史晨祀孔子奏銘　建寧二年(169)　217

魯相史晨饗孔子廟碑　建寧元年(168)　217

魯相謁孔子廟殘碑(又名)　　　　　226

魯郡太守姜肱造冢殘石　中平三年(186)　224

魯峻碑並陰　熹平二年(173)　　　　219

魯眾造象記　正始四年(507)　　　　132

麃瓘刻石　河平三年(—26)　　　　207

麴氏(元壽妃)墓誌　正始四年(507)　　6

黎陽令殘碑(又名)　　　　　　　210

十六畫

冀氏（田君夫人）合祔墓誌並蓋
　　　　貞元十一年（795）　　　　　105
凝禪寺造三級浮圖碑　元象二年（539）　151
壇山刻石　　　　　　　　　　　205
學訓　　　　　　　　　　　　　315
學福樓墨刻　　　　　　　　　　344
嶧山碑　　　　　　　　　　　　206
憑瑞塔勒尊容殘石　　　　　　　202
曇衆造象記　武泰元年（528）　141
橋氏（王君夫人）墓誌　開元八年（720）　91
橋紹墓誌　開皇五年（585）　37
潞州壺關縣梵境寺舍利塔銘
　　　　仁壽二年（602）　　　176
潞州楚聖寺舍利塔銘（又名）　263
澧水石□橋靈累文碑
　　　　考爲開皇十八年（598）　176
澧水石橋碑並額　考爲開皇十六年（596）以前　250
澹山巖黃庭堅詩刻　考爲崇寧三年（1104）　300
澹氏（盧君夫人）墓誌　咸通十年（869）　116
熹平石經　　　　　　　　　　　221
熹平石經公羊　　　　　　　　　221
熹平石經周易（10781）　　　　221
熹平石經周易（10782）　　　　221
熹平石經周易（10786）　　　　221
熹平石經周易（10787）　　　　222
熹平石經周易（10790）　　　　222
熹平石經尚書（10050）　　　　221
熹平石經尚書（10777）　　　　221
熹平石經尚書（10785）　　　　221
熹平石經春秋（10791）　　　　222
熹平石經春秋（10792）　　　　222
熹平石經儀禮（10794）　　　　222
熹平石經論語（10783）　　　　221
熹平石經論語（10784）　　　　221
熹平石經論語（10793）　　　　222
熹平石經論語（10795）　　　　222
熹平石經論語（10796）　　　　222
熹平石經遺字　　　　　　　　　222
熹平石經魯詩（10778）　　　　221
熹平石經魯詩（10779）　　　　221
熹平石經魯詩（10780）　　　　221

熹平石經魯詩（10788）　　　　222
熹平石經魯詩（10789）　　　　222
熹平殘碑　熹平二年（173）　220
燕孝禮墓誌　開皇十五年（595）　39
燕秀墓誌　永淳元年（682）　79
營州刺史高貞碑　正光四年（523）　244
獨秀山新開石室記　建中元年（780）　282
獨孤仁政碑　景雲二年（711）　266
獨孤氏（崔君夫人）墓誌　天寶二年（743）　97
獨孤氏（陳君夫人）墓誌　元和四年（809）　107
盧子鸞墓誌　寶曆元年（825）　111
盧公則墓誌並蓋　大中十三年（859）　115
盧公龍門山石象贊　萬歲通天二年（697）　191
盧文構墓誌並蓋　仁壽元年（601）　40
盧氏（充華嬪）墓誌　正光三年（522）　14
盧氏（馮君夫人）墓誌　仁壽四年（604）　41
盧正道神道碑　天寶元年（742）　273
盧正道清德碑　神龍三年（707）　265
盧全貞墓誌　天寶十載（751）　99
盧侗金山題名　元豐元年（1078）　297
盧承業墓誌　咸亨三年（672）　74
盧玢墓誌　景雲二年（711）　89
盧舍那石象記　上元三年（676）　187
盧約等題名　紹聖二年（1095）　299
盧復墓誌　天寶九載（750）　99
盧貴蘭墓誌　武定四年（546）　30
盧義基造象題字　　　　　　　178
盧榮墓誌　咸通四年（863）　115
盧嶠墓誌　貞元八年（792）　104
盧縣説性亭銘　淳化二年（991）　294
盧豐碑（又名）　　　　　　　224
盧贊府造象題記　總章元年（668）　185
盧蘭墓誌　大象二年（580）　36
磚文　　　　　　　　　　　　328
磚刻文字　　　　　　　　　　325
磚刻花紋圖案　　　　　　　　325
磨生造象記　天保二年（551）　158
穆子岩墓誌　武定八年（550）　31
穆夫人（元琎妻）墓誌並蓋　神龜二年（519）　12
穆君弘墓誌　後梁開平四年（910）　119
穆宜長墓誌　儀鳳三年（678）　77
穆亮墓誌　景明三年（502）　4
穆彥墓誌並蓋　永安二年（529）　33
穆祥等造象記　永安二年（529）　142

穆紹墓誌　普泰元年(531)	25	薄氏墓誌並蓋　貞觀十五年(641)	57
穆纂墓誌並蓋　正光二年(521)	13	薛仁貴造象題記　咸亨四年(673)	186
縉雲縣城隍廟碑　乾元二年(759)	276	薛夫人(寇嶠妻)墓誌並蓋　宣政二年(579)	35
興福寺碑(又名)	268	薛夫人造阿彌陀象龕銘	201
興聖寺尼法澄塔銘　開元十七年(729)	270	薛氏(元公夫人)墓誌　孝昌元年(525)	18
興聖寺經幢　天寶五載(746)	274	薛氏故夫人塔銘　開元二十六年(738)	96
興聖寺諸葛始興等造象　武平三年(572)	166	薛匡生造象記　武平元年(570)	165
蕭□造象記　天監	127	薛收碑　永徽六年(655)	258
蕭子昂墓誌　元和十四年(819)	110	薛孝通貽後券　太昌元年(532)	25
蕭元眘造佛象銘　長安三年(703)	192	薛刻孫過庭書譜	341
蕭公及夫人杜氏墓誌　儀鳳元年(676)	77	薛季昶造象記　長安二年(702)	191
蕭氏(宮人)墓誌　大業八年(612)	46	薛明洛等造象題名	169
蕭令臣墓誌並蓋　開元二十三年(735)	95	薛保興墓誌　大業六年(610)	44
蕭正立東西二闕	241	薛祖□造象記　大統十四年(548)	149
蕭正表墓誌並蓋　武定八年(550)	31	薛迴顯爲亡父母造觀世音石象	
蕭汍墓誌　大業十一年(615)	52	天和三年(568)	170
蕭宏東西二闕	241	薛剛墓誌　久視元年(700)	86
蕭宏東闕側畫像	324	薛高造象　顯慶元年(656)	181
蕭秀西碑陰並額	240	薛國公史造象題字　垂拱二年(686)	189
蕭秀西碑額	240	薛嵩碑　大曆八年(773)	280
蕭秀西闕　天監十七年(518)	240	薛福等造象題記　垂拱三年(687)	189
蕭秀東西兩碑額	240	薛義令等造象記　先天二年(713)	195
蕭秀東碑	240	薛義墓誌　天寶八載(749)	99
蕭秀東碑額	240	薛瑤華墓誌　顯慶三年(658)	66
蕭和尚墓誌　大曆十三年(778)	103	薛鳳頑等造象碑　仁壽二年(602)	177
蕭思亮墓誌　景雲二年(711)	89	薛稷拓定武蘭亭序	339
蕭恢入蜀題記　天監十三年(514)	239	薛縑石刻殘字　長安四年(704)	265
蕭映神道西闕	241	衡方碑　建寧元年(168)	216
蕭衍造觀世音象　永元二年(500)	127	衡氏(田君夫人)墓誌　垂拱四年(688)	81
蕭貞亮墓誌　延和元年(712)	89	諱光墓誌　熙平元年(516)	10
蕭俱興墓誌　大曆十五年(780)	103	謁升仙太子廟詩　乾符四年(877)	288
蕭處仁墓誌　後周顯德三年(956)	120	謁者沈君右闕	228
蕭景神道西闕　普通四年(523)	240	謁唐升仙太子廟詩　萬曆三十二年(1604)	315
蕭順之東西二闕　考爲天監元年(502)	239	錡承祖等造象記	146
蕭瑒墓誌　大業八年(612)	46	錡麻仁等造象並陰及側　正光二年(521)	137
蕭飾墓誌並蓋　大業九年(613)	48	錢俶墓誌　端拱二年(989)	120
蕭瑤南墓誌　貞觀十三年(639)	57	閻□□造象題記	201
蕭瑾墓誌並蓋　大業九年(613)	48	閻氏萬夫人墓誌並蓋　大中六年(852)	113
蕭憺碑額	240	閻好問墓誌　咸通十四年(873)	117
蕭濱墓誌　大業十一年(615)	51	隱山呂願忠北牖洞詩　紹興二十四年(1154)	303
蕭績東西二闕　大通三年(529)	241	霍氏(劉君夫人)墓誌　大中十年(856)	114
蕭績東闕	241	霍恭墓誌　貞觀十八年(644)	58
蕭翹墓誌　大業十一年(615)	52	霍揚碑　景明五年(504)	242
薄仁墓誌　開元二年(714)	90	霍萬墓誌　顯慶三年(658)	66

霍達墓誌　麟德元年(664)　　70
霍漢墓誌　貞觀十九年(645)　　59
靜琬寫經殘石　　252
靜感禪師塔銘　貞觀二十年(646)　　59
鮑氏(宮人)墓誌　大業十年(614)　　50
鮑宅山鳳凰畫像題字　　319
鮑懷坦等祭東嶽題記　景龍二年(708)　　265
鮑纂造象記　太平真君三年(442)　　128

十七畫

龍山寺道瓊造象記　武定七年(549)　　155
龍門山丁裕題名　天聖四年(1026)　　203
龍門山大像龕丁裕題名　天聖四年(1026)　　203
龍門山尤從僕射等題記(又名)　　132
龍門山比丘法勝造象題記　　156
龍門山李大娘造象題記　顯慶四年(659)　　182
龍門山郭張題字　後漢乾祐三年(950)　　203
龍門山游達摩等造象題名　武平六年(575)　　167
龍門四品造象記　　129
龍門造象集冊　　144
龍泉記　元和三年(808)　　284
龍泉記　大和六年(832)　　286
龍泉集福禪院鐘銘　紹興二十五年(1155)　　303
"龍華菩提樹"殘經　　248
龍華碑　仁壽三年(603)　　251
龍徧興等造象題名　　179
龍瑞宮記　開元二年(714)　　266
龍興寺大悲閣記　紹聖四年(1097)　　299
龍興寺鄭義尊勝等經幢
　　　後梁貞明三年(917)　　291
龍興寺鑄金銅像菩薩碑　乾德元年(963)　　293
龍興邦等造象記　天保十年(559)　　161
龍隱巖平蠻三將題名　皇祐五年(1053)　　296
龍隱巖李師中宋頌　嘉祐七年(1062)　　296
龍藏寺碑　開皇六年(586)　　249
龍豐倫造象題記　垂拱二年(686)　　189
龍龕道場銘　聖曆二年(699)　　264
優婆夷李題記　正光四年(523)　　138
嶺南新出土古磚文　　327
戴夫人(石使君妻)墓誌　永熙二年(533)　　26
戴氏(董君夫人)墓誌　顯慶四年(659)　　66
戴氏父母畫像題字(又名)　　320
戴氏享堂畫像題字　　320

戴令言墓誌並蓋　開元二年(714)　　90
戴叔倫題詩　貞元五年(789)前　　283
戴婆等造象題記　垂拱三年(687)　　189
擬唐人書體殘帖　　338
檀泉寺造象記　保定二年(562)　　169
檀特山建釋迦殿記並額
　　　大定二十七年(1187)　　309
檀賓墓誌　正光五年(524)　　17
濟瀆廟北海壇二所新置祭器沈幣雙舫
　　　雜物銘(又名)　　284
濟瀆廟北海壇祭器碑　貞元十三年(797)　　284
濰縣南門外畫像　　323
禮器碑並陰側　永壽二年(156)　　213
縮本蘭亭　　340
臨高寺碑　開元二十五年(737)　　271
臨淮王象碑(又名)　　166
臨壇塔下銘並蓋　貞元九年(793)　　105
臨濟正傳隆禪師碑　至大三年(1310)　　311
藏掩感應舍利記　太康六年(1080)　　308
謙公安公構造殘碑記　南唐保大八年(950)　　292
謝岳墓誌　開皇十五年(595)　　39
謝通墓誌　乾封二年(667)　　72
謝逵題名　淳祐元年(1241)　　307
謝勳題名　政和三年(1113)　　301
謝靈運石門新營詩　　239
闞州昭仁寺碑　貞觀四年(630)　　253
闞州應福寺造象記　聖曆元年(698)　　191
趙乍姑賓卣　　332
趠鼎　　333
隸殘碑　　289
鞠仁舉墓誌(又名)　　42
鞠彥雲墓誌　正光四年(523)　　15
鞠遵墓誌　大業二年(606)　　42
韓乃洞造象記　大業　　178
韓山書院記並額　至順三年(1332)　　312
韓仁師墓誌　咸亨四年(673)　　75
韓仁師碑誌　貞觀八年(634)　　56
韓仁惠墓誌　萬歲通天二年(697)　　85
韓仁銘　熹平四年(175)　　220
韓公輔題名　大觀四年(1110)　　301
韓文雅及妻唐造象記　貞觀二十年(646)　　180
韓木蘭墓誌　天和三年(568)　　35
韓氏(李府君夫人)墓誌　顯慶五年(660)　　67
韓氏(諸葛明惢夫人)墓誌　天寶四載(745)　　98

韓弁智造象記　　龍朔元年(661)　　183
韓永義等造七佛寶堪碑　天統三年(567)　164
韓玄墓誌　　正光元年(520)　　13
韓玄墓誌　　顯慶元年(656)　　64
韓仲良碑　　永徽六年(655)　　258
韓曳雲等造優填王象　太和　　130
韓君相妻劉造象記　　聖曆二年(699)　　191
韓宗厚墓誌　　紹聖五年(1098)　　122
韓府君神道殘石　考爲永寧元年(301)　　237
韓勅碑(又名)　　213
韓恬墓誌　　熙寧四年(1071)　　121
韓昱墓誌　　咸亨二年(671)　　73
韓昶自爲墓誌　大中九年(855)　　114
韓貞瓚造象　天寶十四載(755)　　198
韓通墓誌　建隆元年(960)　　120
韓寄生造象記　長安四年(704)　　193
韓智門墓誌並蓋　顯慶元年(656)　　64
韓琦書杜詩畫鶺行　嘉熙二年(1238)　　306
韓琦墓誌　熙寧八年(1075)　　121
韓萬迪造優填王象(又名)　　183
韓道□造象記　天統六年(570)　　165
韓遠墓誌　貞觀七年(633)　　56
韓壽墓誌　上元二年(675)　　76
韓震墓誌　普泰二年(532)　　25
韓謙造象題記　元嘉十四年(437)　　127
韓懷墓誌並蓋　永徽五年(654)　　64
韓寶才墓誌　咸亨四年(673)　　75
韓顯宗墓誌　太和二十三年(499)　　4
韓顯祖等建塔象記　永熙三年(534)　　143
魏公先廟碑　咸通　　288
魏文慶造象記　咸亨四年(673)　　186
魏氏田夫人墓誌　麟德二年(665)　　71
魏氏(宮人尚寢衣)墓誌　大業七年(611)　46
魏君柩誌　元康八年(298)　　2
魏和墓誌　元和元年(806)　　107
魏玠壙誌　嘉定十七年(1224)　　123
魏侯夫人墓誌　熙寧二年(1069)　　121
"魏郡韓妙□"等字殘碑陰　　229
魏師□造象題記　　146
魏師妻張造象記　天平三年(536)　　150
魏師德妻田姐妹三人造象記
　　　咸亨三年(672)　　186
魏師德造象記　總章二年(669)　　185
魏陵亮夫人爲牛橛造象　太和十九年(495)　129

魏惟儼等題名附陰　咸通六年(865)　　288
魏翊軍墓誌　武平五年(574)　　35
魏處旻造象記　龍朔二年(662)　　183
魏靖墓誌並蓋　開元十五年(727)　　94
魏僧勛墓記　　27
魏德墓誌　永徽三年(652)　　62
魏邈墓誌　元和十年(815)　　109
魏懷飇造象題記　長安四年(704)　　192
魏顯明造象記　天統四年(568)　　164
魏靈藏薛法紹造象記　景明　　131
鮮于氏里門碑　大曆十二年(777)　　280

十八畫

龜茲刻石(又名)　　214
歸田賦等合冊　　344
瀋瀋潞安府昭覺寺重安舍利建造銅塔
　　碣石　萬曆四十三年(1615)　　315
獵碣(又名)　　205
禱疾造象題字　　202
簠齋藏三代古陶軒瓦(瓦器、瓦登)　327
簠齋藏瓦登　　327
簠齋藏瓦量　　327
簠齋藏寶康弧室瓦拓本(瓦器、瓦登)　327
藥繼能墓誌並蓋　太平興國九年(984)　120
邊真墓誌　咸亨四年(673)　　75
邊敏墓誌　龍朔二年(662)　　68
鎮西大將軍等造象殘字　　178
闕名氏墓誌　顯慶五年(660)　　67
闕特勤碑並陰　開元二十年(732)　　271
隴東王感孝頌　武平元年(570)　　247
雙柏詩　　341
離堆記　寶應元年(762)　　276
離騷經　　343
題劉仙巖詩　一、李師中　嘉祐五年(1060)
　　　二、曹輔宋　紹聖三年(1096)　296
顏人墓誌　永徽四年(653)　　62
顏氏家廟碑　建中元年(780)　　282
顏氏樂圖畫像　　322
顏永墓誌　長慶四年(824)　　111
顏書小楷麻姑仙壇記四種　　342
顏惟貞廟碑　　282
顏貳郎造象記　　149
顏勤禮碑並陰側　大曆十四年(779)　281

顔魯公新廟記　元祐七年(1092)　　299
顔魯公碑陰(又名)　　299
顔襄子墓誌　顯慶五年(660)　　67
顒學等字殘石　　229

十九畫

嚴□順兄弟造龍華四面佛龕象記
　　天統□年　　163
嚴元貴墓誌　大業十一年(615)　　50
嚴氏(李君夫人)墓誌　開元二十九年(741)　97
嚴行□重修題名　長壽二年(693)　　264
嚴季男刻石　建安六年(201)　　224
嚴武題龍日寺西龕石壁詩　約乾元間　276
嚴莨造象記　天和四年(569)　　170
廬山東林寺碑　開元十九年(731)　　270
廬江太守范式碑　青龍三年(235)　　231
懷州修武縣慈仁鄉無爲里周村廿八家等
　　造象記　麟德元年(664)　　184
懷州靜應廟額牒　承安四年(1199)　　310
懷君殘石　　227
懷素草書集帖(千字文、聖母、藏眞、律公)　342
懷智造象記　開元九年(721)　　196
羅池廟迎送神辭碑　嘉定十年(1217)　306
羅君副墓誌　貞觀十一年(637)　　57
羅聘畫說文統系圖　　324
羅騰月十人造象記　　156
羅寶奴造象記　開皇十三年(593)　　175
藺獻伯等造象題名　　179
蘇□君成等造象題字
　　後唐天祐十八年(921)　　202
蘇文忠乳母銘(又名)　　121
蘇方成妻趙鬘造象記　大統六年(540)　148
蘇方成爲父母造象　　149
蘇氏造象　咸通八年(867)　　198
蘇氏墓誌　紹聖四年(1097)　　121
蘇永生造象　乾封二年(667)　　184
蘇伏寶造象題記　垂拱三年(687)　　189
蘇君神道　　234
蘇孝慈墓誌　仁壽三年(603)　　41
蘇恒墓誌並蓋　大業九年(613)　　47
蘇昱德政碑並額　咸亨　　262
蘇洵題張仙像　　324
蘇胡仁等造象　正光六年(525)　　139

蘇卿墓誌　天授三年(692)　　83
蘇唐卿竹鶴二篆字　慶元二年(1196)　305
蘇軾南海浴日亭詩　嘉定十四年(1221)　306
蘇軾書西湖詩帖　　343
蘇軾畫像　　324
蘇軾等大麥嶺題名　元祐五年(1090)　298
蘇軾等訪象老題名　　307
蘇軾懷弟子由詩　元祐五年(1090)　298
蘇軾觀李昭道畫詩　元祐三年(1088)　298
蘇巖墓誌　開皇十三年(593)　　39
識空等造象記　熙平二年(517)　　135
譚氏墓誌　龍朔元年(661)　　68
譚伍墓誌　貞觀三年(629)　　55
譚揌等題名　建中靖國元年(1101)　300
贈李方叔賜馬券　元祐四年(1089)　298
贈夢瑛詩碑　咸平元年(998)　　294
贊皇公詩刻　　289
辭金記　嘉靖十九年(1540)　　314
關明墓誌並蓋　開皇九年(589)　　38
關英墓誌　貞觀二十三年(649)　　60
關勝誦德碑　武定八年(550)　　246
關德顒紀德碑(又名)　　246
麴信墓誌　久視元年(700)　　86
麴善嶽墓誌　龍朔二年(662)　　69
龐德威墓誌　垂拱三年(687)　　81

二十畫

寶安寺尊勝幢　宣和三年(1121)　302
寶梁經石刻　大業　　252
寶天生碑(又名)　　274
寶氏(李君夫人)墓誌　天寶七載(748)　99
寶氏(崔君夫人)墓誌　元和十二年(817)　109
寶伏端造象題記　咸亨四年(673)　186
寶居士神道碑　天寶六載(747)　　274
寶泰墓誌並側　天保六年(555)　　32
寶敬墓誌　正統六年(1441)　　124
蘭夫人(元景略妻)墓誌　永安元年(528)　23
蘭亭五種集冊　　340
蘭亭六種合冊　　340
蘭亭百種　　340
蘭亭別本　　340
蘭亭序　　339
蘭亭殘字、晉唐小楷集錦　　340

蘭師墓誌　永淳元年(682)　79
蘭陵長公主碑　顯慶四年(659)　259
醴泉寺誌公碑並額　開元三年(715)　267
釋迦如來成道記　天啟四年(1624)　315
釋迦寺西聖容□□院碑　開元十四年(726)　196
釋迦舍利寶塔禁中應現圖記
　　紹定四年(1231)　204
釋慧影造象記　中大同元年(546)　128
黨屈蜀造象記　大統四年(538)　148

二十一畫

權　334
鐵元始贊　大曆元年(766)　277
鐵像銘　永樂十一年(1413)　314
顧□伏買地券　315
顧璘墓誌　嘉靖二十四年(1545)　125
鶴鳴殘石　234
鶺鴒頌　天寶　275

二十二畫

巖山紀功碑(又名)　235
疊玉峯摩崖　建中三年(782)　282
竊曲紋簋　332
聽雨樓法帖四卷　338
體訖於春秋等字殘碑　238

二十三畫

麟鳳讚並記(又名)　320
龔雲羨造象　太和二年(478)　129

二十四畫

觀自在菩薩如意輪陀羅尼經
　　紹聖四年(1097)　299
觀音殿開路記　後晉天福四年(939)　291

二十七畫

靈飛經渤海藏眞本　342
靈巖寺碑　天寶元年(742)　273
鹽池靈慶公碑　貞元十三年(797)　284

鑽遠墓誌　永熙二年(533)　26

二十九畫

爨君協造象題記　顯慶四年(659)　182
爨龍顏碑　大明二年(458)　238
爨寶子碑　大亨四年(義熙元年,405)　237
驪山溫泉頌　考爲延昌間　243
鬱崗齋墨妙十卷　338

其　他

□□□仁造象記　正光五年(524)　138
□□兒造白玉觀音象　天保四年(553)　159
□□和尚塔銘　元和八年(813)　108
□□爲亡女尼法暉造象記　孝昌二年(526)　140
□□爲太妃亡□太傅靜正造象記　147
□□爲息男造象題記　144
□□重修題名　咸亨元年(670)　261
□□造象記　正始四年(507)　132
□□(疑爲鄒鳳)造象題記
　　天保七年(556)　160
□□壽造眞言幢記　天眷二年(1139)　309
□□題名殘石　307
□仁造象題記　145
□元墓誌　儀鳳二年(677)　77
□公靜(諱和)墓誌　開皇九年(589)　37
□太妻夏樹造彌勒象　開皇五年(585)　172
□氏(宮人六品)墓誌　大業十三年(617)　54
□氏造象　永泰元年(765)　198
□仙造象題記　145
□令賓墓誌　顯慶五年(660)　67
□母爲亡女八娘造象題記
　　萬歲通天二年(697)　191
□仲卿祭嶽廟題記　景德二年(1005)　294
□安寧墓誌　建德六年(577)　35
□行高妻朱造象題記　咸亨元年(670)　185
□君墓誌　龍朔元年(661)　68
□昌遊造象記　武定七年(549)　155
□(虞)信墓誌　貞觀十八年(644)　58
□泉題字　230
□郡太守殘碑(又名)　224
□真墓誌　開皇九年(589)　38
□國子造象記　天保二年(551)　158

□喬陵造象　天統元年(565)　　　163

□敬賢等五十人造象記　天保二年(551)　158

□智等一百五十人造象題名　146

□意殘造象題記　147

□楷殘造象　長安四年(704)　193

□温造盧舍那佛象　長慶三年(823)　198

□睦磚誌　大業七年(611)　45

□墮墓誌　大業八年(612)　47

□榮墓誌　大象二年(580)　36

□獄經　無年月,有武后製字　265

□德墓誌　大業十一年(615)　52

□徹墓誌　大業十二年(616)　53

□遵造象題記　天保三年(552)　159

□樹爲妄妻□□女華造象　開皇四年(584)　172

□鍾葵墓誌　大業九年(613)　　48

　鼎　　331

　爵　　331

　簠　　332

　簋　　332

　鼎　　335

　盤　　334

　父丁卣　　331

　父乙卣　　331

參考用書簡稱索引

二畫

二百：二百蘭亭齋收藏金石記四卷
　　　（清）吳雲撰　咸豐六年歸安吳氏刻本
九甲：九鍾精舍金石跋尾甲編一卷
　　　（清）吳士鑑撰　　　宣統二年刻本
九乙：九鍾精舍金石跋尾乙編一卷
　　　（清）吳士鑑撰　　　宣統二年刻本
丁戊稿：丁戊稿一卷
　　　　羅振玉撰　　　民國十八年排印本

三畫

三代：三代吉金文存二十卷
　　　羅振玉撰
　　　　民國二十五年上虞羅氏百爵齋刊本
大系：兩周金文辭大系圖錄攷釋
　　　郭沫若撰　　1957 年科學出版社刊本
上谷：上谷訪碑記一卷
　　　（清）鄧嘉緝撰　　　　古學彙刊本
山訪：山右訪碑録十三卷
　　　（清）法偉堂撰　顧氏金石興地叢書本
小校：小校經閣金文拓本十八卷
　　　劉體智編　　　民國二十四年刊本

四畫

支：支那山東省漢代墳墓表餝附圖
　　［日本］關野貞編
分：漢隸分韻七卷
　　（宋）馬居易編　　　　　　　明刊本
孔：孔氏祖庭廣記十二卷
　　（金）孔元措撰　　琳瑯秘室叢書本
水：西域水道記五卷

　　　（清）徐松撰　　北京隆福寺文奎堂刻本
天一：天一閣碑目一卷
　　　（明）范懋敏撰　　附《天一閣書目》後
天下：天下金石誌十五卷
　　　（明）于奕正撰　顧氏金石興地叢書本
中記：中州金石記五卷
　　　（清）畢沅撰　　　　　叢書集成本
中冢：吳中冢墓遺文一卷
　　　羅振玉撰　　　　　　　　自刻本
中攷：中州金石攷八卷
　　　（清）黃叔儆撰　顧氏金石興地叢書本
牛圖：金石圖二卷
　　　（清）牛運震集説　褚峻樵圖
　　　　　　　　光緒十九年貴池劉氏刻本
文錄：吉金文録四卷
　　　吳闓生輯　　　　民國二十一年刊本
文選：雙劍誃吉金文選二卷
　　　于省吾輯
　　　　民國二十二年北平大業印刷局刊本
元氏縣誌：元氏縣誌十六卷
　　　　李林奎纂，王自尊修
　　　　　　　　　　　民國辛未修本
壬癸：壬癸金石跋己庚金石跋丁戊金石跋
　　　（清）楊守敬撰
　　　　　光緒三十三年刻本　附晦明軒稿後

五畫

平：平津讀碑記八卷續記一卷再續一卷三續
　　二卷
　　（清）洪頤煊撰　　　　木犀軒叢書本
未：未谷碑跋
　　（清）桂馥撰　　　　　　傳抄本
右：山右金石記十卷

（清）張煦輯
光緒十五年山西通誌單行本

史：金石史二卷
（明）郭宗昌撰　　學古齋金石叢書本

瓜：瓜廬文賸四卷外編一卷
陳伯陶撰　　　　民國二十年鉛印本

半：半氈齋題跋二卷
（清）江藩撰　　　功順堂叢書本

台：台州金石錄十三卷
黃瑞撰　　　　　嘉業堂刊本

弗：弗堂類稿卅一卷
姚華撰
民國十九年上海中華書局聚珍本

古文：金石古文十四卷
（明）楊慎撰　　學古齋金石叢書本

古墨：古墨齋金石跋六卷
（清）趙紹祖撰　　叢書集成本

古零：古石刻零拾七種
容庚輯
民國二十四年攷古學社石印本

古石：古石抱守錄
鄒安輯　　　　　藝術叢編石印本

古銅：古銅爵書屋金石文補遺一卷
（清）宋世犖撰　　咸豐十年刊本

古鈔：古刻叢鈔一卷
（明）陶宗儀撰　　學古齋金石叢書本

甘泉：甘泉鄉人稿二十四卷
（清）錢泰吉撰　　同治七年重刊本

札樸：札樸十卷
（清）桂馥撰
光緒九年長州蔣氏刻心矩齋本

左冢：山左冢墓遺文一卷
羅振玉撰　　　　自刊本

石索：金石索之石索六卷
（清）馮雲鵬、雲鴻同輯　萬有文庫本

石墨：石墨攷異二卷
（清）嚴蔚撰　　　庚辰叢編本

石泉：石泉書屋金石題跋一卷
（清）李佐賢撰
宣統三年房山山房叢書本

石經：集拓新出漢魏石經殘字四冊
馬衡撰　　　　　民國十六年拓本

右訪：山右訪碑記
（清）魯燮光撰　顧氏金石輿地叢書本

右冢：山右冢墓遺文二卷補一卷
羅振玉撰　　　　自刊本

右叢：山右石刻叢編四十卷
（清）胡聘之撰　　光緒二十七年刊本

右錄：山右金石錄一卷
夏寶晉撰　　　　古歡閣刊本

田目：山左漢魏六朝貞石目一卷續一卷再續一卷
田士懿撰　　　　民國十二年自刻本

四當：四當齋集四卷
章鈺撰　　　　　民國丁丑排印本

句容：句容金石記十卷附錄一卷
（清）楊世沅撰　光緒二十六年排印本

弗跋：弗堂類稿序跋
姚華撰　　　　　民國抄本

古文審：古文審八卷
劉心源撰
光緒十七年嘉魚劉氏龍江樓刊本

丙寅稿：丙寅稿一卷
羅振玉撰
民國十六年上虞羅氏刊本

冬青館：冬青館甲集六卷乙集八卷
張鑑撰　民國四年劉氏嘉業堂刊本

六畫

存：金石存十五卷
（清）吳玉搢撰　　　石印本

有：有萬熹齋石刻跋一卷
（清）傅以禮撰
民國七年遯盦金石叢書本

曲：曲阜碑碣攷四卷
孔祥霖撰　　　　民國四年鉛印本

竹：竹崦盦金石目錄四卷
（清）趙魏撰　　　宣統己酉刊本

延：華延年室題跋二卷
傅以禮撰　　　　宣統元年鉛印本

肙：肙齋集八卷
（清）張穆撰　　咸豐八年壽陽祁氏刻本

名：石刻名彙十四卷補遺一卷
黃玄猷撰　　　　民國十五年排印本

汲：慕汲軒誌石文錄一卷續編一卷
吳鼎昌編　　　　鉛字本

字：金石文字記六卷補遺一卷

（清）顧炎武撰　補遺潘耒撰　　指海本

交：石交錄四卷

羅振玉撰

民國三十年貞松老人遺稿石印本

芒冢：芒洛冢墓遺文三卷續編三卷三編一卷

四編六卷補遺一卷

羅振玉編　　　　　　　　　　自刊本

西行：西行日記

陳萬里撰　　民國十五年樸社排印本

曲誌：曲阜縣誌一百卷

（清）潘相撰　　　　乾隆甲午修本

江寧：江寧金石記八卷

（清）嚴觀撰　　　　嘉慶九年刊本

江蘇：江蘇金石記廿四卷待訪目二卷

傅繆荃孫撰

民國十六年抽印民國江蘇通誌石印本

安陽：安陽縣金石錄十二卷

（清）武億趙希璜撰　嘉慶四年刊本

阮山：山左金石誌廿四卷

（清）畢沅　阮元撰　嘉慶二年刊本

全上古：全上古三代秦漢三國六朝文七百四

十一卷

（清）嚴可均輯

光緒二十年廣州黃岡王氏刻本

七畫

車：車塵稿一卷

羅振玉撰

民國二十三年遼居雜著丙編石印本

求是：求是齋碑跋四卷

（清）丁紹基撰　　　適園叢書本

里：東里燼餘生集三卷

（清）汪泉禧撰　　　光緒間刊本

希：希古樓金石萃編十卷

劉承幹撰　　　民國二十二年刻本

佛：佛金山館秦漢碑跋一卷

（清）牟房撰

民國二十三年襄殷堂鉛字本

劬：劬盦文稿四編

（清）羅正鈞撰

民國九年羅氏養正齋刊本

妙：觀妙齋金石文攷略十六卷

（清）李光映撰　　雍正七年自刻本

求古：求古錄

（清）顧炎武撰　行素草堂金石叢書本

吳興：吳興金石記十六卷

（清）陸心源撰　　光緒十六年刊本

沈跋：漢石經室金石跋尾一卷

（清）沈樹鏞撰　　　　　　抄本

初版大系：（初版）兩周金文辭大系

郭沫若撰　昭和七年文求堂印本

何義門先生集十二卷

（清）何焯撰

宣統元年半江吳氏廣州刊本

八畫

表：金石表一卷

（清）曹溶撰　　　　　　傅抄本

武：武林金石記十卷

（清）丁敬撰　　　遯盦金石叢書本

苑：金石苑六卷

（清）劉喜海撰　　　　民國石印本

枕：枕經堂金石跋三卷

（清）方朔撰　　民國西泠印社聚珍版

松：松翁近稿一卷附補遺一卷

羅振玉撰　　　民國十五年鉛字本

東：東洲草堂文鈔卷四至卷十

（清）何紹基撰　　　　　原刻本

兩：兩漢金石記廿二卷

（清）翁方綱撰　乾隆三十六年刊本

來：來齋石刻攷略三卷

（清）林侗撰　　道光二十一年刊本

抱：抱經堂文集三十四卷

（清）盧文弨撰　　　四部叢刊本

門：石門碑醳一卷補一卷

（清）王森文撰　　　涉聞梓舊本

岷：懷岷精舍金石跋尾一卷

李宗蓮撰　　　　　　　排印本

匋：匋齋藏石記四十四卷

（清）端方編　　宣統元年石印本

宜：宜祿堂金石記六卷

（清）朱士端撰

同治二年朱氏春雨樓刻本

庚：庚子銷夏記八卷

（清）孫承澤撰　學古齋金石叢書本

刻：漢魏六朝碑刻輿地攷

（清）黃易撰　　　　　　　漱六編叢刻本

居：居貞草堂漢晉石刻墨影
　　周進編　　　　　　　民國己巳石印本

函：函青閣金石記四卷
　　（清）楊鐸撰　民國二十年瑞安陳氏刻本

孟：孟亭居士文集五卷
　　（清）馮浩撰　　　　嘉慶間馮氏家刻本

亟：張亟齋集
　　（清）張紹撰　　　同治四年望三益齋刻本

青研：殷周青銅器銘文研究
　　　郭沫若撰
　　　　　民國二十年上海大東書局刊本

東湖：東湖叢記六卷
　　　（清）蔣光煦撰　　　雲自在龕刊本

東詩：東洲草堂金石詩一卷
　　　（清）何紹基撰　　　西泠印社聚珍本

東冢：東都冢墓遺文一卷
　　　羅振玉編　　　　　　　　自刊本

東跋：東洲草堂金石跋五卷
　　　（清）何紹基撰　　　遜盦金石叢書本

兩罍：兩罍軒彝器圖釋十二卷
　　　（清）吳雲撰　　同治十一年吳氏刻本

奇觚：奇觚廎文集三卷外編一卷
　　　葉昌熾撰　　民國十年吳縣潘氏刻本

邵文：邵亭遺文八卷
　　　（清）莫友芝撰
　　　　　　同治五年江寧三山客舍修補本

帖攷：古今碑帖攷一卷
　　　（明）朱晨編　　　　明格致叢書本

金攷：金陵古金石攷目一卷
　　　（明）顧起元撰　明萬曆四十八年刻本

金石：金石錄三十卷
　　　（宋）趙明誠　　　　結一廬叢書本

周金：周金文存六卷
　　　鄒安撰　　　　民國五——九年刊本

河南：河南金石誌圖正編第二集
　　　關百益撰　　　　　　　影印本

河目：河朔新碑目三卷
　　　顧燮光撰　民國丙寅聚珍印書局印本

河跋：河南圖書館藏石跋一卷
　　　羅振玉撰　　　民國十四年排印本

河圖：河南金石誌圖第一集
　　　關百益編　　民國二十三年影印本

河錄：河朔訪古新錄十四卷

顧燮光撰　　　民國十九年鉛字本

奉天通：奉天通誌
　　　　王樹枬等纂　　　　民國排印本

松翁賸：松翁賸稿二卷
　　　　羅振玉撰　　　　　丁亥排印本

奇觚金：奇觚室吉金文述二十卷
　　　　劉心源撰　　　光緒壬寅石印本

金石三：授堂金石三跋一跋四卷二跋四卷三
　　　　跋二卷續跋十四卷
　　　　（清）武億撰
　　　　　　道光十一年重刻授堂全集本

東平縣誌：東平縣誌十七卷
　　　　　明靖宇、張誌熙等修
　　　　　　　民國二十五年修本

九畫

珉：海外貞珉錄一卷
　　羅振玉編
　　　　民國十一年永豐鄉人雜著增訂本

柯：漢晉石刻略錄
　　柯昌泗輯　　民國三十四年雙勾石印本

面：面城精舍雜文甲乙編
　　羅振玉撰　　　　　　光緒間刻本

貞：貞松老人外集四卷補遺一卷
　　羅振玉撰
　　　民國三十二年貞松老人遺稿乙集鉛字本

恒：有恒心齋文集廿四卷
　　（清）程鴻詔撰　　　光緒二年刊本

思：思適齋集十八卷
　　（清）顧千里撰　　　　　原刻本

昭：昭陵碑錄三卷補一卷
　　羅振玉撰　　　　　　　自刊本

俞：俞樓雜纂卷二十五
　　（清）俞樾撰　　　　凡二十三條

香：香南精舍金石契一卷
　　（清）覺羅崇恩撰　　　原稿石印本

俑：俑廬日札一卷
　　羅振玉撰　　民國二十四年重訂石印本

泉：古泉山館金石文編殘稿四卷
　　（清）瞿中溶撰　　　　適園叢書本

衍：衍石齋記事稿十卷續稿十卷
　　（清）錢儀吉撰　　　光緒七年刊本

洛：洛陽出土石刻時地記

郭玉堂撰　　　　　　民國三十年初版本

退：退庵金石書畫跋二十卷
　（清）梁章鉅撰　　　清道光二十五年刊本

陝：陝西金石誌三十二卷
　　武樹善撰　　　　民國二十三年陝西通誌本

莒誌：重修莒誌七十七卷卷末一卷
　　　莊陔蘭、盧少泉等修
　　　　　　　　　民國二十五年鉛印本

南漢：南漢金石誌二卷
　　（清）吳蘭修撰　　　　翠琅玕叢書本

貞松：貞松堂集古遺文十六卷
　　　羅振玉撰　　　　民國二十年刊本

貞遺：貞松老人遺稿丙集
　　　羅振玉撰　　　　　　　排印本

貞續：貞松堂集古遺文續編三卷
　　　羅振玉撰
　　　　民國二十三年上虞羅氏蟫隱廬刊本

恒軒：恒軒所見所藏吉金錄二册
　　（清）吳大澂撰
　　　　　　　光緒十一年吳縣吳氏刻本

洛存：洛陽存古閣藏石目一卷
　　　羅振玉撰　　　　　雪堂叢書本

某聲館文集：某聲館文集八卷
　　　（清）朱爲弼撰
　　　　民國休寧朱氏重刊咸豐二年本

十畫

校：校碑隨筆六卷
　　方若撰　　　　　　　石印大本

栝：栝蒼金石誌十二卷續誌四卷
　（清）李遇孫撰　　　同治甲戌重刊本

真：集古求真十五卷
　　歐陽輔撰
　　　民國十二年江西開智書局石印手稿本

矩：中郎遺矩
　　（清）丁艮善輯　　光緒十四年鈎刻本

息：息柯雜著六卷
　　（清）楊翰撰
　　　　　同治癸酉羊城九曜山房刊本

瓶：瓶庵居士文鈔四卷
　　（清）孟超然撰　　　嘉慶乙亥刊本

浙：兩浙金石誌十八卷

　（清）阮元撰
　　　　　光緒十六年浙江書局重刊本

益：益都金石記四卷
　　（清）段松苓撰　　　　光緒九年刊本

屑：金石屑四卷
　　（清）鮑昌熙摹　　　　光緒三年刻本

陵：六朝陵墓調查報告
　　朱希祖等撰
　　　民國二十四年中央古物保管委員會編印

陲：西陲石刻錄一卷
　　　羅振玉撰　　　　　雪堂叢刻本

通：山東通誌卷一四七至一五二藝文誌金石類
　　孫葆田等撰　　民國山東印刷公司排印本

邕：三邕翠墨簃題跋四卷
　　　李葆恂撰　　　　　　　家刊本

真續：集古求真續編十卷補正四卷
　　　歐陽輔撰
　　　民國二十二年江西集古山房石印手稿本

唐錄：唐三家碑錄三卷
　　　羅振玉撰　　　　　　　自刊本

海藩：唐代海東藩閥誌存
　　　羅振玉校錄　　民國二十六年排印本

海苑：海東金石苑八卷
　　（清）劉喜海撰　　　　希古樓刊本

朔目：河朔金石目十卷
　　　范壽銘纂　顧燮光輯著　民國排印本

唐風：唐風樓舍金石文字跋尾
　　　羅振玉撰　　　　　　　排印本

通攷：商周彝器通攷二册
　　　容庚撰
　　　　　民國三十年哈佛燕京學社刊本

書刻：古今書刻二卷
　　（明）周弘祖撰
　　　　光緒三十二年葉氏觀古堂仿明刻本

孫錄：寰宇訪碑錄十二卷
　　（清）孫星衍撰　　　　國學基本叢書本

殷文存：殷文存二卷
　　　羅振玉撰
　　　　　民國六年會聖明智大學刊本

唐文拾遺：唐文拾遺七十二卷
　　（清）陸心源編
　　　　　　光緒十四年潛園總集本

高要金石略：高要金石略四卷

（清）彭泰來撰　　　　　清刊本
通義堂文集：通義堂文集十六卷
　　（清）劉毓崧撰　　求恕齋刻本

十一畫

域：新西域記二冊
　　〔日本〕上原芳太郎編　　有光社印本
萃：金石萃編百六十卷
　　（清）王昶撰　　　掃葉山房石印本
菁：六朝墓誌菁英初編
　　羅振玉撰　　　　　民國六年影印本
梅：梅花草盦金石刻鈎本四冊
　　（清）丁彥臣撰　　同治十一年鈎刻本
雪：雪堂所藏金石文字簿録一卷
　　羅振玉撰　民國十三年東方學會石印本
常：常山貞石誌廿四卷
　　（清）沈濤撰　　道光二十二年刻本
略：金石略三卷
　　（宋）鄭樵輯　　學古齋金石叢書本
第：第一樓叢書之七讀書餘録之二
　　（清）俞樾撰　　　　凡四十一條
偃：偃師金石遺文記二卷
　　（清）武億編
　　　　　　乾隆五十三年徐宣武穆淳校刻本
清：清儀閣金石題識四卷
　　（清）張廷濟撰
　　　　　　　　光緒二十年觀自得齋叢書本
望：望堂金石初集卅九種二集十八種
　　（清）楊守敬輯　激素飛春閣鈎刻本
隋：隋唐石刻拾遺二卷
　　（清）黃本驥撰　　　聚學軒叢書本
隅：金石一隅録
　　（清）段嘉謨撰　　　　清刊本
巢：巢經巢詩集九卷文集六卷
　　（清）鄭珍撰　　清代學術叢書第二集
萃正：金石萃編補正四卷
　　（清）方履籛編　　掃葉山房石印本
萃目：金石萃編補目三卷
　　黃本驥撰　　　　聚學軒叢書三集本
萃略：金石萃編補略二卷
　　（清）王言編　　　　光緒八年刊本
菁編：六朝墓誌菁英二編
　　羅振玉撰　　　　　民國六年影印本

梅跋：梅溪居士縮臨唐碑題跋二卷
　　（清）錢泳撰　　　咸豐十年刊本
雪跋：雪堂金石文字跋尾四卷
　　羅振玉撰　　　永豐鄉人稿刻本
從古：從古堂款識學十六卷
　　徐同柏撰　　光緒三十二年石印本
淮陰：淮陰金石僅存録一卷附編一卷補遺
　　　　一卷
　　羅振玉編　　　　　　排印本
張録：張氏吉金貞石録五卷
　　（清）張塤撰
　　　　　　　燕京大學國學研究所刊本
許州誌：許州誌十六卷
　　（清）蕭元吉撰　　道光十八年修本
魚臺縣誌：魚臺縣誌四卷卷首一卷卷末一卷
　　（清）趙英祚等修
　　　　　　　　　光緒十五年修刊本
虛：虛舟題跋十卷　題跋原三卷
　　（清）王澍撰　　　　墨妙樓刻本

十二畫

越：越中金石記十卷
　　（清）杜春生編　道光十年詹被館自刻本
葆：葆貞拙軒石刻法帖
　　柯昌泗輯　　民國十四年雙勾石印本
隸：葉氏隸竹堂碑目六卷
　　（明）葉盛撰　　　　叢書集成本
雲：竹雲題跋四卷
　　（清）王澍撰　　　　墨妙樓刻本
粟：粟香隨筆八卷粟香二筆八卷粟香三筆八
　　卷粟香四筆八卷粟香五筆八卷
　　（清）金武祥撰　　　　石印本
硯：十二硯齋金石過眼録十六卷
　　（清）汪鋆撰　　　　光緒元年刻本
跋：潛研堂金石文跋尾二十卷
　　（清）錢大昕撰　　　長沙龍氏重刻本
開：開有益金石文字記一卷
　　（清）朱緒增撰　開有益齋讀書誌後附
鈔：金石文鈔八卷續鈔二卷
　　（清）趙紹祖撰　　　光緒二年重刻本
集：集古録跋尾十卷
　　（宋）歐陽修撰　　四部叢刊全集本
筆：金石筆識

（清）莫友芝撰　　宋元舊本書經眼録後附

備：金石備攷十四卷

　（明）來濬撰　　　　　　傳抄本

復：復初齋文集卅五卷

　（清）翁方綱撰　　　　光緒三年重刊本

循：循園古冢遺文跋尾六卷

　　范壽銘撰　　　　　民國十九年石印本

湖：湖北金石誌十四卷

　　張仲炘撰　　　　　湖北通誌單行本

湘：湘城訪古録一卷

　（清）陳運溶撰　　顧氏金石輿地叢書本

寒：寒山金石林時地攷二卷

　（明）趙均撰　　　　　粵雅堂叢書本

寧：江寧金石記八卷待訪目二卷

　（清）嚴觀撰

　　　　　　宣統二年江楚編譯書局刻本

敬吾：敬吾心室彝器款識

　（清）朱善旂輯　　　光緒三十四年刊本

朝攷：朝鮮金石目攷覽二卷

　［朝鮮］金秉善撰　　　　　舊抄本

厤朔：金文厤朔疏証

　　吳其昌撰

　　　　　民國二十五年上海商務印書館刊本

集目：集古録目十卷

　（宋）歐陽棐編　繆荃孫輯

　　　　　　　　　雲自在龕叢書本

復詩：復初齋詩集七十卷

　（清）翁方綱撰　　　　嘉慶間刊本

復外：復初齋集外文四卷

　（清）方履籛編

　　　　　民國吳興劉氏嘉業堂刻本

循跋：循園金石文字跋尾二卷

　　范壽銘撰　　　　非儒非俠齋叢書本

善齋：善齋吉金録二十八册

　　劉體智輯　　　　　　原印本

評註：周秦金石文選評註一册

　　黃公渚選註

　　　　　民國二十四年商務印書館刊本

費縣誌：費縣誌十六卷

　（清）楊佑庭、李敬等撰

　　　　　　光緒已未（二十一年）修本

鄒縣續誌：鄒縣續誌十二卷

　（清）吳若灝、錢樓等撰

　　　　　　　　光緒十八年修本

登封縣誌：登封縣誌三十二卷

　（清）洪亮吉撰

　　　　　　乾隆五十二年修本

粵：粵西金石略十五卷

　（清）謝啟昆撰　　嘉慶六年銅鼓亭刊本

粵東：粵東金石略十卷

　（清）翁方綱撰　　乾隆三十六年刊本

十三畫

聖：至聖林廟碑目六卷

　（清）孔貽薰撰

　　　　　　光緒二十二年積學齋叢書本

夢：夢碧簃石言初集六卷

　　顧燮光撰　　　民國十四年仿宋鉛字本

蒿：蒿里遺文目録十卷補一卷

　　羅振玉撰　　　民國十五年東方學會印本

蒼：蒼潤軒碑跋一卷

　（明）盛時泰撰　　　風雨樓秘笈留真本

蓬：小蓬萊閣金石文字五册

　（清）黃易撰　　　　　　石印本

挈：挈經室三集

　（清）阮元撰　　　　　四部叢刊本

愚：愚谷文存十四卷

　（清）吳騫撰　　　　石印拜經樓叢書本

愛：愛吾廬題跋一卷

　（清）呂世宜撰　　　　光緒五年刊本

鉏：經鉏堂金石小箋二卷

　（清）葉奕苞撰　　上海中國書店排印本

嵩：嵩陽石刻集記二卷附補遺紀遺

　（清）葉封撰　　　　　　自刻本

滇：滇南古金石録一卷

　（清）阮福編　　　　　叢書集成本

源：漢隸字源五卷碑目一卷

　（宋）婁機撰　　　　　汲古閣刻本

滄：小滄浪筆談四卷

　（清）阮元撰　　　嘉慶二年浙江部院刊

新：新疆訪古録二卷

　　王樹枏撰　　　　仿宋印書局鉛字本

雍：雍州金石記十卷餘記一卷

　（清）朱楓撰　　　　乾隆二十四年刻本

經：石經閣金石跋文一卷

　（清）馮登府撰　　　行素艸堂叢書本

彙：金石彙目分編廿卷

（清）吳式芬撰

民國二十六年文祿堂印本

夢�：夢郼草堂吉金圖三卷續編一卷

羅振玉撰　民國六年上虞羅氏影印本

蒿續：蒿里遺文目錄續編一卷補遺一卷

羅振玉撰　民國十八年遼居雜著本

楊圖：寰宇貞石圖六卷

楊守敬輯　　宣統元年石印本

筠清：筠清館金文五卷

（清）吳榮光撰

道光二十二年筠清館刻本

義府：義府二卷

（清）黃生撰　道光二十二年刻本

愙齋：愙齋集古錄二十六冊

（清）吳大澂撰

民國七年涵芬樓影印本

愙賸：愙齋集古錄釋文賸稿

（清）吳大澂撰

民國七年涵芬樓影印本

新都縣誌

関昌術等撰　　民國十八年修本

十四畫

嘉：嘉蔭簃集二卷

（清）劉喜海撰

民國三十七年上海合眾圖書館印

聚：二銘草堂金石聚十六卷

（清）張德容撰

同治十一年二銘草堂鉤刻本

摹：摹廬金石記一卷

陳直撰　　　　石印本

閩：閩中金石誌十四卷

（清）馮登府撰　　嘉業堂刊本

箋：讀碑小箋一卷

羅振玉撰　光緒十年唐風樓自刻本

漢：漢晉石刻墨影一卷

羅振玉撰　　民國四年雙勾石印本

養：養素堂文集卅五卷

（清）張澍撰　　棗花書屋刊本

誌：古誌石華三十卷

（清）黃本驥錄

道光八年三長物齋叢書本

塾：東塾集六卷

（清）陳澧撰　光緒壬辰菊坡精舍刻本

廣：廣川書跋十卷

（宋）董逌撰　　　適園叢書本

廎：寫禮廎讀碑記一卷

（清）王頌蔚撰

民國四年寫禮廎遺著四種本

鄭：滎陽鄭氏碑三十八種

楊守敬雙鉤

日本明治辛巳春石鼓堂刊本

翠：交翠軒筆記四卷

（清）沈濤撰　　　聚學軒叢書本

綴：綴學堂初稿四卷

陳漢章撰　　　　　光緒刊本

趙錄：補寰宇訪碑錄五卷附失編一卷

（清）趙之謙撰

北京琉璃廠含英閣刻本

漢文：漢碑錄文四卷

（清）馬邦玉編　　連筠簃叢書本

滿誌：滿洲金石誌六卷補遺一卷外編一卷別
錄二卷

羅福頤校錄

民國二十六年滿日文化協會石印本

滿稿：滿洲金石誌稿第一冊

〔日本〕松本豐三編

南滿鐵道株式會社印本

說嵩：說嵩三十二卷例目一卷

（清）景日昣撰

康熙六十年嶽生堂刻本

誌新：古誌新目一卷

顧燮光編　非儒非俠齋金石叢書本

誌初：古誌新目初編四卷

顧燮光編　　非儒非俠齋叢書本

誌釋：漢魏南北朝墓誌集釋十一卷

趙萬里編　1956年科學出版社影印本

誌彙：古誌彙目六卷

顧燮光編　　非儒非俠齋叢書本

語石：語石十卷

葉昌熾撰　　　國學基本叢書本

廣冢：廣陵冢墓遺文一卷附一卷

羅振玉撰　　　　　自刊本

閩略：閩中金石略十五卷

（清）陳棨仁撰　　菽莊叢書本

隨軒：隨軒金石文字九種

（清）徐渭仁輯　道光二十三年鉤刻本

綴遺：綴遺齋彝器款識攷釋三十卷
　　　　方濬益撰　　　　光緒二十五年刊本
綴跋：綴學堂河朔碑刻跋尾一卷
　　　　陳漢章撰　　　　非儒非俠齋叢書本
綴稿：綴遺齋彝器款識攷釋稿本
　　　　方濬益撰，容庚校輯
廣平府誌：重修廣平府誌六十三卷首一卷
　　　　（清）胡景桂撰　　光緒二十年刊
漢魏碑攷：漢魏碑攷一卷
　　　　（清）萬經撰
　　　　　　民國九年房山山房叢書本
廣經室文鈔：廣經室文鈔一卷
　　　　（清）劉恭冕撰
　　　　　　光緒十五年廣雅書局刊本

十五畫

蕙：蕙風隨筆二卷二筆二卷
　　況周頤撰　　　　　蕙風叢書本
遼：遼居乙稿一卷
　　羅振玉撰　　　　民國二十年石印本
鞏：民國二十六年修鞏縣誌廿六卷
　　劉蓮青、張仲友撰　　經國圖書館刊本
墨：墨池編廿卷
　　（宋）朱長文撰　　乾隆間就閒堂刊本
範：河北石範第一集
　　陳鐵卿編
　　民國二十四年河北省政府河北月刊社印本
篇：隸篇十五卷續十五卷再續十五卷
　　（清）翟雲升撰　　道光十七年自刻本
億：億年堂金石記
　　陳邦福撰　　　　　　石印本
徵：墓誌徵存目錄四卷
　　羅振玉輯　　　民國三十一年鉛印本
潛：潛研堂文集五十卷
　　（清）錢大昕撰　　　四部叢刊本
澗：南澗文集二卷
　　（清）李文藻撰　　　功順堂叢書本
褒：褒谷古跡輯略
　　（清）萬方田、羅秀書輯註　同治甲戌刊本
遲：遲鴻軒文集四卷補遺一卷文棄二卷補遺
　　一卷詩續一卷文續一卷
　　（清）楊峴撰　民國二年劉氏嘉業堂刊本
駕：十駕齋養新錄廿卷餘錄三卷

（清）錢大昕撰　　　國學基本叢書本
緣：緣督廬日記鈔十六卷
　　葉昌熾撰　　　　　民國石印本
畿：畿輔碑目二卷待訪目二卷
　　（清）樊彬撰
　　　　民國二十四年河北博物院排印本
鄴冢：鄴下冢墓遺文二卷
　　羅振玉編　　　民國十二年自刊本
賡跋：金石錄賡跋六卷
　　（清）葉奕苞撰　　陶風慶影印本
潛目：潛研堂金石文字目錄八卷
　　（清）錢大昕撰　　長沙龍氏重刻本
增圖：增訂寰宇貞石圖
　　〔日本〕藤原楚水編　興文社印本
餘論：古籀餘論三卷
　　（清）孫詒讓撰
　　　　　光緒二十九年籀經樓刻本
畿冢：京畿冢墓遺文三卷
　　羅振玉校錄
畿誌：畿輔通誌卷一三八至一五三金石錄十
　　六卷
　　（清）黃鵬年撰　　宣統二年石印本

十六畫

熹：漢熹平石經殘字集錄二卷
　　羅振玉編　　　　戊寅中秋增定本
琲：金薤琳琅二十卷
　　（明）都穆撰　　　學古齋金石叢書本
　　　　（卷十九至二十為金石文字跋尾）
橋：鐵橋金石跋四卷
　　（清）嚴可均撰　　蘇州振新書社印本
歷：歷城金石攷二卷
　　夏曾德、夏金年同撰
　　　　　　民國十三年續修縣誌本
館：國立北平圖書館藏碑目（墓誌）
　　范騰瑞編　民國三十年開明書店鉛印本
獨：獨笑齋金石文攷第一集五卷二集八卷
　　鄭業斆撰　　　　民國十八年石印本
禪：香禪精舍集廿九卷
　　（清）潘鍾瑞撰　民國蘇州振新書舍刊本
寰記：太平寰宇記一百九十三卷
　　（宋）樂史撰　光緒八年金陵書局刻本
錄補：金石錄補二十七卷

（清）葉奕苞撰　　　　　叢書集成本

録續：金石録補續跋七卷

　　　（清）葉奕苞撰　　　　　叢書集成本

積古：積古齋鐘鼎彝器款識十卷

　　　（清）阮元撰　　　　嘉慶九年武昌刻本

積微：積微居金文説

　　　楊樹達撰　　　1959年科學出版社刊本

獨殘：獨笑齋金石文攷殘稿一卷

　　　鄭業斅撰　　燕京大學攷古學社鉛印本

遼居稿：遼居稿一卷

　　　羅振玉撰　　　　民國十八年石印本

嶧縣誌：嶧縣誌二十五卷

　　　（清）王寶田撰　　　光緒三十年修本

彊識編：彊識編八卷

　　　（清）朱士瑞撰　　　　春雨樓叢書本

鄴冢二編：鄴下冢墓遺文二編一卷

　　　羅振玉編　　　　民國五年自刊本

閿鄉縣誌：閿鄉縣誌廿四卷

　　　黃覺等修　　民國二十一年鉛印本

十七畫

韓：韓門綴學五卷續編一卷

　　　（清）汪師韓撰　　　　叢睦汪氏遺書本

嶽：華嶽誌八卷

　　　（清）李榕撰

　　　　　　　道光辛卯刊光緒甲辰補刻本

輿：輿地碑記目四卷

　　　（宋）王象之撰　　同治九年滂喜齋刻本

徽：安徽通誌金石古物攷稿十七卷古物存真

　　　一卷補遺一卷

　　　徐乃昌撰　　　　民國二十五年石印本

濬：濬縣金石録二卷

　　　（清）熊象階撰　　　嘉慶七年刊本

濰：民國三十年修濰縣誌稿四十二卷

　　　常之英修　劉遜聰纂　　　　鉛印本

齋：陶齋金石文跋尾一卷

　　　（清）翁大年撰　　　　雪堂叢刻本

續：續語堂碑録不分卷

　　　（清）魏錫曾撰　　　　魏稼孫全集本

縵：越縵堂文集十二卷

　　　（清）李慈銘撰　民國北平圖書館排印本

隸辨：隸辨八卷

　　　（清）顧藹吉撰　乾隆八年黃氏重刻本

隸釋：隸釋二十七卷

　　　（宋）洪適撰　　清晦木齋翻刻汪氏本

隸續：隸續二十一卷

　　　（宋）洪適撰　　清晦木齋翻刻汪氏本

臨沂：臨沂縣誌十四卷首一卷

　　　陳景星等修　王景祜等纂

　　　　　　　　　　　　民國六年刊本

魏晉：魏晉石存目一卷

　　　（清）尹彭壽撰　羅振玉校補

　　　　　　　　　民國四年雪堂叢刻本

魏録：魏三字石經集録

　　　孫海波編　　民國二十六年影印本

濟州：濟州金石誌八卷

　　　（清）徐宗幹撰

　　　　　　　　道光二十五年閩中刻本

濟續：濟寧直隸州續誌卷十九

　　　袁紹昂等撰　　　民國丁卯排印本

襄略：襄陽金石略十二卷

　　　吳慶燾撰　　　光緒丁未年刻本

襄冢：襄陽冢墓遺文一卷

　　　羅振玉撰　　　　　　　　自刊本

續跋：續語堂題跋一卷

　　　（清）魏錫曾撰　　　光緒九年刊本

十八畫

瓊：八瓊室金石補正一百三十卷目録三卷袪

　　偽一卷札記四卷元金石偶存一卷

　　　（清）陸增祥撰

　　　　　　民國十四年吳興劉氏希古樓刻本

藝：藝風堂金石文字目十八卷

　　　（清）繆荃孫撰　　　光緒三十二年刻本

雜：讀書雜誌卷十漢隸拾遺

　　　（清）王念孫撰　　　　　萬有文庫本

隴：隴右金石録十卷校補一卷

　　　張維撰

民國三十二年甘肅省文獻徵集委員會鉛字印本

藝文：藝風堂文集七卷外篇一卷

　　　（清）繆荃孫撰　　　　　民國刻本

藝類：藝術類徵四集

　　　鄒安輯　　　　　　民國五年刊本

藝刊：藝林月刊

藝續：藝風堂金石文字續目五卷

　　　（清）繆禄保撰　　　繆氏藝風堂抄本

簠齋：簠齋吉金錄八卷
　　　鄧實撰　　　　　　民國七年風雨樓刊本
斷代：西周銅器斷代
　　　陳夢家撰
　　　　　　1955—1956（攷古學報9—14期）

十九畫

藪：碑藪一卷
　　（明）陳緝熙撰
　　　　　　民國丙子仲冬月蟬隱廬石印本
蘇：蘇齋題跋一卷
　　（清）翁方綱撰　　　　遜盦金石叢書本
攀：攀古小廬雜著十二卷
　　（清）許翰撰
　　　　　　民國北京琉璃廠開明書局重印本
攗：攗古錄二十卷
　　（清）吳式芬撰　　　　　　　家刻本
曝：曝書亭金石文字跋尾六卷（曝書亭集卷四
　　六至卷五一）
　　（清）朱彝尊撰　　　　　四部叢刊本
關：關中金石記八卷
　　（清）畢沅撰　　光緒戊申渭南嚴氏重刻本
籀：籀膏述林十卷
　　（清）孫詒讓撰　　　　　　　丙戌刻本
韻：隸韻十卷
　　（宋）劉球撰　　　　秦氏石研齋刻本
攗古：攗古錄金文三卷
　　（清）吳式芬撰
　　　　　　光緒二十一年吳重憙刻本
關新：關中石刻文字新編四卷
　　（清）毛鳳枝輯
　　　　　　民國二十四年會稽顧氏石印本
關攷：關中金石文存逸攷十二卷
　　（清）毛鳳枝輯
　　　　　　光緒辛丑會稽顧氏石印本
關中：關中漢唐存碑跋一卷
　　（清）王誌沂撰　　　　　　原刻本
羅漢：漢石存目二卷
　　（清）王懿榮纂　　羅振玉校補
　　　　　　民國四年雪堂叢刻本
羅錄：再續寰宇訪碑錄二卷
　　　羅振玉撰　　　　面城精舍石印本
韓華：韓華閣集古錄跋尾十五卷

　　　柯昌濟撰
　　　　　　民國二十四年膠西柯氏鉛印本
寶類：寶刻類編八卷
　　　宋人佚名　　　　　叢書集成本
寶叢：寶刻叢編二十卷
　　（宋）陳思撰　　　　十萬卷樓叢書本
寶鴨：寶鴨齋題跋三卷
　　（清）徐樹鈞撰
　　　　　　宣統二年宏文社石印本

廿畫

鐫：石墨鐫華八卷
　　（明）趙崡撰　　　影印知不足齋叢書本
響：南北響堂寺及其附近石刻目錄
　　何士驥、劉厚滋合編
　　　　　　民國廿五年北平研究院排印本
響錄：響堂山石刻錄
　　〔日本〕水野清一、長廣敏雄編
　　　　　　　附《響堂石窟》後

廿一畫

鐵：寶鐵齋金石文跋尾三卷
　　（清）韓崇撰　　光緒四年潘喜齋叢書本
續：金石續錄四卷
　　（清）劉青藜撰　　　學古齋金石叢書本
鐵函：鐵函齋書跋六卷
　　（清）楊賓撰　　　　　叢書集成本
續安：續安陽縣誌金石錄十二卷
　　　方策、王幼喬等纂
　　　民國二十二年北平文嵐簃古宋印書局印本
續古：續古文苑二十卷
　　（清）孫星衍編　　　光緒間朱記榮刻本
續殷：續殷文存二卷
　　　王辰撰
　　　　　　北平攷古學社民國二十四年刊本
續編：金石續編二十一卷
　　（清）陸耀遹撰　　　　掃葉山房石印本
續滕縣金石誌一卷
　　　黃克昭編
　　　　　　民國辛巳八月北京法源寺刊本

廿四畫

觀：東觀餘論二卷　　（宋）黃伯思撰　　　　邵武徐氏刊本

觀堂：觀堂集林二十卷
王國維撰　　　　　　王忠愨公遺書本